Haunfelder Wahlen im Regierungsbezirk Münster, Band 1

BERND HAUNFELDER

DIE POLITISCHEN WAHLEN IM REGIERUNGSBEZIRK MÜNSTER 1848 - 1867

Band I

Textteil

Verlag Regensberg Münster

ISBN: 3-7923-0483-X

"D 6"

M E I N E N   E L T E R N

I N

D A N K B A R K E I T

G E W I D M E T

INHALT

Seite

Vorwort

Spezielle Interpretationen des politischen Lebens in der preußischen Monarchie vor dem Hintergrund der zwischen 1848 und 1867 durchgeführten Wahlen zu den verschiedenen parlamentarischen Einrichtungen der Zeit stehen bisher nur in einigen Monographien aus dem Bereich der Rheinprovinz zur Verfügung[1]. Vergleichbare Erhebungen aus dem westfälischen Raum fehlten dagegen bis heute, wie überhaupt der Zeitraum zwischen der Revolution und der Reichsgründung von der landesgeschichtlichen Forschung bisher vernachlässigt wurde.

Gesamtbetrachtungen wie aufschlußreiche Einzeldarstellungen über die politischen, sozialen und wirtschaftlichen Umstände sind jedenfalls nur vereinzelt geschrieben worden. Wilhelm Schultes nach wie vor unerreichte und in vielerlei Hinsicht vorbildliche Untersuchung über die Zeit des Vormärz und der Revolution von 1848/49 markiert daher weiterhin den vorläufigen Schlußpunkt der Forschung über die Geschichte Westfalens bis weit in die zweite Hälfte des 19. Jahrhunderts hinein[2].

Die vorliegende Untersuchung hat sich zum Ziel gesetzt, das politische Leben im Regierungsbezirk Münster auf der Grundlage der Wahlen zur deutschen und preußischen Natio-

[1] Eine Auswahl: Röttges,O. Die politischen Wahlen in den linksrheinischen Kreisen des Regierungsbezirks Düsseldorf 1848 - 1867, Kempen 1964. Schierbaum,H. Die politischen Wahlen in den Eifel- und Moselkreisen des Regierungsbezirks Trier 1849 - 1867, Düsseldorf 1960. Schmidt,P. Die Wahlen im Regierungsbezirk Koblenz 1849 bis 1867/69, Bonn 1971.

[2] Schulte,W. Volk und Staat. Westfalen im Vormärz und in der Revolution von 1848/49, Münster 1954.

nalversammlung, zum Erfurter Volkshaus, zur II. preußischen Kammer und zum Abgeordnetenhaus und schließlich zum Reichstag des Norddeutschen Bundes darzustellen. Bei diesen insgesamt 15 Wahlen werden im einzelnen die überregionale und die regionale Wahlbewegung - von einem Wahlkampf zu reden, wäre hier fehl am Platz - besprochen und deren Auswirkungen auf das parteipolitische Geschehen untersucht. Außerdem erfolgt eine Darlegung des lokalen Einflusses der jeweils politisch handelnden Gruppierungen auf das Wahlverhalten der Bevölkerung, ferner eine Übersicht über Aufbau, Organisation und Stärke sowie taktisches Vorgehen der politischen Vereine am Ort. Breiten Raum nimmt die Interpretation der Wahlresultate ein, wobei dem vorliegenden Zahlenmaterial insofern eine besondere Bedeutung zukommt, als die anfallenden Ergebnisse aus dem Regierungsbezirk Münster mit denen aus anderen preußischen Verwaltungsbezirken verglichen werden. Besondere Beachtung finden hierbei ökonomische, vor allem aber konfessionelle Einflüsse auf die Wahlentscheidung. Der jeweiligen Darstellung schließt sich eine Betrachtung über das parlamentarische Wirken der Abgeordneten an.

Im Anhang befinden sich hierzu ergänzend biographische Angaben zu den einzelnen Parlamentariern sowie umfangreiches Zahlenmaterial zu den verschiedenen Wahlen.

Mit diesem Aufbau ist die vorliegende Untersuchung weitgehend der Akzentsetzung und dem methodischen Ansatz der oben erwähnten Darstellungen aus den rheinischen Regierungsbezirken gefolgt.

An Archivmaterial wurden die betreffenden Akten des Oberpräsidiums der Provinz Westfalen sowie die der Regierung zu Münster und jene der Kreise im Staatsarchiv Münster, ferner die amtlichen Unterlagen der Stadt Münster im dortigen Stadtarchiv sowie die Akten des preußischen Innenministeriums und des preußischen Landtages im Zentralen Staatsarchiv Merseburg (früher: Preußisches Geh. Staatsarchiv) eingesehen. Weiteres Material aus einer Reihe kleinerer Stadt- und Kommunalarchive wurde begleitend hinzugezogen.

Die vorhandenen Quellen ließen zwar aufschlußreiche Einblicke in das Vorgehen und die Denkweise staatlicher Stellen zu, jedoch war das Material insgesamt gesehen nicht immer ergiebig genug, um einige spezielle Sachverhalte aufklären zu können. So sind wir zwar bestens über die politischen Ansichten der preußischen Verwaltungsspitzen informiert, kennen die Einstellung der verschiedenen Regierungen zu den zahlreichen Wahlen, wissen aber demgegenüber nur wenig über Einzelheiten des politischen Lebens im Regierungsbezirk Münster. Der Mangel an brauchbaren Informationen wirkte sich vor allem bei der Beurteilung des Vereinswesens nachteilig aus. So war es beispielsweise recht schwierig, Näheres über das Auftreten der Vereine während der Konfliktszeit in Erfahrung zu bringen, da sie sich nur gelegentlich in den Zeitungen zu Wort meldeten. Programme konnten daher ebensowenig ausgewertet werden, wie überhaupt manch plötzlicher politischer Richtungswechsel im Dunkeln blieb. Selbst der Kreis der aktiven Vereinsmitglieder war nicht zu ermitteln. Einiges mußte folglich der Annahme und Vermutung überlassen bleiben.

Erschwerend kam hinzu, daß das Zeitungsmaterial dürftig war. Für den betreffenden Zeitraum standen lediglich einige Presseorgane zur Verfügung, so daß nicht selten auf überregionale Blätter zurückgegriffen werden mußte. Aber auch vom Inhalt her gehörte die einzige Tageszeitung des Regierungsbezirks nicht gerade zu den informativsten. Die religiöse Ausrichtung des Blattes stand ohnehin einer politischen Meinungsvielfalt im Wege. Bedauerlicherweise sind auch die meisten Kreis- und Wochenblätter durch Kriegseinwirkung verloren gegangen. Dort, wo diese Art Zeitungen noch vorhanden war, gaben sie gelegentlich einen guten Einblick in verschiedene Einzelheiten der Wahlen.

Die vorliegende Darstellung wurde im Wintersemester 1981/82 von der Philosophischen Fakultät der Universität Münster als Dissertation angenommen. Herr Professor Dr. M. Botzenhart hat das Thema angeregt und die Arbeit während ihrer Entstehung betreut. Für die zahlreichen wertvollen Hinweise und Anregungen möchte ich mich an dieser Stelle aufrichtig bedanken.

I. DER REGIERUNGSBEZIRK MÜNSTER

I.1. Bestandteile und Grenzen

Der Regierungsbezirk Münster verdankt seine Entstehung der territorialen Neuordnung der altwestfälischen Gebiete nach den Befreiungskriegen und den Beschlüssen des Wiener Kongresses[1]. Waren bereits mit der Besetzung des Münsterlandes im November 1813 die Weichen für die Wiedereingliederung des vormals reichsunmittelbaren Fürstbistums in die preußische Monarchie gestellt, zu der es von 1803 bis 1806 schon einmal gehörte, so erfolgte nach einem zweijährigen Provisorium am 30. April 1815 die offizielle Gründung des Regierungsbezirks Münster und im folgenden Jahr am 3. August die Aufnahme der Verwaltung[2]. Der neue Bezirk setzte sich aus dem ehemaligen Fürstbistum, mit Ausnahme der an das Königreich Hannover und an das Großherzogtum Oldenburg gefallenen Teile des Niederstifts, aus den altpreußischen Besitzungen der Grafschaften Tecklenburg und Oberlingen, aus dem vormals kurkölnischen Vest Recklinghausen und den Standesherrschaften Anholt, Gemen, Lembeck und Steinfurt zusammen und umfaßte insgesamt eine Fläche von 127,3 preussischen Quadratmeilen, entsprechend heutigen 7253 Quadratkilometern[3].

Im Norden und Osten bildeten das Königreich Hannover und der ebenfalls neuerrichtete Regierungsbezirk Minden die Grenze; das Königreich der Niederlande und der zur Rheinprovinz gehörende Regierungsbezirk Düsseldorf lagen im Westen, und im Süden tangierte Münster den Regierungsbezirk Arnsberg, abermals Minden und auf einer kurzen Strecke das zum Fürstentum Lippe-Detmold gehörige Stift Cappel[4].

Die Regierung nahm mit ihrer Konstituierung gleichzeitig die administrative Unterteilung ihres Verwaltungsbezirks vor und gliederte das Gebiet mit Ausnahme der Immediatstadt Münster in folgende zehn landrätliche Kreise auf: Ahaus, Beckum, Bor-

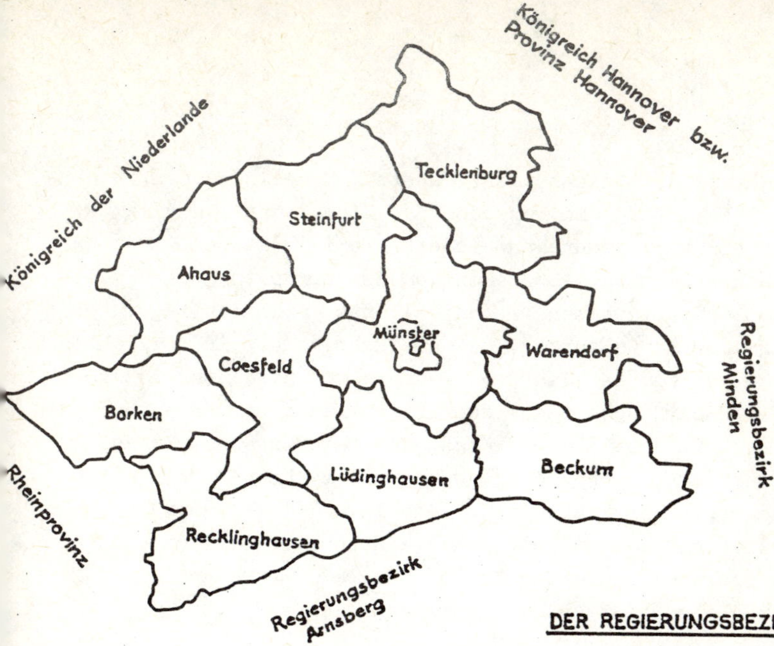

DER REGIERUNGSBEZIRK MÜNSTER

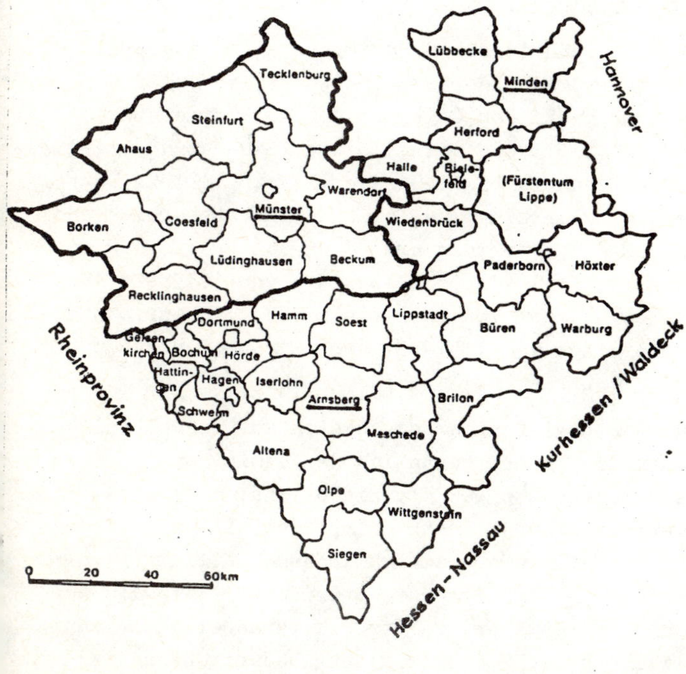

DIE KREISE DER PROVINZ WESTFALEN

ken, Coesfeld, Lüdinghausen, Münster, Recklinghausen, Steinfurt, Tecklenburg und Warendorf[5]. Diese Einteilung hatte übrigens bis zur kommunalen Gebietsreform im Jahre 1975 ununterbrochen Bestand, abgesehen von der Errichtung der Stadtkreise Bottrop, Gelsenkirchen, Gladbeck und Recklinghausen im Zuge der Verwaltungsreform des Ruhrgebiets in den Jahren 1927/28 und dem bereits fünf Jahre zuvor erfolgten Ausscheiden der Stadt Bocholt aus dem Kreisverband Borken[6]. Seit 1975 ist die Anzahl der Kreise des Regierungsbezirks auf fünf zurückgegangen: Ahaus wurde mit Borken, Beckum mit Warendorf, Lüdinghausen mit Coesfeld und Tecklenburg mit Steinfurt zusammengelegt. Den Kreis Münster teilten sich die vormals angrenzenden Kreise Coesfeld, Warendorf, Steinfurt und die Stadt Münster untereinander auf[7].

I.2. Organisation der Regierung

An der Spitze der münsterschen Regierung stand zugleich der für die Gesamtverwaltung der Provinz Westfalen zuständige Oberpräsident. Während des Untersuchungszeitraumes bekleideten Eduard von Flottwell von 1846 bis 1850[8] und anschliessend Franz von Duesberg bis 1871 dieses Amt[9]. Diese Doppelfunktion wertete allerdings zugleich Tätigkeitsbereich und Kompetenz des Stellvertreters erheblich auf. Regierungsvizepräsidenten waren Karl von Bodelschwingh von 1845 bis 1849[10], Johann Gottlieb Naumann von 1849 bis 1857[11], Heinrich Wilhelm von Holtzbrinck von 1857 bis 1862[12] und Gustav Otto von Mauderode von 1862 bis 1871[13].

Die Struktur der Regierung gründete sich auf vier Abteilungen, von denen die Innere bezüglich der Administration des Bezirks die bedeutendste war[14]. Sie beaufsichtigte sämtliche Angelegenheiten der Landeshoheit, des Polizei- und des Kriegswesens im Falle eines militärischen Konflikts[15], wie etwa die gesamte Sicherheits- und Ordnungspolizei, die Aufsicht über das Pressewesen, ferner Militärangelegenheiten, die der Mitwirkung der Zivilverwaltung bedurften und ferner

Überwachung innerer Anordnungen. Dieser Abteilung stand ein Dirigent im Range eines Oberregierungsrates vor[16]. Eine weitere Abteilung verwaltete das Kirchen- und Schulwesen, eine andere die indirekten Steuern und schließlich die vierte die Staatsdomänen und Forsten[17].

Die Bevölkerungsverhältnisse

Nach der im Jahr 1864 vorgenommenen Volkszählung lebten im Regierungsbezirk Münster 437111 Personen. Seit 1818, drei Jahre nach der Gründung, konnte somit eine Zunahme von 82474 ≙ 23,2 % an Einwohnern, vergleichsweise 1750 ≙ 0,5 % pro Jahr verzeichnet werden[18]. Gegenüber den benachbarten Regierungsbezirken Minden und Arnsberg konnte Münster hinsichtlich seines Bevölkerungswachstums freilich nicht mithalten. Besonders in den industriellen Zonen des märkischen Sauerlandes und der Ruhrregion war eine Verdoppelung der Einwohnerzahl zu registrieren[19].

Verantwortlich für die geringe Zunahme der Bevölkerung im Regierungsbezirk Münster war neben einer unterdurchschnittlichen Geburtenrate, die sogar über einen längeren Zeitraum die niedrigste in Preußen gewesen war[20], vor allem die fast nur auf landwirtschaftliche Produktion ausgerichtete Wirtschaftsstruktur des Münsterlandes[21].

Zwar konnten die größeren Orte des Münsterlandes zwischen 1843 und 1871 durchaus ein normales Wachstum vorweisen, so stieg etwa in Münster die Einwohnerzahl von ca. 21000 auf 25000, und auch die vormals unbedeutenden Orte im Kreis Recklinghausen, wie Bottrop und Gladbeck oder die Hauptstadt des Vests selber, vergrößerten sich, doch hielt sich ihre Entwicklung deutlich in Grenzen, verglichen etwa mit dem Wachstum der Städte an Rhein und Ruhr. Von einer Verstädterung, wie sie für die zweite Hälfte des 19. Jahrhunderts typisch war, konnte selbst bei einem Zuwachs von 45 % in der Stadt Recklinghausen nicht die Rede sein[22]. Dies traf weit stärker auch für einige Orte des Westmünsterlandes zu, die zeitweise überhaupt keine Bevölkerungszunahme verzeichnen konnten. Zwischen der Revolution von 1848 und der Reichsgründung verloren die Kreise Borken, Tecklenburg und Coesfeld sogar an Einwohnern[23]. Besonders ungünstig lagen die Verhältnisse im Kreis Warendorf, der von 1820 bis 1860 nahezu 1/9 seiner Bevölkerung einbüßte[24].

Wachstum, Stagnation und Rückgang der Bevölkerung spielten sich vor dem Hintergrund verschiedener ökonomischer Entwicklungen innerhalb dieses Zeitraumes ab. Der Rückgang des Leinengewerbes, hervorgerufen durch sinkende Nachfrage und die erst allmähliche Einführung der Baumwolle, verursachte tiefgreifende Strukturveränderungen. Während man das Leinengewerbe zumeist nur in häuslicher Arbeit antraf, konzentrierte sich die Baumwollfabrikation von Anfang an auf mechanische Fertigung[25]. Frühzeitig zog es daher die Betriebe aus den teilweise unzugänglichen ländlichen Regionen in größere Ortschaften, wo zudem wegen günstigerer Verkehrswege bessere Absatzchancen für die Erzeugnisse bestanden. Der Rückgang des Leinengewerbes und artverwandter Produkte und die gleichzeitige Durchsetzung der maschinellen Baumwollfabrikation führte unter den bisher schon gering verdienenden , meistens ohnehin mittellosen Kleinbauern und Heuerlingen, die ja letztlich auf Heimarbeit angewiesen waren, zu erheblichen Einkommenseinbußen und nicht selten zur Verarmung[26]. Da es zudem Mitte der vierziger Jahre aufgrund zweier Mißernten und allgemeiner ungünstiger Witterung auch im folgenden Jahrzehnt nicht besonders gut um die Landwirtschaft stand, wuchs gleichzeitig die Anzahl der Auswanderungswilligen sprunghaft an[27]. Bevorzugte Anlaufziele waren das benachbarte Holland und seit 1850 in verstärktem Maße Nordamerika, nicht zuletzt deshalb, weil die Möglichkeiten, in der Neuen Welt Land zu erwerben, besonders günstig waren[28]. Mit zunehmender Industrialisierung gewann aber auch mehr und mehr die Rhein-Ruhr Region für Arbeitssuchende an Attraktivität. Der seit 1864 zu beobachtende Bevölkerungsschwund im Westmünsterland hatte hauptsächlich darin seine Ursache[29]. Zwar fanden nun auch in der Heimat immer mehr Arbeiter in der Textilverarbeitung um Gronau, Ochtrup und Umgebung gute Erwerbsmöglichkeiten, jedoch war der Markt mit Arbeitskräften ziemlich gesättigt. Wegen seiner Abhängigkeit von ausländischen Rohstoffen galt dieser Industriezweig ohnehin nicht als krisensicher. So hatte beispielsweise der amerikanische Sezessionskrieg sofort eine hohe Arbeitslosigkeit heraufbeschworen[30]. Wenig anders war es um die wirtschaftliche Lage in den Kreisen Tecklenburg und Warendorf bestellt. Im Tecklenburger Land verzeichnete man sogar über einen längeren Zeitraum die höchste Auswanderungsrate des Regierungsbezirks[31], so daß hier die Anzahl der jährlichen Geburten nur mit Mühe den Bevölkerungsschwund ausgleichen konnte[32]. Im Kreis Warendorf erhielten zwar zahlreiche Erwerbslose vorübergehend Arbeit beim Bau der Köln-Mindener Eisenbahn, jedoch war diese wegen allzu großer körperlicher Strapazen nicht gefragt[33].

Neben der bedeutsamen Strukturveränderung in der Textilverarbeitung trug, wie schon erwähnt, die Agrarkrise der vierziger und fünfziger Jahre wesentlich zur Auswanderung bei. Ungünstige Witterungs- und Bodenverhältnisse sowie mangelnde technische Ausrüstung in der Landwirtschaft waren die Ursache für eine unterdurchschnittliche Ertragslage. Da die meisten Bauern durch Ablösesummen belastet waren,und die Ernte vielfach nicht einmal die Unkosten deckte, trennte man sich häufig aus Ersparnisgründen von den Heuerlingen[34]. Aus dieser brotlos gewordenen Schicht rekrutierte sich ebenfalls eine große Anzahl Auswanderungswilliger. Wenig besser erging es den nachgeborenen Söhnen der Landwirte, die, ohne Aussicht auf das Erbe des Hofes, meistens ihre engere Heimat verließen, zumal auch der Ankauf eines eigenen Betriebes finanziell nicht zu realisieren war[35].

Im Zuge der fortschreitenden Industrialisierung an Rhein und Ruhr fand man aber wenigstens in der näheren Heimat genügend Arbeitsplätze. Das Verhältnis von Wachstum, Stagnation und Rückgang der Bevölkerung in dem Zeitraum von 53 Jahren zeigt die folgende Tabelle[36].

Regierungsbezirk Münster

Kreis	1818	1843	1858	1871
Ahaus	34214	40686	40823	35752
Beckum	30428	35185	37988	39018
Borken	35518	41935	41295	40342
Coesfeld	36111	40164	41459	40530
Lüdinghausen	30343	36870	38835	38725
Münster	29362	35909	40339	45469
Recklinghausen	38420	45403	49289	52897
Steinfurt	35699	41087	44183	44493
Tecklenburg	35833	44034	45945	45657
Warendorf	32243	33332	29216	28102
Reg.-Bez. Münster	353356	415506	432376	435805

Im Vergleich mit den beiden benachbarten Regierungsbezirken schnitt Münster, wie bereits erwähnt, ziemlich ungünstig ab. Minden zählte zwar nur 25000 Einwohner mehr, doch verzeichnete Arnsberg mit 833000 Einwohnern nicht ganz die doppelte Anzahl[37]. Hinsichtlich der Bevölkerungsdichte zeigt der Regierungsbezirk Münster folgendes Bild pro qkm[38].

Kreis	1818	1843	1871
Ahaus	50	60	52
Beckum	44	51	57
Borken	50	59	54
Coesfeld	49	60	57
Lüdinghausen	44	53	56
Münster	37	41	41
Recklinghausen	39	45	49
Steinfurt	46	53	58
Tecklenburg	52	60	56
Warendorf	50	51	50
Reg.-Bez. Münst.	49	57	62
Reg.-Bez. Minden	65	85	90

	1818	1843	1871
Reg.-Bez. Arnsberg	49	70	109
Prov.Westf.	53	69	87

Bezüglich des Verhältnisses von städtischer und ländlicher Bevölkerung zeigt sich folgendes Bild[39].

Kreis	städtisch	ländlich
Ahaus	10,6 %	89,4 %
Beckum	26,5 %	73,5 %
Borken	18,2 %	81,8 %
Coesfeld	26,4 %	73,6 %
Lüdinghausen	10,0 %	90,0 %
Münster	5,4 %	96,6 %
Recklinghausen	15,1 %	84,9 %
Steinfurt	16,7 %	83,3 %
Tecklenburg	10,6 %	98,4 %
Warendorf	16,5 %	83,5 %

Eine Übersicht der Einwohnerzahlen verschiedener Städte des Regierungsbezirks zeigt diese Tabelle[40].

	1818	1843	1871
Ahaus	1195	1672	1690
Beckum	1822	2061	2980
Bocholt	3849	4922	6129
Borken	2169	2845	3066
Dorsten	2304	2888	3232
Dülmen	2098	3100	3776
Gronau	839	979	1233
Ibbenbüren	1619	2442	3190
Coesfeld	2482	3510	3532
Lüdinghausen	1393	1733	2185
Münster	15158	20901	24821

	1818	1843	1871
Recklinghausen	2637	3501	4858
Rheine	2421	2356	3879
Tecklenburg	977	1202	994
Vreden	2201	2596	1921
Warendorf	3818	4285	4859

I.4. Die konfessionellen Verhältnisse

Aufgrund ihrer nicht historisch gewachsenen Zusammensetzung zeigte die neuerrichtete Provinz Westfalen in konfessioneller Hinsicht eine ziemliche Vielfalt. Die Bevölkerung in den vormals geistlichen Territorien war überwiegend katholisch, die in den vormals weltlichen teils protestantisch teils konfessionell gemischt. Da sich der Regierungsbezirk Münster in der Hauptsache aus dem früheren Fürstbistum zusammensetzte, waren nahezu 90 % der Bevölkerung katholisch[41]. Die restlichen 10 % verteilen sich auf 9 % Protestanten und ca. 1 % Juden.

Größte evangelische Gemeinde im Regierungsbezirk war diejenige in Münster mit annähernd 2700 Gläubigen, die sich in erster Linie aus den zahlreichen Beamten der Verwaltung, den Offizieren und Soldaten einschließlich ihrer Familienangehörigen zusammensetzte[42]. Die Errichtung dieser Gemeinde ging auf das Jahr 1802 zurück, nachdem Münster preußisch geworden war. Die westfälische Provinzialkirche wurde durch das evangelische Konsistorium in Münster verwaltet, an deren Spitze der jeweilige protestantische Oberpräsident für die 'externa' und ein vom König ernannter Generalsuperintendent für die 'interna' standen[43]. In der Ära Duesberg wurde das Konsistorium allein durch den geistlichen Vertreter repräsentiert[44]. Die größte Anzahl aller Protestanten lebte allerdings im Kreis Tecklenburg. Dort hatte sich die Reformation unter einem Verwandten des Landgrafen Philipp von Hessen frühzeitig durchsetzen und später auch behaupten können[45]. Ungefähr 60 %

der Kreisbewohner waren protestantisch. Aber nicht nur konfessionell, sondern auch politisch hob sich Tecklenburg von den übrigen Kreisen ab; es gehörte bereits seit 1707 zur preußischen Krone.

Nach der Säkularisation war Münster weiterhin Sitz des Bischofs und des Domkapitels geblieben. Die Diözese umfaßte in der Provinz Westfalen den gesamten Regierungsbezirk Münster, die Pfarrei Lette im Kreis Wiedenbrück und eine Reihe weiterer Enklaven im Regierungsbezirk Arnsberg[46)]. Bestandteil der Diözese waren ferner die zum Regierungsbezirk Düsseldorf gehörenden Kreise Rees, Dinslaken, Duisburg, Kleve, Geldern, Kempen und Moers und außerhalb Preußens die vormals münsterschen, später oldenburgischen Ämter Vechta, Cloppenburg und Damme sowie die Städte Oldenburg und Jever[47)]. Vom 22. Dezember 1847 bis zum 19. Januar 1870 bekleidete Johann Georg Müller das Amt des Bischofs von Münster[48)].

Das Verhältnis zwischen protestantischer und katholischer Bevölkerung im Jahre 1858 drückt die folgende Tabelle aus[49)].

Kreis	katholisch	protestantisch
Ahaus	96,5 %	2,6 %
Beckum	97,8 %	1,0 %
Borken	95,5 %	3,5 %
Coesfeld	98,3 %	0,7 %
Lüdinghausen	98,7 %	0,6 %
Münster	98,2 %	1,5 %
Recklinghausen	98,0 %	1,5 %
Steinfurt	89,3 %	9,7 %
Tecklenburg	40,0 %	59,3 %
Warendorf	98,2 %	1,3 %
Reg.-Bez. Münster	90,2 %	9,0 %

I.5. Die Lage in der Landwirtschaft

Noch weit bis in die zweite Hälfte des 19. Jahrhunderts hinein konnten alle Kreise des Regierungsbezirks noch insofern ländlich genannt werden, als nahezu 7/10 der Bevölkerung in agrarischen Berufszweigen tätig waren[50)]. Eine merkliche Veränderung sollte erst zu Beginn der neunziger Jahre im Zuge der auch das Münsterland erfassenden Industrialisierung eintreten. In Orten wie etwa Gronau oder Stadtlohn sank der Anteil der allein von der Landwirtschaft lebenden Bevölkerung auf 25 bzw. 20 % und selbst in solchen Kreisen, die vormals rein agrarisch ausgerichtet waren wie Coesfeld und Recklinghausen, ging der Anteil der Ackerbau treibenden Bevölkerung spürbar zurück[51)].

Aber noch bis zum Jahre 1861 lebten rund 300000 Menschen allein von der Landwirtschaft[52)], darunter 19243 Familien und 5846 Pächter im Hauptgewerbe und 13242 Eigentümer und 4533 Pächter im Nebengewerbe[53)]. Da es allgemein üblich war, daß die Familienangehörigen bei der Bewirtschaftung des Landes behilflich waren, ergaben sich bei einer durchschnittlichen Kopfzahl von vier Personen etwa 229000 in der Landwirtschaft Beschäftigte, wobei die erhebliche Menge der Mägde, Knechte und Tagelöhner noch nicht berücksichtigt wurde, die ihrerseits noch einmal rund 72000 Personen ausmachte[54)]. Die sog. Pächter im Haupt- oder Nebengewerbe waren meistens Heuerlinge, die in der Regel gegen eine in Dienst stehende Pacht ein Stück Land für sich bearbeiteten, den Höfen aber angegliedert waren[55)].

Zu großer Blüte konnte die münsterländische Landwirtschaft allerdings nicht kommen. Ungünstige Bodenverhältnisse, meistens ausgedehnte Heide, Sümpfe und Moore, verhinderten einen extensiven Anbau. Noch im Jahre 1834 waren 835000 Morgen Heideland nicht zu nutzen. Selbst Anfang der sechziger Jahre war diese Fläche nur um 265000 Morgen verkleinert worden. In den Kreisen Ahaus und Borken konnten deshalb höchstens 1/10 der Gesamtfläche als für landwirtschaftliche Verhältnisse gut zu nutzender Boden bezeichnet werden[56]. Außerdem erlaubte der geringe Graswuchs vielfach nur eine bescheidene und wenig ertragreiche Viehzucht[57]. Der kärgliche Ertrag des Bodens zwang deshalb einen Großteil der bäuerlichen Bevölkerung, sich nach einem Nebenerwerb umzusehen. Verbreitet war das Spinnen und Weben, das in den Wintermonaten häufig den einzigen Verdienst einbrachte[58]. Erst mit der Aufteilung der ausgedehnten Wald-, Heide- und Moorflächen und deren Urbarmachung besserte sich die Ertragslage. Seit dem Jahre 1821 war die Parzellierung dieser sog. Marken forciert worden und bis 1848 waren auf diese Weise 3134 Dienst- und Abgabepflichtige abgelöst worden[59]. Allein zwischen 1830 und 1860 ging nahezu 97000 ha in bäuerlichen Privatbesitz über, wodurch sich auch die Anbaumöglichkeiten spürbar verbesserten[60]. Die Besitzverhältnisse waren Ende der fünfziger Jahre folgendermaßen gelagert[61]:

	Rittergüter		Spanngüter		Kleingüter	
Kreis		Morgen		Morgen		Morgen
Ahaus	3	5294	1404	173952	2454	49954
Beckum	13	17966	1089	157908	2629	42307
Borken	6	20950	1319	165452	1532	31084
Coesfeld	16	17997	1174	147749	1849	39704
Lüdinghausen	31	45459	1413	186902	1820	22722
Münster	18	27960	1169	161198	3152	33827
Recklinghausen	19	16054	1959	181498	3342	29482
Steinfurt	5	2692	1503	242319	2433	30450
Tecklenburg	6	4054	866	133068	2194	46846
Warendorf	12	10108	738	147157	3365	44068
Reg.-Bez. MS	129	168534	12634	1697203	23770	142828

Der Boden verteilte sich demnach auf 8,4 % Rittergüter[62], 73,2 % Spanngüter und 18,2 % Kleingüter. Verglichen mit dem adeligen Grundbesitz in den östlichen Provinzen war jener des münsterländischen Adels eher bescheiden zu nennen, was unter anderem auch darauf zurückzuführen war, daß der Ausdehnung der Rittergüter auf Kosten der Erbpächter schon im ausgehenden Mittelalter enge Grenzen gesetzt worden sind.

Die bei weitem größte Besitzung war die bis zu seinem Tode im Jahre 1831 dem Freiherrn vom Stein gehörende Herrschaft Cappenberg mit 7200 Morgen, gefolgt von Lembeck, im Besitz des Grafen von Merveldt mit 6000 Morgen[63]. Die durchschnittliche Fläche der sich zumeist in adeligen Händen befindliche Rittergüter belief sich auf rund 1040 Morgen[64].

Die bäuerlichen Besitzungen zerfielen in spannfähige Colonat und nichtspannfähige Kleingüter. Nach einer Zählung aus dem Jahre 1859 betrug die Anzahl der Colonate 12634 mit durchschnittlich 134 Morgen, die der Kleingüter 23770 mit einer durchschnittlichen Fläche von 15 1/2 Morgen[65]. Der Umfang der landwirtschaftlich zu nutzenden Fläche war jedoch meistens nur ein Bruchteil davon. Immerhin, und das gehörte zu den Besonderheiten des niederdeutschen Raumes, sind die Besitzungen aufgrund einer langen Rechtstradition vor ertrags mindernder Aufteilung verschont geblieben.

Aufgrund der ungünstigen Bodenverhältnisse und der sich sei Mitte der vierziger Jahre einstellenden schlechten Ertragslage in der Landwirtschaft sollte sich auch der Reingewinn pro Morgen in deutlichen Grenzen halten, verminderte doch beispielsweise die unverhältnismäßig weite Ausdehnung zum Anbau unbrauchbarer Sandböden den Anteil der tatsächlich nutzbaren Ackerfläche im Kreis Borken auf 31,3 %[66]. Da ausserdem 40 % Weideland kaum nennenswerte Erträge in der Vieh zucht abwarfen, waren die Einkünfte der Landwirte gering. In den Kreisen Recklinghausen, Steinfurt, Lüdinghausen und Coesfeld war das Verhältnis zwischen fruchtbaren Lehm- und unfruchtbaren Sandböden einigermaßen ausgeglichen und in T lenburg drückte die geringe, aber fruchtbare Anbaufläche den Durchschnittswert. Welche Erträge zu Beginn der sechziger Jahre pro Morgen erwirtschaftet wurden, geht aus folgender Tabelle hervor[67].

Kreis	Ackerbau	Landwirtschaft allgem.
Ahaus	49 Silbergroschen	24 Silbergroschen
Beckum	54 "	49 "
Borken	44 "	28 "
Coesfeld	61 "	40 "
Lüdinghausen	55 "	47 "
Münster	59 "	41 "
Recklinghausen	59 "	41 "
Steinfurt	54 "	30 "
Tecklenburg	58 "	27 "
Warendorf	47 "	31 "
Reg.-Bez. MS	54 "	36 "

.6. Die Lage in der Industrie

Der um die Mitte des 19. Jahrhunderts einsetzende industrielle Aufschwung, der besonders die an Bodenschätzen reiche Provinz Westfalen erfaßte, ging am nördlich gelegenen Regierungsbezirk Münster fast vollkommen vorbei. Zwar gab es auch dort schon seit langem traditionelle Textilbetriebe, doch hatte deren einseitige Ausrichtung auf die Herstellung von Leinen und artverwandte Produkte bei sinkender Nachfrage dieser Erzeugnisse zu einer ernsten Wirtschaftskrise geführt, die erst mit der schrittweisen Verwendung der Baumwolle ein Ende fand. Dieser Niedergang hatte allerdings nicht solche katastrophalen Folgen wie etwa in Minden-Ravensberg oder gar in Schlesien, da das Leinengewerbe vorwiegend im Nebenerwerb ausgeübt wurde, und der Großteil der Bevölkerung von der Landwirtschaft lebte. Für die Fabrikanten war dieser Zustand nicht einmal unvorteilhaft, da sich die zahlreichen Nebenerwerbler mit äußerst geringen Löhnen zufrieden gaben.

Neben der Textilverarbeitung war vielenorts auch das Brennerei- und Mühlengewerbe anzutreffen[68].

Von rein industriellem Charakter waren dagegen die auf dem Vorkommen von Bodenschätzen basierenden Industriezweige[69]. So hatte der Abbau von Raseneisenerz zur Gründung einer Reihe kleinerer Eisenhütten geführt[70]. Die im Jahre 1855 registrierten 625 Arbeiter fielen aber kaum groß ins Gewicht[71]. Von Bedeutung waren allerdings die Kohlengruben um Ibbenbüren im Kreis Tecklenburg, übrigens noch zu dieser Zeit der einzig bedeutende Fundort des 'schwarzen Goldes' im Regierungsbezirk, da man im Kreis Recklinghausen größere Kohlenfelder erst zu Beginn der siebziger Jahre erschließen konnte[72]. 1855 wurden in beiden Industriezweigen, Eisenverarbeitung und Kohlenförderung, 15 Betriebe mit insgesamt 2438 Arbeitern gezählt, sechs Jahre später verzeichnete die Statistik schon 8863 Beschäftigte in 71 Unternehmen[73].

Die Schwerindustrie wurde aber bereits Mitte der fünfziger Jahre durch den beispiellosen Siegeszug der mechanischen Baumwollverarbeitung überflügelt. Durch die Erfindung der Spinnmaschine war zugleich eine rege Nachfrage nach diesen relativ preiswerten Produkten ausgelöst worden. Zwar gab es auch schon in den dreißiger Jahren Baumwollerzeugnisse auf dem Markt, doch konnte seinerzeit die Qualität nicht überzeugen[74]. Unterstützt wurde dieser plötzliche Aufschwung der Baumwollverarbeitung durch die im Spinnen und Weben kundige Arbeiterschaft, die jetzt ohne langes Anlernen in den Fabriken eingesetzt werden konnte . Außerdem wirkte sich der hohe Feuchtigkeitsgehalt der Luft im Münsterland, der etwa 10 % über dem vergleichbarer Textilgebiete lag, günstig auf die Durchführung des Spinnprozesses aus. Was der Landwirtschaft Jahr um Jahr große Sorge bereitete, entwickelte sich hier zum Vorteil. So kamen die Spinnereien, durch die ausgedehnten Moore nachhaltig begünstigt, über mehrere Jahrzehnte ohne künstliche Luftbefeuchtung aus[75].

Der aus Rheine gebürtige Fabrikant Karl Kümpers und der aus Zwolle stammende Jan Friedrich Timmermann sowie der als technischer Berater hinzugezogene Engländer Hardy Jackson machten schon 1845 mit der Errichtung der ersten mechanischen Baumwollspinnerei den Versuch, moderne Produktionsweisen einzuführen. Zwölf Jahre später war diese Gruppe mit der Eröffnung der ersten mechanischen Weberei wiederum bahnbrechend[76)]. Ihr Beispiel machte rasch Schule und so entstanden im nordwestlichen Münsterland nach und nach Betriebe dieser Art. 1857 gründeten die Gebrüder Laurenz in Ochtrup eine Spinnerei, wenig später folgten in Gronau die Familie van Delden und in Bocholt Ludwig Schwartz[77)]. Verbesserte Verkehrsverhältnisse seit Mitte der fünfziger Jahre, unter anderem die Fertigstellung der Eisenbahnlinie von Münster nach Rheine im Jahre 1856, hatten außerdem die Ansiedlung neuer Betriebe begünstigt.

Bei der gewerbestatistischen Erhebung des Jahres 1855 wurden im Regierungsbezirk Münster in der Textilindustrie einschließlich der Fabrikarbeiter 14548 Personen an 14423 Stühlen gezählt[78)], während die Leinenindustrie zur gleichen Zeit nur noch 3484 Arbeiter an 3465 Stühlen beschäftigte[79)]. Nach einer Schätzung der münsterschen Industrie- und Handelskammer aus dem folgenden Jahr wollte man allerdings schon 19000 Webstühle, davon allein in den Kreisen Ahaus, Coesfeld und Steinfurt 10000 bis 11000 Textilarbeiter an ca. 8000 Schnellstühlen gezählt haben, ein Wert, der zu hoch gegriffen sein dürfte[80)]. Aller Wahrscheinlichkeit nach hatte die Industrie- und Handelskammer hierbei die im Nebengewerbe laufenden Stühle hinzugerechnet. Bei der preußischen Gewerbezählung des Jahres 1861 wurden in der Baumwollweberei 12252 Handstühle und 1317 Kraftstühle mit insgesamt 59990 Spindeln, 6685 pro Betrieb, gezählt[81)]. Die bis 1863 recht günstig verlaufene Entwicklung dieser Branche erfuhr aber durch den Ausbruch des amerikanischen Sezessionskriegs und dem Ausbleiben des Rohmaterials eine folgenschwere Unterbrechung. Zahlreiche Spinnereien stellten daraufhin ihre Produktion ein und entließen die meisten Arbeitskräfte. Diese zeitweilige Unterbrechung - erst 1865 setzte die Lieferung wieder ein[82)] - konnte aber den weiteren Ausbau der Textilindustrie, der vor allem Ende der sechziger Jahre durch den verstärkten Ausbau der Verkehrswege in Richtung Norden weiter begünstigt wurde, nicht aufhalten. Nahezu 1/10 aller in Betrieb befindlichen Baumwollwebstühle Preußens liefen zu Beginn des Kaiserreiches im Regierungsbezirk Münster[83)]. Übertroffen wurde das Münsterland lediglich von den niederrheinischen Webereien und Spinnereien, die aufgrund ihrer verkehrsgünstigen Lage sich weitaus größere Märkte erschließen konnten.

Neben der Textilindustrie errang gegen Ende der sechziger Jahre die Zementgewinnung zunehmend an Bedeutung. Die Kalkindustrie im Kreis Beckum profitierte außerdem von dem nach Beendigung des deutsch-französischen Krieges einsetzenden 'Bauboom' der Gründerjahre[84)].

I.7. Das Verkehrs- und Siedlungswesen

Der Zustand des Straßenwesens war noch bis Mitte des 19. Jahrhunderts vollkommen unzureichend. Im Jahre 1826 waren geradezu 26 Meilen chausseemäßig derart ausgebaut, daß deren Benutzung auch unter ungünstigen Witterungsverhältnissen möglich war[85)]. Selbst der Ausbau der seit altersher bekannten Handelsstraße von Münster über Burgsteinfurt, Ochtrup, Gronau nach Holland erfolgte erst 1855. Die Verkehrswege waren hauptsächlich auf die Mittelpunktlage der Stadt Münster zugeschnitten. Verkehrswege zwischen den Mittelpunkten der Kreise gab es dagegen nur wenige. Für Reisende, aber auch für die bei jeder Wahl zusammenkommenden Wahlmänner, brachte die ungünstige Straßenführung erhebliche Nachteile mit sich. Wollte man etwa von Beckum nach Lüdinghausen gelangen, so fuhr man am einfachsten über Münster, obwohl dies kilometermäßig ein erheblicher Umweg war. Mehrere Tagesreisen innerhalb eines Kreisgebietes waren daher nicht selten[86)].

Erst mit der Inbetriebnahme der Eisenbahnstrecke zwischen Münster und Hamm im Jahre 1848 kam es zu einer Verbesserung der Verkehrslage im südlichen Münsterland. Allerdings stieß diese Trassenführung bei Handel und Industrie nicht nur auf Zustimmung, da die wirtschaftlich bedeutendere Linie, die von Köln nach Minden führende Eisenbahnstrecke, nur den Südteil des Regierungsbezirks streifte[87]. Ohne Zweifel wäre der münsterländischen Industrie besser gedient gewesen, hätte die Planung die Provinzialhauptstadt berücksichtigt. So fehlte aber dem nördlichen Münsterland der wichtige Kontakt zu den rheinischen Absatzmärkten. Sämtliche Eingaben, Münster direkter als über die Hammer Eisenbahn an die Ost-Westlinie anzubinden, blieben allerdings erfolglos. Erst mit der Weiterführung der Bahn in Richtung Rheine im Jahre 1856, die später weiter über Papenburg zu den wichtigen Nordseehäfen führte, eröffnete sich der Textilindustrie des Münsterlandes ein grösserer Markt. Begleitet wurde der Ausbau des Eisenbahnnetzes von einer ständigen Erweiterung der Straßen. Im Jahre 1862 waren schon 127 Meilen chausseemäßig ausgebaut[88].

Daß die Verkehrslage im Münsterland bis weit ins 19. Jahrhundert vollkommen unzureichend war, hing eng mit der eigentümlichen Siedlungsform dieser Landschaft, den sog. Streusiedlungen zusammen. Abgesehen von der Provinzialhauptstadt, dem einzigen größeren Ort und den 28 Kleinstädten mit teilweise ländlichem Charakter, lebte der überwiegende Teil der Bevölkerung in Bauernschaften. Diese zumeist mehreren Dutzend Höfen umfassende, allerdings breit gestreute Siedlungsform hatte meistens mehr Einwohner als die Gemeinde, der sie politisch und wirtschaftlich angeschlossen war. Wegen der unzureichenden Verkehrswege, der Abgeschiedenheit der Gehöfte und der zeitintensiven Arbeit in der Landwirtschaft hielten sich auch die Kontakte unter der Landbevölkerung in Grenzen. Die Höfe wurden in der Regel nur an Sonntagen wegen des Gottesdienstes verlassen.

Dieser Zustand hatte natürlich auch erhebliche Rückwirkungen auf das Wahlverhalten der Bevölkerung, denn die Wahlen wurden regelmäßig an Wochentagen durchgeführt.

Das Pressewesen

Mit Zeitungen war der Regierungsbezirk nicht eben reich gesegnet. Der in Münster vom dortigen Buchhändler Coppenrath herausgegebene 'Westfälische Merkur', ein gemäßigt konservatives und meist mit den Grundsätzen der Kirche übereinstimmendes Blatt, war bis Mitte der fünfziger Jahre die einzige Tageszeitung[89]. Auf dem Lande erschienen zwar einige Kreis- und Wochenblätter, doch waren diese mit wenigen Ausnahmen unpolitisch, zumal es an Verlegern und geschulten Redakteuren fehlte.

Im Münsterland und seinen angrenzemden Gebieten verfügte der Merkur über einen festen Leserstamm. Neben der in Köln erscheinenden 'Rheinischen Volkshalle' galt er als das nächst bedeutende katholisch ausgerichtete Presseorgan der beiden Westprovinzen. Wie die Volkshalle vertrat auch der Merkur in den zahlreichen Auseinandersetzungen zwischen dem Klerus und der Berliner Regierung, etwa während des Streites um die sog. Raumerschen Erlasse oder der Herstellung der Parität bei der Besetzung der Beamtenstellung strikt den Standpunkt der Kirche. Gelegentlich wurde das Blatt daher von den münsterschen Behörden gerügt[90]. Trotz der nicht zu übersehenden Loyalität zum preußischen Staat und vor allem zum Monarchen hat sich der Merkur aber nie als Werkzeug der Regierung, beispielsweise in der Ära Manteuffel oder gar während des Heeres- und Verfassungskonflikts, mißbrauchen lassen.

Neben dem 'Westfälischen Merkur' erschien seit 1855 in der Aschendorffschen Verlagsbuchhandlung, die sich im Besitz der einflußreichen münsterschen Familie Hüffer befand, der 'Münstersche Anzeiger'. In der politischen wie religiösen Grundanschauung unterschied sich dieses Blatt in nichts vom Merkur. Es verfügte aber in den Anfangsjahren bei weitem nicht über dessen journalistisches Niveau. Die sich hauptsächlich nur auf das Gebiet der Stadt und die nähere Umgebung beschränkende Zeitung - sie fungierte gleichzeitig als Kreisblatt für den Kreis Münster - sah anfänglich ihr

Ziel darin, die Leserschaft mit lokalen Nachrichten zu versorgen.

Während der Revolution war Münster Heimat mehrerer Blätter demokratischen Zuschnitts. Die meisten von ihnen besaßen aber nur eine kurze Lebensdauer und kamen selten über mehr als zehn Exemplare hinaus[91]. Eine Ausnahme bildete die 'Westfälische Volkshalle', das Sprachrohr der münsterschen Demokraten. Im Dezember 1848 gegründet und erst unter dem Druck der Regierung 1850 eingestellt, erschien die Volkshalle täglich. Unter der Federführung begabter Redakteure erlangte das Blatt auch über Münsters Grenzen hinaus weite Verbreitung und gehörte ohne Zweifel zu den führenden demokratischen Zeitungen Westfalens[92].

Neben den beiden münsterschen Zeitungen war das 'Wochenblatt für den Kreis Recklinghausen' das bedeutsamste unter den ansonsten politisch farblosen Presseorganen dieser Art. Vor allem während der Revolutionsjahre ging von dieser Zeitung erheblicher Einfluß auf die Bevölkerung aus. Wegen allzu regierungsfeindlicher Gesinnung entzog aber der Staat der Zeitung anfangs der fünfziger Jahre das Postdebit. Wie zahlreiche andere Blätter verfiel das Wochenblatt daraufhin der allgemeinen Bedeutungslosigkeit. Erst mit Anbruch der 'Neuen Ära' wagte die Zeitung wieder eine deutlichere Sprache und stand während des Verfassungskonflikts eindeutig auf seiten der Regierungsgegner[93]. Weniger Einfluß übte dagegen die zweite Zeitung des Kreises Recklinghausen, das 'Dorstener Wochenblatt', aus. Ursprünglich konstitutionell ausgerichtet, verschrieb sich das Organ in den sechziger Jahren den Ideen der Fortschrittspartei[94]. Die übrigen Kreis- und Wochenblätter spielten im politischen Leben dagegen keine Rolle. Meistens dienten sie lediglich der Verbreitung amtlicher Mitteilungen, jedoch kam es auch manchmal vor, daß Kommentare des 'Westfälischen Merkur' , sofern solche im Interesse der Regierung waren, nachgedruckt wurden. Es war auch üblich, daß sich vor den Urwahlen die Landräte bzw. Wahlkommissare an die Bevölkerung wandten und die ministeriellen Ansichten bezüglich des gewünschten Ausgangs der Abstimmung erläuterten. Während des Verfassungskonflikts stellten sich zwar die Kreisblätter aufgrund der Bismarckschen Pressepolitik verstärkt in die Dienste der Regierung, doch eine eigenständige Kommentierung wichtiger politischer Ereignisse durch die Redakteure erfolgte auch zu dieser Zeit nicht.

Eine erhebliche Bedeutung besaß daneben das in der münsterschen Buchhandlung Theissing herausgegebene 'Sonntagsblatt für katholische Christen'. Zwar war der religiöse Charakter der Zeitung unverkennbar, doch stand sie etwa dem Merkur in nichts nach, wenn Rechte der Kirche bedroht schienen. Ansonsten aber diente das wöchentlich erscheinende Kirchenblatt vorwiegend der religiösen Erbauung[95]. Mit einer von der Redaktion bezifferten Auflage von ca. 4000 Exemplaren gegen Ende des Jahres 1849 erlangte das Blatt eine selbst für damalige Verhältnisse weite Verbreitung[96]. Es war deshalb auch nicht weiter verwunderlich, daß die Zeitung in Zusammenarbeit mit dem Klerus die Kampagne gegen die schulpolitischen Vorstellungen der deutschen Nationalversammlung in Gang setzte. Die imposante Anzahl der vorgelegten Unterschriften unterstrich den Einfluß des Blattes.

Im Vergleich zum benachbarten Rheinland war aber das Pressewesen im Regierungsbezirk Münster ziemlich unterentwickelt. Laut Statistik wurden Mitte der sechziger Jahre einschließlich auswärtiger Zeitungen lediglich 4283 Exemplare in Umlauf gebracht, worin auch die Anzahl der Kreis- und Wochenblätter eingerechnet war. 464 Abonennten entfielen dabei auf Münster, 176 auf Coesfeld, 140 auf Warendorf und auf Rheine 121[97]. Um das Jahr 1861 bezifferte sogar der 'Westfälische Merkur' seine an auswärtige Bezieher verschickten Zeitungen nur auf etwa 700 Exemplare[98]. Dabei muß erwähnt werden, daß dieses Organ in den katholischen Gebieten der Provinz Westfalen verbreitet war. In den Streusiedlungen auf dem Lande war dagegen der Zeitungsvertrieb unüblich. Eine Ausnahme bildete das 'Landwirtschaftliche Wochenblatt', das allerdings keinen politischen Charakter besaß[99].

9. Zur sozialen und wirtschaftlichen Lage vor 1848

Die sich seit Mitte der vierziger Jahre infolge ungünstiger klimatischer Verhältnisse häufenden Mißernten hatten auch im Münsterland tiefe Spuren hinterlassen[100)]. Die Folge hiervon war nicht nur eine allgemeine Verknappung und Verteuerung der Grundnahrungsmittel, sondern auch eine weitverbreitete Lähmung von Handel und Gewerbe, die vor allem in den Zentren der Textilindustrie um Bocholt, Gronau und Rheine Massenarbeitslosigkeit auslöste. Zahlreiche Betriebe sahen sich daher gezwungen, ihre Produktion vorläufig einzustellen[101)]. Die materielle Notlage wurde aber im Münsterland dadurch etwas gelindert, daß ein Großteil der Betroffenen, im Gegensatz zu den wirtschaftlichen Verhältnissen in Minden - Ravensberg oder gar in Schlesien, der Fabrikarbeit nur im Nebengewerbe nachging[102)].

Nachdem sich um die Jahreswende 1845/46 die erste Mißernte abzeichnete, forderte die münstersche Regierung die Landwirte zum verstärkten Aufkauf von Saatgütern auf und schlug darüber hinaus vor, auch bisher nicht genutzte Fluren zu bebauen[103)]. Doch auch zu Beginn des Jahres 1847 stellte sich keine Besserung ein. Mit dem Ankauf ausländischen Getreides griff die Regierung zwar den ärmsten Schichten vorübergehend unter die Arme, doch konnte auch sie die Not nur zeitweise lindern. An der allgemeinen Notlage sollte auch der Fortfall des Getreidezolls und eine Milderung der unbeliebten Mahl- und Schlachtsteuer kaum etwas ändern[104)].

In Münster hatte sich bereits nach der ersten Mißernte ein Hilfskomitee gebildet, das durch Spenden und Zuschüsse aus den Armenfonds ausländisches Getreide aufkaufte[105)]. Doch erst Ende 1847 sollte sich die Ernährungslage entscheidend verbessern. Der preußische Scheffel Roggen, der im Mai noch 4 Taler 24 Silbergroschen und 11 Pfennige gekostet hatte, war nunmehr wieder für einen Taler 23 Silbergroschen und 11 Pfennige zu bekommen. Vergleichbare Preisstürze verzeichnete man auch bei Weizen und Kartoffeln[106)].

Die im Zuge der Märzereignisse auch im Münsterland ausbrechenden Unruhen hatten daher nur in den seltensten Fällen politische Ursachen[107]. In gewisser Weise typisch für den sozialen Charakter des Aufruhrs war der Straßenauflauf in Münster am 19. März. Mehrere hundert aufgebrachte Einwohner verlangten die unverzügliche Aufhebung der als sozial ungerecht empfundenen Mahl- und Schlachtsteuer[108], da diese die minderbemittelten und kinderreichen Familien über Gebühr belastete. Die Unruhen auf dem Lande (die schlimmsten Ausschreitungen gab es in Dülmen gegen das Schloß des Herzogs von Croy) hatten allesamt soziale Hintergründe. Ausgesprochen politische Forderungen, wie etwa Presse- und Versammlungsfreiheit, die Ausarbeitung einer Verfassung oder gar Wahlen zu einem deutschen Parlament, waren dagegen nicht zu hören.

DIE WAHLEN WÄHREND DER ZEIT DER REVOLUTION

1848 - 1849

. Die Maiwahlen 1848

.1. Das Wahlgesetz zur deutschen und preußischen Nationalversammlung

Zu den wichtigsten Aufgaben des am 2. April 1848 eröffneten Vereinigten Landtages gehörte die Verabschiedung der von der Regierung proponierten Wahlrechtsvorlage[1)]. Trotz der zuvor von konservativer aber auch von liberaler Seite angemeldeten Vorbehalte gegen die allzu großzügige Verleihung des Wahlrechts erhob sich,nicht zuletzt wegen der jüngsten Unruhen im Land, gegen die unterbreiteten Vorschläge nur recht geringer Widerspruch[2)].

Grundlage der Bestimmungen war das allgemeine, gleiche, indirekte und geheime Wahlrecht. Stimmberechtigt war laut § 1 jeder 24jährige Preuße im Vollbesitz der bürgerlichen Ehrenrechte, der sich seit mindestens sechs Monaten an seinem Wohnort aufhielt und nicht aus öffentlichen Mitteln Armenunterstützung bezog. Die Urwähler jeder Gemeinde wählten auf die Vollzahl von jeweils 500 Einwohnern (nicht auf die Anzahl der Wahlberechtigten) einen Wahlmann mit absoluter Mehrheit. Die Urwahlbezirke, die von den Lokalbehörden einzurichten waren, sollten jedoch im Höchstfall fünf Wahlmänner bestimmen. Es war aber auch durchaus üblich, daß Gemeinden mit weniger als 500 Einwohnern einen Wahlmann wählen konnten, wodurch den Behörden bei der Einteilung der Urwahlbezirke ein ziemlicher Ermessensspielraum eingeräumt wurde[3]. Die Stimmabgabe war geheim (§ 11) und sie hatte schriftlich zu erfolgen (§ 4). Die Wahlmänner eines einzigen Landkreises oder einer sog. kreisfreien Stadt wählten einen Abgeordneten und einen Stellvertreter. Überstieg aber die jeweilige Einwohnerzahl die Grenze von 60000, so waren zwei, bei 100000 drei und bei 140000 vier Abgeordnete usw. zu bestimmen (§ 6). Die Wahl der Abgeordneten und der Stellvertreter erfolgte mit Hilfe selbstgeschriebener Stimmzettel (§ 9). Auch bei dieser Abstimmung war die absolute Mehrheit erforderlich. Stellte sich diese selbst nach zwei Wahlgängen nicht ein, so entschied im folgenden Durchgang die einfache Mehrheit zwischen den beiden bisher erfolgreichsten Bewerbern. Abgeordneter konnte jeder 30jährige Preuße werden, sofern er nicht Unterstützungsempfänger war (§ 5)[4].

Das von der Regierung vorgelegte und am 8. April publizierte Wahlgesetz hatte sich aber noch zuvor einigen Veränderungen unterziehen müssen. Das Ministerium war nämlich mit dem Plan, das Stimmrecht an einen mindestens einjährigen Aufenthalt am Wahlort zu knüpfen, ebensowenig durchgekommen wie mit der Absicht, das Wahlrecht Dienstboten und Gesinde wegen mangelnder wirtschaftlicher Selbständigkeit vorzuenthalten[5]. Der Landtag war sich aber darin einig, daß es ohnehin kaum möglich sei, dafür die erforderlichen Kriterien beizubringen. Da es einer gewissen Logik entbehre, Gesellen, Arbeiter und Tagelöhner mit dem Wahlrecht auszustatten, es aber anderen 'Abhängigen' zu verweigern, wurde der Erweiterung stattgegeben[6]. Anträge in Richtung auf eine noch weitergehende Ausdehnung des Stimmrechts wurden allerdings genauso verworfen wie der Versuch, das passive Wahlrecht auf 24 Jahre herabzusetzen[7].

Das am 11. April unter Bezugnahme auf den Bundesbeschluß vom 7. April verordnete Wahlrecht zur deutschen Nationalversammlung unterschied sich von demjenigen zur preußischen Konstituante lediglich dadurch, daß aktives wie passives Wahlrecht an die Vollendung des 21. Lebensjahres geknüpft wurden und der Nachweis des sechsmonatigen Aufenthalts am Wahlort keine Gültigkeit besaß[8]. Die Anzahl der Stimmberechtigten war deswegen geringfügig höher[9]. Entgegen dem preußischen Gesetz vom 8. April, in welchem jeder einzelne Landkreis zugleich auch als Wahlkreis festgelegt worden war, mußten für die deutsche Nationalversammlung erweiterte Einheiten gebildet werden. Ein Abgeordneter war demnach auf 50000 Einwohner zu wählen. Als Termine waren für Berlin der 1. und der 8. Mai und für Frankfurt der 1. und der 10. Mai festgelegt worden.

I.2. Die Wahlkreiseinteilung (preußische Nationalversammlung)

	Einw.	Wahlberecht.		%	Wahlmänner
Münster(Stadt)	21242	4713	≙	22,2	42
Münster(Kreis)	36666	9043	≙	24,7	68
Ahaus	40243	9629	≙	23,9	71
Beckum	36503	unbek.			64
Borken	41666	9936	≙	23,8	71
Coesfeld	40522	10149	≙	25,0	72
Lüdinghausen	37616	8550	≙	22,7	65
Recklinghausen	46009	unbek.			81
Steinfurt	41186	unbek.			72
Tecklenburg	42900	8875	≙	20,7	75

Warendorf	33201	7703	≙ 23,2	56
Reg.-Bez. Münster	417754	105538	≙ 25,3	737[10)]
Reg.-Bez. Minden	455571	99926	≙ 21,9	unbek.
Reg.-Bez. Arnsberg	563630	130698	≙ 23,2	"
Provinz Westfalen	1436955	366162	≙ 23,4	"
Preußen	16112938	3661992	≙ 22,7	32266

II.3. Wahlbewegung, Ur- und Abgeordnetenwahl am 1. und 8. Mai 1848 Wahl zur preußischen Nationalversammlung

Stadt Münster

Naturgemäß herrschte in der einzigen Großstadt des Regierungsbezirks weitaus mehr Interesse an den bevorstehenden Wahlen als auf dem Lande. Zwar konnte sich auch in Münster unter dem Großteil der politisch unerfahrenen Wähler kaum jemand ein Bild über die Bedeutung dieses Vorganges machen, aber das gemessen an der Gesamtbevölkerung gut repräsentierte Bürgertum sah in den Wahlen zur verfassunggebenden preussischen Nationalversammlung den ersten Schritt zur Konstitutionalisierung des Staates. Die etwa drei Wochen vor der Urwahl einsetzende Wahlbewegung sollte daher auch in erster Linie eine Angelegenheit des gutsituierten Bürgertums werden[11)].

Nachdem sich das noch in vielerlei Hinsicht biedermeierlich anmutende Münster von dem Schock über den Ausbruch der Revolution und der damit einhergehenden Erschütterung des Staatsgefüges erholt hatte, freundete sich die Bevölkerung mit den ersten Ergebnissen der Umwälzung, nämlich der Ausübung des ungehinderten Versammlungsrechts und der Beseitigung der Zensur, rasch an[12]. In Kreisen des katholischen Bürgertums herrschte nicht zuletzt auch darüber eine gewisse Genugtuung, daß die Epoche der mit dem Jahre 1815 begonnenen Reaktion in Preußen, verbunden mit einer als bedrückend empfundenen Gängelung der Kirche, nunmehr ein Ende haben sollte, war doch im Jahre 1848 die Erinnerung an die elf Jahre zurückliegende Verhaftung des Kölner Erzbischofs Clemens August von Droste-Vischering nicht in Vergessenheit geraten[13].

Angeregt durch die Gründung der Piusvereine in Mainz und Limburg[14], erschien am 12. April ein Aufruf im 'Westfälischen Merkur', der die Katholiken der Stadt aufforderte, sich zum Zwecke der politischen Vertretung berechtigter kirchlicher Interessen zusammenzuschließen[15]. Zu den Gründungsmitgliedern des sich tags darauf konstituierenden münsterschen Piusvereins gehörten der 1847 in die Provinzialhauptstadt zugezogene Rechtsanwalt Eduard Windthorst[16], ein Vetter des späteren Zentrumsführers, der ebenfalls als Rechtsanwalt praktizierende Franz Edmund Fuisting[17], Kaufmann Wagener und als Vertreter der Geistlichkeit die Pastöre Menke und Schlun[18].

Einen ausgesprochen politischen Charakter besaß der münstersche Piusverein aber ebensowenig wie die meisten anderen gleichnamigen Vereine in Preußen und in den katholisch geprägten Mittelstaaten, sieht man einmal von einigen Ausnahmen im Rheinland ab[19].

Natürlich begrüßte man auch in katholischen Kreisen die "Märzerrungenschaften" und erblickte darin das Fundament einer künftigen freiheitlichen Staatsordnung, doch das Hauptanliegen der meisten Piusvereine galt weniger politischen Zielen als vielmehr der Interessenvertretung spezifisch kirchlicher Belange. Dazu gehörten die Verteidigung religiöser Freiheiten, die Durchsetzung der Parität, der Ausbau des höheren katholischen Bildungswesens und natürlich die Verwirklichung der Unabhängigkeit der Kirche vom Staat[20]. Um diese Ziele möglichst wirkungsvoll nach außen hin vertreten zu können, bedurfte es aber einer Vielzahl dieser katholischen Vereine. Daher gehörte es auch zunächst zu den vordergründigsten Aufgaben der zumeist in den Kathedralstädten der Bistümer angesiedelten Zentralvereine, ein dichtes Netz von Filialvereinen aufzubauen[21]. Auf der am 28. April in Münster tagenden ersten Generalversammlung konnte der Vorsitzende des Vereins, Rechtsanwalt Fuisting, schon von der Gründung von 12 Zweigorganisationen innerhalb der Grenzen des Regierungsbezirks berichten. Gleichzeitig gab er bekannt, daß die münstersche Zentrale bereits 150 Mitglieder zählte[22].

Neben organisatorischen Problemen war die bevorstehende Wahl beherrschendes Thema der Versammlung. Der Vorstand des Vereins sprach sich für die aktive Wahlbeteiligung aller Katholiken aus, wies besonders auf die Bedeutung der Abstimmung für die Belange der Kirche hin, und er ermahnte schließlich die Urwähler, nur solchen Kandidaten die Stimme zu geben, die vor allem christliche Grundsätze überzeugend zu vertreten wüßten[23].

Aus aktuellem Anlaß setzte man sich auch mit der Wahlkreiseinteilung im Regierungsbezirk auseinander und bemängelte dabei, daß bei der Wahl zur deutschen Nationalversammlung die Katholiken gegenüber den Protestanten im 19. westfälischen Bezirk: Kreis Tecklenburg und Teile der Kreise von Steinfurt und Warendorf erheblich benachteiligt würden[24]. Flottwell antwortete auf diese Kritik am 30. April und meinte: "Da die Zahl der Wahlbezirke und die möglichst gleichmäßige Berücksichtigung ihrer Bevölkerungsverhältnisse durch das Gesetz ausdrücklich vorgeschrieben war: so mußten bei der damit unvermeidlich verbundenen Trennung einiger Landkreise ganz besonders die Gesichtspunkte einer passenden Abrundung der Bezirke und der Leichtigkeit der Verbindungen zwischen den verschiedenen Wahlorten für die Abgeordneten zur preußischen und zur deutschen Nationalversammlung vorwalten, damit den Wahlmännern die Beschwerde einer zwiefachen Reise nach dem einen oder anderen Wahlorte möglichst erspart werde"[24a]. Die Behauptung, mit dieser Wahlkreiseinteilung sei eine Benachteiligung einiger Katholiken verbunden, wies Flottwell mit Blick auf die Bevölkerungsstatistik der Provinz Westfalen folglich auch als unbegründet zurück. Es war dies übrigens der einzige öffentliche Hinweis von staatlicher Seite, welcher der Bevölkerung Aufschluß über die Gründe der Zusammenlegung verschiedener Landkreise zu einem Wahlkreis gab. Die näheren Umstände der Wahlkreiseinteilung bleiben unbekannt.

Der münstersche Piusverein nahm ohne Zweifel im gerade erwachenden politischen Leben der Stadt eine gewichtige Rolle ein. Durch die geschickte Verknüpfung politischer und religiöser Ansichten und nicht zuletzt durch verschiedene Stellungnahmen im Merkur wurde man rasch einem breiteren Publikum bekannt. Hinzu kam, daß der Verein im Klerus der Diözese einen zuverlässigen Partner besaß, so daß man sich um die Verbreitung der eigenen politischen Ansichten kaum grosse Sorgen zu machen brauchte. Im Zuge des wachsenden politischen Interesses unter der Landbevölkerung sollte auch in den Landkreisen die Anzahl der Piusvereine kontinuierlich zunehmen.

Von außerordentlicher Bedeutung für die katholische Wahlbewegung war die Verkündung eines Wahlhirtenbriefes durch den münsterschen Bischof Johann Georg Müller. In dem vom 18. April datierten Schreiben hieß es wörtlich: "Wir ermahnen und beschwören Euch deshalb... lasset bei den bevorstehenden Wahlen das eine Notwendige nicht außer Acht; wählet mit Gewissenhaftigkeit als treue Bürger des Staates und des deutschen Vaterlandes, aber auch als wahre und aufrichtige Katholiken solche Männer, denen ihr die höchsten und heiligsten Interessen mit ruhigem Gewissen anvertrauen könnet..."[25]. Da die Urwahlen aus Mangel an geeigneten Räumlichkeiten nicht selten in Kirchen stattfanden - und dann nach Beendigung des Gottesdienstes -,herrschte an der außerordentlich grossen klerikalen Einflußnahme auf das Geschehen nicht der geringste Zweifel[26].

Andere Vereine, wie etwa der erst wenige Tage vor der Urwahl ins Leben gerufene Konstitutionelle Verein, taten sich unter diesen Umständen natürlich äußerst schwer. Wegen seiner vorwiegend protestantischen Mitgliederschaft erregte er in führenden katholischen Kreisen ohnehin ziemliches Mißtrauen. Der breiten Masse der Wähler dürfte aber seine Existenz kaum bekannt gewesen sein[27].

Aber auch in Reihen der offensichtlich nichtorganisierten Bürger schien ein erstaunliches Interesse an der Urwahl vorzuliegen, wie dies aus zahlreichen Einladungen zu Urwählerversammlungen hervorgeht[28]. Bei näherem Hinsehen wurde allerdings deutlich, daß Mitglieder des Piusvereins auf diese Weise versuchten, vorzeitig Einfluß auf die Entscheidung der Wähler zu nehmen. In nahezu allen elf städtischen Urwahlbezirken waren Bestrebungen im Gange, in Vorwahlen sog. Wählerausschüsse zu konstituieren[29], um auf diese Weise die politische Meinungsbildung besser koordinieren zu können. Ein Vorschlag aus dem 7. Urwahlbezirk ging sogar in die Richtung, einen aus fünf Mitgliedern bestehenden Ausschuß zu bilden, "der in unausgesetzter Verbindung mit den Urwählern als das treue Organ ihrer politischen Meinung wirken und handeln" sollte, um, wie es hieß, maßlosen 'Wühlereien' entschieden entgegenzutreten[30]. Dieser Ausschuß sollte ferner zusammen mit den übrigen städtischen Urwahlbezirken zusammenarbeiten und den "beratenden Mittelpunkt für das konstitutionelle Leben der Stadt Münster, ein Central-Organ für alle Äußerungen des Willens einzelner, eine stets vorhandene und in Augenblicken der Gefahr auf der Stelle zusammentretende Commission zur Abwehr aller reaktionären Versuche und republikanischer Wühlereien bilden"[31].

Gegen diese Art der Vorwahlen meldete sich von verschiedener Seite scharfer Protest. Natürlich vermuteten die Gegner dieses

Projekts, daß damit der Versuch gestartet werde, die Wahlfreiheit des einzelnen Bürgers zu untergraben[32].

Gegenspieler des Piusvereins und einer der namhaftesten Befürworter der freien Wahl war der damals in Westfalen schon ziemlich bekannte politische Publizist und Gerichtssekretär Friedrich Steinmann[33]. In einer Stellungnahme im Merkur ging er deshalb mit den Vorwahlen und Ausschüssen scharf ins Gericht, weil sie die eigentlichen Probleme, nämlich eine Verständigung hinsichtlich der zu wählenden Wahlmänner zu den beiden Nationalversammlungen , vollkommen in den Hintergrund drängten[34]. Man wird den Eindruck einfach nicht los, so Steinmann, "daß durch diese Ausschußmitglieder auf die Wahlen eingewirkt werden soll, und man hat es bereits laut und offen in der Stadt von Vielen und Verschiedenen aussprechen hören. - Erst die Wahlen für Berlin und Frankfurt, nach denselben das andere Projekt. - Mag es auch nur den Schein haben - auch den Schein muß man meiden, besonders wenn man offen dabei ausspricht, daß zu jener Ausschußmitgliederschaft besondere geistige Erfordernisse notwendige Bedingung seien und man somit davon die Glieder der größeren Menge ausschließt. Nein, meine um das Wohl der Stadt zu sehr besorgten Herren Miturwähler"[35]

Auf der am 16. April abgehaltenen, von angeblich sogar 2000 Menschen besuchten Volksversammlung hatte sich Steinmann bereits ähnlich geäußert[36]. Daß er mit seiner Meinung auf Zustimmung stieß, kam auch in einigen Leserbriefen im Merkur zum Ausdruck. "Die Zeit patriarchalischer Bevormundung ist zu Grabe getragen", war dort zu lesen, "wir sind mündig und lassen uns keine Stimmzettel von anderen mehr in die Hand drükken, die aus vormundschaftlichen Rücksichten unser Bestes wollen"[37].

Unter dem wachsenden Druck der Urwähler und wegen der Kürze der zur Verfügung stehenden Zeit kamen die Vorwahlen lediglich in einigen Urwahlbezirken zustande. Selbst das Projekt der Ausschüsse wurde nicht mehr weiter verfolgt und verlief im Sande.

Nach der für diese Wahl maßgeblichen Volkszählung aus dem Jahre 1846 zählte Münster 21242 Einwohner. Wahlberechtigt waren davon 4713 ≙ 22,18 % einschließlich der 463 Militärpersonen und deren Familienangehörige[38]. 24 Bürger besaßen wegen des Verlustes der Nationalkokarde kein Stimmrecht, ebenso 59 wegen zu kurzer Ansässigkeit sowie die 195 Bezieher von Armenunterstützung[39]. Im Vergleich mit Städten ähnlicher Größenordnung war die Anzahl der von der Wahl ausgeschlossenen Bürger recht gering[40].

Anhand der im Quellenmaterial vorliegenden Urwählerlisten der 11 städtischen Wahlbezirke läßt sich ein recht anschauliches Bild über die damalige Bevölkerungsstruktur gewinnen[41].

Subalternbeamte und Private Angestellte	≙	12,7 %
Kaufleute und Bankiers	≙	5,5 %
Handwerker	≙	31,3 %
Gesellen	≙	7,2 %
Kleinhändler	≙	4,3 %
Wirte	≙	0,5 %
Arbeiter, Tagelöhner und Knechte	≙	17,0 %
Lehrer	≙	1,0 %
Fabrikanten	≙	1,2 %
Gutsbesitzer	≙	0,2 %
Gerichtsreferendare	≙	1,6 %
Geistliche	≙	1,6 %
Höhere Staatsbeamte	≙	3,2 %

Rentiers	≙	2,4 %
Ärzte u. Apotheker	≙	1,1 %
Offiziere	≙	2.0 %
Unteroffiziere	≙	6,9 %
Sonstige	≙	0,4 %

Nähere Angaben über die Höhe der Wahlbeteiligung waren lediglich für den 1. städtischen Urwahlbezirk - Martinilaischaft Nr.1 bis Nr.202 mit 1507 Einwohnern, davon 340 ≙ 23,26 % wahlberechtigt - zu ermitteln[42]. Die durchschnittliche Beteiligung betrug 61,9 %,und zwar erhielten: 1. Pastor Neuwöhner 167 Stimmen von 243 anwesenden Urwählern, 2. Kaufmann Tüshaus 118 von nur noch 186 Mitstimmenden und 3. Gymnasiallehrer Beckel 92 Stimmen von 180 Urwählern[43].

Einer der augenfälligsten Nachteile des indirekten Wahlverfahrens war das sinkende Interesse der Urwähler nach Beendigung der ersten Wahlgänge, eine Beobachtung, die auch bei späteren Abstimmungen immer wieder ihre Bestätigung fand. Da die Urwahlen meistens an Wochentagen stattfanden - auch der 1. Mai 1848 war ein Montag - konnten es sich die in Lohn stehenden Bürger kaum leisten, einen ganzen Vormittag hierfür zu opfern. Aus diesem Grund waren die vermögenderen Urwähler spätestens bei der Wahl des vierten oder fünften Wahlmanns in der Lage, die Entscheidung unter sich auszumachen. Folglich dürfte die Wahlbeteiligung nur bei der Bestimmung des ersten Wahlmanns rund 70 % oder darüber betragen haben, während sie bei der Wahl der nachfolgenden Vertreter, zumal auch hier unter den Umständen der Doppelwahl für Berlin und Frankfurt, kontinuierlich abnahm.

Da es wegen der Kürze der Vorbereitungszeit zu diesen Wahlen kaum möglich war, die in politischen Dingen vollkommen unerfahrene Bevölkerung hinreichend aufzuklären, war die Bestimmung der Wahlmänner daher eine reine Persönlichkeitsentscheidung. Zumeist konnte derjenige mit der Mehrheit der Stimmen rechnen, der in der Öffentlichkeit einigermaßen bekannt war, so Stadtverordnete, Ortsvorsteher oder Gemeinderatsmitglieder oder auf dem Lande beispielsweise die größeren Colonatsbesitzer. Die Urwähler neigten aber auch vielfach dazu, in Richtern oder Rechtsanwälten sowie in Geistlichen die besten Vertreter ihrer Interessen zu sehen, was zum einen mit einer gewissen Unabhängigkeit der Justiz gegenüber der vielfach als bedrückend empfundenen Allmacht des Staates und zum anderen mit der Vertrauensstellung des Klerus zusammenhing. Nicht von ungefähr machte daher das Schlagwort von der Honoratiorenwahl die Runde. Beamte der münsterschen Regierung waren dagegen offenbar den Wahlen ferngeblieben, denn ihre Namen finden sich auch nicht in den Wahlmännergremien wieder. Im einzelnen zeigte sich dabei das folgende Bild, wobei die Anzahl der Wahlmänner für Berlin und Frankfurt zusammengefaßt wurden[44]:

Subalternbeamte u. Private Angestellte	2
Kaufleute u. Bankiers	10
Handwerker	15
Gesellen	-
Kleinhändler	1
Wirte	1
Arbeiter, Tagelöhner u. Knechte	1
Lehrer	1
Fabrikanten	2
Gutsbesitzer	3
Gerichtsreferendare	1
Geistliche	11
Höhere Staatsbeamte (vorw. Richter)	10
Rechtsanwälte	2
Rentiers	1
Ärzte u. Apotheker	1
Offiziere	3
Unteroffiziere	-

Vergleicht man die soziale Struktur der 4713 Wahlberechtigten der Stadt mit der des gesamten Wahlmännergremiums, so offenbart sich doch ein recht drastisches Mißverhältnis, denn Handwerker, Gesellen, Arbeiter und Tagelöhner waren beispielsweise ziemlich unterrepräsentiert[45]. Eindeutiger Sieger der Urwahl war, wie konnte es auch anders sein, der Piusverein, der sämtliche Mitglieder seines Vorstandes plazieren konnte. Hierzu dürften sich aller Wahrscheinlichkeit nach noch eine Reihe weiterer Wahlmänner gesellt haben, deren wirkliche Mitgliedschaft unbekannt war. Alle 65 Wahlmänner waren katholisch, was insofern verwundert, als ja in der Stadt annähernd 2000 Protestanten lebten[46]. Ein ausgeprägtes Desinteresse der evangelischen Beamtenschaft bei dieser Wahl liegt deshalb nahe, ist aber quellenmäßig nicht zu beweisen.

Am 8. Mai, dem Tag der Abgeordnetenwahl für die preußische Nationalversammlung, ging der mit der Abhaltung der Wahl beauftragte Oberbürgermeister von Münster, Hüffer, zuvor in einer Rede vor den Wahlmännern auf die früheren Zustände in Preußen ein, erinnerte an das fehlende Mitspracherecht der Bürger und an die eingeschränkte Meinungsfreiheit[47]. Seiner Ansicht nach sei es nun aber an der Zeit, die Errungenschaften der jüngsten Vergangenheit zu sichern und auszubauen. Hüffer gehörte aber auch ohnehin zu den Favoriten dieser Wahl, da er sich während seiner Zeit im Provinziallandtag und auch in seiner Funktion als Oberbürgermeister große Verdienste erworben hatte. Daneben war aber auch noch der aus Münster gebürtige Waldeck im Gespräch, der sich besonders wegen seines Einsatzes für die Rechte der Landwirte größter Beliebtheit erfreute. Zwei Wahlgänge brachten keine Entscheidung, da sie unentschieden endeten. Hüffer und Waldeck erzielten jeweils 19 Stimmen, der vom Piusverein für Frankfurt vorgesehene Bischof Müller 3 und der Direktor des Paulinums, Friedrich Stieve, ebenfalls 3 Stimmen[48]. Im entscheidenden dritten Wahlgang vermochte sich dann allerdings Hüffer das Mandat mit einem Vorsprung von 4 Stimmen zu sichern. Fast einstimmig trug man danach Waldeck das stellvertretende Mandat auf[49]

Da aber Waldeck in einem Berliner Stadtwahlkreis erfolgreich kandidiert hatte, mußte er verständlicherweise dieses wie auch einige andere Stellvertretermandate ausschlagen[50]. An seine Stelle trat daraufhin der schon 71jährige Geheime Justizrat von Hartmann[51].

Bis zur Auflösung der preußischen Nationalversammlung am 6. Dezember 1848 sollte das stadtmünstersche Mandat insgesamt von vier Abgeordneten vertreten werden. Hüffer teilte schon am 17. Juni dem amtierenden Präsidenten der Nationalversammlung Milde mit, daß er auf ärztliches Anraten hin eine zweimonatige Kur in Bad Homburg antreten müsse[52]. Daraufhin fand sich Hartmann in Berlin ein, machte aber auch recht bald Gesundheitsrücksichten geltend, verließ den Tagungsort am 2. August und legte außerdem sein Stellvertretermandat nieder[53]. Die Wahlmänner bestimmten daraufhin am 11. August Oberlandesgerichtsassessor Fischer zu Hartmanns Nachfolger. Fischer begab sich auch sofort nach Berlin und nahm das Mandat wahr, da Hüffer nach wie vor beurlaubt war. Zum Zeitpunkt der Vertagung der Nationalversammlung war um Fischer einiger Wirbel entstanden. Ohne den Steuerverweigerungsbeschluß mitgetragen zu haben, gab er in einem offenen Brief an den münsterschen Magistrat unumwunden zu, diese Maßnahme insofern für durchaus richtig zu erachten, als die Schließung des Parlaments ein gesetzwidriger Akt sei. Wie Fischer weiter betonte, wolle er weiterhin der Mehrheit der Abgeordneten folgen, und diese setze sich nun einmal aus dem Rest derjenigen Abgeordneten zusammen, die nicht die Absicht besäßen, in Brandenburg zu tagen[54]. Fischers Einstellung hatte natürlich sofort den Magistrat auf den Plan gerufen. Zusammen mit einigen Offizieren der Bürgergarde sprach man sich in aller Entschiedenheit gegen seine Meinung aus und legte ihm nahe, das Mandat niederzulegen[55].

Nachdem Hüffer etwa Ende August seinen Platz in der Nationalversammlung wieder eingenommen hatte, wohnte er noch einigen Sitzungen bei und legte schließlich am 12. Oktober sein Mandat endgültig nieder[56]. Zu seinem Nachfolger wählte man den Vortragenden Rat und Referenten für das katholische Schulwesen im Kultusministerium, Theodor Brüggemann, der das Mandat aber trotz seines bisherigen Engagements für die Sache des politischen Katholizismus - er war vor allem als Unterhändler während des sog. Kölner Bischofsstreites bekannt geworden - ablehnte[57]. Am 6. November fand man schließlich in dem in Dülmen im Kreis Coesfeld tätigen Oberlandesgerichtsassessor Joseph Brockhausen den Nachfolger Hüffers[58]. Brockhausen, gebürtiger Münsteraner und Bruder eines der führenden Mitglieder des Piusvereins[59], nahm die Wahl sofort an, kam aber freilich zu den Verhandlungen in Berlin zu spät. An den Beratungen in Brandenburg hat er zusammen mit einigen anderen Abgeordneten aus dem Münsterland teilgenommen[60]. Nach der Auflösung der preußischen Nationalversammlung kehrte Brockhausen nach Dülmen zurück und wurde am 5. März 1849 zum Nachfolger des münsterschen Vertreters in der Paulskirche, Matthias Aulike, gewählt[61].

Kreis Ahaus

Wenngleich über eine Wahlbewegung im Kreis Ahaus nichts in Erfahrung gebracht werden konnte, so ist aber zu vermuten, daß auch hier der Klerus wesentlichen Einfluß auf das Wahlgeschehen ausgeübt hat. Da die Gründung des Ahauser Piusvereins erst im Laufe des Sommers erfolgte, und andere politische Vereine sogar erst mit Herbstbeginn in Erscheinung traten, war die Aktivierung der Urwähler im Mai 1848 ausnahmslos eine Sache des Klerus.

Über die Höhe der Wahlbeteiligung liegen keine Angaben vor. Zu Wahlmännern wurden, wie kaum anders zu erwarten war, in der Hauptsache Geistliche und Landwirte gewählt[62]. Aus der

Abgeordnetenwahl ging der Richter am Land- und Stadtgericht zu Vreden/ Kr. Ahaus, Friedrich Reigers, als Sieger hervor. Zu seinem Stellvertreter bestimmte man im Anschluß daran den münsterschen Domkapitular und langjährigen Schulrat bei der dortigen Bezirksregierung, Caspar Franz Krabbe. Bezeichnenderweise war der Abgeordnetenwahl ein Hochamt in der Pfarrkirche zu Nienborg vorausgegangen[63)].

Krabbe lehnte aber die Wahl wegen Annahme des Mandats im niederrheinischen Kreis Kempen, der ebenfalls noch zur Diözese Münster gehörte, ab[64)]. An seine Stelle trat daraufhin der Vorsitzende des münsterschen Piusvereins, Rechtsanwalt Franz Fuisting[65)]. In seinem Bericht über den Ausgang der Wahl hob Landrat von Heyden ausdrücklich hervor, daß es zahlreichen Wahlmännern hoch anzurechnen gewesen sei, den beschwerlichen Weg nach Nienborg auf sich genommen zu haben. Die Vertreter der Gemeinde Südlohn seien beispielsweise über vier Tage unterwegs gewesen[66)].

Kreis Beckum

Unter gänzlich anderen Vorzeichen als im Kreis Ahaus standen die Wahlen im Beckumer Raum. Dort hatte sich schon seit einigen Jahren erheblicher Unmut gegen Landrat Graf von Merveldt aufgestaut, weil dieser bei jeder sich ihm bietenden Gelegenheit die Einwohner, vor allem die sozial schwach gestellten Kleinbauern, mit kleinlichen Maßnahmen schikanierte[67)]. Schon in den Jahren 1844 - 1846 war es beim Bau der Eisenbahnlinie von Hamm nach Bielefeld zu Arbeiterunruhen gekommen. Die durch die Agrar- und Textilkrise verarmten Heuerlinge und Tagelöhner hatten sich nämlich vom Bau der Trasse Verdienstmöglichkeiten erhofft, sie wurden aber nur mäßig entlohnt und ausserdem mit äußerst harten Arbeitsbedingungen konfrontiert. Erst durch den Einsatz regulärer Truppen konnte der Widerstand der Streikenden beendet werden[68]. Die bedrückenden Auswirkungen der Mißernten in den beiden Jahren vor dem Ausbruch der Revolution hatten daher den zu dieser Zeit in Beckum wirkenden Kaplan Wilhelm Emanuel von Ketteler zu der bemerkenswerten Äußerung veranlaßt, "daß hier eine Anzahl von Kindern heranwächst, die bis zum Erschrecken vernachlässigt sind und systematisch zu Bettlern und Tagedieben gebildet werden"[69]. Angesichts vielfacher sozialer Spannungen war es folglich auch keine Frage, daß das Bekanntwerden der Berliner Unruhen im Kreis Beckum Tumulte auslöste[70].

Derartige Unmutsäußerungen beeinflußten natürlich auch das Wahlverhalten der Bevölkerung. Erstaunlicherweise verzeichnete man hier die geringste Anzahl Geistlicher unter den Wahlmännern, nämlich nur 8 von 64[71]. Bemerkenswert war ausserdem, daß sich eine ganze Reihe wenig begüterter Landwirte und Handwerker bei der Urwahl durchsetzen konnte, jedenfalls im Durchschnitt mehr als in den übrigen Wahlkreisen des Regierungsbezirks[72]. Trotz gewisser antiklerikaler Tendenzen, die ihre Ursache in der angeblichen Zusammenarbeit des Klerus mit den einflußreichen Kräften der Vergangenheit hatten, war der Einfluß der Kirche auch in diesem Landkreis insofern nicht gering zu nennen, als die Anschuldigungen gegen sie hauptsächlich nur in der Stadt Beckum und in Oelde zu hören waren.

Zum Abgeordneten wurde der aus Diestedde stammende Albert Wilhelm Westhoff gewählt, zu seinem Stellvertreter, der bereits damals wegen seiner fortschrittlichen Gesinnung bekannte Gutsbesitzer Bernard von Bruchhausen aus dem Kirchspiel Stovern bei Oelde[73]. Sein Sieg war der deutliche Beweis dafür, daß das Lager der nichtklerikal gesinnten Wahlmänner umfangreich gewesen sein muß.

Schon am 15. August schied Westhoff für die Dauer von zwei Monaten aus der Nationalversammlung aus[74]. Wie die meisten seiner Berufskollegen begründete er das Urlaubsgesuch mit nicht weiter aufzuschiebenden seelsorgerischen Pflichten.

Ob Westhoff, der 1851 durch den Kölner Kardinal von Geißel zum Regens des erzbischöflichen Priesterseminars berufen wurde, schon damals der enge Vertraute des Kirchenfürsten in der Nationalversammlung war, muß angesichts des frühzeitigen Ausscheidens des Pfarrers von Diestedde erheblich in Zweifel gezogen werden[75]. Westhoff nahm das Mandat Mitte Oktober noch für kurze Zeit wahr, ehe er sich vollkommen zurückzog und Sitz und Stimme an seinen Stellvertreter Bruchhausen abtrat.

Kreis Borken

Nach Angaben des Landrats von Hamelberg war die Wahlbeteiligung teilweise recht hoch. In Rhede, einer kleineren Gemeinde westlich von Borken, gaben 54 % und in einem der beiden Bocholter Urwahlbezirke sogar 58 % ihre Stimme ab[76]. Wie auch schon in den anderen Wahlkreisen beobachtet, bildeten die Landwirte die größte Gruppe unter den Wahlmännern. Zum Abgeordneten wurde der Kandidat der Klerikalen, der aus Dorsten/Kr. Recklinghausen stammende Gerichtsdirektor Joseph Evelt mit 55 von 71 Stimmen gewählt. Auch hier war Waldeck das Stellvertretermandat übertragen worden, das nach seiner Absage der Borkener Arzt Eduard Ebbing übernahm[77].

Kreis Coesfeld

Hier konnte praktisch nur das Ergebnis der Abgeordnetenwahl ermittelt werden. Von Interesse war allerdings die sich an die Wahl anschließende Auseinandersetzung um den Mandatsträger Jansing, weil sie ein bezeichnendes Licht auf die Berufsauffassung mancher Abgeordneter warf.

Gewählt wurde hier zunächst der im westlichen Münsterland gut bekannte Joseph Evelt (siehe oben), der das Mandat jedoch wegen der Zusage im Wahlkreis Borken ablehnte. Aus der Nachwahl ging am 20. Mai der aus Lavesum bei Haltern stammende Colon und Elementarlehrer Josef Jansing als Sieger hervor. Stellvertreter war der Landwirt und Amtmann von Laer/Kr. Steinfurt, Adolf Steinmann[78].

Wie bereits am Beispiel mehrerer Abgeordneter gezeigt, übten einige das Mandat nur zeitweise aus, ließen sich entweder über einen längeren Zeitraum beurlauben oder schieden frühzeitig aus der Nationalversammlung aus. So geschah es auch im Falle Jansing. Mitte August beantragte er einen mehrwöchigen Urlaub und ersuchte am 17. September das Präsidium, diesen um einen weiteren Monat zu verlängern[79]. Aus Gesundheitsgründen war aber zugleich Jansings Stellvertreter Steinmann daran gehindert, in der Zwischenzeit den Platz in der Nationalversammlung einzunehmen[80]. Trotz mehrfacher Aufforderungen durch Parlamentspräsident Grabow, endlich seinen Pflichten als Abgeordneter nachzukommen, war Jansing dazu einfach nicht bereit und machte mittlerweile für sein Fernbleiben gesundheitliche Gründe geltend. Daraufhin wandte sich Grabow am 16. Oktober an Innenminister Eichmann und trug ihm auf, in Münster vorstellig zu werden, da der Kreis Coesfeld seit nunmehr über zwei Monaten nicht vertreten sei[81].

Auf Veranlassung der münsterschen Bezirksregierung setzte Landrat Mersmann daraufhin Neuwahlen an, nicht zuletzt auch in der Hoffnung, Jansing werde dem Beispiel Steinmanns folgen und sein Mandat niederlegen. Dies tat Jansing jedoch nicht, weshalb auch eine Nachwahl zu unterbleiben hatte. Bei dieser auf den 27.11.1848 festgelegten Nachwahl, die schon ganz im Zeichen des politischen Umschwungs und der Proteste gegen die Regierung Brandenburg stattfand, machte sich vor allem deutlicher Unmut gegen das Verhalten Jansings breit. So hielt man ihm vor, die Krankheit nur als Vorwand benutzt zu haben, um der Diäten nicht verlustig zu gehen[82]. Obwohl dieselben Wahlmänner zur Neuwahl schritten wie im Mai, konnte nicht übersehen werden, daß die politische Meinung in ihren

Reihen restlos umgeschlagen war. Zur Überraschung des Landrats wurden die den Demokraten nahestehenden Oberlandesgerichtsassessor Fischer, bisher stellvertretender Abgeordneter für den münsterschen Stadtkreis (siehe hierzu oben) und der in der Provinzialhauptstadt als Rechtsanwalt praktizierende Gierse gewählt[83]. Beide nahmen das Mandat an. Fischer, der nach der Wahl Brockhausens gleich in Berlin verblieben war, wohnte als Vertreter seines neuen Wahlkreises auch einigen Verhandlungen in Brandenburg bei[84], zog sich aber danach aus dem politischen Leben zurück. Ein von der Staatsanwaltschaft beim Berliner Kammergericht gegen ihn ausgestellter Haftbefehl wegen des Verdachts der Unterstützung der Steuerverweigerung machte seiner weiteren Karriere ohnehin ein unerwartetes Ende[85].

Mersmann nannte in seinem Bericht an die münstersche Regierung das Wahlergebnis höchst betrüblich, weil es ihm nicht gelungen sei, zugkräftige Alternativkandidaten zu Fischer und Gierse gefunden zu haben. Der Landrat hatte sich zwar auch um Brockhausen bemüht, jedoch stand dieser nach seiner Wahl in Münster nicht mehr zur Verfügung. Allzu große Siegeschancen dürfte Brockhausen aber ohnehin nicht besessen haben, da er schon bei der Maiwahl als Gegenkandidat Evelts nicht eine einzige Stimme auf sein Konto hatte verbuchen können. Daß Fischers Wahl im wesentlichen Verdienst der demokratischen Kräfte unter den Wahlmännern war, hatte Mersmann, wie es aus seinem Bericht an die Bezirksregierung hervorging, offenbar gar nicht erkannt. Seiner Ansicht nach trüge allein die Geistlichkeit Schuld am Ausgang der Wahl, da sie Fischers Übertritt zur katholischen Kirche mit Beifall bedacht hätte. Mersmann sollte jedoch den Einfluß des Klerus in diesen Tagen ganz erheblich überschätzen, hatten doch Nachwahlen in anderen Kreisen einen geradezu erschreckenden Einbruch in die Domänen der Klerikalen gezeigt. Der von Mersmann favorisierte Rechtsanwalt Richters vermochte übrigens nur ganze 5 Stimmen zu erzielen[86].

Die münstersche Bezirksregierung war sowohl über den politischen Ausgang dieser Wahl als auch über Mersmanns Vorgehen ziemlich ungehalten. Normalerweise hätte nämlich der Coesfelder Landrat keinen Nachfolger Jansings wählen lassen dürfen, da dieser sein Mandat nicht zur Verfügung gestellt hatte. Korrekt war dies nur im Falle Steinmanns, dessen Rücktrittsschreiben vorlag. Bei der Anordnung der Neuwahlen war nämlich die münstersche Regierung davon ausgegangen, daß auch Jansing endgültig auf sein Mandat verzichtet habe. Mersmann mußte sich außerdem den Vorwurf gefallen lassen, insofern gegen geltende Vorschriften gehandelt zu haben, als es nicht statthaft sei, die anwesenden Wahlmänner nach ihrer persönlichen Meinung in der Sache Jansing/Steinmann zu befragen. Regierungsvizepräsident von Bodelschwingh, der zugleich auch die Amtsgeschäfte des Oberpräsidenten wahrnahm, legte daher Innenminister von Manteuffel nahe, die Coesfelder Wahl wegen diverser Formfehler zu annulieren[87]. Die wenig später erfolgte Auflösung der Nationalversammlung machte diesen Schritt jedoch überflüssig.

Kreis Lüdinghausen

Auch im Kreis Lüdinghausen hatte der Klerus frühzeitig die Initiative an sich gerissen und Kontakte zum münsterschen Piusverein aufgenommen. Auf dessen Vorschlag hin sollte der stellvertretende Vorsitzende des Vereins, Rechtsanwalt Eduard Windthorst, dort kandidieren[88]. Gleichzeitig waren aber auch unter den Landwirten Bestrebungen in Gange, einen Vertreter ihres Standes nach Berlin zu entsenden. Die dafür in Betracht kommenden Kandidaten waren jedoch nach Ansicht eines Berichterstatters des Westfälischen Merkurs kaum in der Lage, ein solches Amt auszufüllen, da sie nicht über die geringste Rednergabe verfügten[89].

Wie erwartet, sicherte sich Eduard Windthorst das Abgeordnetenmandat. Zu seinem Stellvertreter wurde der in Werne beheimatete Oberlandesgerichtsassessor Albert Coppers gewählt [90]. Windthorst hatte sich aber zwischenzeitlich für die Annahme des Mandats im Wahlkreis Steinfurt entschieden und den Wahlmännern in Lüdinghausen eine Absage erteilt. Aus der Nachwahl am 20. Mai ging der frühere Direktor des Land- und Stadtgerichts zu Dülmen Friedrich Vogelsang als knapper Sieger hervor; 32 der 61 anwesenden Wahlmänner hatten für ihn votiert.

Kreis Münster

Zum Abgeordneten wurde hier eines der führenden Mitglieder des münsterschen Piusvereins, der Geheime Justizrat Joseph Tüshaus gewählt. Sein Gegenkandidat war der in Münster praktizierende Rechtsanwalt Johann Matthias Gierse. Tüshaus war es allerdings erst im zweiten Wahlgang gelungen, das Mandat zu erringen, nachdem er im ersten Durchgang lediglich 19 Stimmen auf sich vereinigen konnte[91]. Die Zersplitterung der Stimmen läßt darauf schließen, daß die Ansichten unter den Wahlmännern weit auseinander gingen. Aller Wahrscheinlichkeit nach hatten für Gierse die zahlreich vertretenen Landwirte votiert, da er sich ähnlich wie Waldeck um deren rechtliche Belange gekümmert hatte[92]. Das stellvertretende Mandat fiel nach der Absage des Amtmannes von Laer, Friedrich Steinmann, an den aus Hiltrup/Kr. Münster stammenden Premierleutnant a.D. und Gutsbesitzer Humann[93].

Kreis Recklinghausen

Neben Münster gehörte Recklinghausen zu den Städten mit einem ausgeprägten politischen Leben. Im Unterschied zur Provinzialhauptstadt besaß man aber dort im Recklinghäuser Wochenblatt eine Zeitung, die nicht wie der Westfälische Merkur mäßigend und zurückhaltend kommentierte, sondern mit äußerster Schärfe das alte System anprangerte. So hieß es in einer Antwort auf das königliche Patent vom 18. März: "Das Blatt des Patents ist mit Blut gefärbt; in Folge der unseligen militärischen Einschreitung in Berlin schwimmt das Patent auf einem Strom von Bürgerblut zu uns herüber. Welche Gabe !........ Wer mag jubeln, wo Tausende über schmählich vergossenes Blut jammern ?"[94]. Eigentlicher Leiter des Wochenblatts in jenen Tagen war der Ratsherr und Arzt Dr.Schneider, während Herausgeber Bauer lediglich seinen Namen als Redakteur zur Verfügung stellte[95].

Im Kreis Recklinghausen war es als einzigem des Regierungsbezirks schon vor diesen Wahlen zu einer demokratisch orientierten Bewegung gekommen. Einer der Wortführer war der aus Buer stammende Anton Kolck. In mehreren Artikeln im Wochenblatt klärte er die Bevölkerung über die Bedeutung der Wahl auf, warnte sie aber auch zugleich davor, auf Abgeordnete hereinzufallen, die nach wie vor dem alten System huldigen würden. Aus diesem Grund solle man nur freie und unabhängige Persönlichkeiten aussuchen, die auch stets bereit seien, für die Rechte des Volkes zu kämpfen[96]. Nach Beendigung der Urwahl meldeten sich die fortschrittlich gesinnten Kräfte wieder zu Wort und setzten alles daran, die Wahlmänner auf ihre Linie zu bringen. Der im Vest allseits bekannte ehemalige Regierungsrat Bracht nahm im Wochenblatt zur Kandidatenfrage Stellung und lehnte diejenigen Abgeordneten schon von vornherein ab, die in den Jahren 1829, 1830 und 1845 im westfälischen Provinziallandtag gegen die Einführung einer Verfassung in Preußen votiert hätten. Allenfalls, so meinte Bracht, könne man den Kandidaten unter jenen 138 Delegierten finden, die auf dem 1. Vereinigten Landtag für diese Sache gekämpft hätten[97].

Neben den demokratisch gesinnten Kräften um Bracht und Kolck meldeten sich aber auch Vertreter der Bauern und der Kirche zu Wort. Auch im Vest war nämlich der Wunsch zahlreicher Landwirte recht verbreitet, der Kreis Recklinghausen solle durch einen Mann aus ihren Reihen in Berlin repräsentiert werden, da nun einmal ihr Erwerbszweig der bedeutendste des Kreises sei[98)]. Dieses Ziel scheiterte aber auch hier vor allem daran, daß eine geeignete Interessenvertretung der Landwirte nicht existierte, und sie sich daher nur sporadisch Gehör verschaffen konnten. Daran sollte sich aber erst mit der Gründung landwirtschaftlicher Vereine einiges ändern.

Wesentlich zurückhaltender und unauffälliger verlief dagegen das Werben der katholischen Kirche um die Gunst der Wähler, war doch selbst dem sonst sehr aufmerksamen Wochenblatt von einer katholischen Wahlbewegung nichts bekannt[99)]. Zwischen einflußreichen Kreisen der Geistlichkeit und dem zentralen Piusverein in Münster gab es aber auch in diesem Wahlkreis Kontakte sowie Absprachen über die in Betracht kommenden Abgeordnetenkandidaten[100)]. Mit Hilfe des auch im Vest Recklinghausen viel gelesenen 'Sonntagsblatts für katholische Christen' und des Wahlhirtenbriefs des münsterschen Bischofs suchte man Verständnis für die politischen Ziele der Kirche zu wecken. Dieses Bemühen sollte insofern nicht ohne Erfolg bleiben, als bereits unter den 81 Wahlmännern allein 17 Geistliche anzutreffen waren[101)]. Dieser Erfolg veranlaßte daraufhin einen Urwähler im Wochenblatt zu der Frage, was die Wahlmänner eigentlich daran hindere, einen Geistlichen nach Berlin zu schicken. Allgemein könne man doch wohl davon ausgehen, so der Einsender des Leserbriefs, daß sie das Vertrauen eines Großteils der Urwähler besäßen, was ja nicht zuletzt darauf zurückzuführen sei, daß ihre Seelsorge sie mehr in die Hütten der Armen als in die Paläste der Reichen führe[102)]. Tatsächlich wählten dann diese auch den aus Waltrop stammenden Pfarrer Georg Lorenz, einen schon seit langem bekannt sozial eingestellten Geistlichen,zum stellvertretenden Abgeordneten[103)].

Das eigentliche Mandat fiel an den Recklinghäuser Arzt und Ökonomen Dr. Peter Anton Funke, der seiner politischen Gesinnung nach ebenfalls den Klerikalen zuzurechnen war[104]. Für Bracht und Kolck bedeutete dieses Resultat eine herbe Niederlage. Vor allem bei der konservativ eingestellten Landbevölkerung dürfte ihre allzu fortschrittliche Einstellung auf einigen Widerstand gestoßen sein.

Kreis Steinfurt

Näheres über eine Wahlbewegung ließ sich nicht ermitteln. Das Mandat sicherte sich der stellvertretende Vorsitzende des münsterschen Piusvereins, Rechtsanwalt Eduard Windthorst. Ein solches Resultat läßt fraglos den Schluß zu, daß auch hier der Klerus Einfluß auf die Entscheidung der Wahlmänner ausgeübt hat[105]. Das stellvertretende Mandat fiel nach der Absage des Gerichtsdirektors Evelt an den Bruder des späteren Bischofs von Mainz, Wilderich von Ketteler[106]. Ketteler war Vorsitzender des Piusvereins in Leer.

Schon am 27. Juni trat Windthorst aus Gesundheitsgründen einen mehrwöchigen Erholungsurlaub an, so daß Ketteler das Mandat bis etwa Mitte August wahrnahm. Während seines Aufenthalts in Berlin dürfte er auch an den Beratungen der katholischen Abgeordneten teilgenommen haben, wofür auch die Bekanntschaft mit Professor Walter aus Bonn sprach. Windthorst kehrte Mitte August noch einmal nach Berlin zurück und legte am 20. November sein Mandat endgültig nieder. Die Gründe seines Verzichts sind nicht bekannt[107]. Bei der tags darauf angesetzten Nachwahl - Windthorst hatte seinen Schritt schon am 5. November angekündigt - siegte der Posener Appellationsgerichtsrat Wilhelm Rohden[108]. Merkwürdigerweise war Rohden jedoch Landrat von Basse vollkommen unbekannt, obwohl er doch immerhin von 1844 bis 1846 dem Land- und Stadtgericht in Rheine vorgestanden war[109]. Der späte Zeitpunkt seiner Wahl führte dazu, daß Rohden in Brandenburg nur an der Sitzung vom 1. Dezember teilnehmen konnte.

Kreis Tecklenburg

Das wohl überraschendste Resultat dieser Wahl war fraglos der Sieg des katholischen Geistlichen Goswin Bartmann aus Ibbenbüren im überwiegend protestantischen Wahlkreis Tecklenburg. Die Umstände dieser, wenngleich auch knapp ausgefallenen Wahl, liegen im Dunkeln. Aller Wahrscheinlichkeit nach dürften aber dabei die Wahlmänner Ibbenbürens eine entscheidende Rolle gespielt haben. Sie waren nämlich darüber verärgert, daß nicht ihre Stadt, sondern das wesentlich kleinere und auch schlechter zu erreichende Tecklenburg zum Wahlort bestimmt worden war. Oberpräsident von Flottwell hatte sich dazu nämlich in Absprache mit Landrat von Diepenbroick-Grüter entschlossen, zumal auch dessen Amtssitz, Haus Marck, vor den Toren Tecklenburgs lag. Daraufhin hatten sich etwa einhundert Bürger an Flottwell gewandt und ihn aufgefordert, diese Maßnahme zugunsten Ibbenbürens rückgängig zu machen[110]. Der Oberpräsident wies aber dieses Ansinnen als ungerechtfertigt zurück und ließ die Verfasser des Schreibens außerdem wissen, daß weder die Größe noch die günstige Lage einer Stadt allein dazu ausreiche, um Wahlort werden zu können[111]. Aus Verägerung hierüber dürften wahrscheinlich die Wahlmänner Ibbenbürens versucht haben, dem favorisierten katholischen Geistlichen zum Sieg zu verhelfen. Stellvertreter Bartmanns wurde der aus Steinfurt stammende Ökonomierat Ebmeier, der übrigens an führender Stelle im landwirtschaftlichen Hauptverein des Regierungsbezirks Münster tätig war und daher vermutlich von den zahlreich anwesenden Landwirten gewählt worden war[112].

Wie die meisten Abgeordneten aus dem Regierungsbezirk, so hielt es auch Bartmann nicht lange in Berlin aus. Am 26. August teilte er dem Präsidenten der Nationalversammlung Grabow mit, daß er mit dem 15. September sein Mandat niederzulegen gedenke. Als Grund hierfür nannte er neben seelsorgerischen Pflichten auch seine Enttäuschung über den bisherigen Gang der Verhandlungen sowie die mageren Ergebnisse der bis jetzt geleisteten Arbeit. Gleichzeitig fügte Bartmann hinzu, daß nicht nur in seinem Wahlkreis Tecklenburg, sondern auch in benachbarten Kreisen der Provinz Westfalen häufig genug die Frage gestellt werde, wann sich die Nationalversammlung endlich mit ihrer eigentlichen Aufgabe, nämlich der Vereinbarung der Verfassung, beschäftige[113)].

Auch die Nachwahl war nicht ohne Überraschung über die Bühne gegangen. Gewählt wurde der in Münster stationierte Rittmeister Schimmel, übrigens einer der Mitbegründer des Patriotischen Vereins in der Provinzialhauptstadt. Schimmel trat sofort in die Nationalversammlung ein und war auch Teilnehmer an den Verhandlungen in Brandenburg[113a)].

Kreis Warendorf

Kurz vor der Urwahl, am 26. April, hatte sich das Warendorfer Wochenblatt zu Wort gemeldet und in einem Artikel diejenigen Vorstellungen umrissen, welche von einer erfolgreichen Arbeit der Nationalversammlung zu erwarten seien[114)]. Vom Recht auf freie Meinungsäußerung und uneingeschränkter Glaubens- und Gewissensfreiheit war ebenso die Rede wie von der Ausübung des freien Versammlungsrechts und vom Schutze der persönlichen Freiheit. Darüber hinaus verlangte das Blatt einschneidende Maßnahmen hinsichtlich der Besserung der wirtschaftlichen Lage und verwies dabei besonders auf einen wirksamen Schutz der arbeitenden Klasse hin[115)]. Die von großer Arbeitslosigkeit geplagte Bevölkerung des Kreises erhoffte sich vor allem in diesem Punkt von der Tätigkeit der preußischen wie der deutschen Nationalversammlung eine Linderung ihrer Not.

Aus dem Kreis Warendorf liegen als einzigem des Regierungsbezirks detaillierte Angaben über die Höhe der Wahlbeteiligung vor[116]. Die in Münster gemachte Beobachtung, daß das Interesse der Urwähler bei der Bestimmung des ersten Wahlmanns am größten war und bei den folgenden Wahlgängen erheblich abnahm, konnte auch hier bestätigt werden. In Westkirchen beispielsweise lag die Beteiligung einmal bei 52,80 %, das andere Mal bei 26,21 %[117]. Hinsichtlich der Wahlgänge mit der jeweils höchsten Stimmabgabe, zeigt sich folgendes Bild[118]

	Anzahl d. Stimmber.	Wahlbeteil. in %
Warendorf I	495	55,15
Warendorf II	470	50,42
Sassenberg I	126	80,15
Sassenberg II	148	72,97
Füchtorf	395	42,78
Velsen	91	28,57
Gröblingen	155	20,64
Dackmar	82	43,90
Vohren	160	18,75
Harsewinkel (Stadt)	211	90,52
Harsewinkel (Kirchsp.)	389	unbekannt
Marienfeld	238	52,09
Greffen	249	34,13
Beelen	395	30,88
Ostenfelde	401	10,47
Westkirchen	267	52,80
Freckenhorst (Stadt)	357	45,93
Freckenhorst (Kirchsp.)	205	20,48
Neuwarendorf	103	unbekannt
Hoetmar	364	14,83
Everswinkel	565	29,20
Ostbevern	530	27,37
Milte	264	26,89
Einen	71	69,01
Lienen I	515	43,49
Lienen II	441	17,00

Insgesamt lag die Wahlbeteiligung in diesem Fall bei 40,76 %; im Durchschnitt gaben 38,03 % der wahlberechtigten Urwähler ihre Stimme ab[119)]. Diese Angaben sind, soweit ermittelt werden konnte, bisher die einzigen in Preußen, die Aufschluß über die Höhe der Wahlbeteiligung in einem Landkreis geben[119a)]. Um dieses Ergebnis jedoch würdigen zu können, fehlt weiteres Material aus anderen Provinzen. Immerhin sind aber diese Angaben wenigstens für das Münsterland repräsentativ, da sich der Kreis Warendorf in seiner Sozial- und Wirtschaftsstruktur kaum von den übrigen Kreisen des Regierungsbezirks unterscheidet.

Auch hier hatte der Klerus bei den Wahlen die Hand im Spiel. Trotzdem vermochte sich der Freckenhorster Pfarrdechant Johann Hermann Schulte erst im dritten Wahlgang durchzusetzen. 29 Wahlmänner hatten für ihn, 24 für den späteren Anführer der Warendorfer Demokraten, Rechtsanwalt Bernhard Thüssing, votiert. Das Stellvertretermandat sicherte sich nach hartem Kampf Hermann Kesseler, Amtmann von Ostbevern[120]. Von allen münsterländischen Abgeordneten aus dem geistlichen Stand war Schulte der einzige, der seinen Platz in Berlin nicht vorzeitig verließ.

I. 4. Abgeordnetenwahl am 10. Mai 1848

Wahl zur deutschen Nationalversammlung

Aufgrund der Anordnung des Innenministers von Auerswald gab Oberpräsident von Flottwell am 18. April die Wahlkreiseinteilung für die Provinz Westfalen bekannt[121)]. Danach ergab sich für den Regierungsbezirk Münster folgendes Bild:

Bestandteile	Bevölkerung	Wahlort
Kreis Recklinghausen	46009	Recklinghausen
Wattenscheid (Kreis Bochum)	7454	
Olfen (Kreis Lüdinghausen)	2769	
Stadt Dülmen	3387	

Amt Dülmen	4851	
Stadt Haltern	2045	
Amt Haltern	2968	
Buldern (Kreis Coesfeld)	1597	
	71075	
Stadt Lüdinghausen	1782	Drensteinfurt
Amt Lüdinghausen	5206	
Stadt Werne	1856	
Amt Werne	3712	
Bork	4689	
Senden	2433	
Ottmarsbocholt	1669	
Nordkirchen	2540	
Ascheberg	2948	
Drensteinfurt	5434	
Herbern	2578	
Kreis Beckum	36503	
	71350	
Kreis Borken	41666	Borken
Stadt Coesfeld	3546	
Amt Coesfeld	3014	
Rorup	2423	
Darfeld	2149	
Lette	1605	
Gescher	3807	
Osterwick	3824	
Billerbeck	3958	
Berlage (Kreis Coesfeld)	1353	
Südlohn (Kreis Ahaus)	3340	
	70865	
Stadt Ahaus	1646	Nienborg
Wüllen	2407	
Legden	3615	
Schöppingen	3657	
Stadt Stadtlohn	2304	
Amt Stadtlohn	2425	
Vreden	2602	
Ammeloe	5137	
Ottenstein	2678	
Nienborg	3407	
Gronau	4497	
Wessum (Kreis Ahaus)	2519	
Stadt Steinfurt	2714	

Amt Steinfurt	1891	
Emsdetten	4133	
Nordwalde	2336	
Altenberge	2654	
Laer	2398	
Horstmar	2719	
Metelen	2171	
Ochtrup	5260	
Wettringen	2498	
Neuenkirchen	2833	
Borghorst	2987	
	71488	
Kreis Tecklenburg	42900	Lengerich
Stadt Rheine	2342	
Amt Rheine	3461	
Mesum	789	
(Kreis Steinfurt)		
Lienen	4423	
Ostbevern	3861	
Sassenberg	5152	
Warendorf	4320	
Harsewinkel	4524	
(Kreis Warendorf)		
	71772	
Stadt Münster	21242	Münster
Kreis Münster	36666	
Everswinkel	2226	
Hoetmar	1419	
Freckenhorst	2649	
Beelen	4627	
(Kreis Warendorf)		
	68829	

Wegen der überaus großen Zerstückelung der Landkreise und der willkürlichen Zuordnung zu den verschiedenen Wahlkreisen erhob sich natürlich einiger Protest[122]. Befremden herrschte vielerorts vor allem darüber, daß die jeweilige Einwohnerzahl der Wahlkreise deutlich die Grenze von 50000 überschritt. Zwar hatte das Vorparlament angeordnet, daß auf eben diese Zahl ein Abgeordneter gewählt werden sollte, doch war die der Sitzverteilung zugrunde gelegte Bundesmatrikel seit dem Jahre 1819 keiner gründlichen Revision mehr unterzogen worden, so daß die Einwohnerzahl der deutschen Staaten im Jahre 1848 durchweg zu niedrig angesetzt worden war[123]. Auch Oberpräsident von Flottwell berief sich auf diese Tatsache und ließ deshalb am 30. April verlautbaren, daß sich die Zahl von 50000 nur auf die Bundesmatrikel beziehe und nicht die tatsächliche Einwohnerzahl der Provinz im Jahre 1846 wiedergebe[124].

Für den Regierungsbezirk Münster dürfte aber die Frage, ob nun ein Wahlkreis 50000 oder gar 70000 Einwohner zählte, insofern von sekundärer Bedeutung gewesen sein, als durch die Zerstückelung der Landkreise den Wahlmännern teilweise unzumutbare Wege aufgebürdet wurden. Für die Vertreter der Stadt und des Amtes Harsewinkel, im Osten des Münsterlandes gelegen, war beispielsweise die Fahrt nach Lengerich mit einem ganz erheblichen Zeitaufwand verbunden, da es keine direkten Verkehrsverbindungen gab. Dieser Zustand sollte übrigens auch zahlreichen anderen Wahlmännern schwer zu schaffen machen. Hinzu kam, daß lediglich fünf der zehn Landkreise des Regierungsbezirks und die Stadt Münster von der Zerstückelung verschont blieben und sie deshalb auch den Vorteil genossen, ihre Interessen gegenüber denen der Wahlmänner aus den aufgeteilten Kreisen durchsetzen zu können. Meinungsverschiedenheiten bei der Auswahl der Kandidaten sollten daher auch an der Tagesordnung sein.

Wahlkreis: Recklinghausen

Aus der Abgeordnetenwahl am 10. Mai in der Gymnasialkirche zu Recklinghausen ging der Literat Dr. phil. Wilhelm Junkmann hervor. 80 der 124 Wahlmänner hatten sich für ihn entschieden[125]. Junkmann, der zum Freundeskreis der Dichterin Annette von Droste-Hülshoff gehörte, war zu Beginn der Revolution politisch tätig geworden und zählte zu den Unterzeichnern des ersten katholischen Wahlaufrufs im westfälischen Raum[126]. Ebenso wie der zum Stellvertreter gewählte Subregens Paul Melchers aus Münster, der nachmalige Erzbischof von Köln, verfügte Junkmann schon zu diesem Zeitpunkt über einige Kontakte zum zentralen münsterschen Piusverein, der ihn auch für diesen Wahlkreis vorgeschlagen haben dürfte[127]. Wie schon bei den Wahlen zur preußischen Nationalversammlung dargelegt, hatte der Verein mit seinen Kandidatenvorschlägen aber nicht immer eine glückliche Hand. Junkmann war außerdem noch im Wahlkreis Borken -- Coesfeld gewählt worden und Melchers schlug in Recklinghausen das stellvertretende Mandat aus, da ihn gleichzeitig der Wahlkreis Ahaus -- Steinfurt zum direkten Vertreter in der Paulskirche machte. An seine Stelle trat allerdings mit dem Dorstener Rechtsanwalt Geißler ebenfalls ein Parteigänger der Klerikalen[128]. Unter den münsterländischen Abgeordneten in Frankfurt gehörte Junkmann zu jener Minderheit, die ihr Mandat nicht vorzeitig zurückgab. Nach der Weigerung des Königs von Preußen, die Kaiserwürde anzunehmen, stellte sich dann allerdings auch für Junkmann die entscheidende Frage der Realisierung des Verfassungswerks. Am 18. Mai 1849 trat er aus der Paulskirche aus[129].

Wahlkreis: Lüdinghausen -- Beckum

Das Abgeordnetenmandat sicherte sich hier der Bonner Rechtsgelehrte Professor Ferdinand Walter, der die Wahl aber wegen seines Einzuges in die preußische Nationalversammlung ablehnte[130]. Auch Walter dürfte vom münsterschen Piusverein in Vorschlag gebracht worden sein. An seine Stelle trat der bisherige Stellvertreter Josef Eduard Schrakamp, für den sich am 24. Mai 47 der 93 Wahlmänner aussprachen[131]. Zu dessen Stellvertreter wurde Albert von Hartmann gewählt, ein Sohn des stadtmünsterschen Abgeordneten Matthias Anton von Hartmann (Siehe oben S. 36)[132]. Schrakamp trat jedoch aus Rücksicht auf seine Gesundheit schon am 19. Juli 1848 aus der Nationalversammlung aus, so daß für die gesamte Dauer der Verhandlungen von Hartmann das Abgeordnetenmandat wahrnahm [133]. Er gehörte übrigens der Kaiserdeputation an[134].

Wahlkreis: Borken -- Coesfeld

Wegen der Annahme des Mandats im Wahlkreis Recklinghausen hatte Wilhelm Junkmann die hier auf ihn gefallene Wahl abgelehnt. Bei Beginn der Verhandlungen in der Paulskirche war deshalb der zum Stellvertreter bestimmte Gymnasialdirektor Hermann Wedewer aus Frankfurt am Main zugegen[135]. Wegen des günstigen Wohnorts des gebürtigen Coesfelders hätte es der Borkener Landrat von Hamelberg allzu gerne gesehen, wenn Wedewer das Abgeordnetenmandat automatisch übertragen worden wäre[136]. Aus formalen Gründen wies jedoch die münstersche Regierung dieses Ansinnen zurück und trug Hamelberg auf, sofort Neuwahlen vorzunehmen. Aus dieser Abstimmung ging am 13. Juni der vormals hessische Staatsrat Justin von Linde als Sieger hervor[137].

Wahlkreis: Ahaus -- Steinfurt

Die Abgeordnetenwahlen standen hier ganz im Zeichen der Klerikalen. Das Mandat fiel an den münsterschen Subregens Paul Melchers, sein Stellvertreter wurde der Breslauer Domkapitular Heinrich Förster[138]. Melchers trat aber bereits am 21. Juli aus der Nationalversammlung wieder aus, und auch Förster nahm die Stellvertretung nur bis zum 23. Oktober 1848 wahr[139]. Wie zahlreiche andere Abgeordnete geistlichen Standes begab er sich zu der am 23. Oktober 1848 in Würzburg eröffneten Versammlung des deutschen Episkopats, wo er seinen Fürstbischof Melchior von Diepenbrock vertrat[140]. Zum neuen Abgeordneten in der Paulskirche wurde am 14. November der aus Freiburg stammende Professor Buß und zu seinem Stellvertreter Staatsminister a.D. von Duesberg gewählt[141].

Wahlkreis: Tecklenburg

Ein guter Einblick in die Vorgehensweise der Klerikalen offenbart sich am Beispiel dieses Wahlkreises. Dem später tatsächlich auch gewählten Abgeordneten, Wilhelm Emanuel von Ketteler, zu jener Zeit Pfarrer in Hopsten im Kreis Tecklenburg, war danach anläßlich einer Beichte durch den einflußreichen Landdechanten Rahfeldt eröffnet worden, daß von klerikaler Seite seine Kandidatur in Betracht gezogen worden sei[142].

Es liegt durchaus nahe, daß Rahfeldt auf Betreiben des münsterschen Piusvereins aktiv geworden ist. Auf Kettelers Versuch, der Nominierung auszuweichen, beschied ihn der Landdechant mit den Worten: "Ich erkenne den Willen Gottes darin, daß Sie dorthin gehen, und ich werde persönlich durch den ganzen Kreis Tecklenburg gehen und die Leute ermuntern, daß Sie gewählt werden"[143]. Aus welchem Grund ausgerechnet der noch junge Geistliche Ketteler für eine Kandidatur ins Auge gefaßt wurde, ist unbekannt. Zu dieser Zeit war er nämlich den meisten Wählern noch kein Begriff. Seine Wahl war auch alles andere als gesichert, da die Wahlmänner der Stadt Rheine an ihrem ehemaligen Gerichtsdirektor, Wilhelm Rohden, als Kandidaten festhielten[144]. Erst nach Intervention Rahfeldts und eines anderen Geistlichen stellte man diese Wünsche zurück und verbesserte somit die Aussichten Kettelers erheblich. Bei der Wahl am 10. Mai in der Kirche von Lengerich standen sich der Pfarrer von Hopsten und der Kandidat der Protestanten, der Chefredakteur der 'Kölnischen Zeitung' , Karl Heinrich Brüggemann gegenüber. Überraschend deutlich vermochte sich Ketteler mit 69 gegen 52 Stimmen für Brüggemann durchzusetzen und das, obwohl die konfessionellen Verhältnisse nahezu ausgeglichen waren[145]. Das stellvertretende Mandat fiel, infolge Uneinigkeit unter den Wahlmännern, nicht an Brüggemann, sondern an den Warendorfer Rechtsanwalt Thüssing[146].

Im Verhältnis zwischen Thüssing und Ketteler traten nach wenigen Wochen erste Spannungen auf. Ketteler hatte nämlich seinem Stellvertreter am 19. August zu verstehen gegeben, nach Abhandlung der Fragen von gewichtigem religiösem Interesse aus der Nationalversammlung auszuscheiden, vorausgesetzt, Thüsing erkläre sich mit den Hauptgrundsätzen des Frankfurter katholischen Clubs einverstanden[147]. Der Warendorfer Rechtsanwalt war zwar auch katholisch, dürfte aber schon zu diesem Zeitpunkt eindeutig im Lager der Demokraten gestanden haben. Jedenfalls war er über das Kettelersche Ansinnen dermaßen verstimmt, daß er dessen Brief und sein Antwortschreiben sogleich im Warendorfer Wochenblatt veröffentlichen ließ[148].

Ketteler, der vermutlich über die Reaktion seines Stellvertreters überrascht gewesen sein dürfte, antwortete vier Wochen später in einem sog. offenen Brief an seine Wähler, in welchem er sich mit den seiner Ansicht nach polemischen Angriffen auseinandersetzte und ihm seine Ansichten darlegte[149]. Die Reaktion des Rechtsanwaltes ließ nicht lange auf sich warten. Obendrein veröffentlichte er den Briefwechsel mit Ketteler als Broschüre unter dem Titel 'Vier Briefe über das Verhältnis von Kirche und Staat' [150].

Diese Auseinandersetzung hatte mittlerweile auch das Interesse anderer Blätter gefunden und Ketteler sah sich genötigt, böswilligen Verdächtigungen energisch entgegenzutreten, interessanterweise auch gegen den Vorwurf, im Münsterland sei der Beichtstuhl zu Wahlumtrieben mißbraucht worden[151].

Das Verhalten seines Stellvertreters hatte Ketteler natürlich dazu bewogen, weiterhin in Frankfurt zu verweilen. Seinen Austritt erklärte er erst am 22. Januar 1849[152]. Thüssing übernahm daraufhin das Mandat, ließ sich aber schon am 10. März beurlauben, um als Vertreter des Wahlkreises Stadt Münster -- Kreis Münster -- Warendorf in die II. preußische Kammer einzutreten. Nach deren Auflösung am 27. April nahm er wieder an den Verhandlungen in Frankfurt teil und schied am 30. Mai endgültig aus der Nationalversammlung aus[153].

Wahlkreis: Stadt Münster -- Kreis Münster

In einer im Merkur veröffentlichten Anzeige war an die Wahlmänner die Aufforderung ergangen, sich schon am Tag vor der Abgeordnetenwahl in Münster einzufinden, um geeignete Vorbereitungsmaßnahmen in die Wege zu leiten. Dieses Treffen hatte allerdings nur den einen Zweck, die auswärtigen Wahlmänner mit der Kandidatur des Bischofs von Münster vertraut zu machen[154]. Wichtigster Verbündeter des Piusvereins war in dieser Frage der Merkur, der seine Leser wiederholt auf die Wahl Müllers aufmerksam gemacht hatte. "Auch dem deutschen Episkopate muß es möglich gemacht werden", hieß es in der Ausgabe am Tag vor der Abstimmung, "durch Teilnahme an den Verhandlungen der ersten Nationalversammlung zu beweisen, daß die katholische Kirche Deutschlands nicht eine Feindin der Volksfreiheit ist..."[155]. Da sich unter den insgesamt 128 Wahlmännern allein 38 Geistliche befanden, sollte an der Wahl des Bischofs wenig Zweifel bestehen[156].

Vor der Abstimmung war Wahlkommissar Hüffer auf die Bedeutung dieses Ereignisses eingegangen und hatte die Anwesenden an die Zerrissenheit Deutschlands seit Beendigung der napoleonischen Kriege erinnert. Er warnte jedoch vor dem Glauben, daß das Problem der Einigung des Vaterlandes leicht zu lösen sei[157]. Wie erwartet konnte sich Müller mit großer Mehrheit durchsetzen, 112 der 128 Wahlmänner hatten für ihn votiert[158]. Der bei dieser Abstimmung Müller deutlich unterlegene Geheime Regierungsrat und Leiter der katholischen Abteilung im Kultusministerium, Matthias Aulike, ein gebürtiger Münsteraner, sicherte sich mit 107 Stimmen das stellvertretende Mandat[159].

Müller schien wohl im ersten Moment vor der kommenden Verantwortung zurückzuschrecken, denn in einem Schreiben vom 14. Mai teilte er Hüffer mit, die Wahl nicht annehmen zu wollen [160]. Zum Zeitpunkt dieses Entschlusses wurde ihm allerdings die Nachricht überbracht, daß auch der Fürstbischof von Breslau, Melchior von Diepenbrock, für Frankfurt gewählt worden sei. Daraufhin entschloß sich Müller doch noch, das Mandat wahrzunehmen. Da aber auch ihm wie zahlreichen anderen Vertretern des Klerus die parlamentarische Arbeit nicht sonderlich lag, und außerdem die im Oktober in Würzburg stattfindende deutsche Bischofskonferenz samt ihrer Vorbereitung seine Kräfte in Anspruch nahm, schied Müller schon am 7. August aus der Paulskirche wieder aus. Aulike trat daraufhin an seine Stelle, bis auch er am 21. Januar 1849 seinen Rücktritt einreichte. Zu diesem Zeitpunkt war ihm nämlich inoffiziell mitgeteilt worden, daß er als künftiger Oberpräsident von Westfalen im Gespräch sei [161].

Auf die Anfrage aus Münster, ob nur ein neuer Abgeordneter oder auch ein Stellvertreter gewählt werden müsse, teilte der Reichsinnenminister am 9. Februar mit, daß in diesem Fall die Wahl zweier Deputierter vorzunehmen sei[162]. Aus der Abstimmung am 5. März ging der ehemalige Abgeordnete zur preußischen Nationalversammlung, Assessor Brockhausen, als Sieger hervor; 68 der 112 Wahlmänner hatten sich für ihn ausgesprochen. Das stellvertretende Mandat errang der münstersche Kaufmann Ferdinand Theissing[163].

II.5. Wahlergebnis

Die Wahlen zur deutschen und preußischen Nationalversammlung hatten mit einem eindrucksvollen Sieg des politischen Katholizismus geendet. In nahezu allen Wahlkreisen war es gelungen, katholische Kandidaten durchzubringen[164]. Eine allzu große Überraschung bedeutete dieses Resultat allerdings nicht, denn mit dem frühzeitigen Auftreten der katholischen Vereine waren bereits die Weichen für ein erfolgreiches Abschneiden gestellt worden. Hinzu kam, daß bei dem Großteil der Bevölkerung die Verschmelzung religiöser und politischer Inhalte recht gut ankam, nicht zuletzt weil diese ja auch von einer als vertrauenswürdig angesehenen Geistlichkeit vorgetragen wurden. In dieser Hinsicht gab es aber auch Ausnahmen, wie etwa im Falle des Kreises Beckum. Angesichts dieser massiven Einflußnahme auf die öffentliche Meinung taten sich naturgemäß die Repräsentanten anderer politischer Richtungen schwer. Konstitutionelle und Demokraten kamen nicht einmal über die ersten Ansätze der Vereinsbildung hinaus und spielten im politischen Leben zunächst nur eine untergeordnete Rolle. Nicht ganz zu unrecht taten daher auswärtige Zeitungen die Wahlen im Münsterland als eine religiöse Demonstration ab[165]. Besonders augenfällig bei dieser Wahl war ferner der Mangel an geeigneten Abgeordnetenkandidaten. Zwar versuchte der federführende münstersche Piusverein durch eine entsprechende Vorschlagsliste Abhilfe zu schaffen, jedoch erwiesen sich Hinweise auf den einen oder anderen brauchbaren Kandidaten nicht immer als nützlich, da populäre Persönlichkeiten zugleich in mehreren Wahlkreisen auf breite Zustimmung stießen. Weitaus gravierender als die zahlreichen Nachwahlen war aber die Tatsache, daß die Mehrheit der Abgeordneten einfach den zeitlichen Aufwand ihrer parlamentarischen Tätigkeit unterschätzten. Wohl kaum einer hatte vermutlich damit gerechnet, derart lange in Berlin oder Frankfurt verbleiben zu müssen. Die auffallend vielen Mandatsniederlegungen geben davon ein beredtes Beispiel.

Repräsentative Angaben über die Höhe der Wahlbeteiligung lassen sich nicht machen. Schätzungsweise dürften aber wohl zwischen 30 und 40 % der Wähler ihre Stimme abgegeben haben[166]. Dabei war das größere Interesse naturgemäß in den Städten anzutreffen, aber auch auf dem Lande konnte, wie am Beispiel des Kreises Warendorf gezeigt, von einer regen Teilnahme durchaus gesprochen werden. Daß dieses Ereignis generell auf Zustimmung gestoßen war , zeigte sich auch daran, daß bei den doch immerhin zahlreich auftretenden Nachwahlen meistens rund zwei Drittel aller Wahlmänner zugegen waren.

II.6. Die Abgeordneten in den beiden Parlamenten

Die deutsche Nationalversammlung

Die deutsche konstituierende Nationalversammlung - später nannte sie sich die deutsche verfassunggebende Nationalversammlung - wurde am 18. Mai 1848 in der Frankfurter Paulskirche eröffnet und umfaßte nominell 649 Mitglieder[167].

Auf die Fraktionsbildung und die im Laufe des Jahres noch erfolgten internen Abspaltungen braucht an dieser Stelle nicht näher eingegangen werden[168]. Es sei lediglich darauf hingewiesen, daß sich die Abgeordneten aus dem Regierungsbezirk Münster den Fraktionen auf der rechten Seite des Parlaments zugehörig fühlten. Allerdings hatte sich nur eine Minderheit unter ihnen unmittelbar einer Fraktion angeschlossen. Von denen, die über einen längeren Zeitraum in der Paulskirche saßen, standen von Hartmann und Junkmann auf seiten des 'Casino',bzw. nach der Abspaltung hiervon in den Reihen des großdeutsch gesinnten 'Pariser Hofes', und Buß war Mitglied des 'Café Milani'[169]. Fraktionslos, wenngleich immer mit den Parteien der Rechten stimmend, blieben dagegen die Geistlichen Förster, von Ketteler, Melchers und Müller[170]. Gleiches galt auch für Aulike, Brockhausen und von Linde. Die Parteistellung von Schrakamp und Wedewer ließ sich nicht ermitteln, da beide nur für kurze Zeit Mitglied der Nationalversammlung waren. Der einzige Abgeordnete, der auf seiten der Linken zu finden war und vermutlich der Fraktion 'Westendhall' angehörte, ist der Warendorfer Rechtsanwalt Thüssing gewesen[171]. Er war übrigens auch der einzige Vertreter aus dem Regierungsbezirk Münster, der fast bis zum Schluß der Verhandlungen ausharrte. Bei dem Beschluß, nach Stuttgart überzusiedeln, war Thüssing allerdings nicht mehr anwesend[172].

Vollkommen ohne politische Bindung blieben aber auch die oben erwähnten fraktionslosen Abgeordneten nicht. Als nämlich in Frankfurt die Beratungen über die 'Grundrechte' anstanden, schlossen sich auf Anregung des Breslauer Fürstbischofs Melchior von Diepenbroick zahlreiche katholische Abgeordnete zum sog. Katholischen Klub zusammen[173]. Dieser Klub besaß aber lediglich den Charakter einer außerparlamentarischen Vereinigung und beschränkte daher seine Aktivitäten ausschließlich nur auf die Behandlung religiöser und kirchlicher Sachverhalte, während politische Fragen nicht zur Diskussion standen[174]. Den Vorsitz hatte der, den westfälischen Wahlkreis Lippstadt -- Arnsberg -- Büren vertretene General von Radowitz übernommen, und August Reichensperger war zu seinem Stellvertreter gewählt worden[175]. Nach der Feststellung der 'Grundrechte' löste sich der Klub der katholischen Parlamentarier wieder auf; er hatte bis dahin etwa 30 bis 40 Mitglieder gezählt[176].

Bei den Debatten über die 'Grundrechte', die sich fast über drei Monate hinzogen, waren sich die Abgeordneten aus dem Untersuchungsgebiet nur in den die Kirche betreffenden Fragen einig[177]. Ansonsten gingen die Meinungen, wie etwa bei der Abstimmung über die Abschaffung der Todesstrafe, auseinander. Förster, von Hartmann, Junkmann, von Linde und Müller hatten dagegen und nur von Ketteler dafür gestimmt[178]. Am 21. Dezember war das Gesetz betreffend 'Die Grundrechte des deutschen Volkes' im ganzen angenommen worden[179].

Am 19. Oktober trat die Nationalversammlung in die Beratungen über die Reichsverfassung ein[180]. Im einzelnen galt es zu entscheiden, welchen äußeren Umfang das neue Reich und welche inhaltliche Schwerpunkte die Verfassung haben sollte. Dabei stellte sich die Frage, ob man Österreich vollständig, möglicherweise nur mit seinen deutschsprachigen Ländern, oder gar nicht in den neu zu konstituierenden Staat aufnehmen sollte. Die Ausschußanträge sahen im Sinne der kleindeutschen Majorität vor, daß kein Teil des deutschen Reiches mit nichtdeutschen Ländern zu einem Staat vereint sein dürfe (§ 2) und verlangten in § 3 reine Personalunion solcher deutscher Länder, die mit nichtdeutschen dasselbe Staatsoberhaupt hätten[181]. Bei der entscheidenden Vorabstimmung hierüber hatte sich die Mehrheit am 27. Oktober mit 340 gegen 76 bzw. mit 316 gegen 90 Stimmen für die besagten Anträge ausgesprochen. Die den großdeutschen Standpunkt bejahenden Abgeordneten aus dem Untersuchungsgebiet, nämlich Aulike, von Hartmann, Junkmann, von Ketteler und von Linde, hatten zusammen mit der Mehrzahl der patriotisch gesinnten Vertreter Österreichs dagegen votiert[182].

In der Folgezeit, nach der österreichischen Antwort auf diese Beschlüsse und der Übernahme des Reichsministeriums durch Gagern, zerfiel die Nationalversammlung immer mehr in ein kleindeutsches und ein großdeutsches Lager. Hinzu kamen verschiedene Abspaltungen innerhalb der bisherigen Fraktionen. So waren auf Initiative August Reichenspergers am 16. Dezember die großdeutsch gesinnten Abgeordneten, darunter auch von Hartmann und Junkmann aus dem 'Casino' ausgeschieden und hatten sich dem neugegründeten 'Pariser Hof', mit dem gelegentlich auch der ansonsten fraktionslose Linde[183] stimmte, angeschlossen.

Lediglich die Fraktionen der Linken waren von den Sezessionsbewegungen verschont geblieben, da es ihnen ja mehr um die Verwirklichung demokratischer Grundrechte als um die Frage der Einheit ging. Durch das Zugeständnis des allgemeinen und gleichen Wahlrechts und vor allem des nur suspensiven Vetos des Reichsoberhaupts war es den Kleindeutschen schließlich gelungen, die Linke zu sich herüberzuziehen, um die deutsche Frage im preußischen Sinn lösen zu können[185].

Bei der Kaiserwahl am 28. März hatten sich von den 538 Mitgliedern des Parlaments 290 für den preußischen König entschieden, während sich 248 der Stimme enthielten[186]. Von den Abgeordneten aus dem Regierungsbezirk Münster gaben lediglich Brockhausen, der erst seit dem 15.3. als Nachfolger Aulikes amtierte, und von Hartmann ihre Stimme Friedrich Wilhelm IV.. Albert von Hartmann gehörte übrigens auch der Kaiserdeputation an[187]. Buß und von Linde hatten sich aus verständlichen Gründen eines Votums enthalten, Thüssing fehlte mit Entschuldigung - er war nämlich zu dieser Zeit Mitglied der II. preußischen Kammer - ,und Junkmann war der Abstimmung ohne Entschuldigung ferngeblieben[188].

Eine gewisse Überraschung stellte fraglos das Votum von Hartmanns dar, der, wie oben erwähnt, dem großdeutschen 'Pariser Hof' angehörte. Allem Anschein nach war für seinen Sinneswandel in hohem Maße das Verhalten Österreichs verantwortlich, das nämlich durch seine Gesamtstaatverfassung das großdeutsche Ideal hinfällig erscheinen ließ[189]. Die Gründe für das Stimmverhalten des Abgeordneten Brockhausen sind nicht bekannt.

Die preußische Nationalversammlung

Am 22. Mai hatte Friedrich Wilhelm IV. die preußische Nationalversammlung eröffnet. Sie bestand aus 402 Mitgliedern, die aber im Gegensatz zu den Abgeordneten in der Paulskirche teilweise keine parlamentarische Erfahrung einbrachten. So hatten sich auch nur 20 Deputierte des Vereinigten Landtages ein Mandat in der Nationalversammlung sichern können[190]. Die Verteilung der Abgeordneten auf die einzelnen Fraktionen war in Berlin weitaus weniger differenziert als in Frankfurt[181]. Mit Ausnahme zweier Abgeordneter gehörten die übrigen Deputierten bzw. die zum Einsatz gekommenen Stellvertreter aus dem Untersuchungsgebiet der Rechten an, nämlich: Bartmann, Brockhausen (nahm allerdings erst an den Sitzungen in Brandenburg teil)[192], Evelt (Fraktion Harkort)[193], Funke -Recklinghausen, Hüffer, Jansing, Wilderich von Ketteler[194], Reigers, Schimmel[195], Schulte, Tüshaus, Vogelsang, Westhoff[196] und Windthorst[197]. Lediglich Fischer und von Bruchhausen, der Stellvertreter Westhoffs, waren der Linken beigetreten[198].

Einen vergleichbaren Zusammenschluß katholischer Abgeordneter wie in Frankfurt gab es in Berlin nicht. Zwar hat es auch hier nicht an Versuchen gefehlt, eine eigene Fraktion ins Leben zu rufen, jedoch wurden sie nicht verwirklicht[199]. Die katholischen Abgeordneten schlossen sich daher der Partei der konstitutionellen Rechten an, zu deren Begründern übrigens Peter Reichensperger gehörte, und deren Programm dem des Frankfurter Casinos ziemlich ähnlich war[200]. Allerdings war es auch auf Einladung des Kölner Erzbischofs Geißel verschiedentlich zu Beratungen katholischer Abgeordneter gekommen, die aber ausnahmslos Kirchen- und Schulfragen zum Thema hatten[201]. Die meisten Vertreter aus dem Münsterland, allen voran natürlich die Geistlichkeit, dürften daran teilgenommen haben. Eine besondere Rolle unter den katholischen Abgeordneten sollte der Pfarrer von Diestedde/Kreis Beckum, Dr. Westhoff, spielen, der als Vertrauter des Kölner Erzbischofs galt[202].

Am 26. Juli hatte die Verfassungskommission ihren eigenen Entwurf vorgelegt, an dessen Zustandekommen der aus Münster gebürtige Benedikt Waldeck erheblichen Anteil hatte. Die Beratungen hierüber sollten allerdings erst am 12. Oktober beginnen, was den Abgeordneten Tüshaus (Kreis Münster) am 6. Oktober dazu veranlaßte, sich über die ständigen Verschleppungen zu beklagen[203]. Tatsächlich hatte die Nationalversammlung seit ihrer Eröffnung wertvolle Zeit verloren und sich bis dahin beispielsweise mit Anträgen über die Anerkennung der Revolution (Antrag: Berends/Zachariä) vom 8. und 9. Juni[204] und am 9. August mit der Entfernung reaktionärer Offiziere aus der Armee beschäftigt (Antrag: Stein), nachdem zuvor bei einem Zusammenstoß zwischen Militär und Bürgerwehr im niederschlesischen Schweidnitz 14 Menschen den Tod gefunden hatten [205]. Unter dem Eindruck dieses Vorfalls und nicht zuletzt aufgrund der zahlreichen Straßenaufläufe in Berlin kamen in der Nationalversammlung immer häufiger die Anschauungen der Linken zur Geltung. Da aber das Vorgehen des Parlaments nicht in jeder Hinsicht die Meinung der Mehrheit des preußischen Volkes repräsentierte, erhob sich vor allem seitens konservativer Kreise dagegen bald erheblicher Widerstand.

Unter diesen Vorzeichen begannen am 12. Oktober die Verfassungsberatungen. Schon bei dem Antrag, die Formel 'König von Gottes Gnaden' zu streichen, offenbarte sich der tiefe Riß in der Nationalversammlung. 134 Abgeordnete sprachen sich dagegen aus, aber immerhin 217 dafür; 54 Deputierte waren abwesend[206]. Von den Abgeordneten aus dem Regierungsbezirk Münster hatten Evelt, Funke-Recklinghausen, Hüffer, Reigers, Schulte, Tüshaus, Vogelsang und Windthorst für die Beibehaltung der Formel gestimmt, während allein von Bruchhausen deren Beseitigung für angebracht hielt. Bartmann und Jansing waren beurlaubt[207]. Die künftige Formel 'Wir Friedrich Wilhelm von Gottes Gnaden verkünden hiermit die von den Vertretern des Volkes durch Vereinbarung mit uns festgestellte Verfassung' hatten im Anschluß daran 284 Abgeordnete für angebracht gehalten, einschließlich aller Vertreter aus dem Untersuchungsgebiet[208]. Eine Mehrheit ergab sich auch bei dem Antrag, den Adel sowie Standesunterschiede bzw. Standesvorrechte abzuschaffen. Dafür hatten aus dem Münsterland aber nur von Bruchhausen und Oberlandesgerichtsassessor Fischer-Münster[209], der Stellvertreter Hüffers, votiert. Dagegen waren Evelt, Funke - Recklinghausen, Reigers, Rittmeister Schimmel (Nachfolger für Bartmann), Schulte, Tüshaus, Vogelsang und Windthorst; Jansing hatte wie immer wegen Beurlaubung gefehlt[210].

Unterdessen hatte sich die politische Lage in Berlin merklich zugespitzt. Die schon von Anfang an auf unsicheren Füßen stehende Regierung des Generals von Pfuel, die nicht in der Lage war, die zahlreichen Ausschreitungen auf den Straßen zu unterbinden, hatte am 28. Oktober endgültig den Rücktritt eingereicht. Beeinflußt durch seine ultrakonservative Umgebung nahm der König schließlich die Unruhen und die Ministerkrisis zum willkommenen Anlaß, auf Gegenkurs zu gehen. Am 8. Novemver berief er den als streng konservativ bekannten Grafen Brandenburg an die Spitze der neuen Regierung. Gleichzeitig mit der Berufung des neuen Kabinetts ließ der Monarch den Sitz der Nationalversammlung in das ruhigere Brandenburg verlegen und vertagte außerdem das Parlament bis zum 27. November. Die Mehrheit der Abgeordneten war jedoch keinesfalls gewillt, sich diesen Anordnungen zu beugen. Mit großer Stimmenmehrheit sprach man daraufhin der Krone das Recht ab, die Versammlung gegen ihren Willen aufzuheben oder zu vertagen. Bevor jedoch das Rumpfparlament am 15. November durch den Einsatz von Truppen auseinandergetrieben wurde, war auf Antrag der Abgeordneten Plönnies, Schorbaum und Schulze-Delitzsch einstimmig beschlossen worden, daß das Ministerium Brandenburg nicht berechtigt sei, "über die Staatsgelder zu verfügen und die Steuern zu erheben, solange die Nationalversammlung nicht ungestört in Berlin ihre Beratungen fortzusetzen vermag"[211]. Bruchhausen, Fischer-Münster, Reigers, Schulte, Tüshaus und Vogelsang hatten zum Teil an den Sitzungen vom 9. bis 15. November teilgenommen[212]. Dem Aufruf zur Steuerverweigerung war aber lediglich Bruchhausen beigetreten[213].

Unter den 153 Abgeordneten, die sich am 27. November in Brandenburg eingefunden hatten, waren auch die meisten aus dem Untersuchungsgebiet zu finden, nämlich Brockhausen, Funke-Recklinghausen, Reigers, Schimmel, Schulte, Tüshaus und Vogelsang. Die Mandate der Kreise Coesfeld und Steinfurt waren zu diesem Zeitpunkt nicht besetzt. Bruchhausen fehlte natürlich, während Evelt beurlaubt war[214]. Ihre Anwesenheit an den

Sitzungen des Rumpfparlaments in Berlin hatten Reigers und Schulte unter anderem damit begründet, daß man die Freiheiten und Rechte des Volkes, zu deren Hüter man ja bestellt sei, habe schützen wollen. "Wir können und konnten der Krone das Recht nicht zugestehen", so meinten beide, "die Versammlung, welche zur Vereinbarung der Verfassung berufen ist, und die der Krone als gleichberechtigte Kontrahentin gegenübersteht, einseitig zu vertagen und zu verlegen ... Ob wir uns veränderten Umständen fügen sollten, darüber waren wir nicht zweifelhaft, nachdem die deutsche Zentralgewalt die Vermittlung in die Hand genommen"[215]. An der Sitzung vom 1. Dezember hatten auch überraschenderweise von Bruchhausen und Fischer teilgenommen; letzterer übrigens jetzt als Vertreter des Kreises Coesfeld. Zusammen mit einer Reihe weiterer Mitglieder der Fraktion 'Unruh' hatten sie eine Erklärung unterzeichnet und darin betont, daß man aus Rücksichtnahme auf das Wohl des Landes das Erscheinen deshalb für erforderlich erachtet habe, um die Einberufung der Stellvertreter der bis jetzt noch nicht anwesenden Abgeordneten zu verhindern[216]. Gleichzeitig gaben die Unterzeichner des Schriftstücks bekannt, daß die Krone nicht das Recht habe, über die Vertagung und Verlegung der Nationalversammlung zu entscheiden[216]. Somit waren an diesem 1. Dezember sämtliche Abgeordnete des Regierungsbezirks Münster in Brandenburg anwesend, nachdem auch Wilhelm Rohden Sitz und Stimme des am 20. November ausgeschiedenen Windthorst übernommen hatte[218].

An der Frage der Vertagung der Versammlung schieden sich abermals die Geister. Nachdem die Linke mit ihrem Antrag auf Aussetzung der Verhandlungen um drei Tage keinen Erfolg hatte, verließ sie die Sitzung und ließ wiederum eine beschlußunfähige Versammlung zurück. Die noch verbliebenen Abgeordneten vertagten sich daraufhin bis zum 7. Dezember[219].

Mit der am 5. Dezember erfolgten Auflösung der Nationalversammlung und der Oktroyierung einer Verfassung trat die Revolution in eine neue Phase ein.

III.(A) Ausbau und Entwicklung des politischen Vereinswesens bis zum Jahre 1849

Stadt Münster

Die eigentliche Belebung des politischen Vereinswesens setzte erst nach Beendigung der Maiwahlen ein. Neben einigen Splittergruppen beherrschten hauptsächlich folgende vier Vereine die politische Szene der Stadt: der Piusverein, der Deutsche Verein, der Patriotische Verein für Stadt und Land Münster, kurz genannt der Patriotische Verein, und schließlich der Demokratische Verein[1)].

Der Vorstand des federführenden Piusvereins in Münster zeigte sich mit dem Resultat der Abgeordnetenwahl natürlich sehr zufrieden. In allen Wahlkreisen des Regierungsbezirks war es nämlich gelungen, entweder führende Vereinsmitglieder, engagierte Geistliche oder sonstige, der Idee des politischen Katholizismus zugewandte Persönlichkeiten durchzubringen.

Nach diesem Erfolg widmeten sich die münsterschen Klerikalen voll und ganz dem Ausbau ihrer Organisation. Zu Beginn des Jahres 1849 wurden im hiesigen Raum schon 29 Zweigvereine, darunter die zumeist in den Kreishauptstädten ansässigen Regionalvereine, mit teilweise beträchtlichen Mitgliederzahlen registriert[2)].

Vertreter der münsterschen Zentrale, nämlich Kaplan Kres und Stadtrat Wagener, hatten auch auf dem vom 3. bis 6. Oktober 1848 in Mainz stattfindenden Katholiken-Tag teilgenommen und den Piusverein der Provinzialhauptstadt in den Dachverband aller katholischen Vereinigungen, dem sog. Katholischen Verein Deutschlands übergeführt[3)]. Diesem Beispiel sollten im Laufe des Jahres 1849 alle Piusvereine aus dem Regierungsbezirk Münster folgen[4)].

Der münstersche Piusverein gehörte aber, im Gegensatz zu den gleichnamigen Vereinen im Rheinland, nicht zur Gruppe derer, die einen ausgesprochen politischen Kurs steuerten. Zwar wurde man auch in Münster nicht müde, diesen Anspruch hervorzuheben, doch war in Wirklichkeit davon wenig zu verspüren. Da politische Aussagen viel zu häufig mit religiösen Wertvorstellungen gekoppelt wurden, waren dem Spielraum einer wirklichen Vereinsarbeit von vornherein enge Grenzen gesetzt. Besonders deutlich wurde dies während der Novemberereignisse - der Verein verschwand damals vollkommen aus der Öffentlichkeit - und bei seinem Auftreten in der Wahlbewegung vom Januar und Juni 1849. Als es allerdings in Frankfurt um die Kirchenartikel in der künftigen Reichsverfassung ging, setzte aus Münster eine Flut von Petitionen ein[5]. In mehreren tausend Unterschriften wandte sich die Bevölkerung vor allem gegen den Entzug der kirchlichen Aufsicht über das Schulwesen[6].

Ein nicht minder starker Sturm der Entrüstung hatte sich nach dem taktlosen Auftreten des westfälischen Oberpräsidenten von Flottwell in der Paulskirche gerührt, nachdem er dem Antrag auf Beseitigung des Zölibats zugestimmt hatte[7]. Übrigens trug dieses Verhalten mit zu seiner baldigen Ablösung bei[8].

Welchen starken Einfluß der Klerus auf die Bevölkerung besaß, offenbart das volle Ausmaß dieser groß angelegten Petitionsbewegung. Daß diese natürlich gesteuert und nicht spontaner Art war, liegt auf der Hand. Auffällig war allerdings, daß sich dabei die Landgemeinden weitaus stärker hervortaten als die Städte[9]. Dies war aller Wahrscheinlichkeit nach auf ein verstärktes Engagement der Geistlichkeit zurückzuführen, die ja auf dem Lande über einen beinahe unbegrenzten Einfluß verfügte.

Wie aus den Unterlagen der münsterschen Regierung hervorgeht, zählte der Piusverein etwa 500 Mitglieder[10]. Davon dürfte jedoch nur die Hälfte politisch aktiv gewesen sein.

Enttäuschung über den Ausgang der Wahlen herrschte hingegen im Lager der Konstitutionellen, war es doch lediglich einem Mitglied des Vorstandes gelungen, sich als Wahlmann plazieren zu können[11]. Selbst Friedrich Steinmann, der sich noch vor den Urwahlen im Merkur zu Wort gemeldet und gegen die Klerikalen Front gemacht hatte, war durchgefallen. Daß die Gründung eines sog. konstitutionellen Vereins zwei Tage vor der Urwahl viel zu überstürzt kam, um bei den Wählern Eindruck zu hinterlassen, war mittlerweile auch der Vereinsführung nicht verborgen geblieben. Aus der Niederlage zog man daher sofort Konsequenzen und beschloß die Auflösung des Vereins, zumal auch ein Großteil der Mitglieder nicht mehr hinter der ursprünglichen Zielsetzung, nämlich der raschen Verwirklichung des konstitutionellen Staatswesens in Preußen, stand. Stattdessen rückte nunmehr, wie es auch in einer Adresse an die preußische Nationalversammlung zum Ausdruck kam, die unverzügliche Einigung Deutschlands in den Vordergrund. Darin war deutlich hervorgehoben, daß die Tätigkeit der Abgeordneten in Frankfurt zur Zeit von weitaus größerem Gewicht sei als diejenige der Volksvertreter in Berlin. Aus diesem Grund, so meinte die Vereinsführung, sei es durchaus angebracht, die Verhandlungen in Berlin vorerst einmal zu unterbrechen[12].

Ganz offensichtlich verbargen sich hinter diesem Kurswechsel interne Meinungsverschiedenheiten, denn vor allem Steinmann, Jacoby und Moellenhoff, die im November zu den tragenden Säulen der demokratischen Bewegung Münsters gehören sollten, hatten im Gegensatz zu den gemäßigten Kräften von Anfang an kein Hehl aus ihrer Sympathie für die Revolution gemacht. Allen voran war es der Gerichtssekretär und schon zu diesem Zeitpunkt recht aktive politische Schriftsteller Friedrich Steinmann, der sich für eine schärfere Gangart gegenüber den von der Berliner Regierung unterbreiteten Vorstellungen bezüglich der 'Konstitutionalisierung' des Staatswesens aussprach[13]. Wie er in einem Vortrag vor Vereinsmitgliedern deutlich machte, habe der bisher eingeschlagene Weg insofern gewaltige Fehler, als man schon jetzt erkennen könne, daß die Berliner Regierung gar nicht daran denke, den weitverbreiteten Vorstellungen von einer volkstümlichen Grundlage der Verfassung Rechnung zu tragen. Steinmann kritisierte in diesem Zusammenhang vor allem die Beibehaltung der Standesunterschiede, die einseitige Bevorzugung des Geburts- und Geldadels, die geplante Einführung einer I. Kammer und nicht zuletzt das indirekte Wahlverfahren[14].

Daß man sich kurz vor den Urwahlen den Namen 'Konstitutioneller Verein' zugelegt hatte, mag unter den Umständen eher zufälliger Art gewesen sein, war man doch wahrscheinlich in aller Eile nur darum bemüht, spontan ein Gegengewicht zu den einflußreichen Klerikalen herzustellen. Nach der Selbstauflösung wurden die bisherigen Mitglieder aufgefordert, sich dem neugegründeten Deutschen Verein anzuschließen[15]. Zu diesem Schritt war aber offensichtlich ein großer Teil nicht bereit. Der ca. 125 Mitglieder zählende Verein spielte allerdings auf der politischen Bühne der Stadt nur eine untergeordnete Rolle und sollte fortan auch im Schatten des wenig später gegründeten Patriotischen Vereins stehen. Kontakte mit gleichnamigen Vereinen in Rheinland und Westfalen unterhielt der Deutsche Verein zu Münster nicht[16]. Steinmann und die übrigen fortschrittlich gesinnten Kräfte hatten im Laufe des Sommers ihren Austritt erklärt und sich den Demokraten angeschlossen.

Die Lücke, die jene Konstitutionellen nach ihrer freiwilligen Selbstauflösung hinterlassen hatten, füllte der Mitte Juli gegründete Patriotische Verein aus, dessen Intention es war, die ausgesprochen preußenfreundlich gesinnten Münsteraner, so vor allem Beamte und Veteranen der Befreiungskriege, organisatorisch zusammenzufassen. Seinem ersten Auftreten in der Provinzialhauptstadt war am 7. Juli ein auf Initiative des Kölner Bürgervereins zustandegekommenes Treffen rheinisch-westfälischer Konstitutioneller vorausgegangen, das in diesem Jahr, von den Initiatoren gewiß beabsichtigt, mit der in der Grafschaft Mark traditionellen Erinnerung an die Befreiungskriege zusammenfiel[17]. Daß daher die Tagung in Dortmund von propreußischen Zügen geprägt sein würde, war von vornherein anzunehmen. Neben vorwiegend organisatorischen Fragen beschäftigten sich die Delegierten vor allem mit Problemen der generellen Zielsetzung konstitutioneller Vereine. Man war sich weitgehend darin einig, für die konstitutionelle Monarchie im innigsten Anschluß an die allgemeine deutsche Verfassung als die zu erstrebende Staatsform Preußens einzustehen[18]. Teilnehmer aus Münster war übrigens einer der späteren Gründer, Rittmeister Schimmel vom VII. Armeekorps.

Der bereits in Dortmund offen zutage getretene preußische Patriotismus kam auch auf der folgenden Tagung der rheinisch-westfälischen Konstitutionellen am 16. Juli in Duisburg zum Ausdruck[19]. Versuche, die konstitutionelle Monarchie auf breiter demokratischer Grundlage anzustreben, wie dies von einigen 'linken' Vereinen gefordert wurde, stießen daher bei der Mehrheit auf kein Gehör[20]. Die in Dortmund einmal eingeschlagene Linie fand auch auf dem nächsten Kongreß in Deutz bei Köln ihre Fortsetzung. In der schon deutlich werdenden Auseinandersetzung zwischen der Nationalversammlung und der preußischen Regierung stellte man sich ganz eindeutig hinter das Ministerium[21].

Starken Zulauf verzeichnete der Patriotische Verein in Münster allerdings nicht. Dies lag zum Teil daran, daß sich dessen Mitglieder von Anfang an gegen Vorurteile und Verdächtigungen zu wehren hatten. Extrem propreußisch zu sein und reaktionäre Ansichten zu vertreten, waren die am meisten gehörten Vorwürfe. Hinzu kam der Verdacht der Kirchenfeindlichkeit. Unter dem Vorsitz des Freiherrn von Landsberg -Steinfurt hatten sich auch nur etwa 90 Mitglieder zusammengefunden[22]. Im Strudel der Novemberereignisse verschwanden die Konstitutionellen von der politischen Bühne und tauchten erst wieder nach der lebhaft begrüßten Oktroyierung der Verfassung auf. Der Verein spielte allerdings schon zu diesem Zeitpunkt keine Rolle mehr.

Erst mit Herbstbeginn traten die Demokraten verstärkt in den Vordergrund und prägten binnen kürzester Zeit das politische Leben der Stadt. Zu den herausragenden Vereinsmitgliedern gehörten der schon erwähnte Friedrich Steinmann, Rechtsanwalt Johann Matthias Gierse[23)], Assessor Moellenhoff, die Rechtsreferendare Gustav Bansi aus Bielefeld[24)], Friedrich Hammacher aus Essen[25)] sowie Friedrich Jacoby aus Marienwerder[26)], Buchdrucker Wundermann und der aus dem Militärdienst entlassene Leutnant Caspary. Der Verein, der nach Aussage des damaligen Stadtrats von Olfers zahlreiche Handwerksgesellen und Arbeiter zu seinen Mitgliedern zählte, war Mitte Oktober ca. 360 Mann stark[27)].

Mitte Oktober verließen zahlreiche Mitglieder die Demokraten und gründeten den radikalen Urwählerverein, der seine Aufgabe hauptsächlich darin erblickte, sämtliche Abgeordneten zu überwachen, damit sie unter keinen Umständen die Rechte des Volkes antasteten. Erst im Zuge der Vertagung der preußischen Nationalversammlung war die eigentliche Stunde des Vereins gekommen. Mit äußerster Schärfe wurden die aus Berlin 'fortgelaufenen' Abgeordneten attackiert und ihnen vor allem der Vorwurf gemacht, der Regierung Brandenburg willig gefolgt zu sein[28)].

Die münsterschen Demokraten unterhielten vielfältige Kontakte zu gleichgesinnten Organisationen in Westfalen , darunter natürlich zum Vorort Bielefeld[29)]. Auf zahlreichen regionalen und überregionalen Treffen war der münstersche Verein vertreten, so auch auf dem Ende Oktober in Berlin abgehaltenen 2. Demokratenkongreß[30)]. Eine besondere Rolle spielte der hiesige Verein am 18. und 19. November in Münster, als er die Zusammenkunft der westfälischen Demokraten in der Provinzialhauptstadt ausrichtete[31)].

Die genaue politische Richtung der hiesigen Demokraten ließ sich nicht eindeutig feststellen. Die noch im Dezember erfolgten Abspaltungen machten zudem deutlich, daß es interne Auseinandersetzungen über den einzuschlagenden Kurs gegeben haben muß. Die Aussage des münsterschen Kaufmanns Linde[32] auf dem 1. Kongreß der westfälischen Demokraten in Bielefeld am 10. und 11. September - auf dem Frankfurter Demokratenkongreß vom 14. bis 17. Juni war die Stadt zum Sitz des westfälischen Kreisausschusses bestimmt worden[33] - ließ darauf schließen, daß zumindest republikanische Ansichten keine große Rolle gespielt haben können[34]. Das Hauptinteresse des münsterschen Vereins galt vielmehr der Hebung der sozialen Lage der Unterschichten, der Ausbildung demokratischer Grundrechte und nicht zuletzt der Eindämmung des Einflusses der Krone zugunsten einer Machterweiterung der Volksvertretung. Mit diesen Ansichten befand man sich allerdings in der Minderheit, denn die in Bielefeld zusammengekommenen Delegierten stellten sich schließlich nach längeren Beratungen doch noch hinter den Beschluß des Frankfurter Demokratenkongresses, wonach als einzige Staatsform die demokratische Republik anzustreben sei[35].

Widerspruch hatte dagegen vor allem der spätere Abgeordnete des Wahlkreises Stadt Münster -- Kreis Münster -- Warendorf, Leutnant Caspary angemeldet, indem er geltend machte, daß das westfälische Volk für einen derart zweischneidigen Antrag in keiner Weise hinreichend geschult und noch immer zu unreif sei. Seiner Ansicht nach müsse man Republikaner erziehen, die dächten, nicht allein fühlten oder durch ihr Gemüt bestimmt würden und sich durch eine Rede vielleicht fortreißen ließen[36].

Angesichts der stürmischen Novemberereignisse war aber die Frage der künftigen Staatsform für die westfälischen Demokraten kein Thema mehr. Ihr ganzes Bemühen galt zu dieser Zeit der Bewahrung der der Regierung im März abgetrotzten Rechte des Volkes. Auf dem Höhepunkt der Auseinandersetzung kam es am 18. und 19. November zu einem großangelegten Treffen westfälischer Demokraten in Münster[37].

Daß der radikale Flügel um den Bielefelder Vorortvorsitzenden Rudolf Rempel[38] mittlerweile an Einfluß abgenommen hatte, zeigte sich daran, daß an eben diesem münsterschen Kongreß nicht nur demokratische, sondern auch gemäßigte und linke konstitutionelle Vereine zugegen waren[39]. Das am Anfang des Zusammenschlusses der westfälischen Demokraten stehende Problem der künftigen Staatsform war für die Masse der Bevölkerung zu theoretisch und schien möglicherweise der Popularität mehr geschadet als genutzt zu haben[40].

Dem Urwählerverein wie den übrigen radikalen Splittergruppen war dagegen von Anfang an eine programmatische Zielsetzung fremd. In erster Linie wurden hier vordergründige Interessen verfolgt, die zudem meistens von der Tagespolitik bestimmt wurden, wie etwa die Forderung des radikalen Arbeitervereins nach allgemeiner Volksbewaffnung, nachdem in Berlin die Bürgerwehr ihrer Aufgabe enthoben worden war[41]. Im Spätherbst konnte eine nochmalige Belebung des Vereinswesens beobachtet werden. Zahlreiche kleinere Vereine, in der Regel nur wenige Mitglieder zählend, schossen wie Pilze aus dem Boden. Zwar war der Mehrzahl von ihnen nur eine kurze Lebensdauer beschieden, doch verstanden sie es recht geschickt, durch radikale Parolen und Ansichten auf sich aufmerksam zu machen. Vertreter dieser Richtung waren der schon erwähnte Arbeiterverein und der Verein zur Wahrung der Volksrechte[42]. Gemäßigtere Ziele verfolgten dagegen der Bürger- und der Volksverein[43].

Einhergehend mit der Ausweitung des Vereinswesens konnte man den erheblichen Machtverfall der etablierten Gruppierungen beobachten. Der Piusverein hatte sich schon zu Herbstbeginn von der politischen Bühne verabschiedet und auch der Deutsche und der Patriotische Verein waren aus der Öffentlichkeit verschwunden und hatten das Feld allein den Demokraten unterschiedlichster Richtung überlassen. Typisches Beispiel für die Verunsicherung der vormals einflußreichen politischen Gruppierungen war der Zusammenschluß konstitutioneller und klerikaler Kräfte im Bürgerverein Anfang Januar 1849[44]. Hierdurch versprach man sich eine größere Schlagkraft bei den bevorstehenden Urwahlen, jedoch wurde man in dieser Annahme arg enttäuscht, stand doch schon zu diesem Zeitpunkt die Bevölkerung eindeutig auf seiten der Demokraten. Die Verlagerung der politischen Kräfte hatte auch zur Folge, daß sich die Grenzen unter den verschiedenen bürgerlichen Vereinen mehr und mehr verwischten, da ihr gemeinsames Tun nur noch auf die Zurückdrängung des demokratischen Einflusses gerichtet war.

Zwischen Mai und Dezember 1848 war eine erhebliche Steigerung der politischen Aktivitäten innerhalb der Bevölkerung zu beobachten. Die Bezirksregierung in Münster, die angesichts der besorgniserregenden Zunahme radikaler Vereine durch das preussische Innenministerium - und dieses wiederum durch das Reichsinnenministerium - aufgefordert wurde, eine Übersicht über die politischen Gruppen zu erstellen[45], wollte in der Provinzialhauptstadt annähernd 1300 aktive Vereinsmitglieder gezählt haben[46]. Diese Zahl dürfte allerdings zu hoch gegriffen sein, denn demzufolge wären nicht weniger als 1/4 aller Wahlberechtigten der Stadt politisch tätig gewesen. Geht man jedoch davon aus, daß lediglich die kleineren Vereine und vor allem die verschiedenen demokratischen Gruppen über eine begeisterte Anhängerschar verfügten, so dürften höchstens 800 Münsteraner engagiert gewesen sein.

Kreis Ahaus

Bei ihren Nachforschungen über das Vereinswesen auf dem Lande erhielt die münstersche Regierung vielfach keine befriedigende Antwort. So wußte beispielsweise der Landrat des Kreises Ahaus, Freiherr von Heyden, nichts von der Existenz der Piusverein in Ahaus und Schöppingen[47]. Erst auf Drängen des Regierungsvizepräsidenten von Bodelschwingh, ging von Heyden der Sache näher auf den Grund.

Seinen Informationen zufolge gäbe es in der Kreishauptstadt Ahaus zwei Vereine, nämlich einen ca. 150 Mitglieder zählenden Piusverein, der zugleich auch die Funktion eines Regionalvereins ausübte und demzufolge enge Beziehungen zur münsterschen Zentrale besäße sowie einen im Aufbau befindlichen Demokratischen Verein[48]. Seiner Ansicht nach übten aber lediglich die Klerikalen Einfluß auf die Bevölkerung aus, während man dies von den Demokraten nicht sagen könne[49]. Ausserdem existierte noch ein weiterer Piusverein in Schöppingen.

Obwohl über die weitere Organisation der Klerikalen nichts in Erfahrung gebracht werden konnte, ist davon auszugehen, daß es auch in anderen Orten zumindest Ansätze einer Vereinsbildung gegeben hat. Dafür spricht letztlich auch die Anzahl der aus dem Kreise Ahaus nach Berlin und Frankfurt abgesandten Petitionen[50]. Die überproportionale Vertretung Geistlicher unter den Wahlmännern wies zudem darauf hin, daß der Einfluß der Kirche auch ohne die Existenz eines lokalen Piusvereins enorm war, ein Eindruck, der auch in späteren Jahren selbst immer wieder von den staatlichen Behörden bestätigt wurde[51]. Daher konnte man annehmen, daß es in zahlreichen Gemeinden kleinere katholische Zirkel gab, die als solche den Behörden nicht auffielen, weil sie nicht den Charakter von Vereinen hatten.

Daß sich allerdings das politische Leben auch im Zeichen der Novemberereignisse nicht wesentlich weiterentwickelt hatte, lag hier wie auch in den anderen vorwiegend agrarisch geprägten Landkreisen in erster Linie an der sehr geringen Bevölkerungsdichte, an dem Mangel an größeren Ortschaften und an den unzureichenden Verkehrswegen sowie nicht zuletzt an der politischen Unerfahrenheit der Landbewohner[52].

Kreis Beckum

Auch dem Verwalter des Landratsamts Beckum, Regierungsreferendar Graf von Schmising-Kerßenbrock, war recht wenig über das dortige Vereinswesen bekannt. Seinen Informationen zufolge gab es lediglich in der Kreishauptstadt einen sog. Politischen Verein, dessen Bedeutung, wie er betonte, allerdings gering war[53]. Dabei existierten schon zum Zeitpunkt der Anfrage aus Münster allein drei politische Gruppierungen in Oelde, einem der größeren Orte des Kreises, nämlich der Konstitutionelle Verein unter Führung des Arztes Dr. Speith, die Demokraten unter der Leitung des Kaufmanns Schütz und schließlich der Patriotische Verein, an dessen Spitze Referendar Speith, der Sohn des eben erwähnten Mediziners, stand[54]. Die zuletzt genannten Vereine waren auch auf dem Demokratenkongreß in Münster am 18. und 19. November anwesend[55].

Piusvereine waren in Liesborn, Lippborg, Oelde und in Sendenhorst anzutreffen. Allerdings war es um den Einfluß des Klerus, wie es schon die Maiwahlen deutlich gezeigt hatten, keineswegs gut bestellt, verzeichnete doch der Kreis Beckum die geringste Anzahl Geistlicher unter den Wahlmännern im gesamten Regierungsbezirk[56]. Nach dem vorzeitigen Ausscheiden des Abgeordneten Westhoff dürfte sich der Einfluß des Klerus noch weiter reduziert haben. Sein Nachfolger Bruchhausen wußte sich dagegen weitaus geschickter den Wählern zu präsentieren. Durch Veröffentlichungen im Beckumer Kreisblatt hielt er die Leser über die politischen Vorgänge auf dem laufenden und betrieb dabei auch Werbung für die Sache der Demokraten. Wie kein anderer Abgeordneter des Münsterlandes wußte er sich des Mediums Presse zu bedienen, wodurch er auch einen erheblichen Beitrag zur politischen Aufklärung der Landbevölkerung leistete[57]. Mit den oben erwähnten Vereinen stand er außerdem in enger Verbindung.

Kreis Borken

Ob es im Kreis Borken ein politisches Vereinswesen gegeben hat, ließ sich nicht ermitteln. Selbst Landrat von Hamelberg konnte keine diesbezüglichen Angaben machen[58)]. Bekannt war lediglich der Piusverein in Borken, der zugleich auch die Aufgabe des Regionalvereins wahrnahm[59)]. Mit ziemlicher Sicherheit hat es aber in Bocholt, der nach Münster größten Stadt des Regierungsbezirks, Ansätze eines politischen Vereinswesens gegeben, zumal sich auch hier die Nähe zum Rheinland bemerkbar gemacht haben dürfte. Allerdings war auf dem schon mehrfach erwähnten westfälischen Demokratenkongreß vom November kein Verein aus dem Kreis Borken zugegen[60)].

Kreis Coesfeld

Auch hier konnte recht wenig über das politische Vereinswesen in Erfahrung gebracht werden. Eine gewisse Bedeutung erlangte allerdings der Deutsche Verein für Stadt und Land Dülmen, dessen Begründer und Vorsitzender, Oberlandesgerichtsassessor Fischer, stellvertretender Abgeordneter des Stadtkreises Münster zur preußischen Nationalversammlung war[61)]. Bekanntestes Mitglied war aber ohne Zweifel der spätere Abgeordnete des Wahlkreises Beckum -- Lüdinghausen -- Coesfeld, Assessor Ludwig Gruwe, der wegen seiner demokratischen Aktivitäten zum Kreis der sog. Dezembergefangenen gehörte[62)]. Der anfangs einmal konstitutionell ausgerichtete Verein, der vor allem in bürgerlichen Kreisen auf starken Zuspruch gestoßen war, nahm aber im Laufe des Jahres 1848 immer stärkere demokratische Züge an, so daß sich ein Großteil der gemäßigten Kräfte nach und nach zurückzog[63)].

Über die Existenz anderer politischer Gruppierungen ließ sich wenig in Erfahrung bringen. Landrat Mersmann erwähnte lediglich einen Bürgerverein in Coesfeld und der Magistrat der Stadt Haltern zeigte der münsterschen Regierung einen ebensolchen konstitutioneller Prägung an[64].

Aus der Teilnehmerliste des münsterschen Demokratenkongresses geht allerdings hervor, daß auch an anderer Stelle politisches Leben herrschte. Neben dem erwähnten Verein aus Dülmen waren Vertreter einer Volksversammlung zu Haus Dülmen, desgleichen von der Landgemeinde Coesfeld und Abgesandte der Stadtverordnetenversammlung Coesfelds in Münster anwesend[65]. Außerdem existierten in der Kreishauptstadt ein katholischer Regionalverein sowie zwei Piusvereine in Billerbeck und in Dülmen[66].

Kreis Lüdinghausen

Schon Anfang Juni hatte sich in der Stadt Lüdinghausen ein 'Politischer Verein' konstituiert[67]. Dessen Mitglieder sahen ihre Aufgabe darin, politische und soziale Fragen der Gegenwart zu besprechen, "um auf der Bahn des konstitutionellen Fortschritts mit vorzugehen und den anarchistischen, republikanischen und reaktionären Bestrebungen entgegenzuwirken"[68]. Obwohl dieser Verein einen Kurs der Mitte steuerte, vermutete Landrat von Korff-Schmising hinter dem Zusammenschluß das Werk von 'Demokraten', wie er sich ausdrückte. Auf die politische Meinung der Bevölkerung habe der Verein aber seiner Meinung nach so gut wie noch keinen Einfluß ausüben können[69]. Andere politische Gruppierungen, darunter auch Piusvereine, konnten in dem politisch alles in allem recht farblosen Kreis nicht nachgewiesen werden.

Kreis Münster

Die Nähe zur Stadt Münster hatte die Entstehung und den Ausbau des politischen Vereinswesens ohne Zweifel nachhaltig begünstigt. Obwohl der Kreis außer Greven und Telgte über keine weiteren nennenswerten Orte verfügte, ermöglichten es vor allem die günstigen Verkehrswege, Kontakte mit den münsterschen Vereinen aufzunehmen. Hier wie auch in den anderen Landkreisen setzte das eigentliche Vereinsleben aber erst mit Herbstbeginn ein. Den größten Zulauf verzeichneten dabei 'linke' Gruppen, so der Demokratische Verein in Telgte, der Politische Club in Greven[70)] sowie der Verein für die Rechte des preußischen Volkes in Saerbeck[71)]. Zu den Gemäßigten gehörten demgegenüber der Piusverein in Telgte und der Wahlmännerverein des Kreises Münster, an dessen Spitze der stellvertretende Abgeordnete zur preußischen Nationalversammlung, der Hiltruper Gutsbesitzer Humann, stand. Übrigens hatte auch er am besagten Demokratenkongreß in Münster teilgenommen[72)].

Landrat Graf von Schmising maß aber dem Einfluß dieser Vereine keine große Bedeutung bei und berichtete sogar, daß seines Wissens der Versuch, in Telgte einen Demokratischen Verein auf die Beine zu stellen, gescheitert sei[73)]. Außerdem, so Schmising, konnten sich die politischen Gruppierungen aufgrund geringer Mitgliederzahlen bisher in der Öffentlichkeit kaum bemerkbar machen. Dennoch war kaum zu übersehen, daß sich auch hier ein verstärktes Interesse am politischen Geschehen einstellte. Eine Kleinstadt wie Telgte war nämlich auf dem westfälischen Demokratenkongreß in Münster überaus gut repräsentiert. Neben dem bereits erwähnten Demokratischen Verein hatten das Telgter Umland, die Bürgerwehr, die Stadtverordnetenversammlung und eine nicht näher ausgewiesene Volksversammlung Delegierte entsandt[74)].

Kreis Recklinghausen

Die schon vor den Maiwahlen einsetzende Aktivität politischer Vereine erfuhr im Laufe des Jahres einen gewaltigen Aufschwung. Allen voran waren es die Demokraten, die die politische Bühne des Kreises beherrschten. Zu ihren Wortführern gehörten der ehemalige Regierungsrat Bracht, dessen Sohn Franz, der das Amt des Bürgermeisters von Recklinghausen bekleidete, Privatsekretär Wilhelm Bitter und der beschäftigungslose Anton Kolck aus Buer[75])

Kolck hatte in seinem Heimatort Ende Oktober einen sog. Politischen Verein ins Leben gerufen und binnen kürzester Zeit etwa 50 Mitglieder um sich geschart[76]). Nach Beobachtung des dortigen Amtmanns stand es allerdings um die politische Erfahrung dieses Personenkreises nicht gerade zum besten, da sich der Verein ausnahmslos aus Arbeitern, Tagelöhnern und Handwerkern zusammensetzte, während sich die gebildeteren Schichten hinsichtlich eines Eintritts merklich zurückhielten[77]). Trotzdem war dieser Kreis um Kolck in der südwestlichen Ecke des Vests ziemlich bekannt, was aber weniger auf fundierte politische Aussagen als auf die demagogischen Fähigkeiten seines Gründers zurückzuführen war[78]).

Wilhelm Bitter war wenig später ebenfalls dem Beispiel Kolcks gefolgt und hatte in Recklinghausen den Volksverein ins Leben gerufen. Den Bestimmungen der Satzung zufolge, die aus der Feder des Bürgermeisters Franz Bracht stammte, stand man vordergründig wohl auf konstitutionellem Boden, man verlangte aber unter dem Eindruck der Novemberereignisse die Aufnahme des Steuerverweigerungsrechts als ein zu verwirklichendes Grundrecht in die Verfassung[79]). Auch hier rekrutierte sich die Mehrheit der Mitglieder aus Kreisen der Arbeiterschaft und der Handwerker, während sich das Bürgertum zurückhielt.

Wenige Tage nach dem Verfassungsoktroi war es auch in Waltrop zur Gründung eines politischen Vereins gekommen, an dessen Spitze der mittlerweile ins Lager der Demokraten übergewechselte Ortsgeistliche und stellvertretende Abgeordnete zur preußischen Nationalversammlung, Lorenz, stand[80]). Es war dies übrigens im Münsterland der einzig bekannte Fall der Mitgliedschaft eines Geistlichen in einem Demokratischen Verein. Lorenz hat sich allerdings später von der politischen Tätigkeit wieder zurückgezogen[81].

Außer in Münster waren wirkliche Konstitutionelle, also solche ohne demokratischen Einschlag, nur noch in Dorsten anzutreffen. Am 14. Juli hatten dort Beamte ansässiger Behörden, vermutlich auf Anregung des Gerichtsdirektors Evelt, einen Verein mit dieser Richtung gegründet[82]. Obwohl die rund 30 Vereinsmitglieder nur einen begrenzten Einfluß ausübten, verfügte man immerhin über Verbindungen zum Zentralverein der Konstitutionellen in Rheinland und Westfalen[83]. Vertreter des Dorstener Vereins waren auch auf den Treffen in Dortmund, Duisburg und Deutz anwesend[84].

Die Herausforderung durch die zahlreichen demokratischen Vereine veranlaßte den Klerus, sich ebenfalls intensiv um den Ausbau der eigenen Organisation zu kümmern. Auf Initiative der münsterschen Zentrale hatten sich vor allem im nördlichen Vest eine ganze Reihe von Piusvereinen konstituiert, so in Altschermbeck, Dorsten, Kirchhellen, Waltrop und Wulfen[85]. Unter dem Eindruck des politischen Umschwungs im Herbst waren auch sie nicht in der Lage, auf die entrüstete Bevölkerung mäßigend einzuwirken.

Kreis Steinfurt

Vergleichsweise wenig konnte über das Vereinswesen in diesem Kreis in Erfahrung gebracht werden. Piusvereine waren in Laer, Leer und Metelen nachzuweisen[86], wobei derjenige in Leer in Wilderich von Ketteler, Abgeordneter in der preußischen Nationalversammlung, einen prominenten Vorsitzenden besaß[87]. Vereine mit demokratischem Einschlag hatten sich in Horstmar und Rheine angesiedelt. Einziger Teilnehmer auf dem Demokratenkongreß in Münster war aber nur der Politische Verein in Rheine, dessen Führung, ähnlich wie in der Provinzialhauptstadt, in den Händen politisch engagierter Gerichtsreferendare lag[88]. Weitaus aktiver war aber der Demokratische Verein in Horstmar, der sich im November wiederholt massiv für das Recht auf Steuerverweigerung stark gemacht hatte[89].

Kreis Tecklenburg

Bekannt waren hier lediglich die Piusvereine in Hopsten, der Gemeinde Wilhelm Emanuel von Kettelers, und in der Stadt Tecklenburg[90]. Andere Vereine waren nach Angaben des Landrats von Diepenbroick-Grüter nicht anzutreffen[91]. Es erscheint aber zumindest wahrscheinlich, daß es unter den Protestanten, die allesamt gut preußisch gesinnt waren, ebenfalls Interessenvertretungen gegeben hat.

Kreis Warendorf

Ähnlich wie in Recklinghausen war auch hier die Belebung des Vereinswesens das Verdienst einiger weniger Persönlichkeiten. Zu den Wortführern der demokratischen Bewegung Warendorfs gehörten Rechtsanwalt Thüssing[92], Kaufmann Metz und Gerichtsreferendar Zurhellen[93]. Ihrer Initiative waren die zahlreichen Volksversammlungen im November zu verdanken, auf denen die Bevölkerung gegen die Regierung angestachelt wurde[94]. Die Demokraten Warendorfs, die über gute Kontakte nach Münster verfügten, waren auf dem westfälischen Demokratenkongreß durch den Deutschen Verein Everswinkel, den Volksverein Warendorf, durch Vertreter der dortigen Bürgerwehr sowie durch die Gemeindeversammlung Ostbeverns vertreten[95]. Daneben existierten auffallend viele Piusvereine, nämlich in Beelen, Everswinkel, Freckenhorst, Füchtorf, Harsewinkel, Liesborn und in Warendorf[96].

Übersicht über die klerikale Petitionsbewegung im Reg.-Bez. MS gegen die von der Verfassungskommission der preußischen Nationalversammlung unterbreiteten Vorschläge zur Verminderung des kirchlichen Einflusses auf das Schulwesen :(Anzahl der Unterzeichner)

KREIS AHAUS	
Ahaus	733
Epe	747
Heek	736
Nienborg	271
Gronau	222
Wessum	1010
Legden	497
Ottenstein	300
Schöppingen	920
	5436

KREIS BECKUM	
Enniger	519
Wadersloh	402
Ahlen	378
Oelde	477
Stromberg	200
Sünninghausen	100
Vorhelm	268
	2344

KREIS BORKEN	
Borken	1129
Rhede	621
Großburlo	104
Dingden	422
	2267

KREIS COESFELD	
Darup	596
Gescher	703
Buldern	270
Haltern	935
Hullern	63
Osterwick	300
Darfeld	650
	3517

KREIS LÜDINGHAUSEN	
Cappenberg	178
Werne / Capelle	540
Selm	162
Olfen	480
Herbern	209
Lüdinghausen	628
Nordkirchen	160
Walstedde	111
Seppenrade	230
Drensteinfurt	260
Senden	360
	3318

KREIS MÜNSTER	
Appelhülsen	985
Nottuln	944
Schapdetten	87
Bösensell	202
Albachten	149
Nienberge	65
Roxel	282
Handorf	60
Greven	624

KREIS MÜNSTER	
Telgte	798
Saerbeck	807
Alverskirchen	123
Angelmodde	58
Gimbte	117
Havixbeck	565
St. Mauritz	290
Wolbeck	232
	6388

Fortsetzung

KREIS RECKLINGHAUSEN

Kirchhellen	285
Marl	158
Gladbeck	424
Wulfen	205
Altschermbeck	236
Altlünen	336
Lembeck	300
Dorsten	510
Polsum	113
Datteln	543
	3110

KREIS STEINFURT

Metelen	217
Langenhorst	98
Ochtrup	508
Wellbergen	126
Neuenkirchen	285
Borghorst / Nordwalde	500
Horstmar	384
Mesum	169
Altenberge	478
Rheine	1312
Laer	456
	4533

KREIS TECKLENBURG

Hopsten / Mettingen	200
Recke/ Halverde	500
Hörstel	223
Rießenbeck	274
Bevergen	173
	1370

KREIS WARENDORF

Warendorf	576
Liesborn	170
Milte	209
	955

REGIERUNGSBEZIRK MÜNSTER

AHAUS	5436
BECKUM	2344
BORKEN	2267
COESFELD	3517
LÜDINGHAUSEN	3318
MÜNSTER	6388
RECKLINGHAUSEN	3110
STEINFURT	4533
TECKLENBURG	1370
WARENDORF	955
	33238

Zusammengestellt nach: SoBl. 31,33,34,35,36,37,40/1848;

III. (B) Die Reaktion auf die Vertagung und Schließung der preussischen Nationalversammlung

Stadt Münster und Münsterland

Das politische Leben in der Stadt wurde bis zum Frühherbst vorwiegend von gemäßigten Kräften geprägt. Erst Anfang November zeigten sich Anzeichen eines Stimmungsumschwungs. In zahlreichen, von demokratischer Seite organisierten Volksversammlungen sprachen sich die Bürger gegen die Berufung des als reaktionär verschrieenen Grafen Brandenburg zum Ministerpräsidenten aus, verurteilten gleichermaßen die Vertagung und Verlegung der preußischen Nationalversammlung und bekundeten in einer Flut von Adressen ihre Sympathie mit den in Berlin verbliebenen Abgeordneten[1].

Mit dem offenkundigen Richtungswechsel in der preußischen Innenpolitik war die Stunde der Demokraten Münsters gekommen. In der Stadt, die noch bis dahin ganz im Schatten bürgerlich geprägter Vereine stand, war der politische Umschwung nicht mehr zu bremsen. Am 11. November fand die erste gut besuchte Volksversammlung in der Knappschen Reitbahn, einer vor den Stadttoren gelegenen und für derartige Zwecke bestens geeigneten Arena statt. Hauptsächlich Mitglieder der verschiedenen demokratischen Vereine, sowie zahlreiche interessierte, nicht organisierte Bürger bekundeten ihre Aufmerksamkeit. In einer einstimmig angenommenen Resolution forderte man die unbeugsam gebliebenen Abgeordneten in Berlin auf, weiterhin standhaft zu bleiben und nur der Gewalt der Bajonette zu weichen[2]. Ausserdem billigten die Anwesenden den Inhalt eines Aufrufs an das Volk Westfalens, in welchem in erster Linie über die unrechtmäßigen Machenschaften des Ministeriums Brandenburg berichtet wurde. Darin warnte man aber auch zugleich die Regierung davor, auf diesem Wege weiter so fortzufahren, denn, war doch dort die Drohung ausgesprochen, "wir vertreten das Volk, und wer uns angreift, greift das Volk, greift 16 Millionen an"[3].

Die Zuspitzung der innenpolitischen Lage, vor allem die Verhängung des Belagerungszustandes über Berlin und die gewaltsame Vertreibung der Abgeordneten aus dem Sitzungssaal ließ die münsterschen Demokraten schon am 15. November wieder zu einer Großkundgebung zusammenkommen. Den annähernd 3000 teilnehmenden Bürgern wurde abermals ein 'Aufruf an das Volk Westfalens' zur Verabschiedung vorgelegt, der sich allerdings in Sprache und Inhalt deutlich vom ersten dieser Art abhob. Sein Verfasser war der aus Essen stammende Oberlandesgerichtsreferendar Friedrich Hammacher[4]. Dieser wandte sich insbesondere an die Soldaten und Bürgerwehrmänner und beschwor sie, sich nicht zum Schaden des Volkes durch eine reaktionäre Regierung wie diese schamlos ausnutzen zu lassen. "Bürgerwehrmänner!", hieß es darin, "Ihr seid, da offenbare Verletzungen der vom Volke errungenen und durch königliches Wort garantierten Rechte vorliegen, nach dem Bürgerwehrgesetze verpflichtet, unter die Waffen zu treten. Ein Verräter, der es nicht tut! Sorget aber vor allen Dingen für Munition, für Pulver und Blei! Habt Ihr keine Flinten und könnt Ihr keine bekommen, so schmiedet Euch Stangen und Piken, bildet starke Wachen, und wenn Ihr seht, daß irgendwo die Regierung auch bei uns die geheiligten Rechte des Volkes zu verletzen wagt, so gebrauchet Eure Waffen"[5].

Die ersten Reaktionen auf diesen Aufruf ließen nicht lange auf sich warten. Eine Handvoll münsterscher Wehrmänner weigerte sich spontan, Anordnungen der Regierung Brandenburg weiterhin Folge zu leisten[6]. Gleichzeitig traten, hierdurch ermutigt, erstmals radikale Demokraten mit der Forderung nach allgemeiner Volksbewaffnung an die Öffentlichkeit[7]. Aber auch auf dem Lande war der Inhalt des Aufrufs rasch bekannt, nicht zuletzt ein Verdienst der anwesenden Vertreter demokratischer Zweigvereine. Außerdem dürfte man sich in Reihen der münsterschen Demokraten zweckmäßigerweise auch des Postvertriebs bedient haben. Die Regierung in der Provinzialhauptstadt war über die schnelle Verbreitung des Aufrufs sichtlich überrascht und trug daher in aller Eile den Landräten auf, mögliche Auswirkungen auf die Stimmung der Bevölkerung sofort anzuzeigen[8]. Dabei stellte sich heraus, daß das Papier Hammachers bereits ziemlich bekannt war. Unmittelbaren Einfluß auf die Gesinnung der Landbevölkerung schlossen die befragten Landräte zwar durchweg aus, vermuteten aber, daß diese Flugschrift die allgemeine Unzufriedenheit noch weiter anheizen könnte[9].

Beide Aufrufe an das Volk Westfalens blieben aber auch nicht ohne Widerspruch. Scharf reagierte vor allem der Kommandant der münsterschen Bürgerwehr Oberst Hötte auf die Befehlsverweigerung einiger Untergebener. Deutlich gab er zu verstehen, daß dahinter nur das Werk radikaler Einzelgänger zu sehen sei, hierdurch aber keinesfalls die wahre Gesinnung der Truppe zum Ausdruck komme. Der Aufruf zur Befehlsverweigerung, der außerdem an sämtliche Bürgerwehren Westfalens gerichtet war, stellte sich tatsächlich, wie eine Untersuchung ergab, als Alleingang des ebenfalls zu den führenden Demokraten Münsters gehörenden Gerichtsreferendars Gustav Bansi heraus [10].

Auf die in Münster stationierten Truppen machte besagter 2. Aufruf an das Volk Westfalens ebenfalls wenig Eindruck. Die Aufforderung der Demokraten, Befehle zu verweigern oder nötigenfalls den Dienst zu quittieren, wurde schroff zurückgewiesen und führte außerdem zu einer erheblichen Verschlechterung des Verhältnisses zur Zivilbevölkerung[11].

Nicht minder heftig reagierte der Piusverein. Ohne Preisgabe des Namens brachten 'Mehrere Bürger' gleichfalls einen 'Aufruf an die Landbewohner' in Umlauf[12]. Darin wurden in erster Linie die politische Gesinnung der Demokraten gebrandmarkt und, wie nicht anders zu erwarten war, die Landbewohner beschworen, dieser Partei keinen Glauben zu schenken[13]. Auch vor der sonst nur kommunalpolitisch in Erscheinung tretenden Stadtverordnetenversammlung machte die Hektik dieser Novembertage nicht Halt. Zwar stand man dort mit Ausnahme der drei Demokraten Linde, Hartmann und Grünewald[14], hinter dem Kurs der Regierung, sie konnte aber auch nicht umhin, sich ebenfalls zu den Ereignissen zu äußern. Geschickterweise ging man aber nicht auf das Problem der Vertagung und Verlegung der Nationalversammlung ein, in ihrer Stellungnahme betonten die Stadtverordneten jedoch die Unantastbarkeit der Rechte der Volksvertreter[15].

Diese wie zahlreiche andere Adressen waren bezeichnend für den Stimmungsumschwung in Münster, denn Demokraten und Gemäßigte waren sich bei aller sonstiger Meinungsverschiedenheit darüber einig, einen Rückfall in die Zustände der Vergangenheit unter allen Umständen zu verhindern. Im Vergleich zu den Märzereignissen war jedoch diesmal das Auftreten durchdachter und gezielter, denn während sich noch im Frühjahr alles um die Wahlen drehte, konzentrierte sich jetzt im Herbst das Interesse allein auf die Sicherung der Märzerrungenschaften.

Im Laufe des Monats November geriet Münster, abgesehen von den lokalen Ereignissen, in die Schlagzeilen als der wichtigste Versammlungsort der Demokratischen Vereine Westfalens. Der am 18. und 19. November abgehaltene 'Kongreß für die Sache und Rechte der Preußischen Nationalversammlung und des Preußischen Volkes' war ohne Zweifel die herausragende Zusammenkunft der westfälischen Demokraten während der Revolution[16]. In einem von elf führenden Vertretern der münsterschen demokratischen Vereine unterzeichneten Aufruf erging an sämtliche westfälischen Vereine und Bürgerwehren der Aufruf, in Münster die Lage nach Vertagung der Nationalversammlung zu beraten[17]. Unter den 153 Delegierten von 68 Vereinen und Volksversammlungen, darunter allein 33 aus dem Regierungsbezirk Münster, herrschte von Anfang an darüber Einigkeit, daß die preußische Nationalversammlung die einzig rechtmäßige Vertretung des Volkes sei und daher auch das Recht habe, einen Beschluß über die Verweigerung der Steuern herbeizuführen[18]. Aus diesem Grund sprach man auch der Regierung Brandenburg das Recht ab, weiterhin über Staatsgelder zu verfügen und Steuern zu erheben, solange die Nationalversammlung nicht ungestört ihre Verhandlungen fortsetzen könne. Natürlich, so war der allgemeine Tenor, dürfe es sich hierbei nur um die Verweigerung der Staats-, nicht aber der Kommunalsteuer handeln[19]. Darüber hinaus beschloß man auf Antrag Friedrich Hammachers, die Landwehr zum Schutze der Nationalversammlung aufzubieten und den Bürgerwehren ausreichend Waffen und Munition zur Verfügung zu stellen. Ferner forderte die Versammlung die 'weggelaufenen westfälischen Deputierten' auf, schleunigst ihr Mandat niederzulegen, damit in den entsprechenden Fällen Neuwahlen ausgeschrieben werden könnten[20].

Was die künftige Organisation der Demokratischen Vereine Westfalens anging, so war man sich darin einig, einen Zentralausschuß mit Sitz in Münster ins Leben zu rufen, der "während der augenblicklichen gefährlichen Lage des Landes" unbedingte Vollmacht für alle notwendig erscheinenden Maßregeln haben sollte[21]. An der Spitze dieses Zentralausschusses standen sechs auswärtige und sieben münstersche Vertreter, darunter waren die schon bekannten Referendare Jacobi, Hammacher, Bansi, Assessor Moellenhoff, Rechtsanwalt Gierse und Kaufmann Hoeter. Die bekanntesten unter den auswärtigen Vertretern waren Kaufmann Rempel aus Bielefeld und Gerichtsreferendar Löher aus Paderborn[22].

Wie aus der Teilnehmerliste zu ersehen war, hatten an diesem münsterschen Kongreß aber nicht nur Abgesandte Demokratischer Vereine teilgenommen, sondern auch Vertreter Konstitutioneller Gruppierungen, darunter einer der Hauptmänner der münsterschen Bürgerwehr Nikolaus Zumloh - er war übrigens während der fünfziger Jahre Mitglied der katholischen Fraktion in der II. Kammer - sowie der Hiltruper Gutsbesitzer Humann, der stellvertretende Abgeordnete des Kreises Münster zur preußischen Nationalversammlung[23].

Das weitere Schicksal der führenden Akteure auf dem Kongreß ist bekannt: Auf Anordnung des münsterschen Stadt- und Landgerichts wurden sie unter dem Vorwurf verschiedener Verstöße gegen das Presse- und Vereinsgesetz Ende November bzw. Anfang Dezember verhaftet[24]. Danach kehrte im politischen Leben der Stadt vorläufig wieder Ruhe ein. Es war daher auch nicht weiter verwunderlich, daß die Bevölkerung auf die Nachricht von der Auflösung der Nationalversammlung und der Oktroyierung der Verfassung beinahe gleichgültig reagierte. Der Sturm der Entrüstung, der keine vier Wochen zuvor die Stadt erschüttert hatte, blieb diesmal aus. In den gemäßigten Kreisen wollte der Westfälische Merkur nach dieser Entscheidung sogar eine gewisse Erleichterung konstatiert haben[25]. Die Zeitung, die sich nach längerer Zurückhaltung wieder mehr in den Vordergrund drängte, erblickte in der Auflösung der Nationalversammlung eine eindeutige Niederlage der 'Linken', deren Vertreternes am Schluß gar nicht mehr um die Vereinbarung der Verfassung gegangen sei[26]. Diese Ruhe sollte jedoch, wie es die Wahlen im Januar 1849 an den Tag brachten, trügerisch sein.

Die während der letzten Wochen vollkommen in der Versenkung verschwundenen bürgerlichen Vereinigungen meldeten sich allerdings wieder zu Wort. Gleich zwei Dankesadressen sandte der Patriotische Verein an den Monarchen, worin er seiner Zufriedenheit über diese Entscheidung Ausdruck verlieh. Diesem Beispiel folgten auch die Stadtverordneten und zahlreiche Privatpersonen[27].

Die Erregung in der Provinzialhauptstadt färbte natürlich auch auf das weitere Umland ab. Während sich die gemäßigten Kräfte "aus pflichtmäßigem Gehorsam gegen die bestehende Staatsautorität"[28] hinter die Maßnahmen der Regierung stellten, herrschte in den Reihen der Demokraten regelrechte Alarmstimmung.

Eines der Zentren des Aufruhrs war die Stadt Recklinghausen und ihre nähere Umgebung. Dort gingen die Besucher zahlreicher Volksversammlungen mit dem Ministerium Brandenburg scharf ins Gericht und sprachen dabei der Krone entschieden das Recht ab, die beratende Versammlung schlichtweg verlegen zu können. Unter diesen Umständen hielt man es daher für vollkommen legitim, die Steuerzahlungen vorläufig einzustellen[29]. Darüber hinaus bekundete man in einer Flut von Adressen Sympathie mit den in der preußischen Hauptstadt verbliebenen Abgeordneten. In manchen dieser Schreiben wurde aber auch Kritik am Verhalten des Königs geübt, dem vor allem zum Vorwurf gemacht wurde, seine Versprechen vom März nicht eingelöst zu haben. Harte Worte mußte sich außerdem der eigene Abgeordnete Funke gefallen lassen, da er sich eindeutig hinter die Regierung Brandenburg gestellt hatte[30]. Schließlich wandten sich auch der Magistrat und die Stadtverordneten Recklinghausens in einer Adresse an die Nationalversammlung. Darin lobten sie zwar deren würdevolles Verhalten, sie bedauerten es aber, daß das Parlament durch den Steuerverweigerungsbeschluß den Weg des passiven Widerstandes verlassen habe[31].

Nicht anders als in Münster ebbte auch hier die Welle des Protestes nach der Oktroyierung der Verfassung und der Auflösung des Parlaments schlagartig ab. In zahlreichen Dankadressen, vor allem aus Reihen der Gemäßigten, bekundete man seine Zustimmung zu den getroffenen Maßnahmen. Aber auch der demokratisch geprägte Volksverein konnte nicht umhin, wenigstens die redliche Absicht des Monarchen, sein Versprechen vom Frühjahr zu erfüllen, anzuerkennen[32]. Ziemliche Unzufriedenheit herrschte dagegen nur noch unter den wenigen radikalen Demokraten, die sich besonders an dem Zensus bei der Wahl zur I. Kammer störten[33]. Angesichts der bald einsetzenden Wahlbewegung sollte die Ruhe ohnehin nur von kurzer Dauer sein, denn unter der Bevölkerung hatte sich mittlerweile deutliche Verärgerung über die Verhaftung führender Demokraten ausgebreitet[34].

Wie den Stimmungsberichten der Landräte und Amtmänner zu entnehmen ist, herrschten nahezu im gesamten Münsterland Empörung und Niedergeschlagenheit[35]. Größere Volksversammlungen waren jedoch auf dem Lande nicht anzutreffen. "Die politische Bildung", so urteilte der Landrat von Ahaus, "ist durchweg zu geringe, als daß selbst Ereignisse von solcher Bedeutung wie die gegenwärtigen eine allgemeine Sensation hervorzurufen vermöchten"[36]. Das Bestreben der meisten Landbewohner, so der allgemeine Tenor, sei ohnehin nur darauf gerichtet, in Ruhe und Frieden dem eigenen Gewerbe nachzugehen[37].

Das Vorgehen der Regierung stieß aber nicht nur auf Skepsis, wie der Landrat des vorwiegend protestantischen Kreises Tecklenburg zu berichten wußte. Zufolge seiner Beobachtungen habe ein großer Teil der Bevölkerung durchaus Verständnis für das Vorgehen der Krone, während nur bei einer kleinen Fraktion Unzufriedener Mißstimmung herrsche[38]. Mit besonderem Jubel sei auch deshalb in den altpreußischen Gebieten die Nachricht aufgenommen worden, die deutsche Reichsversammlung habe den Steuerverweigerungsbeschluß der Berliner Volksvertretung für null und nichtig erklärt[39].

Nach der Oktroyierung der Verfassung hatten sich überall wieder die Wogen der Erregung geglättet. Übereinstimmend wollten die Landräte sogar eine spürbare Erleichterung festgestellt haben. Nach Ansicht des Landrates von Coesfeld wisse die Bevölkerung bei ihrer geringen politischen Bildung gar nicht um den Wert der Verfassung, sie vertraue aber darauf, daß jetzt wieder geregelte und sichere Zustände herrschen mögen. "Gut, daß der König noch Herr ist", so drücke sich der Landmann aus[40].

IV. Die Wahlen vom 22. Januar und 5. Februar 1849

IV.1. Wahlgesetz, Wahlkreiseinteilung und Wahlbewegung

Das neue Wahlgesetz zur II. Kammer wies gegenüber den Bestimmungen vom 8. April 1848 nur unwesentliche Veränderungen auf. Gültigkeit besaß nach wie vor das gleiche, allgemeine, geheime und indirekte Wahlverfahren[1], was angesichts des rigorosen Vorgehens der Regierung und der Erregung der Bevölkerung in den vergangenen Wochen einigermaßen überraschte. Aber bereits zu diesem Zeitpunkt dürfte sich Innenminister von Manteuffel darüber im klaren gewesen sein, daß die Beibehaltung dieses Wahlrechts auf Dauer die Position der Regierung und der mit ihr zusammenarbeitenden Parteien schwächen würde. Versuche, die allgemeine und gleiche Wahl zu beschneiden, waren allerdings schon diesmal in nähere Erwägung gezogen worden, denn die in diesem Wahlgesetz nicht näher ausgewiesene Bestimmung, wonach nur jeder 'selbständige Preuße' - gemeint war damit die wirtschaftliche Selbständigkeit - wahlberechtigt sein könne, ließ zweifelsohne auf eine beabsichtigte Einengung des Stimmrechts schließen. Auf zahlreiche Anfragen der mit dieser Problematik nicht weiter vertrauten Landräte gab das Innenministerium am 19. Dezember bekannt, daß eine Überprüfung dieses Begriffes nicht in Frage komme, solange keine nähere Definition erfolgt sei[2].

Wahlberechtigt war nach wie vor jeder 24jährige Preuße im Besitz der bürgerlichen Ehrenrechte, der nicht von öffentlicher Armenunterstützung lebte und sich außerdem in der Gemeinde, wo er zu wählen gedachte, seit mindestens sechs Monaten aufhielt. Die Stimmberechtigten eines wenigstens 250 Einwohner umfassenden Urwahlbezirks ermittelten in geheimer Wahl einen, jedoch höchstens 10 Wahlmänner. Diese wählten ihrerseits dann auf der Ebene mehrerer Landkreise zusammengefaßt zwei, unter Berücksichtigung besonderer Bevölkerungsverhältnisse aber auch drei Abgeordnete. Gegenüber der Wahl vom vergangenen Mai hatte sich allerdings die Anzahl der Wahlmänner geändert, so daß nunmehr auf 250 anstatt auf 500 Einwohner ein Wahlmann entfiel[3]. Die Halbierung der Einwohnerzahl pro Urwahlbezirk und die damit verbundene Verdoppelung der Anzahl der Wahlmänner geschah aus rein organisatorischen Gründen, da sich das bisherige Richtmaß von 500 Einwohnern als problematisch erwies. Eine große Anzahl von Gemeinden hatte nämlich noch nicht einmal dieses Limit erreicht, so daß es häufig zu Unstimmigkeiten gekommen war. Für die organisatorische Durchführung der Urwahl waren auf der untersten Ebene, also in den Gemeinden, Wahlvorsteher, in der Regel Amtmänner und Bürgermeister, verantwortlich. Die Wahl der Abgeordneten stand dagegen unter der Aufsicht der Wahlkommissare. Meistens waren dies erfahrene und politisch zuverlässige Landräte, die hierzu von der Bezirksregierung ernannt wurden. Bei der Abgeordnetenwahl war die absolute Mehrheit erforderlich. Wurde diese auch nach zwei Wahlgängen nicht erreicht, so genügte in der Stichwahl die einfache Mehrheit zwischen den beiden Kandidaten mit der zuletzt höchsten Stimmenzahl. Mitglied der II. Kammer konnte jeder 30jährige Preuße werden, sofern er unbescholten war und seit mindestens einem Jahr die Staatsbürgerschaft besaß[4]. Gänzlich andere Bestimmungen waren dagegen bei der Wahl zur I. Kammer maßgeblich. Nach der oktroyierten Verfassung sollten ihre 180 Mitglieder durch die Provinzial- Bezirks- und Kreisvertretungen gewählt werden, was aber wegen der bisher noch nicht in Angriff genommenen Regelung nicht möglich war, so daß ersatzweise ein provisorisches Wahlrecht erlassen werden mußte[5]. Stimmberechtigt war danach jeder 30jährige Preuße, der wenigstens 8 Taler Klassensteuer im Jahr entrichtete, Grundbesitz im Werte von 5000 Talern vorweisen konnte oder ein jährliches Einkommen von 500 Talern bezog[6]. Diese materiellen Voraussetzungen , die sehr den Bestimmungen bei der Wahl zu den Provinziallandtagen ähnelten, engten natürlich den hierfür in Frage kommenden Personenkreis schon von Anfang an erheblich ein[7]. Selbst in einer Stadt wie Münster mit einer breit gefächerten bürgerlichen Mittelschicht waren nur 872 Einwohner wahlberechtigt, entsprechend 18,5 % aller Urwähler und 4,1 % der Gesamtbevölkerung[8]. Als Wahltermine waren in der königlichen Verordnung vom 5. Dezember 1848 für die I. Kammer der 29. Januar und 12. Februar und für die II. Kammer der 22. Januar und 5. Februar festgelegt worden[9].

Verantwortlich für die Bildung der Wahlkreise waren die Regierungspräsidenten in Absprache mit den Oberpräsidenten. Diese nahmen nach Maßgabe der Bevölkerungszahlen die Zusammenlegung bzw. Unterteilung vor, wobei den natürlichen Gegebenheiten der Landkreise Rechnung getragen werden sollte. Erschwernisse für die Wahlmänner, etwa bei der ungünstigen Auswahl des Wahlortes sowie Benachteiligungen von Minderheiten sollten möglichst vermieden werden[10]. In der Praxis sah dies freilich häufig anders aus, denn zahlreiche Wahlkreise sind nur nach dem Gutdünken des jeweiligen Regierungspräsidenten zusammengesetzt worden, wobei ungünstige Verkehrswege nicht selten dazu benutzt wurden, unliebsame Wahlmänner schon von vornherein auszuschalten[11]. Entsprechend seiner Einwohnerzahl von ca. 420000 entfielen neun der insgesamt 350 Abgeordneten der II. Kammer auf den Regierungsbezirk Münster[12].

Der Aufforderung seitens des Innenministers von Manteuffel, die Bildung der Wahlkreise vorzunehmen, kam Regierungsvizepräsident von Bodelschwingh, der zugleich auch die Geschäfte des Oberpräsidenten wahrnahm, am 23. Dezember 1848 nach[13]. Im großen und ganzen hatte man sich in Münster an die Vorschriften gehalten, jedoch den inmitten des Münsterlandes gelegenen Kreis Coesfeld auf die umliegenden Wahlkreise verteilt. Bodelschwingh begründete diese Maßnahme unter anderem damit, daß man hierdurch die Teilung mehrerer Kreise habe verhindern können. Obwohl Innenminister von Manteuffel in seinem Reskript vom 10. Dezember den Regierungspräsidenten nahegelegt hatte, " alle in den Händen der Königlichen Behörden liegende Mittel in Anwendung zu bringen, damit den Wühlereien der anarchischen Partei entgegengewirkt werde und eine, der bestehenden Verfassung zugetane Volksvertretung aus den Wahlen hervorgehe"[14], erweckte die Zusammenlegung der einzelnen Landkreise zu Wahlkreisen nicht den Eindruck einer bewußt herbeigeführten Manipulation. Der Aufteilung Coesfelds scheinen tatsächlich praktische Erwägungen zugrunde gelegen zu haben, denn mögliche politische Gegner der Regierung konnten dadurch nicht getroffen werden, existierten doch im gesamten Kreis lediglich zwei demokratische Vereine von nur lokaler Bedeutung. Ob die Landräte bei der Einteilung der Wahlkreise konsultiert wurden, wie dies in anderen Regierungsbezirken häufig der Fall war, konnte nicht ermittelt werden. Aller Wahrscheinlichkeit nach besaßen sie diesmal aber kein Mitspracherecht, zumal dieses von der Berliner Regierung, anders als in späteren Jahren, auch nicht ausdrücklich verlangt wurde[15].

Proteste gegen die von Bodelschwingh festgelegte Wahlkreiseinteilung regten sich verständlicherweise nur im Kreis Coesfeld, wo man sich über den schwindenden Einfluß der heimischen Wahlmänner einige Sorgen machte[16]. Auch gegen die Festlegung der Wahlorte lagen kaum Beschwerden vor. Gemessen an Manipulationen auf diesem Gebiet in der Zeit der Reaktion konnte selbst unter Berücksichtigung der katastrophalen Verkehrsverhältnisse des Münsterlandes die von der Bezirksregierung getroffene Wahl noch als günstig bezeichnet werden. Die Einteilung hatte folgendes Bild[17].

Bestandteil Kreis/Stadt	Einwohner	Wahlort	Anzahl der Abgeordneten
Stadt Münster	21242	Münster	2
Kreis Münster	36666		
Warendorf	33201		
	91109		

Steinfurt	41186	Burgsteinfurt	3
Tecklenburg	42900		
Ahaus	40234		
Amt Darfeld	5973		
Amt Osterwick			
Amt Billerbeck	5311		
Amt Rorup (Kreis Coesfeld)	2423		
	138027		
Beckum	36503	Drensteinfurt	2
Lüdinghausen	37616		
Stadt Coesfeld	3546		
Stadt Dülmen	3387		
Stadt Haltern	2045		
Amt Coesfeld	3014		
Amt Dülmen	4851		
Amt Haltern (Kreis Coesfeld)	1592		
	95522		
Borken	41166	Borken	2
Recklinghausen	46009		
Amt Gescher	3807		
Amt Lette (Kreis Coesfeld)	1605		
	93087		

Hatte Manteuffel schon in seinem Reskript vom 10. Dezember deutlich zum Ausdruck gebracht, daß die Regierung keinesfalls gewillt sei, ihre eigenen Interessen denen der politischen Parteien unterzuordnen, so eröffnete er den Regierungspräsidenten am 28. Dezember, welche Aufgaben auf die Staatsbehörden bei der bevorstehenden Wahl zukämen[18]. Seiner Ansicht nach genüge es nicht allein, die Verfassung durch Organe des Staates in Schutz zu nehmen. "Allein die Aufgabe der Behörden wird hierdurch nicht erschöpft", wie Manteuffel feststellte, "es müssen sich die Königlichen Behörden die

entscheidende Wichtigkeit der bevorstehenden Deputiertenwahlen und den Einfluß klar machen, den jene feindliche Partei zu gewinnen sucht; sie müssen eine Stellung einnehmen, welche die Anhänger der constitutionell-monarchischen Regierungsform mit Achtung und Vertrauen erfüllt, ...
den politischen Kampfplatz zu betreten, um das Bestehen der Verfassung durch die Wahl patriotischer und einsichtsvoller Abgeordneter sicher zu stellen"[19]. Wie Manteuffel weiter unterstrich, sei es jetzt allgemein Sache der Behörden, sämtlichen Einschüchterungsversuchen von feindlicher Seite entgegenzutreten. Daher müsse auch unter allen Umständen verhindert werden, daß die Eigenschaften eines Wahlmannes oder Abgeordneten bei der erfolgreichen Erfüllung seiner patriotischen Mission herabgesetzt würden.

Keine zwei Tage später schloß sich daran ein ähnliches Reskript des Kultusministers von Ladenberg an. Ladenberg wandte sich darin ausschließlich an die Volksschullehrer und forderte sie auf, gerade ihren Einfluß auf die ländliche Bevölkerung geltend zu machen und sie vor allem über die grosse Bedeutung dieser Wahl für das Land aufzuklären, damit die Wahl möglichst auf königstreue Männer falle[20].

Die ministerielle Einmischung auf das Vorwahlgeschehen war damit aber noch nicht am Ende. Innenminister von Manteuffel ließ das Oberpräsidium in Münster am 30. Dezember wissen, daß der Breslauer Fürstbischof Melchior von Diepenbrock beabsichtige, an die Katholiken Schlesiens ein Hirtenwort zu richten, um sie darin vor allem vor Fehlleistungen und Fehlgriffen zu warnen. Deshalb sei, so meinte der Innenminister, es durchaus wünschenswert, wenn auch der Bischof von Münster ein ähnliches Schreiben verbreiten würde[21]. Bodelschwingh konnte Manteuffel allerdings beruhigen, da ein Hirtenbrief Müllers in Vorbereitung war.

Am 10. Januar wandte sich der münstersche Diözesanbischof an alle Pfarreien seines Sprengels und legte den Geistlichen dringend nahe, die Gläubigen über die Bedeutung dieser Wahl für Staat und Kirche hinzuweisen. "Insbesondere sind die

Gläubigen darauf aufmerksam zu machen", fuhr Müller in der für den Klerus typischen Art der Argumentation fort, "daß es außer der Gottesfurcht keine Bürgschaft für die Dauer und das Bestehen von Ordnung und Gesetzlichkeit in der menschlichen Gemeinschaft gebe"[22]. Aus diesem Grund forderte er die Urwähler auf, Männer zu Vertretern des Volkes zu wählen, denen vor allem Ordnung und Recht am Herzen lägen.

Von klerikaler Seite war aber sonst wenig zu hören, denn von einer überregionalen Wahlbewegung, wie sie vor den Maiwahlen durch die Piusvereine ausgelöst worden war, kann jetzt nicht berichtet werden. Der sich schon seit den Novemberereignissen anbahnende Rückzug aus der Tagespolitik wurde auch vor dieser Urwahl nicht angehalten. Im Gegensatz zu den Piusvereinen anderer Bistümer, die wenigstens Anschluß an die Konstitutionellen suchten, isolierte sich der Zentralverein in Münster immer mehr und wurde folglich auch immer farbloser. Kurz vor den Urwahlen trafen sich allerdings am 9. und 10. Januar alle Piusvereine aus dem preußischen Teil des Bistums in der Provinzialhauptstadt. Immerhin waren rund 120 Delegierte den rund 250 bis 300 Einladungen gefolgt, gewiß ein sicherer Beweis dafür, daß mehr Vereine dieser Art existierten als dies bisher im offiziösen Sonntagsblatt zu lesen war.

Anstatt sich aber nun bei dieser Gelegenheit mit drängenden aktuellen Fragen, etwa den Wahlchancen der Katholiken bei der bevorstehenden Auseinandersetzung zu widmen, behandelte man zumindest nach außen hin Organisationsfragen[23]. Zwar waren auch die Klerikalen darum bemüht, die Effizienz ihrer Vereinstätigkeit zu steigern, doch sollten diesem Vorhaben schon von vornherein enge Grenzen gesetzt sein. Ein direktes Einschalten in die Tagespolitik kam ja allein schon deshalb nicht in Frage, weil sie nicht der unpolitischen Art der Betätigung entsprach, wie sie vom münsterschen Zentralverein verlangt wurde. Dieser wollte nämlich sein Interesse nur auf die Verbreitung christlicher Weltanschauung in allen Bereichen des öffentlichen Lebens gerichtet wissen, um auf diese Weise Einfluß auf das politische Geschehen gewinnen zu können. Daß dieses Vorgehen bei großen Teilen der Bevölkerung, ja selbst unter den Vereinsmitgliedern auf Unverständnis stoßen würde, lag auf der Hand. Als Folge davon wanderten daher zahlreiche Wähler ins Lager der Demokraten ab.

Es erscheint aber zumindest unwahrscheinlich, daß die Delegierten nicht auch ausführlich über die bevorstehende Urwahl gesprochen haben. Immerhin waren mit Wilderich von Ketteler, Eduard Windthorst und Franz Fuisting drei ehemalige Abgeordnete bzw. Stellvertreter anwesend, die über die politischen Zustände bestens informiert gewesen sein dürften. Eine Diskussion über die eigenen Wahlchancen oder gar eine veränderte taktische Einstellung hätte zu diesem Zeitpunkt aber kaum mehr etwas bewegen können, da man bereits in jüngster Vergangenheit wertvolles Terrain verloren hatte.

Weitaus energischer griffen dagegen die konstitutionellen Vereine in das Vorwahlgeschehen ein. Am 6. Januar 1849 trafen sich zahlreiche Abgesandte aus dem Rheinland und aus Westfalen zu einem Kongreß in Dortmund. Aus dem Regierungsbezirk Münster nahmen aus der Provinzialhauptstadt für den Bürgerverein der Stadtrat und Hauptmann der Bürgerwehr, Nicolaus Zumloh, und ein politisch bis dahin nicht weiter in Erscheinung getretener Premierleutnant Schmitz daran teil. Als Vertreter des ebenfalls in Münster beheimateten patriotischen Vereins für Stadt und Land war der frühere Abgeordnete für Tecklenburg in der aufgelösten Nationalversammlung, Rittmeister Schimmel nach Dortmund gekommen. Aus Dorsten, der Hochburg der Konstitutionellen des Kreises Recklinghausen, nahmen Rechtsanwalt Geißler, stellvertretendes Mitglied zur deutschen Nationalversammlung und Oberlandesgerichtsassessor Winkelmann an dem Kongreß teil[24].

Neben den vorwiegend gemäßigt konservativ eingestellten Vereinen waren aber auch demokratisch orientierte anwesend, die allerdings vergeblich versuchten, ihre politischen Vorstellungen durchzusetzen[25]. Die Folge hiervon war die Spaltung in einen demokratisch-konstitutionellen und einen gemäßigt konservativ-konstitutionellen Flügel. Die Mehrheit stellte sich freilich mit ihren Beschlüssen eindeutig auf die Seite der Berliner Regierung und betrachtete die Verfassung vom 5. Dezember als Programm des konstitutionellen Zentralvereins für Rheinland und Westfalen[26]. Ferner machte es sich der Verein zur Aufgabe, in der Presse und auf Versammlungen für die Annahme dieser Verfassung zu werben. Die Zweigvereine wurden daher auch angehalten, die Wahl möglichst auf solche Wahlmänner und Abgeordnete zu lenken, die sich für die Annahme der Verfassung im Zuge der Revision aussprächen[27]. Allerdings verlangten die Konstitutionellen wie auch die Demokraten von der Regierung, unverzüglich geeignete Maßnahmen zur Linderung der wirtschaftlichen Not in breiten Bevölkerungsschichten vorzunehmen[28].

Auf die Urwähler des Münsterlandes machte die Dortmunder Versammlung jedoch wenig Eindruck. Da weder in der Presse darüber etwas zu lesen war noch im Anschluß daran irgendwelche Flugblätter in Umlauf gebracht wurden, war das Echo auf die dort gefaßten Beschlüsse schwach. Auch sonst taten sich die Konstitutionellen einigermaßen schwer. Teils lag dies an ihrer geringen Verbreitung und an der Unkenntnis der Bevölkerung über deren politische Zielsetzung, teils war dort, wo sie bekannt waren, wie etwa in Münster, das Mißtrauen gegen die in den Vereinen tätigen Offiziere und Beamten ziemlich groß.

Die noch vor der Oktroyierung der Verfassung aktiven Demokraten trafen sich vor den Urwahlen weder auf Provinz- noch auf Regierungsbezirksebene. Freilich hatten sie sich auf Landesebene schon Mitte Dezember in Berlin zusammengeschlossen. Die Abgeordneten der 'Linken' und des 'linken Centrums' bildeten zusammen ein 'Central-Comité für volksthümliche Wahlen im preußischen Staat' und appellierten an alle Gesinnungsgenossen, zur Gründung entsprechender Bezirks- und Lokalkomitees zu schreiten[29]. Dazu kam es im Regierungsbezirk Münster aber nur in Bottrop[30]. Mit der Verhaftung und der teilweise geglückten Flucht führender Repräsentanten der hiesigen Demokraten war zwar die Aktivität früherer Tage vorübergehend zum Stillstand gekommen, doch verbuchten sie gerade durch die Arrestierung ihrer im Volk populären Anführer eine große Welle der Sympathie. Publizistische Unterstützung erhielten die münsterländischen Demokraten außerdem durch die seit dem 2. Januar in Münster herausgegebene 'Westfälische Volkshalle' , zu deren Redaktionsstab zu Beginn der bekannte Demokrat und politische Schriftsteller Friedrich Steinmann gehörte[31]. Mit aller Entschiedenheit sprach sich das Blatt tagtäglich gegen die Rechtsverbindlichkeit der oktroyierten Verfassung aus und lehnte zugleich die von der Regierung der neuen Kammer auferlegte Revision ab[32]. Neben Münster war Recklinghausen das Zentrum der Demokraten im südlichen Regierungsbezirk. Unterstützt durch das dortige Wochenblatt entfalteten der bekannte, ehemals arenbergsche Regierungsrat Bracht und der Privatsekretär Bitter eine rege Aktivität[33]. Eine weitere Bastion der Demokraten war in Oelde im Kreis Beckum anzutreffen, wo sich vor allem der Gutsbesitzer Bernard von Bruchhausen gegen die Pläne der Regierung aussprach. Auch er benutzte häufig das Kreisblatt und forderte mehrmals die Urwähler auf, dem Kabinett Brandenburg mit dem Stimmzettel eine herbe Abfuhr zu erteilen[34].

IV.2. Wahlkreis: Stadt Münster -- Kreis Münster -- Warendorf

Der Wahlkampf in Münster drehte sich vorwiegend um die Frage der Anerkennung oder Ablehnung der oktroyierten Verfassung. Katholiken und Konstitutionelle standen eindeutig hinter der Regierung, während die Demokraten und die zahlreichen links von ihnen angesiedelten Gruppierungen die Rechtsverbindlichkeit der Verfassung scharf ablehnten.

Trotz einer gewissen politischen Farblosigkeit gehörte die schon erwähnte Versammlung der Piusvereine des Bistums Münster zu der bedeutsamsten politischen Kundgebung zu Beginn des Jahres 1849. Angesichts der dort behandelten Themen konnte es nicht ausbleiben, daß die erst seit wenigen Wochen erscheinende 'Westfälische Volkshalle' darauf mit beißender Kritik reagierte. Den dort versammelten Klerikalen hielt man besonders vor, die Religion lediglich als Aushängeschild und Deckmantel für politisch reaktionäre und volksfeindliche Bestrebungen benutzen zu wollen. Darüber hinaus sprach das Blatt den Piusvereinen das Recht ab, zwischen Katholizismus und freisinniger Politik, gemeint war die der Demokraten, einfach eine Trennungslinie ziehen zu können, habe doch der eigene Landsmann, der Anführer der 'Linken' in der aufgelösten preußischen Nationalversammlung, Benedikt Waldeck, mit seiner überzeugten religiösen Einstellung das genaue Gegenteil bewiesen. Schließlich dürfe man auch nicht vergessen, so die Volkshalle, hätten von den 21 Geistlichen nur sieben der Verlegung und Vertagung des Parlaments zugestimmt, während 14, darunter auch der Abgeordnete für Warendorf, Dechant Johann Hermann Schulte, in Berlin verblieben seien[35].

Da man in Reihen der münsterschen Klerikalen wenig Konkretes an eigenen Beiträgen zur Wahlbewegung beisteuern konnte, konzentrierte sich die Agitation ausschließlich gegen die Demokraten. Startzeichen hierzu war das Hirtenwort Bischof Müllers zur Wahl, in dem er unter anderem vor den politischen Zielen gewisser Kreise gewarnt hatte. Vom 17. Januar datierte das erste größere Flugblatt des örtlichen Piusvereins. Darin waren nur alle denkbar negativen Eigenschaften der Demokraten der Reihe nach aufgeführt, wobei der Vorwurf der Gottlosigkeit ständig im Munde geführt wurde und sich gleichsam wie ein roter Faden durch das Papier zog[36]. Die Reaktion der Demokraten ließ aber nicht lange auf sich warten. In dem ziemlich originell abgefaßten Flugblatt, worin recht geschickt die den Klerikalen eigene Kanzelsprache nachgeahmt wurde, erregte man in der Stadt einiges Aufsehen. Schonungslos wurde darin die bisherige Passivität des Piusvereins bloßgelegt und den katholischen Abgeordneten Anbiederung und Versagen vorgeworfen[37].

Am Vortag der Urwahlen kursierte in Münster ein merkwürdiges Flugblatt, in dem sich 'Mehrere ruhige Bürger' für die Annahme der Verfassung vom 5. Dezember aussprachen. Neben den üblichen Ausfällen gegen die Demokraten fiel das Papier durch eine bemerkenswerte Übereinstimmung katholischer und konstitutioneller Auffassungen ins Auge. Unter dem Namen 'Bürgerverein' trat damit ein in der Stadt namentlich bisher nicht bekannter politischer Club an die Öffentlichkeit, der seine vorrangige Aufgabe darin erblickte, auf der Grundlage der konstitutionellen und volkstümlichen Monarchie allen Versuchen des Rückschritts ebenso entschieden wie anarchistischen Bestrebungen entgegenzutreten[38]. Überraschung löste die Zusammensetzung des Vorstandes des 'Bürgervereins' aus, denn dort tauchten Namen wie Fuisting, Schütte, Wagener und Eduard Hüffer auf, die allesamt an führender Stelle im münsterschen Piusverein tätig waren[39]. Unbekannt blieben dagegen die konstitutionellen Vertreter im 'Bürgerverein'. Es muß ohnehin stark bezweifelt werden, ob sich tatsächlich führende Vertreter dieser politischen Richtung zu einer Zusammenarbeit mit den Klerikalen bereit gefunden hätten. Diese wenige Tage vor den Urwahlen bekannt gegebene Vereinsgründung zeigte in aller Deutlichkeit, daß einige Mitglieder des Piusvereins die Absicht hatten, aus der Isolation herauszukommen. Der Zeitpunkt des Auftretens war allerdings denkbar ungünstig, denn derart kurzfristig konnte man sich bei den Wählern kaum in Szene setzen.

Große Urwählerversammlungen waren in dieser Wahlbewegung nicht zu vermelden. Wie aus den Veranstaltungskalendern beider Zeitungen eindeutig zu entnehmen war, spielte sich das politische Leben hauptsächlich in den Vereinen ab. In gewisser Weise auffällig war die weitere Zersplitterung der Vereine auf der Linken . Diese meist nur wenige Mitglieder zählenden Gruppen, beispielsweise der plötzlich auftretende 'Verein zur Wahrung der Volksrechte und der ländlichen Interessen' [40], besaßen auf die Wähler allerdings nur einen mäßigen Einfluß. Neben den ausgesprochen politischen Organisationen trat um die Jahreswende der münstersche Handwerkerverein verstärkt in der Öffentlichkeit auf. Im Gründungsjahr 1848 ursprünglich als reine Standesvertretung ins Leben gerufen, nahm er aber immer deutlicher politische Züge an, zumal die überwiegende Mehrzahl seiner Mitglieder, schätzungsweise 300, mit den Demokraten sympathisierte. Über die Wahlbewegung in den beiden Landkreisen ließ sich dagegen vergleichsweise wenig ermitteln. Nachdem sich auch dort der erste Sturm der Entrüstung über das Verhalten der Regierung gelegt hatte, war es in den Zentren des Aufruhrs, besonders in Warendorf, wieder ruhiger geworden. Zwar kam es auch dort zu gelegentlichen Wahlversammlungen, jedoch ging die Initiative hierzu offenbar weniger von Vereinen als vielmehr von engagierten Privatpersonen aus, wie etwa den Rechtsanwälten Ludorf und Thüssing in Warendorf und dem Kaufmann Terfloth in Greven[41].

Das Ergebnis der Urwahl kam einem politischen Erdrutsch nahe. In der Stadt Münster landeten die demokratischen Vereine einen überzeugenden Sieg und stellten rund 80 % aller Wahlmänner[42]. Darunter waren so prominente Vertreter anzutreffen wie Friedrich Steinmann, die beiden Stadtverordneten Linde und Grünewald, der Uhrmacher Paschen und die Kaufleute Hoeter und Overschmidt vom Provisorischen Zentralausschuß, der bekanntlich für den 18. und 19. November 1848 zum Demokratenkongreß nach Münster eingeladen hatte[43]. Zu Wahlmännern wurden ferner der Kreischirurg Eskuchen vom deutschen Verein, Maler Hagemann und Leutnant a.D. Stricker vom Bürgerverein [44] und cand. jur. Müller als Vertreter des radikalen Urwählervereins gewählt[45]. Eine der schillerndsten Persönlichkeiten der münsterschen Demokraten, der aus dem aktiven Militärdienst entlassene Leutnant Caspary, war ebenfalls zum Wahlmann bestimmt worden.

Von den führenden Vertretern des Piusvereins konnte sich dagegen niemand plazieren, was im übrigen auch für die Konstitutionellen der Stadt galt. Lediglich den als konservativ bekannten Bankier Niedieck und Kaufmann Brockhausen gelang es, sich als Wahlmann durchzusetzen. Die noch bei den Maiwahlen einflußreichen Familien wie Hüffer, Coppenrath, Schütte, Tüshaus und Theissing fehlten diesmal. Überhaupt konnten sich nur noch acht Wahlmänner der damaligen Wahlmännerliste durchsetzen. Am auffälligsten war allerdings der Verlust der vormals einflußreichen Geistlichkeit. Vermochte sie im Mai noch acht Wahlmänner zu stellen, so wurde diesmal nur noch ein einziger, nämlich Vicar Emmerich Welsing gewählt[46]. Unter den insgesamt 98 Wahlmännern waren folgende Berufe vertreten (Angaben vom Mai in Klammer) [47]

Höhere Staatsbeamte	1	≙	1,0 %	(1)
Beamte u. Privatangestellte	2	≙	2,0 %	(2)
Kaufleute u. Bankiers	14	≙	14,3 %	(7)
Offiziere	6	≙	6,1 %	(-)
Fabrikanten	1	≙	1,0 %	(1)
Gutsbesitzer	0	≙	- -	(1)
Lehrer	1	≙	1,0 %	(2)
Gerichtsreferendare	5	≙	5,1 %	(-)
Geistliche	1	≙	1,0 %	(8)
Ärzte u. Apotheker	4	≙	4,0 %	(-)
Unteroffiziere	1	≙	1,0 %	(-)
Händler	5	≙	5,1 %	(1)
Wirte	2	≙	2,0 %	(-)
Arbeiter Tagelöhner Knechte	1	≙	1,0 %	(-)
Handwerker	47	≙	48,0 %	(12)
Rentiers	2	≙	2,0 %	(1)
Sonstige	4	≙	4,0 %	(2)

Unter der Schlagzeile 'Wahlsieg der Demokratie in Münster' feierte die 'Westfälische Volkshalle' den überwältigenden Erfolg. "In jener Stadt, deren Bewohner noch vor Jahr und Tag allergnädigst treu, fest und wahr genannt wurden", bemerkte das Blatt mit einigem Zynismus, "hat es also das nicht allein mit Adler-, sondern auch mit Bodelschwingen ausgerüstete Schwarzweißtum so weit gebracht ! Dies ist die Aburteilung des nur auf Bajonette sich stützenden manteuffelschen Lug- und Trugsystems von Seiten des Volkes zu Münster; dies ist die öffentliche Meinung über den westfälischen Kongreß, über die Brutalität der Soldateska, über den fluchwürdigen Servilismus der richterlichen Säulen der Gewalt"[48].

Die Volkshalle hatte wahrlich allen Grund zur Schadenfreude, denn die Niederlage der katholisch-konservativen Kräfte hätte nicht eindeutiger ausfallen können. Die Ursachen für diesen radikalen Meinungsumschwung innerhalb der Wählerschaft war natürlich wesentlich in der Verhaftung der im Volk ungemein populären Anführer der Demokraten zu suchen. Hinzu kam, daß es in erster Linie diese Kräfte waren, die sich für die Bewahrung der der Regierung im vergangenen März abgetrotzten Rechte stark gemacht hatten und dies sogar noch um so intensiver taten, je mehr sich das Ministerium Brandenburg anschickte, diese wieder zu beschneiden. Da die 'bürgerlichen' Vereine auf der ganzen Linie versagt hatten, war es nicht weiter verwunderlich, daß die aufgebrachten Wähler geradezu scharenweise ins Lager der Demokraten überwechselten.

Im Kalkül der münsterschen Bürger hatten dagegen die übrigen Vereine ohnehin keinen Platz mehr gehabt. Besonders eklatant war dabei der Machtverfall der katholischen Bewegung, die innerhalb eines halben Jahres ihre im Mai errungene Basis verspielte. Schuld daran hatte vor allem der hiesige Piusverein, dessen Aktivitäten selbst im Zeichen des politischen Umschwungs Ende 1848 über moralisierende Appelle nicht hinauskamen.

Angaben über die Höhe der Wahlbeteiligung liegen wiederum nur aus dem Kreis Warendorf vor. Das dort erzielte Resultat von 35,80 % - errechnet auf der Grundlage der durchschnittlichen Wahlbeteiligung aller Urwahlbezirke - stellt insofern eine große Überraschung dar, als gegenüber der Maiwahl 1848 ein Stimmenrückgang zu verzeichnen war[49)]. Aufgrund der Bedeutung dieser Wahl hätte man eigentlich ein besseres Ergebnis erwarten können, denn die Bevölkerung war ja inzwischen an politischer Erfahrung reicher geworden. Zwar lag die Beteiligung in den größeren Orten deutlich über den Werten des Vorjahres, jedoch war vor allem auf dem Lande der Stimmenrückgang mehr als erheblich[50)]. Diesen aber allein auf etwaige ungünstige Witterungsverhältnisse zurückzuführen, wäre gewiß zu einfach. Vermutlich hat eher die Ernüchterung über die politische Entwicklung der letzten Monate bei der vorwiegend konservativ eingestellten Landbevölkerung eine Rolle gespielt und folglich zur Stimmverweigerung beigetragen. Nicht anders dürften die Verhältnisse im Kreis Münster gelegen haben. Lediglich in der Stadt Münster kann, ausgehend von der starken Beteiligung in den größeren Ortschaften des Kreises Warendorf, von einer sehr hohen Teilnahme ausgegangen werden.

Absprachen über die in Frage kommenden Abgeordneten waren von demokratischer Seite bis zum Wahltag nicht an die Öffentlichkeit gedrungen. Von Anfang an galten aber die im münsterschen Zuchthaus einsitzenden Demokraten als Favoriten. Im Gespräch war ferner Jodokus Temme, der sich schon seit Anfang Januar auf freiem Fuß befand und den Kreis Neuß in der Paulskirche vertrat[51)]. Seine Entlassung aus der Haft - Temme war des Hochverrats beschuldigt worden -, hatte vor allem in Münster zu Begeisterungsstürmen geführt. Nach einem Fackelzug überreichte man ihm sogar einen mit allegorischen Darstellungen reich verzierten Silberpokal in Erinnerung an seine unehrenhafte Zeit im Gefängnis und in Anerkennung seiner Verdienste um die Rechte des Volkes[52)]. Neben Temme galt der münstersche Rechtsanwalt Johann Matthias Gierse als zweiter Kandidat der münsterschen Demokraten, zumal auch er noch in Haft war.

Die Mehrheit demokratischer Wahlmänner ließ am 5. Februar keine Überraschung zu. Erwartungsgemäß besiegte Temme im ersten Wahlgang seinen klerikalen Herausforderer, Gerichtsassessor Brockhausen, mit 216 zu 116 Stimmen. Nicht weniger eindeutig war das Ergebnis bei der zweiten Wahl. 209 Wahlmänner votierten für Gierse, 118 für den Ökonomen Brüning aus Amelsbüren[53]. Obwohl Temme anschließend zugab, diesem Wahlkreis zu Dank verpflichtet zu sein, bat er dennoch um Verständnis, wenn er auf dieses Mandat verzichte. Er begründete dies mit politischen Verhältnissen in dem ostpreußischen Wahlkreis Tilsit -- Ragnit, wo er gleichfalls erfolgreich gewesen war. Dort sei aber das Ergebnis so knapp zu seinen Gunsten ausgefallen, daß wahrscheinlich bei der Nachwahl der Sache des Volkes eine Stimme entzogen würde, meinte er und fügte hinzu, daß die Dinge ja hier anders lägen[54]. Abgesehen davon, daß taktische Erwägungen hierbei im Vordergrund standen, dürfte Temme aber über die Wahl im fernen Ostpreußen gar nicht einmal so unglücklich gewesen sein, hätte er sich doch in Münster allzu vielen persönlichen Erwartungen konfrontiert gesehen, zumal er auch hier mittlerweile in die Rolle des Märtyrers gedrängt wurde. Überraschenderweise lehnte aber auch der 'Dezembergefangene' Gierse die Wahl ab und übernahm stattdessen ein Mandat im Wahlkreis Meschede -- Arnsberg -- Brilon[55]. Auch dort wäre die Nachwahl im Falle seines Verzichts kaum mehr zugunsten der Demokraten ausgefallen, zumal die beiden anderen gewählten Abgeordneten, Dane und Plaßmann, auf seiten der Rechten standen[56].

Nach der Absage Temmes und Gierses herrschte allerdings keine große Personalnot. Ins Gespräch brachten sich vor allem Otto von Mirbach, ein ehemaliger Artillerieleutnant und Teilnehmer am polnischen Befreiungskrieg und der gleichfalls aus dem Militärdienst ausgeschiedene Leutnant Wilhelm Caspary aus Münster[57]. Beide waren von Wilhelm von Bruchhausen, dem Bruder des Oelder Gutsbesitzers, ursprünglich mit der Begründung vorgeschlagen worden, daß auch Männer mit militärischen Kenntnissen in der Kammer vertreten sein müßten[58]. Caspary gab auch sofort ein Flugblatt heraus, in dem er zur Wahl freisinniger Offiziere aufrief. Außerdem, bemerkte er, könne man jetzt deutlich einen Zwiespalt zwischen Heer und Volk erkennen, da Offiziere, die sich für das Volk einsetzen würden, mit ihrer Entlassung zu rechnen hätten. Wie er betonte, sei er nach 13jähriger Dienstzeit ausgeschieden, "als ein längeres Verbleiben nicht mehr möglich war"[59]. Im Falle seiner Wahl, so versprach Caspary, wolle er sich vor allem für populäre Verbesserungen im Heer, wie Heraufsetzung der Besoldung, kürzere Dienstzeit und raschere Beförderung einsetzen. Ferner habe er auch die Absicht, für die Abschaffung des Adels und die Beseitigung der Standesunterschiede zu stimmen und nannte als letzten Punkt seines Forderungskatalogs die Verankerung der Steuerverweigerung als ein zu verwirklichendes Grundrecht des Volkes[60].

Die Nachwahl am 5. März ging ohne große Überraschung über die Bühne. Caspary vereinigte auf sich 200 Stimmen und ließ damit den Vertreter der Klerikalen, den früheren Abgeordneten zum Westfälischen Provinziallandtag und ehemaliges Mitglied des Vereinigten Landtages, Caspar Schulze Hobbeling aus Ascheberg/Kr. Lüdinghausen, für den sich 126 Wahlmänner aussprachen, weit hinter sich[61]. Zum zweiten Abgeordneten wurde der Vorsitzende des demokratischen Vereins zu Warendorf, Rechtsanwalt Bernhard Thüssing gewählt. Er war übrigens ein Vetter des bei der letzten Wahl für die Klerikalen angetretenen GerichtsassessorsBrockhausen. Thüssing erhielt 202, Schulze Hobbeling 120 und der Paderborner Gymnasiallehrer Tophoff drei Stimmen[62].

Der eindeutige Sieg der Demokraten vom Vormonat fand damit eine nochmalige Bestätigung. An geeigneten Abgeordnetenkandidaten hatte es, wie die 'Kölnische Zeitung' berichtete , ohnehin nicht gemangelt[63]. Im Gespräch waren außerdem der demokratisch gesinnte Stadtverordnete Hartmann und der wegen schwerer Körperverletzung verhaftete Scherenschleifer Wundermann. Der ehemalige Kandidat der Klerikalen, Gerichtsassessor Brockhausen, hatte dieses Mal auf eine Kandidatur verzichtet. Um der sicheren Niederlage aus dem Weg zu gehen, hatte er sich am gleichen Tag um das durch den Rücktritt Aulikes frei gewordene Mandat in der deutschen Nationalversammlung beworben und war auch tatsächlich mit 68 von 112 Stimmen gewählt worden[64]. An diesem 5. März standen sich kurioserweise zwei von der parteipolitischen Zusammensetzung her grundverschiedene Wahlmännerversammlungen gegenüber, zum einen die noch vom Mai 1848 verbliebene zur Ermittlung eines Abgeordneten für die deutsche Nationalversammlung, zum anderen die vom Januar 1849 zur Wahl zweier Deputierter für die II. Kammer.

Die Wahl der beiden zur äußersten Linken gehörenden Caspary und Thüssing hatte nicht nur den Merkur verunsichert, sondern auch bei auswärtigen Blättern ungläubiges Staunen hervorgerufen. Allgemein konnte man sich den plötzlichen Machtverfall des vormals einflußreichen Piusvereins in einem solchen Ausmaß nicht erklären[65]. Die 'Elberfelder Zeitung' berichtete in diesem Zusammenhang von unlauteren Machenschaften der Demokraten und hielt ihnen Erpressung, Verleumdung und sogar Bestechung vor. Andere Blätter glaubten die Ursache für den Sieg der Demokraten in der Erbitterung der Bevölkerung über die Verhaftung der führenden münsterschen Demokraten gefunden zu haben. Auch die Regierung in der Provinzialhauptstadt schloß sich in ihrer Beurteilung des Wahlergebnisses dieser Auffassung an, meinte aber einschränkend, daß das Ergebnis für das Staatsministerium kaum günstiger ausgefallen wäre, hätte das hiesige Gericht bei der Verhaftung der führenden Demokraten mehr Rücksichtnahme gezeigt[66].

IV.3. Wahlkreis: Steinfurt -- Tecklenburg -- Ahaus

In diesem flächenmäßig recht umfangreichen Wahlbezirk konnte von einer breit angelegten Wahlbewegung nicht die Rede sein. Die in einigen Orten aktiven Demokraten, so in Ahaus und Borghorst übten zwar lokalen Einfluß aus, doch die überwiegende Mehrzahl der ländlichen Wähler erreichten sie freilich nicht.

Nach seiner Meinung über den Ausgang der Urwahlen befragt, räumte Wahlkommissar von Basse allerdings freimütig ein, daß die Bemühungen der Demokraten, dort wo sie entschieden auftraten, nicht erfolglos geblieben seien. Seiner Einschätzung zufolge müsse man mit etwa einem Drittel demokratisch gesinnter Wahlmänner rechnen. Außerdem bestehe die Befürchtung, daß eine ganze Reihe unsicherer Wahlmänner zu ihnen überlaufen werde, zumal es unter den konstitutionellen Kräften bisher keinerlei Absprachen gegeben habe. Weniger dramatisch beurteilte dagegen der Landrat des Kreises Ahaus, Freiherr von Heyden, das Ergebnis der Urwahlen. Die etwas vermögenden Colonatsbesitzer, so meinte er, hätten zwar unter dem Eindruck der Zeitereignisse des vergangenen Jahres langsam damit begonnen, sich um die politischen Verhältnisse mehr zu kümmern als früher, eine eigene Meinung besäßen aber die meisten von ihnen immer noch nicht, weshalb auch bei dieser Wahl nicht so sehr die Politik eine Rolle spiele. Materielle Verbesserungen, wie Erleichterungen in der Steuer- und Ablösefrage des allerdings nur noch teilweise bestehenden gutsherrlichen Gefälles stünden weit mehr im Vordergrund. Wohl der momentan wichtigste Punkt, so von Heyden, sei für die Bevölkerung die Freiheit des katholischen Schulwesens von staatlicher Bevormundung. Den Einfluß der Demokraten unter den Wählern schätzte der Landrat gering ein, bemerkte allerdings, daß der Vorsitzende des demokratischen Vereins zu Ahaus, Rentier Theodor Hidding, zum Wahlmann aufgestellt worden sei[67].

Sichtlich zufrieden mit dem Ergebnis der Urwahlen schien nur der Landrat des Kreises Tecklenburg, Freiherr von Diepenbroick-Grüter gewesen zu sein, der von einer überzeugenden Mehrheit monarchisch-konstitutioneller Kräfte unter den Wahlmännern berichtete[68]. Nach der erst einige Wochen zurückliegenden Wahl des stellvertretenden Vorsitzenden des konstitutionellen Vereins zu Münster, Rittmeisters Schimmel in die preußische Nationalversammlung, konnte das jetzige

Ergebnis der Urwahlen nicht mehr überraschen, zumal Grüter sich auch ständig für die Sache der Regierung einsetzte. Mehrmals, so noch zuletzt am 19. Januar, appellierte er an die altpreußische Gesinnung der Tecklenburger und beschwor sie dabei eindringlich, Demokraten und anderen Volksverführern keinen Glauben zu schenken. In diesem Zusammenhang malte er auch das Gespenst der französischen Revolution von 1789 an die Wand und warnte vor dem Ausbruch ähnlicher Unruhen in Preußen[69].

Zu den Eigentümlichkeiten dieser Wahl gehörte aber auch fraglos hier das Wegtauchen der in diesem Wahlkreis doch immerhin zahlreich vertretenen Piusvereine. Nicht einmal Wahlkommissar von Basse war irgend etwas von einer klerikalen Wahlbewegung bekannt. Vermutlich war diese jetzt allein nur noch Sache der Geistlichkeit, die mit Hilfe des bischöflichen Wahlschreibens und nicht zuletzt durch vertrauensvolle Gespräche versuchte, Einfluß auf die Entscheidung der Wähler zu nehmen; immerhin war der Klerus auch dieses Mal mit 50 Wahlmännern vertreten[70].

Absprachen über die zu wählenden Abgeordneten hat es nur vereinzelt gegeben, da wegen der großen Entfernungen Kontakte vor dem Wahltag kaum möglich waren. Aufgrund dieser Schwierigkeit favorisierten zahlreiche Wahlmänner aus lokalpatriotischen Erwägungen heraus zunächst einmal prominente einheimische Persönlichkeiten, so daß eine Einigung selbst unter politisch Gleichgesinnten erst nach längeren Diskussionen erzielt werden konnte. Die zahlreichen Landwirte unter den Wahlmännern beharrten entweder auf einem Standesvertreter oder wenigstens auf den Vorsitzenden der landwirtschaftlichen Kreisvereine, den Landräten von Basse sowie von Diepenbroick-Grüter und dem Gutsbesitzer von Martels aus Ahaus[71]. Eine ganze Reihe anderer Wahlmänner bestand dagegen auf der Kandidatur der Direktoren der umliegenden Gerichte in Ahaus, Dorsten und Horstmar, nämlich Brandis, Evelt und Brisgen[72]. In engerer Wahl stand nicht zuletzt auch Rittmeister Schimmel, der sich in der letzten Zeit besonders durch die Briefe an seine Wähler, erschienen im 'Wochenblatt für den Kreis Tecklenburg' einen Namen gemacht hatte. Gewisse Chancen wurden auch dem früheren Steinfurter Abgeordneten in der preußischen Nationalversammlung, Appellationsgerichtsrat Wilhelm Rohden aus Posen eingeräumt. Rohden war vor allem von den Wahlmännern Rheines und Umgebung in die Diskussion gebracht worden, da er über mehrere Jahre das dortige Gericht geleitet hatte. Die große Entfernung zu seinem derzeitigen Wohnort und sein damals noch recht geringer Bekanntheitsgrad stellten dessen Anhänger vor gewisse Probleme. Daher hatte sich Rohden auf Bitten eines Freundes bereit erklärt, seine politischen Ansichten näher zu erläutern. Der unbekannt gebliebene Adressat hatte das Schreiben kurzerhand vervielfältigen lassen und unter die Wahlmänner verteilt. Rohden ging darin zwar mehr auf die aktuelle politische Lage als auf seine eigenen politischen Ansichten ein, analysierte hauptsächlich die rechtliche Situation nach dem Verfassungsoktroi, bekannte sich aber ausdrücklich zur konstitutionellen Staatsform. So befürwortete er die unbedingte Beibehaltung der Märzerrungenschaften und sprach sich auch für die Annahme der oktroyierten Verfassung nach einer sinnvollen Revidierung aus[73].

Neben Rohden hatte sich auch der Direktor des Gerichts zu Horstmar, Brisgen, schriftlich zu Wort gemeldet und den Wahlmännern am Tag der Abgeordnetenwahl ein Flugblatt mit dem Titel 'Der Wahlmann an seine Mitwähler' überreicht. Darin hob Brisgen seine streng konstitutionelle Gesinnung hervor und betonte, daß die Rechte des Volkes ebenso gesichert werden müßten wie die der Krone. Die Verfassung vom 5. Dezember, für deren unverzügliche Annahme sich Brisgen aussprach, sei hierfür der beste Garant[74].

Die Stellungnahmen der beiden Kandidaten schienen den Beifall der Wahlmänner gefunden zu haben, denn zusammen mit dem früheren Abgeordneten des Kreises Ahaus in der preußischen Nationalversammlung, Gerichtsassessor Friedrich Reigers, wurden Rohden und Brisgen gewählt[75]. Über die Namen der Gegenkandidaten machte Wahlkommissar von Basse keinerlei Angaben. Mit Sicherheit kann aber davon ausgegangen werden, daß sich Rittmeister Schimmel, aber auch Demokraten, wie der Vorsitzende des Vereins zu Ahaus, Theodor Hidding, um die Mandate beworben haben. Obwohl eigentlich nur von Reigers bekannt war, daß er Kontakte zu den Piusvereinen pflegte, mußte das Ergebnis dennoch als Sieg der Klerikalen bewertet werden. Rohden und Brisgen waren zwar ihren politischen Auffassungen zufolge eindeutig dem konstitutionellen Lager zuzuordnen, sie hatten sich aber beide in ihren Schreiben ausdrücklich für die Unantastbarkeit der der Kirche in der Verfassung eingeräumten Rechte ausgesprochen[76]. Wie eng allerdings das Verhältnis des später führenden Mitglieds der Zentrumsfraktion Wilhelm Rohden zu den Klerikalen schon zu diesem Zeitpunkt gediehen war, ließ sich nicht ermitteln.

IV.4. Wahlkreis: Beckum -- Lüdinghausen -- Coesfeld (teilweise)

Ausgesprochen großes Interesse herrschte an der Urwahl im Kreis Beckum, wo sich vor allem der frühere Abgeordnete Bernard von Bruchhausen tatkräftig für die Belange der Demokraten einsetzte. Unterstützt durch die Vereine in Oelde und Beckum und einige befähigte Persönlichkeiten wie dem Arzt Dr. Speit, wandte er sich im 'Beckumer Kreisblatt' mehrmals an die Bevölkerung und nahm zu der seiner Ansicht nach ungerechtfertigten Auflösung der Nationalversammlung Stellung[77]. Die Zeitung gab aber auch seinen politischen Gegnern aus dem konstitutionellen Lager Gelegenheit, sich zu äußern. Eindringlich warnte dabei ein namentlich nicht bekannter Leser des Blattes vor dem Konfrontationskurs der Demokraten, der im Grunde genommen nur neue Schwierigkeiten heraufbeschwöre und die anstehenden Probleme, wie etwa die

Verfassungsfrage, das Verhältnis von Staat und Kirche, wie überhaupt allgemein den Zustand des Landes nur noch verschlimmere[78].

Nach den Ereignissen in den vergangenen beiden Monaten war auch hier die Stimmung zugunsten der Demokraten umgeschlagen. Signifikantes Zeichen hierfür war der erhebliche Rückgang der Geistlichen unter den Wahlmännern, wie aus der folgenden Übersicht hervorgeht[79].

Höhere Staatsbeamte	2	≙	1,5 %
Beamte u. Privatangestellte	4	≙	3,0 %
Kaufleute	5	≙	3,7 %
Fabrikanten	1	≙	0,7 %
Colone u. Schulzen	55	≙	41,0 %
Gutsbesitzer	6	≙	4,5 %
Kötterbauern	8	≙	5,6 %
Tagelöhner u. Knechte	3	≙	2,3 %
Geistliche	6	≙	4,5 %
Ärzte u. Apotheker	7	≙	5,2 %
Lehrer	3	≙	2,3 %
Kaufleute	5	≙	3,7 %
Handwerker	9	≙	6,7 %
Wirte	9	≙	6,7 %
Sonstige	9	≙	6,7 %

Auf Einladung des Kreisphysikus Dr. Carl Jehn waren nach Beendigung der Urwahl sämtliche Wahlmänner zu einer Versammlung nach Beckum eingeladen worden[80]. Im Mittelpunkt der Besprechung standen allerdings weniger aktuelle Fragen im Zusammenhang mit der Abgeordnetenwahl als vielmehr die Probleme, mit denen sich die Bevölkerung seit geraumer Zeit beschäftigte, wie etwa die Schulfrage, die Beseitigung der Standesunterschiede, die Aufhebung der Fideicommisse und die soziale Lage der Landbevölkerung. Über die zu wählenden Abgeordneten wurde dagegen kein Wort verloren. Anscheinend war die Wahl Bernard von Bruchhausens schon von vornherein beschlossene Sache. Die sich in der Minderheit befindlichen Wahlmänner der Ämter und Gemeinden des Kreises Coesfeld sprachen sich dagegen für ihren kurzzeitigen Abgeordneten zur preußischen Nationalversammlung, Oberlandesgerichtsassessor Fischer aus[81].

Kurze Zeit nach der Festlegung der Wahlkreise im Regierungsbezirk war es wegen des Wahlortes Lüdinghausen zu verschiedentlichen Protesten gekommen. Auf zahlreiche Einwände seitens einiger Amtmänner des Kreises Beckum, die sich über den weiten Weg nach Lüdinghausen beklagt hatten, wurde der landrätliche Kommissar Graf von Schmising-Kerßenbrock in Münster vorstellig und erbat die Verlegung des Wahlortes nach Drensteinfurt, im Osten des Kreises Lüdinghausen gelegen.
Den Argumenten Schmisings konnte sich die dafür zuständige Abteilung nicht verschließen und gab dem Drängen schließlich nach[82].

Erwartungsgemäß wurde Bernard von Bruchhausen am 5. Februar mit einem der beiden Mandate betraut. Zweiter Abgeordneter wurde der Dülmener Gerichtsassessor Ludwig Gruwe, der zum Zeitpunkt seiner Wahl allerdings noch als Dezembergefangener im münsterschen Zuchthaus einsaß[83]. Seine Kandidatur war vor allem von Bruchhausen betrieben worden. Die Namen der Gegenkandidaten waren nicht zu ermitteln.

'.5. Wahlkreis: Borken -- Recklinghausen

Im Gegensatz zu Münster sind die Demokraten Recklinghausens durch Verhaftungen nicht nachhaltig geschwächt worden, so daß sie nach dem Verfassungsoktroi ihre Aktivität noch merklich steigern konnten. Dazu beigetragen hatten vor allem die zahlreichen demokratischen Vereine, von denen es besonders viele in der Südzone des Vests um Bottrop, Buer und Gladbeck gab. In Bottrop war sogar eigens aus Anlaß der bevorstehenden Stimmabgabe noch ein 'Verein für volkstümliche Wahlen' ins Leben gerufen worden, und in Recklinghausen hatte sich ein den Demokraten nahestehender Handwerkerverein etabliert [84]. Anführer der dortigen 'Linken' war seit Anfang November der erst 25jährige Wilhelm Bitter, Privatsekretär eines Anwalts von Beruf. Seiner Initiative war auch der Mißtrauensantrag gegen den nach Auffassung der Demokraten zu konservativ eingestellten Abgeordneten, Dr.Funke, zu verdanken. Funke hatte sich nämlich der Ansicht des Dorstener Gerichtsdirektors Evelt, Vertreter des Kreises Borken in der Nationalversammlung, angeschlossen, wonach sich die neue Verfassung durch größte Freisinnigkeit, insbesondere gegenüber der Kirche, auszeichne[85]. Als Mitglied des Verfassungsausschusses war Evelt natürlich bestens informiert und seiner Meinung schlossen sich auch die meisten westfälischen Abgeordneten an.

Unterstützung fand Bitter in dem ehemals arenbergschen Regierungsrat Franz Anton Bracht. Dieser hatte sich in mehreren Artikeln im 'Wochenblatt für den Kreis Recklinghausen' zu Wort gemeldet und dabei immer wieder vor den Gefahren einer möglicherweise hereinbrechenden Reaktion gewarnt[86]. In den Augen der Demokraten sah man daneben im Einfluß des konservativ gesinnten Klerus eine besondere Gefahr, da angenommen wurde, die Geistlichkeit würde wegen der in ihren Reihen günstig aufgenommenen Verfassung Druck auf die Wähler ausüben. Solche Befürchtungen waren aber gegenstandslos, denn vor allem im Süden des Vests war die Meinung des Klerus nicht mehr gefragt. Dies lag auch dort am Unvermögen der Piusvereine und des Klerus, die Wähler in angemessener Weise politisch anzusprechen. Allerdings fanden die Klerikalen hier wenigstens die Unterstützung konstitutioneller Kreise, die hauptsächlich um Dorsten angesiedelt waren. Allen voran befürwortete der dortige Verein die Zusammenarbeit mit den Klerikalen, eine Meinung, die vor allem von der 'Concordia', der einzig konstitutionell ausgerichteten Zeitung des Regierungsbezirks, häufig propagiert wurde. In der Neujahrsausgabe wies das Blatt deshalb auch darauf hin, daß zwar die Märzerrungenschaften auf jeden Fall erhalten bleiben mögen, Demokraten und Republikaner aber endlich zu Verstande kommen müßten, "damit sie nicht unserem ganzen Vaterlande endlich gar noch zu Militärherrschaft, zu Belagerungszuständen und zum Regiment des Standrechts verhelfen"[87].

Überraschenderweise zeigte sich Wahlkommissar von Hamelberg über den Ausgang der Urwahlen zufrieden, da sich der Einfluß der Demokraten lediglich auf die Städte Bocholt, Buer, Recklinghausen und Westrop beschränkte[88]. Deren Einfluß dürfte aber weitaus umfangreicher gewesen sein und sich auch auf die ländlichen Regionen der beiden Landkreise erstreckt haben, wie dies auch in den Ämtern und Gemeinden von Coesfeld der Fall war. Unter den dortigen Wählern hatte vor allem wegen der Zerstückelung des Kreises ziemliche Verbitterung geherrscht, denn sonst, so wußte die Volkshalle zu berichten, hätte der münstersche Rechtsanwalt und derzeitige Dezembergefangene Johann Matthias Gierse gute Aussichten gehabt, eines der Mandate zu erringen[89]. Angaben über die Höhe der Wahlbeteiligung liegen auch für diesen Wahlkreis nicht vor. Schätzungsweise dürften sich aber ca. 40 % in den Stimmlokalen eingefunden haben. Von den 167 im Kreis Recklinghausen ermittelten Wahlmännern ging etwa die Hälfte landwirtschaftlichen Berufen nach, weshalb der Wunsch vorgetragen wurde, einen Vertreter aus ihren Reihen nach Berlin zu entsenden. Forderungen dieser Art waren auch in anderen Wahlkreisen laut geworden, jedoch vermochten sich die Landwirte nicht durchzusetzen, zumal sie auch in den seltensten Fällen politisch kompetente Kandidaten vorschlagen konnten. Ähnlich wie im Kreis Beckum war in Recklinghausen ein erheblicher Rückgang der Geistlichkeit unter den Wahlmännern zu verzeichnen; deren Anteil sank von 21 % auf 11,9 %, so daß sie nunmehr lediglich mit 20 Vertretern aufwarten konnte[90].

An in Frage kommenden Abgeordnetenkandidaten herrschte nach Angaben Hamelbergs kein Mangel. Das von ihm genannte halbe

Dutzend wies jedoch keine spektakulären Namen auf, sieht man einmal von dem favorisierten Gerichtsdirektor Evelt aus Dorsten ab. Zur Diskussion standen außerdem der Fürst zu Salm-Salm aus Anholt, ein früheres Mitglied des Vereinigten Landtages von 1847[91)], der aus Berlin stammende Obertribunalsrat Ulrich, Abgeordneter für Soest in der aufgelösten preußischen Nationalversammlung[92)], Justizrat Lancelle aus Wesel[93)], der Arzt Dr. Ebbing aus Borken, Oberlandesgerichtsassessor Rotering, Gerichtsrat Hundeck aus Arnsberg und schließlich Amtmann Büning aus Heiden im Kreis Borken[94)]. Nach Ansicht des Wahlkommissars von Hamelberg bestand an der vorwiegend konstitutionellen Gesinnung dieser Kandidaten, gewisse Abstriche müßten lediglich bei Büning und Rotering gemacht werden, kein Zweifel.

Hamelberg mußte allerdings entgangen sein, daß auch die Demokraten mit entsprechenden Personalvorschlägen aufzuwarten hatten[95)]. Am Tag vor der Wahl hatten sich nämlich in Bocholt zahlreiche Wahlmänner beider Landkreise getroffen, um eine entsprechende Kandidatenauswahl vorzunehmen. Da man aber von vornherein bestrebt war, Doppel- und Ersatzwahlen möglichst zu vermeiden, kamen nur solche Bewerber in Betracht, die zuvor ein schriftliches Einverständnis zur Annahme der Wahl abgegeben hatten. Außerdem war von ihnen verlangt worden, ihre persönliche politische Meinung über die Einstellung zur oktroyierten Verfassung bzw. zum Ministerium Brandenburg sowie über weitere fortschrittliche gesetzliche Maßnahmen schriftlich darzulegen[96)]. Während sich die Demokraten in einem Bocholter Gasthaus trafen, versammelten sich die Klerikalen und Konstitutionellen zur gleichen Zeit bezeichnenderweise in den Räumlichkeiten des dortigen Stadtdechanten, wo sie ohne größere Diskussion Evelt und Ulrich zu ihren beiden Kandidaten proklamierten[97)]. Obwohl ihnen durchaus gute Kontakte zur Kirche nachgesagt werden konnten, waren sie aber bei weitem nicht mit jenen klerikalen Bewerbern um die Mandate zu vergleichen, die der zentrale münstersche Piusverein aus Anlaß der Maiwahlen 1848 den Wählern noch präsentiert hatte[98)]. Der bis vor wenigen Monaten noch recht einflußreiche Klerus sah sich nach dem mittelmäßigen Abschneiden der ihm nahestehenden Wahlmänner ohnehin gezwungen, auf die mit ihnen verbündeten Konstitutionellen Rücksicht zu nehmen. Aus diesem Grund hatte man den eigenen Kandidaten, den geistlichen Gymnasiallehrer und führenden Repräsentanten des münsterschen Piusvereins, Dr. Aloys Clemens Perger, frühzeitig aus der Personaldiskussion genommen, zumal ihm eine recht blamable Niederlage drohte[99].

Zur gleichen Zeit, da Klerikale und Konstitutionelle über ihre Kandidaten berieten, fand unter Vorsitz Franz Anton Brachts die Versammlung der demokratischen Wahlmänner statt. Bereits vor den Urwahlen hatte man einige Kandidaten näher in Augenschein genommen und diese auch gebeten, ihre politischen Ansichten und eine Beurteilung der gegenwärtigen politischen Lage darzulegen. Der favorisierte münstersche Anwalt Johann Matthias Gierse war dieser Aufforderung unmittelbar nachgekommen und ließ das Schreiben, da er bekanntlich noch im Zuchthaus saß, durch den Borkener Richter Wenner verlesen[100]. Gierses Ansichten stießen allgemein auf breite Zustimmung, jedoch meldete der ebenfalls als Kandidat auftretende Assessor Rotering gegen die Einführung des Einkammersystems und die unverzügliche Reduzierung des Personalbestandes des Heeres erhebliche Bedenken an[101]. Trotzdem stand die Nominierung Gierses außer Frage. Zum zweiten Kandidaten der Demokraten wurde das Mitglied des Dorstener konstitutionellen Vereins, Oberlandesgerichtsassessor Adolf Winkelmann, bestellt. Dessen Aufstellung war insofern etwas überraschend, als Winkelmann eigentlich ins Lager der Gemäßigten gehörte. Als Delegierter seines Vereins hatte er noch am 6. Januar am rheinisch-westfälischen Kongreß der Konstitutionellen in Dortmund teilgenommen, dürfte sich allerdings dort nicht mit allen Punkten der konservativen Mehrheit einverstanden erklärt haben. Mit der Nominierung Winkelmanns, übrigens ein Kollege Evelts am Dorstener Gericht, war jedenfalls der Versuch verbunden, gemäßigte und unschlüssige Wahlmänner ins Lager der Demokraten hinüberziehen zu können. Die Anwesenheit der von Wahlkommissar von Hamelberg als konstitutionell bzw. klerikal eingestuften Assessor Rotering und Amtmann Büning machte überdies deutlich, daß die Grenzen zwischen den politischen Gruppen gelegentlich fliessend waren, weshalb sich auch, wie es bei dieser Abgeordnetenwahl deutlich wurde, keine starren Fronten entwickeln konnten. Namen anderer Kandidaten standen nicht weiter zur Diskussion, zumal auch Regierungsrat Bracht ein Mandat in der I. Kammer vorzog[102)].

Erst im zweiten Wahlgang gelang es Evelt, sich mit 170 gegen 127 Stimmen gegenüber Gierse durchzusetzen. Zweifelsohne verdankte der Dorstener Gerichtsdirektor diesen Sieg hauptsächlich seiner überaus großen Popularität, die auch von Teilen der Demokraten nicht in Abrede gestellt wurde, so daß durchaus von einer Persönlichkeitswahl gesprochen werden konnte. Immerhin hatte Evelt den Mut besessen, am Abend vor der Wahl noch die Demokratenversammlung aufzusuchen und dort zu politischen Fragen Stellung zu nehmen. Dabei sprach er sich nachdrücklich gegen die Einführung der republikanischen Staatsform aus, befürwortete allerdings das Zweikammersystem und äußerste sich auch positiv über die Verfassung vom 5. Dezember, in der er bei gewissen Veränderungen die einzig rechtsverbindlich zu verwirklichende Grundlage des Staatslebens erblickte[103)]. Trotz der am Ende seiner Ausführungen nicht zu überhörenden Mißfallensäußerungen dürfte er den einen oder anderen unschlüssigen Wahlmann von seiner politischen Linie überzeugt haben.

Zweiter Abgeordneter wurde anschließend erwartungsgemäß Johann Matthias Gierse, der 171 von 332 Stimmen auf sich vereinigen konnte, während für seinen Herausforderer Ulrich 121 Wahlmänner votierten[104)]. Doch wie auch im Wahlkreis Stadt Münster -- Kreis Münster -- Warendorf schlug Gierse das hiesige Mandat aus. Trotz der gutgemeinten Absicht, Doppel- und Ersatzwahlen möglichst zu vermeiden, durchkreuzte die Taktik der Demokraten, sich in mehreren Wahlkreisen zugleich nominieren zu lassen, um somit Plätze für weitere Kandidaten frei zu machen, dieses Vorhaben. Auf der Suche nach einem zugkräftigen Nachfolger stieß man zunächst auf den Düsseldorfer Anwalt Hugo Wesendonk, der allerdings zu diesem Zeitpunkt noch Mitglied der Paulskirche war[105)]. Wesendonk, der sich nicht uninteressiert zeigte, hatte sogar auf Bitten der Recklinghäuser Demokraten ein politisches Programm eingereicht, doch zu seiner Wahl sollte es nicht mehr kommen, weil er sich inzwischen für ein Mandat im Wahlkreis Koblenz -- St. Goar entschieden hatte[106)]. Für ihn sprang der besonders im südlichen Vest Recklinghausen populäre, radikal demokratisch eingestellte Berggerichtsrat Schneider aus Essen ein, der sich am 5. März nach mehreren Wahlgängen gegen den Gymnasialdirektor Bischof aus Wesel und Dr. Schütte aus Coesfeld mit 160 von 313 Stimmen knapp durchsetzen konnte[107)]. Bezeichnend für das große Interesse an dieser Abstimmung war die Tatsache, daß selbst zu diesem Termin fast alle Wahlmänner, nämlich 94 % erschienen waren, ein Ergebnis, das bei keiner Nachwahl in den folgenden Jahren je wieder erreicht werden konnte.

IV.6. Die Wahlen zur I. Kammer vom 29. Januar und 12. Februar 1849

Für die Wahl zur I. Kammer, die einem strengen Zensus unterlag - das aktive Wahlrecht besaß nur derjenige, der mindestens 8 Taler Klassensteuer im Jahr zahlte, Grundbesitz im Wert von 5000 Talern besaß oder über ein jährliches Einkommen von 500 Talern verfügte -, war der Regierungsbezirk Münster in zwei großflächige Wahlkreise unterteilt worden, zum einen: Stadt Münster -- Kreis Münster -- Lüdinghausen -- Steinfurt -- Tecklenburg -- Beckum, zum anderen: Coesfeld -- Recklinghausen -- Borken -- Ahaus[108)]. Gewählt wurden für den 1. Wahlkreis: Geheimer Oberregierungsrat von Beckedorff aus Berlin, Steuerempfänger Vonnegut aus Oelde sowie Dr. Miling aus Emsdetten und für den 2. Regierungsrat Bracht aus Recklinghausen und Rentier Theodor Hidding aus Ahaus. Bracht und Hidding standen eindeutig auf seiten der Demokraten, während sich der Rest zu den Konstitutionellen bekannte[109)].

Wahlergebnis

Eindeutiger Sieger der Wahl waren die Demokraten. Fünf der neun Abgeordneten des Regierungsbezirks standen auf ihrer Seite, darunter als Vertreter der 'äußersten Linken' Leutnant a.D. Caspary, Rechtsanwalt Thüssing und Berggerichtsrat Schneider, während Gutsbesitzer von Bruchhausen und Gerichtsassessor Gruwe mehr zum gemäßigten Flügel gehörten. Zwei der vier Wahlkreise beherrschten die Demokraten völlig, nämlich Stadt Münster -- Kreis Münster -- Warendorf und Beckum -- Lüdinghausen -- Coesfeld. Lediglich im größten münsterländischen Wahlkreis Steinfurt -- Tecklenburg -- Ahaus waren sie mit keinem Abgeordneten vertreten. Eindeutiger Verlierer der Wahl waren die Klerikalen. Von ihren im Mai 1848 durchgebrachten elf Abgeordneten konnten sich diesmal nur Evelt und Reigers plazieren. Der ebenfalls gemäßigte Brisgen vertrat im wesentlichen konstitutionelle Ansichten und Rohden nahm sowohl gemäßigt demokratische, konstitutionelle wie auch klerikale Positionen ein, ohne sich jedoch genau festzulegen.

Von den Maiwahlen des vergangenen Jahres hob sich diese Abstimmung durch eine erheblich intensivierte Vereinsarbeit, den deutlichen Zugewinn an politischer Erfahrung innerhalb der Bevölkerung und allgemein die Art der Wahlbewegung ab. Profitiert hatten von dieser Wandlung in erster Linie die Demokraten, die durch die rigorosen Maßnahmen der Regierung Brandenburg erheblichen Aufwind bekamen. Die Verhaftung führender Teilnehmer des münsterschen Demokratenkongresses hatte darüber hinaus in der gesamten Bevölkerung des Münsterlandes eine große Welle der Sympathie und Solidarität ausgelöst.

Zu den Besonderheiten dieser Wahl gehörte der nahezu vollständige Rückzug der Klerikalen aus dem politischen Leben, ein Vorgang, der selbst dem unaufmerksamen Wähler nicht verborgen geblieben war. Der Versuch, mit Hilfe der Konstitutionellen verlorenes Terrain wiederzugewinnen, scheiterte kläglich. Wesentliche Schuld daran hatte der zentrale münstersche Piusverein, der zwar den politischen Anspruch seiner Organisation immer wieder anmeldete, diesen aber weitgehend mit religiösen Inhalten koppelte. Diese Einstellung machte es natürlich den zahlreichen Zweigvereinen nicht gerade leicht, sich politisch so zu verhalten, wie dies der politische Gegner im Laufe des vergangenen Jahres erfolgreich vorexerziert hatte. Außerdem war nach den für den Klerus erfolgreich verlaufenen Maiwahlen allzu deutlich geworden, daß die politische Vertretung des Katholizismus in Frankfurt und in Berlin auf recht unsicheren Füßen stand. Zwar mag kaum einer der Abgeordneten damit gerechnet haben, derart lange an seinem Platz ausharren zu müssen, jedoch war der ständige Austausch der Volksvertreter nicht dazu angetan, langfristiges Vertrauen bei der Bevölkerung zu erringen. Daß hierdurch natürlich die hochgesteckten Erwartungen der Wähler enttäuscht wurden, lag auf der Hand. Nicht selten machte daher der Vorwurf des Versagens die Runde.

Typisch für diese Wahl war nicht zuletzt die Zurückdrängung konfessioneller Gesichtspunkte zugunsten einer Polarisierung zwischen gemäßigten und demokratischen Kräften. Dabei sollte aber keinesfalls übersehen werden, daß der demokratische Wahlsieg im Münsterland nicht Ausdruck einer tiefverwurzelten Überzeugung in der Wählerschaft war, sondern vielmehr einer entschiedenen Protesthaltung entsprang. Beachtenswert war darüber hinaus die im Zuge des Ausbaus der Vereine einsetzende Politisierung der Bevölkerung. Dieser Prozeß war aber keinesfalls nur an gewisse soziale Schichten gebunden. Zwar waren auch in Münster wie auch auf dem Lande in erster Linie bürgerliche Kreise in den demokratischen Vereinen tonangebend, jedoch war auch die Anwesenheit der Handwerker nicht zu übersehen.

Angaben über die Höhe der Wahlbeteiligung liegen nur für den Kreis Warendorf vor. Das dort erzielte Ergebnis in Höhe von 35,8 % stellt insofern eine große Überraschung dar, als das Resultat vom Mai 1848 unterboten wurde. Angesichts der Erregung in der Bevölkerung in den vergangenen Monaten hätte man eigentlich mit einer weitaus höheren Teilnahme rechnen können. Die genauen Gründe für den Stimmenrückgang, vor allem besonders deutlich in den Landgemeinden, ließen sich nicht ermitteln. Vermutlich war aber hauptsächlich die Enttäuschung über die mehr oder weniger erfolglose Arbeit der Nationalversammlung und die Tatsache, daß man in eine neue Kammer wenig Vertrauen setzte, dafür verantwortlich. Dies traf freilich nur für die eher konservativ denkende Landbevölkerung zu. In den Städten, wo sich die Agitation der Demokraten am besten entfalten konnte, dürfte dagegen von einer sehr hohen Wahlbeteiligung auszugehen sein.

3. I. Legislaturperiode

Mit der Thronrede des Monarchen am 26. Februar wurden beide Häuser des Landtages eröffnet[110]. Während in der I. Kammer eindeutig die Rechte die Oberhand besaß, und die Linke nur etwa 20 Mitglieder zählte, darunter auch Bracht und Hidding aus dem Münsterland, lagen die Verhältnisse in der II. Kammer etwas anders. Hier standen sich nach der Einstellung der Abgeordneten zur oktroyierten Verfassung zwei Lager gegenüber. Zur Rechten zählte, wer diese annehmen wollte, zur Linken, wer sie rundweg ablehnte[111]. Während der Verhandlungen kam es aber noch zu einigen Richtungswechseln. Die äußerste Linke sprach nämlich jeder Verfassung die Anerkennung ab, die ohne Mitwirkung des Volkes zustande gekommen sei[112]. Weitaus entgegenkommender in dieser Frage zeigte sich dagegen die 'demokratisch-konstitutionelle Linke' unter Führung des Abgeordneten Unruh, die zumindest bereit war, die Verfassung vorbehaltlich ihrer Revision anzuerkennen[113]. Aber auch innerhalb der Rechten waren die Ansichten nicht einheitlich. Bismarck und Graf Arnim bildeten den konservativen, während Auerswald, Schwerin und Vincke den liberalen Flügel anführten[114]. Die Abgeordneten aus dem Untersuchungsgebiet verteilten sich auf beide Lager. Caspary, Schneider und Thüssing, die aufgrund der Nachwahl erst Mitte März nach Berlin kamen, schlossen sich der äußersten Linken an[115]. Bruchhausen und Gruwe waren auf seiten der gemäßigten Linken[116], Brisgen, Evelt und Reigers standen in Reihen der Fraktion Auerswald-Schwerin, während Rohden zusammen mit dem schlesischen Abgeordneten Pape sogar eine eigene Fraktion, genannt das 'rechte Centrum' ins Leben gerufen hatte[117]. Diese insgesamt nur 14 Mitglieder zählende Gruppierung vertrat die Meinung, die Verfassung zwar anerkennen zu wollen, die Revision sähen sie aber nicht eher für vollendet an, als bis die Verfassung mit jenen Gesetzen, welche die Rechte des Volkes sicherten, in Einklang gebracht worden sei[118]. In diesem Sinne hatte sich ja auch Rohden in seinem politischen Programm geäußert, das den Wahlmännern am 5. Februar vorgelegen hatte[119]. Es sollte in diesem Zusammenhang auch erwähnt werden, daß Rohden Mitglied der 'Verfassungs-Revisions-Commission' war[120].

Bereits bei den Beratungen waren die unterschiedlichen Ansichten über den Adreßentwurf deutlich zutage getreten[121]. In acht Sitzungen hatte man darüber debattiert, ehe der Vinckesche Entwurf am 28. März mit 186 gegen 145 Stimmen angenommen wurde. Damit war gleichzeitig auch die oktroyierte Verfassung als rechtsverbindlich anerkannt worden[122]. Brisgen, Evelt, Reigers und Rohden waren dafür, Bruchhausen, Caspary, Gruwe, Schneider und Thüssing dagegen[123]. Die Gegensätze zwischen den beiden Lagern setzten sich auch bei den Debatten über eine Adresse an den preußischen Monarchen fort, nachdem dessen Wahl zum Kaiser der Deutschen bekannt geworden war[124]. Nur mit einer denkbar knappen Mehrheit von fünf Stimmen fand der Vinckesche Antrag die Zustimmung des Hauses. Darin war zum Ausdruck gebracht worden, der König möge sich dem Rufe der deutschen Nationalversammlung nicht entziehen und die Hoffnungen und Erwartungen des deutschen Volkes erfüllen[125]. Alle Abgeordneten aus dem Untersuchungsgebiet hatten die Adresse abgelehnt[126]. Die Vertreter der Linken waren daran nicht interessiert und die Gemäßigten, darunter vor allem die großdeutsch gesinnten, zeigten sich mit dieser Entscheidung nicht einverstanden. Evelt und Reigers hatten sich der Stimme enthalten[127].

Die Ablehnung der Kaiserkrone und die kurz darauf an die preußischen Gesandten bei den deutschen Höfen entsandte Zirkulardepesche, worin Friedrich Wilhelm IV. die Bereitschaft angedeutet hatte, sich an die Spitze eines deutschen Bundesstaates zu stellen, dessen Mitglieder aus freiwillig beigetretenen Staaten bestehen könnten, veranlaßte daraufhin den Abgeordneten Rodbertus den Antrag einzubringen, die Kammer möge besagte Zirkulardepesche scharf mißbilligen und gleichzeitig der Reichsverfassung die Rechtsgültigkeit zuerkennen [128]. Am 21. April sprachen sich 175 Abgeordnete für die Anerkennung der Verfassung aus, 159 votierten dagegen. Mit Ausnahme von Evelt und Reigers hatten auch alle übrigen Vertreter aus dem Münsterland dem Antrag zugestimmt[129]. Damit war natürlich ein Konflikt mit der Regierung nicht mehr zu vermeiden, zumal Ministerpräsident Brandenburg vor der Kammer erklärt hatte, dem König könne nicht geraten werden, die Verfassung anzunehmen[130].

Mit dem Beschluß vom 26. April, der die Aufhebung des Belagerungszustandes in Berlin verlangte, waren die Gegensätze zwischen dem Ministerium und der Kammer unüberbrückbar geworden. Auch diesmal hatten alle Abgeordneten aus dem Untersuchungsgebiet mit Ausnahme von Evelt und Reigers dem Antrag zugestimmt[131]. Da eine erfolgversprechende Zusammenarbeit hinsichtlich einer der Krone genehmen Revidierung der Verfassung kaum noch möglich erschien, wurde die II. Kammer am 27. April aufgelöst und die I. vertagt.

V. Die Wahlen vom 17. und 27. Juli 1849

V.1. Wahlbewegung und Wahlkreiseinteilung

Die plötzliche Auflösung der gerade erst zusammengetretenen II. Kammer wirkte auf den Großteil der Wähler ziemlich niederschmetternd[1]. Allgemein wurde darin der entscheidende Schlag gegen die Machtbefugnisse des Parlaments erblickt, denn schon zum zweiten Mal ließ die Regierung durchblicken, daß sie nicht gewillt war, sich einer ihr unbequemen Mehrheit beugen zu wollen[2].

Besonders die im Münsterland seit den vergangenen Wahlen enorm angewachsene demokratische Bewegung vermutete hinter dieser Maßnahme einen wohldurchdachten Schachzug der Regierung, sich auf diese Weise unliebsamer Deputierter vorerst einmal entledigen zu können. Nach Ansicht zweier führender Vertreter der hiesigen Demokraten, der Abgeordneten Bruchhausen und Gruwe, verfehlte aber insofern der Grund zur Auflösung der II. Kammer seine Wirkung, als die von der Regierung als Einmischung in ihre inneren Angelegenheiten empfundenen Kammerbeschlüsse die allgemeine Zustimmung breiter Wählerschichten besäßen[3].

Von klerikaler Seite war dagegen nach der Auflösung der Kammer vergleichsweise wenig zu hören. Nachdem sie schon im Januar ganz erhebliche Einbrüche in ihr bisheriges Wählerpotential hatte hinnehmen müssen, rechnete man bei den anstehenden Neuwahlen mit weiteren Verlusten. Den Beobachtungen einiger Landräte zufolge glaubte ohnehin die Mehrzahl der Urwähler, daß die neue Kammer vermutlich noch energischer auf ihren Rechten beharren werde als die eben aufgelöste[4].

Trotz unterschiedlicher Auffassungen über das Für und Wider der Parlamentsauflösung waren sich aber Demokraten und Klerikale in der Ablehnung der gegenwärtigen Regierung im wesentlichen einig, denn sie wurde jetzt nicht nur für die verfahrene Lage im eigenen Land, sondern auch für die frühzeitige Vereitelung des deutschen Einigungswerkes verantwortlich gemacht. Besonders im Münsterland, wo die Erinnerung an die Zeiten der aus dem Hause Habsburg stammenden Fürstbischöfe immer noch nicht verblaßt war, löste das Ende der Paulskirche ziemliche Verbitterung aus. Nach der Wahl des Reichsverwesers hatte man doch fest damit gerechnet, daß in Zukunft wieder ein katholischer Fürst an der Spitze Deutschlands stehen würde. Die Piusvereine Westfalens, namentlich die des Bistums Münster , hatten von Beginn der Revolution an die Idee des Wiederauflebens des habsburgischen Kaiserreiches beharrlich verfochten. Obwohl die Enttäuschung über das Scheitern derartiger Pläne weit verbreitet war, herrschte zugleich aber auch große Genugtuung darüber, daß auch Friedrich Wilhelm IV. der Kaiserwürde entsagte, wie dies vor allem im 'Aufruf an alle katholischen Gemeinden von Rheinland und Westfalen' deutlich hervorgehoben wurde[5]. So paradox es klang, der Tenor der von katholischer Seite an den Monarchen gerichteten Adressen verlieh der Freude darüber Ausdruck, daß seine Entscheidung die Möglichkeit einer Vereinigung des Vaterlandes nicht versperrt habe. "Die Mitglieder des katholischen Kreisvereins Ahaus", so konnte man beispielsweise lesen, "sind erfreut darüber, daß Se. Majestät der König die von einer sehr schwachen, überdies nur durch Intriguen und die unnatürlichsten Koalitionen herbeigeführten Majorität in der Frankfurter Nationalversammlung ihm angebotene Schattenkaiserkrone abgelehnt hat. Die Annahme dieser Krone würde unser deutsches Vaterland zerrissen und Millionen von Brüdern von uns getrennt haben. Um ein solches Resultat zu erlangen, sind die Vertreter des Volkes nicht nach Frankfurt gesendet, sondern um die Einheit Deutschlands zu gründen..."[6]. Da in den Reihen der Klerikalen die kleindeutsche Lösung natürlich entschieden abgelehnt wurde, zugleich sich aber auch die eigenen Vorstellungen kurzfristig nicht verwirklichen ließen, hatte man im Frühjahr vorübergehend Gefallen an einer sog. Direktorialverfassung gefunden[7]. Nach Ansicht der Befürworter dieses Planes, darunter war auch der Abgeordnete für den Wahlkreis Ahaus -- Steinfurt, Dr.Buß, sollten diesem Direktorium Preußen und Österreich mit jeweils zwei Stimmen, Bayern mit einer und vier deutsche Kreise zusammen mit einer Stimme angehören, an dessen Spitze sich der Kaiser von Österreich und der König von Preußen in einem vierjährigen Turnus abwechselten[8]. Derartige Vorstellungen stießen aber, da sie zu sehr an einen 'verbesserten Bundestag' erinnerten, auf eindeutige Ablehnung in Frankfurt[9]. Zustimmung hatte dieser Plan ohnehin nur in den Kreisen der großdeutsch gesinnten und klerikalen Abgeordneten der Rechten und des rechten Zentrums gefunden, während man sich in den Reihen der Erbkaiserlichen deutlich davon distanzierte.

Unter verschiedenen katholischen Abgeordneten, allen voran natürlich von Radowitz, war demgegenüber die Verwirklichung des preußischen Erbkaisertums nach wie vor oberstes Ziel. Eine solche Meinung vertrat auch einer der drei Vertreter des Wahlkreises Stadt und Kreis Münster -- Lüdinghausen -- Warendorf -- Steinfurt -- Beckum -- Tecklenburg zur I. Kammer, der Präsident des Landes-Ökonomie-Kollegiums in Berlin, von Beckedorff[10]. Der aus Hannover stammende Beckedorff hatte nämlich in einem Schreiben an seine Wähler, veröffentlicht im Merkur vom 13. April 1849, ganz ungeniert für das preussische Erbkaisertum Partei ergriffen und in diesem Zusammenhang besonders Vorbehalte geopolitischer, ethnischer und religiöser Art Österreich gegenüber geltend gemacht. "Das Haus Habsburg", so ließ er die Wähler wissen, "hat für sich den Anspruch der Vergangenheit, das Haus Hohenzollern das Bedürfnis der Gegenwart und die Hoffnung der Zukunft"[11]. Derartige Äußerungen und vor allem sachlich nicht gerechtfertigte Angriffe gegen das katholische Vereinswesen machten Beckedorff in Münster binnen kürzester Zeit unpopulär[12].

Obwohl auch die zu den gemäßigten Kräften neigenden Demokraten des Münsterlandes nicht mit deutlicher Kritik an der Wahl des preußischen Monarchen zum Deutschen Kaiser gespart hatten, waren sie jetzt die entschiedensten Befürworter einer Anerkennung der Reichsverfassung[13)], zumal sie ja darin wesentliche Grundsätze ihrer eigenen Programmatik verwirklicht sahen.

Nachdem schon die demokratischen Vereine des Rheinlands Anfang Mai in Köln getagt, und außerdem die Stadtverordneten der Domstadt sämtliche Kommunen des Rheinlands zu Beratungen über die aktuelle politische Lage zusammengerufen hatten[14)], ergriff in Westfalen der Paderborner Volksverein als erster die Initiative und lud in einem Aufruf 'An alle Stadt- und Landgemeinden der Provinz Westfalen' - meistens in den größeren Tageszeitungen veröffentlicht - , für den 8. Mai zu einer Versammlung nach Münster ein[15)]. Gleichzeitig richtete auch der Vorstand des demokratisch gelenkten Central-Volksvereins der Provinzialhauptstadt einen Aufruf an sämtliche volkstümlichen Vereine und Corporationen, sich am Tag darauf ebenfalls in Münster zu Beratungen zu treffen[16)]. Dieser Terminierung lag aber zweifelsfrei kein Konkurrenzdenken zugrunde, denn man wollte dadurch lediglich die Bedeutung des Zusammenkommens unterstreichen. An den münsterschen Magistrat war nämlich aus Paderborn zugleich die Aufforderung ergangen, jene Versammlung auszurichten. Dazu fanden sich aber die Verantwortlichen der Stadt auf einen Wink der Bezirksregierung hin nicht bereit und ignorierten das Ansinnen schlichtweg[17)]. Gewarnt durch das Aufsehen und die Folgen des Demokratenkongresses vom vergangenen November, war sogar seitens der Behörden der Versuch gestartet worden, das in der Stadt beliebte und für derartige Versammlungen bestens geeignete Tagungslokal des Gastwirtes Vogelsang für die Zusammenkunft zu sperren.

Trotz derartiger Widrigkeiten und sogar eines Eingriffs des Mindener Regierungspräsidenten, der die Teilnahme von Gemeindevertretern seines Verwaltungsbezirks ausdrücklich untersagte, kam das Treffen am 8. Mai zustande. Im Mittelpunkt der Diskussion stand natürlich die Forderung an die Regierung in Berlin, unverzüglich und ohne Vorbehalte die in Frankfurt verabschiedete Reichsverfassung anzuerkennen[18]. Aber der Elan der noch vor wenigen Wochen starken demokratischen Bewegung Westfalens begann unter dem ständig stärker werdenden Druck des Ministeriums zusehends zu erlahmen, konnten doch die Vereine nicht mehr auf jenen Rückhalt in der Bevölkerung bauen wie noch zu Beginn des Jahres 1849. Als nachteilig erwies sich außerdem, daß bei der Versammlung in Münster diesmal nur die 'zweite Garnitur' der westfälischen Demokraten anwesend sein konnte. Die Anführer der einstmals starken Bewegung in der Provinzialhauptstadt wie Gustav Bansi, Johann Matthias Gierse, Friedrich Hammacher, Friedrich Jacobi, Friedrich Steinmann und viele andere mehr waren entweder auf der Flucht oder wurden politisch überwacht[19].

Zu den bekannteren Namen unter den etwa einhundert Teilnehmern gehörten der radikale Leutnant a.D. Caspary, der Abgeordnete zur I. Kammer Dr. Mieling aus Emsdetten, Wegeaufseher Diekmann aus Iserlohn, Gustav von Stockhausen aus Brilon, Leutnant Hentze, Dr. Graumann aus Dortmund, Referendar Speit aus Oelde, Privatsekretär Bitter aus Recklinghausen und Sträter aus Rheine[20]. Mit Ausnahme von Mieling gehörten die übrigen zu den radikalen Demokraten. Die meisten von ihnen sollten noch im Laufe des Jahres wegen der verschiedensten Vergehen politischer Art vor Gericht gestellt werden[21].

Der Einfluß des münsterschen Kongresses auf die Bevölkerung war alles in allem gesehen gering. Konservative Zeitungen, wie etwa der Merkur, nahmen von dem Ereignis überhaupt keine Notiz. Um aber wenigstens die Stoßkraft der Demokraten in den beiden Westprovinzen nicht zu zersplittern, stellte sich der münstersche Kongreß voll hinter die Beschlüsse der Kölner Demokratenversammlung von der Vorwoche[22]. Sofortige

Anerkennung der Reichsverfassung, unverzügliche Ablösung der Regierung des Grafen Brandenburg und Zurücknahme des Einberufungsbefehls an die Landwehr war dort vor allem gefordert worden[23].

Obschon der zweite Kongreß in Münster nicht das Aufsehen des ersten vom vergangenen November erzielte, so wurden doch anschließend aus verschiedenen Regionen der Provinz Westfalen Adressen an die deutsche Nationalversammlung gerichtet, in welchen die unbedingte Durchführung der beschlossenen und verkündeten Reichsverfassung und des Wahlgesetzes ultimativ verlangt wurde; darunter waren auch aus dem Regierungsbezirk Schreiben aus Borghorst, Buer, Oelde und selbstverständlich Münster[24]. Das Ringen der Demokraten um die Verwirklichung der in Frankfurt erzielten Beschlüsse machte aber mittlerweile auf die Bevölkerung des hiesigen Raumes keinen großen Eindruck mehr, was einerseits auf die schon erwähnte Resignation, andererseits aber auch auf die Radikalität führender Demokraten zurückzuführen war. Ein Großteil der Urwähler vom Januar, die damals wegen der unrechtmäßigen Auflösung der preußischen Nationalversammlung ins Lager der Demokraten übergewechselt waren, wollte mit dieser Linie nichts mehr gemein haben, zumal auch die Landbevölkerung vorwiegend den Linken die Schuld an der Einberufung der Landwehr gab[25].

Während es im Regierungsbezirk Münster in den April- und Maiwochen verhältnismäßig ruhig blieb, nahm die Revolution in anderen Gebieten der Provinz Westfalen einen blutigen Ausgang. War es bereits verschiedentlich bei der Einkleidung der westfälischen Landwehr zu Meutereien gekommen, so stieg die revolutionäre Stimmung vor allem im märkischen Sauerland auf den Siedepunkt, nachdem die Landwehr als Ersatz für die in Baden kämpfenden Linientruppen einberufen wurde. Eine Katastrophe erlebte dabei die von meuternden Einheiten besetzte Stadt Iserlohn bei dem am 17. Mai erfolgten Entsatz durch reguläre Truppen. Bei den Kämpfen verloren über einhundert Menschen ihr Leben[26].

Nach dem Scheitern der Revolution war das Interesse der Bevölkerung am politischen Geschehen weitgehend zum Erliegen gekommen, wie aus zahlreichen Stimmungsbildern der Landräte hervorgeht. Außerdem war man sich weitgehend darin einig, daß bei den bevorstehenden Neuwahlen zur II. Kammer nur mit einer äußerst mäßigen Beteiligung gerechnet werden müsse[27)].

Nach der überraschenden Auflösung des Abgeordnetenhauses herrschte unter den demokratischen Vereinen des Regierungsbezirks regelrechte Alarmstimmung, denn man fühlte sich eindeutig um die Früchte der erfolgreichen Urwahl im vergangenen Januar betrogen. Darüber hinaus schreckten vereinzelte Gerüchte, die Regierung trage sich mit der Absicht, ein neues, ihre Bewegung erheblich schwächendes Wahlgesetz einzuführen, die Mitglieder auf. Das am 30. Mai der Öffentlichkeit präsentierte Wahlgesetz sollte tatsächlich den Demokraten die Basis für eine weitere erfolgreiche Arbeit mit einem Schlag entziehen, wie überhaupt die Stimmabgabe für über 80 % der Bevölkerung zur Farce wurde. Künftig sollten 4,7 % der Wähler in der I. Klasse und 12,6 % in der II. ebenso viele Wahlmänner bestimmen können wie 82,7 % in der III. Klasse[28)]. Die Bestimmungen dieses Zensuswahlrechts besagten, daß von nun an die Gesamtsteuersumme eines Urwahlbezirks gedrittelt werden sollte . Die Urwähler mit dem höchsten Steuersatz bis zur Deckung eines Drittels gehörten der I. Klasse an, zur II. zählte der entsprechende Anteil der nächst niedriger besteuerten Wähler und schließlich zur III. Klasse die große Anzahl der gering oder überhaupt nicht abgabepflichtigen Bürger[29)]. Aus der Masse der stimmberechtigten Urwähler hatte jede Klasse für sich ein Drittel der Wahlmänner zu delegieren.

Im Gegensatz zu den beiden Wahlgesetzen vom 2. April und 6. Dezember 1848, worin noch vom gleichen und geheimen Wahlrecht die Rede war, hatte man jetzt zur Absicherung konservativer und regierungsfreundlicher Wahlerfolge die öffentliche Stimmabgabe eingeführt[30)], d.h. der Urwähler nannte dem Wahlvorstand den Namen des von ihm gewünschten Wahlmannes. Abgesehen von der schon erwähnten Privilegierung der finanziell gutgestellten Schichten der Bevölkerung, stieß vor allem bei den gering verdienenden, also vornehmlich wirtschaftlich abhängigen Wählern, diese Art der Stimmabgabe auf ganz erheblichen Widerspruch, da man sich in der persönlichen Entscheidungsfreiheit eingeschüchtert und überwacht fühlte.

Daß die neuen Bestimmungen natürlich erheblichen Zündstoff in sich bargen, lag auf der Hand. Aber für den Preis der Bespitzelung und zugleich auch der Ausschaltung möglicher politischer Gegner war die Regierung bereit, einen erheblichen Stimmenrückgang in Kauf zu nehmen. Die übrigen, schon in früheren Wahlgesetzen publik gemachten Bestimmungen behielten dagegen nach wie vor ihre Gültigkeit. Jeder selbständige, mindestens 24jährige Preuße, der sich im Vollbesitz der bürgerlichen Ehrenrechte befand und sich seit sechs Monaten an seinem Wahlort aufhielt, war stimmberechtigter Urwähler, sofern er nicht aus öffentlichen Mitteln Armenunterstützung erhielt. Das passive Wahlrecht war an die Vollendung des dreißigsten Lebensjahres geknüpft und setzte neben dem Vollbesitz der bürgerlichen Ehrenrechte auch einen mindestens einjährigen Aufenthalt innerhalb der preußischen Grenzen voraus.

Für die Bildung der Wahlbezirke und Wahlkreise waren wie bisher die Kreis- bzw. Regierungsbehörden in Abstimmung mit dem Oberpräsidenten zuständig[31]. Da jeder Wahlkreis wenigstens zwei, in Ausnahmefällen auch drei Abgeordnete wählen mußte, entfielen entsprechend der Einwohnerzahl von rund 450 000 genau neun Volksvertreter auf den Regierungsbezirk Münster[32].

Das Dreiklassenwahlrecht führte fraglos zu einer deutlichen Schwächung des politischen Gewichts weiter Bevölkerungskreise und manchmal sogar zu einer kuriosen Verteilung des Stimmgewichts. Da auf dem Landes in der I. Klasse die vermögenden Grund- und Colonatsbesitzer und Kleinindustriellen die Stimme abgaben, konnte man von einer Wahl schlechterdings nicht mehr reden, denn sie kam einer regelrechten Delegierung gleich. In den Städten, wo die Bevölkerungs- und Einkommensstruktur differenzierter war, konnte es durchaus passieren, daß finanziell wohlsituierte Staatsbeamte, wie etwa ein Regierungsvizepräsident in der III. Klasse, gleichzeitig aber in ihrem Wahlkreis ansässige, gut verdienende Handwerksmeister in der I. Klasse wählten. Derartige Zuweisungen führten auch innerhalb gleicher Berufsstände zu gelegentlichen sozialen Spannungen. Die zahlreichen Tagelöhner, Gesellen und Landarbeiter konnten in der Regel mit ihren Stimmen zwar die III. Klasse beherrschen, mußten aber zwangsläufig den sozial besser gestellten Wahlmännern der beiden anderen Klassen unterliegen. Wurden in den Städten des Münsterlandes die ortsansässigen Honoratioren, in der Hauptsache Staatsbeamte und Richter, Lehrer, Geistliche und Rechtsanwälte, vor allem aber die zahlreichen Kaufleute zu Wahlmännern nominiert, so bestimmte man dazu auf dem Lande Vertreter der Geistlichkeit und der von ihr abhängigen Lehrer, überwiegend allerdings die Landwirte sowie gelegentlich auch die Inhaber kleinerer Betriebe der Textil- und Landwirtschaftsverarbeitung. Bei den Wahlmännern aus dem Bauernstande handelte es sich aber vorwiegend um die Besitzer größerer Höfe, während die kleineren Landwirte nur selten vertreten waren. Tagelöhner und Knechte waren dagegen in den Listen der Wahlmänner nicht anzutreffen, genausowenig wie Arbeiter aus den Industriegebieten. In gewissem Maße traf dies auch für den Adel zu, dessen Mitglieder sich nur höchst selten als Wahlmänner aufstellen ließen. Eine Ausnahme dabei machten lediglich die aus ihren Reihen stammenden Landräte[33].

Im Untersuchungszeitraum sollte sich zwar unter den Wahlmännern eine größere Meinungsvielfalt hinsichtlich ihrer politischen Ansichten bemerkbar machen, an ihrer sozialen Zusammensetzung änderte sich so gut wie nichts. Verantwortlich hierfür war wesentlich die wirtschaftliche Struktur des Münsterlandes, die von 1848 bis 1870 keine tiefgreifende Veränderung erfuhr und vergleichsweise zum ökonomischen Aufbruch in den Regierungsbezirken Arnsberg und Minden regelrecht stagnierte. Da hierdurch auch entscheidenden gesellschaftlichen Wandlungen enge Grenzen gesetzt waren, fanden Einbrüche in die Reihen der vorwiegend von agrarischen Berufen beherrschten Wahlmännerlisten nicht statt.

Wie zu erwarten war, stieß das neue Wahlgesetz vor allem bei den Demokraten auf schärfsten Widerspruch. Aus Protest gegen derartige Manipulationsversuche der Regierung hatten sogar die Abgeordneten zur I. Kammer für den Wahlkreis Borken -- Recklinghausen -- Coesfeld -- Ahaus, Regierungsrat Bracht und Rentier Hidding, demonstrativ ihre Mandate niedergelegt [34]. Dieser Schritt löste zwar im westlichen und südlichen Münsterland einiges Aufsehen aus, vermochte aber den Großteil der Wähler nicht mehr zu weiterem Widerstand gegen die Regierung zu mobilisieren.

Welche Maßnahmen gegen das diskriminierende Wahlgesetz getroffen werden sollten, wußte man in den Reihen der Demokraten zunächst auch nicht. Eine Klärung des Problems erhofften sie sich vom Ergebnis einer überraschend für den 17. Juni nach Recklinghausen einberufenen Versammlung der demokratischen Vereine Westfalens[35]. Nach den schlechten Erfahrungen mit Münster als Tagungsort war man vor allem deshalb in das Vest ausgewichen, um der direkten Überwachung durch die münstersche Bezirksregierung zu entgehen. Als eines der wichtigsten Zentren der Demokraten hatte sich die Stadt aber auch ohnehin aufgedrängt. Ohne längere Diskussion sprach sich die Versammlung einhellig für die Übernahme des Wahlboykottbeschlusses der sächsischen Demokraten aus, die in der Vorwoche in Köthen getagt und diese Idee als erste propagiert hatten. Dieser Entscheidung pflichteten übrigens bald alle preußischen Provinzen bei[36]. Trotz der massiven Einschüchterungsversuche der Regierung gegen das demokratische Vereinswesen konnte man aber erkennen, daß deren Gesamtgefüge noch immer einwandfrei funktionierte, was man ja gerade von den katholischen und konstitutionellen Vereinigungen nicht unbedingt sagen konnte.

Auf den ersten Blick erschien die Köthener Entschließung ziemlich kurzsichtig gewesen zu sein, denn durch das Fernbleiben von der Abstimmung stand der Wahlsieg der reaktionären Kräfte von vornherein fest. Immerhin hätte die Aufbietung zahlreicher Wähler in der III. Klasse bei einer gleichzeitigen mäßigen Beteiligung in den beiden anderen Klassen den Einzug des einen oder anderen Abgeordneten in die Kammer ermöglicht. Die Teilnahme an den Wahlen hätte aber zugleich die Anerkennung des Wahlgesetzes trotz der Unrechtmäßigkeit seines Zustandekommens bedeutet. Ausschlaggebend dürfte aber letztlich gewesen sein, daß man als Vertreter der zumeist rechtlosen Unterschicht, zu der ein Großteil der Demokraten selbst gehörte, keine Möglichkeit mehr erblickte, auf das Wahlgeschehen wesentlichen Einfluß ausüben zu können.

Unter den Demokraten des Münsterlandes stieß der Boykottaufruf von Recklinghausen auf ungeteilte Zustimmung. Anfang Juli beschloß der münstersche Urwählerverein, den Wahlen fernbleiben zu wollen; andere Vereine, so in Oelde, Beckum, Ahaus, Recklinghausen und Horstmar schlossen sich diesem Beispiel an[37)]. Unterstützt wurden die hiesigen Demokraten intensiv durch die nach wie vor ungehindert erscheinenden demokratisch gefärbten Zeitungen. In Münster setzte sich vor allem der damalige Redakteur der 'Westfälischen Volkshalle', Ferdinand Marquard, leidenschaftlich für den Wahlboykott ein und appellierte an die Leserschaft des Blattes, der Regierung durch die Stimmenverweigerung die passende Antwort auf ihr reaktionäres Verhalten zu geben[38)]. Diesen Bemühungen stand das 'Wochenblatt für den Kreis Recklinghausen' unter der inoffiziellen Federführung des demagogisch begabten Ratsherren und Arztes Dr. Schneider in nichts nach[39)]. Die dritte, vorwiegend auf seiten der Demokraten stehende Zeitung war das 'Beckumer Kreisblatt', welches zahlreiche mitunter recht kritische Kommentare des ehemaligen Abgeordneten Bernard von Bruchhausen zur Politik der Regierung veröffentlichte[39a)].

Probleme mit dem neuen Wahlgesetz hatte aber auch die klerikale Partei, wenngleich sie vollkommen anderer Art als bei den Demokraten waren. Seitdem sich der katholische Zentralverein in Münster nach seiner letzten Wahlniederlage mehr und mehr aus dem politischen Tagesgeschehen zurückgezogen hatte, mangelte es auch den zahlreichen Zweigvereinen an einer Orientierungslinie und an der nötigen inneren Geschlossenheit. Dieses Manko hatte, wie schon in der jüngsten Vergangenheit beobachtet, dazu geführt, daß die Einigung auf einen gemeinsamen Nenner recht schwerfiel. Besonders deutlich wurde dies wiederum bei den Beratungen über das neue Wahlgesetz. Als Seelsorger und Kenner der rechtlichen und sozialen Lage der Unterschichten konnte man aus Sicht eines Großteils des Klerus das Wahlrecht wegen der darin enthaltenen Diskriminierung schwerlich gutheißen, als entschiedener Gegner der Demokraten, vor allem aber als Partner des Staates - und daher vielfach auf dessen Wohlverhalten angewiesen - ,mußte man zwangsläufig die von oben diktierte Dreiklasseneinteilung akzeptieren. Obschon das neue Wahlgesetz für maßgebliche katholische Kreise alles andere als ideal war, entsprach es aber durchaus der landläufigen Formel, daß nunmehr wieder die politischen Rechte nach Maßgabe von Besitz und Recht abgestuft würden. Außerdem bot das neue Wahlgesetz Gewähr, radikale Wahlergebnisse sowie gewissenloses Unruheschüren von vornherein verhindern zu können. Dieser Ansicht waren aber bei weitem nicht alle Piusvereine im Regierungsbezirk. Die in dieser Frage für die Katholiken typische Meinungsvielfalt ließ zunächst einmal eine unmißverständliche Linie nicht zustande kommen, wie überhaupt die Uneinigkeit der Klerikalen hinsichtlich des neuen Wahlgesetzes auch in anderen katholischen Gegenden Preußens an der Tagesordnung war[40].

Um der angeschlagenen klerikalen Bewegung wenigstens einen gewissen Halt zu geben, gab der Vorstand des münsterschen Piusvereins bekannt, daß aus Gründen einer katholischen Interessenvertretung in der II. Kammer eine Wahlenthaltung unter keinen Umständen in Frage kommen könne[41]. Nach der unmißverständlichen Haltung der Demokraten in dieser Frage sah sich der federführende Piusverein in Münster zu dieser eindeutigen Stellungnahme geradezu herausgefordert, wollte man nicht einem möglichen politischen Gegner kampflos das Feld allein überlassen.

Erst wenige Tage vor der Urwahl, am 11.Juli, gingen die in Münster versammelten Vertreter der Piusvereine des Bistums näher auf das kommende Ereignis ein. Obwohl sich laut Protokoll lediglich ein Redner - nämlich Eduard Windthorst - für die Teilnahme an den Wahlen ausgesprochen hatte, dürfte dieses Thema aller Wahrscheinlichkeit nach breiteren Raum eingenommen haben[42].

Trotz der vorherrschenden Meinung, allein schon wegen der Wahrnehmung katholischer Interessen in der neuen Kammer könne die Stimmabgabe unmöglich verweigert werden, schienen wohl nicht alle Anwesenden diese Ansicht zu teilen. Besonders die aus dem südlichen Vest Recklinghausen und dem Kreis Beckum stammenden Mitglieder der Piusvereine, also Gegenden, in denen die Demokraten besonders stark auftrumpften, machten erhebliche Bedenken dagegen geltend und wollten es daher den dortigen Katholiken freistellen, ob sie wählen wollten oder nicht.

Überraschenderweise gab Bischof Johann Georg Müller, entgegen seiner bisherigen Gepflogenheit, seinem Klerus keinen Wahlhirtenbrief zur Seite, der, wie bisher üblich, am Sonntag vor der Urwahl verlesen wurde. Einiges könnte dafür gesprochen haben, daß es innerhalb der Geistlichkeit wegen des neuen Wahlgesetzes zu Spannungen gekommen war. Dies dürfte aber allein nicht ausgereicht haben, Müller zu diesem Verzicht bewogen zu haben, übte doch tatsächlich ein derartiges Wahlschreiben einen ganz erheblichen Einfluß auf die Bürger aus. Auch Vermutungen, die Bischöfe der Westprovinzen hätten für ein Eingreifen zugunsten der klerikalen Partei keinen Anlaß gesehen, da mittlerweile sämtliche Probleme zwischen Staat und Kirche zur beiderseitigen Zufriedenheit gelöst worden seien, trafen wohl kaum zu[44]. Am wahrscheinlichsten kann diese Zurückhaltung mit der noch recht unsicheren und teilweise sogar verworrenen Lage in Preußen und Deutschland nach dem Ende der Verfassungsbewegung erklärt werden[45]. Dem Klerus dürfte nämlich wenig daran gelegen sein, sich erneut in die Politik hineinziehen zu lassen, solange die Festigung der staatlichen Verhältnisse in den nachrevolutionären Wochen noch auf sich warten ließ.

Daß sich zahlreiche Geistliche aus dem Münsterland trotz der Aufforderung des Zentralvereins der Provinzialhauptstadt, die Gläubigen zur Wahl zu ermuntern, merklich zurückhielten, hatte in erster Linie politische Gründe. Verstimmt über Kritik an ihrem früheren Verhalten, das der münsterschen Regierung in den Wahlbewegungen als zu intensiv und vor allem als zu einseitig erschien, sahen sie nunmehr wenig Veranlassung, sich für eine starke Beteiligung zu engagieren[46]. Um sich allerdings nicht dem Vorwurf der Hörigkeit seitens der Demokraten auszusetzen, beließen es die meisten bei einer lauen und halbherzigen Befürwortung der Stimmabgabe.

Auch außerhalb der politischen Vereine stieß das neue Wahlgesetz nach übereinstimmender Beobachtung der Landräte auf Kritik, besonders natürlich die öffentliche Stimmabgabe. Es gab aber nicht gerade wenige Wähler, die die neuen Bestimmungen ausdrücklich guthießen. Allgemein war dabei zu hören, daß es nach der Verkündigung des Gesetzes den 'umstürzlerischen Elementen' ungleich schwerer gemacht werde, die Tätigkeit der Regierung zu behindern. Vielen Landbewohnern ginge es nach den turbulenten Ereignissen der jüngsten Vergangenheit, so der Tenor mehrerer Landratsberichte, nur noch darum, in Ruhe und Frieden dem eigenen Gewerbe nachzugehen[47]. Eine positive Meinung über die neuen Bestimmungen hatte auch der 'Westfälische Merkur'. Seiner Auffassung nach werde nunmehr dem Besitz und der Intelligenz die angestammten Rechte wieder zurückgegeben, übrigens eine ziemlich verbreitete Meinung, die besonders in bürgerlichen Kreisen auf breite Zustimmung stieß[48]. Besorgt zeigte man sich allerdings über das Fernbleiben zahlreicher Wähler an der Abstimmung, da dies möglicherweise eine Bedrohung durch ultrakonservative und kirchenfeindliche Kräfte zur Folge haben könnte[49].

Zehn Tage vor dem Urwahltermin griff Innenminister von Manteuffel, wie schon bei der letzten Wahl im Januar, in das Geschehen ein und forderte die Staatsbeamten auf, sich für einen regierungsfreundlichen Ausfall der Wahl einzusetzen. In seinem am 7. Juli an alle Bezirksregierungen gesandten Wahlreskript setzte er den Präsidenten die Gründe für die Einführung des neuen Wahlgesetzes auseinander. Zugleich verband er damit heftige Angriffe gegen die Demokraten und betonte besonders, daß alles unternommen werden müsse, um die Pläne der Linken, die Wahl durch Boykott scheitern zu lassen, zu vereiteln. "Zwar ist eine entscheidende Beeinflussung der Wahlen durch das Staatsministerium zu mißbilligen", fügte Manteuffel einschränkend hinzu, "aber es bleibt nach wie vor Aufgabe der Regierung, jedes Zuwiderlaufen der Wahlordnung zu verhindern und deshalb umso mehr durch Belehrung und Verständigung der versuchten Einschüchterung der Wähler mit allen gesetzlichen Mitteln entgegenzuwirken"[50]. Aufgrund der bei den bisherigen Wahlen in einigen Bezirken der Monarchie beobachteten geringen Wahlbeteiligung, tat der Innenminister auch gut daran, den Wahlboykottbeschluß der Demokraten ernst zu nehmen. Ein Fernbleiben der bei der vergangenen Abstimmung größtenteils demokratisch gesinnten Wählerschaft war insofern nicht ganz unproblematisch, als die Gegner des jetzigen Ministeriums nicht nur in der III. Klasse anzutreffen waren. Aus Sicht der Regierung mußte man deshalb wohl einsehen, daß die Folgen eines auf breite Zustimmung stoßenden Boykotts die gesamte Wahl gefährdeten.

Im Sinne Manteuffels gab Regierungsvizepräsident von Bodelschwingh das ministerielle Reskript an die Landräte weiter und hob in seinem Begleitschreiben vor allem die kompromißlose Einstellung den Demokraten gegenüber hervor[51]. Mit Nachdruck ermahnte Bodelschwingh die Landräte, dafür zu sorgen, daß die Wahlbeteiligung nicht derart gering ausfalle, damit den Demokraten keinerlei Vorwand geliefert werde, aus der geringen Teilnahme einen Erfolg des Wahlboykotts heraus zu interpretieren. Er forderte sie daher auf, Kontakte zu einflußreichen Persönlichkeiten zu suchen, um gemeinsam mit ihnen auf die Bevölkerung Einfluß nehmen zu können[52]. Angesichts des von den Landräten viefach erwähnten Desinteresses weiter Teile der Bevölkerung waren diese Ratschläge aber alles andere als hilfreich, denn der münsterschen Regierung mußte zudem seit längerer Zeit bekannt gewesen sein, daß es konservative Persönlichkeiten nach dem Zuschnitt des Innenministers im Münsterland gar nicht gab. Aussagen von Landräten konnte häufig entnommen werden, daß es selbst den Gebildeten oft genug an politischer Erfahrung mangele und ihnen folglich auch eine geschulte Urteilsfähigkeit abgehe[53]. Da zudem die Abgeschiedenheit der ländlichen Regionen der Möglichkeit, sich politisch in größerem Stil zu betätigen, enge Grenzen setzte und auch der Informationsstand der ländlichen Bevölkerung wegen des Fehlens eines Zeitungsvertriebs zu wünschen übrig ließ, war an eine Aktivierung der Wähler überhaupt nicht zu denken[54]. Im Grunde genommen konnte die münstersche Bezirksregierung schon hoch zufrieden sein, wenn der Wahlboykott und das Desinteresse die Wahl nicht vollkommen scheitern ließen, wie dies vielfach befürchtet wurde.

Die besonderen Verhältnisse im Münsterland hatten auch Rückwirkungen auf die Wahlbezirkseinteilung. Entgegen der Praxis in anderen Regierungsbezirken der Monarchie, wo häufig die Wahlbezirkseinteilung nach dem Gutdünken des Innenministers und der jeweiligen Oberpräsidenten im Sinne eines regierungsfreundlichen Ausgangs der Abstimmung zugrundegelegt wurde, blieb die Einteilung im Regierungsbezirk Münster unverändert. Da wegen der unangreifbaren Stellung der Klerikalen eine Manipulation ohnehin kaum zum Tragen gekommen wäre, verzichtete man in Berlin auf Anraten der münsterschen Regierung auf eine Neuaufteilung[55].

Lediglich der Verlegung zweier Wahlorte stimmte Manteuffel auf Vorschlag Bodelschwinghs zu. Anstelle des wegen seiner geographisch günstigen Lage für alle Wahlmänner gut zu erreichenden Ortes Drensteinfurt (Wahlkreis: Beckum -- Lüdinghausen und Teile von Coesfeld), wurde nun das westlich gelegene Lüdinghausen zum Wahlort bestimmt. Trotz mehrfacher Proteste seitens des Wahlkommissars Graf von Schmising-Kerssenbrock, worin er auf die verkehrsungünstige Lage der Kreishauptstadt hinwies, zeigte man in Münster nicht die geringste Bereitschaft, von dieser Entscheidung abzurücken. Schmising gegenüber wurde bedeutet, daß bei dieser Wahl die westlich Drensteinfurts wohnenden Wahlmänner, also in erster Linie die des Kreises Lüdinghausen, in den Genuß eines kürzeren Anreiseweges kommen sollten[56]. Dieses Argument war allerdings mehr als fadenscheinig, denn selbst den meisten Wahlmännern wäre eine Reise nach Drensteinfurt leichter gefallen als eine nach Lüdinghausen. Hinter diesem Schritt der Regierung standen natürlich handfeste politische Beweggründe, ging es doch in der Hauptsache darum, demokratisch gesinnte Wahlmänner aus dem Beckumer Raum von der beschwerlichen Reise abzuhalten. Tatsächlich hätte nämlich eine Fahrt vom Osten bis in den Westen des Wahlkreises ungefähr zwei Tage gedauert. Die bereits vorab angekündigte Wahlenthaltung der Demokraten machte diese Manipulation der Regierung aber von vornherein politisch bedeutungslos, zumal auch jetzt zu ihrem eigentlichen Nachteil politisch zuverlässige Wahlmänner betroffen wurden.

Die zweite Veränderung betraf den Wahlort im Wahlkreis Borken -- Recklinghausen. Nachdem sich zahlreiche Wahlmänner des flächenmäßig recht umfangreichen Landkreises Recklinghausen über die beschwerliche Reise ins weit entfernte Borken beklagt hatten, erklärte sich die münstersche Regierung im Einverständnis mit dem landrätlichen Kommissar von Reitzenstein (Landkreis Recklinghausen) und dem Wahlkommissar von Hamelberg zur Verlegung nach Dorsten bereit. Auch in diesem Fall waren politische Erwägungen im Spiel, zumal Dorsten samt Umkreis in der gemäßigteren Zone des Vests Recklinghausen beheimatet war. Die Einteilung zeigte das folgende Bild[57].

Bestandteile Stadt/Kreis	Einwohner	Wahlort	Anzahl der Abgeordneten
Stadt Münster	21242	Münster	2
Kreis Münster	36666		
Warendorf	33201		
	91109		
Steinfurt	41186	Burgsteinfurt	3
Tecklenburg	42900		
Ahaus	40234		
Amt Darfeld Amt Osterwick	5973		
Amt Billerbeck	5311		
Amt Rorup (Kreis Coesfeld)	2423		
	138027		
Beckum	36503	Lüdinghausen	2
Lüdinghausen	37616		
Stadt Coesfeld	3546		
Stadt Dülmen	3387		
Stadt Haltern	2045		
Amt Coesfeld	3014		
Amt Dülmen	4851		
Amt Buldern (Kreis Coesfeld)	1592		
	95522		

Borken	41666	Dorsten	2
Recklinghausen	46009		
Amt Gescher	3807		
Amt Lette (Kreis Coesfeld)	1605		
	93087		

V.2. Wahlkreis: Stadt Münster -- Kreis Münster -- Warendorf

Die Bekanntgabe der Demokraten, sich nicht an dieser Abstimmung zu beteiligen, nahm sowohl der Wahlbewegung als auch dem Ergebnis der Wahl in der Provinzialhauptstadt wie in den beiden Landkreisen von Anfang an jede Spannung. Vergleiche mit der Stimmabgabe vom Januar dieses Jahres ließen sich daher auch kaum anstellen, zumal davon ausgegangen werden mußte, daß sich jetzt andere Bevölkerungsschichten, namentlich aus den bürgerlichen Kreisen, daran beteiligen würden. Befürchtungen aber, daß diese Urwahl dem weit verbreiteten Desinteresse zum Opfer fallen könnte, waren insofern gegenstandslos, als ja die Angehörigen der münsterschen Garnison schon von Dienstes wegen zum Wählen verpflichtet wurden; wegen der Auseinandersetzungen in Baden und in anderen Teilen Deutschlands hatte sich zeitweise die Anzahl der Unteroffiziere und Soldaten verringert. Im Normalfall stellten die beiden Militärwahlbezirke zu dieser Zeit 676 Wahlberechtigte[58].

Das Interesse an der dritten Abstimmung innerhalb eines Jahres war ziemlich mäßig. Die sonst üblichen Urwähler- bzw. Wahlmännerversammlungen gab es in dieser Wahlbewegung nicht. Lediglich die 'Westfälische Volkshalle' wurde nicht müde, ihrer Leserschaft tagtäglich den Wahlboykott zu predigen. Im Vergleich dazu hielt sich der Merkur ziemlich zurück, gab aber in mehreren Beiträgen der Hoffnung Ausdruck, daß die neue II. Kammer von gemäßigten Abgeordneten bestimmt werden möge[59].

Den Urteilen der Landräte von Schmising (Kreis Münster) und von Twickel (Warendorf) zufolge war die gesamte Landbevölkerung schon zu sehr mit den Erntearbeiten beschäftigt, so daß wenig Interesse an der Urwahl bestand[60]. Da sich außerdem zahlreiche landwirtschaftliche Helfer im Einsatz befanden, die allein der Stimmabgabe wegen keinen Lohnausfall hinnehmen wollten, konnte von vornherein nur mit einer mäßigen Beteiligung gerechnet werden. Allerdings war die hierbei nicht zu übersehende Wahlmüdigkeit und das allgemeine Desinteresse an der Politik nach übereinstimmender Aussage mehrerer Amtmänner nicht auf das neue Wahlgesetz zurückzuführen, obwohl auch dagegen vereinzelte Stimmen laut wurden, sondern hatte seine wesentliche Ursache im Schwund jeglichen Vertrauens in eine erfolgversprechende Arbeit der neuen Kammer[61]. Außerdem, so wurde berichtet, hatte das Scheitern der Paulskirche, die Unruhen in Baden und Sachsen und die damit verbundene Aushebung von Landwehrtruppen tiefe Resignation heraufbeschworen[62].

Die Voraussagen der Behörden hinsichtlich der Beteiligung trafen in vollem Umfang ein. Im Kreis Münster wählten lediglich 6,4 %, im Kreis Warendorf nur unwesentlich mehr, nämlich 8,6 %. Lediglich die Stadt Münster verzeichnete einschließlich der beiden Militärwahlbezirke mit 33,8 % ein akzeptables Ergebnis[63]. Die 676 wahlberechtigten Männer der Garnison stellten erstaunlicherweise fast ebenso viele Teilnehmer an der Abstimmung wie der gesamte Kreis Warendorf. Gemessen an der Gesamtzahl der abgegebenen Stimmen lag der Anteil der Militärwahlbezirke immerhin bei 6,1 %, ein Wert, der selbst von manchen Wahlkreisen in der Reaktionszeit nicht erreicht werden konnte.

Im Vergleich zur Maiwahl des Jahres 1848 wird das Nachlassen des Interesses besonders deutlich, wie aus einigen Beispielen hervorgeht[64].

Kreis Warendorf (Beispiele)	Wahlbeteiligung	
	Mai 1848	Juli 1849
Warendorf (insg.)	44,80 %	23,17 %
Sassenberg (insg.)	67,03 %	7,74 %
Füchtorf	41,26 %	10,45 %
Beelen	30,88 %	7,67 %
Ostbevern	25,93 %	7,51 %
Lienen (insg.)	28,35 %	6,17 %
Kreis Warendorf	38,03 %	8,6 %

Wenngleich die Volkshalle die mäßige Beteiligung als einen Erfolg ihrer Kampagne verbuchte und sich auch damit brüstete, der Berliner Regierung im Münsterland eine herbe Niederlage bereitet zu haben, so überschätzte doch die Zeitung ihren Einfluß auf das Stimmverhalten der Bevölkerung gehörig[65]. Wie bereits treffsicher vorausgesagt wurde, waren andere Gründe als der Boykottaufruf der Demokraten für die mäßige Wahlbeteiligung ausschlaggebend, der, wie teilweise sogar berichtet wurde, ohnehin nicht jedem Wähler geläufig war[66]. Zwar bestand kein Zweifel daran, daß sich eine grössere Anzahl demokratisch gesinnter Wähler hinter die Recklinghäuser Entschließung vom 17. Juni gestellt hatte, jedoch die durchaus beachtliche Beteiligung in Münster, besonders in der III. Klasse, rückte den von der Volkshalle für sich reklamierten Erfolg in ein ganz anderes Licht. Da es sich bei diesen 25,6 % - ausschließlich der Militärpersonen - kaum nur um Parteigänger der Klerikalen handeln konnte, mußte sich folglich ein Teil der vormals demokratisch eingestimmten Münsteraner über den Boykottbeschluß hinweggesetzt haben. Dieses Verhalten ließ einmal mehr vermuten, daß das Wahlergebnis vom Januar nicht unbedingt mit der tatsächlichen politischen Einstellung der Bevölkerung gleichzusetzen war. Den überzeugenden Sieg verdankten die Demokraten damals ja wesentlich der Empörung der Wähler nach der Auflösung der preußischen Nationalversammlung und der Verhaftung der in der Bevölkerung beliebten Anführer der Demokraten, der sog. Dezembergefangenen. Das Ergebnis der Urwahlen machte jetzt aber deutlich, daß diesmal ein anderer Wählerkreis als im vergangenen Januar seine Stimme abgab, denn selbst in Münster finden sich unter den Wahlmännern der III. Klasse nur noch wenige Handwerker, dafür aber um so mehr Vertreter des gutsituierten Bürgertums. Erstmals waren auch Beamte der münsterschen Bezirksregierung bzw. nachgeordneter Behörden in den Wahlmännerlisten vertreten, die ja bisher überhaupt keine Rolle gespielt hatten. Lehnte man als höherer Staatsbeamter noch während der gerade zurückliegenden Revolutionszeit das Wählen, wie überhaupt die Auseinandersetzung mit der Politik als unvereinbar mit der beruflichen Stellung ab, und empfand man auch Geringschätzung für die Umstände des Zustandekommens einer preußischen Nationalversammlung, so sah man sich jetzt aus Gründen der Staatsraison zur Stimmabgabe geradezu verpflichtet. Während sich die Beamten erstmals gut plazieren konnten, zog sich eine andere Berufsgruppe überraschenderweise fast vollkommen zurück. Äußeres Anzeichen hierfür war die Nominierung lediglich dreier Wahlmänner aus den Reihen des münsterschen Klerus, ein vergleichsweise zur letzten Maiwahl verschwindend geringes Ergebnis[67]. Allem Anschein nach lag dieser Zurückhaltung, wie sie ja selbst von höherer Stelle praktiziert wurde, ein taktisches Vorgehen zugrunde. Da ein Verbot der politischen Vereine ohnehin zu erwarten war, der mühsam aufgebaute Apparat der katholischen Vereine davon aber möglichst nicht betroffen werden sollte, war ein derartiges Verhalten nur zu verständlich. Nicht zuletzt hatte ja die münstersche Bezirksregierung einiges am Verhalten mancher Geistlicher auszusetzen gehabt. Allerdings brauchte sich die klerikale Partei um ihren Einfluß auf die Wahlmänner wenig Sorgen zu machen, gehörte doch immer noch eine größere Anzahl dem örtlichen Piusverein an[68].

Wenige Tage vor der Wahl der Abgeordneten versammelten sich die stadtmünsterschen Wahlmänner zu einer Vorabstimmung über die in Frage kommenden Kandidaten. Favorit war der ehemalige Abgeordnete zur deutschen und preußischen Nationalversammlung, Josef Brockhausen, der sich auch der Unterstützung des lokalen Piusvereins sicher sein konnte, obwohl er in Frankfurt für Friedrich Wilhelm IV. votiert hatte. Andere Bewerber, wie etwa der münstersche Bankier Niedieck, der Direktor der Provinzial-Hülfskasse, und auch der aus Münster gebürtige Junkmann, fanden dagegen nicht die Zustimmung der Wahlmänner. Ferdinand Niedieck, seit 1843 Mitglied des westfälischen Provinziallandtages, war zwar als ziemlich konservativ bekannt, dürfte aber nicht die entscheidenden Kontakte zu den Klerikalen besessen haben[69]. Wilhelm Junkmann hingegen, durch sein Auftreten in Frankfurt bekannt geworden und vor allem wegen seiner beharrlich vertretenen großdeutschen Einstellung im Münsterland geschätzt, kam aber als Kandidat deshalb nicht weiter in Frage, weil er im Wahlkreis Borken -- Recklinghausen, den er schon bisher vertreten hatte, wieder aussichtsreich im Gespräch war und in jedem Fall wahrscheinlich das dortige Mandat vorgezogen hätte. Wegen des unsicheren Ausgangs dieser Wahl dürften nämlich die Klerikalen großen Wert darauf gelegt haben, ausnahmsweise die Nominierung ein und desselben Kandidaten in mehrerer Wahlkreisen zu unterbinden. Langwierige Wahlgänge, wie etwa im Fall der Nachfolge Hüffers, hatten nämlich teilweise die Geduld der Wahlmänner überfordert und zu einem immer stärker nachlassenden Interesse geführt, so daß Zufallskandidaten durchaus die Chance besaßen, gewählt zu werden. Wer zweiter Vertreter in Berlin werden sollte, stand auf der Versammlung nicht zur Diskussion, da das Vorschlagsrecht hierüber die Wahlmänner der Landkreise besaßen[70].

Mit 230 von 281 Stimmen wurde Brockhausen am 27. Juli recht eindeutig zum ersten Abgeordneten gewählt. Auf seine beiden Gegenkandidaten, Wilderich von Ketteler, Bruder des Bischofs von Mainz und Vorsitzender des Piusvereins in Leer/Kr.Steinfurt waren 11 Stimmen und auf den ehemaligen Abgeordneten zur preußischen Nationalversammlung für den niederrheinischen Kreis Kempen, Domkapitular Caspar Franz Krabbe aus Münster, neun Stimmen entfallen. Zum zweiten Abgeordneten wurde im Anschluß daran nicht ganz unerwartet Wilderich von Ketteler gewählt, 152 der 279 Wahlmänner hatten für ihn votiert[71]. Das knappe Ergebnis läßt darauf schließen, daß dessen klerikale Gesinnung nicht unbedingt von allen Anwesenden geteilt wurde, denn immerhin 48 Wahlmänner stimmten für den den Konstitutionellen nahestehenden Hiltruper Gutsbesitzer Humann. 30 gaben schließlich dem ebenfalls aus Hiltrup stammenden Landwirt Hötte und 17 dem münsterschen Ökonomen Coppenrath die Stimme[72].

Versuche, demokratische Kandidaten ins Spiel zu bringen, wurden nicht unternommen. Wahlkommissar von Olfers zeigte sich auch deshalb mit dem Ergebnis durchaus zufrieden, da sich seines Wissens die Opposition nirgends habe durchsetzen können. Allerdings führte Olfers Manteuffel gegenüber Klage wegen eines Artikels in der 'Constitutionellen Zeitung', in welchem behauptet wurde, die niedrige Wahlbeteiligung in den beiden ersten Klassen sei auf eine antiministerielle, ja sogar antipreußische Stimmung im Münsterland und seiner Zentrale zurückzuführen, eine Anschuldigung, die Olfers aber ganz entschieden zurückwies[73]. Was die Wahlbeteiligung anging, so war diese, wie schon erwähnt, tatsächlich sehr gering. Von den eigentlich 344 aufzustellenden Wahlmännern konnten lediglich 288 bestimmt werden, wobei die größten Ausfälle natürlich auf dem Lande zu registrieren waren. Eine gewisse Schuld daran hatte aber auch die Aushebung der Landwehrtruppen, so daß wegen der Abwesenheit zahlreicher Wähler eine Stimmabgabe nicht zustande kam.

Zwei Tage nach der Wahl teilte Wilderich von Ketteler Wahlkommissar von Olfers mit, daß er aus beruflichen Gründen die Annahme des Mandats ablehnen müßte[74]. Bei der für den 15. August angesetzten Nachwahl traten die Probleme, einen geeig-

Wahlbeteiligung bei der Urwahl vom 17.7.1849 im Wahlkreis Stadt u. Kreis Münster sowie Kreis Warendorf

	Wahlberechtigt in Zahlen			
	I.	II.	III.	Summa
Münster (Stadt) (Zivil)	166	417	3715	4298
Münster (Stadt) (Militär)	8	44	629	681
Münster (Stadt) (insg.)	174	461	4344	4979
Münster (Kreis)	315	697	7748	8760
Warendorf (Kreis)	309	733	6452	7494
Der Wahlbezirk	798	1891	18544	21233
Reg.-Bez. Münster	3748	9081	83166	95955
Preußen	- -	- -	- -	- -

	Wahlbeteiligung in %			
	I.	II.	III.	Summa
Münster (Stadt) (Zivil)	60,2	42,7	22,3	25,7
Münster (Stadt) (Militär)	100,0	81,8	82,5	85,1
Münster (Stadt) (insg.)	62,1	46,4	30,1	33,8
Münster (Kreis)	28,9	14,5	4,8	6,4
Warendorf (Kreis)	23,9	13,9	7,2	8,6
Der Wahlbezirk	34,8	20,1	8,8	11,3
Reg.-Bez. Münster	29,0	16,0	7,0	8,8
Preußen	55,4	44,7	28,6	31,9

Zusammengestellt nach: StdtAM Stadtreg. Fach 9 Nr.1.

neten Nachfolgekandidaten zu finden, deutlich ans Tageslicht. Nicht weniger als fünf namhafte Persönlichkeiten machten sich Hoffnungen auf das vakante Mandat, nämlich Polizeikommissar Wermeskirch, Kreisgerichtsrat Dierickx und Pfarrer Kappen, alle drei aus Münster, Gutsbesitzer Humann aus Hiltrup sowie aus dem Kreis Warendorf der Amtmann von Harsewinkel, Wildermann. Wie schlecht es allerdings bei dieser Wahl um die Regie der Klerikalen bestellt war, bewies die gleichzeitige Kandidatur führender Mitglieder des münsterschen Piusvereins, nämlich Dierickx, Kappen und Wermeskirch. Dahinter verbargen sich aber vermutlich keinerlei interne Richtungskämpfe, vielmehr dürfte die Ursache auf die persönlichen Ambitionen der drei zurückzuführen sein. Diese Zersplitterung der Stimmen hatte aber letztlich nur zur Folge, daß sich der von den Wahlmännern der Landkreise unterstützte Amtmann Wildermann mit 131 von 227 abgegebenen Stimmen durchsetzen konnte[75]. Der politisch bis dahin noch nicht in Erscheinung getretene Wildermann, der übrigens auch den Klerikalen nahestand, übte sein Mandat allerdings nicht die volle Legislaturperiode aus. Am 29. März 1852 schied er aus Gesundheitsgründen aus der Kammer aus. Wegen des bevorstehenden Endes der 3.Session fand keine Ersatzwahl mehr statt[76].

.3. Wahlkreis: Steinfurt -- Tecklenburg -- Ahaus

Die Wahlen waren auch in diesem größten münsterländischen Bezirk kein Gesprächsthema. Zwar nahmen die Demokraten in den größeren Ortschaften gelegentlich zur Frage des Wahlboykotts Stellung, jedoch war der Wahlkreis flächenmäßig viel zu umfangreich, als daß sich Vereine hätten Gehör verschaffen können. Daher konnte es auch nicht weiter verwundern, daß die Wahlbeteiligung noch um einiges niedriger als im oben besprochenen Gebiet lag. Im Kreis Steinfurt gaben lediglich 4,2 % der Wahlberechtigten, zahlenmäßig ausgedrückt, 394 Wähler bei 9393 in den Listen eingetragene Bürger, ihre

Stimme ab[77]. In den Gemeinden Neuenkirchen, Wettringen, Laer, Emsdetten, Borghorst, Mesum und Elte, ebenfalls im Kreis Steinfurt gelegen, fand überhaupt keine Wahl statt, und in zahlreichen anderen Gemeinden war aus Mangel an Interesse in einzelnen Abteilungen an eine Stimmabgabe nicht zu denken. Aus diesem Grund sind von den ursprünglich 152 zu wählenden Wahlmännern nur 85 ≙ 56,0 % ermittelt worden. Wahlkommissar von Basse führte dieses Resultat in gewisser Weise auf die Wahlenthaltung der linken Konstitutionellen und Demokraten zurück, machte aber sonst auch die verbreitete Wahlmüdigkeit für die geringe Beteiligung verantwortlich[78]. Auch hier war die Bevölkerung bereits mit den Feldarbeiten beschäftigt und ließ sich durch die Wahl nicht von der Einbringung der Ernte abhalten. Nach Aussage des Landrates des Kreises Ahaus wäre aber durchaus die Wählerschaft zu mobilisieren gewesen, hätte sich nicht in vielen Orten die Geistlichkeit ziemlich teilnahmslos gezeigt[79]. Von den im gesamten Wahlbezirk zu wählenden Wahlmännern konnten deshalb nur 345 ≙ 73,4 % aufgestellt werden.

Die geringe Beteiligung im vorwiegend protestantischen Kreis Tecklenburg führte Landrat von Diepenbroick-Grüter aber in erster Linie auf politische Gründe zurück. Seinen Beobachtungen zufolge waren viele Protestanten darüber verstimmt, daß sich ihre Wahlmänner bei der jetzigen Zusammensetzung des Wahlkreises in keiner Weise gegen die katholische Übermacht aus den Kreisen Ahaus, Steinfurt und Teilen von Coesfeld hatten durchzusetzen vermocht. Die Mehrzahl der 'altpreußisch' und konstitutionell gesinnten Wähler zog es daher vor, an der Abstimmung erst gar nicht teilzunehmen[80]. Auf lange Sicht gesehen, konnte sich die münstersche Regierung diesem Problem nicht verschließen. Zwar schloß das derzeit geltende Wahlrecht die Bildung eines Wahlkreises nur aus einem einzigen Landkreis aus, jedoch war man wenigstens bemüht, eine für die tecklenburgischen Wähler erträglichere Einteilung vorzunehmen. Diepenbroick-Grüter hat auch dieses Problem in den folgenden Jahren immer wieder angeschnitten und dabei darauf hingewiesen, daß der Regierung bestimmt nicht daran gelegen sein könne, die Interessen der einzigen, wirklich preußisch gesinnten Wähler unberücksichtigt zu lassen. Bei der Wahl des Jahres 1855 wurde wenigstens der Kreis Ahaus ausgegliedert, eine Maßnahme, die zwar keine Lösung im Sinne Grüters darstellte, immerhin aber die Chance, einen nichtklerikalen Abgeordneten durchzubringen, wesentlich erhöhte[81].

Nähere Einzelheiten über Vorwahlen oder Vorabsprachen in den drei Kreisen ließen sich nicht ermitteln. Unübersichtliche Verkehrswege machten die Zusammenkunft einer größeren Anzahl von Wahlmännern vor dem eigentlichen Wahltag unmöglich. Die Klerikalen, durch zahlreiche gut organisierte Piusvereine bestens präsent, gingen aber wie schon bisher mit einer festen Kandidatenliste in die Wahl, an deren Spitze wiederum der in Posen tätige Appellationsgerichtsrat Wilhelm Rohden stand. Rohden, vormals für einige Jahre Gerichtsdirektor in Rheine, erhielt im ersten Wahlgang mühelos 204 von 344 Stimmen. Sein wichtigster Gegenkandidat war der ehemalige tecklenburgische Vertreter in der preußischen Nationalversammlung, Rittmeister Schimmel aus Münster, für den 124 Wahlmänner votiert hatten[82]. Das zweite Mandat fiel, wiederum bei der Kandidatur Schimmels, an den aus der Provinzialhauptstadt stammenden Justizrat Theodor Boele, übrigens ein führendes Mitglied des dortigen Piusvereins. Spannend wurde es bei der Wahl des dritten Abgeordneten, nachdem Schimmel und der aus Elte bei Rheine kommende Colon Engbert im ersten Wahlgang die gleiche Stimmenanzahl auf sich vereinigen konnten. Anscheinend genoß Schimmel aufgrund seiner konservativ-konstitutionellen Gesinnung selbst in klerikalen Kreisen einiges Ansehen, denn kaum anders konnte die auf ihn gefallene Anzahl von 169 Stimmen bewertet werden. Da sich mittlerweile, wie dies bei mehreren Durchgängen häufig der Fall war, zahlreiche Wahlmänner schon auf die Heimreise machten, genügten Schimmel 163 Stimmen, um das dritte Mandat zu erringen[83]. Dessen Wahl war ohne Frage eine Sensation, mit der angesichts der klerikalen Überzahl nicht unbedingt gerechnet werden konnte. Anscheinend mußte es aber genügend Wahlmänner gegeben haben, die die konstitutionellen Ansichten Schimmels teilten.

Überraschenderweise lehnte aber Theodor Boele die Annahme des Mandats ab. Zu seinem Nachfolger wurde am 24. August der noch im Vormonat Schimmel unterlegene Colon Engbert aus Elte gewählt[84]. Engbert sollte jedoch das Mandat nicht lange wahrnehmen können, denn keine zwei Monate nach seiner Ankunft in Berlin infizierte er sich an der dort grassierenden Cholera und verstarb am 24. September 1849[85](Siehe hierzu auch den Brief Engberts an seinen Sohn vom 7.9.1849, S.770 im Anhang). Dessen Platz nahm anschließend der am 23. Oktober gewählte geistliche Lehrer am Progymnasium in Rheine, Franz Anton Terbeck ein[86].

Zur Enttäuschung der Konstitutionellen sah sich aber auch Schimmel aufgrund einer militärischen Beförderung veranlaßt, sein Mandat im Juni 1850 niederzulegen[87]. Der von den Klerikalen daraufhin als Nachfolger nominierte Breslauer Domkapitular Ritter[88] wurde zwar auch von den Wahlmännern akzeptiert, lehnte aber aufgrund seiner Mitgliedschaft in der I. Kammer für den niederrheinischen Wahlkreis Kleve -- Geldern das Mandat ab. Landrat von Diepenbroick-Grüter aus Tecklenburg setzte nunmehr alles daran, seinen persönlichen Freund, dem nur unweit von Haus Marck[89] auf Gut Ostenwalde bei Melle wohnenden Georg von Vincke, zu einem Abgeordnetensitz zu verhelfen. Obwohl mit überzeugender Mehrheit gewählt und zu diesem Zeitpunkt tatsächlich noch mandatslos, schlug Vinke die Wahl überraschend aus[90]. Anscheinend hatte er dem im Regierungsbezirk Aachen gelegenen Wahlkreis Stadt Aachen -- Geilenkirchen -- Heinsberg -- Erkelenz schon zuvor die feste Zusage gegeben, ein Angebot nicht auszuschlagen. Jedenfalls wurde Vinke dort wenig später zum Abgeordneten gewählt[91].

Daß die mittlerweile arg strapazierten Wahlmänner angesichts derartiger Mißerfolge kein Interesse mehr an der Suche eines Abgeordneten verspürten, war verständlich. Bei der für den 3.

September anberaumten dritten Wahl fanden sich nur noch 78 der einstmals 344 erschienenen Wahlmänner ein. Nach den unguten Erfahrungen mit solchen Kandidaten, die außerhalb des Wahlkreises zu Hause waren, entschied man sich diesmal für den aus Ahaus stammenden Gerichtsassessor Ziegler[92]. Ziegler, den Klerikalen nahestehend, nahm das Mandat sofort an.

V.4. Wahlkreis: Beckum -- Lüdinghausen -- Coesfeld (teilweise)

Politisches Leben spielte sich hier fast nur noch im Kreis Beckum ab. Der Landrat dieses Kreises, von Schmising-Kerßenbrock, hatte zwar auch ein erhebliches Desinteresse der Bevölkerung an der Wahl registrieren müssen, er räumte aber im Gegensatz zur sonstigen Einschätzung des Mißerfolgs der Demokraten ein, daß dem Boykottaufruf teilweise Folge geleistet worden war[93].

Mit Ausnahme der Städte Münster und Recklinghausen, in denen sich schon allein aufgrund der Einwohnerzahlen politische Vereine besser als unter ländlichen Bedingungen entwickeln konnten, kam es im Kreis Beckum als einzigem des Regierungsbezirks zu einer flächenmäßig stark gestreuten demokratischen Bewegung. Verantwortlich hierfür war der Kreis um den agilen Gutsbesitzer Bernard von Bruchhausen, dem eine ganze Reihe namhafter, regional bekannter Demokraten angehörten. Auf dem westfälischen Demokratenkongreß in Münster war daher auch der Kreis Beckum überaus gut repräsentiert[94]. Bruchhausen selber pflegte schon seit Jahren Kontakte mit dem in Rheda/Kr. Wiedenbrück beheimateten Herausgeber des im Mai 1848 eingestellten Westphälischen Dampfbootes, dem streitbaren Arzt Dr. Otto Lüning. Seine in den Westprovinzen wohl einmalig kritische Zeitung hatte ihn über die Landesgrenzen hinaus bekannt werden lassen und unterstrich seinen Ruf als einen der führenden westfälischen Demokraten. Während der Revolution hatte Lüning die Leitung eines Organs der 'Linken' in der Paulskirche, nämlich der Darmstädter 'Neue deutsche Zeitung' inne.

Anläßlich der Einkleidung der Landwehrregimenter war es bereits um den 10. Mai herum im Kreis Beckum, ähnlich wie im benachbarten Kreis Warendorf, zu vereinzelten Unruhen gekommen, nachdem sich zahlreiche Einwohner spontan auf die Seite der befehlsverweigernden Truppenteile geschlagen hatten[96]. Allen voran schürte nun Bruchhausen die Erregung in der Bevölkerung und machte in mehreren Artikeln des ihm offenbar unbegrenzt zur Verfügung stehenden 'Beckumer Kreisblatts' gegen die Regierung Front. Dabei sprach er ihr vor allem das Recht ab, unter irgendwelchen fadenscheinigen Vorwänden die II. Kammer, der er ja bekanntlich auch angehört hatte, einfach nach Hause schicken zu können. "Der Schleier des Scheinkonstitutionalismus", hielt er den Lesern des Blattes entgegen, "von dem so mancher sich noch täuschen ließ, es hat sich der alte Absolutismus in seiner ganzen Nacktheit gezeigt"[97]. Eindringlich wiederholte er daher noch mehrmals seinen Appell, unter keinen Umständen zu wählen[98].

Konkrete Angaben über die Höhe der Wahlbeteiligung ließen sich nur vereinzelt ermitteln und sind teilweise auch nur mit Vorsicht zu verwenden, da die 'Westfälische Volkshalle', im Gegensatz zum 'Westfälischen Merkur', meistens noch niedrigere Ergebnisse verbreitete[99]. Die im Kreis Beckum gelegenen Gemeinden Dolberg und Sendenhorst meldeten eine Beteiligung von 4 % bzw. 5 %, Senden im Kreis Lüdinghausen registrierte 8 % und die Kreishauptstadt sogar 10 %. Lediglich 4,8 % machten in der Stadt Coesfeld von ihrem Stimmrecht Gebrauch, darunter, wie der Merkur berichtete, ausnahmslos nur Staatsdiener[100]. Wie schon im Kreis Ahaus beobachtet, hatten sich auch im Kreis Coesfeld Teile der Geistlichkeit nicht an der Abstimmung beteiligt, ein Verhalten, das nach Ansicht des dortigen Landrates Mersmann auf die Ablehnung des neuen Wahlgesetzes zurückgeführt werden mußte[101]. Insgesamt gesehen dürfte die Beteiligung in etwa bei 5 % bis 7 % gelegen haben. Dies hatte wiederum zur Folge, daß auch hier die Vollzahl der Wahlmänner von 356 nicht erreicht wurde[102].

Zum ersten Abgeordneten wurde der bis dahin politisch nicht weiter in Erscheinung getretene Landwirt und Viehkaufmann Schulze-Wibberich aus dem Kirchspiel Sünninghausen bei Oelde mit 210 von 287 Stimmen gewählt[103]. Obwohl die näheren Umstände der Nominierung Wibberichs im Dunkeln liegen, treffen aber wahrscheinlich doch Vermutungen zu, daß die zahlreichen Landwirte unter den Wahlmännern dieses Mal auf einem Abgeordneten aus den eigenen Reihen bestanden haben. Ähnliche Forderungen waren ja auch schon bei früheren Gelegenheiten laut geworden. Gegenkandidat Wibberichs war der ehemalige Abgeordnete in der Paulskirche, Schrakamp, für den 60 Wahlmänner votiert hatten[104]. Das zweite Mandat sicherte sich der aus Dülmen/Kreis Coesfeld stammende Rechtsanwalt Richters mit 269 bei nur 4 Gegenstimmen[105].

Nach Meinung des Wahlkommissars würden zwar beide im konservativen Lager stehen, wenngleich nach seiner persönlichen Einschätzung Wibberich in politischer Hinsicht vollkommen unbedarft sei[106]. Beide Abgeordnete nahmen ihr Mandat aber nur wenig länger als ein Jahr wahr, wobei Richters sich teils aus familiären, teils aus beruflichen Gründen häufig um Beurlaubung bemühte und deshalb auch nur selten in Berlin war[107]. Am 5. März 1851 erklärte er schließlich seinen Austritt aus der Kammer. Schulze-Wibberich folgte ihm nur wenige Wochen später nach[108].

Bei der am 5. April 1851 angesetzten Nachwahl traten für die Klerikalen der zu diesem Zeitpunkt mandatslose Kölner Appellationsgerichtsrat August Reichensperger und der Amtmann Franz Anton Brüning aus Sendenhorst an. Während Brüning mit 97 Stimmen nahezu einstimmig gewählt wurde, erhielt Reichensperger nur das Votum von 66 Wahlmännern. 29 hatten sich für Schulze Forckenbeck, einem ehemaligen Mitglied des Vereinigten ständischen Ausschusses ausgesprochen[109]. Drei Stimmen hatte Bruchhausen erhalten[110].

V.5. Wahlkreis: Borken -- Recklinghausen

Neben Münster galt vor allem die Stadt Recklinghausen als das wichtigste Zentrum der Demokraten des Regierungsbezirks 111). Obwohl an Einwohnern nur klein, verfügte aber der Ort über eine begeisterungsfähige Bevölkerung, die zumeist wie ein Mann hinter den Anführern der demokratischen Bewegung stand. Dazu zählten besonders der ehemalige Regierungsrat Bracht, der erst 25jährige Privatsekretär Bitter und, wenngleich auch dort nicht wohnhaft, der frühere Abgeordnete Berggerichtsrat Schneider aus Essen[112)].

Seit der überraschenden Auflösung der II. Kammer, mehr aber noch nach der Einführung des Dreiklassenwahlrechts, wandten sich die Demokraten in zahlreichen Aufrufen, veröffentlicht zumeist im Wochenblatt, an die Wähler und klärten sie über die ihrer Ansicht nach ungesetzlichen Machenschaften der Regierung auf[113)]. So war es auch nicht weiter verwunderlich, daß der in Recklinghausen beschlossene Wahlboykott gerade hier auf größte Zustimmung stieß. Der münsterschen Regierung war allerdings das Treiben dieses Personenkreises schon seit längerem ein Dorn im Auge. Auf ihre Veranlassung hin untersagte daraufhin der landrätliche Kommissar, Freiherr von Reitzenstein, eine großangelegte Volksversammlung, auf der Bitter die ablehnende Haltung der Demokraten hinsichtlich der kommenden Wahlen nochmals eingehend erläutern wollte. Zu diesem Verbot hatte man sich in Münster insofern rasch entschließen müssen, als es bereits am 17. Mai, an Christi Himmelfahrt, zu heftigen Ausfällen gegen die Regierung des Grafen Brandenburg gekommen war[114)]. Der ohnehin schon seit längerem als der Rädelsführer verdächtigte Schneider war daraufhin wenig später verhaftet worden, und Bitter sah sich veranlaßt, um einem ähnlichen Schicksal zu entgehen, zu fliehen[115)].

Kaum anders als in den übrigen Wahlkreisen war es auch hier um die Haltung des Klerus bestellt. Zwar befürwortete man aus Gründen einer erforderlichen katholischen Präsenz in der II. Kammer die Stimmabgabe, jedoch tat man zur Aktivierung der Wähler im Gegensatz zu früher so gut wie gar nichts. In den demokratischen Hochburgen des Vests, besonders im Süden, wäre es auch für die Geistlichkeit bestimmt nicht von Vorteil gewesen, sich gegen die in der Bevölkerung großen Rückhalt genießenden Demokraten zu stellen und womöglich für die verhaßte Berliner Regierung Partei zu ergreifen. Dazu bestand aber auch ohnehin wenig Anlaß, denn in den Reihen des Klerus war man vor allem darüber verärgert, daß der Innenminister diesem ja rein katholischen Kreis Recklinghausen mit dem derzeitigen landrätlichen Kommissar und späteren Landrat von Reitzenstein einen Protestanten vorsetzte[116].

Erwartungsgemäß war daher auch die Wahlbeteiligung äußerst gering. In der Stadt Recklinghausen fanden sich beispielsweise von 777 Wahlberechtigten nur ganze 77 ein, darunter allein 49 Beamte, 12 Gewerbetreibende, 9 Arbeiter, 7 Landwehrmänner und 3 Geistliche, in der Mehrheit in preußischen oder herzoglich arenbergschen Diensten stehende Personen[177]. Noch geringer war die Beteiligung auf dem Lande. In Henrichenburg, vor den Toren der Kreishauptstadt gelegen, gingen lediglich 2 der 239 stimmberechtigten Bürger zur Wahl[118]. In der größten Stadt des Kreises Borken, in Bocholt, lag die Beteiligung auch nur bei 6,5 %[119]. Während der Landrat von Borken, von Hamelberg, das überaus große Desinteresse auf die bereits einsetzende Ernte zurückführte, machte demgegenüber Reitzenstein die Agitation der Demokraten dafür verantwortlich[120]. Aus diesem Grund konnten auch hier 43 Wahlmänner nicht ermittelt werden[121].

Aus der Wahl ging der bisherige Abgeordnete, Gerichtsdirektor Evelt aus Dorsten, mit 155 von 228 Stimmen als erster Sieger hervor[122]. Evelt hatte die Stimmen der Konstitutionellen und die der Klerikalen erhalten. Über die Person des zweiten Abgeordneten herrschte zunächst Unklarheit. Um das Mandat hatten sich der liberal eingestellte Justizrat Lancelle aus Wesel[123], Gerichtsassessor Rotering und Dr. Ebbing, beide aus Borken, der frühere Abgeordnete für Recklinghausen in der preußischen Nationalversammlung, Dr. Funcke, der vormalige Vertreter in der Paulskirche, Dr. Junkmann sowie einige nur lokal bekannte Persönlichkeiten beworben[124]. Die ersten drei Wahlgänge erbrachten wegen allzu großer Zersplitterung der Stimmen kein Ergebnis, ein sicheres Zeichen dafür, daß sich der favorisierte und vor allem von den Klerikalen unterstützte Wilhelm Junkmann nicht recht durchsetzen konnte. Erst im vierten Anlauf erreichte er die erforderliche Mehrheit. Wie die Wahlprüfung der II. Kammer aber im nachhinein feststellte, unter geringfügiger Verletzung des Wahlreglements, da Junkmann bereits im dritten Wahlgang die absolute Mehrheit erreicht hatte[125].

Wahlkommissar von Hamelberg schätzte beide Abgeordnete als den "monarchisch-konstitutionellen Regierungsprinzipien zugetan"[126] ein und bemerkte außerdem zu Junkmann, daß er von seiner vormals großdeutschen Einstellung wohl abgewichen sei. Freilich konnte Hamelberg zu diesem Zeitpunkt natürlich nicht wissen, daß sich Junkmann noch vor kurzer Zeit in einer Rede vor dem münsterschen Piusverein nach wie vor zu dieser Zielrichtung bekannt hatte[127].

Gesundheitsrücksichten waren für Evelt am 2. März 1852 der Anlaß, sein Mandat niederzulegen[128]. Zu seinem Nachfolger wurde, obwohl die Legislaturperiode schon unmittelbar vor ihrem Ende stand, der aus Borken stammende Kreisrichter Reigers, ein ehemaliges Mitglied der preußischen Nationalversammlung, mit 73 Stimmen gewählt. Auf seinen Gegenkandidaten, den konstitutionell gesinnten Kreisrichter Adolph Winkelmann aus Dorsten, waren 15 Stimmen entfallen[129].

Wahlergebnis

War bereits mit der Einführung des Dreiklassenwahlrechts eine der tragenden Säulen der Märzerrungenschaften zu Fall gebracht worden, so besiegelte praktisch diese Wahl das Ende der Revolution in Preußen. Das neue Wahlgesetz, dessen Prinzip der Dreiklassenunterteilung auf der Grundlage der Steuerveranlagung schon in der rheinischen Gemeindeordnung von 1845 verankert worden war[130], sicherte zwar der Regierung einstweilen solide Mehrheitsverhältnisse, so daß wenigstens auch nach außen hin der Schein eines Konstitutionalismus gewahrt werden konnte, jedoch wurden nahezu 80 % aller Wähler Opfer dieser neuen Bestimmung. Die unmittelbare Folge davon war, daß sich weite Teile der Bevölkerung künftig kaum mehr um Politik kümmerten und folglich auch von ihrem Stimmrecht keinen Gebrauch mehr machten. Die allerdings schon bei dieser Abstimmung beobachtete Abnahme der Wahlbeteiligung war zwar vordergründig auf die diskriminierenden Bestimmungen dieses neuen Wahlrechts zurückzuführen, darunter natürlich besonders die öffentliche Stimmabgabe, aber das Desinteresse hatte hauptsächlich noch andere Gründe. Das Scheitern der mit großen Erwartungen bedachten deutschen Nationalversammlung, die Furcht vor einem Rückfall in die Zustände der Vergangenheit und ein weit verbreitetes Mißtrauen in die Fähigkeit der Politiker hatte zahlreiche Wähler schließlich dazu bewogen, von der Abstimmung keine Notiz zu nehmen. Hinzu kam, daß der Aufruf zum Boykott der Wahl in gewissen Kreisen der Bevölkerung doch auf Zustimmung stieß, wenngleich der Einfluß dieser Kreise regional begrenzt war und somit auch auf das Wahlverhalten nur wenig Einfluß ausüben konnte. Die geringe Befolgung des Wahlboykotts machte aber zugleich auch deutlich, daß der überzeugende Wahlsieg der Demokraten vom Januar/Februar 1849 keinesfalls mit einer gleichartigen politischen Überzeugung der Bevölkerung in Einklang zu bringen war. Die damaligen Erfolge verdankten die Demokraten allein der aufgestauten Erregung der Wähler über das Verhalten Berlins. Wenn nun bei der Wahl im Juli 1849 vor allem die Landbevölkerung wegen Erntearbeiten der Wahl fernblieb, so konnte dies von demokratischer Seite keinesfalls mit einer Billigung des Boykotts gleichgesetzt werden. Auch wenn die Wahlen im November stattgefunden hätten, so würde dies an der mißtrauischen Einstellung der Landbevölkerung, auf welche die Demokraten ohnehin nur begrenzten Einfluß hatten, kaum etwas geändert haben, zumal man sie vielfach für die innenpolitische Zuspitzung in der jüngsten Vergangenheit verantwortlich machte. Von weitaus großerem Gewicht dürfte in dieser Hinsicht das Verhalten des Klerus gewesen sein, der sich im Gegensatz zu früheren Wahlen ziemlich passiv verhielt. Der Grund hierfür war die weit verbreitete Ablehnung des neuen Wahlgesetzes, aber auch eine mehr als deutliche Verärgerung über die Kritik an ihrem früheren Verhalten zugunsten des klerikalen Wahlerfolgs.

Obwohl von demokratischer Seite nach der Urwahl der Eindruck verbreitet worden war, der Wahlboykott sei ein voller Erfolg gewesen, so traf diese Behauptung jedoch bei weitem nicht für alle Provinzen der Monarchie zu. Bei dieser letzten Wahl mit einem noch vielfältigen und intakten Vereinswesen erreichte die Beteiligung vor allem in den östlichen Regionen Werte, die selbst bei den Wahlen der Konfliktszeit nicht übertroffen werden sollten[131)] (Siehe hierzu die Übersicht über die Wahl vom Juni/Juli 1849 im Vergleich mit der Abstimmung des Jahres 1862, welche die höchste Beteiligung während des Untersuchungszeitraums verzeichnete, S.171). Ein spürbarer Erfolg des Wahlboykotts konnte dagegen nur in den beiden Westprovinzen registriert werden, wo die Wahlbeteiligung tatsächlich weit unter den Ergebnissen der übrigen altpreußischen Gebiete lag.

Die meisten Wähler verzeichneten die Regierungsbezirke Posen und Bromberg mit 53,6 bzw. 57,5 %, ein Resultat, das wesentlich der starken Beteiligung des polnisch sprechenden Bevölkerungsteils zu verdanken war[132)]. Hinter diesen Zahlen brauchten sich aber andere Regierungsbezirke nicht zu verstecken. In Marienwerder wählten 49,4 %, in Liegnitz 46,7 %, in Köslin 46,0 %, in Danzig 39,5 % und in Stettin 40,7 %[133)]. Aus dem Rahmen fielen dagegen, wie kurz angedeutet, die Regierungsbezirke in Rheinland und Westfalen. Der münstersche Bezirk verzeichnete mit 8,8 % die zweitniedrigste Teilnahme in

Wahlbeteiligung an der Urwahl vom 17. Juli 1849 in den preußischen Regierungsbezirken in %

Reg.Bezirke	I.	II.	III.	Summa	1862
Königsberg	49	39	29,2	31,5	38,8
Gumbinnen	47	42	28,8	33,0	34,5
Danzig	64	52	36,6	39,6	50,4
Marienwerder	68	61	45,1	49,4	49,9
Potsdam	62	51	33,7	37,8	37,1
Frankfurt/O	61	50	31,8	35,9	33,4
Stettin	62	54	37,8	40,7	33,9
Köslin	70	56	43,4	46,0	41,8
Stralsund	56	39	32,2	30,0	40,1
Posen	70	65	50,3	53,6	54,0
Bromberg	71	67	54,8	57,5	59,5
Breslau	67	58	38,6	41,9	32,5
Oppeln	63	54	33,4	38,3	32,5
Liegnitz	72	65	44,6	46,7	29,5
Magdeburg	62	45	24,3	27,9	35,1
Merseburg	60	48	27,4	31,8	32,4
Erfurt	54	32	17,1	20,7	32,5
Minden	40	26	12,7	15,0	34,9
MÜNSTER	29	16	7,0	8,8	12,3
Arnsberg	37	21	9,2	12,0	19,7
Düsseldorf	38	22	10,1	12,1	21,6
Köln	35	17	7,5	10,0	25,4
Aachen	27	13	5,9	7,5	19,2
Koblenz	39	18	8,4	11,4	21,9
Trier	22	14	7,3	9,2	23,6
Preußen	55,4	44,7	28,6	31,9	34,4

Das Ergebnis der Wahlbeteiligung des Jahres 1862 wird hier zum Vergleich herangezogen, da es das beste bis 1918 war.

Zusammengestellt nach: Zeitschrift des Kgl. Preus.Stat.Bureaus, 2.Jg., 1862, S.112.

Preußen, und nur in Aachen gaben mit 7,5 % noch weniger Wahlberechtigte ihre Stimme ab[134]. Im Regierungsbezirk Düsseldorf wählten 12,1 %, in Köln genau 10 %, in Trier 9,2 %, Koblenz 11,4 % und in Arnsberg 12,0 %. Das beste Resultat wurde in den Westprovinzen im Regierungsbezirk Minden erzielt, wobei unter der Gesamtbeteiligung von 15 % das Ergebnis der Stadt Bielefeld mit 68 % besonders herausragte[135].

V.7. II. Legislaturperiode

Die einschneidenden Maßnahmen des Dreiklassenwahlrechts und das Fernbleiben der Demokraten bei dieser Wahl hatten der Regierung die erhoffte Zusammensetzung der II. Kammer beschert. Allein 150 Verwaltungs- und Justizbeamte sowie etwa 70 Gutsbesitzer sollten dem Staatsministerium in den entscheidenden Fragen zur Seite stehen[136]. Die dominierende Partei war die streng konservative Rechte, die die Anzahl ihrer Mandate gegenüber der letzten Legislaturperiode hatte verdoppeln können und nunmehr über 100 Sitze verfügte. Zu ihren bekanntesten Mitgliedern gehörten Graf Arnim und Bismarck. Zusammen mit der ministeriellen, konservativ-konstitutionellen Mittelpartei, die sich zumeist aus Beamten zusammensetzte, besaß die Rechte unangefochten die Mehrheit.

Auf der linken Seite des Hauses hatte die neugegründete Fraktion des sog. Centrums unter Führung von Beckeraths, Harkorts und Simsons Platz genommen[138]. Mit Ausnahme von Evelt und Schimmel, die meistens mit der rechten Kammermehrheit stimmten, waren die übrigen Abgeordneten des Untersuchungsgebiets dem Centrum beigetreten.

Eigentliche Aufgabe der am 7. August 1849 eröffneten II. Kammer war die Fertigstellung des Verfassungswerks. Obwohl die Verfassung während der ersten Verhandlungsmonate im gemäßigt konservativen Sinne revidiert wurde, hatte Friedrich Wilhelm IV. in einer vom 7. Januar datierten Botschaft an beide Kammern zu verstehen gegeben, die Verfassung in der jetzt vorliegenden revidierten Form nicht zu billigen, da ihm gewisse Veränderungen gegenüber dem Oktroi vom 6. Dezember 1848 als zu geringfügig erschienen. Der Monarch ließ daher mitteilen, seine endgültige Zustimmung von der Verwirklichung einer 15 Punkte umfassenden Erklärung abhängig zu machen. Ein großer Teil dieser Forderungen war allerdings nur von sekundärer Bedeutung und wirkte sich auch auf das Gesamtbild der Verfassung nur unwesentlich aus. Von politischem Gewicht war dagegen die Äußerung Manteuffels vom 25. Januar vor der II. Kammer, daß für den König die Annahme und Beschwörung der Verfassung nicht in Betracht käme, wenn nicht zwei der 15 Punkte, nämlich die Regelung für die Zusammensetzung der I. Kammer und die Errichtung eines besonderen Staatsgerichtshofes für Hochverratsprozesse zur Zufriedenheit geregelt würden[139)].

Besonders unter den kompromißbereiten Liberalen herrschte über das hinhaltende Taktieren des Monarchen ziemliche Empörung. Dennoch nahm die II. Kammer nach einigem Tauziehen dreizehn der fünfzehn königlichen Propositionen, darunter auch die Einrichtung einer erblichen Pairie, an, einige allerdings in veränderter Fassung. Zwei Forderungen des Königs fanden dagegen nicht die Zustimmung der Kammern[139a)]. Am 2. Februar erlangte die Verfassung Gesetzeskraft, und vier Tage später leistete Friedrich Wilhelm IV. das in Art. 54 Abs. 2 der Verfassung vorgeschriebene eidliche Gelöbnis[139b)].

Von den Abgeordneten aus dem Untersuchungsgebiet hatten lediglich Schimmel und mit einigen Einschränkungen auch Evelt den zusätzlichen Forderungen der Krone zugestimmt, während die übrigen die Berechtigung der Anträge verneinten.

Die Beratungen über die Revision der Verfassung waren im Münsterland auf großes Interesse gestoßen, wobei sich die Aufmerksamkeit wie in der Vergangenheit auf das Verhältnis von Kirche und Staat konzentrierte. Eine große Anzahl Gemeinden aus dem Regierungsbezirk wandte sich in Petitionen an die

II. Kammer und verlangte darin Sicherstellung und Wahrung der Rechte der Kirche[141]. Vom Umfang her konnte sich diese Petitionsbewegung allerdings nicht ganz mit der des Vorjahres messen.

Neben den Revisionsverhandlungen war bei Kammereröffnung auch das preußische Unionsprojekt Gegenstand mehrerer Debatten. Überraschenderweise stellte sich dabei heraus, daß auch ein Teil der Abgeordneten aus dem Münsterland den Regierungskurs billigte, was man eigentlich nur von dem der konservativen Rechten zugewandten Rittmeister Schimmel hätte erwarten dürfen. Jedenfalls schienen Brockhausen, Evelt, Richters, Schulze Wibberich und Wildermann mit großdeutschen Vorstellungen nicht mehr viel im Sinn gehabt zu haben, denn sie drückten der Regierung ihre Zustimmung zu dem Bündnis mit Sachsen und Hannover aus. Die drei Gegenstimmen - 291 Abgeordnete hatten für diese Entschließung votiert - stammten von Engbert und Junkmann[142] sowie von Peter Reichensperger, der den Wahlkreis Krefeld -- Gladbach -- Kempen vertrat; Rohden hatte wegen Krankheit gefehlt[143].

Politische Entscheidungen von Gewicht standen in den beiden folgenden Sessionen nicht auf der Tagesordnung. Gestützt auf eine solide Mehrheit verstand es die Regierung, Anträge der Opposition, wie etwa den des Abgeordneten Vincke nach Einsetzung einer Kommission zur Untersuchung der aktuellen Lage des Landes, abzuwehren[144].

Am 6. November verstarb Ministerpräsident Graf Brandenburg. Mit der Ernennung des Freiherrn von Manteuffel zu seinem Nachfolger begann in Preußen die Ära der Reaktion.

VI. Die Wahlen zum Erfurter Volkshaus vom 24. und 31. Januar 1850

VI.1. Vorgeschichte, Wahlkreiseinteilung und Wahlbewegung

Zur Enttäuschung weiter Bevölkerungskreise hatte Friedrich Wilhelm IV. dem Einigungswerk der Paulskirche eine eindeutige Absage erteilt. Doch im Zuge der innenpolitischen Stabilisierung Preußens zu Beginn des Frühsommers, und nicht zuletzt wegen seiner augenblicklichen Rolle als militärische Ordnungsmacht in verschiedenen Gebieten Deutschlands, sah der Monarch die Gelegenheit für gekommen, seine Vorstellungen von der deutschen Einheit ins Gespräch zu bringen. Der Plan seines Vertrauten General von Radowitz deckte sich zwar in wesentlichen Punkten mit den Zielvorstellungen der Kleindeutschen, doch wollte man in Berlin von vornherein die Souveränität der Einzelfürsten stärker berücksichtigt wissen. Außerdem sah Radowitz auch ein enges völkerrechtliches Verhältnis zur Donaumonarchie vor und lehnte sich damit an den Plan Gagerns des engen und weiteren Bundes an.

Die Verhandlungen der fünf deutschen Königreiche begannen am 17. Mai 1849 und endeten am 26. des Monats mit der Verabschiedung einer der Paulskirchenverfassung ähnlichen Ordnung als Basis eines Dreikönigsbündnisses zwischen Preußen, Sachsen und Hannover, während sich Bayern und Württemberg unter österreichischem Druck vorzeitig von den Plänen der Berliner Regierung losgesagt hatten. Am 26. Mai erfolgte die Bekanntgabe des Verfassungsentwurfs der sog. Union. Darin waren die demokratischen Elemente der Frankfurter Verfassung erheblich abgeschwächt worden, wie etwa durch die Ersetzung des absoluten anstelle des suspensiven Vetos des Bundesoberhauptes und durch die Einführung des preußischen Dreiklassenwahlrechts anstelle des allgemeinen, gleichen, direkten und geheimen Wahlrechts[1].

Obwohl Fürst Schwarzenberg die preußischen Unionspläne nach Kräften zu durchkreuzen suchte, traten dem Bündnis, mit Ausnahme der beiden süddeutschen Königreiche und einer Reihe kleinerer Fürstentümer, die meisten deutschen Staaten bei. Dennoch war die 'Union' alles andere als ein in sich gefestigtes Gebilde, denn unter dem wachsenden Druck der Wiener Diplomatie kehrte nach und nach eine Reihe von Staaten dem Bündnis wieder den Rücken, darunter auch Sachsen und Hannover. Was anschließend noch übrig blieb, verdiente nur noch die Bezeichnung Torso. Dennoch stand Preußen weiterhin zu seinen Plänen und schrieb die Wahlen für das Erfurter Volkshaus zum 24. und 31. Januar aus.

Maßgeblich für die Durchführung der Wahl waren die Bestimmungen des preußischen Wahlrechts vom 30. Mai 1849. Allerdings mußte sich das Wahlreglement wegen der länderübergreifenden Wahl einige Modifikationen gefallen lassen. Nicht wie bisher üblich auf 250, sondern auf 500 Einwohner war ein Wahlmann zu bestimmen. Diese Verdoppelung hatte zudem die Vergrößerung der jeweiligen Wahlkreise in Preussen zur Folge, da nunmehr auf 100000 Einwohner ein Abgeordneter gewählt wurde.

Ferner wurde das aktive Wahlrecht von 24 Jahre auf 25 Jahre und das passive Wahlrecht von 25 auf 30 Jahre heraufgesetzt. Wähler und Wahlmänner mußten seit wenigstens drei Jahren am Wahlort wohnen, und Abgeordnete mußten außerdem die dreijährige Staatszugehörigkeit eines der Union beigetretenen Landes nachweisen können[2].

Dieses Wahlrecht brachte eine nochmalige Verschärfung der ohnehin in Preußen schon stark reglementierten Bestimmungen mit sich. Besonders die Änderung des aktiven wie passiven Wahlrechts und die Klassenwahl war die Zielscheibe vielfältiger Kritik und brachte das sowieso nicht sonderlich ausgeprägte Interesse der großen Mehrzahl der Bevölkerung am politischen Geschehen nahezu vollkommen zum Erliegen.

Im Vergleich zu den letzten Kammerwahlen vom Juli vergangenen Jahres wies die Wahlbezirkseinteilung dieses Mal gewaltige Verschiebungen auf. Der auf Anordnung des Innenministers vom 30. November anzufertigende Vorschlag vermittelte auf den ersten Blick einen recht zusammenhanglosen Eindruck. Regierungsvizepräsident von Bodelschwingh hatte sich als Vertreter des Oberpräsidenten zwar strikt an das Wahlreglement gehalten, möglichst Kreise von jeweils 100000 Einwohnern zu bilden, dabei aber rücksichtslos Gemeinden und Ämter entgegen ihrer historisch gewachsenen Kreiszugehörigkeit ziemlich willkürlich unter die vier Wahlkreise verteilt. Dahinter standen in gewissem Maße auch wahltaktische Erwägungen. Der vormals von Demokraten beeinflußte Kreis Beckum wurde beispielsweise mit der Stadt und dem Kreis Münster sowie einigen Gemeinden des Kreises Warendorf zusammengelegt. Allein der Anreiseweg aus der südöstlichen Ecke von Beckum zum Wahlort Münster bedeutete angesichts winterlicher Witterung eine Strapaze. Nicht weniger auffällig war die Teilung des Kreises Recklinghausen. Der Südwesten um Kirchhellen, Bottrop, Marl und Buer, also Orte mit ehemals demokratisch gesinnter Bevölkerung, wurde mit den als politisch zuverlässig eingeschätzten Kreisen Ahaus und Borken, der restliche Teil von Recklinghausen mit Coesfeld und Lüdinghausen gekoppelt. Angesichts des schon bei den letzten Wahlen beobachteten Boykotts der Demokraten erschien diese 'Wahlkreisgeometrie' nicht nur überflüssig, sondern auch höchst sinnlos, da nunmehr ja die politisch zuverlässigen Wahlmänner davon betroffen wurden. Anscheinend hielt man in Münster die Demokraten noch immer für so gefährlich, daß zu solchen Maßnahmen geschritten werden mußte. Dabei hatten es die letzten Wahlen doch deutlich an den Tag gebracht, daß von ihnen keinerlei Gefahr mehr ausgehen sollte. Die übrige Zuweisung der Kreise und die Bestimmung der Wahlorte war dagegen weniger spektakulär. Im einzelnen hatte die Wahlkreiseinteilung folgendes Bild:

Bestandteile (Stadt/Kreis/Amt)	Bevölkerung	Wahlort	Anzahl der Abgeordneten
Tecklenburg	42900	Ibbenbüren	1
Steinfurt und:	41186		
Amt Lienen	4423		
Amt Ostbevern	3861		
Amt Sassenberg (Kreis Warendorf)	5142		
Amt Saerbeck	1909		
Amt Greven (Kreis Münster)	4608		
	104039		
Stadt Münster	21242	Münster	1
Kreis Münster ohne:	25950		
Amt Greven Amt Nottuln Amt Saerbeck			
Warendorf ohne:	19765		
Amt Sassenberg Amt Lienen Amt Ostbevern			
Beckum	36503		
	103460		
Borken	41666	Borken	1
Ahaus und:	40243		

Amt Bottrop und Amt Kirchhellen	6582		
Amt Kirchhellen Amt Lembeck und	6332		
Amt Altschermbeck Amt Marl	3824		
Amt Buer (Kreis Recklinghausen)	7926		
	106564		
Lüdinghausen	37616	Lüdinghausen	1
Coesfeld und: Amt Nottuln (Kreis Münster)	40522		
Recklinghausen ohne: Amt Kirchhellen Amt Bottrop Amt Lembeck Amt Altschermbeck Amt Marl Amt Buer	21235		
	103682		

Bei der Bevölkerung des Münsterlandes stießen die Wahlen zum Erfurter Volkshaus von vornherein auf wenig Interesse. Nach dem Scheitern des mit großen Erwartungen bedachten deutschen Einigungswerks war die Stimmung auf dem Nullpunkt angelangt. Außerdem stand den katholischen Münsterländern, die noch im August 1848 die Wahl des Reichsverwesers enthusiastisch gefeiert hatten, ohnehin nicht der Sinn nach einer preußischen, gleichsam protestantischen Vormachtstellung in einem möglicherweise zustandekommenden Kleindeutschland. Diese Bedrohung wurde allgemein als bedrückend empfunden. Daran änderten auch wenig die im Verfassungsentwurf der Union garantierten Rechte der Kirche, insbesondere hinsichtlich des Verhältnisses zum Staat. Der münstersche zentrale Piusverein, der die Wahlmüdigkeit der Bevölkerung bereits bei den letzten Kammerwahlen im Juli registriert hatte, sah auch diesmal dem äußerst geringen Interesse der Bevölkerung an dieser Abstimmung mit einiger Sorge entgegen. Verstärkt appellierte daher die Vereinsführung an alle Wähler, von ihrem Wahlrecht Gebrauch zu machen, damit auch in Erfurt katholische Abgeordnete für die Belange der Kirche eintreten könnten. Außerdem wies man daraufhin, daß dort wiederum die Schulfrage zur Diskussion stünde, und deshalb die Stimme jedes Katholiken von Bedeutung sein könne[3)]. Auch Bischof Müller äußerte sich in seinem aus Anlaß der Wahl verbreiteten Hirtenbrief in diesem Sinne und legte den Gläubigen nahe, an den Wahlen teilzunehmen[4)]. Die Reaktionen auf diese eindringlichen Appelle waren aber durchweg ziemlich gelassen. Wie schon bei den Wahlen im vergangenen Juli der Fall, so waren auch jetzt Teile des Klerus nicht bereit, sich für die aktive Beteiligung der katholischen Wähler einzusetzen. Dahinter verbarg sich natürlich die von der Geistlichkeit mit Befremden aufgenommene Kritik an ihrem früheren Engagement zugunsten klerikaler Abgeordneter, aber auch die Absage an die kleindeutschen Pläne der Berliner Regierung und nicht zuletzt die Ablehnung des Dreiklassenwahlrechts. Die allseits verbreitete Resignation und die vor allem unter der Landbevölkerung herrschende Ansicht, daß auch in Erfurt nichts Positives herauskommen werde, deuteten schon von vornherein auf eine äußerst schwache Wahlbeteiligung hin[5)]. Dennoch war man in klerikalen Kreisen sichtlich darum bemüht, in Erfurt mitreden zu können. Das Ergebnis der Abgeordnetenwahl läßt zumindest den Schluß zu, daß frühzeitig zu prominenten katholischen Politikern Kontakte geknüpft worden sind. Die vier Wahlkreise des Münsterlandes waren zudem bei einigen auswärtigen Vertretern begehrt, da am Sieg katholischer Kandidaten keine Zweifel bestanden.

Die Demokraten lehnten die Beteiligung an der Wahl zum 'Erfurter Festungsparlament', wie dieses im Sprachgebrauch der 'Westfälischen Volkshalle' spöttisch tituliert wurde, rundweg ab. Da sich die vormals einflußreichen Vereine auf Druck der Regierung aufgelöst hatten, brauchte man in Berlin deren Gegnerschaft nicht mehr zu fürchten. Bedenken in dieser Richtung wären ohnehin fehl am Platz gewesen, da sich auf demokratischer Seite niemand für das preußische Unionsprojekt sonderlich interessierte. Allein die noch immer ungehindert erscheinende Volkshalle wurdenicht müde, den Wahlboykott zu predigen[6]. Ihre Appelle stießen aber, da ohnehin die Mehrzahl der Bevölkerung diesem Ereignis gleichgültig gegenüberstand, ins Leere. Besondere Aufmerksamkeit schenkte das Blatt dabei der klerikalen Wählerschaft, die man immer wieder aufforderte, der Berliner Regierung allein schon deshalb eine Absage zu erteilen, weil sie unentwegt versuche, durch die Hintertür eine kleindeutsche Lösung herbeiführen zu wollen.

Auch die Argumentation des Merkurs tendierte in diese Richtung. Dem deutschen Einigungswerk, so die Zeitung, werde hierbei nur unzureichend Rechnung getragen, da Österreich in den preußischen Plänen bisher kaum Berücksichtigung gefunden habe. Obwohl der Merkur gerade noch in jüngster Vergangenheit die Nationalitätenpolitik der Donaumonarchie heftig attackiert hatte, verurteilte das Blatt jetzt auch die einseitige Vorgehensweise der Berliner Diplomatie[7]. Das Erfurter Volkshaus, so der allgemeine Grundtenor, könne den nationalen Wünschen der Deutschen niemals gerecht werden. In diesem Sinne interpretierte der Merkur auch den Rückzug Hannovers und Sachsens aus der Union und wollte darin zugleich die ganze Haltlosigkeit des Bündnisses erkannt haben. Letztlich lief nach Meinung des Merkurs die Entwicklung auf eine schädliche Zersplitterung Deutschlands in eine nördliche und eine südliche Hälfte hinaus[8]. Trotz aller Kritik unterstellte man aber dem preußischen Monarchen keine unehrenhaften Absichten und nahm ihn besonders gegen Angriffe süddeutscher Fürsten in Schutz[9].

Wie schon bei den letzten Wahlen der Fall, so wandte sich auch dieses Mal Innenminister von Manteuffel an die Regierungspräsidenten. In seinem Reskript vom 20. Dezember 1849 machte er auf die außerordentliche Bedeutung dieser Wahl aufmerksam und wies die Landräte an, sich für die Wahl würdiger und zuverlässiger Persönlichkeiten einzusetzen[10]. Seinem Schreiben legte er den 'Aufruf des Central-Wahl-Ausschusses der verbundenen conservativen Vereine des preussischen Staates' bei. Darin wurde zu reger Teilnahme an den Wahlen aufgerufen, damit nicht jenen das Feld überlassen werde, so war sinngemäß zu lesen, die unter dem Scheine der Einheit die Vernichtung Preußens und der anderen deutschen Staaten anstrebten[11]. Auf die Wähler im Münsterland machte dieser Aufruf nachweislich keinen Eindruck, es ist auch fraglich, ob die Landräte für dessen Verbreitung gesorgt haben. Ansonsten war aus Berlin zu den bevorstehenden Wahlen kaum noch etwas zu hören.

VI.2. Wahlkreis: Tecklenburg -- Steinfurt

Der Großteil der Bevölkerung, namentlich auf dem Lande, nahm von dieser Wahl überhaupt keine Notiz. Weder Befürworter noch Gegner der preußischen Unionspläne vermochten sich bei den Wählern entscheidend in Szene zu setzen, weshalb auch von einer Wahlbewegung nicht im geringsten gesprochen werden kann. So blieb auch die Wahlbeteiligung hinter allen Erwartungen zurück und lag um einiges noch unter den Prozentwerten der letzten Kammerwahl vom Juli 1849[12]. Im überwiegend protestantischen Burgsteinfurt, einem der größeren Ortschaften, gaben lediglich 9 % der Wahlberechtigten ihre Stimme ab[13]. Zu Wahlmännern wurden wie erwartet hauptsächlich Staatsbedienstete, darunter auch Landrat von Basse und Staatsanwalt Wiens bestimmt. In der I. Klasse setzte sich mit drei von drei abgegebenen Stimmen Erbprinz Ludwig Wilhelm von Bentheim und Steinfurt durch, was angesichts der sonstigen Teilnahmslosigkeit des Adels an derartigen Wahlen einigermaßen überraschend war[14]. Noch um einiges niedriger als in den geschlossenen Ortschaften war die Teilnahme auf dem Lande. Im Burgsteinfurter Umland lag sie bei ca. 6,5 %, in Laer bei 0,8 %, in Borghorst, wo noch bis Mitte vergangenen Jahres ein starker demokratischer Verein bestand, ging niemand zur Wahl, ebensowenig in Emsdetten, Saerbeck und im Kirchspiel Ochtrup[15]. Allerdings gab es durchaus auch Ausnahmen. In Rheine beteiligten sich in der I. Klasse 39 %, in der II. 15 % und in der III. immerhin noch 9,5 %, zusammen also 11,4 %[16]. Ein überraschend gutes Ergebnis verzeichnete Ibbenbüren mit 27,6 %[17]. Zurückzuführen war dieses Resultat, wie überhaupt eine stärkere Teilnahme im Kreis Tecklenburg, auf die weitaus größere Bereitschaft der protestantischen Wähler, die preußischen Unionspläne zu unterstützen. Obwohl die Zahlenangaben der 'Westfälischen Volkshalle' mit gewisser Skepsis angesehen werden müssen - die Zeitung manipulierte die Ergebnisse nämlich immer ein wenig nach unten - so deckten sich doch die Angaben im wesentlichen mit den offiziellen Daten, die auch der münsterschen Regierung vorlagen. Danach lag die Wahlbeteiligung im gesamten Wahlkreis bei 7,0 %. In der I. Klasse beteiligten sich 23,9 %, in der II. 13,1 % und schließlich in der III. 4,9 %[18], in Zahlen ausgedrückt: von insgesamt 15420 Wahlberechtigten gaben nur 1079 ihre Stimme ab.

Die mäßige Beteiligung hatte zur Folge, daß lediglich 129 der eigentlich zu wählenden 188 Wahlmänner ermittelt werden konnten. Nach dem Ergebnis der Abgeordnetenwahl zu urteilen - Appellationsgerichtsrat Wilhelm Rohden aus Posen wurde mit 80 von 129 Stimmen gewählt - hatten die Klerikalen auch diesmal ein ziemlich deutliches Übergewicht[19]. Abermals vermochten sich Teile der vorwiegend konstitutionell gesinnten Tecklenburger nicht gegen die Mehrheit der Klerikalen durchzusetzen. Mit welchem Kandidaten sie in die Wahl gingen, konnte nicht ermittelt werden. Aller Wahrscheinlichkeit nach hatten sie Rittmeister Schimmel, den derzeitigen Abgeordneten in der II. Kammer aufgestellt.

I.3. Wahlkreis: Stadt Münster -- Kreis Münster -- Beckum

Mit großer Aufmerksamkeit bedachte man auch hier die Wahlen nicht. Lediglich in der Stadt Münster war ein gewisses Interesse spürbar, das jedoch mit früher nicht verglichen werden konnte. Die Boykottappelle der 'Westfälischen Volkshalle' mögen zwar den einen oder anderen Wähler veranlaßt haben, der Wahl fernzubleiben, im großen und ganzen aber verhallten ihre Aufrufe ziemlich wirkungslos. Da auch der Merkur nichts Wesentliches zur Popularität dieser Wahl beisteuerte, ruhte die Aktivierung der Wähler allein auf den Schultern des Piusvereins. Ihm zu Hilfe kam wie immer der am Sonntag vor den Wahlen verlesene Hirtenbrief des Bischofs. Immerhin hatte sich der Einsatz wenigstens teilweise gelohnt, denn die Wahlbeteiligung lag mit insgesamt 19,7 % einschließlich der Militärwahlbezirke überraschend hoch[20].

In der I. Klasse hatten sich 42,8 %, in der II. 33,4 % und in der III. 16,1 % beteiligt[21]. Erwartungsgemäß hoch war auch diesmal die Stimmabgabe in den münsterschen Militärwahlbezirken, wo immerhin 84,5 % wählten. Es war ja den Unteroffizieren und Offizieren zur Pflicht gemacht worden, sich an der Wahl zu beteiligen. Für gewöhnlich steuerten die Militärwahlbezirke etwa ein Drittel des gesamten Stimmenaufkommens in Münster bei.

Die relativ hohe Wahlbeteiligung war natürlich wesentlich auf das Sozialgefüge Münsters zurückzuführen, hält man sich zudem die hohe Anzahl akademisch gebildeter Wahlmänner in der III. Klasse vor Augen. Seit der Einführung des Dreiklassenwahlrechts fanden sich in dieser Abteilung nämlich nicht nur gering verdienende Handwerker, Tagelöhner oder sonstige sozial schwach gestellte Personen, sondern auch überraschend viele Angehörige des ja in Münster häufig anzutreffenden gutsituierten Bürgertums, wie etwa der stadtbekannte Kreisgerichtsrat Dierickx, der namhafte Buchhändler Theissing oder gar der Dirigent der Inneren Abteilung der münsterschen Regierung, Oberregierungsrat von Mauderode. Für ihn, der kraft seiner

Stellung für den organisatorischen Ablauf der Wahlen verantwortlich war, brachte die Einstufung in die III. Abteilung natürlich auch eine Minderung des Ansehens mit sich, die vermögende Münsteraner gewiß mit Schadenfreude registriert haben. Demgegenüber befand sich eine ganze Reihe gut verdienender Handwerker in der I. Klasse[22]. Trotz der einigermaßen erträglichen Wahlbeteiligung ließ die Volkshalle nichts unversucht, das Fernbleiben zahlreicher Stimmberechtigter als einen Erfolg ihrer Boykottkampagne zu verbuchen[23]. Davon konnte freilich kaum die Rede sein, auch wenn ihrer Meinung nach dieses Ergebnis nur auf die Wahlverpflichtung der gesamten Beamtenschaft zurückzuführen war. Daß allenthalben eine ziemliche Wahlmüdigkeit an der Tagesordnung war, und deswegen auch ein Großteil der ehemaligen Wähler zu Hause blieb, wurde auch von der Zeitung nicht in Abrede gestellt.

Eindeutiger Sieger der Urwahl war erwartungsgemäß der Piusverein. Er stellte wiederum eine ganze Reihe Wahlmänner, allerdings fehlten diesmal die Vertreter des Klerus[24]. Dieser Rückzug dürfte wohl kaum ein Zufall gewesen sein. Möglicherweise hat Bischof Müller die Aktivitäten seiner Geistlichkeit bremsen wollen, um sie nicht nochmals mit Vorwürfen der Berliner Regierung wegen eines allzu engagierten Auftretens zu konfrontieren. Trotzdem war am klerikalen Einfluß unter den Wahlmännern nicht zu rütteln, weil Demokraten und Konstitutionelle überhaupt keine Rolle mehr spielten. Angesichts dieser Vormachtstellung hielt man es in klerikalen Kreisen anscheinend für überflüssig, eine Wahlmännerversammlung einzuberufen, um über die Person des zu wählenden Abgeordneten zu beraten. Bis zum Wahltag hüllte sich der Piusverein hierüber in Schweigen.

Kaum Interesse an den Wahlen herrschte im Kreis Münster. Im Kirchspiel Telgte und in der Gemeinde Westbevern fanden gar keine Wahlen statt. Ähnliches dürfte auch in verschiedenen anderen, der Volkshalle nicht unbedingt geläufigen Orten der Fall gewesen sein. Dafür sprach auch die insgesamt gesehen niedrige Beteiligung. Bekannt war lediglich noch das Ergebnis von 2,6 % Wahlbeteiligung im Bezirk Roxel-Nienberge, wo sich, wie für die Wahlen auf dem Lande diesmal typisch, fast nur Staatsbeamte zur Stimmabgabe einfanden[25]. Bei einer Gesamtbeteiligung von 3,8 %, darunter 18,1 % in der I. Klasse, 7,4 % in der II. Klasse und nur 2,5 % in der III. konnte kaum mehr von einer regulären Wahl gesprochen werden.

Nicht wesentlich anders lagen die Verhältnisse in den beiden benachbarten Kreisen Warendorf und Beckum. Allerdings waren sich die dortigen Landräte, von Twickel und von Schmising-Kerßenbrock, von Anfang an darin einig, daß für die mäßige Beteiligung keinesfalls der Boykottaufruf der Volkshalle wie der Demokraten schlechthin verantwortlich gemacht werden könne, sondern allein die in einem festverwurzelten Mißtrauen gegen die derzeitige Politik beruhende Wahlmüdigkeit in breiten Bevölkerungsschichten[26]. In den Gemeinden und Ämtern des Kreises Warendorf betrug die Gesamtbeteiligung aber immer noch 9,6 % und lag damit sogar noch über dem vergleichbaren Ergebnis der letzten Kammerwahl vom Juli 1849. Diesmal wählten 22,3 % in der I. Klasse, 18,1 % in der II. und 7,2 % in der III. Klasse[27]. Dank des Einsatzes des Piusvereins, wie die Volkshalle erkannt haben wollte, gaben allein in der Stadt Warendorf 22,6 % aller Wahlberechtigten ihre Stimme ab. Die tatsächlichen Gründe für dieses Wahlverhalten der Bevölkerung konnten nicht ermittelt werden. Mit Sicherheit war es aber kein Ausdruck der Bejahung der preußischen Unionspläne, möglicherweise hatte sich hier der Klerus für rege Wahlbeteiligung stark gemacht.

Eine vergleichbare Situation wie im Kreis Münster war im Beckumer Raum anzutreffen. Von einer Wahlbewegung war nicht die geringste Spur festzustellen. Lediglich 5 % der Wähler machten dort von ihrem Stimmrecht Gebrauch, davon 21,7 %

in der I. Klasse, 8,0 % in der II. und nur 3,6 % in der III.[28]. Von gewiß nicht zu unterschätzendem Einfluß auf die Wahlbeteiligung dürfte in Beckum der Rückzug der Demokraten aus dem politischen Leben gewesen sein und möglicherweise auch die Eröffnung des Verfahrens gegen den ehemaligen, allseits geschätzen Abgeordneten Bernard von Bruchhausen, der sich Anfang Januar wegen der angeblichen Unterstützung der Steuerverweigerung und einer Reihe anderer ihm zur Last gelegten Vergehen vor Gericht verantworten mußte[29]. Mit Vorsicht zu betrachten waren allerdings Berichte der Volkshalle, nach denen die mäßige Wahlbeteiligung in vielen Gemeinden auf die entschiedene Haltung der Landbevölkerung gegen eine mögliche 'Reichszersplitterung' zurückzuführen sei. Durch ein Nichterscheinen in den Wahllokalen glaubte man, dieser Entwicklung nicht Vorschub zu leisten[30]. Hier wurde von der Volkshalle den Wählern eine politische Haltung unterstellt, die in Wirklichkeit gar nicht oder nur vereinzelt zum Ausdruck kam und daher auch vollkommen an den Tatsachen vorbeiging.

Von den insgesamt 196 zu bestimmenden Wahlmännern konnten wegen der geringen Beteiligung lediglich 172 gewählt werden, von denen wiederum nur 162 am Wahltag in Münster erschienen. Ob es unter den Wahlmännern zu Beratungen über die Person des Abgeordneten gekommen ist, war nicht zu ermitteln. Nach dem Wahlergebnis zu urteilen, war solches auch auszuschließen, denn es hat sich zweifelsfrei um einen den Wahlmännern von 'oben' präsentierten Kandidaten gehandelt, den sie aus eigenem Antrieb heraus wohl kaum gewählt hätten. Da es den Klerikalen aber hauptsächlich darauf ankam, in Erfurt durch sachkompetente, vor allem aber 'großdeutsch' gesinnte Abgeordnete vertreten zu sein, war eine Persönlichkeit von Rang gefragt. Gewählt wurde mit 123 von 162 Stimmen der Breslauer Domdechant, Professor Dr. Joseph Ignaz Ritter[31]. Der in Fachkreisen bekannte Kirchenhistoriker war sicherlich für die meisten Wahlmänner ein unbeschriebenes Blatt. Vieles spricht dafür, daß seiner Wahl eine Absprache zwischen Bischof Müller und dem Breslauer Fürstbischof Melchior von Diepenbrock zugrunde gelegen hat. Möglicherweise war aber auch die Initiative von Domkapitular Krabbe, dem zu dieser Zeit vielleicht einflußreichsten Mitglied des münsterschen Piusvereins, ausgegangen. Nähere Anhaltspunkte, die über die tatsächlichen Gründe der Wahl Ritters Aufschluß geben, konnten nicht ermittelt werden. 34 Stimmen errang der Kandidat des Regierungslagers, der ehemalige Finanzminister und derzeitige Vorsitzende des provisorischen Bundesschiedsgerichts in Erfurt, Franz von Duesberg. Auf wenig Resonanz stieß dagegen der Abgeordnete dieses Wahlkreises (ohne Beckum) in der II. Kammer, Josef Brockhausen. Er wurde nur von fünf Wahlmännern gewählt. Brockhausen kam aber auch deswegen nicht in Betracht, da er am 28. März 1849 für die Wahl Friedrich Wilhelm IV. zum deutschen Kaiser gestimmt hatte und auch sonst der Kirche in zahlreichen Fragen viel zu liberal gesonnen war[32]. Dennoch war auch er in Erfurt vertreten. Am 12. Februar 1850 wählte ihn die II. Kammer zu einem der zehn in das Staatenhaus zu entsendenden Abgeordneten[33]. Ritter nahm die Wahl erwartungsgemäß an und teilte dem münsterschen Piusverein in einem Schreiben mit, daß er sich in Erfurt nach Kräften für die Belange der Kirche einsetzen werde[34].

VI.4. Wahlkreis: Borken -- Ahaus

Das gleiche Bild hinsichtlich des Interesses und der Wahlbeteiligung herrschte auch in diesem Wahlkreis. Trotz intensiver Bemühungen durch Wahlkommissar von Hamelberg ließ sich die Bevölkerung nicht zu einer stärkeren Stimmabgabe bewegen[35]. Darüber konnten auch kleinere Erfolge, die das Ergebnis seiner Rundreise waren, nicht hinwegtäuschen. Der Landrat des Kreises Ahaus, von Heyden, machte für die geringe Beteiligung in erster Linie das Wetter verantwortlich, das viele Wähler von der Stimmabgabe abgehalten habe. Da zudem der Termin auch dieses Mal auf einem Wochentag lag, war nur eine Minderheit bereit, strapaziöse Wege bis zum nächstgelegenen Wahllokal auf sich zu nehmen. Heyden verwies außerdem auf den geringen politischen Bildungsgrad der Bevölkerung, der seiner Beobachtung nach nicht dazu ausreiche, Anlaß und Bedeutung dieser Wahl abschätzen zu können[36].

Trotz dieser widrigen Umstände hatten die Klerikalen auch hier das Heft fest in der Hand. Daß der münstersche Piusverein nach wie vor eine zentrale Bedeutung besaß, zeigte sich daran, daß der von ihm vorgeschlagene Abgeordnete Professor Buß aus Freiburg im Breisgau von den dortigen Gesinnungsfreunden kritiklos akzeptiert wurde[37]. Im Gegensatz zu Ritter war Buß aber den meisten Wählern und Wahlmännern im westlichen Münsterland ein Begriff, da er ja bekanntlich den Wahlkreis Ahaus -- Steinfurt in der deutschen Nationalversammlung vertreten hatte. In einem längeren, im Westfälischen Merkur veröffentlichten Schreiben hatte sich Buß am 22. Januar an seine Wähler gewandt. Darin legte er im wesentlichen Rechenschaft über sein Auftreten in der Paulskirche ab, unterstrich nochmals seinen 'großdeutschen' Standpunkt, verwies auf seine Stimmenthaltung bei der Wahl Friedrich Wilhelm IV. zum deutschen Kaiser und gab letztlich seinem Bedauern Ausdruck, daß die Bemühungen, die Einigung Deutschlands unter 'großdeutschen Vorzeichen' zu errichten, gescheitert seien. Heftige Kritik übte Buß an den preußischen Unionsplänen und sprach in diesem Zusammenhang der Berliner Regierung das Recht ab, einseitig die Initiative an sich reißen zu dürfen. Nur die Gesamtheit der deutschen Regierungen habe, so der zentrale Punkt seiner Ausführungen, das Recht, eine Nationalversammlung zu berufen und eine Reichsverfassung zu verabschieden[38]. Obwohl sich auch Buß ganz entschieden gegen die Einberufung dieses Teilreichstages, wie er das Erfurter Parlament nannte, aussprach, hielt er aber genauso wie der Klerus eine Vertretung katholischer Interessen für erforderlich.

Daß insgesamt 32 Wahlmänner nicht bestimmt werden konnten, ließ auch hier Rückschlüsse auf eine geringe Wahlbeteiligung zu. Am Wahlsieg von Buß bestand aber von vornherein wenig Zweifel. Mit 137 bei 24 Gegenstimmen setzte er sich auch ziemlich eindeutig durch[39]. Wahlkommissar von Hamelberg nahm dieses Ergebnis allerdings mit großem Bedauern zur Kenntnis und teilte Regierungsvizepräsident von Bodelschwingh mit, daß die Wahl des als hinreichend 'preußenfeindlich' bekannten Buß leider nicht habe verhindert werden können[40]. Der Name des Gegenkandidaten sowie seine Parteistellung konnten nicht ermittelt werden.

VI.5. Wahlkreis: Lüdinghausen -- Coesfeld -- Recklinghausen

Auch im südlichen Münsterland herrschte das gleiche Bild. 5 % der Wahlberechtigten gaben in der Stadt Coesfeld ihre Stimme ab, lediglich 8 % waren es in Dülmen, wo sich nach Aussage der Volkshalle zahlreiche zur Wahl befohlene Gesellen und Meister der Prinz-Rudolph-Hütte in den Stimmlokalen eingefunden hatten[41]. Im gesamten Kreis Coesfeld lag die Beteiligung bei 3,7 %, und auch hier dürfte in zahlreichen Ortschaften und Kirchspielen keine Wahl stattgefunden haben[42]. Das Ergebnis von 4,3 % im Kreis Lüdinghausen setzte die Reihe dieser Negativbeispiele fort[43]. Geringfügig besser war es dagegen um die Wahlbeteiligung in den Gemeinden und Ämtern des Kreises Recklinghausen bestellt. Im konstitutionell gesinnten Dorsten gaben immerhin 11 % ihre Stimme ab[44]. So gut wie keine Ergebnisse liegen aus den ehemaligen stark demokratisch gefärbten Gemeinden des südlichen Vests vor. Lediglich das Resultat von 6,7 % aus der Stadt Recklinghausen ist bekannt.

Nach Aussage des Landrates des Kreises Lüdinghausen Graf von Korff-Schmising, der zugleich auch als Wahlkommissar fun-

Wahlbeteiligung bei der Wahl zum Erfurter Volkshaus vom 24. Januar 1850 in Zahlen und %

		I.Wahlkr.	II.Wahlkr.	III.Wahlkr.	IV.Wahlkr.	Reg.-Bez. MS
Wahlberechtigt (insgesamt)		15420	15573	15613	15996	62602
I.	Klasse	873	826	914	836	3449
II.	Klasse	1989	1895	2338	1971	8193
III.	Klasse	12558	12852	12261	13189	50960
Abgegebene Stimmen (insgesamt)		1079	1365	1280	783	4507
I.	Klasse	209	210	213	137	769
II.	Klasse	260	294	321	190	1065
III.	Klasse	610	861	746	456	2673
Abgegebene Stimmen (insgesamt) in %		7,0	8,8	8,2	4,9	7,2
I.	Klasse	23,9	25,4	23,3	16,4	22,9
II.	Klasse	13,1	15,5	13,7	9,6	13,1
III.	Klasse	4,9	6,7	6,1	3,5	4,7

Zusammengestellt nach: StAM OP Nr.498 u. StdtAM Stadtreg. Fach 10 Nr.1.

gierte, gehörten die Wahlmänner größtenteils ins konservative Lager, standen aber überwiegend auf seiten der Klerikalen[45]. Wie schon in den anderen Wahlkreisen der Fall, so hatte auch hier der einflußreiche münstersche Piusverein die Hand im Spiel. Auf seinen Vorschlag hin wurde der ehemalige Vertreter des Wahlkreises Bochum -- Recklinghausen in der Paulskirche, Wilhelm Junkmann, gewählt; 117 der 152 Wahlmänner hatten sich für ihn ausgesprochen[46].

VI.6. Wahlergebnis

Bei einer Wahlbeteiligung von 7,2 %, das sind 4507 Stimmen von 62602 Wahlberechtigten, konnte von einer Abstimmung im herkömmlichen Sinn nicht mehr die Rede sein[47]. Nahezu die gesamte Bevölkerung, vielleicht mit Ausnahme derjenigen von Münster, stand der Wahl ziemlich gleichgültig gegenüber. Mangelndes Interesse schien aber nicht nur im Münsterland, sondern in der ganzen Monarchie geherrscht zu haben. In den Kreisen Wetzlar und Altenkirchen des Regierungsbezirks Koblenz verzeichnete man eine Wahlbeteiligung von 14,7 % bzw. 8,9 %, in der Stadt Koblenz (ohne Militär) 8 %, in Boppard 5 % und in Andernach 2 %[48]. Geringfügig besser dürfte es um die Beteiligung in den östlichen Provinzen ausgesehen haben. In einem Wahlkreis des Regierungsbezirks Bromberg wurde ein Ergebnis von 26,9 % verzeichnet[49].

Das Hauptpotential der Stimmen kam bei dieser Wahl aus den Reihen der Staatsbediensteten. Vom einfachen Boten bis zum Regierungspräsidenten dürfte so ziemlich alles in den Wahllokalen erschienen sein. Außerdem leistete noch das Militär einen erheblichen Beitrag zur Unterstützung der preußischen Unionspläne. Der Anteil der freiwilligen Wähler dürfte deshalb kaum mehr als 4 % betragen haben. Natürlich erhebt sich bei einem solchen Ergebnis die Frage, ob äußere Einflüsse, wie etwa das strenge Winterwetter, das Wahlverhalten der Bevölkerung nachhaltig beeinflußt haben. Sicherlich kann dies nicht vollkommen ausgeschlossen werden, aber auch unter besseren äußeren Bedingungen wäre kaum mit einer höheren Wahlbeteiligung zu rechnen gewesen. Mitentscheidend war, wie auch die Landräte treffend beobachtet hatten, die weitverbreitete Wahlmüdigkeit. Hinzu kam, daß der Boykottaufruf von demokratischer Seite doch bei dem einen oder anderen Wähler auf Zustimmung gestoßen ist. Gerade in den früheren Hochburgen der Demokraten war die mäßige Beteiligung offensichtlich. Für die große Masse der Nichtwähler war dieser Aufruf aber vollkommen bedeutungslos.

Nicht ganz eindeutig war die Haltung der klerikalen Wählerschaft. Die überwiegende Mehrheit lehnte zwar die Unionspläne kategorisch ab, war aber nicht bereit, diese Gesinnung durch eine entsprechende Protesthaltung in der Öffentlichkeit auszudrücken. So hat sich nur ein kleiner Teil der Wähler der Argumentation des münsterschen Piusvereins angeschlossen, daß nämlich die Kirche durch ihr nahestehende Abgeordnete in Erfurt vertreten sein müsse. Die vier Vertreter verfügten mit Ausnahme von Ritter über parlamentarische Erfahrungen. Allerdings war nur einer, nämlich Junkmann, von Geburt Münsterländer. Daß selbst bei der geringen Anzahl von vier Abgeordneten auswärtige Kandidaten, vor allem Buß und Ritter, das Rennen machten, ist gewiß nicht nur mit taktischen Überlegungen des Klerus und des münsterschen Piusvereins zu erklären. Solche Personalentscheidungen warfen auch ein schlechtes Licht auf die eigenen Reihen. Anscheinend traute man beispielsweise den Vorstandsmitgliedern des Piusvereins keine überzeugende politische Kompetenz zu.

VI.7. Die Abgeordneten in Erfurt

Das Erfurter Volkshaus tagte vom 20. März bis zum 29. April und hielt in diesem Zeitraum insgesamt 21 Plenarsitzungen ab[50]. Buß, Junkmann, Ritter und Rohden schlossen sich der katholisch und großdeutsch gesinnten Gruppe von Parlamentariern um die Gebrüder Reichensperger an[51]. Auf eine förmliche Fraktionsbildung hatte man allerdings auf klerikaler Seite verzichtet[52]. Diese Vereinigung umfaßte etwa 15 Mitglieder und bildete zusammen mit den preußischen Hochkonservativen, darunter Gerlach, Otto von Bismarck und Stahl, die Rechte, welche die preußischen Unionspläne strikt ablehnte. Ihr stand als Befürworter die Fraktion der sog. Gothaer gegenüber, genannt die Bahnhofspartei. Im Kern setzte sie sich vorwiegend aus Abgeordneten der Frankfurter Mittelparteien, den sog. Erbkaiserlichen, zusammen[53]. Zu den führenden Mitgliedern gehörten A. von Auerswald, Bassermann, Beckerath, L. Camphausen, die Gebrüder Gagern, Harkort, Mevissen und von Vincke[54]. Zwischen der Bahnhofspartei und der Rechten nahm die Erfurter Mittelpartei, die sog. Klemme Platz. Sie tendierte mehrheitlich nach rechts und sprach sich im Gegensatz zu den Gothaern für einen deutschen Bundesstaat mit konservativen Zügen aus. Bekannte Parlamentarier aus der Revolutionszeit waren aber in ihren Reihen nicht vertreten.

Bei den 'Großdeutschen' spielte neben den Gebrüdern Reichensperger Professor Buß eine herausragende Rolle. Er meldete sich zweimal zu Wort, in der 10. und 11. Sitzung vom 13. bzw. 15. April und sprach sich dabei gegen die bundesstaatlichen Bestrebungen der Gothaer aus und wies dabei gleichzeitig auf die Unvereinbarkeit des sog. Bundesstaatsprinzips mit der Rechtsverbindlichkeit der deutschen Bundesakte hin[55]. Seiner Meinung nach wäre jede Einigung Deutschlands ohne die Einbeziehung Österreichs wertlos und bliebe ein Torso. Buß konnte aber nicht recht überzeugen und seine zweite Rede brach er nach wiederholtem Einspruch seitens des Präsidenten des Volkshauses ab. Daneben meldete sich auch Ritter zu Wort. In der 13. Sitzung am 17. April, in der es um das Verhältnis von Kirche und Staat ging, nahm er zur Schulfrage Stellung[56]. Seinem Antrag, den § 151 dahingehend zu ändern, daß die Rechte der Kirche im Schulbereich unangetastet blieben, wurde allerdings insofern nicht entsprochen, als diese nach Meinung des Hauses schon ausreichend in § 145 abgesichert seien. Rohden und Junkmann hatten sich nicht zu Wort gemeldet. Alle vier Abgeordneten stimmten in der 10. Sitzung am 13. April gegen die Annahme der Verfassung, die allerdings mit 125 bei 89 Gegenstimmen angenommen wurde[57).

DIE WAHLEN WÄHREND DER ZEIT DER REAKTION

1852 - 1858

VII. Die Wahlen vom 25. Oktober und 3. November 1852

VII.1. Wahlbewegung und Wahlkreiseinteilung

Turnusgemäß standen 1852 Neuwahlen zur III. Legislaturperiode an. Innenminister von Westphalen sollte allerdings dieses Ereignis wenig Kopfzerbrechen bereiten, denn zum einen bescherte schon allein das Dreiklassenwahlrecht dem Ministerium einen günstigen Wahlausgang, und zum anderen war das politische Vereinswesen, früher das Haupthindernis eines regierungsfreundlichen Resultats, mittlerweile zerschlagen worden. Dennoch geriet auch diese Wahl nicht zu einer reinen Routineangelegenheit, weil sich nämlich im katholischen Bevölkerungsteil seit geraumer Zeit heftiger Unmut über die Politik des Kultusministers von Raumer bemerkbar gemacht hatte. Zwar war im Verhältnis zwischen der bisweilen intoleranten Beamtenschaft und den katholischen Untertanen, namentlich in den Westprovinzen, eine gewisse Besserung eingetreten - mit Duesberg war der erste katholische Oberpräsident Preußens berufen worden - ,doch konnte von einer Normalisierung immer noch nicht die Rede sein[1]. So war etwa die Unterstützung des Gritznerschen Antrages nach gesetzlicher Aufhebung des Zölibats durch den früheren westfälischen Oberpräsidenten von Flottwell im Münsterland noch nicht in Vergessenheit geraten. Eine gewisse Mitschuld an dem belasteten Verhältnis war aber auch der Kirche nicht abzusprechen, die häufig Rechtsstandpunkte einnahm, die einfach Konflikte herausfordern mußten. Solche traten nämlich immer dann zutage, wenn staatliche und kirchliche Interessen, wie etwa noch jüngst in der Frage der Vereidigung der im Staatsdienst stehenden Geistlichen, aufeinander prallten[2]. Auch in Münster hatte sich der davon betroffene Klerus zunächst einmal geweigert, den Eid abzulegen. Schließlich blieb es aber der Kirche doch nicht erspart, den Forderungen des Staates schrittweise nachzukommen, wollte man das Verhältnis zur Regierung nicht über Gebühr belasten[3].

Wenige Monate vor der Kammerwahl entzündete sich aber ein Konflikt, der die gegenseitigen Beziehungen erheblich und sogar auf längere Sicht zu belasten drohte. Ausgelöst wurde das Zerwürfnis durch zwei Erlasse des Kultusministers von Raumer, in denen er die katholische Volksmission in den überwiegend protestantischen Gebieten untersagte und außerdem den Studienaufenthalt junger Theologen am römischen Collegium Germanicum, das übrigens dem Jesuitenorden unterstand, fortan von der Genehmigung der Kultusbürokratie abhängig machte. Darüber hinaus wies Raumer die Oberpräsidenten in getrennten Schreiben an, das Verhalten der Missionare, insbesondere jedoch deren Predigten auf politische Äußerungen hin zu überwachen[4].

Nach der Veröffentlichung beider Erlasse zog durch die beiden Westprovinzen ein Sturm der Entrüstung. Das in Münster erscheinende 'Sonntagsblatt für katholische Christen', ansonsten in der Wahl seiner Worte eher auf Mäßigung bedacht, bezeichnete sofort die Raumerschen Erlasse als Akte der Willkür und attackierte mit ungewohnter Schärfe die Einmischung des Staates in innerkirchliche Angelegenheiten[5]. In den verschiedenen Kommentaren hierzu wurde allerdings immer deutlicher, daß sich der Unmut eigentlich gar nicht einmal so sehr gegen das Verbot und die teilweise Einschränkung der Volksmission oder gegen die Erlaubnis zum Besuch des Collegium Germanicum richtete, sondern hauptsächlich gegen die in den Erlassen zum Ausdruck kommende Verletzung des Rechts auf freie Religionsausübung, wie es ja in der Verfassung der Kirche ausdrücklich zugestanden worden war[6].

Trotz dieser und anderer verbaler Proteste ließ sich die Regierung aber nicht zur Zurücknahme dieser Erlasse bewegen.

Selbst auf eine Immediateingabe der Suffraganbischöfe der Kölner Kirchenprovinz vom 26. August 1852 an den König, in der in aller Deutlichkeit der Rechtsstandpunkt der Kirche dargelegt wurde[7)], hatte man nicht einmal eine Antwort aus Berlin erhalten[8)]. Trotz dieses wenig kompromißbereiten Verhaltens der Kultusbürokratie schien man jedoch auf kirchlicher Seite wenig Interesse verspürt zu haben, diese Angelegenheit auf die Spitze zu treiben. Um die staatlichen Stellen nicht unnötig zu provozieren, war man wahrscheinlich auch von einer großangelegten Petitionsbewegung abgerückt. Immerhin hätte man dadurch möglicherweise ein Verbot der für September in Münster vorgesehenen Generalversammlung der katholischen Vereine Deutschland riskiert.

Diese 6. Generalversammlung wurde am 20. September 1852 in der Provinzialhauptstadt eröffnet. Beratungen, wie etwa auf die Raumerschen Erlasse zu reagieren sei, hätten gewiß mühelos dazu ausgereicht, zentrales Diskussionsthema der Tagung zu werden. Davon war jedoch im offiziellen Programm verständlicherweise nichts zu lesen. Mit Rücksicht auf das gespannte Verhältnis zwischen Staat und Kirche wollte man zumindest nach außen hin dieses brisante Thema meiden. In seiner Eröffnungsrede, im Beisein des Oberpräsidenten von Westfalen, von Duesberg, und des münsterschen Oberbürgermeisters von Olfers, dankte der Vorsitzende des lokalen Piusvereins, Rechtsanwalt Fuisting, der Regierung sogar dafür, daß sich die Vertreter der Katholiken zu dieser Versammlung hätten treffen können, und er hob in diesem Zusammenhang ausdrücklich hervor, daß die katholischen Vereine in ihrer Existenz nicht bedroht seien. Diese Bemerkung war aber eigentlich überflüssig, da sie sich in der letzten Zeit fast nur noch religiösen Themenbereichen zugewandt und das Feld der Politik verlassen hatten. Dennoch wäre es für die Berliner Regierung gewiß nicht besonders schwer gewesen, diese Tagung einfach zu verbieten. Ohne Zweifel hätte aber ein solches Vorgehen nur noch eine weitere und auch unnötige Verschärfung des ohnehin schon arg belasteten Verhältnisses heraufbeschworen. Außerdem dürfte der Berliner Regierung wenig daran gelegen haben, durch ein solches Verbot einer weiteren Festigung der katholischen Widerstandsfront Vorschub zu leisten. So herrschte zumindest dem äußeren Anschein nach Burgfrieden, zumal auch zum Erstaunen der Versammelten der frühere erste katholische Minister Preußens und bisher auch einzige katholische Oberpräsident, Franz von Duesberg, der Eröffnungsversammlung beiwohnte. Angesichts der Spannungen konnte seine Anwesenheit nicht hoch genug eingeschätzt werden, obwohl den Teilnehmern auch bewußt gewesen sein dürfte, daß Duesberg keinerlei Druckmittel gegen den unliebsamen Kultusminister in der Hand hatte. Jedenfalls herrschte in Münster wenigstens darüber Genugtuung, daß nach der Ablösung seines Vorgängers, Eduard von Flottwell, der ein denkbar schlechtes Verhältnis zu seinen katholischen Mitbürgern hatte, einer Besserung des Verhältnisses zumindest in Westfalen nichts im Wege stand.

Neben Fuisting ergriff der gastgebende Bischof, Johann Georg Müller, das Wort. In seiner Rede scheute er sich nicht, auf die Raumerschen Erlasse einzugehen und warf in diesem Zusammenhang der Berliner Regierung vor, aus dem Verhalten der Katholiken in der jüngsten Vergangenheit nichts gelernt zu haben. Er gab aber der Hoffnung Ausdruck, daß die angeordneten Maßnahmen möglichst bald zurückgenommen würden und rechne dabei auch fest auf die Unterstützung des Königs[9)].

Die Generalversammlung beschäftigte sich in ihren Sitzungen hauptsächlich mit sozialen und wirtschaftlichen Problemen, aber auch mit der künftigen Rolle der katholischen Vereine. Breiten Raum nahm die katholische Pressepolitik und die Bestrebungen zur Gründung einer rein katholischen Universität nach dem Vorbild des belgischen Löwen ein. Die Errichtung einer solchen Hochschule war besonderes Anliegen des zeitweiligen Tagungspräsidenten Wilderich von Ketteler[10)].

Alles in allem gesehen, gab sich diese Generalversammlung

nach außen hin vollkommen unpolitisch. Zumindest aber die Delegierten aus den preußischen Diözesen dürften sich untereinander einige Gedanken über die passende Antwort auf die staatliche Herausforderung gemacht haben. Bereits zu diesem Zeitpunkt waren ja Pläne, nach denen sich die katholischen Abgeordneten von der kommenden Legislaturperiode an zu einer Fraktion zusammenschließen sollten, weit gediehen[11].

In den Gemeinden und Vereinen legte man sich dagegen weitaus weniger Zurückhaltung auf. Dort hatten die Raumerschen Erlasse ebenfalls eine Welle des Protestes ausgelöst. Zwar war der Klerus weit davon entfernt, abermals eine großangelegte Petitionsbewegung, vergleichbar mit jener von vor vier Jahren, in die Wege zu leiten, doch zeigten immerhin einzelne Aktionen, wie etwa die des münsterschen Kaufmanns Schütte, daß man keineswegs gewillt war, die Maßnahmen des Kultusministers widerspruchslos hinzunehmen. Auf die mit 1048 Unterschriften versehene Protestadresse nach Berlin hatte Raumer sogar geantwortet[12]. Zwar ließ er darin, wie ihm angetragen, nicht die geringste Bereitschaft zur Zurücknahme seiner umstrittenen Erlasse erkennen, er gab Schütte aber gegenüber zu verstehen, daß die Regierung nicht die Absicht hege, den Besuch am Collegium Germanicum einzuschränken oder gar die verfassungsmäßigen Rechte der Kirche anzutasten[13].

Eine Protestadresse richtete auch die gesamte Geistlichkeit aller Dekanate des Regierungsbezirks an den König und sprach darin die Bitte aus, der Monarch möge sich für die Aussetzung der Erlasse verwenden. Sollte tatsächlich der gesamte Klerus der Adresse beigetreten sein, so wären immerhin etwa 700 Unterzeichner zusammengekommen[14]. Proteste kamen auch von denjenigen Provinziallandtagen, in denen katholische Abgeordnete in der Überzahl waren, so in Schlesien, im Rheinland und natürlich auch in Westfalen[15].

Sämtliche Eingaben und Proteste stießen aber in der preußischen Hauptstadt auf taube Ohren, so daß wenige Wochen vor der Wahl von einer Besserung des gegenseitigen Verhältnisses nicht die Rede sein konnte.

In den Wochen vor den Wahlen war es vor allem der zentrale münstersche Piusverein, der immer wieder auf die Bedeutung dieser Stimmabgabe verwies und deshalb auch die Bevölkerung beschwor, diesmal verstärkt an den Wahlen teilzunehmen. Alle Bemühungen waren darauf gerichtet, in der kommenden Legislaturperiode mit möglichst vielen katholischen Abgeordneten vertreten zu sein, um die Belange der Kirche besser schützen zu können[16]. Außerdem war immer wieder zu hören, niemand möge die geringe Anzahl der neun Abgeordneten aus dem Regierungsbezirk Münster unterschätzen, da die Erfahrung vielfach gezeigt habe, daß eine einzige Stimme den Ausschlag geben könne[17]. Merkur und Sonntagsblatt äußerten sich in gleicher Richtung und wiesen außerdem darauf hin, daß, gemessen am Bevölkerungsaufkommen, bisher viel zu wenig katholische Abgeordnete in der II. Kammer vertreten seien[18]. Kurz vor den Wahlen schärfte der Merkur, der sich ganz in die Dienste der klerikalen Wahlbewegung gestellt hatte, seiner Leserschaft nochmals ein, Männer zu wählen, die es redlich mit dem König und redlich mit der Kirche hielten[19]. Auch Bischof Müller richtete in seinem beinahe schon traditionellen Hirtenbrief aus Anlaß der Wahl mahnende Worte an die Gläubigen und legte ihnen wegen der Bedeutung dieser Wahl dringend nahe, sich zu beteiligen. Vor Gott, so führte er sinngemäß aus, gebe es keine Entschuldigung, wenn möglicherweise durch ein Fernbleiben von den Wahlen katholische Interessen nicht gebührend gewahrt werden könnten. Nach Auffassung des Bischofs sollten deshalb nur solche Männer zu Abgeordneten gewählt werden, die das wahre Wohl des Vaterlandes erkennen würden und zugleich aufrichtige Bekenner des Glaubens unserer Kirche seien[20].

Neben dem Klerus, dem Merkur und dem katholischen Sonntagsblatt als bedeutsamste Zeitungen des Regierungsbezirks, griff auch diesmal der Staat in das Vorwahlgeschehen ein. Am 7. Oktober sandte Innenminister von Westphalen ein Zirkular an alle Landräte, in dem er die Erwartungen der Regierung bezüglich eines konservativen Wahlerfolges näher darlegte. Seiner Auffassung zufolge, und dies war der eigentliche Kern seines Schreibens, müsse zwar die Verfassung unbedingt respektiert werden, von Fall zu Fall seien aber auch Veränderungen und Auslegungsvarianten im konservativen Sinn zwingend und gerade hierauf zielende Anträge sollten der nächsten Kammer vorgelegt werden. Aus diesem Grund dürfe bei den bevorstehenden Wahlen oppositionellen Kandidaten keine Chance gelassen werden. Um ein der Regierung freundlich gesinntes Ergebnis zu garantieren, empfahl er den Landräten, bereits frühzeitig Absprachen unter bekannt zuverlässigen und konservativ gesinnten Persönlichkeiten zu treffen[21]. Ein in jeder Hinsicht unbefriedigendes Resultat, so drohte Westphalen, werde auf alle Fälle dem Verschulden der örtlichen Verwaltung zugeschrieben. Ebenfalls vom 7. Oktober datierten entsprechende Anweisungen an die Oberpräsidenten und Regierungspräsidenten[22]. Darin wurden letztere angehalten, die Landräte in jeder Hinsicht zu unterstützen, gegebenenfalls auch zu kontrollieren und zusammen mit ihnen die Auswahl konservativer Kandidaten vorzunehmen[23]. Um den Erfolg der Regierung unter keinen Umständen zu gefährden, wurden zugleich auch die Oberpräsidenten beauftragt, die Tätigkeit der ihnen unterstellten Bezirksregierungen und die der Landräte zu beaufsichtigen und zu leiten[24].

Derartige Manipulationen des Innenministers mußten aber naturgemäß in den rein katholischen Gebieten Preußens scheitern. Da es zudem kaum konservative Persönlichkeiten nach dem Geschmack Westphalens im Münsterland gab, stießen Bemühungen der hiesigen Behörden von vornherein ins Leere. Seinen Beobachtungen zufolge vermutete Regierungsvizepräsident Naumann, daß die bisherigen Abgeordneten wiedergewählt würden, da die Wahlmänner meistens so abstimmen würden, wie es der Klerus wünsche[25]. Deshalb werde sich auch kaum eine der Kirche nahestehende Persönlichkeit finden, die sich angesichts der Erregung über die Raumerschen Erlasse noch für die Regierung einsetzen würde. Da aber ansonsten die Geistlichkeit durchweg nicht oppositionell gesinnt sei, so Naumann, könne man durchaus ein konstitutionelles Ergebnis erwarten. Allerdings bedauerte es der Regierungsvizepräsident, daß mit der Kandidatur einheimischer Adeliger nicht zu rechnen sei, da sie in der Wählerschaft kaum Rückhalt besäßen. "Ich selber", ließ Naumann Innenminister von Westphalen wissen, "würde eine solche Wahl begrüßen, da die Träger dieser Namen höchst ehrenwerte Personen sind, die in den meisten Fragen von Wichtigkeit mit der Regierung stimmen würden, sofern die Unabhängigkeit der Kirche gewahrt würde"[26]. Naumann mußte aber entgangen sein, daß die überwiegende Mehrheit des katholischen Adels der Regierung alles andere als gerade freundlich gesonnen war. Konkrete Angaben, ob seitens der münsterschen Regierung Kontakte zu gewissen Adeligen geknüpft worden sind, konnten nicht nachgewiesen werden. Allerdings war Naumann davon überzeugt, daß Wilderich von Ketteler schon allein wegen seiner Rolle auf der jüngst in Münster abgehaltenen Generalversammlung der katholischen Vereine Deutschlands gute Chancen habe, nach Berlin gewählt zu werden. Als aussichtsreiche Anwärter sah Naumann außerdem noch den Beckumer Landrat von Schmising-Kerßenbrock, Johann Matthias Graf von Galen und Ferdinand Graf von Merveldt an[27]. Von diesen war allerdings keiner bisher politisch auffällig in Erscheinung getreten. Allgemein, so räumte Nauman resignierend ein, sei es für evangelische Beamte bei der Stellung des Adels und der katholisch-konfessionellen Prägung der Wahlmänner ungemein schwierig, Einfluß auf das Wahlgeschehen zu nehmen. Alle Versuche in dieser Richtung blieben erfolglos und außerdem müßten protestantische Beamte im Falle einer Kandidatur immer Gefahr laufen, ihren Rückhalt und nicht zuletzt ihr Ansehen bei der Bevölkerung zu verlieren. Trotz dieser treffenden Einschätzung verrechnete sich Naumann hinsichtlich des Wahlausgangs ganz erheblich. Besonders traf dies für die angeblich guten Wahlchancen des Oberpräsidenten von Duesberg im Wahlkreis Ahaus -- Steinfurt -- Tecklenburg zu[28].

Gegenüber den letzten Kammerwahlen vom Juli 1849 war die Einteilung der Wahlkreise unverändert geblieben. Allerdings hatte man in Berlin schon seit längerem die Absicht erkennen lassen, eine festgelegte Ordnung der jeweiligen Wahlkreise anstreben zu wollen, um nicht jedesmal wieder von neuem darüber befinden zu müssen. Bereits seit zwei Jahren waren Vorgespräche im Gange, um die im Wahlgesetz noch immer nicht verankerte Einteilung der jeweiligen Wahlkreise endgültig vorzunehmen [29]. Auf Betreiben des Innenministers hatte die münstersche Regierung die interimistisch die Funktion der Kreisversammlungen ausübenden Gremien einberufen lassen. Diese sollten über Vorschläge der Inneren Abteilung und des Oberpräsidenten beraten und gegebenenfalls Änderungen bzw. Verbesserungen unterbreiten. Bei den ersten Überlegungen wurde davon ausgegangen, daß der Stadt Münster aufgrund ihrer Ausnahmestellung im Regierungsbezirk eine gewisse Eigenständigkeit eingeräumt werden müßte. Außerdem hatte man auch nicht die Absicht, die zehn landrätlichen Kreise willkürlich, wie in der jüngsten Vergangenheit häufig geschehen, aufzuteilen, sondern sie vielmehr nach organischen Gesichtspunkten zusammenzulegen[30]. Dabei wurde folgender erster Vorschlag gemacht:

Bestandteile Stadt/Kreis	Einwohner	Wahlort	Anzahl der Abgeordneten
Münster(Stadt)	21275	Münster	1
Münster(Kreis)	37058		
	58333		
Recklinghausen	46940	Recklinghausen	1
Tecklenburg und: Gemeinde Lienen	42123	Tecklenburg	1

Borken	41151	Borken	1
Steinfurt	41112	Burgsteinfurt	1
Ahaus	40048	Ahaus	1
Coesfeld	40372	Coesfeld	1
Beckum	36500	Drensteinfurt	2
Lüdinghausen	38112		
Warendorf ohne: Gemeinde Lienen	33453		
	108065		

In Münster hielt man diesen Vorschlag für durchaus akzeptabel, da die über vierzigtausend Einwohner zählenden Kreise eigenständig blieben, und eine Zersplitterung der kleineren Kreise untereinander vermieden wurde[31]. Für den Fall, daß die Stadt Münster für sich allein einen Wahlkreis würde bilden können, war von seiten des Oberpräsidenten ein anderer Vorschlag unterbreitet worden. Danach sollten große Landkreise, wie etwa Borken, Recklinghausen, Steinfurt und Tecklenburg für sich jeweils einen selbständigen Wahlkreis bilden, während kleinere, wie etwa Coesfeld, Lüdinghausen und Ahaus auf der einen sowie Münster, Beckum und Warendorf auf der anderen Seite zu jeweils zwei Großwahlkreisen zusammengefaßt werden sollten, die dann selbstverständlich auch zwei Abgeordnete beanspruchen konnten[32]. Gegen diesen Vorschlag wurde aber vor allem von seiten der zusammengelegten Wahlkreise opponiert. So rechnete man dortbeispielsweise vor, daß drei der größeren Einzelwahlkreise, theoretisch einmal zu einem zusammengefaßt, bei einer nur unwesentlich höheren Bevölkerungszahl drei Abgeordnete würden wählen können, Münster, Warendorf und Beckum sowie Coesfeld, Lüdinghausen und Ahaus dagegen nur zwei. Aus Beckum kam daher der Vorschlag, gegebenenfalls die zusammengelegten Kreise wenigstens alternierend zwei bzw. drei Abgeordnete wählen zu lassen, auf den in Münster aber niemand näher einging[33]. Schließlich wurde noch ein weiterer Aufteilungsplan unterbreitet, wonach die Stadt Münster und die Kreise Ahaus, Borken, Coesfeld, Recklinghausen, Steinfurt und Tecklenburg jeweils für sich einen Wahlkreis bildeten während Münster mit Lüdinghausen und Warendorf mit Beckum zusammengelegt wurde . Jeder Wahlkreis sollte einen Abgeordneten nach Berlin entsenden. Aber auch dagegen erhob sich von seiten der zusammengelegten Kreise Einspruch.

Da das Wahlgesetz aber auch in der ausgelaufenen Legislaturperiode nicht beschlossen worden war, blieben sämtliche gut gemeinten Vorschläge zunächst einmal unberücksichtigt. In einem Schreiben an Westphalen wies die münstersche Regierung daraufhin, daß sich die bisherige Einteilung ohnehin als sehr zweckmäßig erwiesen habe und man folglich auch zu keinerlei Veränderungen rate. Lediglich die Zurückverlegung des Wahlortes im Wahlkreis Beckum -- Lüdinghausen und Teilenvon Coesfeld, nämlich von Lüdinghausen nach Drensteinfurt, war behördlicherseits angeordnet worden, nachdem sich der Beckumer Landrat schon wiederholt für einen solchen Schritt eingesetzt hatte. Im einzelnen hatte die Wahlkreiseinteilung folgendes Bild:

Bestandteile Stadt/Kreis/Amt	Einwohner	Wahlort	Anzahl der Abgeordneten
Münster(Stadt)	21275	Münster	1
Münster(Kreis)	37058		
Warendorf	33453		
	91786		

Steinfurt	41112	Burgsteinfurt	3
Tecklenburg	42123		
Ahaus	40048		
Amt Darfeld	2095		
Amt Osterwick	3813		
Amt Billerbeck	5303		
Amt Rorup (Kreis Coesfeld)	2433		
	136927		

Lüdinghausen	38112	Drensteinfurt	2
Beckum	36500		
Amt Coesfeld	2886		
Amt Dülmen	4849		
Amt Buldern	1616		
Stadt Haltern	2036		
Gem. Haltern	2988		
Stadt Coesfeld	3603		
Stadt Dülmen (Kreis Coesfeld)	3411		
	96046		

Borken	41151	Dorsten	2
Recklinghausen	46940		
Amt Gescher	3710		
Gem. Lette (Kreis Coesfeld)	1584		
	93385		

VII.2. Wahlkreis: Münster(Stadt) -- Münster(Kreis) -- Warendorf

Trotz der für die Katholiken so wichtigen Wahl deutete nicht viel auf eine intensive Wahlbewegung in Münster und Umgebung hin. In der Presse wurde auch über Wahlmännerversammlungen nichts publik. Wahrscheinlich in Abstimmung mit dem Piusverein und einflußreichen Kräften des höheren Klerus wurden Wilderich von Ketteler und der münstersche Domkapitular Kaspar Franz Krabbe zu Abgeordnetenkandidaten nominiert . Mit dieser Personalentscheidung sind ganz eindeutig Akzente gesetzt worden, denn mit Ketteler und Krabbe wurden zwei der derzeit wohl geeignetsten Vertreter des klerikalen Lagers des Regierungsbezirks nach Berlin entsandt. Besonders Krabbe, bereits 1848/49 Mitglied der preußischen Nationalversammlung, hatte sich während seiner annähernd siebzehnjährigen Tätigkeit als Regierungs- und später auch als Provinzialschulrat auf dem Bereich des katholischen Erziehungswesens einen Namen gemacht, und er verfügte dadurch natürlich über einschlägige Erfahrungen im Umgang mit der Kultusbürokratie[34)].

Die beiden bisherigen Abgeordneten stellten sich nicht mehr zur Wahl. Der farblose Amtmann Wildermann hatte bereits kurz vor Ende der 3. Session sein Mandat aus Gesundheitsgründen niedergelegt, und Brockhausen, der eine allzu oppositionelle Haltung eingenommen hatte, meldete von sich aus kein Interesse an einer Wiederwahl an. Erwartungsgemäß höher als bei den vor knapp zwei Jahren über die Bühne gegangenen Wahlen zum Erfurter Volkshaus war dieses Mal die Beteiligung. In der Stadt Münster war sie von 19,7 % auf 29,5 % gestiegen, im Kreis Münster von 3,8 % auf 6,7 % und in Warendorf von 9,6 % auf 11,4 %[35)]. Die Appelle des Bischofs und des Piusvereins sind also nicht vollkommen wirkungslos geblieben. Die Abgeordnetenwahl am 3. November verlief ohne große Überraschung. Krabbe setzte sich mit 260 von 338 Stimmen, Ketteler mit 186 von 338 Stimmen durch[36)]. Gegenkandidat Krabbes war der frühere Hauptmann der münsterschen Bürgerwehr Nicolaus Zumloh, für den sich 30 Wahlmänner aussprachen. Ferner hatten noch Rechtsanwalt Eduard Windthorst, Wilderich von Ketteler und sogar Bischof Müller einige Stimmen erhalten. Alleiniger Gegenkandidat Kettelers war Zumloh, auf den immerhin 152 Stimmen, hauptsächlich aus den Reihen der stadtmünsterschen Wahlmänner, entfielen[37)]. Wilderich von Ketteler nahm aber sein Mandat nur ein knappes Jahr wahr. Im Zuge der Meinungsverschiedenheiten in der katholischen Fraktion über die Frage einer möglicherweise vorzunehmenden Revision der Verfassung im konservativen Sinne, die von der Mehrzahl der katholischen Abgeordneten allerdings strikt abgelehnt wurde, schied Ketteler schon am 8. Oktober aus der II. Kammer wieder aus[38]. Seinem Schritt folgten bis zum Jahresende noch eine Reihe anderer, hauptsächlich adeliger Mitglieder der Fraktion, die nicht anders als Ketteler eine in konservative Richtung zielende Abänderung der Verfassung bejaht hatten[39]. Zu Kettelers Nachfolger wurde am 24. November Nicolaus Zumloh gewählt, der sich im 2. Wahlgang gegen den in Ahaus tätigen Kreisrichter Ziegler mit 146 zu 120 Stimmen durchsetzen konnte[40]. Von den ursprünglich 350 aufgestellten Wahlmännern waren lediglich 266 erschienen.

.3. Wahlkreis: Steinfurt -- Tecklenburg -- Ahaus

In einer vor den Wahlen zusammengestellten Übersicht über die vier münsterländischen Wahlkreise hatte Regierungsvizepräsident Naumann die Vermutung geäußert, daß es den drei bisherigen Abgeordneten, Rohden, Terbeck und Ziegler, schwer fallen würde, nochmals das Vertrauen der Wähler zu erringen. Worauf sich dabei Naumanns Zuversicht gründete, wissen wir nicht. Jedenfalls war er sich aber ziemlich sicher, daß Oberpräsident von Duesberg mit Hilfe der 'gut preußisch' gesinnten Tecklenburger, der zahlreichen Beamten und einer Reihe nichtklerikal eingestellter Wahlmänner ein Mandat erringen könnte. Daß aber der erste Mann der Provinz bei diesen doch fragwürdigen Mehrheitsverhältnissen sein Ansehen aufs Spiel setzen ließ, um wenigstens der klerikalen Vormachtstellung Einhalt zu gebieten, warf ein bezeichnendes Licht auf den tatsächlichen Einfluß der münsterschen Bezirksregierung.

Protestantische Staatsdiener, wie Naumann treffend bemerkte, wurden von der Regierung wegen der zu erwartenden vernichtenden Niederlagen erst gar nicht in Erwägung gezogen. Allerdings ging auch die Rechnung der münsterschen Behörden, mit dem katholischen Oberpräsidenten Furore zu machen, bei weitem nicht auf. Mit Ausnahme von Ziegler, über dessen Verzichtsgründe keine Angaben vorliegen, wurden die beiden anderen Abgeordneten, Rohden und Terbeck, mit gewohnt eindeutigen Ergebnissen wiedergewählt. Auf den Posener Appellationsrat entfielen 354 von 419 Wahlmännerstimmen, auf den Schulgeistlichen Terbeck 336 von 382[41]. Das dritte Mandat fiel an einen Kollegen Terbecks, den Geistlichen und Progymnasiallehrer Gerhard Theissing aus Rheine, für dessen Wahl sich 325 von 412 Wahlmänner aussprachen[42]. Nicht ermittelbar war die Anzahl der auf Duesberg und den ebenfalls von der münsterschen Regierung favorisierten Kreisrichter Goesen aus Tecklenburg gefallenen Stimmen. Den eindeutigen Mehrheitsverhältnissen zufolge waren beide nur von einer Minderheit gewählt worden. Deutlicher hätte die Niederlage der Regierung nicht ausfallen können, denn daß Duesberg zwei ziemlich unbekannten Geistlichen unterliegen würde, war wohl kaum erwartet worden.

VII.4. Wahlkreis: Lüdinghausen -- Beckum

Wie erwartet gewannen auch hier die beiden bisherigen Abgeordneten, Appellationsgerichtsrat August Reichensperger mit 285 von 325 und Amtmann Brüning mit 221 von 307 Stimmen[43]. Reichensperger lehnte aber, da er zugleich auch im Wahlkreis Euskirchen -- Bergheim -- Landkreis Köln gewählt worden war, dieses münsterländische Mandat ab[44]. Oberpräsident von Duesberg, der gewiß am besten wußte, daß konservative Kandidaten nach dem Geschmack des Innenministers im katholischen Münsterland nichts zu bestellen hatten, schaltete sich nun selbst in die Nachfolge A. Reichenspergers ein. Durch seinen Präsidialsekretär Linhoff[45] ließ nun Duesberg bei dem ihm aus seiner Erfurter Zeit persönlich bekannten Regierungsassessor Hermann von Mallinckrodt anfragen, ob er eventuell das dortige Mandat annehmen wolle. Als Staatsbeamter wäre dieser nämlich für die Regierung genauso akzeptabel gewesen wie als engagierter Katholik für diesen Wahlkreis[46]. Mallinckrodt, der zugleich ein enger Freund Linhoffs war[47], gab ihm gegenüber zu erkennen, daß er das Angebot annehmen werde, sich aber nicht unbedingt nach einem Mandat dränge.(Allerdings hatte er sich schon zuvor in Paderborn aufstellen lassen, war aber dort durchgefallen[48].) Ferner gab Mallinckrodt zu bedenken, daß er persönliche Meinungsverschiedenheiten mit der Regierung aufgrund seiner Stellung als katholischer Staatsbeamter künftig nicht ausschließen könne. In einem solchen Fall, so ließ er Linhoff wissen, folge für den Gewählten nur die eine Verpflichtung, "um so gewissenhafter zu handeln, und bei Beobachtung jeder Rücksicht in der Form, in der Sache selbst jede Rücksicht auf die eigene Person auszuschließen"[49]. Welche Nachteile Mallinckrodt aus dieser gewiß ehrenhaften Einstellung erwachsen würden, sollte er bald am eigenen Leibe erfahren. Der in seiner Fraktion geschätzte Jurist, der trotz seiner klerikalen Einstellung auch in Regierungskreisen Anerkennung genoß, hatte sich Ende 1855 um die Nachfolge des münsterschen Bürgermeisters von Olfers beworben. Seiner Kandidatur stand auch dieses Mal Oberpräsident von Duesberg wohlwollend gegenüber und er machte sich sogar in Berlin für Mallinckrodts Wahl stark. Ausgerechnet zu diesem Zeitpunkt hatte dieser aber den oppositionellen Antrag auf Prüfung der regierungsamtlichen Wahlmanipulationen bei den Kammerwahlen von 1855 unterstützt und sich hierdurch natürlich das Mißfallen des Innenministers zugezogen[50]. An seiner Stelle war daraufhin Offenberg berufen worden.

Wie erwartet sprachen die Wahlmänner Hermann von Mallinckrodt am 20. November das Vertrauen aus. Auf ihn entfielen 174, auf seinen Gegenkandidaten, das ehemalige Mitglied der

Paulskirche, den derzeitigen Gerichtsrat Karl August Versen aus Paderborn, 41 von insgesamt 215 abgegebenen Stimmen[51]. Daß aber auch die Wahlmänner, vornehmlich solche aus landwirtschaftlichen Berufen, in der Lage waren, eigene Kandidatenvorstellungen durchzusetzen, zeigte sich an der Wahl des Gutsbesitzers und Amtmanns Brüning aus Enniger. Dieser hatte sich im 2. Wahlgang gegen Persönlichkeiten wie den Grafen Galen zu Assen, der wohl auf Naumanns Initiative hin angetreten war, den münsterschen Rechtsanwalt Eduard Windthorst, eines der führenden Mitglieder im dortigen Piusverein und schließlich den einflußreichen Coesfelder Pfarrdechanten Ruland[52] durchsetzen können. Vieles spricht dafür, daß Brüning wegen seines Einsatzes im landwirtschaftlichen Kreisverein Beckum das Vertrauen zahlreicher Wahlmänner hatte erringen können[53].

VII.5. Wahlkreis: Borken -- Recklinghausen

Zu Abgeordneten wurden der in Borken tätige Kreisrichter Reigers mit 243 von 316 und der aus Dorsten stammende Anwalt Geißler mit ebenfalls 243 Stimmen gewählt[54]. Nicht berücksichtigt wurde der frühere Vertreter in Frankfurt und in Erfurt, Wilhelm Junkmann, mit dessen sicherer Wahl in Münster gerechnet worden war. Junkmann hatte aber bereits frühzeitig signalisiert, daß er sich künftig ausschließlich seiner akademischen Laufbahn widmen wolle, zumal er sich im Jahr zuvor gerade habilitiert hatte. Die gewählten Abgeordneten, Reigers und Geißler, gehörten dem klerikalen Lager an.

Im Zusammenhang mit der Mandatsniederlegung mehrerer konservativer Mitglieder der katholischen Fraktion im Herbst 1853 schied auch Geißler aus der II. Kammer wieder aus[55]. Für diesen Schritt dürften aber rein private Gründe verantwortlich gewesen sein, denn erfahrungsgemäß hatten es vor allem Rechtsanwälte und sonstige Freiberufler schwer, sich finanziell über Wasser halten zu können[56]. Geißler, der 1848/49 stellvertretender Abgeordneter zur deutschen Nationalversammlung war, ist in den folgenden Jahren politisch nicht mehr in Erscheinung getreten.

Zu seinem Nachfolger wurde am 2. Dezember 1853 mit 117 von 201 Stimmen Kreisrichter Clemens Heitmann aus Dorsten gewählt, übrigens ein Kollege des früheren Abgeordneten Evelt am Gericht in Dorsten[57]. Wie bei solchen Nachwahlen schon beinahe üblich, fehlte nahezu ein Drittel der Wahlmänner. Von den 330 zur Anwesenheit verpflichteten waren nur 201 in Dorsten erschienen. Nach Einschätzung des Wahlkommissars von Hamelberg könne davon ausgegangen werden, daß Heitmann in allen Fragen, die nicht die katholische Kirche angingen, mit der Regierung stimme[58].

VII.6. Wahlergebnis

Trotz intensiver Bemühungen durch Klerus, katholische Presse und Piusvereine blieb auch dieses Mal die Wahlbeteiligung hinter allen Erwartungen zurück. Nach den vorliegenden Berichten hatten nur 8118 der insgesamt 85835 Wahlberechtigten ihre Stimme abgegeben[59]. Zwar lag das Ergebnis abermals unter der '10 % Marke', doch war die Beteiligung nach Ansicht einiger Landräte wesentlich höher als man es vor der Verbreitung des bischöflichen Wahlschreibens hätte erwarten dürfen. Der Mangel an volkreichen Städten und an geschlossenen Ortschaften und nicht zuletzt die Teilnahmslosigkeit der 'arbeitenden Klasse', die selbst am Wahltag nicht auf ihren Verdienst verzichten will, so urteilte Naumann, haben wohl in Verbindung mit der Abneigung gegen die sich ständig wiederholenden Wahlen zu diesem Resultat geführt[60].

Trotzdem war im Vergleich mit der Wahl zum Erfurter Volkshaus eine um 2,5 % verbesserte Beteiligung zu verzeichnen. Im einzelnen wurden folgende Ergebnisse erzielt[61]:

	Wahlberechtigt	Teilnehmer	%
Steinfurt	8862	590	6,7
Tecklenburg	8536	626	7,3
Ahaus	8807	642	7,3
Münster(Stadt)	3909	1153	29,5
Münster(Kreis)	8550	570	6,7
Warendorf	6903	789	11,4
Coesfeld	8833	771	8,7
Beckum	7652	440	5,7
Lüdinghausen	7910	513	6,5
Borken	8060	1296	14,3
Recklinghausen	7813	719	9,2
Reg.-Bez. MS	85835	8118	9,45
Preußen	2891428	624345	21,60
Reg.-Bez. MS Erfurt 1850	62602	4507	7,2

Die höchste Wahlbeteiligung wurde mit 34 % im Regierungsbezirk Köslin, die niedrigste im Regierungsbezirk Aachen mit 8,9 % registriert[62]. Erfahrungsgemäß herrschte in den Ostprovinzen weitaus mehr Interesse an den Wahlen als im Rheinland und in Westfalen. Im Regierungsbezirk Koblenz gaben beispielsweise nur 11,8 % ihre Stimme ab, in den linksrheinischen Kreisen des Regierungsbezirks Düsseldorf 13,6 % und im Regierungsbezirk Trier 13,9 %[63].

Trotz der Versicherung der Landräte, daß die gewählten Abgeordneten auf seiten der Regierung ständen, sofern nicht die Rechte der Kirche angetastet würden, war der Ausgang der Wahl für die münsterschen Behörden dennoch eine herbe Enttäuschung. Gemessen an den Erwartungen des Innenministers blieb man auch nur den Anschein des Erfolges schuldig. Um sich aber nicht dem Mißfallen Westphalens auszusetzen, wurde das Ergebnis allgemein beschönigt, und Landräte und Bezirksregierung ließen deshalb auch keine Gelegenheit aus, die im Grunde genommen konservative Gesinnung der Gewählten hervorzuheben. Außerdem wies man in Münster darauf hin, daß die einstmals starken Demokraten überhaupt keine Rolle gespielt hatten, ein Argument, das freilich nicht mehr zog und nur dazu diente, den totalen Erfolg der Klerikalen zu verniedlichen. Obwohl vorhersehbar, daß konservative Kandidaten nach den Vorstellungen des Innenministers nicht den Geschmack der hiesigen Wähler trafen, war der Sieg der Klerikalen in solchem Ausmaß überraschend. Sämtliche neun Vertreter in Berlin, darunter allein drei Geistliche, rekrutierten sich aus den Reihen der Klerikalen und gehörten dadurch natürlich zu einem der Grundpfeiler der bald darauf ins Leben gerufenen katholischen Fraktion.

Dieser Erfolg war auf zwei Tatsachen zurückzuführen: zum einen gelang es den Vertretern des politischen Katholizismus, dem Klerus, den Vereinen und der Presse Teile der Wählerschaft argumentativ zu erreichen und für die bedrohte Lage der Kirche Verständnis zu wecken, zum anderen bewirkten natürlich die Raumerschen Erlasse unter den Katholiken abermals das ungute Gefühl, der protestantischen Obrigkeit in gewisser Weise schutzlos ausgeliefert zu sein.

Daß aber auch unter derartigen Vorzeichen nur etwas mehr als 9 % der Wahlberechtigten ihre Stimme abgaben, lag nun schon zum wiederholten Male an äußeren Begleiterscheinungen,

Die Berufsstellung der Wahlmänner bei der Wahl vom 3. November 1852

	Klerus	Lehrer	Beamte + Militär	Handel + Gewerbe	Landwirte	Rechtsanwälte + Selbständige
Ahaus	24	5	8	30	66	5
Beckum	26	5	17	12	62	6
Borken	22	15	12	28	62	7
Coesfeld	23	9	6	29	66	2
Lüdinghausen	33	9	10	12	62	3
Münster(Stadt)	1	2	30	54	1	6
Münster(Kreis)	22	4	5	21	79	4
Recklinghausen	30	6	20	26	79	8
Steinfurt	Angaben liegen nicht vor					
Tecklenburg	7	12	7	32	86	4
Warendorf	Angaben liegen nicht vor					

Zusammengestellt nach: ZStA Merseburg Rep.77 Tit.496a Nr.53 adh. I g (Westfalen) (Blatt 2 - 6)

wie an ungünstigen Verkehrs- und Witterungsverhältnissen, an dem Mißtrauen gegenüber der Politik und natürlich auch an materiellen Interessen, denn kaum jemand wollte nur der Stimmabgabe wegen auf seinen Lohn verzichten.

VII.7. Die III. Legislaturperiode

Die Wahlen in der gesamten Monarchie waren, wie die Zusammensetzung des Landtags zeigte, durchaus im Sinne des Ministeriums ausgefallen. Der konservativ-feudalen Rechten mit 103 und der ministeriellen Rechten mit 93 Abgeordneten saß eine Opposition von etwa 154 Deputierten gegenüber[64]. In ihren Reihen standen 61 Liberale, 17 Mitglieder der konservativ-konstitutionellen Fraktion Bethmann-Hollweg, 13 Polen und die zu Beginn dieser Legislaturperiode ins Leben gerufene katholische Fraktion mit insgesamt 63 Abgeordneten[65].

Alle neun Abgeordneten aus dem Regierungsbezirk Münster waren der am 30. November 1852 gegründeten katholischen Fraktion beigetreten. Deren Satzung umfaßte 14 Bestimmungen, die aber keinerlei programmatische Zielsetzung aufwiesen. Sie dienten lediglich als eine Art Geschäftsordnung für den internen Betrieb der Fraktion[66]. Dieser Modus war insofern angestrebt worden, als nur in speziell kirchenpolitischen Fragen Übereinstimmung bestand, während die Ansichten in politischen Sachverhalten ziemlich differierten. In diesem Sinne äußerte sich auch August Reichensperger gegenüber dem Grafen von Montalembert, dem Vorkämpfer des Ultramontanismus in Frankreich. "Die katholische Fraktion zählt nunmehr 63 Mitglieder, welche freilich in politischer Hinsicht nichts weniger als homogen sind. Die adeligen Herren, meist Westfalen, bilden davon im ganzen die äußerste Rechte, die Rhein- und Moselbewohner die Linke, die Westfalen das Zentrum. Wir suchen uns so gut es geht zu verständigen und durch Kompromisse die Gegensätze auszugleichen. Hoffentlich wird das kirchliche Band, welches uns zusammenhält, stärker sein als die trennende Kraft jener Verschiedenheiten"[67]. Die Leitung der Fraktion lag in den Händen von August Reichensperger. Ihm standen als Vorstandsmitglieder unter anderem die im Regierungsbezirk Münster gewählten Wilderich von Ketteler und Wilhelm Rohden zur Seite[68].

Ihre erste Bewährungsprobe hatte die Fraktion in der Auseinandersetzung um die sog. Raumerschen Erlasse zu bestehen. Zwar gelang es den katholischen Vertretern trotz eines starken Redneraufgebotes nicht, die Regierung von ihrem bisherigen Kurs abzubringen - der Antrag, das Staatsministerium möge die Anordnungen des Kultusministers zurücknehmen, wurde mit 123 gegen 175 Stimmen abgewiesen[69] - doch sollte das geschlossene Auftreten der Fraktion nicht vollkommen erfolglos bleiben, hatten sich doch immerhin 73 Abgeordnete aus anderen Parteien diesem Antrag angeschlossen [70]. Hinzu kam, daß die Regierung die Bereitschaft erkennen ließ, die Anordnungen Raumers nicht allzu eng auslegen zu wollen. Später wurde auf deren Durchführung sogar ganz verzichtet[71].

Nach Beendigung dieser Auseinandersetzung widmete sich die katholische Fraktion vor allem Fragen der Parität und verlangte in zahlreichen Einzelanträgen die Verwirklichung der in der Verfassung festgeschriebenen Gleichberechtigung der Katholiken in Staat und Gesellschaft. Besonderes Augenmerk richtete man dabei auf das Kultus- und Unterrichtswesen, wobei sich die Fraktion auch für den vorrangigen Ausbau der Akademie in Münster zu einer vollgültigen katholischen Universität einsetzte[72]. Von besonderem Gewicht waren in diesem Zusammenhang die Anträge des Abgeordneten Otto aus Krefeld, in welchen die Forderungen erhoben wurden, "daß die säkularisierten katholischen Stiftungen und Fonds ausschließlich katholischen Zwecken zugewandt und die aus reinen Staatsfonds fließenden Mittel paritätisch verteilt würden"[73]. Die wichtigsten Redner in Sachen Parität waren die Gebrüder Reichensperger, Wilderich von Ketteler, Otto, von Mallinckrodt und Rohden.

Wie brüchig allerdings der Zusammenhalt der katholischen Abgeordneten in solchen Fragen war, die nicht die Belange der Kirche betrafen, sollte sich bereits bei den Beratungen über die Aufhebung der Kommunalgesetzgebung aus dem Jahre 1850 zeigen. Seit der Übernahme der Staatsgeschäfte durch den Ministerpräsidenten von Manteuffel war man nämlich in Reihen der Regierung bestrebt, zusammen mit einer konservativen Kammermehrheit die als revolutionär empfundenen Verordnungen bezüglich der Gemeinde- Kreis- und Provinzialverfassung wieder zu beseitigen, wie überhaupt die Absicht der Minister unverkennbar war, die preußische Staatsverfassung konservativen Anschauungen schrittweise zu unterwerfen[74]. Der Aufhebung der Kommunalordnung sollte bei dieser Zusammensetzung der Kammer die Zustimmung auch nicht versagt bleiben. Am 3. Februar 1853 wurde der diesbezügliche Antrag mit 184 bei 142 Gegenstimmen angenommen[75]. Zu den Befürwortern der Regierungsvorlage gehörten auch zwölf Abgeordnete der katholischen Fraktion, darunter auch von Ketteler und von Mallinckrodt[76]. Ähnliche Differenzen sollten wenig später auch bei der Beratung der westfälischen Städteordnung zutage treten[77]. Da aber die überwiegende Mehrheit der Mitglieder der katholischen Fraktion, angeführt von den Gebrüdern Reichensperger, nicht willens war, die jetzt bestehende Verfassung konservativen Interessen zu opfern, schieden die Befürworter der Regierungsmaßnahmen, vorwiegend Adelige, Ende 1853 aus der II. Kammer aus[78]. Zu ihnen zählte auch Wilderich von Ketteler.

In der Folgezeit der Legislaturperiode waren die katholischen Abgeordneten meistens an der Seite der Liberalen zu finden, wenngleich auch die Fraktion bemüht war, nicht mit diesen in einem Atemzug genannt zu werden[79]. Unterschiede grundsätzlicher Art bestanden zuhauf, natürlich besonders hinsichtlich der großdeutschen Einstellung der Klerikalen[80].

VIII. Die Wahlen vom 27. September und 8. Oktober 1855

VIII.1. Wahlbewegung und Wahlkreiseinteilung

Keine Wahl in der noch recht jungen parlamentarischen Geschichte Preußens zuvor stand im Zeichen vergleichbarer Manipulations- und Einschüchterungsversuche, offener wie versteckter Drohungen und Repressalien wie jene des Jahres 1855. Anscheinend besaß die Regierung in Berlin keinerlei Skrupel vor einer zutiefst eigennützigen Auslegung der Wahlbestimmungen und hielt dementsprechend auch jedes Mittel für rechtens, sich eine ihr in jeder Beziehung hörige Kammermehrheit zu verschaffen. Man scheute deshalb auch nicht davor zurück, erstmals den gesamten Beamtenapparat in die Dienste der regierungsamtlichen Wahlbewegung zu stellen, man nötigte ferner eine große Anzahl Landräte, sich für die Konservativen, sprich Kreuzzeitungspartei aufstellen zu lassen, und es wurde sogar oppositionell gesinnten Staatsdienern mit ihrer sofortigen Entlassung gedroht, falls sie es wagen würden, sich auf die Seite der Regierungsgegner zu schlagen.

Bereits einige Monate vor dem Wahltermin, am 18. Mai, hatte sich Innenminister von Westphalen vertrauensvoll an die Oberpräsidenten gewandt und sie aus Sicht der Berliner Regierung über die große Bedeutung dieser Stimmabgabe informiert[1]. "Mehr denn je muß es der Staatsregierung darauf ankommen", schrieb er eingangs, "daß aus der Neuwahl eine Zweite Kammer hervorgehe, in welcher eine starke Majorität wahrhaft konservativer Abgeordneter das Gouvernement in der legislativen Tätigkeit in jeder Beziehung zu tragen und zu stützen entschlossen sind". Eine solche Hilfe sei allein schon deshalb vonnöten, da auf die Regierung einige, bisher noch ungelöste innenpolitische Aufgaben von Gewicht, wie die Regelung der Gemeinde- Kreis- und Provinzialverfassung und nicht zuletzt die Verabschiedung eines Wahlgesetzes, zukämmen. Er empfahl daher den Oberpräsidenten, sich schon jetzt mit den Bezirksregierungen in Verbindung zu setzen, um die Wahlen gemeinsam vorzubereiten, denn, wie Westphalen ausdrücklich hervorhob, müsse damit gerechnet werden, daß sich die frühere Opposition diesmal daran beteiligen wolle. "Wenn dieselbe auch nicht mehr so allseitig und fest organisiert ist wie in den Jahren 1848 und 1849", warf er ein, "so werden ihre Agitatoren voraussichtlich gewandt genug sein, um alle Hebel, welche ihnen die Sonderinteressen und die Elemente sozialer Mißstimmung etwa darbieten, für ihre Zwecke zu benutzen".

Unter diesen Umständen sei es geboten, wie Westphalen bemerkte, den "voreiligen Eifer einzelner Konservativer" zu zügeln und vorerst nicht mit einer Wahlagitation zugunsten der Regierung an die Öffentlichkeit zu treten, da hierdurch nur den Oppositionsparteien der willkommene Anlaß geboten würde, sich ihrerseits frühzeitig zu formieren. Stattdessen trug er den Oberpräsidenten auf, erst einmal vertrauliche Kontakte zu bekannt konservativen Persönlichkeiten zu knüpfen und regte außerdem an, die regierungsfeindlich gesinnte Presse im Auge zu behalten. Auf geeignete Kreis- und Wochenblätter sollte allerdings eingewirkt werden, damit sie die Erfolge der Regierung bei der "Erhaltung und Beförderung der öffentlichen Wohlfahrt" ins rechte Licht rückten. Zuletzt kam Westphalen auf gewisse konfessionelle Bestrebungen zu sprechen, gemeint waren natürlich die katholischen, und ließ verlauten, daß derartiges Treiben bei den Wahlen nicht geduldet werden könne. Abschließend wiederholte er nochmals die Bitte, sich unter konservativen Kandidaten umzusehen, seien solche allerdings nicht zu finden, so müsse eben der Landrat kandidieren[2].

Über die ministeriellen Ansichten wurden alsbald die Bezirksregierungen und die Landräte in Kenntnis gesetzt. Damit war gleichzeitig die Bitte verbunden, in aller Stille bereits mit den Wahlvorbereitungen zu beginnen. Um den hierdurch der Regierung zufallenden taktischen Vorsprung optimal nutzen zu können, und zugleich auch das Auftreten der Opposition erst gar nicht groß zur Entfaltung kommen zu lassen, bemaß Westphalen die Fristen zwischen der Ausschreibung und dem Wahltermin ziemlich knapp und bestimmte hierzu den 27. September und den 8. Oktober[3].

Am 7. September machte Westphalen auch die Landräte mit den Vorstellungen der Regierung bei den bevorstehenden Wahlen bekannt und ließ dabei erstmals durchblicken, welche Rolle ihnen dabei zugedacht war. Gegenüber den Regierungspräsidenten äußerte er sich dazu wie folgt: "Ich vertraue den Landräten ganz allgemein dahin, daß dieselben diesem hochwichtigen Akt ihrer amtlichen Tätigkeit sich mit regem Eifer und mit voller Hingebung an die Interessen und Intentionen des Gouvernements unterziehen und in jeder gesetzlich zulässigen Weise dazu beitragen werden, daß eine konservative, von echt patriotischer Gesinnung getragene Majorität in dem Hause der Abgeordneten aus den Wahlen hervorgehen möge. Ich wünsche daher auch, daß kein Landrat von der Empfangnahme jenes Cirkulars ausgeschlossen wird. Sollte ich in meinem Vertrauen wider alles Verhoffen von irgend einem Landrat getäuscht werden, und es sich herausstellen, daß ein Landrat seine Pflicht bei Erfüllung der ihm obliegenden Aufgabe vernachlässigt, oder daß er sogar direkt oder indirekt eine im vorgedachten Sinne gouvernementale Wahl erschwert und vereitelt oder eine oppositionelle Wahl befördert hat, so werde ich es für meine Pflicht erachten, nach Bewandtnis der Umstände gegen einen solchen Landrat einzuschreiten..."[4].

Bei diesen Drohungen beließ es Westphalen allerdings nicht. Ferner ließ er sie wissen, sie bei einem für die Regierung ungünstigen Ergebnis zur Verantwortung zu ziehen und bemerkte in diesem Zusammenhang recht vielsagend, daß er das Engagements eines Landrats als Maßstab dafür ansehen werde, ob er sich einerseits das Vertrauen seines Kreises auch in erwünschtem Maße zu erwerben gewußt habe, und inwieweit er andererseits diesen Einfluß zur Unterstützung der Regierung einzusetzen gewillt ist [5]. Als ihre eigentliche Aufgabe bezeichnete es Westphalen, sich mit vertrauenswürdigen und bekannt konservativen Persönlichkeiten abzusprechen, um eine entsprechende Kandidatenauswahl zu treffen. Gleichzeitig gab er aber auch zu verstehen, daß einer Kandidatur des Landrates, sofern sich die besagten Persönlichkeiten nicht finden lassen, nichts im Wege stehe. "Ich werde es daher.... gerne sehen, wenn das Vertrauen, welches sie in dem Kreis genießen, sich in ihrer eigenen Wahl bekundet"[6].

Damit nicht genug. Am 15. September wandte sich Westphalen nochmals an die Oberpräsidenten und machte sie darauf aufmerksam, daß bei früheren Kammerwahlen die Beobachtung gemacht worden sei, daß Staatsbeamte auf seiten der Oppositionsparteien gestanden und auch in deren Interesse agitiert hätten. Es sei daher angebracht, dieses Mal das Verhalten der Beamten im Auge zu behalten und gegebenenfalls gegen renitente Vertreter vorzugehen. "Beamte, die nicht für die Regierung zu stimmen gedenken", räumte Westphalen allerdings bereitwillig ein, können der Wahl fernbleiben"[7]. Auf keinen Fall werde er allerdings das Auftreten Beamter auf seiten der Opposition widerstandslos hinnehmen. Keine vier Tage später erfolgte ein erneuter Erlaß an die Regierungspräsidenten. Westphalen machte darin darauf aufmerksam, daß es ratsam sei, verschiedene regierungsfreundliche Artikel und Kommentare der 'Preußischen Korrespondenz', in denen unter anderem vor der Gefahr des Wiedererstarkens der demokratischen Parteien gewarnt wurde, in den Kreis- und Wochenblättern veröffentlichen zu lassen[8]. In Münster schien man sich von einer solchen Aktion aber nicht allzuviel zu versprechen, denn in den dafür in Betracht kommenden Zeitungen war hiervon nichts zu lesen. Gleichwohl fühlte sich aber der Westfälische Merkur durch einige Artikel veranlaßt, gegen die eine oder andere unwahre Behauptung der 'Preußischen Korrespondenz' ins Felde zu ziehen[9].

Im Kern versuchten einige Artikel, die Schar der katholischen Wähler ins Lager der Regierungspartei hinüberzuziehen[10]. Wegen verschiedener unwahrer Behauptungen und zudem auch haltloser Unterstellungen erreichte man aber in Reihen der Klerikalen zunächst einmal nur das Gegenteil, wie es auch der Merkur deutlich zum Ausdruck brachte[11]. Westphalen hatte sich zur Verbreitung verschiedener Artikel der 'Provinzial Korrespondenz' nach eigenem Bekunden nur deshalb veranlaßt gesehen, nachdem angeblich von konservativer Seite der Eindruck verbreitet worden war, der Regierung sei überhaupt nicht an einer hohen Wahlbeteiligung gelegen[12]. Zwei Wochen vor den Urwahlen wandte sich auch der Minister für Handel, Gewerbe und öffentliche Arbeit von der Heydt an die ihm unterstellte Beamtenschaft und forderte sie auf, ebenfalls alles in ihren Kräften stehende zu tun, um den Wahlsieg der Regierungspartei zu sichern. Eine ähnliche Anweisung hatte auch Kultusminister von Raumer an die Beamten seines Ressorts gerichtet[13].

Oberpräsident von Duesberg hatte Innenminister von Westphalen bereits am 8. Juni auf sein umfangreiches Wahlreskript vom 18. Mai geantwortet. Darin machte er geltend, daß an eine Beeinflussung der Presse im Regierungsbezirk Münster überhaupt nicht zu denken sei, da sich hierzu die unpolitischen Kreisblätter nicht eignen würden. Andere Zeitungen, wie etwa der 'Westfälische Merkur', wären alles andere als bereit, sich in Dienste der Regierung zu stellen[14]. Duesberg konnte aber erfolgreich vermelden, daß es der münsterschen Regierung gelungen sei, eine Liste konservativer und regierungsfreundlicher Kandidaten für die Abgeordnetenwahl zusammenzustellen. Der Dirigent der Inneren Abteilung, Oberregierungsrat von Mauderode, hatte sich mit den vier Wahlkommissaren , Graf von Schmising, Freiherr von Diepenbroick-Grüter, Freiherr von Hamelberg und Graf von Schmising-Kerßenbrock getroffen,und man war dabei zu folgendem Ergebnis gelangt. Im Wahlkreis: Stadt Münster -- Kreis Münster -- Coesfeld sollten der Bürgermeister von St. Mauritz/

Kreis Münster Oswald von und zur Mühlen und der Coesfelder Kreisrichter Anton August Hellweg kandidieren, im Wahlkreis: Tecklenburg -- Steinfurt -- Amt Lienen der Burgsteinfurter Staatsanwalt Wiens und der Tecklenburger Kreisrichter Goesen, im Wahlkreis: Ahaus -- Borken -- Recklinghausen Kreisgerichtsdirektor Robert Brandis aus Ahaus und der Bocholter Kreisrichter Clemens Wermeskirch und schließlich im Wahlkreis: Beckum -- Lüdinghausen -- Warendorf (ohne das Amt Lienen) der ehemalige Abgeordnete Wilderich von Ketteler und der 'Erbkämmerer' Matthias Graf von Galen. Obwohl die Genannten aufgrund ihrer öffentlichen Stellung den meisten Wählern ein Begriff waren, und sie sich deshalb auch eines gewissen Vertrauens erfreuten, wurden sie jedoch von Anfang an verdächtigt, gefügige Werkzeuge der Bezirksregierung und nicht zuletzt des Innenministers zu sein. Zu einem Wahlsieg fehlten ihnen somit fast alle äußeren Voraussetzungen und vor allem auch die entscheidenden Kontakte zur Geistlichkeit und zum katholischen Vereinswesen, mit Ausnahme Kettelers. Daß die von der Regierung nominierten Kandidaten katholisch waren, interessierte daher nur noch am Rande. Abgesehen von Ketteler und Galen war auch niemand zuvor politisch in Erscheinung getreten. Ketteler gehörte bekanntlich in der 1. Session der vergangenen Legislaturperiode der II. Kammer an, war damals wegen Meinungsverschiedenheiten über den einzuschlagenden Kurs der katholischen Fraktion aber bald ausgetreten, und Galen war von 1842 bis 1848 Mitglied im Vereinigten ständischen Ausschuß und nahm in dieser Funktion auch am Vereinigten Landtag von 1847 teil[15]. Da die Siegeschancen dieser Kandidaten von vornherein ziemlich gering waren, konnte man zurecht den Eindruck gewinnen, daß diese 'Präsentation' lediglich den Charakter eines Scheinmanövers besaß und lediglich der Pflichterfüllung des Oberpräsidenten und der Bezirksregierung Genüge tat. Duesberg hatte ja bekanntlich am eigenen Leib erfahren müssen, daß selbst katholische Spitzenbeamte vom Format des geachteten Oberpräsidenten nicht das Vertrauen der klerikalen Wahlmänner erringen konnten. Da aber auch den meisten Landräten der Ruf vorauseilte, Werkzeuge der Regierung zu sein, hatte man in Münster klugerweise auf ihre Nominierung verzichtet.

Für die Kirche stellte sich die politische Lage kaum wesentlich anders als vor drei Jahren dar. Erneut hatte die Berliner Regierung nicht davor zurückgeschreckt, den Einfluß des Klerus in deutliche Schranken zu weisen. Am 10. Juli war nämlich die 'Deutsche Volkshalle' , das führende Blatt der rheinischen Katholiken, wegen seiner allzu deutlich nach außen getragenen proösterreichischen Gesinnung und seiner Parteinahme gegen die preußische Neutralitätspolitik während des Krimkrieges verboten worden. Diese Maßnahme, die eine unbequeme Stimme zum Schweigen bringen sollte, war allerdings bei weitem nicht mit den erheblichen Einschränkungen durch die sog. Raumerschen Erlasse vergleichbar, wenngleich sich auch an der Bedrohung nichts änderte[16]. Der massiven staatlichen Wahlbeeinflussung setzte die Kirche an wirkungsvollen Gegenmitteln nur den traditionellen Wahlhirtenbrief Bischof Müllers entgegen. Darin wurden die Gläubigen ganz allgemein zur aktiven Beteiligung an der Wahl aufgefordert. "Es wäre eine strafbare Vermessenheit", hob Müller hervor, "wenn wir untätig die Hilfe Gottes erwarten, unsere Pflicht aber versäumen..... Die Untätigkeit und Gleichgültigkeit der Guten gibt den Bösen Einfluß und Macht ..... Wählet solche Männer, von denen ihr gewiß seid, daß sie die nötige Fähigkeit, Freimütigkeit und den ernsten Willen haben, die wahren Interessen des Staates und der Kirche kräftig und ehrlich zu vertreten"[17]. Schließlich machte Müller noch darauf aufmerksam, daß bei wachsenden Aufgaben der Diözese und gleichzeitigem Priestermangel die Annahme von Mandaten durch Geistliche nicht weiter in Frage komme. Auf den ersten Blick ist unklar, warum der Bischof ausgerechnet in einem offiziellen Wahlschreiben derartige Interna der Öffentlichkeit preisgab. Sicherlich war diese

Maßnahme nicht dazu angetan, die Bevölkerung von der Wahl geistlicher Herren abzuhalten. Vieles spricht einfach dafür, daß hierdurch der Regierung in Berlin ein falsches Bild vom tatsächlichen Einfluß des Klerus vorgespiegelt werden sollte. Den Eindruck einer allzu engen Verbindung zwischen Teilen des Klerus und seinen Mitgliedern in der katholischen Fraktion galt es ja schon allein deshalb zu vermeiden, um der mißtrauischen Bürokratie keinen geeigneten Vorwand zum Eingreifen zu liefern. Im Grunde genommen klang es nämlich unglaubwürdig, daß drei Abgeordnete, Krabbe, Terbeck und Theissing, für den Abbau des angeblichen Priestermangels herhalten mußten, zählte doch immerhin allein der westfälische Teil der Diözese Münster rund 700 Geistliche[18]. Auf alle Fälle war aber Müllers Schachzug recht geschickt, denn der von Westphalen angeordneten "Unterbindung religiösen Parteitreibens" war man wenigstens teilweise ausgewichen. Wie kurios das Verhältnis von Kirche und Staat im Münsterland allerdings war, zeigte sich vor allem daran, daß die münstersche Regierung die Landräte aufforderte, das bischöfliche Wahlschreiben umgehend veröffentlichen zu lassen, weil darin zur aktiven Teilnahme an der Wahl aufgerufen wurde[19]. Ein vergleichbarer Appell von staatlicher Seite wäre wohl erst gar nicht beachtet worden. Gleichzeitig wurden jedoch die Amtmänner und Ortsvorsteher angehalten, keine Urwahlen in Kirchen zuzulassen[20].

Um den Wahlsieg der Regierung nach Möglichkeit abzusichern, bediente sich Westphalen diesmal in verstärktem Ausmaß der Manipulation der Wahlkreise. In seinem Reskript vom 18. Mai hatte er schon geraten, die Wahlkreise möglichst derart zusammenzulegen, daß konservative Kandidaten immer im Vorteil seien und er empfahl ferner, die Wahlorte in geographisch ungünstige Gegenden zu verlegen, um Oppositionskandidaten schon die Anreise zu erschweren. Oberpräsident von Duesberg hatte aber bereits am 6. Juni nach Berlin gemeldet, daß die gegenwärtige Zusammensetzung der Wahlkreise im Münsterland eher zufälliger Art gewesen sei, so daß es, wie ihm auch Regierungsvizepräsident Naumann beipflichtete, durchaus an der Zeit wäre, zweckmäßige Veränderungen vorzunehmen[21]. Allerdings boten sich den münsterschen Behörden so gut wie keine Gelegenheiten, regierungsfreundliche Wahlmänner zu bevor- und oppositionell gesinnte zu benachteiligen. Die bedeutsamste Veränderung fand in der nordwestlichen Ecke des Regierungsbezirks statt, und man kam hierdurch auch den oft vorgebrachten Wünschen des Tecklenburger Landrates entgegen, der sich wiederholt gegen die Zusammenballung katholischer Wahlmänner in den Kreisen Ahaus und Steinfurt zu wehren versuchte. Um von nun an die Wahlchancen nichtklerikaler Kandidaten zu steigern, gliederte man Ahaus aus dem Wahlkreis Steinfurt -- Tecklenburg -- Ahaus aus und legte das Gebiet mit den ohnehin rein katholischen Kreisen Borken und Recklinghausen zusammen. Gleichzeitig trennte man das protestantische Amt Lienen vom Kreis Warendorf und schlug es dem Wahlkreis Steinfurt -- Tecklenburg zu. Zwar besaßen dort noch immer die Katholiken die Oberhand, doch war das vormals bestehende konfessionelle Übergewicht erheblich abgebaut werden. Die zweite bedeutende Veränderung betraf die Kreise Warendorf und Coesfeld. Nachdem bei fast allen vorhergehenden Wahlen Coesfeld, im Herzen des Münsterlandes gelegen, unter die angrenzenden Kreise verteilt wurde, entschloß man sich nunmehr aus Gründen der Verwaltung, den Kreis zusammen mit Stadt und Kreis Münster zu einem Wahlkreis zu vereinigen. Warendorf, das bisher immer mit Münster einen Wahlkreis gebildet hatte, wurde fortan in den Wahlkreis Beckum -- Lüdinghausen eingegliedert. Zum Wahlort wurde die recht zentral gelegene Stadt Ahlen bestimmt, so daß auch die früheren Auseinandersetzungen zwischen Lüdinghausen und Drensteinfurt um die Festlegung des Wahlortes ein Ende hatten. Die Wahlkreiseinteilung war alles in allem eine gelungene Angelegenheit und von Manipulationen oder Bevor- oder Benachteiligung konnte überhaupt nicht die Rede sein. Die Regierung in Münster hat wahrscheinlich die Gelegenheit der eigentlich aus wahltaktischen

Erwägungen vorzunehmenden Neuaufteilung genutzt, eine sinnvolle Zusammenlegung der Kreise vorzunehmen. Daß dabei keine schlechte Arbeit geleistet wurde, zeigte sich auch daran, daß diese Festlegung mit einer Ausnahme das Wahlgesetz von 1860 unbeschadet überdauerte und darüber hinaus über Jahrzehnte Bestand hatte. Selbst in der kritischen Öffentlichkeit und in der Presse war das Vorgehen der Regierung auf Zustimmung gestoßen[22].

Bestandteile (Stadt/Kreis)	Einwohner	Wahlort	Anzahl der Abgeordneten
Münster(Stadt)	22450	Münster	2
Münster(Kreis)	38293		
Coesfeld	41169		
	101912		
Tecklenburg	42243	Ibbenbüren	2
Steinfurt	42479		
Amt Lienen (Kreis Warendorf)	4454		
	89167		
Ahaus	40976	Borken	3
Borken	41968		
Recklinghausen	47634		
	130578		
Beckum	37043	Ahlen	2
Lüdinghausen	38881		
Warendorf ohne: (Amt Lienen)	29120		
	105044		

VIII.2. Wahlkreis: Stadt Münster -- Kreis Münster -- Coesfeld

Der anstelle des erkrankten Oberbürgermeisters von Münster, Ignatz von Olfers, zum Wahlkommissar bestellte Landrat des Kreises Münster, Clemens Graf von Schmising-Kerßenbrock, machte von sich aus keine Anstalten, die Wahlen im ministeriellen Sinne zu beeinflussen. Außerdem hatte er auch nicht die Absicht erkennen lassen, sich um eines der beiden Mandate zu bewerben, da, wie selten zuvor, an der Wiederwahl der beiden klerikalen Kandidaten, Krabbe und Zumloh, nicht der leiseste Zweifel bestand.

Nicht anders als in der jüngsten Vergangenheit herrschte lediglich in Münster einiges Interesse an der Urwahl, während die Landbevölkerung schon beinahe traditionell keine Notiz davon nahm. Zentrales Gesprächsthema waren in Münster allerdings mehrere, das Verhalten der Katholiken und das ihrer Abgeordneten glossierende Artikel der seitens des Innenministers geförderten 'Preußischen Korrespondenz'[23]. Allen voran wies der Merkur die Unterstellung des Blattes, die Katholiken hätten bei der jetzigen Wahl ein Bündnis mit den Liberalen geschlossen, ins Reich der Phantasie. Dabei warf man der Korrespondenz besonders vor, die Position der Katholiken absichtlich verächtlich zu machen. Dies sei aber laut Merkur insofern keinesfalls gerechtfertigt, als ja die katholische Fraktion bisher kaum gegen die Regierung opponiert habe. In solchen Angriffen sah das münstersche Blatt nur den Versuch, die Festigung der klerikalen Abgeordneten zu verhindern, damit sie letztlich zur Verstärkung der Kreuzzeitungspartei beitrügen[24]. Wenig später präzisierte der Merkur seine bisherige Ansicht und erwiderte der Korrespondenz: "Die katholische Fraktion hat niemals ein Programm aufgestellt, sondern ein Statut zur formellen Regelung ihrer Beratung bei ihrem ersten Zusammentritt vor drei Jahren entworfen und gleichzeitig durch Beschluß festgelegt, daß kein Mitglied in seiner Abstimmung gebunden sein sollte"[25]. Ferner bemerkte das

Blatt, daß die katholische Fraktion niemals ein prinzipielles Bündnis mit der Linken geschlossen habe und fügte letztlich hinzu, daß man auch in ihren Reihen niemals an eine systematische Opposition gedacht habe[26].

Gegenüber der letzten Kammerwahl des Jahres 1852 war die Beteiligung in der Stadt und in den beiden Landkreisen erheblich zurückgegangen. Erstmals gaben in den beiden Militärwahlbezirken Münsters mehr Wahlberechtigte ihre Stimme ab als im gesamten Stadtgebiet[27]. In den fünfzehn städtischen Wahlbezirken, aufgeteilt nach den fortlaufenden Häuserzahlen des mittelalterlichen Laischaftsprinzips, war folgende Wahlbeteiligung festgestellt worden:

	Wahlberechtigt (insgesamt)	Abgegebene Stimmen in Zahl und % (insgesamt)		
I.	221	44	19,9	%
II.	180	21	11,7	
III.	245	48	19,6	
IV.	271	16	5,9	
V.	221	30	13,6	
VI.	226	51	22,5	
VII.	253	21	8,3	
VIII.	192	34	17,7	
IX.	248	41	16,5	
X.	248	18	7,3	
XI.	203	26	12,8	
XII.	238	34	14,3	
XIII.	259	26	10,0	
XIV.	247	31	12,5	
XV.	232	76	32,7	
	3484	521	15,0	

Militärwahlbezirk:

A.	408	209	51,2	%
B.	375	305	81,3	
	783	604	77,1	

Die Wahlbeteiligung lag in der I. Klasse bei 45,0 % in der II. bei 33,6 % und in der III. bei 10,7 %. Folgende Wahlmänner wurden in Münster ermittelt[28]:

I. Klasse

Rentier Tüshaus
Kaufmann Schlichter
Kaufmann Seppeler
Arzt Dr.Bernay
Domänenrat Filbry
Bankier Niedieck
Kaufmann Wegener
Metzger Schwarte
AppellgerR. Tüshaus
Kaufmann Schütte
Buchhändl. Regensberg
Kaufmann Laporte
Kaufmann Hassenkamp
Rentmeist. v.Münsterm.
Assessor Steinbart
Kaufmann Stroetmann
KreisgerR. Kocks
AppellgerR. Freusberg
Rittmeister a.D.Busch
Bäcker Tillmann
Bäcker Westhoff
Wagenbauer Vennemann
Oberpräs.v.Duesberg
Kaufmann Brockhausen
Gen.Vic.Sek. Steinbicker
Rechtsanwalt Fuisting

II. Klasse

Kaufmann Lohaus
Steuerempfänger Lohkampf
Justizrat Rintelen
Gerichtsdir. Offenberg
Gastwirt Tüshaus
Kleidermacher Ahlers
Kaplan Schweling
Schuhmacher Junkmann
Kaufmann Glass
AppellgerR. v.Kitzing
Stadtmaurermeister Greve
Rentier von Zurmühlen
Steuerrat Bade
Organist Hüls
Ass. Scheffer-Boichorst
Justizrat Boele
Geh.JustizR. Michaelis
Buchhändl. Coppenrath
Kleidermacher Boertz
Reg.Vizepräs. Naumann
Regierungssek. Diening
Rentmeister Jungblodt
Gymnasiallehrer Middendorf
Reg.Ass. Heitmann
Domkapitular Krabbe
RegierungsR. Olberg
Schmied Stentrup
Rentier Schepers
Schenkwirt Naendrup

III. Klasse

Pastor Neuwöhner
Händler Marcus
Ger.Ass. Geisberg
Lehrer Heitmann
Bauaufseher Tüshaus
Beigeordneter Duesberg
Geh.JustizR. v.Viebahn
RegierungsR. Düsing
Geh.JustizR. v.Zurmühlen
RegierungsR. v.Frantzius
Professor Winiewski
Kaufmann Hötte
Rechtsanwalt Hering
Rittmeister v.Detten
Ökonom Coppenrath
KreisgerR. Hellweg
Kaplan Bruns
Professor Heiss
Reg.Ohauptsek. Moersch
Gymnasiallehrer Fuisting
Schlosser Stohmeyer
KreisgerR. Dierickx
KonsistorialR. Saffricen
Rechtsanwalt E. Windthorst
Kaufmann Osthoff
Rentier Schemm
Zimmermeister Schmitz
Professor Welter
Buchhändl. Theissing

Um die Wahlbeteiligung in den beiden Landkreisen war es dieses Mal ziemlich katastrophal bestellt, so daß von einer regulären Wahl eigentlich kaum mehr die Rede sein konnte. Von 8606 Wahlberechtigten im Kreis Coesfeld und 8446 im Kreis Münster gaben jeweils nur 365 bzw. 395 ihre Stimme ab.

Ohne Überraschung ging am 3. Oktober die Abgeordnetenwahl über die Bühne. Krabbe setzte sich unangefochten mit 294 bei 61 Gegenstimmen über seine von der münsterschen Regierung nominierten Herausforderer Hellweg und von und zur Mühlen durch, für die sich lediglich 13 bzw. 3 Wahlmänner entschieden hatten[29]. Die Anordnung seines Bischofs, daß Geistliche künftig kein Mandat mehr wahrnehmen sollten, besaß anscheinend für Krabbe keine Gültigkeit. Vermutlich war auf Müller seitens der katholischen Fraktion ein gewisser Druck ausgeübt worden, denn auf Krabbes Erfahrungen wollte man nur ungern verzichten. Diese Ausnahmeregelung machte nicht zuletzt die Fragwürdigkeit derartiger Anordnungen deutlich, sahen sich hierdurch doch zahlreiche Geistliche gezwungen, ihre eigene Kandidatur zurückzustellen.

Erwartungsgemäß wurde auch Nicolaus Zumloh wieder mit einem Mandat betraut. Auf ihn waren 301, auf Hellweg 34 und auf von und zur Mühlen drei Stimmen entfallen. Die beiden Landräte, Mersmann aus Coesfeld und Schmising, hatten in beiden Wahlgängen jeweils eine Stimme erhalten. Da bekanntlich bei dieser Wahl zahlreiche Beamte zu Wahlmännern nominiert wurden, ließ das in diesem Ausmaß unerwartet schwache Abschneiden der Regierungskandidaten den Schluß zu, daß selbst zahlreiche Staatsdiener für die klerikalen Vertreter votiert haben müssen.

VIII.3. Wahlkreis/ Tecklenburg -- Steinfurt -- Amt Lienen

Die Rechnung der münsterschen Regierung, hier endlich mit Hilfe protestantischer Wahlmänner einen konservativen Kandidaten gegen die Mehrheit der Klerikalen durchzusetzen, ging auch dieses Mal nicht auf. In Münster wie in Tecklenburg schien man wohl rechtzeitig bemerkt zu haben, daß mit den beiden recht farblosen Regierungskandidaten, Staatsanwalt Wiens und Kreisrichter Goesen, wenig Staat zu machen war. Regierungsvizepräsident Naumann, als ehemaliges Mitglied der deutschen Nationalversammlung mit parlamentarischer Praxis vertraut[30], hielt es daher für geboten, dort selbst zu kandidieren, wollte sich die münstersche Behörde die mit Sicherheit ins Haus stehenden Vorwürfe Westphalens, konservative Persönlichkeiten nicht hinreichend gefördert zu haben, ersparen. Nicht zuletzt hatte man ja diesen Wahlkreis aus politischen Erwägungen gebildet.

Bei der Wahl des ersten Abgeordneten erhielt Naumann immerhin 111 Stimmen, unterlag aber dennoch erwartungsgemäß dem langjährigen Vertreter in Berlin Wilhelm Rohden, der 197 Stimmen auf sich vereinigen konnte[31]. Aufgrund dieses Ergebnisses hätte Naumann nun im folgenden Wahlgang gute Chancen haben müssen, zumal auch die beiden ehemaligen Abgeordneten Terbeck und Theissing tatsächlich auf die Annahme eines Mandates verzichteten und sich als Geistliche an die Weisung von Bischof Müller gebunden fühlten. Die Klerikalen waren aber auch hier nicht um einen zugkräftigen Ersatzkandidaten verlegen und präsentierten den Wahlmännern einen früheren Abgeordneten, Kreisrichter Ziegler aus Ahaus, der den Wahlkreis Tecklenburg -- Steinfurt -- Ahaus in der II. Legislaturperiode vertreten hatte. Auch diesmal mußte sich Naumann geschlagen geben, Ziegler siegte mit überraschend deutlichem Vorsprung; 185 Wahlmänner votierten für ihn, 121 für Naumann[32].

Landrat von Diepenbroick-Grüter aus Tecklenburg sah in diesem Ergebnis mehr einen konfessionellen als einen politischen Sieg, da es der katholischen Bevölkerung abermals gelungen war, beide Abgeordnete zu stellen. Er bemerkte aber zugleich, "daß die Niederlage der altpreußisch konservativen und evangelisch antiultramontanen Partei ...... unter den gegebenen Verhältnissen als ehrenvoll zu bezeichnen sei"[33]. Gegenüber Innenminister von Westphalen hob Diepenbroick-Grüter nochmals deutlich hervor, daß selbst bei der jetzigen Zusammensetzung dieses Wahlkreises von einem Erfolg konservativer Kräfte auf Dauer nicht ausgegangen werden könne. "Wenn die Regierungspartei hier siegen will", bemerkte er resignierend, "so muß der Kreis Tecklenburg mit dem alttecklenburgischen Amt Lienen zur Wahl eines Abgeordneten zusammengelegt werden, was jedoch leider zur Zeit nicht möglich ist"[34]. Trotz der von Grüter schon wiederholt beschworenen propreußischen Einstellung der dortigen Bevölkerung war die Wahlbeteiligung auch nicht höher als in den katholischen Regionen des Münsterlandes. So klang auch das häufig vorgebrachte Argument, die tecklenburgischen Protestanten gäben wegen der erdrückenden Übermacht der Klerikalen ihre Stimme erst gar nicht ab, kaum mehr glaubwürdig. Wahlmüdigkeit und Desinteresse am politischen Geschehen war bei weitem keine Frage der jeweiligen Konfession des Wählers. Unzureichende Verkehrswege, Verlust des Lohnes am Wahltag und nicht zuletzt die unter Katholiken wie Protestanten gleichermaßen geringe politische Bildung ließen keine hohe Beteiligung zu. Allerdings wäre es ohne weiteres möglich gewesen, mit den Klerikalen einen Gleichstand zu erzielen, hätten mehr Protestanten von ihrem Wahlrecht Gebrauch gemacht. Eine Mobilisierung seiner Glaubens- und Gesinnungsgenossen war Diepenbroick-Grüter allerdings nicht gelungen. Bei 558 Wählern unter 8528 Stimmberechtigten konnte davon alles andere als die Rede sein.

VIII.4. Wahlkreis: Ahaus -- Borken -- Recklinghausen

Auch in den westlichen und südlichen Kreisen war es diesmal ganz schlecht um die Wahlbeteiligung bestellt, und mit 6 % wurde in dieser Hinsicht ein Tiefpunkt erreicht, der nur noch von der allerdings unter anderen Voraussetzungen abgehaltenen Wahl zum Erfurter Volkshaus unterboten wurde[35].

So war auch eine Wahlbewegung selbst im geringsten Ausmaß nicht zu verspüren, ganz zu schweigen von Wahlversammlungen oder gar Aufrufen und Annoncen in der Presse. Wegen der unangefochtenen Spitzenstellung der Klerikalen unterließ Wahlkommissar von Hamelberg auch von vornherein jeden Versuch, die Wahlen im Sinne der ministeriellen Anordnungen zu beeinflussen. Weder er noch seine beiden Landratskollegen, von Heiden aus Ahaus und von Reitzenstein aus Recklinghausen, hatten zudem die Absicht erkennen lassen, sich für die Regierung zur Verfügung zu stellen. Hamelberg bemühte sich allerdings noch um einen weiteren konservativen Kandidaten zusätzlich zu dem von der münsterschen Regierung vorgeschlagenen Personenkreis. Ausersehen hatte er den Wulfener Amtmann Brunn, einen Mann seines Vertrauens, wie der Wahlkommissar ausdrücklich hervorhob. Brunn, schon mehrfach für die Regierung angetreten und jedesmal klar durchgefallen, gehörte auch jetzt nicht zum Kreis der Favoriten.

Von klerikaler Seite hörte man vor der Wahl so gut wie kaum etwas, und selbst bis zum Wahltag war über Personalentscheidungen nichts an die Öffentlichkeit gedrungen. Dem späteren Ergebnis nach zu urteilen, standen bei der Abgeordnetenwahl am 3. Oktober eindeutig taktische Erwägungen im Vordergrund. Überraschend wurde nämlich Wilhelm Rohden mit 361 Stimmen gewählt, nachdem schon befürchtet worden war, er könnte doch einem Regierungskandidaten im Wahlkreis Tecklenburg -- Steinfurt -- Amt Lienen unterliegen. Da sich Rohden aber in besagtem Wahlkreis wiederum erfolgreich durchsetzen konnte, lehnte er dieses Mandat und auch jenes des Wahlkreises Paderborn -- Büren -- Höxter -- Warburg, wo er ebenfalls gewählt worden war, ab[36]. Zum zweiten Abgeordneten wurde mit einem nicht weniger überzeugendem Ergebnis der ehemalige Abgeordnete Kreisrichter Reigers aus Borken gewählt, für den sich 352 Wahlmänner aussprachen[37]. Das dritte Mandat war an den mittlerweile in Breslau lehrenden Universitätsprofessor Wilhelm Junkmann gefallen, der diesen Wahlkreis bekanntlich zwischen 1848 und 1852 in Frankfurt, Berlin und Erfurt vertreten hatte[38]. Junkmann sah sich aber wegen seiner gerade aufgenommenen Unterrichtstätigkeit außerstande, das Mandat anzunehmen, fügte aber zugleich seiner Absage bedauernd hinzu, daß er "dem neu geschenkten und ihn zum innigsten Dank verpflichtenden Vertrauen seines früheren Wahlkreises" leider nicht nachkommen könne[39]. Warum aber ausgerechnet wieder Junkmann ein Mandat angetragen wurde, ließ sich nicht ermitteln, zumal er ja auch bereits im Jahre 1852 seinen definitiven Rücktritt vom politischen Leben erklärt hatte. Bei allen drei Wahlgängen spielten übrigens die beiden Regierungskandidaten, Amtmann Brunn und Gerichtsdirektor Brandis, keine Rolle.

Bei der fälligen Nachwahl am 15. November kamen schon beinahe traditionsgemäß die an anderer Stelle erfolglosen Bewerber zum Zuge. In erster Linie galt es dabei Hermann von Mallinckrodt, der ja in seinem bisherigen Wahlkreis Beckum -- Lüdinghausen (jetzt allerdings mit Warendorf) nicht wiedergewählt worden war, sicher unterzubringen. Da die Wahlkreise des Münsterlandes als wahre Hochburgen der Klerikalen galten, waren sie recht begehrt. Zum Nachfolger Rohdens, der bekanntlich in Posen tätig war, wurde ebenfalls ein Kandidat aus dem Osten gewählt. Allerdings konnte nicht ermittelt werden, von welcher Seite der aus Löbau in Westpreußen kommende Erzpriester Anton Klingenberg vorgeschlagen wurde. Vermutlich können dafür aber einflußreiche Kreise innerhalb der katholischen Fraktion verantwortlich gemacht werden, die einfach auf einen ihr wichtig erscheinenden Abgeordneten nicht verzichten wollten.Eine gewisse Skepsis schien aber bei der Wahl Klingenbergs eine Rolle gespielt zu haben, denn er konnte sich nur recht knapp durchsetzen. Von einer gemeinsamen Linie der Klerikalen konnte also bei dieser Wahl nicht die Rede sein. Unkenntnis über seine Person und allgemeine Vorurteile gegenüber Fremden dürften dabei eine Rolle gespielt haben. Klingenberg, bisher Abgeordneter für Löbau -- Strasburg im Regierungsbezirk Marienwerder, war dort der Manipulation des Innenministers zum Opfer gefallen[40].

Erwartungsgemäß fiel das zweite Mandat - Nachfolge Junkmanns - an Hermann von Mallinckrodt, der auf mehrere Anfragen hin die Zusage gegeben hatte, das Mandat im Falle seiner Wahl annehmen zu wollen[41]. 142 Wahlmänner votierten für ihn, 60 für den von der münsterschen Regierung unterstützten Kreisgerichtsrat Kocks, und lediglich 26 sprachen Amtmann Brunn das Vertrauen aus[42]. Der als Kandidat der Konservativen ins Rennen geschickte Kreisrichter Wermeskirch war während der gesamten Wahl nicht in Erscheinung getreten und schien wohl mangels guter Aussichten frühzeitig aufgegeben zu haben. Wie fast immer bei solchen Nachwahlen üblich, fehlten auch diesmal rund ein Drittel aller Wahlmänner.

Über das Resultat der beiden Nachwahlen zeigte sich Hamelberg alles andere als erfreut, zumal er sich mittlerweile über die politische Vergangenheit Klingenbergs, der im November 1848 auf seiten der 'Linken' in der preußischen Nationalversammlung zu finden war, einigermaßen informiert hatte[43]. "Es erfüllt mich mit Schmerz", gab Hamelberg gegenüber Innenminister von Westphalen bereitwillig zu, "daß Dechant Klingenberg, ein roter Republikaner und Steuerverweigerer, aus der Wahl hervorgegangen ist.."[44]. Tatsächlich stand Klingenberg zeit seiner parlamentarischen Tätigkeit auf seiten der Opposition, entweder in Reihen der 'Linken' oder auch der Polen, zu denen er sich als Geistlicher des Bistums Kulm hingezogen fühlte[45]. Mildere Worte fand Hamelberg wenigstens über Mallinckrodt, obwohl ihm dessen Mitgliedschaft in der katholischen Fraktion nicht ganz geheuer schien[46]. Abschließend bemerkte der Wahlkommissar, daß er alles in seiner Macht stehende unternommen habe, um ein solches Ergebnis abzuwenden, doch sei auch diesmal der Einfluß des Klerus auf die Wahlmänner derart intensiv gewesen, daß man praktisch mit keinem anderen Resultat rechnen konnte[47]. Bei den zu Beginn der 'Neuen Ära' anstehenden Kammerwahlen war es Klingenberg übrigens wieder gelungen, seinen ehemaligen Wahlkreis im Regierungsbezirk Marienwerder zurückzugewinnen[48].

VIII.5. Wahlkreis: Beckum -- Lüdinghausen -- Warendorf

Vermutlich zu seiner eigenen Überraschung war der inzwischen der Regierung in Frankfurt/O. zugeteilte Assessor Hermann von Mallinckrodt in dem ansonsten als sicher geltenden Wahlkreis - diesmal allerdings unter Einbeziehung von Warendorf - nicht wiedergewählt worden[49]. Die Gründe für dieses Verhalten der Wahlmänner konnten nicht ermittelt werden, jedoch waren politische Gesichtspunkte insofern auszuschließen, als aus der Wahl ohnehin zwei klerikale Kandidaten als Sieger hervorgingen. Vermutlich stieß aber Mallinckrodt, als Fremder mit den Problemen des Wahlkreises wenig vertrauter und nur der 'großen Politik' zugewandter Parlamentarier, auf eine breite Ablehnungsfront. Daß auch zugleich die von der münsterschen Regierung favorisierten Wilderich von Ketteler und Graf Galen auf keine Resonanz stießen, sprach durchaus für das eigenständige Handeln der Wahlmänner. Unter ihnen waren folgende Berufsgruppen vertreten[50].

Geistliche	63
Beamte (Kreissekretäre, Landratsbedienstete)	21
Landräte	3
Amtmänner	6
Bürgermeister	6
Kreisrichter	7
Lehrer	15
Colone	80
Schulzen (Ökonomen, Gutsbesitzer)	71
Privatiers	2
Kaufleute	19
Ärzte/Apotheker	3
Gastwirte	5
Brennereibesitzer	10
Handwerker	4
Verschiedene u. ohne Angabe	42

Unter ähnlich schwacher Beteiligung wie in den anderen Wahlkreisen des Münsterlandes verlief auch hier die Urwahl. In verschiedenen Landgemeinden konnte sogar aus Mangel an Teilnehmern keine Wahl stattfinden, so daß auch hier eine ganze Reihe von Wahlmännern erst gar nicht bestimmt wurde[51].

Wahlkommissar Graf Schmising-Kerßenbrock zu Beckum plagte allerdings vor der Abgeordnetenwahl eine vollkommen andere Sorge. Am 3. Oktober sollte nämlich zugleich in Ahlen ein überregionaler Viehmarkt stattfinden, der außerdem sämtliche Tagungslokale in Beschlag nahm. Schmising ersuchte daher die münstersche Regierung um eine Verschiebung der Wahl auf Montag, da der Termin des Marktes feststehe und dieser auch aus organisatorischen Gründen schlecht verschoben werden könne[52]. Naumann wies jedoch das Ansinnen Schmisings umgehend zurück und bestand vor allem aus rechtlichen Gründen auf der Durchführung der Wahl. Das Zusammentreffen zahlreicher Landwirte und Wahlmänner sollte aber zu einer enormen politischen Aktivierung führen. Wahrscheinlich war nämlich den Wahlmännern bei dieser Gelegenheit bedeutet worden, Abgeordnete aus der näheren Umgebung nach Berlin zu schicken. Nicht anders kann die überraschende Wahl des Warendorfer Bürgermeisters und Kaufmanns Franz Joseph Zumloh erklärt werden. Zumloh, ein Bruder des gleichnamigen münsterschen Abgeordneten, hatte 216 Stimmen erhalten. 62 Wahlmänner waren für seinen Gegenkandidaten, Wahlkommissar Graf Schmising-Kerßenbrock eingetreten, der übrigens als einziger Landrat des Regierungsbezirks den Mut besessen hatte, sich der Wahl zu stellen[53]. Erwartungsgemäß war das zweite Mandat an Amtmann Brüning aus Enniger gefallen; er war von 267 Wahlmännern gewählt worden. Auch bei dieser Wahl hatte Schmising 59 Stimmen erhalten. Wilderich von Ketteler und Graf Galen waren in beiden Wahlgängen leer ausgegangen[54].

VIII.6. Wahlergebnis

Trotz des Versuchs der massiven Wahlbeeinflussung durch Innenminister von Westphalen vollzog sich im Regierungsbezirk kein politischer Wechsel. Unangefochten behaupteten die Klerikalen

Wahlbeteiligung bei der Urwahl vom 27. September 1855 in Zahlen

	Wahlberechtigt				Abgegebene Stimmen			
	I.	II.	III.	Summa	I.	II.	III.	Summa
Münster(Stadt) Zivil	142	387	2955	3484	75	130	316	521
Münster(Stadt) Militär	10	25	748	793	4	16	584	604
Münster(Stadt) zusammen	152	412	3703	4277	79	146	900	1125
Münster(Kreis)	333	763	7350	8446	87	105	203	395
Coesfeld	388	985	7233	8606	81	137	147	365
Tecklenburg	361	844	7323	8528	116	164	278	558
Steinfurt	407	987	7328	8722	103	145	246	494
Amt Lienen	27	72	508	607	7	8	13	28
Ahaus	335	856	6968	8159	96	136	259	491
Borken	360	1071	7012	8443	116	177	351	644
Recklinghausen	487	1083	6742	8312	90	106	205	401
Beckum	302	780	6262	7344	70	88	170	328
Lüdinghausen	319	797	6848	7964	73	93	186	352
Warendorf	255	659	5045	5959	75	87	126	288
Reg.-Bez. MS	3726	9309	72317	85357	993	1386	3084	5464

Zusammengestellt nach: ZStA Merseburg Rep.77 Tit.496a Nr.65 adh.III (Blatt 32);

Wahlbeteiligung bei der Urwahl vom 27. September 1855 in %

	I.	II.	III.	Summa
Münster(Stadt) Zivil	52,8	33,6	10,7	15,0
Münster(Stadt) Militär	40,0	64,0	78,0	77,1
Münster(Stadt) zusammen	52,0	35,4	24,3	26,3
Münster(Kreis)	26,1	13,8	2,8	4,7
Coesfeld	20,9	13,9	2,0	4,2
Summa	28,3	18,0	6,8	8,8
Tecklenburg	32,1	19,4	3,8	6,5
Steinfurt	25,3	14,7	3,4	5,7
Amt Lienen	25,9	11,1	2,6	4,6
Summa	28,4	16,7	3,5	6,0
Ahaus	28,7	15,9	3,7	6,0
Borken	32,2	16,5	5,0	7,6
Recklinghausen	18,5	9,8	3,0	4,8
Summa	25,4	13,9	3,9	6,1
Beckum	23,2	11,3	2,7	4,5
Lüdinghausen	22,9	11,7	2,9	4,4
Warendorf	29,4	13,2	2,5	4,8
Summa	24,9	12,0	2,6	4,5
Reg.-Bez. MS	26,6	14,9	4,3	6,4
Reg.-Bez. MI	37,0	24,0	8,5	11,8
Reg.-Bez. AR	29,0	14,0	3,9	6,6
Provinz Westfalen	31,0	17,6	5,5	8,3
(Höchstbeteilig. Reg.-Bez. Köslin)	45,0	32,0	22,5	24,7
(Niedrigstbeteilig. Reg.-Bez. Münster)	s.o	s.o	s.o	s.o.
Preußen	39,6	27,2	12,7	16,1

Zusammengestellt nach: Siehe S.241;

nach wie vor ihre Stellung, alle neun Abgeordneten traten wiederum der katholischen Fraktion bei. Damit war nach 1852 nun schon zum zweitenmal der Versuch der Berliner Regierung gescheitert, wenigstens in einem der vier Wahlbezirke Fuß zu fassen. In Münster schien man mit einem solchen Ergebnis wohl schon vorzeitig gerechnet zu haben, denn man machte seinerseits auch wenig Anstalten, die Bevölkerung für die Politik der Regierung zu gewinnen. Am augenfälligsten zeigte sich das lasche Vorgehen der münsterschen Behörden bei der Nominierung ihrer Kandidaten. Anstatt den einen oder anderen Landrat ins Rennen zu schicken, wie dies Innenminister von Manteuffel ausdrücklich empfohlen hatte, wälzte man die Verantwortung auf teilweise recht farblose Persönlichkeiten, die ohnehin vollkommen aussichtslos waren, ab. So war es kaum verwunderlich, daß die Klerikalen ohne größeren Aufwand alle neun Mandate im Handstreich erringen konnten.

Treibende Kraft in den Reihen der Klerikalen war zum wiederholten Male die Geistlichkeit, die im Verborgenen für die Wahl zuverlässiger Kandidaten Sorge trug und auch am Wahltag mit konkreten Kandidatenvorschlägen auftrumpfte. Bezeichnend hierfür war die Wahl des unbekannten Dechanten Klingenberg, der den unschlüssigen Wahlmännern einfach präsentiert und auch gewählt wurde. Daß die Wahlmänner aber nicht überall willfährige Werkzeuge der Geistlichkeit waren, zeigte sich am Beispiel Hermann von Mallinckrodts, dessen Niederlage sie im Wahlkreis Beckum -- Lüdinghausen -- Warendorf allerdings nicht verhindern konnte.

In die Geschichte der Wahlen in Preußen ging diese Abstimmung des Jahres 1855 als diejenige mit der bei weitem niedrigsten Beteiligung ein. In der Monarchie gaben gerade 16,1 % aller Wahlberechtigten ihre Stimme ab, in etwa genau die Hälfte der Wähler, die noch bei der Kammerwahl vom Juli 1849 teilgenommen hatten[55]. Die meisten Wähler verzeichnete der Regierungsbezirk Köslin mit 24,7 %, die wenigsten schon beinahe traditionell der Regierungsbezirk Münster mit 6,4 %. Unwesentlich besser als Münster waren Aachen mit 6,5 %, Arnsberg mit 6,6 % sowie Düsseldorf und Köln mit 7,5 % bzw. 7,6 %. Die höchste Wahlbeteiligung in den beiden Westprovinzen wies mit 15,0 % der Regierungsbezirk Minden auf[56]. Welches Ausmaß der Stimmenrückgang im Münsterland im einzelnen annahm, geht aus der folgenden Übersicht hervor[57]:

	Wahlbeteiligung			Verhältnis
	1852	%	1855	
Münster(Stadt)	29,5		26,3	- 3,2 %
Münster(Kreis)	6,7		4,7	- 2,0
Coesfeld	8,7		4,2	- 4,5
Tecklenburg	7,3		6,5	- 0,8
Steinfurt	6,7		5,7	- 1,0
Ahaus	7,3		6,0	- 1,3
Borken	14,3		7,6	- 6,7
Recklinghausen	9,2		4,8	- 4,4
Beckum	5,7		4,5	- 1,2
Lüdinghausen	6,5		4,4	- 2,1
Warendorf	11,4		4,8	- 6,6
Reg.-Bez. MS	9,45		6,4	- 3,05
Preußen	21,60		16,1	- 5,50

VIII.7. Die IV. Legislaturperiode

Die Wahlen waren ganz im Sinne der Regierung ausgefallen und brachten eine merkliche Verstärkung der Rechten mit sich. Die konservative Kammermehrheit hatte die Anzahl ihrer Abgeordneten von 193 auf 240 vermehren können, während die Opposition etwa ein Drittel ihrer bisherigen Sitze einbüßte. Die katholische Fraktion hatte ihre Stellung mit durchschnittlich 51 Mitgliedern in etwa halten können, während es die Liberalen gerade nur noch auf 32 Mandate brachten[58]. Insgesamt gesehen verzerrte aber die jetzige Zusammensetzung des Abgeordnetenhauses, wie die II. Kammer nunmehr hieß, den Willen der Wähler gegenüber früher insofern noch um einiges mehr, als durch die Wahlkreismanipulation, den immensen Druck auf die Beamtenschaft und nicht zuletzt durch die diesmal besonders ausgeprägte Gleichgültigkeit breiter Wählerschichten fast nur solche Männer zu Deputierten bestimmt worden sind, die der Regierung in hohem Maße ergeben waren[59]. Allein 66 der 352 Abgeordnetensitze wurden von Landräten eingenommen und dazu gesellte sich noch eine Fülle weiterer Staatsbeamter, Rittergutsbesitzer, Richter und Staatsanwälte[60].

Die neun Abgeordneten aus dem Regierungsbezirk Münster traten, wie schon erwähnt, wiederum der katholischen Fraktion bei. An der politischen Linie der Klerikalen hatte sich vergleichsweise zur vergangenen Legislaturperiode nichts geändert. Zusammen mit der liberalen Opposition stritt man weiterhin für die Unverletzlichkeit der Verfassung, die von seiten der Regierung und der ihr ergebenen konservativen Kammermehrheit noch weiter ausgehöhlt wurde. Gleich zu Beginn der 1. Session hatte sich die katholische Fraktion zusammen mit den Liberalen darum bemüht, eine Untersuchung über die ministerielle Wahlmanipulation herbeizuführen. Sie scheiterte jedoch schon im Anfangsstadium an den eindeutigen Mehrheitsverhältnissen[61]. Im einzelnen ermöglichte diese Kräfteverteilung der Regierung, Maßnahmen in Angriff zu nehmen, die normalerweise abgelehnt worden wären. So setzte man wieder die gutsherrliche Polizeigewalt durch die Landgemeindeordnung von 1845 neu in Kraft, und die westfälische Städte- und Landgemeindeordnung und der Antrag einer Städteordnung für die Rheinprovinz wurden trotz heftigen Widerstandes westfälischer und rheinischer Abgeordneter genehmigt[62].

Im Gegensatz zur vorangegangenen war es während der gesamten IV. Legislaturperiode innerhalb der katholischen Fraktion zu keinen internen Differenzen gekommen. Unterschiedliche Auffassungen sollte es nur einmal am Ende der 3. Session zwischen dem als eigenwillig bekannten Wilhelm Rohden und dem Rest der Fraktion geben. Anlaß hierzu war die Diskussion um das neue Ehescheidungsgesetz[63]. Rohden hatte sich nämlich für die Wiedereinführung der 1849 abgeschafften sog. geistlichen Ehegerichte stark gemacht, um für die katholische Bevölkerung die weltliche Gerichtsbarkeit in Ehesachen vollkommen zu beseitigen[64]. Diesem Ansinnen wollte sich aber die Mehrheit der Fraktion, darunter vor allem die Gebrüder Reichensperger, deshalb nicht anschließen, da hierdurch in bestehende Rechtszustände, namentlich im Rheinland, allzu entschieden eingegriffen würde. Rohden trat daraufhin vorübergehend aus der Fraktion aus[65]. Diese Auseinandersetzung blieb aber ohne Folgen, da Rohden in der folgen- Legislaturperiode der Fraktion wieder angehörte[66].

DIE WAHLEN WÄHREND DER ZEIT DER 'NEUEN ÄRA'

1858 - 1861

IX. Die Wahlen vom 12. und 23. November 1858

IX.1. Wahlbewegung und Wahlkreiseinteilung

Die sich zusehends verschlimmernde Nervenkrankheit Friedrich Wilhelm IV. hatte auf die Dauer die Einrichtung einer Stellvertretung unerläßlich erscheinen lassen. Nachdem sich aber das Leiden als unheilbar herausstellte, übernahm der Bruder des Königs am 8. Oktober 1858 die Regentschaft. Obwohl Wilhelm noch aus den Märztagen der Revolution von 1848 der Ruf eines unverbesserlichen Reaktionärs vorauseilte, war seine innere Kehrtwendung zu liberalen Anschauungen während der fünfziger Jahre nicht unerkannt geblieben. Weite Teile der Bevölkerung verbanden daher mit seiner Regierungsübernahme die Hoffnung auf Besserung der vielfach als unerträglich empfundenen innenpolitischen Zustände Preußens. Hatte der Prinzregent bisher noch die politische Richtung seines Bruders gewahrt, so änderte er nach Antritt der Regentschaft den bisherigen Kurs der Regierung radikal. Zu seinen ersten Maßnahmen gehörte die Entlassung des reaktionären Ministeriums Manteuffel/Westphalen, an dessen Stelle er ein Kabinett von Persönlichkeiten mit vorwiegend liberaler Gesinnung berief. Neuer Ministerpräsident wurde Fürst Anton von Hohenzollern-Sigmaringen, ein Verwandter des Regenten aus der katholischen Linie des preußischen Herrscherhauses. Die neue Regierung setzte sich aus liberalen Männern, darunter Auerswald, Patow, Bonin, Pückler, Bethmann-Hollweg, Schleinitz und dem ehemaligen, allerdings in Westfalen in unguter Erinnerung gebliebenen Oberpräsident von Flottwell als Innenminister, zusammen. Nach der Verabschiedung Manteuffels und Westphalens schien das Land wie von einem Alp erlöst zu sein und von den Altliberalen bis hin zu den früheren Demokraten keimten mit der Berufung dieses Kabinetts berechtigte Hoffnungen auf den Anbruch einer 'Neuen Ära' in Preußen auf.

Schon für die in diesem Jahr vorzunehmenden Kammerwahlen sollte der Regierungswechsel weitreichende Folgen mit sich bringen. Das neue Staatsministerium stellte sofort die schon in bewährten Bahnen verlaufenden Wahlmanipulationsversuche des früheren Innenministers ein und erklärte außerdem dessen umfangreiches erstes und alle nachfolgenden Wahlreskripte für null und nichtig[1]. Darüber hinaus war auch durch den neuen Ressortchef die Versicherung abgegeben worden, die Regierung trage sich ferner nicht mehr mit der Absicht, in das Vorwahl- und Wahlgeschehen zu ihrem Vorteil einzugreifen.

Flottwells Vorgänger Westphalen hatte bereits am 24. Juli 1858 die Oberpräsidenten davon in Kenntnis gesetzt, daß sich womöglich die demokratische Partei, darunter faßte er alle Oppositionsgruppen zusammen, an den kommenden Wahlen beteiligen wolle und daß deshalb vorsorglich von staatlicher Seite die größte Wachsamkeit geübt werden müsse[2]. Westphalen war nämlich schon damals nicht entgangen, daß sich, mit Ausnahme der Konservativen, alle anderen politischen Gruppierungen große Hoffnungen auf einen Kurswechsel an der Spitze des Staates machten, sobald der Bruder des Königs einmal mit der Wahrnehmung der Staatsgeschäfte betraut würde. Am 21. August hielt es Westphalen daher für geboten, sich nochmals an die Oberpräsidenten mit der Aufforderung zu wenden, die ihnen unterstellte Beamtenschaft rechtzeitig dazu anzuhalten, konservative Kräfte zu sammeln, um einen der Regierung wohlgesonnenen Wahlausgang zu gewährleisten. Seine Befürchtungen hinsichtlich eines groß angelegten Wahlmanövers der Demokraten erwiesen sich zumindest in der Provinz Westfalen aber als glatte Fehleinschätzung. Oberpräsident von Duesberg und der neue Regierungsvizepräsident von Holtzbrinck meinten übereinstimmend, von einer verstärkten Parteibewegung weder im Regierungsbezirk Münster noch in der Provinz etwas bemerkt zu haben[3]. Beide waren allerdings auch der Auffassung, daß mit einer gezielten Wahlagitation erst unmittelbar vor dem Urwahltermin gerechnet werden müsse. Was die abermals in Gang gesetzte Diskussion über eine zweckmäßigere Veränderung der Wahlkreise anging, so ließ Duesberg Westphalen bereits frühzeitig wissen, daß eine Neuverteilung im Regierungsbezirk Münster vollkommen überflüssig sei, da hierdurch ohnehin keinem der Regierung wohlgesonnenen Kandidaten geholfen werden könne. Außerdem, bemerkte Duesberg, habe sich die jetzige Einteilung als sinnvoll und zweckmäßig erwiesen[4].

Mit Amtsübernahme machte Flottwell sämtliche Anordnungen seines Amtsvorgängers rückgängig und sandte am 19. Oktober sein, den politischen Gegebenheiten angepaßtes, Wahlzirkular an die Oberpräsidenten. "Es bedarf keiner Erörterung", schrieb Flottwell, "daß und aus welchen Gründen die Regierung Sr. Majestät des Königs einen großen Wert auf die unwandelbare Treue, Zuverlässigkeit, so wie auf die politische Einsicht der Abgeordneten legen muß und daß es daher zu den unerläßlichen Pflichten der bei den Wahlverhandlungen direkt und indirekt beteiligten königlichen Beamten gehört, dahin zu wirken, daß die Wahlen auf Männer gerichtet werden, denen diese Eigenschaft unzweifelhaft beiwohnt. Von der anderen Seite ist dagegen wohl zu beachten, daß diese Einwirkung sich davon ferne halten muß, durch Geltendmachung der amtlichen Autorität den zu den Wahlen berufenen Untertanen Sr. Majestät des Königs bei Ausübung des Wahlrechts irgend einen Zwang anzutun. Ich erachte es daher für die Pflicht jedes königlichen Beamten, die Überschreitung der ihm durch seine amtliche Stellung gezogenen Grenzen, demnach auch solche Einwirkungen sorgfältig zu vermeiden und zu unterlassen, welche eine Einschüchterung der Wahlmänner durch Drohung der Entziehung gewisser von der Staatsbehörde abhängigen Vorteile und Rechte in sich schließen. Darum halte ich es auch für angemessen, jede Tätigkeit und Mitwirkung der exekutiven Polizeibeamten bei dem Wahlgeschäft ganz bestimmt zu untersagen"[5]. Trotz der klaren Absage von Flottwell an frühere Praktiken war es den Landräten weiterhin erlaubt, sich um geeignete Kandidaten zu bemühen. "Es bleibt dagegen einer ersprießlichen Einwirkung", räumte der Innenminister ein, "der Herren Oberpräsidenten, Regierungspräsidenten und Landräte immer noch ein großes und fruchtbares Feld geöffnet, auf welchem sie eine den gerechten Erwartungen der königlichen Landesregierung, sowie den landesväterlichen Intentionen Sr. Königlichen Hoheit des Prinzregenten und dem Wohle des Landes entsprechende Wahl zu befördern vermögen. Ohne allen Zweifel sind ihnen diejenigen Männer innerhalb ihres Wirkungskreises bekannt, auf deren Beistand und tätigen Einfluß Sie zu bauen berechtigt sind"[6]. Flottwell bemerkte aber einschränkend, daß er zwar die Wahl von Staatsbeamten nicht ausdrücklich ablehne, jedoch sollte sich der Gewählte in jedem Falle fragen, ob ihm nicht seine berufliche Tätigkeit am Ort wichtiger erscheine. Zugleich aber dämpfte Flottwell sämtliche Erwartungen, die sich nach dem Regierungswechsel bereits überall verbreitet hatten. Eindringlich beschwor er Regierungen und Landräte, die Urwähler darauf aufmerksam zu machen, "daß diesen irrtümlichen Meinungen und Ansprüchen und solchen das Maß einer richtigen Würdigung der Verhältnisse und Bedürfnisse überschreitenden Erwartungen auf jedem gesetzlichen Wege überall entgegengetreten und namentlich auf eine solche Auffassung der öffentlichen Zustände hingewirkt werde, welche dem Bestreben der Staatsregierung nach einer besonnenen und ihres Zieles sich bewußten Befriedigung der wahren Bedürfnisse des Landes entgegenkommende Unterstützung angedeihen läßt"[7].

Am 26. Oktober setzte Flottwell die Wahltermine auf den 12. und 23. November fest[8].

Der Sturz des reaktionären Ministeriums Manteuffel/Westphalen und die Ernennung des als gemäßigt liberal eingestuften Fürsten von Hohenzollern färbte allerdings auf das politische Klima im Regierungsbezirk nur unwesentlich ab. Da sich liberales Gedankengut hier ohnehin nie nachhaltig im Bewußtsein der Bevölkerung hatte festsetzen können, fehlte es jetzt am nötigen Rückhalt, um im einseitigen politischen Leben des Münsterlandes eine Wende herbeizuführen. Lediglich ein namhafter Demokrat aus den Tagen der Revolution, Bernard von Bruchhausen, hatte sich erstmals wieder seit Jahren zu Wort gemeldet und für die Wahl allgemein fortschrittlicher Persönlichkeiten, wie etwa Waldeck oder Schulze-Delitzsch, zu Abgeordneten geworben. Bruchhausen war aber im wesentlichen auf sich allein gestellt, zumal sich auch die vormals einflußreichen Demokraten im südlichen Vest Recklinghausen nicht bemerkbar machten. Sein Einsatz sollte daher auch ziemlich wirkungslos bleiben.

Die Klerikalen hatten auf die Ablösung Manteuffels ziemlich zurückhaltend reagiert. Vielfach überwog noch die Skepsis vor der neuen, auf den ersten Blick fremden und daher nicht einzuschätzenden Politik der neuen Regierung. Allerdings hob man anerkennend hervor, daß der Prinzregent mit dem Fürsten von Hohenzollern erstmals einen Katholiken an die Spitze des Ministeriums berufen hatte. Im allgemeinen war jedoch von dem Hochgefühl, wie es sich etwa im Rheinland nach der Entlassung Manteuffels einstellte, im Münsterland rein gar nichts zu spüren[9].

Schon vor dem Ausscheiden Westphalens aus seinem Amt hatten die Klerikalen gleichzeitig mit den ersten Manipulationsversuchen des Innenministers die eigenen Wahlvorbereitungen in die Wege geleitet. Erstmals traten zwei der führenden Vertreter der katholischen Fraktion vor die Öffentlichkeit und nahmen zu aktuellen politischen Grundsatzfragen aus ihrer Sicht

Stellung. August und Peter Reichensperger, die Verfasser der Flugschrift, 'Die Wahlen zum Hause der Abgeordneten. Von einem Katholiken', setzten sich unter anderem mit der Entwicklung der preußischen Verfassung auseinander und hoben dabei besonders die Sicherung der von ihr garantierten und geschützten politischen, bürgerlichen und vor allem religiösen Freiheiten hervor. Zugleich betonten sie die unabhängige Stellung der katholischen Kirche in Preußen und verwiesen auch auf deren verfassungsmäßig verankerten Rechte. Schließlich gingen die Verfasser auch auf die politische Legitimität der katholischen Fraktion ein und attestierten ihr durchaus eine emiment wichtige politische Rolle im Kräftespiel der übrigen parlamentarischen Gruppen, da es sich nämlich während der nunmehr sechsjährigen Wirksamkeit deutlich gezeigt habe, daß man sich nicht nur mit Fragen im kirchlichen Bereich auseinanderzusetzen wisse. Allerdings räumten die beiden Reichensperger bereitwillig ein, daß der Name 'katholische Fraktion' wegen der zu Mißverständnissen Anlaß gebenden extrem religiösen Tendenz einer Änderung bedürfe.

Den katholischen Urwählern empfahlen sie bei dieser Wahl, nur wahrhafte Katholiken in das Abgeordnetenhaus zu entsenden und legten ihnen ferner nahe, dort, wo dies nicht möglich sei, liberalen Kandidaten die Stimme zu geben[10]. Die Masse der klerikalen Wähler, die aus religiösen und nicht aus politischen Erwägungen heraus ihre Entscheidung fällte, erreichte diese theoretische Abhandlung natürlich nicht. Für die Mitglieder der Fraktion und die zahlreichen Helfer der Klerikalen im Laien- wie im Klerikerstand bedeutete aber diese Flugschrift eine Standortbestimmung von Rang.

Die Meinung der beiden Reichensperger machte sich auch der Merkur zu eigen und fügte ergänzend hinzu, daß wohl kaum eine andere Fraktion verfassungstreuer gewesen sei als eben die katholische[11]. Zwar fehlte auch hier nicht eine gehörige Portion Selbstüberschätzung, im großen und ganzen war man aber in Reihen der Katholiken mit der bisherigen Entwicklung des Verhältnisses von Kirche und Staat seit der Auseinandersetzung um die Raumerschen Erlasse einigermaßen zufrieden. Die bevorstehenden Wahlen nahm der Merkur auch zum Anlaß, über acht Jahre preußische Verfassungsgeschichte nachzudenken, und er kam dabei zu der Feststellung, "mehr denn je wird die Verfassungsurkunde von einem Großteil der Nation als das wichtigste Grundgesetz des Staates anerkannt und geschätzt ... und die Überzeugung macht sich breit, daß eine konstitutionelle Verfassung mit einer monarchischen durchaus nicht im Widerspruch zu stehen braucht. Aufgrund dieser Tatsache ist es zu hoffen, daß die Wahlbeteiligung steigen werde"[12].

Aber auch die Regierung in Berlin war durchaus darum bemüht, das einstmals angespannte Verhältnis zu entkrampfen. Ausdrücklich hatte nämlich der Prinzregent in seiner Adresse an das Staatsministerium vom 8. November hervorgehoben, daß die verfassungsmäßigen Rechte der katholischen Kirche gesichert seien und daß zwischen beiden christlichen Konfessionen möglichst eine Parität hinsichtlich der Besetzung der Staatsämter anzustreben sei. Der Bruder des Königs betonte aber auch, daß mit "allem Ernste den Bestrebungen entgegengetreten werden (muß), die dahin abzielen, die Religion zum Deckmantel politischer Bestrebungen zu machen"[13]. Offen gab der Prinzregent außerdem zu, daß sich die frühere Regierung auf dem Gebiet der Kirchenfragen vergriffen habe, eine Äußerung, die in Kirchenkreisen ebenso überraschte wie die von ihm geforderte Parität der Konfessionen[14].

Trotz dieser moderaten Worte aus Berlin waren die Klerikalen aber nicht bereit, ihr bekannt einseitiges Engagement den Zeitumständen anzupassen. Auf publizistischem Sektor war sogar eine deutliche Intensivierung der bisherigen Aktivitäten zu registrieren. So veröffentlichte auch der 'Westfälische Merkur' das Wahlschreiben des Erzbischöflichen Generalvikariats zu Köln, in welchem auf die katholischen Urwähler ganz erheblicher Druck ausgeübt wurde[15]. "Auch kann es dem guten Katholiken nicht schwer werden", so konnte man dort erfahren, "sich gewissenhaft klar zu machen, welchen Männern er bei den Wahlen mit Vertrauen seine Stimme geben soll. Jene Männer, die offen ihre Treue gegen Gott und ihre Religion bekennen und üben, und dabei dem Regenten und dem Staat in echter Treue ergeben sind, haben mit Recht allen Ansprch auf unser Vertrauen"[16]. Überdurchschnittlich viel Raum, vergleichsweise zu früheren Wahlen, widmete auch das Sonntagsblatt dem bevorstehenden Ereignis[17]. In zwei längeren Artikeln ging man auf die Bedeutung dieser Wahl für die Kirche ein und forderte, wie schon das Kölner Schreiben, die Gläubigen zur Wahl katholisch gesinnter Abgeordneter auf. Im diesem Zusammenhang wurde auch auf die ungleiche Interessenvertretung beider Konfessionen im Abgeordnetenhaus verwiesen. Gerade weil die Katholiken bisher in der Minderzahl gewesen seien, solle jeder das Seine dazu beitragen, um diesen Zustand zu ändern. In diesem Sinne appellierte auch Bischof Müller in seinem traditionellen Wahlhirtenbrief an die Gläubigen seiner Diözese[18].

Ohne Zweifel stand die Kampagne der Klerikalen diesmal unter gänzlich anderen Vorzeichen als bei beiden Wahlen der Reaktionszeit. Damals war es den Klerikalen recht erfolgreich gelungen, die katholischen Urwähler zu mobilisieren, weil es gleichsam um die eigene Selbstbehauptung, die Verteidigung der in der Verfassung verbrieften Rechte ging. Diesmal aber, unter dem Eindruck eines radikalen Wechsels an der Spitze des Staates, drohten den Klerikalen Wähler davonzulaufen, da die früheren Meinungsverschiedenheiten beiseite geräumt schienen und überdies der neuen Regierung an einem reibungsfreien Verhältnis lag. Unter diesen Umständen schien selbst die Existenz der eigens zur Wahrung der Rechte der Kirche ins Leben gerufenen katholischen Fraktion in Frage zu stehen. Vor allem das Bürgertum, das die Neuerung des Staates sehnlichst herbeigewünscht hatte, glaubte seine Rechte nun besser durch liberale als durch klerikale Kandidaten vertreten zu sehen. Die Katholiken mußten daher in manchen Wahlkreisen mit einem Rückgang ihrer und mit einem Anstieg der liberalen Stimmenanteile rechnen. Dies galt vor allem für das benachbarte Rheinland, während ein Rückgang des klerikalen Einflusses im Regierungsbezirk Münster wohl kaum zu befürchten war. Immerhin fühlte sich aber der Merkur dazu aufgerufen, vor der Wahl solcher Abgeordneter zu warnen, die vorgäben, katholische Interessen zu vertreten, in Wirklichkeit aber waschechte Liberale seien[19]. Damit stand man natürlich eindeutig im Gegensatz zu den Ansichten der Gebrüder Reichensperger, die ja eine Zusammenarbeit zwischen Liberalen und Klerikalen befürwortet hatten.

Hinsichtlich der Wahlkreiseinteilung waren dieses Mal keinerlei Veränderungen vorgenommen worden, da sich die vor drei Jahren eingeführte Regelung als durchaus zweckmäßig erwiesen hatte. Auf Anraten Duesbergs wurde lediglich der Wahlort im Wahlkreis Ahaus -- Borken -- Recklinghausen von Dorsten nach Borken verlegt, ein Schritt, dem allerdings keine politischen Überlegungen zugrunde lagen. Die Wahlmänner des Kreises Ahaus hatten sich nämlich schon seit längerem über den langen Anreiseweg nach Dorsten beklagt[20].

Bestandteile Stadt/Kreis	Einwohner	Wahlort	Anzahl der Abgeordneten
Münster(Stadt)	26332	Münster	2
Münster(Kreis)	40348		
Coesfeld	41480		
Steinfurt	44202	Ibbenbüren	2
Tecklenburg	45980		
Ahaus	40842	Borken	3
Borken	41398		
Recklinghausen	49307		

Beckum	38025	Ahlen	2
Lüdinghausen	38853		
Warendorf	29318		

IX.2. Wahlkreis: Stadt Münster -- Kreis Münster -- Coesfeld

Auf Münster lastete noch immer der Druck der Reaktionszeit. Der Wechsel an der Spitze des Staates hatte auf das politische Leben der Provinzialhauptstadt bisher nur wenig Eindruck hinterlassen. Von liberalen Strömungen kann nur am Rande berichtet werden. Nach wie vor hielten die Klerikalen das Heft fest in der Hand.

Das Vorwahlgeschehen beschränkte sich wie schon seit etlichen Jahren auf die Veröffentlichung einiger Kommentare und Inserate im Westfalischen Merkur und im Münsterschen Anzeiger, auf die Verbreitung des bischöflichen Hirtenbriefs und die eine oder andere kleine Urwählerversammlung. Immerhin konnte wenigstens nach dem Tiefstand der Jahre 1852 und 1855 bezüglich der Wahlbeteiligung eine, wenn auch geringe Verbesserung verzeichnet werden[21]. Gleiches traf übrigens auch für die beiden Landkreise zu, jedoch konnte man immer noch nicht von einen regen Interesse sprechen. Im Kreis Münster gaben 452 der 8310 Wahlberechtigten ihre Stimme ab, im Kreis Coesfeld 478 von 7728[22].

Keine Veränderung wies auch bei dieser Wahl die Zusammensetzung der Wahlmännergremien auf. In der Stadt Münster dominierten wiederum Beamte und Kaufleute, auf dem Lande die Geistlichkeit und die Landwirte[23].

Bei einer Versammlung der stadtmünsterschen Wahlmänner hatte man als Kandidaten wiederum den langjährigen Vertreter in der II. Kammer, Nicolaus Zumloh, und als Nachfolger für Krabbe, der auf eine Wiederwahl verzichtete, den aus Münster stammenden Assessor Theodor Scheffer-Boichorst nominiert[24]. Überraschenderweise war auch der Name des ehemaligen Justizministers im Kabinett Brandenburg und jetzigen Präsidenten des münsterschen Appellationsgerichts, Wilhelm Rintelen, ins Gespräch gebracht worden. Rintelen, der 1849 bereits nach wenigen Monaten wegen gravierender Meinungsverschiedenheiten mit dem damaligen Innenminister von Manteuffel, unter anderem wegen einer nicht zustandegekommenen Gerichtsreform, aus dem Amt schied, war der politischen Gesinnung nach eigentlich niemals reaktionär eingestellt, sondern stand den Altliberalen um Vincke nahe. Von welcher Seite allerdings der Vorschlag unterbreitet wurde, Rintelen zu nominieren, ließ sich nicht ermitteln. Einiges könnte jedoch dafür gesprochen haben, daß hier Beamte und freisinnige Bürger, die mit dem neuen Kurs sympathisierten, am Werke waren. Freilich waren die Aussichten, Rintelen zu diesem Zeitpunkt gegen die Phalanx der Klerikalen durchzusetzen, äußerst gering.

Wie erwartet setzten sich auch Zumloh mit 298 und Scheffer-Boichorst mit 291 von jeweils 365 Stimmen überzeugend durch [25]. Immerhin gelang Rintelen in beiden Wahlgängen mit 59 bzw. 73 Stimmen ein beachtlicher Teilerfolg, denn seit dem Ende der Revolution war ja kein ernsthafter Gegenkandidat der Klerikalen in Erscheinung getreten. Der Anzahl der auf Rintelen gefallenen Stimmen zufolge können ihn kaum nur in Münster ansässige Beamte gewählt haben. Aller Wahrscheinlichkeit nach stimmte für ihn auch ein Teil des gutsituierten Bürgertums, das sich jetzt von einem liberalen Abgeordneten weitaus mehr als von einem klerikalen Vertreter versprach. Hinzu kam, daß Rintelen in Münster nicht nur im beruflichen, sondern auch im gesellschaftlichen Leben eine große Rolle spielte. Er war Mitglied des vom münsterschen Großbürgertum getragenen und recht einflußreichen Zweilöwenclubs. Möglicherweise kam von dieser Seite entscheidende Unterstützung, da diesem Verein eine ganze Reihe von Wahlmännern angehörte[26].

IX.3. Wahlkreis: Steinfurt -- Tecklenburg -- Amt Lienen

Zwar konnte dieses Mal im nördlichen Münsterland eine stärkere Beteiligung an den Wahlen festgestellt werden, von einer Wahlbewegung war man aber bei einer nahezu 90prozentigen Abwesenheit der Stimmberechtigten immer noch weit entfernt. Wenigstens aber verzeichnete Tecklenburg die nach Warendorf höchste Beteiligung der Landkreise bei einer alles in allem recht mäßigen Stimmabgabe im gesamten Regierungsbezirk. Absprachen über mögliche Kandidaten drangen, wie schon in der Vergangenheit, von keiner Seite an die Öffentlichkeit, jedoch darf mit Sicherheit davon ausgegangen werden, daß sich Wahlkommissar von Diepenbroick-Grüter auch jetzt um einen zugkräftigen Herausforderer der beiden klerikalen Vertreter bemüht hat. Favorit war schon beinahe traditionsgemäß ein hoher Beamter der münsterschen Regierung, diesmal in der Person des seit 1857 amtierenden Vizepräsidenten von Holtzbrinck. Zweiter Kandidat war der Präsident des münsterschen Appellationsgerichts, Wilhelm Rintelen, der wahrscheinlich in Diepenbroicks Kalkulation die klerikalen Wahlmänner - er war bekanntlich katholisch - auf seine Seite ziehen sollte. Doch auch diesmal gingen die Pläne nicht auf. Der wiederum von klerikaler Seite nominierte Posener Appellationsgerichtsrat Wilhelm Rohden setzte sich abermals souverän durch und ließ Holtzbrinck mit 212 zu 87 Stimmen hinter sich[27]. Und auch Rintelen sollte sein Ziel nicht erreichen. Gegen den jetzt wieder kandidierenden geistlichen Seminaroberlehrer Franz Anton Terbeck, der sich noch drei Jahre zuvor den Anordnungen des münsterschen Bischofs hinsichtlich der 'politischen Enthaltsamkeit' der Geistlichen hatte fügen müssen, unterlag er mit 127 zu 187 Stimmen[28]. Zwar erzielte Rintelen damit ein höchst beachtliches Ergebnis, doch zeigte sich selbst bei einem der münsterschen Regierung nicht angehörenden Kandidaten die Grenze des Einflusses von seiten der zuständigen Behörden.

Infolge seiner Ernennung zum Direktor des in Vechta/Großherzogtum Oldenburg (Diözese Münster) ansässigen katholischen Schullehrerseminars legte Terbeck das Mandat am 26. August 1860 nieder[29]. Da ohnehin keine Kammerverhandlungen anstanden, konnte sich Wahlkommissar Diepenbroick-Grüter mit der fälligen Nachwahl durchaus Zeit lassen. Wahrscheinlich legte er den Termin nicht ganz ohne Absicht erst auf Mitte November, um auf diese Weise den einen oder anderen klerikalen Wahlmann aus dem Kreise Steinfurt von einer Reise nach Ibbenbüren abzuhalten. Erwartungsgemäß hatte auch eine ganze Reihe von Wahlmännern gefehlt und bei der starken Anwesenheit der Tecklenburger stand der Wahl eines der Regierung freundlicher gesonnenen Abgeordneten nichts im Wege. Das Mandat sicherte sich der schon mehrfach von der münsterschen Regierung vorgeschlagene Kreisrichter Goesen aus Tecklenburg[30].

IX.4. Wahlkreis: Ahaus -- Borken -- Recklinghausen

Vergeblich hatten sich die Wahlmänner des Kreises Recklinghausen gegen die Verlegung des Wahlortes von Dorsten nach Borken zu wehren versucht, da es zwischen beiden Kreisen ja nicht die besten Verkehrswege gab. Aus Rücksicht auf die Wahlmänner des Kreises Ahaus war der münsterschen Regierung jedoch keine andere Wahl geblieben. Im Vergleich zur letzten Kammerwahl war nur ein geringfügiger Anstieg der Teilnahme zu verzeichnen. Noch immer konnte man aber bei 772 Urwählern unter insgesamt 21222 Stimmberechtigten in der III. Klasse von einer Wahl schlechterdings kaum reden. Als Folge hiervon war mangels Teilnehmer in einigen vorwiegend ländlichen Gebieten keine Wahl abgehalten worden[31]. Und selbst in der Stadt Recklinghausen, die noch vor etwa zehn Jahren zu den Hochburgen der Demokraten des Regierungsbezirks gehörte, hatte der politische Umschwung im Staat noch keine Spuren hinterlassen. Die ehemaligen Anführer der Demokraten waren entweder verzogen oder einfach kalt gestellt[32] oder wie im Fall des früheren Regierungsrates Franz Anton Bracht mittlerweile zu alt, um nochmals in die politische Arena zu steigen; Bracht zählte immerhin damals schon 85 Jahre. Er sollte noch die Anfänge des Verfassungskonflikts erleben, ehe er hochbetagt im September 1862 auf Haus Dillenburg bei Datteln verstarb[33]. Außerdem hatte der ehrgeizige und in jeder Beziehung unnachsichtige Landrat von Reitzenstein schon die leiseste regierungsfeindliche Tendenz geahndet und dabei vor allem ein waches Auge auf die Presse geworfen[34]. Selbst das während beider Revolutionsjahre einflußreiche Wochenblatt des Kreises Recklinghausen war mehr oder weniger auf das Niveau der farblosen Kreisblätter herabgesunken, wenngleich man sich aber auch noch gelegentlich die Kommentierung der Tagespolitik mit vorsichtigen Worten leistete[35]. Anläßlich des zehnten Jahrestages der 'Einsetzung' der preußischen Verfassung stimmte das Blatt, wie zahlreiche andere auch, in das Loblied auf den damals erzielten Fortschritt ein[36].

Irgendwelche Reaktionen aus den beiden Landkreisen aus Anlaß dieser Wahl ließen sich nicht ermitteln. Ohne Zweifel dürfte aber auch dieses Mal der einflußreiche Klerus entscheidend auf Wähler und Wahlmänner eingewirkt haben, denn von Anfang an stand außer Frage, daß die drei nach Berlin zu entsendenden Abgeordneten wiederum aus den Reihen der Klerikalen stammen würden. Sieger des ersten Wahlgangs wurde Kreisrichter Friedrich Reigers aus Borken, der sich gegenüber dem Gutsbesitzer Joseph von Raesfeld mit 234 gegen 108 Stimmen durchsetzte. Das zweite Mandat fiel dann erwartungsgemäß an Raesfeld, welcher sich vor allem im landwirtschaftlichen Vereinswesen des Kreises Recklinghausen einen Namen gemacht und deshalb seine Wahl auch der Anwesenheit der zahlreichen Landwirte zu verdanken hatte. Auf ihn entfielen 230, auf seinen Herausforderer Hermann von Mallinckrodt 167 Stimmen. Dritter Vertreter dieses Wahlkreises in Berlin wurde schließlich Mallinckrodt. 199 Wahlmänner hatten für ihn, 63 für den aus Ahaus stammenden Kreisrichter Karl Ziegler votiert[37]. Damit war der Kreis Ahaus nun schon zum zweitenmal ohne direkten Vertreter in Berlin. Weshalb sich die Wahlmänner nicht mit einem eigenen Kandidaten durchsetzen konnten, ließ sich nicht ermitteln. Wahrscheinlich war eine ganze Reihe erst gar nicht in Borken erschienen. Wie der Merkur auch vom Wahlort berichtete, war von seiten der Wahlmänner des Kreises Ahaus, aber auch von denen aus Recklinghausen vielfach der Wunsch vorgebracht worden, für sie einen bequemeren Wahlkreis einzurichten[38]. Von Interesse war auch diesmal das Abschneiden Mallinckrodts, der sich erst an dritter Stelle mit dem schlechtesten Ergebnis durchzusetzen vermochte. Auch hier war die in anderen Wahlkreisen immer stärker zutage tretende Tendenz unübersehbar, daß die Wahlmänner in erster Linie ihnen bekannte und vertraute Persönlichkeiten bevorzugten. Daran vermochte auch die Regie des Klerus wenig zu rütteln. Auffallend war dann wie gesagt nur, daß ein doch bekannteres Mitglied der katholischen Fraktion wie Karl Ziegler auf der Strecke blieb.

IX.5. Wahlkreis: Beckum -- Lüdinghausen -- Warendorf(ohne Lienen)

Als einziger der namhaften münsterländischen Demokraten der Revolutionszeit war Bernard von Bruchhausen erstmals wieder an die Öffentlichkeit getreten und hatte sich sogar in seiner Heimatgemeinde als Wahlmann aufstellen lassen. Sein Einfluß auf die Wähler war aber kaum der Rede wert. Zu seiner Entschuldigung muß allerdings angeführt werden, daß ihm diesmal, im Gegensatz zu früher, Stellungnahmen im Beckumer Kreisblatt verwehrt waren. Die Zeitung stand wie zahlreiche andere dieser Art auch unter der Aufsicht des Landrates und veröffentlichte grundsätzlich nur die der Regierung schmeichelnden Berichte oder Kommentare, darunter aber nicht selten auch Artikel des Merkurs, sofern sie in Einklang mit der offiziösen Meinung standen[39]. Allerdings gehörte Landrat von Schmising-Kerßenbrock nicht zu den üblichen Scharfmachern auf diesem Gebiet[40]. Das Auftreten Bruchhausens vermochte daher zu keiner Belebung der Wahlbeteiligung beitragen. Im gesamten Wahlkreis lag diese bei 7,1 %, im Raum Beckum, der engeren Heimat des früheren Demokraten unwesentlich höher, nämlich bei 7,4 %[41].

Über die zu wählenden Kandidaten herrschte in den drei Kreisen einigermaßen Unklarheit. Seitens der Warendorfer Wahlmänner war der Name des früheren, gemäßigt liberalen aber dennoch klerikalen Abgeordneten Joseph Brockhausen ins Spiel gebracht worden, der aber zu ihrer Enttäuschung auf eine Kandidatur verzichtete[42]. Aus Lüdinghausen, ansonsten zu den politisch farblosesten Kreisen des Regierungsbezirks gehörend, war der Vorschlag gekommen, den dortigen Kreisrichter Pahl nach Berlin zu entsenden, da sich nämlich der bisherige Abgeordnete Brüning dort allzu wenig sehen lasse; Brüning war übrigens zu gleicher Zeit auch Mitglied des westfälischen Provinziallandtages[43]. Von gewisser politischer Brisanz war dagegen der Vorschlag Bruchhausens, Waldeck zu nominieren. Um dessen Wahl zu fördern, hatte er am Vorwahltag zahlreiche, mittlerweile in Ahlen angekommene Wahlmänner zu einer Versammlung gebeten, auf der er die Gründe für dieses Unterfangen näher erläuterte. Interessehalber waren dort auch zahlreiche klerikal gesinnte Wahlmänner erschienen, und unerwartet stieß Bruchhausen mit seinem Vorhaben auf Widerstand. Nachdem sich zunächst einige Geistliche als Vorreiter gegen Waldecks Kandidatur ausgesprochen hatten, folgte wenig später darauf der Rest mit dem Argument, Waldecks Gesinnung stimme kaum mit der des hiesigen Wahlkreises überein. Außerdem hielt man Bruchhausen, wie dies ja auch in der Presse zu lesen war, vor, daß eine Wahl des prominenten Demokraten von verschiedener Seite als Brüskierung und eminente Herausforderung der neue Regierung verstanden werden könnte[44]. Daß man Waldeck aber auf jeden Fall berücksichtigen sollte, rechtfertigte Bruchhausen damit, daß ihm eine Wiedergutmachung in Form eines Mandats insofern zustehe, als Waldeck in seinem Prozeß übel mitgespielt worden sei. Die Argumente seiner Widersacher ließ der streitbare Demokrat allerdings nicht gelten und tat sie sogar als Verdrehung der Wahrheit ab, in erster Linie natürlich die Behauptung, eine Wahl Waldecks sei aus politischen Gründen zur Zeit inopportun, zumal auch seine Gesinnungsfreunde Unruh, Rodbertus und vor allem Schultze-Delitzsch auf eine Kandidatur verzichtet hätten. "Um die Stimmen der gesamtliberalen Partei nicht zu zersplittern", bemerkte Bruchhausen, "und dadurch bei dem Wahlakte der Junker- und Kreuzzeitungspartei in den östlichen Provinzen nicht die Möglichkeit eines Sieges für einen ihrer Kandidaten infolge der Zersplitterung der Stimmen zu geben, darum traten jene Männer freiwillig von der ihnen angebotenen Kandidatur zurück. Hier in Westfalen ist jene Partei, außer möglicherweise einigen vereinzelten Kreuzrittern, nicht zu Hause und fällt somit jener Grund bei der angestrebten Wahl Waldecks weg"[45].

Zwar hatte Bruchhausen mit dieser Argumentation nicht einmal Unrecht, doch war die klerikale Mehrheit weit davon entfernt, seiner Ansicht zuzustimmen. Für die Ablehnung Waldecks gab es seiner Ansicht nach allerdings noch andere Gründe. Zahlreiche Wahlmänner würden es aus politischen wie religiösen Gründen einfach nicht wagen, ihn zu wählen, weil sie sich vor Repressalien ihrer Dienstherren fürchteten. Bruchhausen bemerkte ferner, daß sich der prominente Demokrat wohl einige Chancen hätte ausrechnen können, falls er bereit gewesen wäre, der katholischen Fraktion beizutreten.

"Ich bin dieser Erklärung bei Waldeck nicht nachgekommen", räumte er ein, "da ich mir bewußt war, daß es meine Aufgabe als Wahlmann nicht sein könne, Abgeordnete zu einem Kirchentage, sondern zu einer politisch-gesetzgeberischen Versammlung mitwählen zu helfen"[46].

Trotz teilweise recht geschickter Argumentation war Bruchhausen im Kreise der übrigen Wahlmänner ziemlich isoliert. Anscheinend war es ihm schon bei den Urwahlen nicht gelungen, ehemalige aktive Demokraten zum Wiedereintritt in das politische Leben zu bewegen und sie von der Sinnlosigkeit der Wahlenthaltung zu überzeugen. Möglicherweise schienen einige schon Bedenken zu haben, für die Liberalen aufzutreten. Abgesehen davon muß auch ernsthaft bezweifelt werden, ob Bruchhausen tatsächlich im Einverständnis mit Waldeck gehandelt hat, denn dieser und andere prominente Demokraten waren bekanntlich mit Rücksicht auf die beginnende Liberalisierung sämtlichen ihnen angetragenen Kandidaturen aus dem Weg gegangen[47)]. Bruchhausens Initiative konnte daher auch nur als ein Alleingang angesehen werden, der trotz seiner Erfolglosigkeit wenigstens der münsterschen Regierung die Existenz einer liberalen und nichtklerikalen Bewegung vorspiegelte. Die Abgeordnetenwahl am 23. November war daher eine reine Routinesache. Mit 327 von 358 Stimmen setzte sich erwartungsgemäß eindeutig der Warendorfer Bürgermeister Zumloh durch. Lediglich 23 Wahlmänner hatten sich für Waldeck ausgesprochen, der Rest war zersplittert[48)]. Weitaus mehr Gegenstimmen mußte allerdings Amtmann Brüning aus Enniger hinnehmen. Auf ihn waren 240, auf den aus Lüdinghausen stammenden Kreisrichter Pahl 87 und auf den ehemaligen Abgeordneten Heitmann 22 Stimmen entfallen[49)].

IX.6. Wahlergebnis

An der eindeutigen Vormachtstellung der Klerikalen hatte sich auch bei dieser Wahl rein gar nichts geändert. Alle neun Abgeordneten stammten wiederum aus ihren Reihen. Obwohl die Überlegenheit der katholischen Wahlmänner auch diesmal erdrückend war, zeigten sich doch erstmals seit dem Ende der Revolution liberale Strömungen, die wenigstens unterstrichen, daß der politische Kurswechsel an der Spitze des Staates doch nicht ganz spurlos am Münsterlande vorbeigegangen war. Die sich jetzt vereinzelt bemerkbar machenden liberalen Tendenzen waren aber auf verschiedene Wurzeln zurückzuführen.

Eine Richtung repräsentierten die ehemaligen Demokraten, die ihrem mehr oder minder radikalen Kurs abgeschworen hatten, das Prinzip der Stimmenthaltung mittlerweile für reichlich überholt erachteten und ganz allgemein nach der Ablösung des reaktionären Ministeriums Manteuffel die Chance eines politischen Neubeginns an der Seite der Liberalen erblickten. Vertreter dieses relativ kleinen Flügels war der frühere Abgeordnete von Bruchhausen, ehedem Mitglied der preußischen Nationalversammlung in Reihen der Linken.

Die andere Richtung hatte ihre Grundlage im vorwiegend politisch gemäßigten bürgerlichen Lager. Darunter waren zahlreiche Selbständige wie Kaufleute, Ärzte und Anwälte, aber auch Beamte und Richter zu finden, die allesamt ihre Interessen nunmehr besser durch einen der jetzigen Regierung und dem neuen Kurs nahestehenden Abgeordneten vertreten glaubten als weiterhin durch einen Klerikalen. Repräsentant dieser Wählerschicht war der ehemalige Justizminister Rintelen. Beide liberale Richtungen standen aber erst am Anfang ihrer Entwicklung und besaßen noch nicht einmal Ansätze einer schlagkräftigen Organisation.

Ebenso chancenlos wie die Liberalen war auch diesmal die münstersche Regierung bei ihrem Versuch, wenigstens ein Mandat im Wahlkreis Steinfurt -- Tecklenburg -- Amt Lienen zu erringen. Mit Regierungsvizepräsident von Holtzbrinck scheiterte nach Duesberg und Naumann schon der dritte Spitzenbeamte.

Gemessen an der Tragweite des politischen Umschwungs war die Wahlbeteiligung nach wie vor ziemlich niedrig. Zwar wurde im Regierungsbezirk Münster erstmals ein Ergebnis erzielt, das über dem des Jahres 1855 lag, doch erreichte das jetzige noch nicht einmal das Resultat der Kammerwahl von 1852. Mit einer Beteiligung von gerade einmal 7,9 % rangierte das Münsterland in Preußen an letzter Stelle. Selbst in den anderen rheinisch-westfälischen Regierungsbezirken war die Stimmabgabe weitaus reger; Arnsberg lag bei 10,4 %, Düsseldorf bei 11,1 %, Köln bei 11,8 %, Minden bei 14,7 %, und selbst im Regierungsbezirk Aachen, wo 1855 mit 6,5 % die mit Abstand niedrigste Wahlbeteiligung in Preußen erzielt wurde, erreichte man im Jahre 1858 mit 12,1 % ein recht passables Ergebnis[50]. Auf weitaus größeres Interesse war diese Wahl in den östlichen Provinzen gestoßen, wo wiederum die Regierungsbezirke Bromberg und Posen mit 43,2 % bzw. 43,1 % an der Spitze lagen. Allerdings muß hierbei erwähnt werden, daß diese schon beinahe traditionell hohe Wahlbeteiligung in der Provinz Posen auf die rege Teilnahme des polnischen Bevölkerungsteils zurückzuführen war[51].

Obwohl sich der Klerus und die der Kirche nahestehende Presse des Regierungsbezirks Münster redlich um eine stärkere Teilnahme bemüht und nicht weniger als früher auf die Bedeutung dieses Anlasses hingewiesen hatte, blieb auch in diesem Jahr das Interesse gering. Dies lag zum Teil daran, daß den meisten Wahlberechtigten die ganze Bedeutung des politischen Umschwungs gar nicht bewußt geworden war und somit die Zurückhaltung während der Reaktionszeit ihre Fortsetzung fand. Eine gewisse Rolle spielte aber auch die Tatsache, daß die neue Regierung der katholischen Kirche weitaus wohlwollender gegenüberstand als das Ministerium Manteuffel/Westphalen. Der seine Wahlentscheidung mehr aus religiösen als aus politischen Erwägungen heraus treffende Münsterländer dürfte diese Kehrtwendung wohl bemerkt haben, denn kaum anders kann die Tatsache interpretiert werden, daß die Wahlbeteiligung im Jahre 1852, also während der Auseinandersetzung um die Raumerschen Erlasse, um ca. 1,5 % höher lag als beim Beginn der 'Neuen Ära'.

Wahlbeteiligung bei der Urwahl vom 12. November 1858 in %

	I.	II.	III.	Summa
Münster(Stadt)	52,5	33,8	26,0	28,0
Münster(Kreis)	33,1	17,3	2,3	5,5
Coesfeld	31,4	19,4	3,2	6,1
Summa	36,6	21,6	7,5	10,2
Tecklenburg	39,9	24,3	4,7	8,3
Steinfurt	28,5	15,6	3,9	6,4
Summa	34,2	19,8	4,3	7,4
Ahaus	34,9	17,4	3,0	5,9
Borken	33,5	17,5	4,6	7,1
Recklinghausen	24,4	13,2	3,2	5,8
Summa	30,2	15,8	3,6	6,3
Beckum	39,3	18,6	4,4	7,4
Lüdinghausen	32,8	17,4	3,3	5,8
Warendorf	41,5	21,2	5,0	8,6
Summa	37,6	19,0	4,1	7,1
Reg.-Bez. MS	34,2	18,6	4,8	7,9
Reg.-Bez. MI	46,0	31,0	10,6	14,7
Reg.-Bez. AR	40,0	22,0	6,7	10,4
Provinz Westfalen	40,0	23,9	7,3	11,0
(Höchstbeteilig. Reg.-Bez. Bromberg)	63,0	56,0	39,9	43,2
(Niedrigstbeteilig. Reg.-Bez. Münster)	s.o	s.o	s.o.	s.o.
Preußen	50,2	37,1	18,5	22,6

Zusammengestellt nach: ZStA Merseburg Rep.77 Tit.496a Nr. 75 adh. III (Blatt 52);

Wahlbeteiligung bei der Urwahl vom 12. November 1858 in Zahlen

	Wahlberechtigt				Wahlbeteiligung			
	I.	II.	III.	Summa	I.	II.	III.	Summa
Münster(Stadt)	179	426	3291	3896	94	144	856	1094
Münster(Kreis)	323	753	7234	8310	107	130	215	452
Coesfeld	331	851	6544	7726	104	165	210	478
Tecklenburg	381	897	7320	8598	152	218	348	718
Steinfurt	386	974	7009	8369	110	152	274	536
Ahaus	358	872	6937	8167	125	152	209	486
Borken	328	976	7483	8787	110	171	348	629
Recklinghausen	491	1228	6802	8521	120	162	215	497
Beckum	298	751	6002	7051	117	140	264	521
Lüdinghausen	302	765	6636	7703	99	133	217	449
Warendorf	248	650	4482	5380	103	138	223	464
Reg.-Bez. MS	3625	9143	69740	82508	1241	1705	3379	6525

Zusammengestellt nach: ZStA Merseburg Rep.77 Tit.496a Nr.75 adh. III (Blatt 52);

IX.7. Die V. Legislaturperiode

Die mit Beginn der Regentschaft einsetzenden innenpolitischen Veränderungen hatten natürlich Rückwirkungen auf die Zusammensetzung des neuen Abgeordnetenhauses.

Als eindeutige Sieger waren die Liberalen, die nunmehr über rund 200 Mandate verfügten, aus diesen Wahlen hervorgegangen und stellten fortan allein 60 % aller Abgeordneten. Die jetzige Kammermehrheit rekrutierte sich zum einen aus der ungefähr 150 Mitglieder zählenden Fraktion Vincke, in der sich Liberale und auch ehemalige Demokraten zusammengeschlossen hatten, und zum anderen aus der streng ministeriellen Fraktion Mathis, der Partei des 'Preußischen Wochenblattes' mit etwa 50 Mitgliedern.

Die vormals dominierenden konservativen Gruppierungen waren demgegenüber auf ein Viertel ihrer früheren Stärke zusammengeschmolzen und verfügten jetzt nur noch über rund 60 Abgeordnete. Relativ unbeschadet hatte dagegen die katholische Fraktion diese Wahl überstanden. Sie war jetzt mit 58 Mitgliedern vertreten[52)].

Die neun Abgeordneten aus dem Regierungsbezirk Münster nahmen wiederum geschlossen in den Reihen der katholischen Fraktion Platz. Im Zeichen der veränderten politischen Landschaft hielten es aber sowohl die Regierung als auch die liberale Kammermehrheit mittlerweile für angebracht, die katholische Fraktion angesichts ihres allzu herausfordernd klingenden Namens, an eine neue Bezeichnung zu erinnern[53)].

Nach internen Diskussionen einigte man sich schließlich auf den Namen 'Fraktion des Zentrums' in Anlehnung an die bisher in der Mitte des Abgeordnetenhauses eingenommenen Plätze[54)]. Freilich sollte diese Namensgebung nicht reibungslos verlaufen, denn auf Veranlassung einiger westfälischer Abgeordneter, darunter auch der als eigenwillig bekannte Rohden, wurde in Klammern 'katholische Fraktion' beigefügt[55)].

Die Namensänderung geschah aber auch zum eigenen Vorteil, denn selbst Teile der katholischen Wählerschaft hielten eine weitere Überbetonung des konfessionellen Charakters der Fraktion nicht mehr für zeitgemäß[56].

Im Mittelpunkt des Interesses während der 1. Session stand aber kein innenpolitisches, sondern ein außenpolitisches Problem. Die Diskussion über die sardinisch-französische Auseinandersetzung mit Österreich und überhaupt die weitere Entwicklung der nationalen Erhebung in Italien reichte bis weit in die Fraktionen des Abgeordnetenhauses hinein und sollte auch dort für einige leidenschaftliche Auseinandersetzungen sorgen. Auf der einen Seite standen die Liberalen, die aus ihrer Abneigung gegen das habsburgische Kaiserreich kein Hehl machten und deshalb erneut die Idee der kleindeutschen und erbkaiserlichen Lösung vorbrachten, während auf der anderen Seite die Klerikalen weiterhin das großdeutsche Ideal hochhielten und offene Sympathie für das katholische Österreich bekundeten[57]. In diesem Zusammenhang sahen es die katholischen Abgeordneten auch als ihre selbstverständliche Aufgabe an, für die Unantastbarkeit des Kirchenstaates einzutreten[58]. Vor allem die Gebrüder Reichensperger sowie Mallinckrodt taten sich in dieser Auseinandersetzung hervor, wenngleich sie allerdings auch darum bemüht waren, ihren Reden keine antipreußische Note zu geben[59]. In dieser Frage erfuhren die Klerikalen sogar Unterstützung von seiten der Konservativen, die getreu ihren Prinzipien keinerlei Abstriche an bestehenden Verträgen und historischen Rechtszuständen sowie an einer Schmälerung des Gottesgnadentums sanktionieren wollten[60]. Hinzu kam, daß sich die beiden Fraktionen über die Bekämpfung revolutionärer Bewegungen vollkommen einig waren[61]. Die Welle der nationalen Bewegung setzte sich freilich über solche Bedenken hinweg. Besonders deutlich zeigten sich die Differenzen zwischen den Liberalen auf der einen und den Konservativen und Katholiken auf der anderen Seite bei der Abstimmung über einen Antrag des Abgeordneten Vincke, wonach es weder im preußischen noch im deutschen Interesse sein könne, der fortschreitenden Konsolidierung Italiens entgegenzutreten[62]. Die Konservativen, einige rechtsstehende Liberale der Fraktion Mathis und vor allem das Zentrum einschließlich der münsterländischen Abgeordneten Brüning, Goesen, Reigers, Rohden, Scheffer-Boichorst und Zumloh votierten dagegen, die liberale Kammermehrheit hingegen dafür[63]. Zumloh-Warendorf hatte gefehlt und Mallinckrodt und Raesfeld waren beurlaubt[64].

Das eigentliche Problem, welches das Interesse der Abgeordneten vollkommen in Anspruch nehmen sollte, war aber die Heeresreform. Mit Beginn der 'Neuen Ära' hatte sich die Regierung mit dem Gedanken getragen, die noch bis dahin praktizierte preußische Heeresverfassung aus dem Jahre 1814/15 endlich den aktuellen Zeitverhältnissen anzupassen.

Das Heer bestand im Frieden immer noch aus 115000 Mann, die in 9 Armeekorps zu je 4 Regimentern Infanterie eingeteilt waren. Es konnten aber jährlich, da noch immer von einer Bevölkerungszahl von 10 Millionen ausgegangen wurde, nur 40000 Rekruten eingezogen werden. Mittlerweile lebten aber in Preußen schon 18 Millionen Menschen, so daß die allgemeine Wehrpflicht nur noch rund 61 % aller Wehrfähigen erfassen konnte, eine Anzahl, die der Großmachtstellung Preußens in keiner Weise gerecht werden konnte. Hinzu kam, daß die der Zahl nach starke Landwehr nichts besonders leistungsfähig war. Die Mobilisierung der preußischen Armee in den Jahren 1849, 1850 und 1859 hatten diese Schwachpunkte deutlich zutage treten lassen[65].

Der am 10. Februar 1860 dem Landtag vorgelegte Gesetzentwurf sah nun folgendes vor: 1. Verstärkung des Heeres auf 193000 Mann, so daß bei einer Wiedereinführung der dreijährigen Dienstzeit jedes Jahr ungefähr 64000 Mann, also fast alle Wehrfähigen eines Jahres ausgehoben werden konnten, und 2. Enge Verbindung von Linientruppen und Landwehr. Die jüngere Hälfte des Heeres sollte nun vier Jahre als Reserve im stehenden Heer üben und dies auch bei Mobilmachungen beibehalten, so daß die Feldarmee dann insgesamt 370000 Mann zählte. Dazu sollten im Kriegsfall noch 5 Jahrgänge regulärer Landwehr, die auf rund 240000 Mann berechnet wurde, treten. Die Kosten für diese Umstrukturierung bezifferte das Ministerium auf 9 1/2 Millionen Taler[66].

Die liberale Kammermehrheit war zwar von der Notwendigkeit der Heeresreform überzeugt und erklärte sich auch grundsätzlich mit den beabsichtigten Mehrausgaben und der Vermehrung der Linienregimenter einverstanden, das Ausscheiden der Landwehr aus dem Feldheer und die Heraufsetzung der Dienstzeit auf drei Jahre wollte man allerdings nicht ohne weiteres hinnehmen. Vor allem hinsichtlich der Landwehr glaubte man liberale Grundpositionen gefährdet zu sehen. Aufgrund der wachsenden Kritik an ihrem Entwurf sah sich die Regierung daraufhin gezwungen, die Gesetzesvorlage vom 10. Februar 1860 wieder zurückzuziehen, was ihr aber insofern nicht schwerfiel, als man in Reihen des Ministeriums die Überzeugung hegte, der Regent könne kraft seiner kriegerischen Befugnisse die Reorganisation des Heeres auch ohne die Zustimmung des Abgeordnetenhauses in Angriff nehmen[67]. Die Regierung ersuchte deshalb den Landtag nur um die Bewilligung von 9 Millionen Taler für ein Jahr, um die Umstrukturierung des Heeres voranzutreiben; diesem Antrag wurde auch stattgegeben.

In seiner Eröffnungsrede zu Beginn der 3. Session ließ der nunmehrige König Wilhelm I. allerdings anklingen, daß die Heeresreform schon eine vollendete Tatsache sei - mittlerweile waren nämlich bereits verschiedene Regimenter aufgestellt worden - und appellierte an das Abgeordnetenhaus, diesen Maßnahmen die Anerkennung nicht zu versagen. Dazu war aber die Mehrheit der Kammer keineswegs bereit. In Reihen der Liberalen signalisierte man lediglich die Bereitschaft, noch einmal 8 Millionen Taler als sog. Extraordinarium zu bewilligen[68]. Die Diskussion hierüber sollte sogar innerhalb der Fraktion des Zentrums zu einem Riß führen. Während sich Peter Reichensperger und weitere 8 Abgeordnete, darunter auch Wilhelm Rohden, für ein Ordinarium aussprachen, also die Transferierung dieser Summe in den ordentlichen Etat für angebracht hielten, votierte der Rest der Fraktion mit den Liberalen, darunter auch Goesen, von Raesfeld, Reigers, Scheffer-Boichorst, Zumloh-Münster und Zumloh-Warendorf. Brüning hatte bei dieser Abstimmung gefehlt und von Mallinckrodt war beurlaubt[69].

Der Verlauf der V. Legislaturperiode hatte deutlich werden lassen, daß die mit Beginn der Neuen Ära einsetzenden Erwartungen trogen. Das Vertrauen, das die liberale Kammermehrheit der Regierung entgegenbrachte, wurde nicht honoriert. Die liberalen Reformvorhaben, von der Ministerialbürokratie mit Mißtrauen bedacht und vom Herrenhaus meistens blockiert, ließen sich nicht einmal im Ansatz verwirklichen. Schuld an dieser Entwicklung hatten aber auch die gemäßigten Liberalen in der Fraktion Vincke, die mit ihrer Politik des "nur-nicht-drängen" das Ministerium vor möglichen Konflikten bewahren wollten. Diese Einstellung hatte aber unweigerlich zur Folge, daß selbst die ohnehin schon maßvoll gehaltenen Anträge nicht selten auf ministerielle Intervention hin noch weiter abgeschwächt oder gar vollkommen zurückgezogen wurden. Die Erfolglosigkeit dieser Taktik rief natürlich vehemente Kritik in den eigenen Reihen hervor. Im Februar 1861 sollte es dann auch in der Fraktion zum Bruch kommen. 12 auf dem linken Flügel stehende Abgeordnete, erklärten ihren Austritt[70].

Während der abgelaufenen Legislaturperiode war die Fraktion des Zentrums eindeutig an die Seite der Konservativen gerückt. Vor allem in der deutschen Frage und bei den Auseinandersetzungen in Italien war man einer Meinung. Lediglich in der Beurteilung der Heeresreform zeigten sich in der katholischen Fraktion erhebliche Meinungsverschiedenheiten[71].

X. Die Wahlen vom 10. November und 6. Dezember 1861

X.1. Wahlbewegung und gesetzliche Festlegung der Wahlkreise

Nach dem Ausscheiden der Fraktion 'Junglitauen' aus den Reihen der Altliberalen und der kurze Zeit darauf erfolgten Gründung der 'Deutschen Fortschrittspartei' begann im parlamentarischen Leben Preußens ein neues Kapitel.

Erstmals präsentierte eine Gruppe von Parlamentariern der Öffentlichkeit politische Zielvorstellungen in Form eines Wahlprogramms und legte damit zugleich einen wesentlichen Grundstein zur modernen Parteienbildung[1]. Die Festlegung derartiger politischer Leitlinien sollte es fortan einem Wähler ermöglichen, sich an konkreten Sachverhalten zu orientieren, deren Verwirklichung im Auge zu behalten und letztlich auch die Tätigkeit des Mandatsinhabers wie dessen Partei allgemein zu überwachen.

Mit der Darlegung eines solchen Programms erfuhr vor allem die Rolle des einzelnen Abgeordneten bald eine deutliche Veränderung. Die Zeiten der reinen Persönlichkeitswahl schienen jetzt eindeutig der Vergangenheit anzugehören, denn fortan repräsentierte jeder Deputierte zunächst einmal seine Partei und das von ihr getragene Programm. An die Fraktionen des Abgeordnetenhauses stellte dieser Anfang der modernen Parteienbildung erheblich größere Ansprüche als bisher, galt es doch nunmehr, die bisher locker zusammengefügten und häufig wechselnden Interessengruppen eng zusammenzufassen. Der Zwang, sich jetzt dadurch auch programmatischer zu artikulieren, sollte freilich den primär auf rein politische Sachverhalte ausgerichteten Fraktionen nicht weiter schwerfallen, jedoch einer weltanschaulichen Vereinigung, wie beispielsweise der katholischen Fraktion einige Probleme bereiten.

Eingangs ihres Programms betonte zwar die Fortschrittspartei ihre ausdrückliche Treue zum Monarchen und bezeichnete gleichzeitig die Verfassung als das unlösbare Band zwischen Fürst und Volk, doch war bei aller Loyalität nicht zu übersehen, daß es das fundamentale Ziel der neuen Partei war, Preußen mittels geeigneter Reformen zu liberalisieren. Im Mittelpunkt der Ausführungen stand die Forderung nach einer festen Einigung Deutschlands unter Preußens Führung und die Einführung einer gemeinsamen Volksvertretung, wie es auch der Nationalverein verlangt hatte[2)]. Daneben wurde besonderes Gewicht auf die Festschreibung liberaler Grundsätze im innenpolitischen Bereich gelegt. Dazu zählte die konsequente Verwirklichung des Rechtsstaates einschließlich der Unabhängigkeit des Richterstandes und der Beseitigung des Anklagemonopols einer abhängigen Staatsanwaltschaft. Darüber hinaus wurde die Verantwortlichkeit der Beamtenschaft und die Wiederherstellung der Kompetenz der Geschworenen für politische Prozeßvergehen verlangt und nicht zuletzt als vielleicht wichtigster Punkt in diesem Zusammenhang die Verabschiedung eines Gesetzes zur Regelung der Ministerverantwortlichkeit.

Ferner verlangte man den beschleunigten Ausbau der Selbstverwaltung auf der Provinzial- Kreis- und Gemeindeebene. Großer Wert wurde auch auf die Regelung des Verhältnisses zwischen Kirche und Staat gelegt. Im Rahmen einer als unerläßlich erachteten gegenseitigen Trennung sollte unter Wahrung der Gleichberechtigung der Religionsgemeinschaften die Schul- und Ehegesetzgebung auf eine neue Basis gestellt werden. In diesem Zusammenhang wurde eine Reform des Schulwesens, die in erster Linie die Zurückdrängung des kirchlichen Einflusses zum Ziel haben sollte, als ebenso dringlich erachtet wie die Einführung der obligatorischen Zivilehe. Schließlich wurden in dem recht umfangreichen Programm der Partei noch aktuelle Probleme der Militärpolitik angeschnitten. Dabei kam die Forderung nach Sparsamkeit des Militärs in Friedenszeiten, die Beibehaltung der Landwehr und die verstärkte Aushebung waffenfähiger Männer bei zweijähriger Dienstzeit zur Sprache. Keine Berücksichtigung fand allerdings die alte Forderung des Liberalismus nach Vereidigung des Heeres auf die Verfassung. In der Wirtschaftspolitik schließlich folgte das Programm der Linie, die der Kongreß Deutscher Volkswirte eingeschlagen hatte: Entfesselung der wirtschaftlichen Kräfte auf allen Gebieten und Revision der Gewerbegesetzgebung. "Die Erreichung dieser Ziele", wurde einschränkend betont, "wird aber ein frommer Wunsch bleiben, so lange nicht auf verfassungsmäßigem Wege eine durchgreifende Reform des gegenwärtigen Herrenhauses erfolgt ist"[3]. Eine solche Reform sollte daher nach Meinung der Partei mit aller Energie betrieben werden[4].

Sämtliche hier erhobenen Forderungen zeichneten sich durch einen bemerkenswerten Realitätssinn aus, wobei aber nicht so sehr die größtmögliche Liberalisierung des Staatswesens als vielmehr allgemein die Verwirklichung rechtsstaatlicher Zustände angestrebt wurde. Bestes Beispiel hierfür war die Forderung nach Reformierung des als anachronistisch empfundenen Herrenhauses und der Festlegung der Ministerverantwortlichkeit. Das Wahlprogramm wurde in einer ganzen Reihe von Exemplaren in die Provinzen versandt, um unter den Urwählern möglichst rasch viele Anhänger zu finden. In dem dazu beigelegten Begleitschreiben hieß es: "Sämtliche Beteiligte sind in der Ansicht zusammengetroffen, daß es sich gegenwärtig darum handelt, wenn irgend möglich, alle unabhängigen und entschiedenen Männer des Landes, welche der Überzeugung sind, daß die Begründung eines verfassungsmäßigen Rechtsstaates in Preußen und die große Aufgabe der Einigung Deutschlands auf wirklich nationaler Grundlage auf dem Wege der bisherigen Majorität des Abgeordnetenhauses nicht zu erreichen sei, zu einer einzigen Fortschrittspartei zu vereinigen. Sie haben daher manche an sich hochwichtige Frage, über welche innerhalb einer solchen Partei noch Meinungsverschiedenheiten bestehen können, z.B. die Frage des allgemeinen gleichen Wahlrechts als offene betrachtet, zumal eine Lösung derselben durch die nächste Legislatur nicht zu erwarten ist"[5]. Virchow und vor allem Schulze - Delitzsch bezeichneten daher diesen Aufruf der 'Deutschen Fortschrittspartei' ausdrücklich als ein Koalitionsprogramm, in welchem die Gegensätze selbst in prinzipiellen Fragen in den Hintergrund gestellt wurden, um dringlichere Ziele zu erreichen[6]. Bester Beweis hierfür war das Zusammengehen ehemaliger Demokraten und Liberaler unterschiedlichster politischer Herkunft[7]. Solche maßgeblichen Verzichte bargen natürlich von Anfang an erheblichen Sprengstoff in sich, zumal sich vor allem bei den Demokraten zwar die Taktik ihres Vorgehens, nicht aber das Ziel ihrer Politik geändert hatte. Das Auseinanderbrechen der Fortschrittspartei in der zweiten Hälfte der sechziger Jahre ließ dieses Problem in aller Deutlichkeit zutage treten.

Zu den bekannteren Unterzeichnern des Gründungsprogramms gehörten Rechtsanwalt Forckenbeck, Gutsbesitzer von Hoverbeck, der namhafte Althistoriker Mommsen, der vormalige Kreisrichter Schulze-Delitzsch und der berühmte Pathologe Virchow[8].

Ende September folgte dem Programm der Aufruf des Zentral - Wahlkomitees der Fortschrittspartei[9], welches sich eigens aus Anlaß der bevorstehenden Wahl in Berlin konstituiert hatte[10]. Zeichnete sich das besagte Programm mehr durch die Darlegung der politischen Ziele aus, so konzentrierte sich der Aufruf in erster Linie auf deren Erläuterung[11]. Die Trennungslinie gegenüber der liberalen Mutterpartei war in diesem Zusammenhang natürlich unübersehbar und man hielt ihr vor allem die abwartende Haltung in der Kammer vor. Heftige Angriffe waren aber auch an die Adresse der Konservativen gerichtet, deren intensive Kontakte zu den Handwerkervereinen auf schärfste Kritik stießen, weil hierdurch den Plänen der Fortschrittspartei bezüglich einer Revision der Gewerbegesetzgebung frühzeitig Gefahr drohte. Breiten Raum nahm natürlich die wiederholt vorgebrachte Bitte an die Urwähler ein, das Programm der Fortschrittspartei zu unterstützen, und möglichst nur solche Männer zu Abgeordneten zu wählen, die für diese Politik eintreten[12].

Auf das politische Leben des Münsterlandes machte das Auftreten der 'Deutschen Fortschrittspartei' nur insofern gewissen Eindruck, als sich Kirche und Handwerkerschaft sofort beeilten, gegen deren Vorstellungen auf das schärfste zu protestieren. Dabei war alle Aufregung umsonst, denn die Anhängerschaft der neuen Partei, hauptsächlich in Reihen ehemaliger Demokraten zu suchen, war zu dieser Zeit noch dermaßen gering, daß von einem wirkungsvollen Auftreten überhaupt nicht die Rede sein konnte. Im Unterschied zum benachbarten Rheinland, wo eine in mehreren Punkten modifizierte Variante des Berliner Wahlprogramms die Runde machte, ließ sich eine ähnliche Aktivität in den angrenzenden westfälischen Gebieten, insbesondere des Münsterlandes nicht ermitteln[13]. Forderungen nach Einführung der Zivilehe oder solche nach Minderung des kirchlichen Einflusses auf das Erziehungswesen wären bei dem religiös empfindsamen Münsterländer ohnehin auf schärfsten Widerspruch gestoßen. Nicht anders verhielt es sich mit den Vorstellungen der Fortschrittspartei hinsichtlich der Einführung der Gewerbefreiheit, verfügte doch das industriearme Gebiet nördlich der Lippe über eine weitverzeigte und noch bodenständige Handwerkerschaft. Irgendwelche Aktivitäten zugunsten der Fortschrittspartei hatten daher einen gewissen Seltenheitswert. Lediglich am Tag der Urwahl trat sie mit einem Aufruf im 'Westfälischen Merkur' an die Öffentlichkeit und warb darin für die Unterstützung der Politik des besonnenen Fortschritts, damit nicht weiterhin notwendige Gesetze durch das Herrenhaus blockiert würden. Im wesentlichen wurden die bereits bekannten Forderungen in verkürzter Form wiedergegeben, interessanterweise und sicherlich auch beabsichtigt ohne den Hinweis auf Einführung der

Zivilehe[14]. Den Wegfall dieses brisanten Punktes im katholischen Münsterland allein als einen rein taktischen Schachzug abtun zu wollen, wäre gewiß zu oberflächlich, denn die ehedem einflußreichen Demokraten, die sich jetzt anschickten der Partei im hiesigen Gebiet zum Durchbruch zu verhelfen, wußten sehr genau, daß jede antireligiöse Tendenz die Wähler nur verprellen und in die Arme des Klerus treiben würde. Eine gewisse Modifikation des Programms war daher vonnöten, zumal ja auch Fragen religiösen Inhalts ohnehin nicht im Mittelpunkt des Parteiinteresses standen. Unterzeichner des Aufrufs im Merkur waren ehemalige führende Demokraten der 48er Bewegung wie Franz Anton Bracht, Bernard von Bruchhausen, Johann Matthias Gierse und Ludwig Gruwe[15].

In den beiden anderen westfälischen Regierungsbezirken Arnsberg und Minden war dagegen die Partei recht aktiv. Kurz vor der Wahl hatte sich ein Wahlkomitee an die Öffentlichkeit gewandt und dabei gleichzeitig eine Kandidatenliste unterbreitet[16]. Darunter fanden sich neben den schon erwähnten Namen aus dem Münsterland folgende Persönlichkeiten: Kreisgerichtsdirektor von Beughem aus Neuwied[17], Oberregierungsrat von Bockum-Dolffs aus Koblenz[18], Julius Frese aus Berlin[19], Friedrich Harkort aus Barop bei Dortmund[20], Professor Jünget aus Bielefeld, Hüttenbesitzer Heinrich Kreutz aus Olpe[21], Gutsbesitzer Jacob Löb aus Hamm, Otto Lüning aus Rheda[22], Kaufmann Karl Metzmacher aus Dortmund[23], Kreisrichter Neukirch aus Hattingen, Rudolf Rempel aus Hamm[24], Kreisgerichtsdirektor Schulz aus Herford[25], Kammergerichtsrat Striethorst aus Berlin[26], Gutsbesitzer von Stockhausen aus Meschede[27], Appellationsgerichtsrat Versen aus Hamm[28], Kreisgerichtsrat Wichmann und Appellationsgerichtsrat Wilke aus Paderborn, Meyer zu Wachtrupp aus Lämershagen bei Bielefeld[29] und Benedikt Waldeck aus Berlin.

Welche Aktivitäten von diesem Wahlkomitee in den Regierungsbezirken Arnsberg und Minden ausging, ließen sich nicht ermitteln. Dem Wahlergebnis nach zu urteilen war es allerdings recht erfolgreich, denn nicht weniger als neun der auf der Liste in Vorschlag gebrachten Kandidaten schafften den Sprung ins Abgeordnetenhaus, nämlich von Beughem, von Bockum-Dolffs, Frese, Harkort, Kreutz, Metzmacher, Schulz und auch Waldeck, der damit am Neubeginn seiner politischen Karriere stand[30)].

Die Aktivitäten der Fortschrittspartei stießen naturgemäß bei ihren politischen Gegnern auf erheblichen Widerstand. Altliberale, Konservative und Klerikale standen außerdem der Art ihres Auftretens ziemlich hilflos gegenüber. Zur Wahlbewegung steuerten die Altliberalen diesmal nur einen Rechenschaftsbericht über die letzten drei Jahre ihrer Tätigkeit im Abgeordnetenhaus bei, worin sie unter anderem ihre Zurückhaltung gegenüber der Regierung als vaterländische Pflicht darzustellen versuchten[31)]. Der in den Preußischen Jahrbüchern veröffentlichte Bericht[32)], der das Scheitern ihrer Politik zu verdekken suchte, war allerdings wenig dazu angetan, die Wähler von ihrem Handeln grundlegend zu überzeugen.

Gewisse Schwierigkeiten hinsichtlich der Festlegung des eigenen politischen Standpunkts hatten aber auch die Klerikalen. Nachdem die Differenzen mit den Liberalen, dem einstigen Bündnispartner, immer größer und auch in der Sache grundsätzlicher wurden, zeigten sich im Verlauf der vergangenen Legislaturperiode immer mehr Gemeinsamkeiten mit den Konservativen[33)]. Dabei konnte nicht übersehen werden, daß immerhin große Teile der Fraktion des Zentrums in der Frage der Heeresreform mit den Liberalen sympathisierten und dadurch natürlich die innere Geschlossenheit in Gefahr brachten.

Im Mittelpunkt der katholischen Wahlbewegung stand auch dieses Mal eine Flugschrift der Gebrüder August und Peter Reichensperger unter dem Titel 'Die Fraktion des Zentrums (Katholische Fraktion). In zwölf Briefen. Gewidmet den katholischen Wählern in Preußen'[34)].

Sie beschäftigten sich darin mit dem politischen Standpunkt der katholischen Fraktion, deren wesentliche Aufgabe August und Peter Reichensperger im Eintreten für Recht und Moral sahen[35]. Folgendes führten sie dazu aus: " Danach ist sie (die Fraktion), um mit der deutschen Frage zu beginnen, großdeutsch, das heißt sie will, daß das ganze Deutschland vereinigt bleibe, daß Österreich nicht von uns getrennt werde; sie will das, weil das Nationalgefühl und die Pflicht der Selbsterhaltung es fordern. Sie will nicht die Einheit Deutschlands, welche nur durch Revolution und Bruderkrieg zu erreichen ist; sie will zunächst eine Einigung Deutschlands auf der Grundlage der Fortentwicklung der bestehenden Rechtsverhältnisse, die weit eher zur Macht und Freiheit des Vaterlandes führt als der gewaltsame Umsturz der legitimen Obrigkeiten, wie ihn die sogenannten Kleindeutschen beabsichtigen. Aus diesem Grunde kämpft sie auch für das legitime Recht der Obrigkeit in allen Ländern. Sie kämpft ferner für die Freiheit nicht allein der katholischen, sondern jeder Konfession von staatlicher Bevormundung, für die Verbindung der Schule mit der Kirche, für die korporative Selbständigkeit des Handwerkerstandes und der volkswirtschaftlichen Genossenschaften, kurz, für die Selbstregierung auf allen Gebieten des bürgerlichen Lebens"[36]. Über den konfessionellen Charakter der Fraktion hieß es dort: "Freilich zählt die Fraktion des Zentrums bis jetzt nur Katholiken; es ist aber nicht ihre Schuld, daß das so ist, da sie niemanden zum Beitritt zwingen kann. Sie deswegen anklagen und tadeln, ist im höchsten Maße lächerlich; noch lächerlicher aber ist es, ihr deshalb die Berechtigung des Daseins bestreiten zu wollen"[37]. Beide Reichensperger räumten aber auch bereitwillig ein, daß in zahlreichen Fragen Übereinstimmung mit der Kreuzzeitungspartei bestünde, in anderen, so beispielsweise bei der Forderung nach Aufhebung der Privilegien des Adels, der weiteren Ausbildung des Rechtsstaates und auch bei der Gewährung der freien Gemeinde- Kreis- und Provinzialverfassung ergäben sich Berührungspunkte mit den Liberalen[38]. Den katholischen Wählern legten August und Peter Reichensperger nahe, dort, wo Liberale Konservativen gegenüberstünden und die Katholiken selbst mit keiner Mehrheit rechnen könnten, lieber Kompromisse mit den Konservativen als mit den Liberalen zu schliessen, denn besser sei die Herrschaft des Protestantismus als die des Unglaubens. Außerdem habe ein katholischer Wähler die 'moralische Verpflichtung' , nur solchen Kandidaten zu vertrauen, die zugleich willens wären, dem katholischen Zentrum beizutreten[39]. Inhalt dieser Flugschrift wie auch der einer im Jahr zuvor publizierten Veröffentlichung unter dem Titel 'Deutschlands nächste Aufgaben' , in welcher vor allem der gegenwärtige Stand der deutschen Frage aus Sicht der Klerikalen untersucht wurde, waren in erster Linie programmatische Darlegungen zum politischen Selbstverständnis der Fraktion. Daß derartige Schriften besonders in Kreisen des katholischen Großbürgertums und nicht zuletzt des Klerus Leser fanden, lag auf der Hand. Die Masse der Wähler erreichten solche theoretischen Ausführungen freilich nicht.

Das Auftreten der Fortschrittspartei hatte auch die Konservativen in arge Bedrängnis gebracht und sie zu einer verstärkten inneren Reorganisation gezwungen[40]. In einer Reihe von Artikeln in der 'Berliner Revue' wurde die im Jahre 1861 vollzogene Gründung des 'Preußischen Volksvereins', das konservative Gegenstück zum Nationalverein, vorbereitet und zugleich auch der Versuch unternommen, kleinbürgerliche Schichten, darunter vor allem das bodenständige Handwerk, für die Ziele der Konservativen zu gewinnen. So war es bereits im September 1860 geglückt, den Landes-Handwerkertag wesentlich unter ihren Einfluß zu bringen. Im Juli des darauffolgenden Jahres war dann auch von seiten der Konservativen ein zentrales Wahlkomitee aus der Taufe gehoben worden, dem unter anderem Moritz von Blankenburg und Hermann Wagener angehörten[41]. Binnen kürzester Zeit gelang es diesem Komitee, ein Netz konservativer Vertrauensleute zu knüpfen , um ebenfalls Wahlagitation größeren Stils betreiben zu können. Am 20. September fand hierzu begleitend die Gründungsversammlung des 'Konservativen Vereins' statt, auf der rund 1200 Teilnehmer anwesend waren[42]. Zwar stand im Mittelpunkt die Verabschiedung des Programms des Preußischen Volksvereins, doch wurde auch über interne Organisationsmaßnahmen im Hinblick auf die bevorstehende Wahl diskutiert. Einzelheiten hierüber ließen sich nicht ermitteln, jedoch schien es beschlossene Sache zu sein, daß die konservative Wahlbewegung größtenteils auf den Schultern der Handwerkervereine ruhen sollte.

Anfang Oktober hatte sich in Münster innerhalb des mitgliederstarken Handwerkervereins ein konservatives Wahlkomitee gebildet[43]. Auf der ersten Versammlung am 30. Oktober war ein Sechs-Punkte-Programm vorgelegt und von den Anwesenden gebilligt worden. Im Mittelpunkt stand darin, neben der tatkräftigen Unterstützung geeigneter Kandidaten, die Bekämpfung der von der Fortschrittspartei angestrebten Liberalisierung der Gewerbegesetzgebung. Um sich vor allem die Unterstützung der einflußreichen Geistlichkeit zu sichern, sprach sich das konservative Wahlkomitee auch entschieden gegen die Einführung der Zivilehe und die Entziehung der kirchlichen Schulaufsicht aus[44]. Weitere Punkte beschäftigten sich mit der Entscheidung der Gerichte über ihre Kompetenz, mit der Sparsamkeit im Staatshaushalt und dem Ausbau der Staatsverfassung im Rahmen besonnener Reformen. In den beiden Westprovinzen machte eine ganze Reihe dieser regionalen Wahlprogramme katholisch-konservativer Färbung die Runde. Das Koblenzer Wahlprogramm verlangte beispielsweise Verminderung und gerechte Verteilung der Staatslasten, geheime Abstimmung der Wähler, Sicherung des Rechtsschutzes gegen administrative und polizeiliche Verfügungen, Schutz der ehrlichen Arbeit jedes Standes gegenüber der Herrschaft des Kapitals, Aufrechterhaltung der verfassungsmäßigen Freiheit der Kirche und Verbindung der Kirche mit der Schule, Festhalten an den

Grundsätzen des Rechts in der inneren und äußeren Politik[45]. Ließen sich anhand des zuletzt genannten Beispiels gewisse liberale Grundtendenzen ableiten, so wartete das Programm des 1860 in Köln gegründeten 'katholischen Preßorgans' mit einem ziemlich unverhüllten liberalen Einschlag auf, wodurch man sich natürlich inhaltlich von der Reichenspergerschen Flugschrift noch weiter entfernte[46]. Nicht mehr zu übersehen war bereits jetzt die Kluft zwischen konservativeren Westfalen und liberaleren Rheinländern. Dieser nicht nur auf landsmannschaftlichen Unterschieden beruhende Dissens sollte auf Dauer das innere Klima der Fraktion des Zentrums, die sich ja bekanntlich zu einem Großteil aus Mitgliedern der beiden Westprovinzen zusammensetzte, erheblich belasten.

Zu den führenden Köpfen des konservativen Wahlkomitees in Münster gehörten, nicht vollkommen unerwartet, namhafte Vertreter des früheren Piusvereins, darunter Kreisgerichtsrat Dierickx, Buchhändler Theissing und als der vielleicht bedeutendste, Stadtdechant Hermann Joseph Kappen. Alle drei hatten bereits während der Revolutionszeit auf der politischen Bühne Münsters eine herausragende Rolle gespielt. Kaum etwas war dagegen über die Mitglieder des Handwerkervereins in Erfahrung zu bringen. Bekannt waren lediglich die Namen von Stadtmaurermeister (Leiter des städtischen Bauamts) Greve und Sattlermeister Matthiesen; beide waren übrigens auch Mitglieder der münsterschen Stadtverordnetenversammlung[47]. Weitere Mitarbeiter aus Reihen der Handwerker ließen sich nicht ermitteln. Zu den führenden Männern im Komitee zählten außerdem der 2. Bürgermeister Münsters, Duesberg, und eine ganze Reihe von Beamten der hiesigen Behörden[48]. Fraglos dürfte daher das konservative Wahlkomitee sowohl von städtischer als auch von staatlicher Seite massive Rückendeckung erhalten haben. Kurioserweise standen aber an der Spitze nur wenige Handwerker, denn offensichtlich diente deren Verein nur als Deckmantel, hinter dem sich handfeste klerikale und konservative Interessen verbargen. Um die Wahl ihrer Kandidaten abzusichern, richtete das Komitee gleichlautende Schreiben an Vertrauensleute in den ländlichen Regionen des Münsterlandes und forderte darin Handwerkerschaft, Geistlichkeit und Gutsbesitzer auf, bei der bevorstehenden Wahl möglichst eng zusammenzuarbeiten, um auf diese Weise dem Treiben der Fortschrittspartei ein Ende zu bereiten[49]. Aus taktischen Erwägungen, vor allem wegen der Gefahr der Zersplitterung der Stimmen, verzichtete man allerdings auf die Nominierung eigener Kandidaten und empfahl stattdessen die Wahl klerikaler Vertreter. Lediglich einige protestantische Mitglieder des Komitees, in der Mehrzahl Beamte münsterscher Behörden, waren damit jedoch nicht einverstanden und verlangten die Aufstellung eines eigenen Kandidaten. Deren Favorit war der seit einigen Jahren in Münster tätige Regierungsrat Wilhelm Wichmann, übrigens ein ehemaliges Mitglied der Paulskirche[50]. Die überwiegende Mehrheit des Komitees fand an diesem Vorschlag allerdings wenig Gefallen und lehnte eine Kandidatur Wichmanns ab. Der eine oder andere mag sich auch vielleicht an Wichmanns früherer Zugehörigkeit zu den 'Gothaern' gestört haben[51].

Alles in allem stand das Komitee streng auf klerikalem Boden und ließ auch nichts an innerer Geschlossenheit vermissen. Anscheinend hatte man mittlerweile wohl auch in konservativen Kreisen eingesehen, daß eine Zusammenarbeit mit den Klerikalen durchaus Vorteile mit sich brachte. Reichlich Schützenhilfe erhielt das Komitee seitens des Westfälischen Merkurs. Schon am 11. August hatte das Blatt verlautbaren lassen, daß es überhaupt keiner Ausführungen darüber bedarf, "welche schwere Verantwortlichkeit besonders dieses Mal in den Händen der Wähler liegen wird. Sollte es der Partei der Revolution und des Umsturzes gelingen, in dem Kampfe die Oberhand zu gewinnen, so wird, wie überall wo sie zur Herrschaft gelangte, die politische, kirchliche und soziale Ordnung in ihren leider durch die Wühlereien unserer Tage schon so sehr angegriffenen Grundlagen, auf das Stärkste bedroht"[52]. Der Kommentator des Westfälischen Merkurs schreckte sogar nicht vor Äußerungen zurück, die ein bemerkenswert schlechtes Licht auf die eigene Glaubwürdigkeit warfen. "Auch das dreiste Wiederhervortreten der Grundsätze, der Bestrebungen und Persönlichkeiten aus der Bewegungszeit von 1848", war dort zu lesen, "fordert zu ernstem Nachdenken auf. Man mag über die Zustände und das System der 'Reaktionsperiode' auch noch so ungünstig urteilen, zugeben wird man müssen, daß bis 1858 Ruhe, Friede und Ordnung im Lande herrschte. Mit der 'Neuen Ära' ist die Unruhe gekommen und der Liberalismus kann es auch jetzt wieder als seinen Haupterfolg aufweisen, daß er in der großen Masse überspannte Ideen hervorgerufen und ein ungestümes Vorwärtsdrängen erzeugt ...... hat"[53]. Zuletzt ging der Merkur noch so weit, seinen politischen Gegnern als Beweggründe Unglaube, Egoismus, Parteiinteressen, Privatleidenschaften, Herrsch- und Gefallsucht vorzuwerfen[54]. Gegen diese verderbliche Gefahr wußte die Zeitung kein anderes Mittel, als alle gut gesinnten, konservativen Elemente zum gemeinsamen Kampf aufzurufen[55].

Die politischen Vorstellungen der Fortschrittspartei in der Schulfrage und der Einführung der Zivilehe schreckten auch das 'Sonntagsblatt für katholische Christen' auf. In einigen ziemlich scharf gehaltenen Kommentaren wandte sich die Zeitung gegen jede Veränderung des bestehenden Zustandes. Zugleich wurden alle katholischen Urwähler beschworen, den Aussagen der Fortschrittspartei auf das entschiedenste zu mißtrauen, "denn wenn das Programm dieser Partei zur Ausführung kommt", prophezeite man, "wenn der König von Gottes Gnaden ein Beamter des Volkes geworden ist, ... wenn die Schule von der Kirche getrennt, zur reinen Staatsgewalt geworden ....wenn allen christlichen Institutionen ihr christlicher Charakter abgestreift ist, dann sind wir am Rande jenes Abgrundes, auf den der Wächter auf dem Stuhle Petri wieder und wieder warnend hinweist"[56]. Aber nicht allein das Auftreten der Fortschrittspartei bereitete der Kirche erhebliche Sorge, auch die sich abzeichnende Auflösung des Kirchenstaates und die österreichischen Niederlagen in Italien brachten das klerikale Weltbild ins Schwanken. Eigentümlicherweise verzichtete Bischof Müller aber erstmals seit Jahren auf den ansonsten üblichen Wahlhirtenbrief. Die Gründe hierfür ließen sich allerdings nicht ermitteln. Als Zeichen einer allgemeinen Zurückhaltung konnte dieser Schritt gewiß nicht interpretiert werden, rief doch auch dieses Mal der Kölner Erzbischof Kardinal von Geißel zur Wahl solcher Männer auf, die das Wohl des Staates und der Kirche im Auge hätten[57)]. Das Ausbleiben des Hirtenbriefes in der Diözese Münster stellte freilich den zu erwartenden Sieg der klerikalen Partei nicht in Frage, denn dazu war ihre Position immmer noch ziemlich gefestigt. Dennoch könnte sich der eine oder andere Wähler wegen des Zusammengehens der Fraktion des Zentrums mit den Konservativen in der heiß diskutierten Militärfrage veranlaßt gesehen haben, den Klerikalen diesmal den Rücken zu kehren und stattdessen die Liberalen zu wählen.

Die Aktivitäten der Parteien im Vorfeld der Wahlen waren natürlich der Berliner Regierung nicht verborgen geblieben. Am 2. Oktober wandte sich daher Innenminister Graf Schwerin an die Regierungspräsidenten und forderte sie auf, eine Zusammenstellung der politischen Vereine samt ihres Einflusses auf die dortige Bevölkerung anzufertigen[58)]. Regierungsvizepräsident von Holtzbrinck fiel diese Aufgabe nicht weiter schwer, da es außer den klerikalen Vereinen mit teilweise politischem Einschlag und dem erst jüngst ins Leben gerufenen konservativen Wahlkomitee keine weiteren Gruppierungen dieser Art gab. Einige Landräte berichteten außerdem übereinstimmend, daß ihnen seit beinahe zehn Jahren nichts von irgendwelcher politischer Aktivität zu Ohren gekommen sei[59)].

Ihrem Prinzip der Nichteinmischung in die Wahlbewegung blieb die Regierung auch bei dieser Wahl treu, obwohl es zwischen Wilhelm I. und dem Staatsministerium hierüber zu internen Auseinandersetzungen gekommen war[60)]. Der Monarch ließ sich nur mit Mühe davon abbringen, direkt in das Wahlgeschehen einzugreifen. Wilhelm I. war nämlich von der Auffassung überzeugt, "das im Grunde königstreue preußische Volk sei nur durch die demokratische Agitation radikalisiert und es bedürfe lediglich einer Proklamation des Thrones, um die Masse der Abstimmungsberechtigten zur Wahl ihm genehmer Kandidaten zu bewegen"[61]. Die Majorität der Minister lehnte aber ein derartiges Eingreifen des Königs in die Wahlauseinandersetzung strikt ab, weil sie darin das Werk der hinter Wilhelm operierenden Reaktionäre erblickte. Außerdem mußte eine königliche Proklamation, so die herrschende Meinung, eine weitere Radikalisierung der preußischen Öffentlichkeit zur Folge haben[62]. Innenminister Graf Schwerin beschränkte sich daher in seinen Zirkularerlassen auf die allgemeine Hervorhebung der Position der Regierung, wie sie der Prinzregent in seiner Thronrede vom 8. November 1858 zum Ausdruck gebracht hatte[63]. Allerdings fühlte sich Schwerin verpflichtet, vor den Bestrebungen der sog. Fortschrittspartei zu warnen, was ihn im selben Atemzug jedoch nicht daran hinderte, gewisse Forderungen ihres Programms, wie beispielsweise die Einführung einer neuen Kreisordnung und die Abschaffung der gutsobrigkeitlichen Polizeiverfassung in den Katalog der anstehenden Regierungsmaßnahmen aufzunehmen. Gleichzeitig unterstrich er aber nochmals den Willen der Regierung, die Heeresreform unter Berücksichtigung der finanziellen Möglichkeiten des Landes zu einem gesetzlichen Abschluß bringen zu wollen[64]. Trotz aller Zurückhaltung verzichtete der Innenminister aber auch bei dieser Wahl nicht darauf, die Landräte anzuweisen, in gebotenem Maße für die Kandidatur der der Regierung nahestehenden Persönlichkeiten zu sorgen.

Gegen Ende der letzten Legislaturperiode hatte das Abgeordnetenhaus das längst fällige Gesetz über die Einteilung der Wahlkreise verabschiedet, wie es eigentlich gemäß Art.6 der Verfassung aus dem Jahre 1850 schon längst hätte geschehen müssen[65]. Außerdem wurde am 4. Oktober ein neues Wahlreglement erlassen und das seither gültige vom 31. Mai 1849 damit aufgehoben, wodurch unter anderem auch die Anzahl der

Abgeordneten den aktuellen Bevölkerungszahlen angepaßt wurde [66]. Nach Ansicht Schwerins hatte das neue Reglement vor allem den Zweck, "die öffentliche Meinung vor den Wahlen davon zu überzeugen, daß die Regierung keinen willkürlichen Einfluß auf die Wahlen ausüben und gestatten wolle" [67].

Auch für den Regierungsbezirk Münster brachte die neue Regelung einige Veränderungen mit sich, ist doch endlich dem langjährigen Wunsch des Landrates von Tecklenburg, von Diepenbroick - Grüter, nach einem eigenen Wahlkreis entsprochen worden. Mit der schon 1857 eingegliederten protestantischen Gemeinde Lienen - vormals zum Kreis Warendorf gehörend - bildete Tecklenburg den I. münsterschen Wahlkreis mit dem Wahlort Ibbenbüren [68]. Infolgedessen wurden wie schon in den fünfziger Jahren der Kreis Ahaus und der Kreis Steinfurt zusammengelegt, eine Maßnahme, die sowohl aus konfessionellen wie aus geographischen Gründen nur von Vorteil war. Wahlort dieses Wahlkreises war die Stadt Burgsteinfurt. Eine weitere Veränderung betraf die Kreise Borken und Recklinghausen, die von nun an wieder den Wahlkreis früherer Tage mit dem Wahlort Dorsten bildeten. Folgende Einteilung, die übrigens bis 1918 Bestand hatte, war festgelegt worden [69].

Bestandteile Stadt/Kreis	Einwohner	Wahlort	Anzahl der Abgeordneten
Tecklenburg	45945	Ibbenbüren	1
Steinfurt	44183	Burgsteinfurt	2
Ahaus	40823		
	85006		

Münster(Stadt)	23004	Münster	2
Münster(Kreis)	40339		
Coesfeld	41459		
	104802		
Borken	41295	Dorsten	2
Recklinghausen	49289		
	90584		
Beckum	37988	Ahlen	2
Lüdinghausen	38835		
Warendorf	29216		
	106039		

Obwohl an der Zusammenlegung der Wahlkreise keine Veränderung vorgenommen worden war, versuchte die Regierung in Berlin doch gelegentlich, eine für sie zweckmäßigere Wahlkreiseinteilung herbeizuführen. Schon 1863/64 hatte der damals neue Innenminister Graf Eulenburg einen ersten Versuch gewagt, die 1861 erzielte Regelung zu unterlaufen. Die vermutlich im Zusammenhang mit Bismarcks Plänen hinsichtlich der Ablösung der Klassenwahl gemachten Vorschläge zielten unter anderem auf eine Zusammenlegung größerer, d.h. über 10000 Einwohner zählender westfälischer Städte zu einem oder mehrerern Wahlkreisen hin[70]. Ferner war auch eine ziemliche Verselbständigung der Wahlkreise pro einzelnen Landkreis im Gespräch. Die Pläne Eulenburgs sind aber allesamt nicht über das Anfangsstadium hinaus gekommen.

X.2. Wahlkreis: Tecklenburg

Die erst jüngst erzielte Eigenständigkeit ihres Wahlkreises schien auf die tecklenburgischen Wähler keinen großen Eindruck hinterlassen zu haben, denn auch jetzt lag die Wahlbeteiligung unter der '10 % Marke'. In dieser Hinsicht nahm Tecklenburg vergleichsweise mit den benachbarten Kreisen nur einen Mittelplatz ein[71]. Ein solches Ergebnis widerlegte zugleich das von Landrat von Diepenbroick-Grüter häufig vorgebrachte Argument, zahlreiche protestantische Urwähler des Tecklenburger Landes hätten bisher, aus Protest gegen die klerikale Übermacht aus den Kreisen Ahaus bzw. Steinfurt, auf ihr Wahlrecht verzichtet. Diese angeblich stark ausgeprägten konfessionellen Gegensätze schienen entweder nur vereinzelt aufgetreten zu sein oder hatten sich im Laufe der letzten Wahlen merklich abgeschliffen. Das bisherige Wahlverhalten im Kreis Tecklenburg läßt sicherlich den berechtigten Schluß zu, daß es um das politische Bewußtsein der protestantischen Wähler in diesem schon seit 1707 zur preußischen Krone gehörenden Landstrich nicht besser bestellt war als um das der Katholiken in den anderen Gebieten des Regierungsbezirks. Dafür sprachen letztlich auch die im Grunde genommen ähnlichen sozialen und wirtschaftlichen Strukturen.

Die geringe Wahlbeteiligung läßt ferner darauf schließen, daß von einer Wahlbewegung wohl kaum die Rede sein konnte. Zum Abgeordneten wurde der in Berlin tätige Bruder des tecklenburgischen Landrats, Kammergerichtsrat von Diepenbroick-Grüter gewählt[72]. Dieses Ergebnis gab allerdings keine Antwort darauf, ob der Jurist Diepenbroick-Grüter - er stand auf seiten der Altliberalen - aufgrund seiner verwandtschaftlichen Beziehungen, oder einfach weil er in Berlin wohnte, auserkoren wurde. Derartige geographische Vorteile spielten nicht selten eine Rolle, da manche Kandidaten die langen Aufenthalte in der Hauptstadt scheuten. Jedenfalls war der gewählte Abgeordnete politisch bis dahin nicht in Erscheinung getreten. Den meisten Wahlmännern dürfte er daher nur dem Namen nach ein Begriff gewesen sein.

Name und Parteistellung des Gegenkandidaten, der Diepenbroick-Grüter mit nur neun Stimmen unterlag, ließen sich nicht ermitteln. Aller Wahrscheinlichkeit nach kam er aus den Reihen der Klerikalen.

Wahlkreis: Steinfurt -- Ahaus

An der Überlegenheit der Klerikalen sollte sich auch bei dieser Wahl nichts ändern. Immerhin tauchten aber erstmals mit dem Rheinenser Textilfabrikanten Karl Kümpers und dem Burgsteinfurter Kreisrichter Ludwig Gruwe zwei prominente liberale Herausforderer auf. Gruwe war zudem Mitunterzeichner des Aufrufs der 'Deutschen Fortschrittspartei', der, wie erwähnt, kurz vor dem Wahltermin im Merkur veröffentlicht worden war [73]. Die Gewinnchancen beider liberaler Kandidaten waren aber von vornherein äußerst gering. Zum einen übte die Geistlichkeit nach wie vor einen erheblichen Einfluß auf die Entscheidung der Wahlmänner aus, zum anderen verfügten die Liberalen über keinerlei Parteiorganisation und standen schon allein deshalb in dem weitläufigen Wahlkreis auf verlorenem Posten.

Die Wahlbeteiligung lag mit 8,5 % nur unwesentlich höher als bei vorausgegangenen Wahlen. Teilweise war jedoch das Interesse der Bevölkerung derart gering, daß in verschiedenen ländlichen Wahlbezirken mangels Teilnahme keine Abstimmung zustande kam. Von den 314 zu wählenden Wahlmännern konnten deshalb auch nur 282 bestimmt werden. Zum ersten Abgeordneten wurde erwartungsgemäß wieder Wilhelm Rohden mit 232 von 282 Stimmen gewählt. Diesen Wahlkreis vertrat er ja schon seit der I. Legislaturperiode. Das zweite Mandat fiel an den aus Ahaus kommenden Kreisrichter Karl Ziegler, für den sich 196 Wahlmänner ausgesprochen hatten [74]. Kümpers und Gruwe fanden dagegen wenig Gefallen. Als jeweilige Gegenkandidaten Rohdens erhielten sie nur 32 bzw. 14 Stimmen, bei der Wahl des zweiten Abgeordne-

votierten 19 Wahlmänner für Kümpers, 26 für Gruwe, 27 für Mallinckrodt und schließlich 4 für Rintelen, den Präsidenten des münsterschen Appellationsgerichts[75].

X.4. Wahlkreis: Stadt Münster -- Kreis Münster -- Coesfeld

An den Achtungserfolg von vor drei Jahren konnten die Liberalen Münsters zwar anknüpfen, jedoch blieb ihnen auch bei dieser Wahl der große Durchbruch versagt. Nach wie vor hatten die Klerikalen die Fäden fest in der Hand, zumal ihnen zusätzlich die Unterstützung des konservativen Wahlkomitees zuteil wurde. Die seit beinahe drei Jahren andauernde Liberalisierung in Preußen schien jedoch auf das politische Leben der Provinzialhauptstadt, wie überhaupt des gesamten Münsterlandes, keinen nachhaltigen Einfluß ausgeübt zu haben. Nach wie vor spielte sich die Wahlbewegung, sofern davon manchmal überhaupt gesprochen werden konnte, vorwiegend in den beiden Zeitungen ab. Üblich waren Leserbriefe und kleinere Stellungnahmen zum bevorstehenden Wahltag. Versammlungen interessierter Bürger, wie dies in Städten vergleichbarer Größenordnung gang und gäbe war, haben in Münster offenbar nicht stattgefunden. Lediglich die Wahlmänner trafen sich gewohnheitsmäßig zu einer Versammlung, um über die zu wählenden Abgeordneten zu beraten. Bei dieser Gelegenheit sprach man sich für die Kandidatur des bisherigen Vertreters in Berlin, Rentier Nicolaus Zumloh, und des Ahauser Kreisrichters Karl Ziegler aus[76]. Der bisherige Abgeordnete, Assessor Scheffer-Boichorst, hatte aus Gesundheitsgründen auf eine Wiederwahl verzichtet. Möglicherweise wollte er aber auch einer Abwahl zuvorkommen, da seine politischen Ansichten nicht immer mit denen des Zentrums übereinstimmten[77]. Sechzehn Wahlmänner sahen in Wilhelm Wichmann, den von der protestantischen Beamtenschaft im konservativen Wahlkomitee favorisierten Regierungsrat, den offenbar besseren Kandidaten, 22 Wahlmänner sprachen sich für den aus Rheine stammenden Textilfabrikanten Karl Kümpers und weitere 16 für den münsterschen Apotheker Aulike aus[78]. Kandidaten der Fortschrittspartei waren in Münster und Umgebung von vornherein nicht im Gespräch, und selbst der zu den gemäßigten Liberalen zählende Wilhelm Rintelen, schied diesmal vorzeitig aus dem Kreis möglicher Kandidaten aus. Zum ersten Abgeordneten wurde wiederum Nicolaus Zumloh mit 232 von 375 Stimmen gewählt. Immerhin brachte es sein liberaler Gegenkandidat Kümpers auf beachtliche 110 Stimmen, die vermutlich aus dem Lager ehemaliger Rintelen-Wähler stammten[79]. Das zweite Mandat sicherte sich erwartungsgemäß Ziegler, für den 224 von 372 Stimmen abgegeben worden waren. 89 Wahlmänner, vermutlich aus den Reihen der wie immer zahlreich vertretenen Landwirte, hatten sich für den aus Albachten bei Münster stammenden Landwirt Schulze-Dernebockholt ausgesprochen[80]. Wegen seiner gleichzeitigen Wahl im Wahlkreis Steinfurt -- Ahaus sah sich Ziegler jedoch veranlaßt, das hiesige Mandat abzulehnen. Zu seinem Nachfolger wurde am 28. Dezember der bis dahin politisch nicht weiter in Erscheinung getretene Hüttengewerke Rudolph Froning aus Dülmen/Kreis Coesfeld gewählt. 261 der 305 anwesenden Wahlmänner hatten ihm die Stimme gegeben[81]. Das Ergebnis läßt den Schluß zu, daß sich diesmal die ländlichen Wahlmänner, vor allem die des Kreises Coesfeld, endlich mit einem eigenen Kandidaten durchsetzen konnten. Die übrigen Stimmen verteilten sich auf Apotheker Aulike und den ebenfalls aus Münster stammenden Kaufmann Marcus[82]. Sämtliche elf Stimmen des Militärwahlbezirks gingen bezeichnenderweise an Kriegsminister Roon[83].

Die Wahlbeteiligung in der Stadt Münster täuscht jedoch, wie schon so häufig, über das tatsächliche Interesse der Bevölkerung hinweg. Zum wiederholten Male wurde das günstige Resultat nur durch die zahlenmäßig große Beteiligung in den beiden Militärwahlbezirken erzielt, wie auch aus der folgenden Übersicht zu ersehen ist[84].

Stadt Münster(zivil). Abgegebene Stimmen in Zahl und %:

	Abgegebene Stimmen		% Beteilig.
I. Klasse	110	≙	61
II. Klasse	181	≙	41
III. Klasse	476	≙	14,9
Summa	767	≙	20,2

Stadt Münster(militär).

I. Klasse	9	≙	74
II. Klasse	22	≙	69
III. Klasse	677	≙	75,6
Summa	708	≙	75,3

Stadt Münster (zivil + militär)

I. Klasse	119	≙	61,7
II. Klasse	203	≙	42,2
III. Klasse	1153	≙	28,2
Summa	1475	≙	31,1

Die Wahlbeteiligung in den beiden Landkreisen konnte dagegen wie immer nicht überzeugen, von 17052 Wahlberechtigten gaben nur 1326 ihre Stimme ab. Aufgrund der geringen Beteiligung konnten 36 Wahlmänner nicht ermittelt werden.

X.5. Wahlkreis: Borken -- Recklinghausen

Wenige Tage vor den Urwahlen hatte sich der aus der Landgemeinde Recklinghausen stammende Ortsvorsteher Averbeck zu Wort gemeldet und im 'Wochenblatt des Kreises Recklinghausen' das Programm der 'Deutschen Fortschrittspartei' veröffentlichen lassen. Gleichzeitig verband Averbeck damit einen Aufruf an alle Urwähler, sich zu einer Versammlung zwecks Beratung über mögliche Abgeordnetenkandidaten zusammenzufinden[85]. In der Kürze der zur Verfügung stehenden Zeit war allerdings auf keine große Resonanz unter den Wählern zu hoffen. Außerdem war das Wochenblatt mit seiner Auflage von knapp 1000 Exemplaren bei weitem nicht in der Lage, einen größeren Interessentenkreis anzusprechen. Trotzdem verzeichneten die Liberalen wenigstens in der Stadt Recklinghausen einen Erfolg, stand doch dort die Mehrzahl der Wahlmänner auf ihrer Seite[86]. Allerdings war das die große Ausnahme, denn ansonsten dominierten nach wie vor klerikale Kräfte.

Über den Verlauf der Wahl im Kreis Borken war kaum etwas zu ermitteln. Der Merkur berichtete lediglich, daß man dort an einigen Orten die Schützenvereine zusammengerufen hat und ihnen bei dieser Gelegenheit mitteilte, möglichst für liberale und freisinnige Kandidaten zu votieren, da nur sie allein in der Lage wären, weitere Steuererhöhungen zu verhindern. Aus diesem Grund sollten auch keine Geistlichen, Beamte oder sonst irgend abhängige Personen gewählt werden[87]. Verantwortlich für diese Aktion waren auch hier ehemalige Demokraten. Die überwiegende Mehrheit der Wähler ließ sich aber durch solche Aktionen kaum beeindrucken und blieb auch dieses Mal ihren bisherigen politischen wie personellen Entscheidungen treu, wie auch aus der Übersicht der Berufe der Wahlmänner hervorgeht. Deutlich erkennbar,der nach wie vor ungebrochene Einfluß der Geistlichkeit[88].

Landräte	1	≙	0,3 %
Richter	8	≙	2,4 %
Ärzte/Apotheker	7	≙	2,1 %
Geistliche	45	≙	13,7 %
Fabrikanten	3	≙	0,9 %
Lehrer	14	≙	4,2 %
Ortsvorsteher	35	≙	10,6 %

Kaufleute	22	≙	5,7 %
Handwerker	40	≙	12,2 %
Landwirte	110	≙	33,5 %
Kleinhändler	8	≙	2,4 %
Gastwirte	21	≙	6,4 %
Rentiers	2	≙	0,6 %
Verschiedene	12	≙	3,7 %

Zwar lag die Wahlbeteiligung 2 % über dem vergleichbaren Ergebnis von 1858, doch mit insgesamt nur 8,8 % rangierte man im Landesdurchschnitt ziemlich weit unten[89]. Zu Abgeordneten wurden der dem münsterschen konservativen Wahlkomitee nahestehende Direktor des dortigen Paulinums, Dr. Ferdinand Schultz mit 190 und der Bocholter Kreisrichter Joseph Sarrazin mit 159 von insgesamt 310 abgegebenen Stimmen gewählt[90]. Schultz, über Westfalens Grenzen hinaus als namhafter Philologe bekannt, war übrigens gebürtig aus Recklinghausen und Bruder des bekannten Rechtsanwaltes und späteren Anführers der Freisinnigen im größten westfälischen Wahlkreis Stadt und Kreis Bochum -- Dortmund, Hermann Schultz[91]. Joseph Sarrazin, der bis dahin politisch nicht weiter in Erscheinung getreten war, stand wie Schultz auf seiten der Klerikalen.

X.6. Wahlkreis: Beckum -- Lüdinghausen -- Warendorf

Die einzige wirkliche parteipolitische Auseinandersetzung im Regierungsbezirk fand wie schon vor drei Jahren im Wahlkreis Beckum -- Lüdinghausen -- Warendorf statt. Wiederum kam es zwischen dem Vertreter der Fortschrittspartei, Bernard von Bruchhausen, und seinen klerikalen Widersachern zu einer leidenschaftlich geführten Diskussion. Bei der üblichen Versammlung der Wahlmänner am Vorabend der Wahl sprachen sich die Anwesenden für die Nominierung folgender Kandidaten aus: Regierungsrat von Mallinckrodt aus Düsseldorf,

Kreisrichter Pahl aus Lüdinghausen, sein Kollege von Detten aus Ahlen, Pfarrer Friedrich Michelis aus Albachten b. Münster[92], Schulrat Friedrich Stieve aus Breslau[93] und Landwirt Schulze Hobbeling jun. aus Davensberg b. Ascheberg im Kreis Lüdinghausen[94]. Der Nominierung der allesamt klerikal gesinnten Kandidaten war eine lebhafte Diskussion zwischen Bruchhausen und namhaften Vertretern der Klerikalen vorausgegangen. Bruchhausen hatte nämlich eine von ihm selbst verfaßte Flugschrift unter dem Titel 'Ein ernstes Wort an die Wahlmänner und Jedermann im Volke' in zahlreichen Exemplaren verteilen lassen und darin unter anderem die Auffassung vertreten, daß sowohl die Zivilehe als auch die Gewerbefreiheit unverzüglich gesetzlich festgeschrieben werden müßten. Darüber hinaus sprach sich Bruchhausen für die Wahl des Burgsteinfurter Kreisrichters Ludwig Gruwe und des münsterschen Kommissars Schräder aus[95]. Weshalb sich der engagierte Gutsbesitzer nicht selbst den Wahlmännern stellte, ließ sich nicht ermitteln. Vermutlich hätten ihn aber wirtschaftliche Schwierigkeiten seines Betriebes im Falle einer Wahl in der Heimat gebunden.

Bruchhausens Ansichten widersprach der Warendorfer Gymnasiallehrer Combrinck[96] gänzlich und wies die betreffenden Forderungen der Fortschrittspartei entschieden zurück. Auch einige andere Redner äußerten sich in dieser Richtung und meinten übereinstimmend, daß durch die Annahme der Zivilehe die religiösen Gefühle der katholischen Münsterländer verletzt würden. Hinsichtlich der Gewerbefreiheit, so der einhellige Tenor, sollten erst einmal die davon betroffenen Handwerker zu Wort kommen[97].

Bei der Wahl siegte erwartungsgemäß Hermann von Mallinckrodt, der 242 Stimmen auf sich vereinigen konnte. Sein wichtigster Gegenkandidat, Kreisrichter Brüning aus Tecklenburg, erreichte 92 Stimmen[98]. Das zweite Mandat fiel an den aus Lüdinghausen stammenden Kreisrichter Pahl, für den sich 191 Wahlmänner aussprachen. Immerhin erreichte sein Herausforderer

Brüning 151 Stimmen, eine Anzahl, die freilich mehr über die Rivalität unter den drei Landkreisen als über das Ansehen des ohnehin nicht sonderlich populären Kreisrichters einiges auszudrücken vermag. Gruwe und Schräder, die von Bruchhausen ins Spiel gebrachten Kandidaten der Fortschrittspartei, landeten weit abgeschlagen und erreichten in beiden Wahlgängen jeweils nur eine Stimme[99)]. Auch der Wunsch der wie immer zahlreich vertretenen Wahlmänner aus landwirtschaftlichen Berufen, einen Vertreter aus ihren Reihen nach Berlin entsenden zu können, ging nicht in Erfüllung, nachdem der dafür in Frage kommende Schulze Hobbeling jun. aus Davensberg wegen des erheblichen Zeitaufwandes, der mit der Wahrnehmung eines Mandates verbunden war, verzichtet hatte. Da aber auch der frühere Abgeordnete, der Landwirt und Amtmann Brüning, nicht mehr kandidierte, war dieser Berufsstand vorläufig ohne eigenen Vertreter. Die Gründe für Brünings Rückzug aus der Politik ließen sich nicht ermitteln; zu diesem Zeitpunkt war er auch nicht mehr Mitglied des westfälischen Provinziallandtages[100)].

Kurz nach der Wahl hatte der von zahlreichen Wahlkreisen umworbene Mallinckrodt Wahlkommissar Graf von Schmising-Kerßenbrock mitgeteilt, das ihm angetragene Mandat nicht annehmen zu können, da er für den Wahlkreis Wiedenbrück -- Paderborn -- Büren ins Abgeordnetenhaus einzuziehen gedenke[101)]. Da das dortige Mandat den Klerikalen vollkommen unerwartet in den Schoß gefallen war[101a)], konnte es nicht ausbleiben, daß Mallinckrodt dort zusagte und den sicheren Wahlkreis des Münsterlandes einem Parteifreund zur Verfügung stellte. Am 9. Januar 1862 wurde der frühere Abgeordnete des Wahlkreises Ahaus -- Borken -- Recklinghausen, Gutsbesitzer von Raesfeld, mit 122 Stimmen zum Nachfolger gewählt. Sieben Wahlmänner hatten sich für Schulrat Stieve aus Breslau und acht für Kreisrichter Brüning ausgesprochen[102)]. Wegen der ungünstigen Witterung war nur knapp ein Drittel der eingeladenen Wahlmänner erschienen.

X.7. Wahlergebnis

Die bei dieser Wahl verstärkt beobachtete Hinwendung der Mehrheit der Wähler zur Fortschrittspartei fand innerhalb der Grenzen des Münsterlandes nicht statt. Abgesehen von Tecklenburg, wo nunmehr die Altliberalen aufgrund der Verselbständigung des Wahlkreises den Ton angaben, standen die restlichen vier nach wie vor wie ein Mann hinter den Klerikalen. Damit gehörte der Regierungsbezirk Münster weiterhin zu den stärksten Bastionen des Zentrums in Preussen, und er stellte auch für sich allein gesehen die meisten Abgeordneten der beiden Westprovinzen. Ein ähnlich gutes Ergebnis war lediglich noch im Raum Köln zu verzeichnen[103]. Nur das schlesische Oppeln, das aufgrund seiner Ausdehnung insgesamt 21 Deputierte zu wählen hatte, entsandte noch mehr klerikale Vertreter ins Abgeordnetenhaus[104].

Für die bei dieser Wahl siegreiche Fortschrittspartei zählte dagegen der Raum nördlich der Lippe zu einem weißen Fleck. Sie konnte nämlich, mit Ausnahme von Münster und dem vorwiegend von Polen beherrschten Posen[105], in allen anderen Regierungsbezirken Preußens großartige Erfolge entweder ihrer eigenen Kandidaten oder wenigstens der der Fraktion Bockum-Dolffs angehörenden Mitglieder verbuchen[106].

Das Auftreten von Parteimännern linksliberaler Prägung im Münsterland hatte in dieser Wahlkampagne einen gewissen Seltenheitswert und war auch im Grunde genommen mehr sporadischer Natur. Wegen der eindeutigen Mehrheitsverhältnisse schien man in Reihen der Fortschrittspartei auch wohl von Anfang an wenig Hoffnung auf einen Durchbruch gehegt zu haben. Außerdem mußte man ja vorzeitig damit rechnen, daß gewisse antikirchliche Tendenzen im Parteiprogramm die religiös überaus empfindsamen Wähler nur verprellen würden. Gezielte Parteiarbeit, wie sie in anderen Gegenden Westfalens gang und gäbe war, konnte also hier nicht registriert werden. Ihre vereinzelt nominierten Kandidaten, meistens ehemalige Demokraten, gehörten allerdings nur der zweiten Garnitur der Partei an. Die Prominenz, darunter auch der aus Münster gebürtige Waldeck, machte erst gar keinen Versuch, sich hier um ein Mandat zu bewerben. Gefragt waren vielmehr die als sicher geltenden und von konfessionellen Einengungen befreiten Wahlkreise der Regierungsbezirke Arnsberg und Minden.

Trotzdem war die Fortschrittspartei aber auch im Münsterland in aller Munde. Ungewollt leisteten der Merkur und das Sonntagsblatt durch ihre heftige und immer wieder aufs neue vorgebrachte Kritik an deren Programm wichtige Schrittmacherdienste und sorgten für einen solchen Bekanntheitsgrad dieser neuen liberalen Bewegung, wie man ihn aus eigenem Antrieb heraus wohl kaum erreicht hätte. Neben der Schar der sicherlich zahlreichen Gegner hinterließ man aber auch bestimmt nicht wenige Neugierige, die sich mit den Zielen der Partei näher befassen wollten.

Ganz ohne Einfluß auf das politische Leben des Münsterlandes war daher das Auftreten der Fortschrittspartei nicht. Vor allem hatte sie unter den Klerikalen einige Aufregung verursacht und zu teilweise hektischen Richtungswechseln geführt. Während sich die rheinischen Katholiken in mancherlei Punkten dem Liberalismus öffneten und die eine oder andere Forderung der Fortschrittspartei guthießen, wandten sich die westfälischen und namentlich die münsterländischen Katholiken den Konservativen zu. Auffälligstes Beispiel hierfür war die Zusammenarbeit mit der auf seiten des Preussischen Volksvereins stehenden Handwerkerschaft.

Im Gegensatz zum liberal gefärbten Rheinland, wo die erwähnte Reichenspergersche Flugschrift auf wenig Beachtung zu stoßen schien, dachte man im Münsterland darüber anders. Zusammenarbeit mit konservativ eingestellten Beamten, wie etwa im münsterschen Wahlkomitee, bedeutete in der Provinzialhauptstadt bei weitem nichts Außergewöhnliches mehr. Ohnehin herrschte zwischen Katholiken und Protestanten im Kampf gegen den Liberalismus in jeder Hinsicht bestes Einvernehmen.

Zwar lag die Wahlbeteiligung im Jahre 1861 erstmals über der '10 % Schwelle' - 2,2 % mehr als noch bei den Wahlen von 1858 -, doch rangierte Münster damit weiterhin an letzter Stelle aller preußischen Regierungsbezirke. Vor Münster lagen Aachen mit 12,1 % Wahlbeteiligung, Düsseldorf mit 12,9 %, Arnsberg mit 13,2 % und Köln mit 13,4 %. Das größte Interesse herrschte natürlich wiederum in den Ostprovinzen. Der Regierungsbezirk Posen verzeichnete, dank der regen Teilnahme der Polen, eine Wahlbeteiligung von 57,1%; ähnlich lagen die Verhältnisse im Raum Bromberg: Köslin registrierte 38,7 %, Danzig 38,6 % und Marienwerder 37,2 %[107].

Während die Wahlbeteiligung in der I. und II. Klasse des Regierungsbezirks Münster zumindest an die diesbezüglichen Durchschnittswerte in den Westprovinzen herankam, fiel die Stimmabgabe in der III. Klasse mit 6,9 % vollkommen aus dem Rahmen. Verantwortlich hierfür waren die schon an anderer Stelle mehrfach erwähnten Gründe.

Selbst im Zeichen einer zunehmenden Liberalisierung des Staates und seiner Organe seit Beginn der 'Neuen Ära' zeigten die münsterländischen Wähler nach wie vor kaum Interesse am politischen Leben. Es wäre allerdings vollkommen verfehlt, den zahlreichen Nichtwählern - immerhin waren es rund 90 % - irgendwelche politischen Absichten, sei es Protest gegen die Klassenwahl oder auch gegen die im Münsterland noch immer verbreitete Furcht vor dem protestantischen Preußentum, nachzusagen. Die Wähler der III. Klasse, sofern sie aus den sozial schwach gestellten Schichten kamen, besaßen einfach keinerlei Interesse an den politischen Vorgängen und wußten daher auch nicht um die Bedeutung der jeweiligen Wahl. Eine gewisse Rolle mag allerdings die Tatsache gespielt haben, daß die etwas ältere Generation durch das Scheitern der deutschen Einigung 1849 in politischer Hinsicht recht ernüchtert wurde. Fraglos war nämlich zu dieser

Wahlbeteiligung bei der Urwahl vom 19. November 1861 in %

	I.	II.	III.	Summa
Tecklenburg	39,4	25,4	5,1	9,0
Steinfurt	30,0	18,7	4,8	7,7
Ahaus	37,3	22,0	5,9	9,2
Summa	33,4	20,3	4,4	8,4
Münster(Stadt)	61,7	42,2	28,2	31,1
Münster(Land)	35,2	23,0	5,0	7,8
Coesfeld	29,2	18,3	5,3	7,8
Summa	38,5	25,4	10,1	12,8
Borken	42,7	22,0	5,2	8,8
Recklinghausen	31,0	19,2	4,6	8,7
Summa	35,8	20,5	4,9	8,5
Beckum	40,0	27,0	8,2	11,6
Lüdinghausen	37,7	19,8	4,4	7,2
Warendorf	42,2	25,3	9,6	12,0
Summa	39,9	24,0	7,1	10,3
Reg.-Bez. MS	37,3	22,9	6,9	10,1
Reg.-Bez. MI	66,0	49,0	25,4	30,1
Reg.-Bez. AR	45,0	28,0	8,9	13,2
Provinz Westfalen	48,7	31,9	12,9	17,0
(Höchstbeteiligung Reg.-Bez. Posen)	72,0	70,0	53,4	57,1
(Niedrigstbeteilig. Reg.-Bez. Münster)	s.o.	s.o.	s.o.	s.o.
Preußen	55,8	42,4	23,1	27,2

Zusammengestellt nach: Zeitschrift des Kgl. Preus. Stat. Bureaus, 2.Jg., 1862, S.83, S.86 u. S.88;

Wahlbeteiligung bei der Urwahl vom 19. November 1861 in Zahlen

	Wahlberechtigt				Abgegebene Stimmen			
	I.	II.	III.	Summa	I.	II.	III.	Summa
Tecklenburg	388	926	7066	8350	153	235	361	751
Steinfurt	407	1028	7163	8598	122	192	346	660
Ahaus	359	949	6908	8216	134	209	410	753
Münster(Stadt)	193	470	4083	4746	119	203	1153	1475
Münster(Kreis)	335	793	7597	8725	118	182	379	679
Coesfeld	366	903	7058	8327	107	165	375	647
Borken	356	1069	7387	8812	152	235	386	773
Recklinghausen	522	1244	7108	8874	162	239	328	729
Beckum	317	836	6275	7428	127	226	512	865
Lüdinghausen	313	807	6599	7719	118	160	290	568
Warendorf	258	667	4653	5778	109	169	447	725
Reg.-Bez. MS	3814	9692	71897	85403	1421	2215	4989	8625

Zusammengestellt nach: Zeitschrift des Kgl. Preus. Stat. Bureaus, 2.Jg., 1862, S.86;

Zeit sogar ein politisches Interesse unter der Landbevölkerung vorhanden, das allerdings mit Beendigung der Revolution schlagartig zurückging. Die Auswirkungen waren ja selbst noch bei dieser Wahl zu verspüren.

X.8. Die VI. Legislaturperiode

Die Wahl vom 6. Dezember 1861 hatte mit einem totalen Triumph der Oppositionsparteien geendet. Die Fortschrittspartei sicherte sich 109 Mandate und zog damit als stärkste politische Formation ins Abgeordnetenhaus ein. An ihrer Seite standen 52 Mitglieder der Fraktion Bockum-Dolffs, die sich bei den meisten Abstimmungen der Fortschrittspartei anschlossen. In ihren Reihen waren zumeist Abgeordnete aus den beiden Westprovinzen zu finden. Die ministerielle Richtung vertrat allein die Fraktion Grabow mit 91 Mitgliedern, die sich aus Vertretern der Fraktionen Mathis und Vincke zusammensetzte. Die Konservativen erlitten dagegen abermals eine vernichtende Niederlage und schmolzen auf 14 Mandate, ein Viertel ihrer früheren Größe, zusammen. Nahezu ungeschwächt ging die Fraktion des Zentrums aus der Wahl hervor. Von den 58 Mitgliedern der vergangenen Legislaturperiode kehrten 54 wieder in die Kammer zurück. Hinzu kamen noch 23 Polen, die zumeist mit der linken Kammermehrheit votierten[108].

Mit Ausnahme des Freiherrn von Diepenbroick-Grüter, der sich der Fraktion Grabow anschloß, kehrten die restlichen wiederum in die Reihen des Zentrums zurück[109]. Am 14. Januar 1862 war die 1. Session mit einer nicht gerade auf Versöhnung bedachten Thronrede des Monarchen eröffnet worden. Zwar ließ er darin in gewissen Punkten ein Entgegenkommen seitens der Regierung anklingen, in der Frage der Heeresreform gedenke man aber keinerlei Abstriche hinzunehmen, wie Wilhelm I. ausdrücklich betonte[110]. Aber selbst in weniger wichtigen Fragen sollte die Regierung kaum nennenswerte Kompromißbereitschaft an den Tag legen. Zwar brachte das Ministerium eine Gesetzesvorlage zur Beseitigung der gutsherrlichen Polizeigewalt ein, aber der Antrag hatte wegen der zu erwartenden Ablehnung durch das Herrenhaus ohnehin keine Erfolgschance[111].

Bei den Verhandlungen über die Heeresreform standen sich Regierung und Kammer diesmal unversöhnlich gegenüber. Nachdem das Abgeordnetenhaus eine Novelle zum Dienstpflichtgesetz abgelehnt hatte, weil die Regierung weiterhin auf der dreijährigen Dienstzeit beharrte und außerdem die Forterhebung des 25prozentigen Steueraufschlags bis 1865 verlangte, kam es bei den anstehenden Etatberatungen zum offenen Bruch[112].

Wie bisher üblich sollten wiederum nur die Gesamttitel des Etats genehmigt werden, während die Feststellung der einzelnen Aufgaben Sache der Regierung war. Um nun zu verhindern, daß sich das Kabinett die Mittel zur Aufstellung neuer Truppenteile durch Einsparungen an anderer Stelle verschaffte, stellte der Abgeordnete Hagen von der Fortschrittspartei den Antrag, die Regierung solle den Etat spezialisieren und ausserdem jede Position einzeln benennen[113]. Finanzminister von Patow wollte die Berechtigung dieses Antrages nicht in Zweifel ziehen und gab deshalb auch das Versprechen, einen solch spezialisierten Haushalt für das kommende Jahr vorzulegen[114]. Für diesen Termin, so von Patow, sei dies aber aus rein technischen Gründen nicht mehr möglich. Da die Existenz der Regierung auf dem Spiel stand, versuchten das Zentrum und die Altliberalen zwischen den Lagern zu vermitteln. Die Fortschrittspartei ließ sich jedoch trotz des Entgegenkommens des Finanzministers nicht von ihrem Vorhaben abbringen und beharrte auf der Abstimmung. Am 6. März 1862 wurde der Hagensche Antrag mit 171 gegen 143 Stimmen angenommen. Dafür hatten die Fortschrittspartei und das linke Zentrum sowie einige Abgeordnete der Fraktion Grabow votiert, dagegen das katholische Zentrum und die ministeriellen Vertreter unter den Altliberalen, einschließlich sämtlicher Deputierter aus dem Regierungsbezirk Münster[115].

Die nach der Abstimmungsniederlage erfolgte Demission des gesamten Kabinetts nahm der König zunächst jedoch nicht an, da seiner Auffassung nach sowohl die Entlassung als auch die Ernennung neuer Minister allein Sache des Monarchen sei, und sie ihm nicht durch Abstimmungen in der Kammer diktiert werden könne. Trotzdem war die Verabschiedung des jetzigen Ministeriums nach der Auflösung des Abgeordnetenhauses am 11. März nur eine Frage der Zeit, da der Monarch zudem nicht gewillt war, gewissen gemäßigt-liberalen Forderungen seiner Minister nachzukommen. Wenig später erfolgte dann tatsächlich der Rücktritt der Regierung und Wilhelm I. beauftragte den Präsidenten des Herrenhauses, den Fürsten von Hohenlohe-Ingelfingen mit der Bildung eines konservativen Kabinetts[116]. Die Neue Ära war damit zu Ende.

DIE WAHLEN WÄHREND DER KONFLIKTSZEIT

1862 - 1866

XI. Die Wahlen vom 28. April und 6. Mai 1862

XI.1. Wahlbewegung

Die Wahlen vom Frühjahr 1862 nahmen in vielerlei Hinsicht in der noch jungen parlamentarischen Geschichte des preussischen Staates eine Sonderstellung ein und sollten diese auch über Jahrzehnte hinaus behalten.

Keine der nachfolgenden Wahlen stand so sehr im Rampenlicht der Öffentlichkeit, und niemals danach wollte sich ein vergleichbarer publizistischer Aufwand wie im Jahre 1862 einstellen. Selbst die in diesem Jahr erzielte Wahlbeteiligung wurde bis zum Ende des Kaiserreiches nicht mehr überboten[1)]. Lediglich die Wahlen der Jahre 1908 und 1913 kamen bezüglich der Teilnahme annähernd an das Resultat von 1862 heran.

Zwischen der Fortschrittspartei und dem linken Zentrum einerseits und der Regierung und den Konservativen andererseits entspann sich nicht nur ein heftiger Kampf um die Wählerstimmen, sondern auch die entscheidende Auseinandersetzung um die grundsätzliche Richtung der preußischen Innen- und Außenpolitik[2)].

Mit dem Tag der Auflösung des Abgeordnetenhauses begann, wie schon bei der letzten Wahl, die Fortschrittspartei als erste mit den Wahlvorbereitungen. Wiederum konstituierte sich das recht erfolgreiche Wahlkomitee und trat mit seinem Wahlaufruf am 14. März an die Öffentlichkeit. "In der Wahlbewegung des letzten Herbstes konnten wir noch hoffen", hieß es dort, "das Ministerium werde, getragen von dem fortschreitenden Bewußtsein des Volkes, eine entschiedenere Politik in der Richtung einschlagen, welche unserem Vaterland Not tut... Das können wir jetzt nicht mehr. Um so notwendiger ist es, daß die Volksvertretung ohne Rücksicht auf die Person der leitenden Staatsmänner unabhängig und entschlossen der Regierung gegenüber das verfassungsmäßige Recht des Volkes wahre. In der Gesetzgebung und Verwaltung kann das Haus der Abgeordneten für den Augenblick wenig erreichen ... Aber eine entscheidende Macht hat es in der Kontrolle über die Geldmittel des Landes. Hier hat es daher die unabweisliche Pflicht, diese Kontrolle unbeirrt... zu üben"[3]. Heftige Kritik übte das Wahlkomitee vor allem an den leeren Versprechungen der Regierung, an ihrer kompromißlosen Haltung in der Militärfrage sowie allgemein an ihrer Reformfeindlichkeit und natürlich nicht zuletzt am Auflösungsbeschluß des Abgeordnetenhauses. "Wir aber hoffen", führte man weiter aus, "das preußische Volk wird sich über die Lage der Dinge nicht täuschen. Im vorigen Jahr hat es dem Aufrufe vom 29. September 1861 gemäß eine Mehrheit von Abgeordneten gewählt, die den Standpunkt eines wahren Konstitutionalismus rückhaltlos vertraten. Wir erwarten, es wird jetzt dasselbe tun"[4]. In diesem Sinne versuchte auch das Wahlkomitee den Hagenschen Antrag als eine Notwendigkeit hinzustellen, um dem fundamentalen verfassungsmäßigen Recht der Bewilligung und Überwachung von Staatsgeldern Wirksamkeit und Nachdruck zu verleihen[5]. Bezüglich der brisanten Militärfrage war man der Ansicht, daß der Etat für die Streitkräfte unbedingt reduziert werden müsse, denn "wir glauben, daß die allgemeine Wehrpflicht zur vollständigen Entwicklung der Wehrkraft des Volkes nur dann durchführbar ist, wenn neben anderen Ersparungen durch die Einführung der zweijährigen Dienstzeit für die Infanterie unter Beibehaltung der volkstümlichen Grundlagen des Heeres die Opfer an Geld und Menschenkräften erleichtert werden"[6].

Bereits einen Tag vor Veröffentlichung dieses Aufrufes waren diejenigen 130 Abgeordneten, die den Hagenschen Antrag auf Spezialisierung unterstützt hatten, mit einer Stellungnahme an die Öffentlichkeit getreten und gaben darin Aufschluß über ihr Handeln. Sie hätten es als ihre Pflicht angesehen, wie sie betonten, das wesentliche Recht der Volksvertretung, nämlich das Recht, die Einnahmen und Ausgaben des Staates zu kontrollieren, auch ausüben zu können. "Wir haben unser klares, unzweifelhaftes Recht einer Budgetbewilligung in bindender Form ausgeübt, und keineswegs in die Rechte der Exekutive eingegriffen ... Wir erwarten das Urteil des Landes"[7].

Die Fortschrittspartei wandte sich aus Anlaß dieser Wahl mit einer Vielzahl solcher Aufrufe an die Öffentlichkeit. Von besonderer Bedeutung war allerdings das Schreiben vom 26. März, in welchem vor allem heftige Kritik an den Wahlerlassen der Regierung und an den ständigen Beleidigungen durch die ministerielle Presse geübt wurde. In konservativen Kreisen war man nämlich in der letzten Zeit nicht müde geworden, die in den Augen der Fortschrittspartei fundamentalen Fragen, wie etwa das Budgetrecht, schlichtweg herunterzuspielen, und man rief deshalb solche Kräfte zur Unterstützung herbei, die sich künftig ebenfalls für die Rechte des Monarchen einsetzen wollten[8]. Derartige Polemik wies aber das Wahlkomitee der Fortschrittspartei entschieden zurück. Man betonte ausdrücklich, daß die Gegnerschaft zur jetzigen Militärpolitik der Regierung keinesfalls einer antimonarchistischen Einstellung entspringe, wie man dies der Partei landläufig gerne unterstellen wolle[9].

Sämtliche Aufrufe und Stellungnahmen der Fortschrittspartei stießen aber im Münsterland abermals auf nur geringe Resonanz. Lediglich in den Kreisen Recklinghausen und Beckum konnte von einer gewissen Aufmerksamkeit die Rede sein. Allerdings hatte es nach dem schlechten Abschneiden der Partei bei den letzten Wahlen den Anschein, als ob man bewußt um den Regierungsbezirk Münster einen ziemlich großen Bogen machte. Gezielte Aktivitäten ihrerseits konnten auch bei dieser Wahl nicht festgestellt werden.

Die Altliberalen, die bei der letzten Wahlkampagne vollkommen im Schatten der eben erst gegründeten Fortschrittspartei standen, wagten sich dieses Mal wieder verstärkt an die Öffentlichkeit. Ihnen dürfte wohl unmißverständlich bewußt geworden sein, daß die liberalen Minister ihren Einfluß auf den König schlichtweg überschätzt hatten. Ein am 12. März verabschiedetes Programm, das von den meisten Mitgliedern der Fraktion Grabow getragen wurde, sprach sich in der Militärfrage für die Aufrechterhaltung der Reorganisation des Heeres bei gleichzeitiger Einsparung im Militäretat aus. Ausserdem verlangte man eine Revision der bisherigen militärischen Personalpolitik. Nur in dieser brisanten Frage hob sich das Programm von den gemeinsamen Grundsätzen liberaler Politik ab. Hinsichtlich der Lösung der deutschen Frage forderten die Altliberalen die Errichtung eines Bundesstaates mit einer parlamentarischen Vertretung. Ihren Vorstellungen gemäß sollte Preußen darin die Führung der militärischen, diplomatischen und handelspolitischen Bereiche übernehmen. Innenpolitisch wurde eine vernünftigere und den aktuellen Verhältnissen angepaßte Modifikation der Verfassung angestrebt, und schließlich verlangte man eine unverzügliche Reformierung des Herrenhauses. "Nur wenn das Königliche Staatsministerium dem Lande durch die Tat den Beweis liefert, daß es sich in der Gesamtheit zu den vorstehenden Grundsätzen bekennt und dieselben zur Geltung bringt, erachten es die Unterzeichneten als die Aufgabe und Pflicht der konstitutionellen Partei, das königliche Ministerium zu unterstützen"[10]. Trotz prinzipieller Übereinstimmung des altliberalen Programms mit dem der Fortschrittspartei - Ausnahme war das Problem der Heeresreform - war das gegenseitige Verhältnis nicht dazu angetan, von einem liberalen Konsens zu sprechen. Die Altliberalen saßen gleichsam zwischen den Stühlen, denn mit ihrem Programm schnitt man auch die letzten Verknüpfungspunkte zu den gemäßigt konservativen Kräften ab.

Am 14. März, also am Tag der Bekanntgabe des Wahlaufrufs der Fortschrittspartei, wandte sich auch die Kreuzzeitung mit mahnenden Appellen an die Konservativen im Lande, schon jetzt mit den Wahlvorbereitungen zu beginnen und sich unter keinen Umständen passiv zu verhalten[11]. Dank hilfreicher Unterstützung des 'Preußischen Volksvereins' war man auch in der Lage, sich weitaus intensiver als noch bei der letzten Wahl in den Kampf um die Stimmen einzuschalten[12]. Der von den Konservativen in Umlauf gebrachte, allerdings vom äußeren Umfang ungewöhnlich kurze Aufruf, konzentrierte sich inhaltlich voll und ganz auf die Auseinandersetzung zwischen königlichem und parlamentarischem Regiment, und er proklamierte darin als sein wichtigstes Ziel, für die Erhaltung der königlichen Macht und für die Bewahrung aller verfassungsmäßigen Rechte des Monarchen als höchster Funktion und Autorität, welche unter gar keinen Umständen der Herrschaft von Minoritäten geopfert werden dürfe, mit aller Entschiedenheit zu kämpfen[13]. Gemessen an der grossen Bedeutung der kommenden Wahl war dieser Aufruf jedoch wenig mitreißend und auch kaum in der Lage, breite Wähler anzusprechen, geschweige denn überhaupt zu gewinnen[14]. Gravierendes Manko innerhalb der konservativen Wahlkampagne war wohl in großem Maße die politische Abstinenz der eigentlichen Repräsentanten jenes 'Preußentums', das man jetzt unmittelbar gefährdet sah. Die Träger der Wahlbewegung waren nämlich keine märkischen Junker oder ostpreußische Magnaten, sondern Staats- und Kommunalbeamte, Lehrer, protestantische Geistliche und vor allem Handwerker[15]. Die Masse des Adels hüllte sich dagegen in Schweigen.

Am 14. März trat auch die Fraktion des Zentrums mit einer recht umfassenden Erklärung ihres politischen Standpunktes an die Öffentlichkeit. Unter dem Titel 'An unsere Wähler' legten neun Mitglieder der Fraktion, darunter auch der Abgeordnete des Wahlkreises Steinfurt -- Ahaus, Wilhelm Rohden, ihre Meinung zu aktuellen Fragen dar[16]. Es war dies übrigens das erste Mal, daß sich die Fraktion offiziell an die Wähler wandte[17].

Im Gegensatz zu früheren Wahlen taten sich die Klerikalen aber jetzt um einiges schwerer, einen unmißverständlichen Standpunkt zwischen liberaler Kammermehrheit und Regierung einzunehmen. Im wesentlichen wiederholte das Papier des Zentrums altbekannte Grundsätze, die ja meistens weniger politischen Inhalts waren. Allerdings nahm man auch zur aktuellen Auseinandersetzung während der vergangenen Legislaturperiode Stellung. Deutliche Worte der Kritik fand dabei das Auftreten der Fortschrittspartei, der man vor allem zum Vorwurf machte, den Hagenschen Antrag lediglich dazu benutzt zu haben, um die Regierung absichtlich in erhebliche Schwierigkeiten zu bringen. Was die Heeresreform anging, so bemerkten die neun Mitglieder der Fraktion: "Wir würden die Frage der Reorganisation des Heeres unter dem doppelten Gesichtspunkt der militärischen Reform und der finanziellen Leistungsfähigkeit in loyaler Treue gegen Preußens Kriegsherrn, sowie in pflichtmäßiger Rücksicht auf die wirtschaftliche Wohlfahrt der Staatsangehörigen mit um so größerer Sorgfalt geprüft haben, je größer das Gewicht der politischen Wirkungen ist ... "[18]. Im Vergleich zu den Äußerungen der Fortschrittspartei fehlte es hier an klaren Positionen. Mit derartigen Aussagen konnte wohl nur eine Minderheit unter den Wählern etwas anfangen.

Ferner ging die Schrift auf aktuelle Probleme in der deutschen und italienischen Frage ein, und die Verfasser bekräftigten dabei den Wunsch nach einer 'wohlgegliederten Einigung'[19]. Dabei sollten besonders die deutschen Fürsten das Einigungswerk nach allen Richtungen hin unterstützen. Was die besonders für die Fraktion des Zentrums bedeutsame inneritalienische Frage anging, so legte man großen Wert auf die Tatsache, daß die Revolution vom Standpunkt der Christen eindeutig abzulehnen sei, und man bemerkte dazu weiter, "daß der Papst so gutes Recht auf seine Besitzungen hat wie irgend ein anderer Fürst dieser Erde und (wir) würden es als ein Verbrechen ansehen, uns an jenem oder einem ähnlichen Raube zu beteiligen, dazu zu raten, zu ermuntern und aufzufordern"[20]. Diese 'Ansprache an die Wähler' endete mit einem beschwörenden Appell an die Katholiken, keinesfalls den gegnerischen Agitatoren das Feld allein zu überlassen, und man forderte sie deshalb auf, 'das ganze Gewicht ihres staatsbürgerlichen Charakters' in die Waagschale zu werfen, damit solche Persönlichkeiten gewählt würden, die sich mit redlicher Überzeugung für das Wohl des Vaterlandes einsetzten[21].

Insgesamt gesehen bestand der katholische Beitrag zur Wahl vorwiegend aus einer Anhäufung langatmiger und teilweise auch nichtssagender Erläuterungen, die selbst manchmal einiges an innerer Klarheit vermissen ließen. Selbst dem 'Westfälischen Merkur' war die Ansprache viel zu lang, als daß er sie im vollen Wortlaut abdruckte. Aber selbst das, was auszugsweise zu lesen war, ging vielfach an den Bedürfnissen der Wähler vorbei[22]. Im Vergleich mit der Stellungnahme der Fortschrittspartei, die sich nur auf die beiden zentralen Probleme, Heeresreform und Budgetrecht, um die es ja ausschließlich in dieser Wahlauseinandersetzung ging, konzentrierte, hielt man es an führender Stelle der Klerikalen anscheinend für wichtiger, auch Nebensächliches anzusprechen. Daß man sich natürlich hierdurch verzettelte, lag auf der Hand und blieb selbst dem ansonsten unaufmerksamen Wähler sicherlich nicht ganz verborgen. Angesichts der hitzigen Entwicklung der letzten Monate hätte man vor allem in der brisanten Militärfrage und zum Budgetrecht eine klare Stellungnahme erwarten dürfen, zumal nicht nur den zahlreichen wehrfähigen Männern aus den landwirtschaftlichen Berufen kaum an einer Verlängerung der Militärzeit gelegen sein dürfte. Diese Ansprache an die Wählerschaft war somit alles andere als programmatisch. Sie verhinderte zudem den Weg, der die Zukunft hätte weisen können. Das vielfach nichtssagende Papier dürfte aber keinesfalls nur das Ergebnis eines innerfraktionellen Kompromisses gewesen sein[23], sondern war vor allem Ausdruck des mangelnden Vermögens einer weltanschaulich beeinflußten Partei, sich auch in solchen Fragen, die zumindest vorübergehend eine Änderung des eigenen Standpunktes nach der einen oder der anderen Richtung verlangten, klar und unmißverständlich zu artikulieren. Unter diesen Umständen waren die Klerikalen natürlich dem Ansturm der liberalen Parteien nicht gewachsen.

Diese Orientierungslosigkeit färbte in gewisser Weise aber auch auf die klerikal eingestellten Zeitungen ab. In den Redaktionen wandte man sich jetzt lieber ungefährlicheren Problemen, wie etwa der Parität in Preußen, zu. Besonders klagte der Merkur über die Zurücksetzung der Katholiken auf den Universitäten, im Zivil- und Heeresdienst. Über dem Lärm der Tagesfragen, so die Zeitung, sollten aber auch diese Mißstände nicht unerwähnt bleiben[24]. Das Thema 'Parität' war jedoch zu diesem Zeitpunkt alles andere als gefragt und interessierte selbst den aufmerksamen Wähler nur am Rande.

Der Merkur machte sich aber auch über das Verhältnis der Zentrumsfraktion zum neuen Ministerium einige Gedanken und meinte, "daß ein konservativ-liberales Ministerium allemal die Fraktion des Zentrums mit ihrem bedeutenden Votum auf der Seite hat. Dies wird umso sicherer geschehen, wenn der Ruf nach Parität nicht ungehört bleiben wird und das neue Kabinett die Erbsünde seiner Vorgänger nicht zur persönlichen, wenn auch zur Unterlassungssünde macht"[25]. Wenigstens war das Zentrum in dieser eigentlich weniger aktuellen Frage so geschickt, die Stimmen seiner Fraktion möglichst teuer zu verkaufen. Daß mit dem Regierungswechsel auch Assoziationen an den Beginn der Reaktion unter Manteuffel wach wurden, lag nahe. Ansonsten war aber die politische Linie des Merkur wenig einheitlich. Zwar stimmte man gewissen Reformvorschlägen der Regierung gerne zu, verurteilte aber auch entschieden die

Annahme des Haushalts durch das Herrenhaus[26]. Die zweite Zeitung der Provinzialhauptstadt, der 'Münstersche Anzeiger' spielte dagegen als politisches Blatt nur eine untergeordnete Rolle. Wie der Merkur vertrat auch der Anzeiger streng klerikale Ansichten. Nicht bestätigt werden konnten Angaben verschiedener Kölner Zeitungen, daß in Münster angeblich geplant worden sei, eine der Fortschrittspartei nahestehende Zeitung ins Leben zu rufen. Obwohl der Subskriptionspreis schon im wesentlichen gedeckt und auch Unterstützung von seiten des Nationalvereins angekündigt war, ist kein Exemplar dieser Zeitung je erschienen[27].

Kurz vor dem Wahltermin meldete sich erwartungsgemäß wieder Bischof Müller mit einem Hirtenbrief zu Wort. Direkte Angriffe gegen die politischen Gegner waren aus seinem Munde allerdings nicht zu vernehmen. Vielmehr forderte er die katholische Bevölkerung zur Wahl christlich gesinnter Wahlmänner und Abgeordneter auf. Angesichts der veränderten innenpolitischen Lage in Preußen und der Tatsache, daß der Kirche zur Zeit keine Bedrohung ins Haus stand, war solchen Hirtenbriefen aus Anlaß der Wahl nicht mehr die Bedeutung früherer Jahre beizumessen[28].

Während sich die Parteien schon kurze Zeit nach der Kammerauflösung mit den Wahlvorbereitungen beschäftigten, ließ sich die neue Regierung damit einige Zeit. Der neue Innenminister von Jagow erließ seinen traditionellen Wahlerlaß erst am 22. März. Hinter den Kulissen der Regierung gab es aber wie schon vor den letzten Wahlen interne Auseinandersetzungen, die am Tag der Auflösung des Abgeordnetenhauses einsetzten. Wilhelm I. war auch diesmal nur mit Mühe davon abzubringen, sich direkt in das Wahlgeschehen einzuschalten. Im Gegensatz zur Regierung war er nach wie vor der festen Überzeugung, daß eine der Öffentlichkeit vorgelegte Proklamation des Königs die Wählermassen zu einer royalistischeren Haltung bewegen würde[29]. Seine Richtlinie für die neue Regierung vom 17. März hatte der Monarch mit den Worten beschlossen, "Auf die Wahlen zu wirken, ist von heute an die Hauptaufgabe des Ministeriums. Alle gesetzlichen und loyalen Mittel müssen in Anwendung gebracht werden, um eine Kammer im Sinne dieses Programms zu erzielen...... Einschüchterungen und Drohungen dürfen dabei aber niemals zur Anwendung seitens der Behörden eintreten"[30]. Zwei Tage darauf ordnete Wilhelm in einem Erlaß an das Staatsministerium die sofortige Vorbereitung der Wahlen an. Kernpunkt seiner Äußerungen war der folgende Satz: "Es ist Meine Pflicht und Mein ernster Wille, der von mir beschworenen Verfassung und den Rechten der Landesvertretung ihre volle Geltung zu sichern, in gleichem Maaße aber auch die Rechte der Krone zu wahren und sie in der ungeschmälerten Kraft zu erhalten, welche für Preußen zur Erfüllung seines Berufes notwendig ist und deren Schwächung dem Vaterlande zum Verderben gereichen würde"[31]. Prinzipiell wich der Monarch zwar nicht von seinen 1858 aufgestellten Grundsätzen ab, seinen Ausführungen war aber dennoch zu entnehmen, daß das Auftreten der Regierungsgegner auch seine Grenzen habe. Obwohl sich Monarch wie Regierung hart an der Grenze der Legalität bewegten, hatte deren Einfluß auf das Wahlgeschehen bei weitem nicht solche Ausmaße wie unter Manteuffel angenommen.

Eigentlichen Aufschluß über die Haltung der neuen Regierung den Wahlen gegenüber gab aber erst das Wahlzirkular des neuen Innenministers von Jagow an sämtliche Ober- und Regierungspräsidenten[32]. Jagow schnitt darin drei Schwerpunkte an: zum einen die große Bedeutung dieser Abstimmung für die politische Zukunft Preußens, zum anderen die Zurückdrängung des Einflusses der Fortschrittspartei und schließlich als drittes die Sammlung aller konservativen und monarchisch gesinnten Kräfte, um einen Wahlsieg der Regierung zu ermöglichen. Breiten Raum in Jagows Ausführungen nahm natürlich das Verhältnis zur Fortschrittspartei ein. Wörtlich meinte er dazu: "....deren Bestrebungen (sind) unverkennbar darauf gerichtet, den Schwerpunkt der staatlichen Gewalt, welcher nach Geschichte und Verfassung Preußens bei der Krone beruht, von dieser in die Volksvertretung zu verlegen. Es ist deshalb die Aufgabe der Königlichen Staatsregierung und ihrer Organe", fuhr Jagow fort, "der demokratischen Partei, mag sie nun offen diesen Namen führen oder als sogenannte Fortschrittspartei, oder unter irgend einer anderen irreleitenden Benennung auftreten, bei den bevorstehenden Wahlen überall entgegen zu wirken, teils durch geeignete Belehrung der Wähler über die eigentlichen Tendenzen jener Partei, teils dadurch, daß auf die möglichste Vereinigung aller verfassungsgetreuen konservativen Parteien hingewirkt wird. Die Lage der Sache ist ernst genug, um an alle konservativ Gesinnten die dringende Mahnung zu richten, ihrer mehr oder minder unwesentlichen Parteiunterschiede uneingedenk sich unter einer Fahne zu sammeln, und als eine große verfassungstreue konservative Partei ihren gemeinschaftlichen Gegner, die Demokratie, bei den Wahlen zu bekämpfen"[33]. Zu diesem Zweck wurden erstmals wieder sämtliche Oberpräsidenten angehalten, die ihnen unterstellten Regierungen und Landratsämter zu einer 'ersprießlichen' Tätigkeit im Sinne des allgemeinen Wohls zu veranlassen. Am Ende seiner Ausführungen ermahnte Jagow außerdem die Beamtenschaft, sich bei den Wahlen durch eifrige Unterstützung der Regierung auszuzeichnen. Jedenfalls wäre es seiner Ansicht nach mit der Stellung eines königlichen Beamten kaum vereinbar, sich in feindlichem Sinne gegen die Regierung zu betätigen. Wie zur Zeit des ehemaligen Innenministers von Westphalen folgten erstmals auch wieder Anweisungen der übrigen Kabinettskollegen an die ihnen unterstellte Beamtenschaft[34]. Während Kriegsminister von Roon zur Stimmabgabe nur für solche Männer aufrief, die bereit wären, das Ministerium bedingungslos zu unterstützen und von der Heydt drohte, eine etwaige Beteiligung der Beamten "an Wahlagitationen in einem der Staatsregierung feindlichen Sinn",keinesfalls hinzunehmen, drückten sich Lippe und Itzenplitz in ihren Reskripten sichtlich vorsichtiger aus[35]. Besonders der Justizminister schien erhebliche Bedenken gehabt zu haben, die größtenteils mit liberalen und auch linksliberalen Ansichten sympathisierenden Beamten, allen voran natürlich Teile der Richterschaft, zur Wahl konservativer Kandidaten anzuhalten. Entsprechend der Würde des Berufes empfahl er ihnen lediglich, keiner politischen Partei "persönliche hervorragende Unterstützung zu gewähren"[36]. Auch Kultusminister von Mühler scheute nun dieses Mal nicht davor zurück, katholische wie evangelische Geistlichkeit für die Sache der Regierung einzuspannen. Entsprechende Aufforderungen waren an die Bischöfe beider Konfessionen gerichtet[37]. Trotz der gewissen Annäherung der Klerikalen an die Konservativen ließ sich aber jetzt kein Hinweis der münsterschen Regierung finden, den Hirtenbrief Bischof Müllers in den Kreis- und Wochenblättern zu veröffentlichen. Eine solche Aufforderung war nämlich bei den Wahlen der Reaktionszeit wiederholt ausgesprochen worden.

Die unverhüllte Parteinahme der Regierung für die Konservativen stieß nicht nur bei der Fortschrittspartei, sondern auch unter den Altliberalen auf schärfsten Protest. Georg von Vincke bezeichnete den Zirkularerlaß Jagows sogar als einen der höchsten Fehler, der jemals von einem Ministerium begangen worden sei[38]. Vor allem unter den liberalen Wählern in Reihen des gebildeten und begüterten Bürgertums hatte das rigorose Vorgehen der Regierung außerordentliche Empörung ausgelöst[39]. Der Skandal sollte jedoch seinen Höhepunkt erst erreichen, nachdem ein der 'Vossischen Zeitung' zugespielter Brief des Finanzministers von der Heydt an Kriegsminister von Roon veröffentlicht worden war[40]. Heydt hatte darin Vorschläge unterbreitet, wie man möglicherweise weitere Erfolge der Fortschrittspartei verhindern und dabei gleichzeitig Stimmengewinne für das Regierungslager herausschlagen könnte. Zu diesem Zweck regte er erst einmal einen Verzicht auf Steuerzuschläge noch vor den Wahlen an und empfahl zur Deckung des Defizits eine Reduzierung des Militäretats um 2,5 Millionen Taler[41]. Dieser Vorschlag stieß zwar bei Roon nicht unbedingt auf Gegenliebe, dennoch entschloß sich die Regierung am 16.

April die Aufhebung der Steuerzuschläge um 25 % zum 1. Juli zu verfügen. Selbst in der strittigen Frage der Spezialisierung des Staatshaushaltes signalisierte die Regierung nunmehr ein gehöriges Maß an Kompromißbereitschaft. Heydt ließ nämlich durchblicken, sowohl für dieses als auch für das nächste Jahr die Etatvorlage entsprechend dem Antrag des Abgeordneten Hagen vorzulegen[42]. Großen Einfluß auf die Wählermeinung vermochte dieser Schwenk der Regierung jedoch nicht mehr zu nehmen,denn dazu waren die Fronten bereits zu sehr verhärtet.

Oberpräsident von Duesberg und der neue Regierungsvizepräsident von Mauderode - dessen Vorgänger von Holtzbrinck war mittlerweile als Handelsminister in die Regierung eingetreten - hielten sich in jeder Beziehung zurück und mischten sich auch nicht in die Wahlbewegung des Münsterlandes ein. Den Zirkularerlaß Jagows gab Mauderode kommentarlos an die Landräte weiter, empfahl ihnen aber, das ministerielle Papier und auch die Rede des damaligen Prinzregenten vom 8. November 1858 in den jeweiligen Kreisblättern veröffentlichen zu lassen[43]. Daß Duesberg aber nicht derart massiv gegen unliebsame Beamte im Regierungsbezirk Münster vorzugehen brauchte, wie dies teilweise in den Ostprovinzen der Fall war, lag in erster Linie am politischen Wohlverhalten der ihm unterstellten Behörden. Fälle von Parteinahme des einen oder anderen Staatsdieners zugunsten der Fortschrittspartei waren jedenfalls nicht bekannt. Da der 'demokratische Liberalismus' ohnehin im Münsterland keinen Einzug gehalten hatte, war das eindringliche Warnen vor seinen Zielen auch nicht nötig. Etwas anders lagen dagegen die Verhältnisse bei einigen Richtern des Regierungsbezirks, die sich offen zu den politischen Zielen des linken Zentrums bekannten. Die bei dieser Wahl in verschiedenen Orten offen zutage getretene Sympathie für deren Ziele war aber nicht zuletzt der Popularität der kandidierenden Kreisrichter zuzuschreiben.

Die Wahlkreiseinteilung am 28. April 1862

Bestandteile Stadt/Kreis	Einwohner	Wahlort	Anzahl der Abgeordneten
Tecklenburg	46490	Ibbenbüren	1
Steinfurt	44543	Burgsteinfurt	2
Ahaus	40478		
	85021		
Münster(Stadt)	23337	Münster	2
Münster(Kreis)	42075		
Coesfeld	42685		
	107097		
Borken	41409	Dorsten	2
Recklinghausen	49963		
	91372		
Beckum	39456	Ahlen	2
Lüdinghausen	38723		
Warendorf	28864		
	107043		

XI.2. Wahlkreis: Tecklenburg

An der Wahl eines Liberalen herrschte auch bei dieser Wahl von Anfang an wenig Zweifel. Der bisherige Mandatsträger, Kammergerichtsrat von Diepenbroick-Grüter aus Berlin, hatte aber bereits frühzeitig seinen Bruder, den Landrat des

Kreises Tecklenburg wissen lassen, daß für ihn eine Wiederwahl nicht mehr in Betracht käme. Dieser unerwartete Verzicht nach nur wenigen Monaten Parlamentszugehörigkeit ließ daher vermuten, daß Gustav von Diepenbroick-Grüter im vergangenen Dezember nur ein Verlegenheitskandidat gewesen sein konnte. Bei seiner Wahl dürften kaum ausgesprochen gezielte parteipolitische Interessen eine wesentliche Rolle gespielt haben.

Mit der Verselbständigung des Kreises Tecklenburg zu einem eigenen Wahlkreis war auch eine stetig wachsende Politisierung innerhalb der Wählerschaft zu beobachten. Seit der vergangenen Wahl hatte sich nämlich das politische Klima im Norden des Regierungsbezirks merklich gewandelt. In den Reihen der bis dahin politisch nicht sonderlich interessierten Wählerschaft hatte sich mittlerweile eine Gruppe von gemässigt fortschrittlichen Liberalen herauskristallisiert. Bereits am 6. April fand in Ibbenbüren, der größten Stadt des Tecklenburger Landes, eine Versammlung von etwa einhundert Urwählern statt, die sich in erster Linie mit aktuellen Fragen beschäftigte. Unter den Anwesenden war man sich einig, daß die Regierung bei der jetzigen Wahl nichts unversucht lasse, das Resultat in ihrem Sinn zu beeinflussen, und daß sie außerdem nicht davor zurückschrecke, das Abgeordnetenhaus zu beschuldigen, sich unrechtmäßige Befugnisse anzueignen. "Das aufgelöste Haus der Abgeordneten", hieß es dazu in einem nachträglich verbreiteten Flugblatt[44)], "hat nichts getan als jene Pflicht, indem es das beschworene Recht der Volksvertretung dadurch zu wahren suchte, daß es Rechenschaft über die Verwendung der vom Volke zu zahlenden Steuern in einer solchen Weise verlangte, wie eine vernünftige Kontrolle wirklich möglich ist"[45)]. Außerdem wurde auch in der Flugschrift die Behauptung zurückgewiesen, daß das preussische Volk uneingeschränkt damit einverstanden sei, wenn nahezu die Hälfte des Etats für das Militär ausgegeben würde. Angesichts der derzeit herrschenden Verhältnisse sei es daher unbedingt ratsam, unabhängige Wahlmänner zu bestimmen, die auch in der Lage seien, unabhängige Abgeordnete zu wählen. Personellle Empfehlungen faßte die Urwählerversammlung allerdings nicht. Diese Zusammenkunft von Ibbenbüren sollte aber unerwarteterweise noch ein gerichtliches Nachspiel haben. Vermutlich auf Initiative des liberal eingestellten und auch dort wohnhaften Apothekers Albers[46)] und einiger münsterscher Kaufleute war das Protokoll des Treffens unter dem Titel 'Urwählerversammlung in Ibbenbüren' bei dem münsterschen Verleger Cazin[47)] in Druck gegeben worden, um es dann anschließend als Flugblatt in Westfalen verteilen zu lassen. Bald bekamen die Innere Abteilung der Bezirksregierung und Oberbürgermeister Offenberg von dem Auftrag Wind und ließen per Beschluß der Staatsanwaltschaft sofort 1000 bereits gedruckte Flugblätter wegen des Verstoßes gegen § 102 des preußischen Strafgesetzbuches beschlagnahmen. In der Äußerung, "das gegenwärtige Ministerium versucht etc.etc. dadurch in seinem Sinne zu leiten, daß es die Begriffe der Urwähler und Wahlmänner über ihr Recht und ihre Pflicht auf eine bisher unerhörte Weise zu verwirren sich bestrebt", erblickte die Staatsanwaltschaft eine Beleidigung einer politischen Körperschaft (§ 102 preus. Stgb.). Das daraufhin auf Antrag Cazins angerufene Landgericht hob jedoch den Beschluß der Staatsanwaltschaft mit der Begründung wieder auf, der Tatbestand der Verleumdung sei insofern nicht gegeben, als die Flugblätter bisher nicht veröffentlicht worden seien. Das von der Staatsanwalt im Anschluß daran angestrengte Revisionsverfahren kam wegen der bereits abgehaltenen Wahl nicht mehr zustande. Das Verfahren wurde eingestellt [48)].

Eine zweite Zusammenkunft fand am 23. April in Gravenhorst, einem kleineren Ort im Amtsbezirk Riesenbeck statt[49)]. Anwesend waren aber lediglich Vertreter fünf umliegender Gemeinden, die sich weniger mit politischen Fragen als mit der Person des zu wählenden Abgeordneten beschäftigten. Ihr Kandidat wurde der aus Brochterbeck stammende Ökonom Heilemann, der sich auch als Mitglied der Bonitierungskommission bei der kürzlich vorgenommenen Katastereinschätzung einen Namen gemacht hatte[50)]. Heilemann besaß aber keine Chance, in eine engere Kandidatendiskussion zu kommen. Immerhin ließ dessen Nominierung aber den Schluß zu, daß wenigstens eine gewisse Belebung innerhalb der Wählerschaft zu verzeichnen war.

Dennoch blieb auch dieses Mal die Wahlbeteiligung den Beweis eines ausgesprochen regen Interesses am politischen Geschehen schuldig. Mit 11,4 % erreichte man zwar das bisher beste Ergebnis und erzielte auch gegenüber der letzten Wahl eine Zunahme von 2,4 %, doch war vor allem die Stimmabgabe in der III. Klasse nach wie vor ungenügend[51)]. Mit 7,2 % lag sie etwa 10 % unter dem Durchschnitt der Provinz Westfalen und sogar 23 % unter dem der gesamten Monarchie. Günstiger sah es dagegen in den beiden anderen Klassen aus; mit 45 % in der I. und 30 % in der II. Klasse wurde annähernd der Gesamtwert Westfalens erreicht[52)]. Eindeutiger Sieger der Wahl waren die Liberalen, die ungefähr 2/3 aller Wahlmänner stellten; der Rest verteilte sich auf klerikale und ministerielle Vertreter[53)].

Auf der Suche nach einem geeigneten Abgeordnetenkandidaten stießen die tecklenburgischen Liberalen auf den Präsidenten des münsterschen Appellationsgerichts und ehemaligen preußischen Justizminister Wilhelm Rintelen. Mit einer sicheren Mehrheit von 56 Stimmen siegte er über den dennoch überraschend aufgestellten Gustav von Diepenbroick-Grüter[54)]. Für Rintelen hatten 117, für Grüter 54 Wahlmänner votiert. Die eindeutige Überlegenheit Rintelens läßt darauf schliessen, daß die vormals einflußreichen Altliberalen restlos an Boden verloren haben müssen. Die 54 Stimmen für Grüter dürften nämlich zum Teil auch aus dem Lager der Klerikalen gekommen sein, die auf einen eigenen Kandidaten verzichtet hatten[55)].

In einem Schreiben an seine Wähler vom 14. Juni 1863 legte Rintelen seine Haltung zu den aktuellen Fragen nieder. In der Hauptsache griff er dabei die Gegner der Verfassung an, denen es seiner Ansicht nach nur darauf ankomme, das Vertrauen zwischen Krone und Volk zu untergraben. Es sei für ihn aber eine Genugtuung, daß das Abgeordnetenhaus in seiner großen Mehrheit die Überzeugung vertrete, der Thron der Hohenzollern gehöre zur Natur des preußischen Volkes. Er persönlich glaube deshalb auch nicht, daß man die neu aufgestellten Regimenter wieder entlassen wolle, wenn nur das Recht des Landes in Sachen Haushalt einigermaßen geregelt werde[56]. Mit seiner Meinung stand Rintelen allerdings auf verlorenem Posten. Seine auf Ausgleich und Versöhnung zwischen Krone und Abgeordnetenhaus gerichtete Haltung war zu diesem Zeitpunkt nicht gefragt. Für Rintelen, wie für andere namhafte Persönlichkeiten der Revolution, wie etwa Temme, kam die Rückkehr in die Politik um einige Jahre zu spät. Rintelen hatte den Anschluß schon 1858 verpaßt. Er hielt sich auch nur während dieser Legislaturperiode in Berlin auf und zog sich anschließend ins Privatleben zurück, ohne sich jemals wieder politisch betätigt zu haben.

XI.3. Wahlkreis: Steinfurt -- Ahaus

Im Vergleich zur letzten Wahl gewannen auch hier die Liberalen einiges an Boden und konnten teilweise sogar beträchtliche Stimmengewinne erzielen. 20 % aller Wahlmänner, vornehmlich aus den größeren Ortschaften wie Rheine und Burgsteinfurt kommend, rekrutierten sich aus ihren Reihen.

Zwar lag auch hier die Wahlbeteiligung um 2 % höher als bei der letzten Wahl im Dezember, doch mit insgesamt 9,7 % konnte von einer merklichen Ankurbelung der Wahlbewegung nicht die Rede sein. Das Interesse an der Abstimmung war besonders im Kreis Ahaus recht unterschiedlich, die Skala der Wahlbeteiligung reichte von 1,6 % bis 49,3 %[57]. Auffallend niedrig war auch in diesem Wahlkreis das Ergebnis in der III. Klasse. Die 5,1 % im Kreis Steinfurt waren das drittschlechteste Resultat in ganz Preußen[58].

Nähere Einzelheiten über die Wahlbewegung, sofern davon gelegentlich überhaupt die Rede sein konnte, ließen sich allerdings nicht ermitteln. Mit ziemlicher Sicherheit kann jedoch davon ausgegangen werden, daß es in den größeren Orten, vor allem in Rheine und Burgsteinfurt, wo ja die beiden bekanntesten Liberalen dieses Wahlkreises, nämlich Karl Kümpers und Ludwig Gruwe zuhause waren, zu Urwählerversammlungen gekommen ist.

Trotz der teilweise beträchtlichen liberalen Stimmengewinne reichte es auch bei dieser Wahl nicht, um die Klerikalen endlich ins Hintertreffen zu bringen. Das Fehlen eines Netzes geeigneter Vertrauensleute und gleichgelagerte Organisationsschwierigkeiten in dieser Richtung machten den Durchbruch zunichte. Außerdem mußte gerade in diesem Wahlkreis immer noch mit dem erheblichen Einfluß der Geistlichkeit auf das Stimmverhalten der Wähler gerechnet werden. Erwartungsgemäß wurden daher die beiden bisherigen Abgeordneten erneut mit der Wahrnehmung der Mandate betraut. Der mittlerweile als Kammergerichtsrat nach Berlin versetzte Wilhelm Rohden wurde mit 210 von 285 und Karl Ziegler mit 187 Stimmen auf Anhieb wiedergewählt. Ludwig Gruwe, der liberale Herausforderer in beiden Wahlgängen, erreichte 60 bzw. 64 Stimmen, während der ebenfalls kandidierende Karl Kümpers nur von einer Minderheit favorisiert worden war[59).]

XI.4. Wahlkreis: Stadt Münster -- Kreis Münster -- Coesfeld

Gemessen an der innenpolitischen Bedeutung dieser Abstimmung lief die Wahlauseinandersetzung in Münster zunächst einmal ruhig an. Weder im 'Westfälischen Merkur' noch im 'Münsterschen Anzeiger' meldeten sich die Kontrahenten in großen Anzeigen zu Wort. Dennoch hatte sich kurz nach Auflösung des Abgeordnetenhauses erneut das Wahlkomitee des münsterschen

Handwerkervereins konstituiert, das allerdings jetzt auf die Bezeichnung 'konservativ' verzichtete. Am 12. April veröffentlichte es in beiden Zeitungen der Stadt ein gegenüber der letzten Wahl aktualisiertes Programm. Zwar war darin zu Anfang behauptet worden, daß es unter Zugrundelegung der von der Zentrumspartei am 14. März präsentierten Leitlinien verfaßt worden sei, doch gingen einige Forderungen weit über den Rahmen dessen hinaus, was von den Klerikalen entweder gar nicht oder nur recht unscharf formuliert wurde[60]. Insgesamt gesehen vereinigte das Programm eine Fülle von Forderungen, die den Wahlaufrufen verschiedener Parteien entnommen waren. So wurde etwa vom katholischen Zentrum die Ablehnung der Trennung von Schule und Kirche, die Verwerfung der Zivilehe, sowie die Forderung, endlich mit der in der Verfassung garantierten Parität im Verwaltungs- und Universitätsbereich ernst zu machen, rückhaltlos übernommen. Weitaus bedeutender für das politische Gewicht des Wahlkomitees des Handwerkervereins waren aber die Forderungen nach Einführung der Ministerverantwortlichkeit, nach Bildung eines Oberrechnungshofes und der Spezialisierung des Staatshaushaltes, damit endlich eine wirksame Kontrolle der Staatseinnahmen und -ausgaben gewährleistet werden könne. Außerdem sprach sich das Wahlkomitee gegen die geforderten Mehrausgaben für die Militärvorlage aus, da diese in keinem Verhältnis zu den Steuerkräften des Landes stünden. Entschieden hob man sich dagegen von der Fortschrittspartei bezüglich ihrer Pläne in Sachen Gewerbegesetzgebung ab[61]. Um sich vor allem aber die weitere Unterstützung des Zentrums zu sichern, hatte das Wahlkomitee als zehnten und letzten Punkt seines Programms die Stellungnahme der Klerikalen zur italienischen Frage aufgeführt.

Dieses teils fortschrittlich, teils klerikal angehauchte Programm signalisierte den Bruch innerhalb der katholisch-konservativen Bewegung und war zugleich Ausgangspunkt einer längst fälligen Öffnung zu den Liberalen hin, wie dies bereits im Rheinland vorexerziert worden war. Zugleich leitete das Programm innerhalb der Klerikalen Münsters eine Spaltung in einen konservativen und einen gemäßigt liberalen Flügel ein. Aller Wahrscheinlichkeit nach dürften sich bereits zu diesem Zeitpunkt einflußreiche Katholiken aus dem Vorstand des Komitees zurückgezogen haben, da sich ein Großteil der liberal eingestellten Mitglieder nicht weiterhin bevormunden lassen wollte. Die Uneinigkeit innerhalb der Zentrumsfraktion, vor allem aber das teilweise unverständliche Stimmverhalten im Abgeordnetenhaus, zeigte nun auch Rückwirkungen im ansonsten politisch stabilen Münster.

Unter der Leitung des Vorsitzenden des Handwerkervereins, des Sattlermeisters Theodor Matthiesen, fanden in verschiedenen städtischen Urwahlbezirken Versammlungen statt. Dort wurde aber nicht nur über das Programm des Wahlkomitees, sondern auch über mögliche Abgeordnetenkandidaten diskutiert. Obwohl keine Namen genannt wurden, tendierte die Mehrheit der Anwesenden zu der Ansicht, nur solchen Vertretern die Stimme zu geben, die sich auch rückhaltlos für die Ziele des Komitees einsetzen würden. In diesem Zusammenhang übte man auch heftige Kritik an den beiden bisherigen Abgeordneten, Froning und Zumloh, denen vor allem angekreidet wurde, gegen den Hagenschen Antrag gestimmt zu haben. Dieses Verhalten mache beide in den Augen vieler Wähler unglaubwürdig, weshalb andere Deputierte nach Berlin entsandt werden sollten[62].

Natürlich blieben die Klerikalen angesichts der Aktivitäten des Handwerkervereins nicht untätig. Auf einer größeren Versammlung sprach sich der derzeitige Abgeordnete des Wahlkreises Borken -- Recklinghausen und Direktor des münsterschen Paulinums, Dr.Schultz, für die Wiederwahl der beiden bisherigen Deputierten aus. In seiner Rede wiederholte Schultz im wesentlichen die bereits bekannten Standpunkte des Zentrums und nannte auch den Vorwurf der Liberalen vollkommen absurd, das Zentrum würde Hand in Hand mit der 'feudalen Partei' marschieren. Seiner Überzeugung nach habe die Fraktion eine vollkommen eigenständige Politik betrieben, was ja unter anderem auch bei den Gesetzesvorlagen zur Abwendung der Zivilehe und der Trennung der Schule von kirchlicher Aufsicht zum Ausdruck gekommen sei[63]. Irgendwelche Reaktionen auf die Rede von Schultz, etwa in Form von Leserbriefen, setzten nicht ein.

In die Wahlauseinandersetzung schaltete sich auch diesmal der Magistrat der Stadt ein. In der unter der Überschrift 'An die Wähler unserer Stadt' herausgegebenen Stellungnahme wiederholte man im wesentlichen zwar nur nochmals die Ansichten Innenministers von Jagow, doch appellierte man ausserdem an die wahlberechtigte Bevölkerung Münsters, auch jetzt ihren anerkannt loyalen Grundsätzen treu zu bleiben [64]. Ein ähnliches Schreiben hatte auch der Landrat des Kreises Münster an die dortigen Wähler gerichtet.

Rund 30 % der Wahlmänner der Provinzialhauptstadt gehörten handwerklichen Berufen an. Ähnlich viele waren Kaufleute, und der Rest bestand vorwiegend aus Beamten und städtischen Angestellten, von denen sich übrigens Oberbürgermeister Offenberg zuvor hatte eigens die schriftliche Versicherung geben lassen, daß man bereit sei, die Regierung im Sinne des Jagowschen Wahlzirkulars zu unterstützen[65]. Schließlich fanden sich unter den Wahlmännern noch einige Lehrer und Vertreter beider Konfessionen, darunter auch Konsistorialrat von Diepenbroick-Grüter, ein naher Verwandter des tecklenburgischen Landrats.

Ungefähr zwei Drittel der Gewählten waren als Anhänger der katholisch-liberalen Richtung zu bezeichnen, in der Hauptsache Kaufleute und Handwerker. Dazu gesellten sich noch einige weitere Wahlmänner, die Mitglieder der beiden einflußreichen münsterschen Gesellschaftsvereine, des 'Zwei-Löwen-Clubs' und des 'Zivilclubs' waren. Dort hatte sich, befreit von einengenden konfessionellen Zwängen, schon frühzeitig Sympathie für einige liberale Forderungen geregt. Repräsentant dieser politischen Richtung war dort der bekannte Direktor der Westfälischen Provinzialfeuersozietät, Ferdinand von Noel[66].

Die Wahlbeteiligung in der Stadt Münster hatte folgendes Bild[67]:

Stadt Münster (zivil + militär)

	Wahlberechtigt	Abgegebene Stimmen	%
I. Klasse	192	123	64,0
II. Klasse	475	287	60,4
III. Klasse	4245	1553	36,6
Summa	4912	1963	40,0

Stadt Münster (zivil)

	Wahlberechtigt	Abgegebene Stimmen	%
I. Klasse	178	113	63,5
II. Klasse	443	267	60,3
III. Klasse	2963	754	25,4
Summa	3583	1134	31,6

Im Vergleich zur letzten Wahl war die Beteiligung um immerhin 8,9 % angewachsen. Dies bedeutete das bisher beste Resultat in Münster. Man erreichte damit fast genau die Hälfte der Wahlbeteiligung der Stadt Berlin. Hierzu einige Beispiele preußischer Städte[68]:

	Einwohner(1861)	Wahlbeteiligung in %
Königsberg	94579	57,3
Danzig	82765	42,6
Potsdam	41824	66,7
Frankfurt/O	36557	54,1
Stettin	64431	35,4
Stralsund	24214	49,9

	Einwohner(1861)	Wahlbeteiligung in %
Posen	51232	55,0
Breslau	145589	55,5
Görlitz	27983	48,6
Magdeburg	67607	47,3
Halle	42976	53,9
Erfurt	37012	52,2
MÜNSTER	27332	40,0
Dortmund	23372	41,5
Elberfeld	56307	33,7
Barmen	49787	29,7
Düsseldorf	41292	27,9
Köln	120568	33,6
Aachen	59941	15,6
Koblenz	31862	39,8
Trier	31122	55,0

Während die Wahlbeteiligung in der Stadt Münster durchaus dem landesüblichen Standard gerecht wurde, konnte dies von den benachbarten Landkreisen Münster und Coesfeld nicht gerade behauptet werden. Mit nur 7,4 % wies der Kreis Münster sogar die niedrigste Beteiligung aller preußischen Landkreise auf. Angesichts eines solchen Resultats war kaum von einem Interesse der Wähler am politischen Geschehen zu sprechen. Möglicherweise war nämlich der Bevölkerung die zweite Wahl innerhalb eines kurzen Zeitraums einfach lästig, wohl kaum anders läßt sich ein Stimmenrückgang, übrigens der einzige im gesamten Regierungsbezirk, erklären. Ein ähnliches Verhalten der Wähler war auch schon bei den rasch aufeinanderfolgenden Wahlen der Revolutionszeit festzustellen. Damals war die Ansicht, daß dabei ohnehin nichts Gescheites herauskomme, weit verbreitet[69]. Aber trotz des geringen Interesses war auch im Kreis Münster der Einfluß der katholisch-liberalen Richtung nicht aufzuhalten. Bedingt durch die unmittelbare Nähe zu Münster hatten sich dort liberale Ansichten durchsetzen können. Etwa 60 % der aufgestellten Wahlmänner konnten als katholisch-liberal eingestuft werden, während sich der Rest nach wie vor zu den konservativeren Klerikalen bekannte[70]. Im Kreis Coesfeld war die Wahlbeteiligung ebenfalls nicht sonderlich berühmt, immerhin gelangte man aber erstmals über die 10 % Marke und erzielte somit gegenüber der letzten Wahl eine Steigerung um 2,7 %,entsprechend 206 Wähler[71]. Die Spaltung innerhalb der Klerikalen war bereits auch hier zu verspüren, wenngleich sie sich noch nicht derart drastisch bemerkbar machte wie in der Nähe Münsters.

Im Ausgang der Urwahl erblickte der Merkur zwar nicht für das Münsterland, aber doch immerhin für weite Teile Preussens eine nationale Katastrophe, da sich bereits jetzt ein erdrückender Wahlsieg der Fortschrittspartei abzeichnete[72]. Nachdem das Blatt noch bei der letzten Wahl vermutet hatte, das damalige Ergebnis könne keinesfalls Ausdruck der tatsächlichen Gesinnung der Bevölkerung sein, mußte man jetzt aber bereitwillig einräumen, daß sich die Meinung des Volkes stark gewandelt hatte.

Entgegen bisheriger Gewohnheit schienen dieses Mal keine gruppeninternen Vorwahlen stattgefunden zu haben, jedenfalls berichten beide Zeitungen hierüber nichts. Am Wahltag solltes es daher auch einige Überraschungen geben. Vollkommen unerwartet unterlag der bisherige Abgeordnete Nicolaus Zumloh dem Kandidaten der Katholisch-Liberalen, Assessor Scheffer-Boichorst, mit 166 zu 231 Stimmen. Scheffer-Boichorst war bereits in der V. Legislaturperiode Mitglied des Abgeordnetenhauses, konnte aber, wie Oberbürgermeister Offenberg mitteilte, angeblich aus Gesundheitsgründen bei der Wahl im vergangenen Dezember nicht antreten[73]. Gewiß spielten dabei aber auch politische Gründe eine Rolle, denn Scheffer-Boichorst, der schon immer etwas zu den Liberalen neigte, dürfte damals dem starken Einfluß des konservativen Wahlkomitees aus dem Wege gegangen sein. Von 1879 bis 1886 bekleidete er übrigens das Amt des Oberbürgermeisters von

Münster und nahm seine erst am Ende des Kulturkampfes beginnende, mitunter nicht immer leichte Tätigkeit mit größter Umsicht wahr. Trotz seines 'klerikalen Vorlebens' legte die Berliner Regierung dem ohnehin inzwischen zu den Konservativen übergewechselten städtischen Verwaltungsfachmann keinen Stein in den Weg[74)].

Als zweiter Abgeordneter konnte sich wiederum Rudolph Froning aus Dülmen durchsetzen. Froning, der sich voll und ganz auf die Unterstützung der Wahlmänner des Kreises Coesfeld verlassen konnte, besiegte den kurzfristig von den Katholisch-Liberalen nominierten Berliner Kammergerichtsrat Theodor Striethorst mit 221 gegen 161 Stimmen[75)].

Striethorst, übrigens ein Studienkollege und Freund Temmes[76)], war während seiner langjährigen Richtertätigkeit in Münster auch Mitglied des einflußreichen 'Zwei-Löwen-Clubs' gewesen. Vermutlich dürfte ihn deshalb der schon erwähnte Direktor der Provinzialfeuersozietät, Ferdinand von Noel, auf eine Kandidatur angesprochen haben. Immerhin nahm Striethorst dieses Angebot ernst, denn er sandte seinen Freunden in Münster ein von ihm verfaßtes politisches Programm zu. In diesem Papier sprach er sich für die Spezialisierung des Staatshaushalts, für die Reduzierung der Militärausgaben und eine Reform der Gemeindeordnung aus, vergaß dabei aber auch nicht, das den Klerikalen besonders am Herz liegende Problem der Parität zu erwähnen, und die seiner Ansicht nach berechtigten Ansprüche des katholischen Bevölkerungsteils hervorzuheben[77)]. Wahrscheinlich war aber Striethorst einem Großteil der Wahlmänner doch eine Spur zu liberal, so daß man besser von seiner Wahl Abstand nahm. Hinzu kam, daß er den meisten Anwesenden persönlich nicht näher bekannt war.

Insgesamt gesehen bedeutete dieses Ergebnis einen Kompromiß zwischen liberalen und konservativen Katholiken. Froning wäre allerdings in erhebliche Schwierigkeiten gekommen, wenn ihm nicht die Wahlmänner des Kreises Coesfeld aus Gründen eines sicherlich berechtigten 'Lokalpatriotismus' zur Seite gestanden hätten. Nach Beendigung der Wahl war in einigen im Merkur veröffentlichten Leserbriefen höchstes Lob über die Tätigkeit des Wahlkomitees zum Ausdruck gekommen. Hervorgehoben wurde besonders die allseitige Information, die es vielen Wählern ermöglicht habe, sich von den politischen Zuständen ein genaueres Bild machen zu können[78].

XI.5. Wahlkreis: Borken -- Recklinghausen

Der recht eindeutige Mißerfolg bei den letzten Wahlen war für den agilen Ortsvorsteher Averbeck anscheinend ein besonderer Anlaß, sich dieses Mal intensiver um die Verbreitung der Ziele der Fortschrittspartei zu kümmern. Kurz nach der Auflösung des Abgeordnetenhauses am 11. März wandte er sich im 'Wochenblatt für den Kreis Recklinghausen' an die Bewohner des Vests[79]. Unter der Überschrift 'Wähler auf Eure Posten' war zunächst von heftigen Angriffen gegen die derzeitige Regierung die Rede, der er vor allem zum Vorwurf machte, den entlassenen Abgeordneten das ihnen zustehende Recht, 'die Staatsausgaben in ihren einzelnen Positionen zu prüfen' vorenthalten zu haben. Darüber hinaus habe der König die freisinnigen Minister genötigt, ihre Ämter niederzulegen und ein neues, mit teilweise unbekannten Persönlichkeiten besetztes Ministerium an deren Stelle eingesetzt. Averbeck richtete anschließend sechs recht geschickt formulierte Suggestivfragen an die Leser und bemerkte etwa unter erstens: "Ihr sollt jetzt von neuem wählen und euch darüber erklären, daß ihr damit einverstanden seid, von einem Ministerium regiert zu werden, welches im Geiste der Kreuzzeitungspartei (der Junker) zu handeln entschlossen ist, den Fortschritt bekämpft und also den Rückschritt will ...... Wollt ihr dieses aber nicht, so sprecht dieses auch durch die Wahlen offen und unumwunden aus, eurem verehrten

Königs gegenüber, der solches verlangt, nur Euer Wohl wahrhaft fördern will und nur augenblicklich durch seine Minister verkehrt beraten ist. Es tut umso mehr Not, daß alle Wähler (namentlich die vom Lande) sich an der Wahl beteiligen und Volksversammlungen und Vorwahlen abhalten, als das Ministerium durch die von ihm abhängigen Beamten alles aufbietet, um auf die Beamten in seinem Sinne einzuwirken, so daß den Beamten nur das eine unschädliche Mittel übrig bleibt, daß jeder sich selbst die Stimme zum Wahlmann geben kann"[80]. Die restlichen fünf, im gleichen Stil gestellten Fragen drehten sich um das Budgetrecht, um die Verlängerung des Militärdienstes und mögliche Steuererhöhungen, um die deutsche Einheit und nicht zuletzt um den drohenden Rückschritt im konstitutionellen Staatsleben.

Diesem Aufruf ließ Averbeck kurz hintereinander drei weitere folgen. Darin ging er im wesentlichen auf die Meinung der Fortschrittspartei in derzeit aktuellen Fragen ein und beschwor anschließend nochmals alle Wahlberechtigten, unbedingt von ihrem Stimmrecht Gebrauch zu machen[81]. Averbecks publizistischer Aufwand in der vergleichsweise kleinen Zeitung des Kreises Recklinghausen übertraf selbst die Aktivitäten des Wahlkomitees des münsterschen Handwerkervereins. Allerdings dürfte dem rührigen Ortsvorsteher nicht verborgen geblieben sein, daß es nicht allein damit getan war, die Ziele der Fortschrittspartei zu verkünden. Ein Erfolg seiner Arbeit konnte sich jedoch nur dann einstellen, wenn es ihm gelingen sollte, neue Wählerschichten wirksam anzusprechen. Dazu bedurfte es natürlich auch eines populären Kandidaten, den Averbeck in dem Bochumer Rechtsanwalt Hermann Schultz, einem Bruder des derzeitigen Abgeordneten Ferdinand Schultz, gefunden zu haben glaubte[82]. Der Advokat, der sich vor allem als Verteidiger der Iserlohner Freiheitskämpfer 1850 in Wesel und im Jahr zuvor der westfälischen Demokraten in Hamm einen Namen gemacht hatte, teilte mit, daß seine politischen Anschauungen mit denen seines alten bewährten Bekannten Benedikt Waldeck vollkommen übereinstimmten[83].

Den Klerikalen des Vests waren Averbecks Aktivitäten natürlich nicht verborgen geblieben, und obwohl auch bekannt war, daß er wesentlich auf eigene Faust handelte, nahm man seine Agitation keineswegs auf die leichte Schulter. Wie bisher immer üblich, schienen sich auch dieses Mal die Katholiken auf das interne Wirken des Klerus beschränkt zu haben, dessen Machtstellung vor allem im nördlichen Kreis Recklinghausen ungebrochen war. Jedenfalls ließen sich Aufrufe oder gar Versammlungen nicht feststellen.

Kandidat der Katholiken im Vest war der bisherige Abgeordnete Dr. Schultz aus Münster, dem es trotz seiner viel kritisierten Einstellung zur Militärfrage abermals gelang, sich das Vertrauen zu sichern[84]. Ihm kam allerdings auch zugute, daß sich hier bisher keine internen Spaltungen unter den Klerikalen, wie dies etwa in anderen Kreisen beobachtet werden konnte, auftaten. Der Grund hierfür lag im entschiedenen und vor allem konfessionsungebundenen Auftreten gewisser liberaler Kräfte, etwa vom Schlage Averbecks. Hierdurch entwickelte sich natürlich unter den Katholiken eine verstärkte Abwehrhaltung, die von Anfang an jede Zersplitterung der Kräfte ausschloß. Typisch war daher das Festhalten an dem selbst in klerikalen Kreisen nicht unumstrittenen Dr. Schultz. Traditionsgemäß wurde ein zweiter Bewerber nicht aufgestellt, da dies meistens Sache der Wahlmänner des Kreises Borken war.

Neben der Fortschrittspartei, allerdings mehr oder minder nur allein durch Averbeck vertreten, und den Klerikalen, traten erstmals auch solche Liberale in Erscheinung, die der politischen Richtung nach dem linken Zentrum zuzuordnen waren. Ausgangspunkt dieser Bewegung war das schon in den Tagen der Revolution stark konstitutionell geprägte Dorsten. Dort hatten sich besonders einige Richter für einen gemäßigt liberalen Kurs stark gemacht, wie dies ja öfters der Fall gewesen ist. Zu ihrem Kandidaten nominierten sie Kreisrichter Adolf Winkelmann, der bereits damals zum Kreis dieser Konstitutionellen gehört hatte[85].

Das Auftreten Winkelmanns war aber für Averbecks Pläne insofern nicht ganz ungefährlich, als nämlich bei der Zersplitterung der liberalen Stimmen ein Sieg der Klerikalen drohte. Er wandte sich daher sofort an die Wähler und forderte sie auf, die Kirchtumspolitik bei der Kandidatenaufstellung vermeiden zu helfen. "Bei früheren Wahlen", bemerkte Averbeck, "haben sich die Nachbarstädte Dorsten und Recklinghausen aus einem sich aus alter Zeit fortschleppenden Hader stets feindselig gegenübergestanden, diesen Zwiespalt hat man oft schlau zu nutzen gewußt, um die eine oder andere Partei dahin zu bringen, daß sie selbst ihrem Gegner die Stimme gab ..... Diese lächerliche Spannung muß doch endlich einmal aufhören ... Lokale Interessen können nämlich bei der jetzigen Wahl nicht ausschlaggebend sein"[86]. Averbeck bezog sich mit dieser Bemerkung auf das Zusammengehen der Dorstener Konstitutionellen mit den Klerikalen bei früheren Wahlen. Sämtliche Bemühungen aber, die Zurücknahme der Kandidatur Winkelmanns zu erzielen, scheiterten. Selbst der Versuch Averbecks, die liberalen Wahlmänner Borkens, Dorstens und Recklinghausens bei einer Besprechung in Buer auf seine Linie zu bringen, schlug fehl.

Im Vergleich zur letzten Wahl war in beiden Kreisen ein Stimmenzuwachs zu verzeichnen. In Borken stieg die Beteiligung um 1,2 % auf nunmehr 10,0 % und im Kreis Recklinghausen um 3,9 % auf 12,6 %[87]. Gemessen am Aufwand Averbecks muß die Höhe der Wahlbeteiligung insofern enttäuschend genannt werden, als ja noch nicht einmal jeder Bezieher des Wochenblatts seine Stimme abgegeben hatte[88]. Da zudem derartige Zeitungen vielfach weitergereicht wurden, konnte von einer Erfassung breiter Wählerschichten kaum die Rede sein. Sieger der Urwahlen waren die Klerikalen und gemäßigten Liberalen. Wie der Merkur aus der Stadt Recklinghausen berichtete hatten sich erneut die das letzte Mal gewählten Wahlmänner durchsetzen können, also überwiegend Liberale. Das gleiche Bild herrschte auch in Dorsten, während sich im Norden des Vests die Klerikalen behaupteten. Vereinzelte Gewinne verbuchte auch die Fortschrittspartei im Süden des Kreises, allerdings viel zu wenige Stimmen, um auch bei der Abgeordnetenwahl ein Wort mitreden zu können[89]. Über die Wahlbewegung und das Resultat der Urwahlen im Kreis Borken ließ sich dagegen vergleichsweise wenig in Erfahrung bringen. Bekannt war lediglich, daß alle 20 Wahlmänner Bocholts liberal waren, darunter, wie die Kölnische Zeitung berichtete, keine Beamten und Geistliche[90]. Insgesamt gesehen standen dort etwa 52 der 134 Wahlmänner des Kreises auf liberaler Seite. Trotz der numerischen Überzahl der Klerikalen im gesamten Wahlkreis war in jedem Fall ein knappes Ergebnis zu erwarten, denn man wußte nicht genau, ob sich nicht doch noch der eine oder andere Wahlmann zu den Liberalen bekennen würde. Mit 163 Stimmen bei 147 für Winkelmann konnte sich Schultz abermals durchsetzen. Bei der großen Anzahl der für Winkelmann votierenden Wahlmänner war allerdings abzusehen, daß er das zweite Mandat erringen würde. Mit ebenfalls 163 Stimmen besiegte er den bisherigen Abgeordneten Sarrazin aus Bocholt, für den sich 129 Wahlmänner entschieden hatten[91]. Wie schon bei anderen Wahlen beobachtet, gab es auch hier keine festen parteigebundenen Blöcke.

XI.6. Wahlkreis: Beckum -- Lüdinghausen -- Warendorf

Im Gegensatz zu den anderen münsterländischen Wahlkreisen konnten sich hier die Liberalen nicht recht ins Bild setzen. In den Kreisen Lüdinghausen und Warendorf war ihr Einfluß sogar verschwindend gering. Lediglich im 'demokratisch vorbelasteten' Kreis Beckum war es ihnen gelungen, etwa 40 % der Wahlmänner hinter sich zu bringen. Die Ursache hierfür war in dem nach wie vor ungebrochenen Einfluß der Geistlichkeit zu sehen. Unter diesen Umständen dürfte daher auch, mit Ausnahme der Kreismittelpunkte,von einer Wahlbewegung nicht die Rede gewesen sein. Nähere Einzelheiten, die über die eine oder andere Wahlversammlung hätte Auskunft geben können, ließen sich nicht ermitteln. Bekannt war lediglich die Höhe der Wahlbeteiligung, die einige Rückschlüsse auf das Interesse in den drei Kreisen zuläßt. Im Kreis Beckum beteiligten sich immerhin 16,2 %, in Warendorf 15,2 % und im politisch schon immer recht farblosen Lüdinghausen 8,2 % aller Wahlberechtigten[92]. Gewiß überraschend war natürlich die Höhe der Beteiligung im Kreis Beckum, die mit Abstand beste im Regierungsbezirk und dies trotz des Rückzugs des agilen Bernard von Bruchhausen aus dem politischen Leben[93].

Bereits bei der letzten Wahl im vergangenen Dezember hatten zahlreiche Landwirte den Wunsch vorgebracht, einen eigenen Abgeordneten aus ihren Reihen nach Berlin entsenden zu können. Damals durchkreuzte der dafür in Betracht kommende Schulze Hobbeling jun. wegen beruflicher Überlastung diese Pläne. Als Kandidaten nominierte man jetzt seinen bereits 73 jährigen Vater, der zudem wegen seiner langjährigen Mitgliedschaft im Westfälischen Provinziallandtag über eine entsprechende politische Erfahrung verfügte. In dieser Eigenschaft war Schulze Hobbeling übrigens auch Mitglied des 1. Vereinigten Landtages[94]. Als Kandidaten waren ferner Hermann von Mallinckrodt und August Reichensperger im Gespräch, nachdem der bisherige Abgeordnete Joseph von Raesfeld bereits frühzeitig signalisiert hatte, nicht wieder ins Abgeordnetenhaus einziehen zu wollen. Aus dem Kreis der Kandidaten schied aber Mallinckrodt infolge seiner festen Zusage im Wahlkreis Paderborn -- Büren -- Wiedenbrück vorzeitig aus[95]. Aber auch Reichenspergers Wahl im Münsterland war keinesfalls gesichert, da er nämlich zugleich in den Wahlkreisen Kreis Köln -- Bergheim -- Euskirchen, Kreis Krefeld -- Neuß -- Grevenbroich[96], Düren -- Jülich und Stadt und Kreis Aachen -- Eupen nominiert worden war[97]. Als Kandidat der Liberalen trat der aus Neuahlen stammende Landwirt Schulze Kloster an, ein bis dahin politisch nicht weiter in Erscheinung getretener Mann[98].

Am 6. Mai entschieden sich 282 von 367 anwesenden Wahlmännern auf Anhieb für Schulze Hobbeling. 74 Stimmen waren auf seinen liberalen Herausforderer Schulze Kloster gefallen. Nicht ganz so einfach hatte es dagegen August Reichensperger. Obwohl sich laut einer Meldung der Kölnischen Zeitung etwa 50 Geistliche unter den Wahlmännern befanden, war der Sieg Reichenspergers alles andere als überzeugend; 190 votierten für ihn, immerhin 154 für Schulze Kloster[99]. Überraschen konnte der enorme Zuwachs für den liberalen Kandidaten freilich nicht, denn zahlreiche Wahlmänner standen aus Erfahrung auswärtigen Kandidaten, und waren sie noch so bekannt, ziemlich skeptisch gegenüber. Auch hier wurde über alle Maßen deutlich, daß die Grenzen der verschiedenen politischen Gruppierungen fließend waren. Für viele Wahlmänner spielte daher auch das jeweilige politische Bekenntnis des Kandidaten nur eine sekundäre Rolle. Kurz nach der Wahl ließ Wahlkommissar Graf Schmising-Kerßenbrock August Reichensperger wissen, daß im Falle seiner Ablehnung "ganz zweifellos ein Roter gewählt werden würde"[100]. Nicht ganz ungeschickt hatte es Schmising-Kerßenbrock verstanden, den biederen Schulze Kloster in die Ecke der Demokraten zu rükken. Vor solch eine Entscheidung gestellt, konnte August Reichensperger nicht umhin, das Mandat anzunehmen.

XI.7. Wahlergebnis

Für den Regierungsbezirk Münster brachte diese Wahl die Erschütterung der bisherigen klerikalen Machtstellung mit sich. Zwar gehörten nur zwei der neun Abgeordneten einer anderen politischen Partei an, doch zeigten sich selbst unter den restlichen sieben nicht zu übersehende Meinungsverschiedenheiten in der Frage, in welchem Ausmaß liberale Einflüsse auf die Politik des Zentrums zulässig seien. Immerhin sympathisierten viele Wähler mit den finanzpolitischen Plänen der Opposition, und man dürfte auch wohl ziemlich verärgert darüber gewesen sein, daß alle neun Abgeordneten des Regierungsbezirks Münster gegen den Hagenschen Antrag auf Spezialisierung des Haushalts gestimmt hatten. Auf das Wahlverhalten der Bevölkerung ist diese Entscheidung bestimmt nicht ohne Einfluß geblieben. Hinzu kam, daß die keinesfalls klar ersichtliche Haltung des Zentrums in den derzeit aktuellen Fragen viele Wähler verunsicherte. Trotz dieser Umstände fand aber auch die Fortschrittspartei wenig Zulauf. Vielmehr, und das war das eigentlich Typische dieser Wahl im Münsterland, versuchten sich die Klerikalen von innen heraus zu liberalisieren, ein Prozeß, der übrigens im benachbarten Rheinland schon seit beinahe drei Jahren im Gange war. Bestes Beispiel hierfür war der Stimmungsumschwung im Wahlkomitee des münsterschen Handwerkervereins, dessen Abkehr von der streng konservativen Richtung symptomatisch für das Verhalten vieler klerikaler Wähler war. Allerdings brachte diese politische Kehrtwendung auch gewisse Nachteile mit sich, als man dadurch versuchte, es möglichst allen Wählern recht zu machen. Das Programm des Wahlkomitees war nämlich nichts weiter als ein Konglomerat verschiedener populärer Forderungen liberaler, klerikaler und auch konservativer Prägung.

In Tecklenburg und in Recklinghausen, wo der katholische Einfluß weniger stark ausgebildet war, setzten sich mit Rintelen und Winkelmann erstmals Vertreter des linken Zentrums durch. Vor allem Winkelmann, der sich jeder antireligiösen Polemik enthielt und auch die kirchenpolitischen Forderungen der Fortschrittspartei für überzogen hielt, dürfte aus den Reihen der Klerikalen Unterstützung erfahren haben. Einen Vertreter der Fortschrittspartei hätten die katholischen Wähler wohl eindeutig abgelehnt.

Mit der Wahl nichtklerikaler Abgeordneter und der Spaltung innerhalb der Katholiken in Liberale und Konservative erfuhr das Machtmonopol des Zentrums auch in diesem früher noch für so sicher gehaltenen Gebiet erstmals eine deutliche Erschütterung. Der Regierungsbezirk Münster, bis dahin immer noch eine sichere Domäne der Klerikalen, vollzog damit nur die gleiche Entwicklung nach, die sich in anderen katholischen Regionen der Westprovinzen schon mit Beginn der Neuen Ära vehement angekündigt hatte. Daß das Gebiet nördlich der Lippe in vielerlei Hinsicht der aktuellen politischen Entwicklung hinterherlief, war nicht nur die Folge der räumlichen Abgeschiedenheit und dünnen Besiedlung, sondern im wesentlichen auf die beinahe zehnjährige, von keiner fremden politischen Gruppierung gestörten Dominanz der klerikalen Partei zurückzuführen. Das jetzige Auftreten liberaler Kräfte hatte, und auch in dieser Hinsicht lag noch vieles im argen, erstmals zu einer deutlichen Belebung der Wahlbewegung geführt. Vor allem auf publizistischem Gebiet war ein deutlicher Schritt nach vorne zu verzeichnen. Zwar war das Verteilen von Flugblättern noch nicht üblich, doch immerhin wandte man sich in der Presse in verstärktem Maße an die Wähler. Außerdem hatte es sich mittlerweile eingebürgert, daß Urwähler- oder Wahlmännerversammlungen größeren Stils abgehalten wurden. Allerdings waren in dieser Hinsicht nur die Liberalen aktiv, während sich die Klerikalen wie immer auf den internen Einfluß der Geistlichkeit verließen.

Trotz der sichtlichen Belebung des Interesses an den Wahlen war der Zuwachs an Stimmen gering. Gegenüber der letzten Abstimmung stieg zwar die Beteiligung um 2,2 %, doch lag der Regierungsbezirk Münster mit 12,3 % weiterhin an unterster Stelle aller preußischen Verwaltungsbezirke . Aachen verzeichnete gar schon eine Beteiligung von 19,2 %, Arnsberg von 19,7 %, Düsseldorf 21,6 % und Koblenz 21,9 %. Das größte Interesse herrschte wie immer in den Ostprovinzen. Der Regierungsbezirk Posen registrierte eine Beteili-

Wahlbeteiligung bei der Urwahl vom 28. April 1862 in %

	I.	II.	III.	Summa	Veränd. z. 1861
Tecklenburg	45,1	29,7	7,2	11,4	+ 2,4
Steinfurt	31,4	20,0	5,1	8,1	+ 0,4
Ahaus	39,2	25,9	8,0	11,3	+ 2,1
Münster(Stadt)	64,0	60,4	36,6	40,0	+ 8,9
Münster(Kreis)	35,8	23,9	4,7	7,4	- 0,4
Coesfeld	32,6	20,8	8,0	10,5	+ 2,7
Borken	42,8	25,4	6,3	10,0	+ 1,2
Recklinghausen	35,5	23,8	9,3	12,4	+ 3,9
Beckum	57,4	35,3	8,6	16,2	+ 4,6
Lüdinghausen	35,9	21,8	5,4	8,2	+ 1,0
Warendorf	43,7	27,4	12,0	15,2	+ 3,2
Reg.-Bez. MS	41,0	27,0	8,9	12,3	+ 2,2
Reg.-Bez. MI	65,0	51,0	31,0	34,9	+ 3,8
Reg.-Bez. AR	52,0	35,0	15,3	19,7	+ 6,5
Provinz Westfalen	53,0	37,0	17,9	21,9	
Preußen	61,0	48,0	30,5	34,3	+ 7,1
Höchstbeteiligung (Reg.-Bez. Bromb.)	73,0	71,0	56,5	59,5	+ 2,8
Niedrigstbeteilig. (Reg.-Bez. MS)	s.o.	s.o.	s.o.	s.o.	s.o.

Zusammengestellt nach: Zeitschrift des Kgl. Preus. Stat. Bureaus, 5.Jg., 1865, S.51;

Wahlbeteiligung bei der Urwahl vom 28. April 1862 in Zahlen

	Wahlberechtigt				Anzahl d. abgegebenen Stimmen			
	I.	II.	III.	Summa	I.	II.	III.	Summa
Tecklenburg	392	932	7228	8552	177	277	520	974
Steinfurt	405	1036	7214	8655	127	208	365	700
Ahaus	360	938	7082	8380	141	243	567	951
Münster(Stadt)	192	475	4245	4912	123	287	1553	1963
Münster(Kreis)	330	845	8609	9784	118	202	407	727
Coesfeld	356	899	6851	8106	116	187	550	853
Borken	360	1055	7505	8920	154	268	473	895
Recklinghausen	501	1184	7325	9010	178	282	678	1138
Beckum	310	791	5941	7042	178	279	508	965
Lüdinghausen	306	803	6845	7954	110	175	369	654
Warendorf	254	671	4752	5677	111	184	568	863
Reg.-Bez. MS	3766	9629	73597	86992	1533	2592	6558	10683

Zusammengestellt nach: Zeitschrift des Kgl. Preus. Stat. Bureaus, 5.Jg., 1865, S.50;

ligung von 54,0 %, Bromberg 59,9 %, Danzig 50,4 %, Marienwerder 49,9 % und schließlich im gesamten Staat 34,3 %[101]. Wie schon eingangs dieses Kapitels erwähnt, war dies das bisher beste Resultat in Preußen seit der Einführung des Dreiklassenwahlrechts, und eine höhere Wahlbeteiligung sollte es bis zum Ende der Monarchie auch nicht mehr geben. Mit 12,3 % verzeichnete der Regierungsbezirk Münster aber weiterhin mit Abstand das geringste Interesse an dieser Wahl im gesamten Staat. Abermals sollte auch das Ergebnis in der III. Klasse mit 8,9 % deutlich aus dem Rahmen fallen. Es war daher auch nicht weiter verwunderlich, daß allein fünf Landkreise des Münsterlandes zu denjenigen zehn der Monarchie gehörten, die die geringste Wahlbeteiligung aufzuweisen hatten.

XI.8. Die VII. Legislaturperiode

Die Wahlen vom 6. Mai 1862 hatten erneut mit einem überzeugenden Sieg der Fortschrittspartei und der mit ihr verbündeten Fraktion Bockum-Dolffs geendet. Mit rund 140 Mandaten war man abermals als stärkste politische Kraft ins Abgeordnetenhaus eingezogen, gefolgt vom linken Zentrum mit etwa 100 Sitzen. Damit verfügten beide Fraktionen über die absolute Mehrheit in der Kammer. Nahezu bedeutungslos waren dagegen die Konservativen geworden, die jetzt nur noch 13 Abgeordnete stellten. Erhebliche Einbußen hatte aber auch die Fraktion des Zentrums hinzunehmen. Aufgrund des gravierenden Stimmenrückgangs in der Rheinprovinz - dort waren die Wähler in Scharen zu den Liberalen übergelaufen - kehrte man nur noch mit 28 Abgeordneten in die Kammer zurück. Die altliberale Fraktion Grabow brachte es zwar zu Beginn der Legislaturperiode auf rund 50 Sitze, sollte aber bald zerfallen. Der linke Flügel schloß sich der Fraktion Bockum-Dolffs an, der rechte bildete unter Führung Vinckes eine Konstitutionelle Fraktion, der unter anderem auch von Auerswald, von Patow und Graf Schwerin angehörten. Der mittlere Teil formierte sich zum 'freien parlamentarischen Verein', auch genannt die Fraktion von Rönne[102]. Sieben der neun Abgeordneten aus dem Regierungsbezirk Münster traten wiederum der Fraktion des Zentrums bei, während sich Rintelen und Winkelmann dem linken Zentrum anschlossen[103].

Mit Beginn der Beratungen über den Militäretat sollten die unterschiedlichen Auffassungen zwischen Regierung und liberaler Kammermehrheit abermals deutlich aufeinanderprallen. Die Regierung hatte den Etat für die Jahre 1862 und 1863 zusammen vorgelegt und die Ausgaben für die Heeresreform, als ob bisher nichts geschehen sei, wiederum im Ordinarium aufgeführt[104]. Die Budgetkommission, in der die Liberalen die Mehrheit hatten[105], trennte jedoch die Kosten für die Heeresreform von den übrigen Ausgaben ab und beantragte, sie in ein Extraordinarium zu setzen und zu streichen[106]. Vermittlungsvorschläge von Reichensperger und weiteren 14 Mitgliedern der Fraktion wurden allerdings ebenso verworfen wie der Kompromißvorschlag der Abgeordneten Twesten, Stavenhagen und Sybel, der Regierung sollten noch einmal provisorisch Geldmittel bewilligt werden, falls sie sich verpflichte, innerhalb des kommenden Jahres ein Gesetz über die Festlegung der zweijährigen Dienstzeit einbringen zu wollen[107]. Am 16. September wurde der Antrag der Budgetkommission mit 273 gegen 68 Stimmen angenommen. Froning, Rohden, Schulze Hobbeling und Ziegler vom katholischen Zentrum sowie Rintelen und Winkelmann vom linken Zentrum stimmten für den Kommissionsantrag, August Reichensperger, Schultz und Scheffer-Boichorst dagegen[108]. Am 23. September kam es schließlich zur Schlußabstimmung über den Militäretat. Die Forderung des Ministeriums auf Genehmigung im Ordinarium wurde mit 308 gegen 11 Stimmen verworfen und somit sämtliche militärische Mehrausgaben aus dem Etat gestrichen. Alle neun Abgeordneten aus dem Regierungsbezirk Münster hatten diesen Mehrheitsbeschluß mitgetragen[109].

Die Entscheidung des Abgeordnetenhauses sollte daraufhin eine Regierungskrise zur Folge haben, in deren Verlauf sich sogar der König mit dem Gedanken trug, zugunsten seines Sohnes abzudanken. Mit dem Eintritt Bismarcks in das Ministerium am 24. September 1862 und seiner Ernennung zum Ministerpräsidenten änderte sich jedoch die Situation wieder schlagartig. Bismarck war nämlich bereit, auch ohne Haushalt zu regieren und die Heeresreform gegen den Willen des Abgeordnetenhauses durchzuführen, wie er dies der Budgetkommission eindeutig zu verstehen gab[110]. Auf die Zurücknahme des Haushaltsentwurfs am 29. September durch Bismarck antwortete das Abgeordnetenhaus am 7. Oktober mit dem Beschluß, daß es "verfassungswidrig (sei), wenn die Königliche Staatsregierung eine Ausgabe verfügt, welche durch einen Beschluß des Hauses der Abgeordneten definitiv und ausdrücklich abgelehnt worden sei"[111]. Rintelen, Rohden, Scheffer-Boichorst und Winkelmann stimmten dafür, Froning, August Reichensperger und Schulze Hobbeling dagegen. Schultz und Ziegler waren beurlaubt[112].

Die Lage spitzte sich zu, nachdem das Herrenhaus auf Vorschlag Bismarcks dem vom Abgeordnetenhaus zuvor abgelehnten Etat zustimmte und ihn zugleich im Sinne der Regierungsvorlage wiederherstellte[113]. Diesen Beschluß verwarf jedoch das Abgeordnetenhaus mit 237 Stimmen, einschließlich der Stimmen der Abgeordneten aus dem Untersuchungsgebiet. Schultz und Ziegler waren abermals beurlaubt[114]. Angesichts der unüberbrückbaren Gegensätze wurden am 13. Oktober beide Häuser des Landtages geschlossen.

Am 14. Januar wurde der Landtag wieder eröffnet. Der Abgeordnete Virchow von der Fortschrittspartei hatte einen Adreßentwurf eingebracht und darin die Regierung des massiven Verfassungsbruchs in der Frage des Staatshaushaltes bezichtigt und den Ministern zum Vorwurf gemacht, bewußt gegen die Beschlüsse des Abgeordnetenhauses regieren zu wollen. Virchow prangerte außerdem die mit der Amtsübernahme Bismarcks einsetzende Verfolgung der zur parlamentarischen Opposition gehörenden Beamten an[115]. Bei der Abstimmung am 29. Januar 1863 nahm das Abgeordnetenhaus diesen äußerst scharf gehaltenen Adreßentwurf mit 225 gegen 68 Stimmen an. Dafür votierten Scheffer-Boichorst von der Zentrumsfraktion sowie Winkelmann und Rintelen vom linken Zentrum, dagegen Froning, August Reichensperger, Rohden, Schultz, Schulze Hobbeling und Ziegler[116]. Scheffer-Boichorst gehörte übrigens zu denjenigen Abgeordneten des katholischen Zentrums, die sehr häufig mit der liberalen Mehrheit stimmten[117].

Die Session endete mit einem Eklat. Bei der Debatte über den Militäretat war es zwischen Kriegsminister von Roon und dem amtierenden Präsidenten des Abgeordnetenhauses von Bockum-Dolffs zu einer Auseinandersetzung über das Rederecht gekommen. Die Minister machten daraufhin ihr weiteres Erscheinen von der Zusicherung abhängig, daß sich ein derartiger Vorfall nicht mehr wiederhole. Das Abgeordnetenhaus erklärte jedoch diesen Antrag für eindeutig verfassungswidrig[118]. Gemeinsam mit dem linken Zentrum beantragte daraufhin die Fortschrittspartei, eine Adresse an den König zu richten, worin zum Ausdruck kommen sollte, daß es keine Mittel der Verständigung mit diesem Ministerium mehr gebe, und daß man daher eine Mitwirkung an der gegenwärtigen Politik der Regierung ablehnen müsse[119]. 239 Abgeordnete, darunter auch Rintelen und Winkelmann stimmten mit Ja, Froning, August Reichensperger, Rohden und Schultz mit Nein. Ziegler war krank und Scheffer-Boichorst beurlaubt[120]. Da eine Einigung zwischen den beiden Lagern nicht in Sicht war, schloß der König am 27. Mai 1863 die Session und löste am 2. September das Abgeordnetenhaus auf.

XII. Die Wahlen vom 20. und 28. Oktober 1863

XII.1. Wahlbewegung

Die Wahlbewegung setzte dieses Mal nicht erst mit dem Tag der Auflösung des Abgeordnetenhauses am 3. September 1863 ein, sondern begann schon in gewissen Landesteilen am 27. Mai, dem Tag der Beendigung der Wintersession[1]. Wiederum leitete die 'Deutsche Fortschrittspartei' als erste politische Kraft die Kampagne ein. In einer geschickt arrangierten Flugschrift mit dem Titel 'Die Stimme des preußischen Volkes in Rheinland und Westfalen seit dem 27. Mai' veröffentlichte die Partei eine Zusammenstellung der seither stattgefundenen, herausragenden politischen Kundgebungen liberaler Wahlkomitees, Bürger- oder Wahlmännerversammlungen in den von ihr bzw. dem linken Zentrum ganz oder auch nur teilweise gehaltenen Wahlkreise der beiden Westprovinzen[2].

Dieses Papier, so konnte man dem Vorwort der im September herausgegebenen Flugschrift entnehmen, war nach Ansicht der Fortschrittspartei schon allein deshalb dringend erforderlich, weil die sog. Presse-Ordonnanz vom 1. Juni dieses Jahres die Berichterstattungs- und Kommentierungsfreiheit zahlreicher politischer Blätter deutlich eingeschränkt hatte[3]. Zentrales Thema in den Protokollen der Versammlung war natürlich der nach wie vor schwelende Konflikt zwischen Regierung und liberaler Opposition. In zahlreichen, spontan gefaßten Adressen und Resolutionen drückte man zudem dem aufgelösten Abgeordnetenhaus Dank und Anerkennung für seine jederzeit standhafte und vorbildliche Haltung aus. Die Verbreitung der Fortschrittspartei besonders im Rheinland hatte auch zur Folge, daß die Mehrzahl der erwähnten Wahlkreise dort angesiedelt war. Trotzdem fanden auch westfälische Abgeordnete der 'Linken' Platz für eigene Stellungnahmen, nämlich: Gutsbesitzer Loewe, genannt Meyer zu Wachtrup, Kreisgerichtsdirektor Schulz aus Bielefeld und Benedikt Waldeck für den Wahlkreis: Herford -- Halle -- Stadt und Kreis Bielefeld; Gutsbesitzer Overweg aus Letmathe und Hüttenbesitzer Kreutz aus Olpe für den Wahlkreis: Altena -- Iserlohn; Major a.D. Dr. Beitzke aus Köslin und Florens von Bockum-Dolffs, zur Zeit 'strafversetzter' Oberregierungsrat in Gumbinnen, für den Wahlkreis: Hamm -- Soest; Rechtsanwalt Gerstein aus Hagen und Hauptmann a.D. Harkort aus Wetter für den Wahlkreis: Hagen; Dr. Becker ("der rote Becker") aus Dortmund, Dr. Loewe aus Berlin und Kaufmann Metzmacher aus Dortmund für den Wahlkreis: Stadt und Kreis Bochum -- Stadt und Kreis Dortmund[4]. Wahlkreise des Regierungsbezirks Münster waren in der Flugschrift nicht aufgeführt. Politische Kundgebungen größeren Stils fanden bei der Rückkehr der beiden dem linken Zentrum angehörenden Abgeordneten Rintelen und Winkelmann aus Mangel an Interesse in der Bevölkerung nicht statt. Die eine oder andere erwähnte Volksversammlung im Rheinland brachte kurioserweise auch mehr Bürger auf die Beine als beispielsweise der Kreis Tecklenburg 1862 an Wählern zählte.

Kurz nach Auflösung des Abgeordnetenhauses entwarf das Zentralwahlkomitee der Fortschrittspartei in Berlin einen Wahlaufruf, der am 12. September der Öffentlichkeit vorgelegt wurde[5]. Darin berief man sich nochmals ausdrücklich auf das Grundsatzprogramm vom 6. Juni 1861 und das Papier nannte im einzelnen sechs Punkte, die vom kommenden Abgeordnetenhaus endlich gesetzlich geregelt werden müßten, nämlich: 1. Ausführung des in der Verfassung zugesagten Rechts über die Verantwortlichkeit der Minister. 2. Tatsächliche Anerkennung des Ausgabenbewilligungsrechts des Abgeordnetenhauses. 3. Reform des Herrenhauses. 4. Die Schaffung eines Heeres auf volkstümlicher Grundlage mit zweijähriger Dienstzeit. 5. Ein deutsches Parlament aus freien Volkswahlen. Neu kam diesmal die Forderung nach Beseitigung der sog. Presse-Ordonnanz vom 1. Juni hinzu, die "mit ihrem napoleonischen Verwarnungssystems"[6] den Behörden freie Hand gab, Zeitungen oder Zeitschriften nach zweimaliger Verwarnung kurzfristig oder sogar auf Dauer zu verbieten[7]. In diesem Zusammenhang forderte auch die Fortschrittspartei die Wähler auf, der Regierung in aller Deutlichkeit zu beweisen, daß auch ohne freie Presse ein mündiges Volk parlamentarische Vertreter finden könne, die für seine Unabhängigkeit und Ehre eintreten. "Wir sind überzeugt", bekannte man ohne Umschweife, "daß das preußische Volk auch bei den bevorstehenden Neuwahlen seine Festigkeit aufs neue bewähren wird. Es wird auch diese Probleme bestehen, so schwer sie vielleicht auch werden, so herbe Opfer sie kosten mag. Denn es hat schon schwerere Probleme bestanden ... Nur ein freies und in sich geeinigtes Preußen kann auch dem deutschen Vaterlande das ersehnte Gut der Freiheit und Einheit bringen"[8].

Das katholische Zentrum spielte in dieser Wahlbewegung vergleichsweise nur eine ziemlich untergeordnete Rolle. Dem publizistischen Aufwand der Fortschrittspartei und auch dem der Regierung hatte man nichts Gleichwertiges gegenüberzustellen. Schon zu diesem Zeitpunkt war der Zerfallsprozeß innerhalb der katholischen Wählerschaft nicht mehr aufzuhalten, ganz zu schweigen von der inneren Geschlossenheit des Zentrums. Selbst der Merkur, der noch bis Mitte 1862 moderate Töne für das Zusammengehen der Klerikalen mit der Regierung übrig gehabt hatte, sah sich jetzt angesichts der innen- wie außenpolitischen Rigorosität des Ministeriums Bismarck veranlaßt, jede weitere Gefolgschaft zu versagen. Zugleich ließ die Zeitung ihre Leser wissen, daß in Zukunft die Politik der Regierung nicht mehr im Sinne katholisch-konservativer Anschauung unterstützt werden könne[9]. Obwohl sich der Merkur nach wie vor für das Zentrum stark machte und auch die Vertretung spezifisch katholischer Interessen bejahte, waren aber seine Bemühungen im Vergleich zu früher matt und emotionslos geworden. Die letzte bedeutsame katholisch-konservative Zeitung war aber nicht das Opfer ihrer bis zuletzt treuen Anhängerschaft zum Zentrum, sondern das ihres scheinbar unerschütterlichen Vertrauens in die Idee einer dauerhaften Allianz zwischen Konservativen und Katholiken zur Abwendung des Liberalismus. Der Merkur hat aber in Verkennung dieser Tatsache die Bejahung verschiedener Ziele der Fortschrittspartei in der Bevölkerung unter- und die Bereitschaft der Katholiken zur Zusammenarbeit mit der jetzigen Regierung überschätzt. Das alles hing natürlich wesentlich mit der für den Wähler nicht eindeutig auszumachenden politischen Richtung der Zentrumsfraktion zusammen. Diese zeigte noch immer ein erschreckendes Maß an mangelndem politischen Bewußtsein, und obwohl die Gemeinschaft katholischer Abgeordneter seit nun schon beinahe zehn Jahren existierte, dominierten noch immer religiös moralische vor eindeutig pragmatisch politischen Zielen, wie dies ja in den Wahlaufrufen der letzten Jahre deutlich geworden war. Der Versuch der Gebrüder Reichensperger, mit dem nicht weniger in Schwierigkeiten steckenden Ministerium Bismarck über spezifisch katholische Probleme ins Gespräch zu kommen , hatten jetzt sogar zahlreiche Wähler mit Mißfallen zur Kenntnis genommen. Innerhalb der Fraktion scharte nun Wilhelm Rohden die mit der Richtung der Gebrüder Reichensperger unzufriedenen Abgeordneten um sich, jedoch konnte er aber auch nicht verhindern, daß der Großteil der ehemaligen Wähler ins Lager der gemäßigten Liberalen überwechselte. Angesichts dieses Niedergangs versagten nun auch die federführenden Blätter auf katholischer Seite der Fraktion ihre Unterstützung[10]. Sogar der noch bei der letzten Wahl recht kämpferisch auftretende Merkur kommentierte den 'Wahlkampf' nur noch am Rande. Neben dem Bekenntnis zur katholischen Kirche und zur Idee Großdeutschlands sollte nach Meinung des Blattes ein künftiger Abgeordneter in der Budgetfrage ruhig mit der Mehrheit des Hauses übereinstimmen[11]. Selbst auf dem Höhepunkt der Auseinandersetzung, zum Zeitpunkt des Eingriffs des Monarchen in das Wahlgeschehen, schien den Merkur die innenpolitische Lage wenig zu interessieren. Vereinzelt konnte man aber jetzt der einen oder anderen Stellungnahme doch eine gewisse Sympathie für das Vorgehen der 'Deutschen Fortschrittspartei' entnehmen.

In die von der Regierung entfachte Diskussion über die Vor- und Nachteile der Wahl von Beamten, vornehmlich der Richter, ins Abgeordnetenhaus griff der Merkur allerdings massiv ein. Seinen Lesern bedeutete er, daß das Land sich begreiflicherweise solche Leute zu Deputierten aussuche, deren Bildung sie befähige, das Interesse des Staates am besten wahrzunehmen. Demnach sei es auch schlichtweg unverständlich, wenn das Ministerium jetzt von einer Kreisrichterkammer spreche, wo doch die kaum weniger reaktionäre Regierung Manteuffel in den fünfziger Jahren unter den Landräten gebuhlt habe, sich als Kandidat aufstellen zu lassen[12].

Weitaus mehr Gefallen fand der Merkur zu dieser Zeit an den auf dem Frankfurter Fürstentag vorgebrachten großdeutschen Plänen der österreichischen Regierung. Ausgiebig wurde die Möglichkeit einer alle Seiten zufriedenstellenden Bundesreform erörtert und das Blatt vermutete gar, daß sich Preussens Probleme mit Hilfe der anderen deutschen Staaten lösen ließen[13].

Nachdem weder das Zentrum selbst noch die klerikal gesinnten Zeitungen auch nur das Geringste taten, um die Wähler von der Politik der Klerikalen zu überzeugen, ruhte deren Wahlagitation wie schon so häufig auf den Schultern der katholischen Bischöfe der Westprovinzen[14]. Johann Georg Müller beschwor die Urwähler recht eindringlich, nur durch und durch katholisch-gesinnte Wahlmänner aufzustellen und unter keinen Umständen den Versprechungen der anderen Parteien Glauben zu schenken[15]. Wie bereits erwähnt, besaßen solche Wahlhirtenbriefe aber nicht mehr die Bedeutung früherer Jahre, wo es tatsächlich um die Verteidigung handfester katholischer Interessen ging. Daß eine Bedrohung der Kirche zur Zeit nicht in Sicht war, hat unter anderem auch zum Zerfall der Zentrumsfraktion mitbeigetragen.

Angesichts des überragenden Abschneidens der Fortschrittspartei bei der Wahl vom Mai vergangenen Jahres und des auch jetzt überall erwarteten deutlichen Sieges schienen die übrigen Parteien wie paralysiert. Die Altliberalen meldeten sich erst gar nicht zu Wort und der Aufruf des 'Preußischen Volksvereins', in welchem der Regierung die weitere Unterstützung im Kampf gegen die Fortschrittspartei zugesagt wurde, verhallte ziemlich wirkungslos[16]. Der Aufwand der Parteien in der jetzigen Kampagne war ohnehin nicht mit dem der letzten Wahl zu vergleichen.

Noch energischer und rücksichtsloser als im April/Mai 1862 schaltete sich dieses Mal die Regierung in das Wahlgeschehen ein. Mit Hilfe der von ihr vertriebenen halboffiziellen 'Provinzialkorrespondenz' wurde alles aufgeboten, um das Verhalten des Ministeriums dem Abgeordnetenhaus gegenüber zu rechtfertigen, und man ließ zudem nichts unversucht, ständig um Verständnis für die schwierige Lage des Ministeriums zu bitten. "Wenn es nach den Wünschen der Fortschrittspartei geht", war in einem der bevorstehenden Wahl gewidmeten Artikel zu lesen, "so ist auf Friede und Beruhigung nicht zu hoffen; denn im ganzen Lande geht ihr Bestreben nur darauf, die ärgsten Widersacher der Regierung, welche von Einigung und Verständigung nichts wissen wollen, wieder zu wählen....... Die Fortschrittspartei will um jeden Preis eine Mehrheit haben, die unter keinen Umständen die Hand zum Frieden mit der Regierung biete. Sie kann ihre revolutionären Zwecke, welche schließlich gegen die königliche Macht in Preußen gerichtet sind, nur erreichen, wenn sie den Zwiespalt und Kampf immer wach und lebendig erhält .."[17]. Wie ein roter Faden durchzog alle Beiträge beißende Kritik an den 'revolutionären und regierungsfeindlichen Zielen' der Fortschrittspartei. Die verschiedenen Artikel der 'Provinzialkorrespondenz' hatten außerdem den Zweck, die sog. schweigende Mehrheit, also jene, die bisher noch niemals gewählt hatten, für die Sache der Regierung zu begeistern. Der neue Innenminister Graf Eulenburg beauftragte deshalb die Regierungspräsidien damit, entsprechende Artikel in den Kreisblättern veröffentlichen zu lassen. Wegen der geringen Verbreitung selbst derartiger Zeitungen stieß das Vorhaben im Münsterland, wo noch nicht einmal jeder Landkreis über ein solches Blatt verfügte, auf einige Schwierigkeiten.

Hatte sich schon der frühere Innenminister von Jagow, was Einschüchterung und Beeinflussung der ihm unterstellten Beamtenschaft anging, kaum nennenswerte Zurückhaltung auferlegt, so ging der neue Ressortchef noch einen gewaltigen Schritt weiter. Bezugnehmend auf die unmißverständliche Aussage des Monarchen, "... daß viele mittelbare und unmittelbare Staatsbeamte sich der Opposition gegen Sr. Majestät Regierung angeschlossen und, statt letztere tatkräftig zu unterstützen, ihr sogar Schwierigkeiten bereitet hätten", hat sich bei einem Teil der Beamten, so fuhr Eulenburg mit eigenen Worten fort, "eine laxe Auffassung der Pflichten gegen ihren königlichen Herrn eingeschlichen, so ist es hohe Zeit, sie in eindringlichster Weise zur Erkenntnis der Bedeutung ihres Diensteides zurückzuführen, und gehen andere Beamte in der Verkennung ihrer Obliegenheiten selbst so weit, sich den Bestrebungen der den königlichen Willen repräsentierenden Staatsregierung offen entgegen zu stellen, so ist, um ihren Widerstand zu brechen, die Anwendung jedes Mittels geboten, welches die Gesetze gegen Beamte an die Hand geben...."[18]. Eulenburg forderte deshalb sämtliche Regierungspräsidenten auf, oppositionelle Beamte zu überwachen und deren Namen nach Berlin zu melden, da man sich im gegenwärtigen Augenblick, wo es um Fragen von höchster politischer Bedeutung gehe, der Regierung feindlich gesinnte Abgeordnete einfach nicht leisten könne. Gleichlautende Schreiben richteten wie immer auch andere Ressortkollegen an die ihnen unterstellte Beamtenschaft[19].

Um die seitens der Regierung mittlerweile wieder tolerierte Wahlbeeinflussung aber nicht auf die Spitze zu treiben, und hierdurch vor allem der Fortschrittspartei einen Vorwand zu heftiger Kritik zu liefern, wies Eulenburg die Landräte gesondert an, auf die Veröffentlichung der regierungsfreundlichen Programme und Appelle vorläufig zu verzichten. Stattdessen legte er ihnen nahe, Kontakte zu vertrauenswürdigen und bekannt konservativen Persönlichkeiten zu knüpfen, um eine Auswahl geeigneter Abgeordnetenkandidaten vorzunehmen[20].

Den Zirkularerlaß Eulenburgs gab der münstersche Regierungsvizepräsident von Mauderode am 3. Oktober an die Landräte weiter und schärfte ihnen bei dieser Gelegenheit nochmals ein, jedwede regierungsfeindliche Agitation durch Staatsbedienstete sofort zu unterbinden und rief ihnen zudem nochmals ins Gewissen, sich mit ganzer Kraft für die Ziele der Regierung einzusetzen[21]. Für Mauderode bedeuteten diese Warnungen aber lediglich eine unerläßliche Pflichterfüllung, denn von oppositionell gesinnten Beamten war im Münsterland bisher nichts bekannt geworden.

Erstmals in der Geschichte der Wahlen in Preußen griff der Monarch in die Auseinandersetzung der Parteien ein, nachdem es dem Staatsministerium noch gelungen war, ihn 1861 und 1862 von diesem Vorhaben abzuhalten. Wilhelm I. war aber nach wie vor der festen Überzeugung, ein königliches Wort könne die Wähler veranlassen, ihren jetzigen Standpunkt zu überdenken. Anlaß der Einmischung war die an den Monarchen von einer kleinen schlesischen Gemeinde namens Steingrund im Kreis Waldenburg gerichtete Frage, ob man sich tatsächlich darauf verlassen könne, daß der König wirklich mit seinen Ministern einverstanden sei und daher auch die Wahl von Regierungskandidaten wünsche. Das Ministerium nahm diese reichlich naive Anfrage sofort zum Anlaß, diese und die Antwort des Königs werbewirksam einzusetzen[22]. "Wenn die Gemeinde mir bei den Wahlen ihre Treue bekunden will", führte der Monarch aus, "so kann dies nur durch die Wahl solcher Männer geschehen, welche den festen Willen haben, Meine Minister in der Durchführung der ihnen von Mir übertragenen Aufgabe zu unterstützen. Ein feindliches Verhalten gegen Meine

Regierung läßt sich mit der Treue gegen Meine Person nicht vereinigen; denn Meine Minister sind durch Mein Vertrauen in ihre Stellung berufen und haben Mich in der Erfüllung Meiner großen und ernsten Pflichten zu unterstützen ..."[23]. Dieser direkte Eingriff des Monarchen löste begreiflicherweise bei der Fortschrittspartei erhebliche Verärgerung aus. Trotzdem war aber nicht zu befürchten, daß das 'königliche Wort' irgendwelche Einflüsse auf die kommende Entscheidung haben würde, denn dazu war das ganze Manöver viel zu durchsichtig angelegt worden. Verschiedene Regierungspräsidenten, namentlich in den Ostprovinzen, nahmen jedoch die Äußerungen des Monarchen zu einem weiteren willkommenen Anlaß, ihre Untergebenen noch intensiver einzuschüchtern. Angesichts derartiger Repressalien wurden natürlich Erinnerungen an die Ära Westfalen wach, dessen damalige Maßnahmen aber vor dem Eindruck des Eulenburgschen Zirkulars verblaßten. Zwar hatte auch Westphalen zu jener Zeit die Agitation von Staatsdienern auf seiten der Opposition verboten, doch war es ihnen fairerweise immerhin freigestellt, sich wenigstens der Stimme zu enthalten. Im Jahre 1863 wurde darüber hinaus jeder Beamte, der nicht für die Regierung votieren wollte, schlichtweg für eidbrüchig erklärt[24].

Die Wahlkreiseinteilung am 20. Oktober 1863

Bestandteile Stadt/Kreis	Einwohner	Wahlort	Anzahl der Abgeordneten
Tecklenburg	46520	Ibbenbüren	1
Steinfurt	44558	Burgsteinfurt	2
Ahaus	40490		
	85048		

Münster(Stadt)	27332	Münster	2
Münster(Kreis)	42090		
Coesfeld	42248		
	111670		
Borken	41479	Dorsten	2
Recklinghausen	49983		
	91462		
Beckum	38745	Ahlen	2
Lüdinghausen	39471		
Warendorf	29481		
	107697		

XII.2. Wahlkreis: Tecklenburg

Seit seiner Eigenständigkeit hatte der tecklenburgische Wahlkreis mit den beiden bisherigen liberalen Abgeordneten nicht viel Glück gehabt. Gustav von Diepenbroick-Grüter war schon nach der kurzen VI. Legislaturperiode nicht mehr zu einer Wiederwahl bereit, und sein Nachfolger, Wilhelm Rintelen, zog sich jetzt aus Gesundheitsgründen aus der Politik zurück. Allerdings dürften seinem Entschluß, wie aus Briefen an seine Frau hervorgeht, auch andere Gründe vornehmlich privater Art zugrunde gelegen haben[25]. Die Trennung von seiner Familie schien Rintelen über Gebühr zu belasten und außerdem machte ihm auch die Erfolglosigkeit seines politischen Wirkens angesichts der unverrückbar erscheinenden Fronten schwer zu schaffen. Vorzeitig hatte er daher Landrat von Diepenbroick-Grüter mitgeteilt, nicht mehr kandidieren zu wollen. Diesem kam jedenfalls der Verzicht nicht einmal ungelegen, denn Rintelens politische Einstellung war ohnehin nicht nach dem Geschmack des Landrats.

Nach Eingang des ministeriellen Reskripts wandte sich Grüter weisungsgemäß sofort an eine Reihe ihm bekannter und vertrauter Persönlichkeiten, darunter Amtmänner, Ortsvorsteher und sonstige Kreisbeamte, aber auch an die protestantische Geistlichkeit und sprach sich in seinem Schreiben für die Wahl eines der Regierung unbedingt ergebenen Abgeordneten aus[26]. Ferner regte er an, daß sich die Konservativen und Königstreuen bereits jetzt untereinander verständigen sollten und empfahl auch die Einberufung von Urwählerversammlungen, um dort über die große Bedeutung dieser Wahl zu sprechen. "Ohne ihnen irgend vorgreifen zu wollen", fügte Diepenbroick-Grüter hinzu, "halte ich den Herrn Finanzminister von Bodelschwingh als den geeignetsten Abgeordneten"[27]. Karl von Bodelschwingh, ein Bruder des vormaligen Landrats des Kreises Tecklenburg und nachmaligen Finanz- und Innenministers Ernst von Bodelschwingh (1794 - 1854)[28], war ein Bekannter Grüters. Es ließ sich jedoch nicht ermitteln, ob der derzeitige Tecklenburgische Landrat Bodelschwingh um eine Kandidatur gebeten hatte. Angesichts der politischen Lage und des trostlosen Zustandes der konservativen Partei dürfte ein solches Ersuchen wahrscheinlich gewesen sein, zumal der Finanzminister unter allzu vielen Wahlkreisen nicht auswählen konnte.

Diepenbroick-Grüter hatte sein Schreiben an insgesamt 45 Personen versandt. Daß sein Vorhaben bei der größtenteils liberal eingestellten Wählerschaft nicht unbedingt auf Gegenliebe stoßen würde, mag er sicherlich bedacht haben, doch die Reaktion auf die konservativen Vorstöße war niederschmetternd. Der Amtmann von Ibbenbüren teilte Grüter sogleich mit, daß die liberalen Wähler überhaupt nicht daran dächten, den konservativen Minister aus Berlin zu wählen. Stattdessen wollte man lieber an dem bisherigen Vertreter in Berlin, Rintelen, oder falls es sich dieser nicht noch einmal überlegen sollte, an Gustav von Diepenbroick-Grüter festhalten[29]. Anscheinend war man sich aber selbst im Lager der Liberalen nicht so recht klar darüber, welcher politischen Richtung man den Vorzug geben sollte, gingen doch die Ansichten Grüters und Rintelens deutlich auseinander. Kaum anders als der Amtmann von Ibbenbüren beurteilte dessen Kollege aus Lienen die Lage. Aus Furcht vor liberalen Urwählerversammlungen hatte er sogar nicht einmal den Versuch unternommen, eine Zusammenkunft der Konservativen einzuberufen[30]. Die Wahlberechtigten in den katholischen Regionen des Tecklenburger Landes verhielten sich vergleichsweise nicht derart abweisend. Bei einer Versammlung am 24. Oktober in Ladbergen, also schon nach Beendigung der Urwahlen, hatten die dortigen Wahlmänner einstimmig beschlossen, Bodelschwingh unter der Voraussetzung zu unterstützen, daß er sich im Falle seiner Wahl dazu bereit erkläre, für die gesetzliche Festlegung der Dienstzeit der Infanterie auf zwei Jahre einzutreten. Außerdem legten sie ihm nahe, sich für die Entlastung der Landwehr durch vermehrte Aushebung und Ausbildung von Mannschaften einzusetzen[31]. Derartige Vorstellungen gingen natürlich vollkommen an der Realität vorbei, zeigten zwar das Interesse der Landbevölkerung am politischen Geschehen auf, machten aber zugleich eine ziemliche Unkenntnis hinsichtlich der tatsächlichen Probleme deutlich. Trotz seines Mißerfolges wies Grüter in einem zweiten Schreiben nochmals daraufhin, bei der Durchsetzung der Wahl Bodelschwinghs nicht nachzulassen.

Währenddessen waren einflußreiche liberale Kreise um den Ibbenbürener Apotheker Georg Albers nicht untätig geblieben. Auf der Suche nach einem zugkräftigen Nachfolger für Rintelen war man schon Mitte September auf den langjährigen Bergmeister der Ibbenbürener Zeche und jetzigen Grubendirektor in Bochum, Wilhelm Brabänder, gestoßen. Brabänder erklärte sich umgehend bereit, im Falle seiner Wahl das dortige Mandat annehmen zu wollen, worauf er bei der für den 1. Oktober einberufenen Urwählerversammlung einstimmig nominiert wurde[32]. Obwohl an dessen liberaler Gesinnung überhaupt kein

Zweifel bestand, bat man Brabänder dennoch darum, den Wählern seine politischen Vorstellungen näher zu erläutern. Nach Zugang des Programms nahm Albers sofort die Gelegenheit wahr, dieses veröffentlichen zu lassen. "Ich würde es als die größte Ehre betrachten", begann Brabänder, "im Hause der Abgeordneten einen Kreis zu vertreten, der durch langen Aufenthalt mir zur zweiten Heimat, dessen biedere Bewohner mir wahrhaft lieb geworden sind, mit dessen Verhältnissen und Interessen eine 25jährige amtliche Tätigkeit mich genau bekannt gemacht hat"[33]. Obwohl seitens der Berliner Regierung und auch des Landrates die Fortschrittspartei als umstürzlerisch gebrandmarkt wurde, nahm Brabänder bei Abfassung seines Programms kein Blatt vor den Mund. Ohne sich direkt auf eine Parteilinie festzulegen, stand er mit seinem Standpunkt aber eindeutig im Lager der Fortschrittspartei, ließ allerdings solch brisante Themen wie die Zivilehe und die Minderung des kirchlichen Einflusses auf das Schulwesen unberücksichtigt."Ich würde unverbrüchlich festhalten", stellte er eingangs fest, "an der von König und Volk beschworenen Verfassung und für alle Rechte, welche sie dem Volk verleiht, namentlich für das von der vorigen Kammer so mannhaft verteidigte Steuerbewilligungsrecht des Abgeordnetenhauses gewissenhaft einstehen"[34]. Ferner wollte sich Brabänder für die Beibehaltung der zweijährigen Dienstzeit einsetzen, sprach sich außerdem für die Erhaltung der Landwehr aus und plädierte auch für einen Militäretat, der auf die Dauer Landwirtschaft und Industrie nicht unnötig schwäche. Um vor allem die katholischen Wähler auf seine Seite zu ziehen - Brabänder war Protestant - , bekannte er sich auch zu der Unantastbarkeit der Rechte der Kirche. Am Ende seiner Ausführungen gab er der Hoffnung Ausdruck, daß es alsbald gelingen möge, das zerstückelte deutsche Vaterland zu einigen.

Bei gleicher Beteiligung wie 1862 - damals lag diese bei 11,4 % - sprachen sich ungefähr 85 % der insgesamt 962 Urwähler für liberale und etwa 15 % für klerikale oder konservative

Wahlmänner aus[35]. Die Liberalen konnten somit an ihren Erfolg vom vergangenen Jahr anknüpfen und den Vorsprung gegenüber den anderen politischen Parteien sogar noch ausbauen. Dieses Resultat konnte freilich nicht darüber hinweg täuschen, daß die tatsächlichen Machtverhältnisse etwas anders gelagert waren und somit auch kaum von einer inneren Geschlossenheit gesprochen werden konnte. In Reihen der Liberalen gab es nicht gerade wenige Wähler, die der Fortschrittspartei alles in allem recht skeptisch gegenüberstanden, mehr zu den Gemäßigten unter den Liberalen neigten und deshalb auch von Brabänder nichts wissen wollten. Ebenso waren auch unter Konservativen und Klerikalen solche Vertreter zu finden, die sich mit Bodelschwingh nicht anfreunden konnten und schließlich tendierte eine große Anzahl katholischer Wähler hin zu den Liberalen. Insgesamt gesehen war aber am Vorsprung der liberalen Wahlmänner nicht zu rütteln. Diese etwas verworrene Situation suchten die Klerikalen sofort für sich zu nutzen und stellten mit dem tecklenburgischen Kreisrichter Brüning einen aus dem katholisch-liberalen Lager stammenden Kandidaten auf, der in erster Linie die gemäßigten Liberalen ansprechen sollte[36]. Brüning maßte sich auch sofort an, nicht nur für die Klerikalen zu kandidieren, was ihm seitens der Anhänger Brabänders ziemlich verübelt wurde. Mit Vorwürfen gegen den jetzt einsetzenden und als schädlich verurteilten konfessionellen Einfluß auf die Wahl wurde nicht gespart[37]. In einem Leserbrief an die 'Kölnischen Blätter' war daraufhin ein katholischer Wahlmann bemüht, die Verdächtigungen gegen Brüning beiseite zu räumen[38]. Keinesfalls habe sich der tecklenburgische Kreisrichter zur liberalen Partei bekannt, da er das Brabändersche Programm in zwei wesentlichen Punkten, nämlich in der Frage der Steuerbewilligung und in der von dem Bochumer Zechendirektor 'zuckersüß' umschriebenen, aber landläufig bekannten fortschrittlichen Redensart von der Freiheit der Schule von allen Fesseln heftig attackiert habe. "Es bleibe wohl eine Tatsache", so der unbekannte Einsender, "daß die fortschrittliche Majorität - sowohl die eigentliche Fortschrittspartei als auch die Fraktion Bockum -Dolffs - stets in religiösen und Schulfragen antikatholisch..... gestimmt habe"[39]. Einer solchen Partei habe sich Brüning deshalb niemals angeschlossen, zumal auch Brabänder am Tag der Wahl erklärt habe, sich doch für die Trennung der Schule von der Kirche einsetzen zu wollen. Für wie glaubwürdig, so der Verfasser dieses Briefes, muß der Urwähler Brabänder eigentlich noch halten[40].

Der Schachzug der Klerikalen, Brüning neben Brabänder und Bodelschwingh ins Rennen um das Mandat zu schicken, war im ersten Moment nicht einmal ungeschickt, denn dies sollte zunächst eine erhebliche Zersplitterung der Stimmen zur Folge haben. Anscheinend war es zwischen den entschiedenen Liberalen von der Fortschrittspartei und den liberalen Klerikalen doch zu tieferen Meinungsverschiedenheiten gekommen. Unerwartet gering war nämlich die Anzahl der Stimmen, die im ersten Wahlgang auf Brabänder entfielen; 65 der anwesenden 172 Wahlmänner stimmten für ihn, 57 für Brüning und immerhin noch 48 für Bodelschwingh. An der Verteilung der Stimmen änderte sich auch im folgenden Wahlgang nichts, Brabänder erhielt 70, Brüning wie zuvor 57 und Bodelschwingh 44 Stimmen. Nicht zu klären war dann allerdings der plötzliche Meinungsumschwung der konservativen Wahlmänner, die Brabänder im dritten Scrutinium mit 101 Stimmen zum Sieg verhalfen. Warum das Votum nicht zugunsten des weitaus gemäßigteren Brüning ausfiel, für den sich übrigens nur 66 Wahlmänner entschieden, ließ sich nicht ermitteln[41]. Scheinbar wollte die Mehrheit keinen klerikalen Abgeordneten, waren doch Erinnerungen an die Zeit des Großwahlkreises Tecklenburg -- Steinfurt -- Ahaus mit der katholische Übermacht noch nicht verblaßt.

XII.3. Wahlkreis: Steinfurt -- Ahaus

Aus ihrem Stimmengewinn bei der letzten Wahl vermochten die Liberalen kein Kapital zu schlagen. Zwar standen auch dieses Mal die Wahlmänner in den größeren Orten wie Rheine, Burgsteinfurt und Borghorst auf seiten der Fortschrittspartei, doch auf dem Lande hatten die Klerikalen nach wie vor das Heft fest in der Hand[42]. Nähere Angaben über das Vorwahlgeschehen, über Urwähler- oder Wahlmännerversammlungen liegen nicht vor, man kann aber davon ausgehen, daß das eine oder andere Treffen stattgefunden hat. Dennoch war 1863 das Interesse an der Wahl längst nicht mehr so stark wie noch im Jahr zuvor. Vieles sprach dafür, daß die Bevölkerung ob des ständigen Wählens müde geworden war. Lediglich im Kreis Steinfurt konnte eine Zunahme von 0,8 % verzeichnet werden. Der Rückgang um 3,5 % im Kreis Ahaus war aber nicht allein auf die verheerende Brandkatastrophe in der Stadt Ahaus zurückzuführen, sondern generell auf das allgemein nachlassende Interesse; im gesamten Kreisgebiet war die Beteiligung schwächer[43]. Etwa 69 % der insgesamt 1499 Urwähler standen auf seiten der Klerikalen, die übrigen bekannten sich zu den Liberalen. Doch auch hier waren die Grenzen fließend, konservative oder liberale Katholiken waren ebenso anzutreffen wie gemäßigte und entschiedene Liberale. Trotzdem herrschte an der Wiederwahl der beiden bisherigen Abgeordneten nicht der geringste Zweifel. Auf Wilhelm Rohden entfielen 284 Stimmen, auf seinen ständigen liberalen Herausforderer Ludwig Gruwe 29. Da der zweite Vertreter in Berlin, Kreisrichter Karl Ziegler aus beruflichen Gründen auf eine Wiederwahl verzichtete, war der Weg für einen Deputierten aus den Reihen der wie immer zahlreich anwesenden Lanwirte frei. Die Wahl fiel auf den Laerer Landwirt und Amtmann Adolph Steinmann, einen der ersten Mitstreiter des Begründers des westfälischen Bauernvereins, Freiherr von Schorlemer-Alst. Steinmann, Nachbar von Schorlemer, war Teilnehmer und Mitinitiator der Wettringer Gründungsversammlung vom 10. Juni 1862 und zugleich Vorstandsmitglied des Bauernvereins des Kreises Steinfurt, des ersten seiner Art in Preußen, der allerdings wenig später wegen angeblich politischer Tendenzen wieder aufgelöst wurde[44]. In den Tagen der Revolution war Steinmann schon einmal Deputierter; damals nahm er das stellvertretende Mandat zur preußischen Nationalversammlung für den Kreis Coesfeld wahr, konnte aber trotz permanenter Abwesenheit des eigentlichen Abgeordneten Jansing krankheitshalber nicht nach Berlin reisen[45]. Bei der jetzigen Wahl siegte er mit 221 zu 55 Stimmen über Ludwig Gruwe[46].

I.4. Wahlkreis: Stadt Münster -- Kreis Münster -- Coesfeld

Motor der Wahlbewegung in der Provinzialhauptstadt waren wie schon bei den zwei vorhergehenden Wahlen die Liberalen. Ziel ihrer Agitation war die Festigung der im Mai 1862 errungenen Stimmenanteile. Im Gegensatz hierzu verhielten sich die konservativ eingestellten Klerikalen zurückhaltender. Insgeheim bauten sie darauf, mit Hilfe der ländlichen, größtenteils gemäßigt gesinnten Wahlmänner, ihre Abgeordnetenkandidaten durchsetzen zu können. An geeigneten Persönlichkeiten, die für die nötige Beeinflussung der Wahlmänner sorgen würden, mangelte es nicht.

Erstmals seit dem Scheitern der Revolution trat in Münster wieder ein politischer Verein in Erscheinung. Der Ende des Jahres 1862 von mehreren Gewerbetreibenden ins Leben gerufene 'Bürgerverein' sah seine eigentliche Aufgabe darin, 'durch Unterhaltung, Rede und Schrift über soziale und politische Fragen, ferner durch eifrige Teilnahme an den politischen Wahlen' zu wirken[47]. Wer sich im einzelnen hinter dem Bürgerverein verbarg, ließ sich nicht ermitteln, indessen war bekannt, daß es sich bei der Mehrzahl seiner

Mitglieder um Kaufleute handelte. Anfang 1863 waren etwa 80 bis 90 Personen dem Verein beigetreten. Den Vorsitz führte der bis dahin politisch nicht weiter in Erscheinung getretene Stadtrat und Rentier Schepers[48]. Die Behörden hatten natürlich sofort ein waches Auge auf die Aktivitäten des Vereins geworfen, man konnte aber, wie auch Oberbürgermeister Offenberg ausdrücklich bestätigte, nichts Gesetzwidriges feststellen. An die Öffentlichkeit trat der 'Bürgerverein' erstmals am 14. Januar 1863 mit einem Aufruf zu einer Versammlung, auf der eine Adresse an das Abgeordnetenhaus verabschiedet wurde, ein Vorgang übrigens, der in Münster bisher einmalig war[49]. Darin kam zum Ausdruck, "daß das Haus der Abgeordneten hinsichtlich der in der verflossenen Sitzungsperiode über die Budget- und Verfassungsfrage gefaßten Beschlüsse sich in vollkommener Übereinstimmung mit unseren Ansichten und Gesinnungen befindet und durch seine standhafte, besonnene und würdevolle Verteidigung des verfassungsmäßigen Rechts in dem von anderer Seite heraufbeschworenen Kampfe den wärmsten Dank des Vaterlandes verdient"[50]. Diese Adresse, die zur Unterzeichnung in sechs namhaften münsterschen Gaststätten auslag, war von ca. 1000 Bürgern unterzeichnet worden, was nicht ganz einem Viertel der Wahlberechtigten entsprach.

Selbstverständlich griff der Bürgerverein zu Beginn der Wahlbewegung massiv in den Kampf um die Stimmen ein. In einer bis dahin für münstersche Verhältnisse ungewöhnlich großen Anzeige im 'Westfälischen Merkur' bekräftigte man nochmals ausdrücklich die Rechtsposition des Abgeordnetenhauses gegenüber den als maßlos bezeichneten Eingriffen der Regierung[51]. "Wir wählen nur freie und unabhängige Wahlmänner", ließ man die Leser der Zeitung in aller Deutlichkeit wissen, "die den Mut der Überzeugung besitzen und ohne Scheu und ohne Furcht dem Mann ihre Stimme geben werden, der als wahrer Vertreter des Volkes unsere Gesinnung zur Geltung zu bringen bereit und geeignet ist"[52]. Programmatisch lehnte sich der 'Bürgerverein' hauptsächlich an die Fortschrittspartei an, vertrat aber auch gewisse, für den münsterschen Wähler unerläßlich wichtig erscheinende religiöse Ziele des Zentrums. In erster Linie galt aber das Bestreben dem Festhalten an der einmal beschworenen Verfassung, der unbedingten Gültigkeit der Beschlüsse des aufgelösten Abgeordnetenhauses in der Budget- und Militärfrage und natürlich nicht zuletzt der Vereinigung 'aller deutschen Brüderstämme', wie es ausdrücklich vermerkt wurde. Daß jetzt auch Münster im dritten Jahr des Konflikts einen liberalen Verein in seinen Mauern beherbergte, bedeutete für das hiesige, den aktuellen Ereignissen immer etwas hinterherlaufende politische Leben bei weitem nichts mehr Außergewöhnliches. Es stand aber außer Frage, daß der Bürgerverein und das schon bei den beiden vorausgegangenen Wahlen auftretende Komitee des Handwerkervereins Erben des Machtzerfalls der Klerikalen waren. Freilich vermochten beide politische Gruppen mit ihrer begrenzten Mitgliederzahl das von den Katholiken hinterlassene Vakuum nicht auszufüllen, denn dazu war der interne Ausbau noch zu sehr entwicklungsbedürftig und der derzeitige Stand der Agitation auch nicht imstande, einem möglicherweise massiv auftretenden Klerus standhalten zu können. Ungewöhnlich, vielleicht aber auch typisch für Münster, war das Festhalten dieser eigentlich konfessionsungebundenen Vereine an bestimmten Zielen der Zentrumsfraktion. Natürlich könnte man dies für die Mitarbeit katholisch-liberaler Kreise halten, wahrscheinlicher dürfte aber die Rücksichtnahme auf die in mancherlei Hinsicht empfindliche Wählerschaft ausschlaggegend gewesen sein. Zur Abwerbung bisher der Zentrumsfraktion treu ergebene Wähler war die Hervorhebung großdeutscher Ideale, wie dies vor allem der 'Bürgerverein' tat, jedenfalls nur von Vorteil.

Bei einer am 15. Oktober abgehaltenen Wahlversammlung des 'Bürgervereins', an der auch Vertreter des Komitees des Handwerkervereins teilnahmen, besprach man in erster Linie Personalentscheidungen und nominierte zu Abgeordnetenkandidaten den ehemaligen Amtmann von Langenberg im Kreis Wiedenbrück und

und jetzigen Gutsbesitzer in Münster, Lappmann, und den noch aus den Tagen der Revolution hier bestens bekannten Jodokus Temme[53]. Der seit 1852 im selbstgewählten Züricher Exil lebende ehemalige Vizepräsident des münsterschen Oberlandesgerichts war nicht in Vergessenheit geraten und konnte immer noch von seiner damals errungenen Popularität zehren. Obwohl er aber seit beinahe zehn Jahren politisch nicht mehr tätig war, sich mit fachwissenschaftlichen und vor allem belletristischen Schriften über Wasser hielt, bestanden in Reihen des in jeder Hinsicht konservativ denkenden münsterschen Großbürgertums, also jene kaum ein Dutzend zählende Familien, zwar immer noch erhebliche Vorbehalte gegen ihn ; trotzdem wurde er aufgestellt. Die Nominierung Temmes dürfte aber gewiß nicht nur wegen seines bekannten Namens zustande gekommen sein, wahrscheinlich war man sich in Kreisen des 'Bürgervereins' darüber einig, daß er in der jetzigen Situation einfach ins Abgeordnetenhaus gehöre. Vermutungen, daß Temmes Kandidatur mit dem Wiedererwachen der münsterschen Demokraten, etwa unter Leitung Friedrich Steinmanns zusammenhängen könne, ließen sich nicht beweisen, wie überhaupt keine Verbindungslinien zwischen Liberalen und ehemaligen Demokraten nachzuweisen waren.

Lappmann war demgegenüber ein politisch vollkommen unbeschriebenes Blatt. Es ließ zunächst verbreiten, aus famili - ären, aber auch aus beruflichen Gründen, sich für einen Einzug ins Abgeordnetenhaus nicht zur Verfügung stellen zu wollen. Wenig später erklärte er sich aber im Falle seiner Wahl zur Annahme eines Mandates bereit. Trotz dieser gespielten Zurückhaltung hatte Lappmann schon ein eigenes politisches Programm zur Hand, in welchem er nochmals die Zielvorstellungen des 'Bürgervereins' ausdrücklich bekräftigte. Außerdem sprach er sich auch anerkennend über die österreichischen Bundesreformpläne aus, von welchen er sich auch eine rasche Vereinigung Deutschlands erhoffe. Am Ende seiner Ausführungen fügte er noch hinzu, daß er als Katholik rein gar nichts gutheißen werde, was der Kirche in irgendeiner Form Schaden zufügen könne[54]. Lappmanns Programm war Temme nach Zürich gesandt worden und er soll sich laut einer Meldung des Merkur sogar lobend über dessen Ansichten geäußert haben[55]. "Er", Temme, "wolle als Mann des Volkes kandidieren", ließ er aus seinem Exil verlautbaren und fügte nicht ohne einen gewissen Stolz hinzu, daß er es wegen seiner früheren Tätigkeit nicht mehr für nötig erachte, ein politisches Glaubensbekenntnis abzulegen. Wie eng die Beziehungen des münsterschen 'Bürgervereins' zu Temme tatsächlich waren, ließ sich nicht genau ermitteln, zumal auch Temme in seinen Erinnerungen darauf mit keinem Wort eingeht. Da ihn aber bekanntlich schon seit geraumer Zeit etliche Wahlkreise um eine Kandidatur angingen, dürften die Kontakte nur sehr locker gewesen sein, eine bindende Zusage, das hiesige Mandat annehmen zu wollen, lag jedenfalls nicht vor. Temme mag sicherlich eine Kandidatur in diesem münsterländischen Wahlkreis mit äußerst gemischten Gefühlen betrachtet haben, war doch das politische Klima im klerikalen Münster samt Umland alles andere als ausgesprochen fortschrittlich und darüber hinaus auch dazu angetan, die Umstände seiner Rolle während der Revolution wieder an die Oberfläche zu spielen. Wie erwartet nahm er auch das Mandat des 4. städtischen Wahlbezirks Berlin an, einer Gegend, von der er selbst behauptete, die 'demokratischste' früherer Tage gewesen zu sein[56]. Wie voraussehbar, herrschte über Temmes Kandidatur in Münster eine geteilte Meinung, denn vor allem auf ältere Urwähler konservativ katholischer Prägung wirkte der Name Temme wie ein rotes Tuch. Da nicht auszuschließen war, daß die Folgen dieser Kandidatur erhebliche Nachteile für den 'Bürgerverein' mit sich bringen konnten, nahm man von Temmes Nominierung alsbald Abstand, freilich verbunden mit einem Prestigeverlust. Man tröstete sich darüber hinweg, daß der prominente Demokrat ohnehin woanders gewählt werden würde[57].

Neben dem 'Bürgerverein' meldete sich wie erwartet auch das Wahlkomitee des Handwerkervereins zu Wort[58]. Art und Umfang des Auftretens der Liberalen Münsters löste in Reihen der Gemäßigten sichtliche Überraschung aus und hatte auch einen politischen Kurswechsel zur Folge. Zielscheibe der Kritik war zwar nach wie vor die von der Fortschrittspartei anvisierte Gewerbefreiheit, aber entgegen früheren Stellungnahmen, besonders deutlich geworden bei der Wahl im vergangenen Mai, sprach man sich aber dieses Mal gegen deren starre Haltung in der Budget- und Militärfrage aus. Nach Meinung des Wahlkomitees des Handwerkervereins sei es tatsächlich nur eine Frage der Zeit, wann die Regierung zugunsten der wahren Patrioten einlenken werde. Dafür, so teilte das Komitee mit, brauche das Land aber die Fortschrittspartei nicht. Mit dieser Meinung war der Handwerkerverein wieder auf die Linie von 1861 eingeschwenkt und das kurze liberale Zwischenspiel gehörte nunmehr der Vergangenheit an.

In seiner Stellungnahme zur Wahl vermied das Komitee dieses Mal ein Votum zugunsten einer Partei. Der Vorstand dürfte nämlich mittlerweile eingesehen haben, daß ein noch so überzeugendes Eintreten für die gerechten Ziele der Fortschrittspartei in der Budget- und Militärfrage die eigene Position bei der weitaus wichtigeren Problematik der Gewerbefreiheit erschütterte.

Welchen Einfluß allerdings die gesellschaftlichen Vereine Münsters bei dieser Wahl ausübten, ließ sich nicht ermitteln. Die Gründung der in diesem Jahr ins Leben gerufenen 'Eintracht', eines extrem katholischen Klubs, könnte darauf hindeuten, daß man mit den beiden anderen gesellschaftlichen Vereinigungen, dem 'Zwei-Löwen-Klub' und dem 'Civilclub', die zahlreiche liberal gesinnte Bürger in ihren Reihen zählten, in katholischen Kreisen nichts mehr zu tun haben wollte[59]. Eine wirklich politische Rolle sollte der 'Eintracht' aber erst im Kulturkampf zukommen.

Kurz vor dem Urwahltermin hatten sich auch noch die Stadtverordneten mit einem Aufruf an die münstersche Bevölkerung zu Wort gemeldet und die Wähler aufgefordert, Männer von Ruhe und Einsicht zu wählen, von denen man auch überzeugt sein könne, daß sie unparteiisch urteilten. Außerdem sollten diese auch Rücksicht auf den Staat nehmen und vor allem eine Einstellung an den Tag legen, die dem alten Ruf und der Würde Münsters entsprächen[60].

Über die Wahlbewegung in den beiden Landkreisen war dagegen vergleichsweise wenig in Erfahrung zu bringen, obwohl auch dort das Auftreten der Liberalen mittlerweile deutliche Spuren hinterlassen hatte. In der näheren Umgebung der Stadt Coesfeld waren ebenso wie in Münster zahlreiche liberale Vertreter der Ansicht, daß sich eine Kandidatur Temmes ungünstig auf das Wahlverhalten der katholischen Wahlmänner auswirken könnte und gleichzeitig die Chancen Lappmanns zunichte machen würde. Außerdem war zu hören, daß Temme nicht ohne große Bitterkeit von Zürich nach Berlin zurückkehren werde, und "er in der Kammer (sich) nicht bloß in grundsätzlicher, sondern sogar in einer Art von fortwährender unwillkürlicher, aus tiefer Verstimmung des Gemüts hervorgehender Opposition befinden müsse"[61]. Tatsächlich sollte diese Verbitterung Temmes in vollem Umfang zutreffen. Wie schon vor ihm verschiedene andere,herausragende Persönlichkeiten der Revolution, vermochte auch Temme nicht an seine früheren parlamentarischen Erfolge anzuknüpfen und auch für ihn kam die Rückkehr in die Politik um Jahre zu spät. Schon nach zwei Monaten hatte er ernüchtert über den 'Verfall des parlamentarischen Lebens in Deutschland' sein Mandat niedergelegt und sich wieder in sein Züricher Exil begeben[62]. Freilich stand man nicht in allen Orten dieses Wahlkreises Temme derart abweisend gegenüber. Einer Meldung des Merkurs zufolge, hatte man sich vor allem in Greven für ihn stark gemacht und man wollte dort die allseits zu hörenden Einwände gegen seine Person einfach nicht gelten lassen[63].

Im 'Münsterschen Anzeiger', der zugleich auch als Kreisblatt für den Kreis Münster fungierte, machte man sich dagegen über derartige Kandidatenprobleme keinerlei Gedanken. Ohne auch nur die verfahrene innenpolitische Lage des Landes näher zu beleuchten, forderte das Blatt zur Wahl besonnener und wahrhafter Männer auf, deren Lebensanschauung außerdem mit der der überwiegenden Mehrzahl der Bewohner des Wahlkreises übereinstimme. Nach Meinung von Ferdinand Zumbrook, des Leitenden Redakteurs der Zeitung[64], komme daher auch nur ein Abgeordneter von bewährter katholischer Gesinnung in Frage, denn das Münsterland müsse vor allem bei der jetzigen Abgeordnetenwahl sich selbst und seinem Charakter treu bleiben[65]. Während sich der 'Westfälische Merkur' solcher Äußerungen seit geraumer Zeit geflissentlich enthielt, und man angesichts sachlicher Berichterstattung über den'Bürgerverein' durchaus den Eindruck gewinnen konnte, daß die Redaktion mit dessen politischer Richtung größtenteils einverstanden war, rührte der Anzeiger dagegen heftig die Trommel für die Klerikalen. Wegen der geringen Auflage der Zeitung blieb das Engagement aber weitgehend ohne Folgen. Ansonsten war aber von katholischer Seite wenig zu hören, weder über die zu wählenden Abgeordnetenkandidaten noch über Urwähler- oder Wahlmännerversammlungen drang irgend etwas an die Öffentlichkeit. Wie schon so häufig in der jüngsten Vergangenheit dürften sich die Klerikalen,ohne davon großes Aufhebens zu machen, untereinander verständigt haben.

Die Wahlbeteiligung lag durchschnittlich um einiges niedriger als im Mai 1862. In Münster sank sie um 12,5 % auf nunmehr 27,5 %, im Kreis Coesfeld um 2,4 % auf 8,1 %. Lediglich im Kreis Münster war eine Steigerung von 1,8 % auf jetzt 9,2 % zu verzeichnen[66]. Trotzdem zählten damit die beiden Kreise Coesfeld und Münster immer noch zu jenen 10 Landkreisen der Monarchie mit der niedrigsten Beteiligung. Coesfeld hatte eigentlich die geringste Stimmabgabe in Preußen, denn der Kreis Ahaus konnte wegen des verheerenden Brandes in der Stadt Ahaus wohl schlecht zu einem Vergleich herangezogen werden[67]. Die dritte, kurz aufeinanderfolgende Wahl forderte nun ihren Tribut in Form eines im ganzen Staat rückläufigen Interesses am politischen Geschehen. Dies war im Fall des hiesigen Wahlkreises um so bedauerlicher, als man sich nach der letzten Wahl anschickte, mit besseren Ergebnissen als früher aufzuwarten. Zwar wählten in Münster immerhin noch 27,5 % aller Stimmberechtigten, doch stammte bekanntlich rund 1/3 davon aus den beiden städtischen Militärwahlbezirken[68].

Auch hinsichtlich der Stärke der Parteien gab es bei dieser Urwahl eine erhebliche und in diesem Umfang auch kaum erwartete Verschiebung, mußten doch die Liberalen auf breiter Front Stimmenverluste hinnehmen. Gewinner der Wahl waren die Klerikalen verschiedenster Couleur, denen in Münster nunmehr 63 Wahlmännern, den Liberalen hingegen nur 40 zur Seite standen, 31 weniger als im Vorjahr[69]. Diese Angaben sind aber für sich alleine betrachtet nicht aussagefähig genug, um die tatsächlichen Parteiverhältnisse, die, wie schon im Fall des Wahlkreises Tecklenburg erwähnt, fließend waren, widerzugeben. So rechnete sich beispielsweise eine ganze Reihe von Wahlmännern zum katholisch-liberalen Flügel, andere zu den Konservativen und eine kleine Minderheit sogar zum linken Zentrum. Aber auch unter den Liberalen war die Linie alles andere als einheitlich, reichte doch das politische Spektrum von der Fortschrittspartei bis hin zum katholisch-liberalen Lager. An der Zersplitterung der Liberalen vermochte daher auch das Auftreten des Bürgervereins wenig zu ändern. Unter diesen Umständen war natürlich die Abgeordnetenwahl von gewissen Zufälligkeiten abhängig, jedoch konnten vor allem die Klerikalen getrost davon ausgehen, daß es ihre Kandidaten auch dieses Mal schaffen würden. Diese Annahme wurde durch den Wahlausgang in den beiden Landkreisen nur noch bestärkt

Sieger im ersten Durchgang war der zur linken Mitte der Zentrumsfraktion gehörende Gewerke Froning aus Dülmen, der sich mit 214 bei 184 Gegenstimmen für seinen liberalen Herausforderer Lappmann durchsetzen konnte[71]. Da der bisherige zweite Vertreter in Berlin, Assessor Scheffer-Boichorst, aus nicht näher bekannten Gründen auf eine Wiederwahl verzichtete, war man unter den Liberalen der festen Überzeugung, Lappmann könne aufgrund seines guten Abschneidens im ersten Wahlgang jetzt eine ausreichende Mehrheit finden. Doch auch dieses Mal wurde der Einfluß der Klerikalen wie schon so häufig unterschätzt. Ihr Kandidat, der auf dem katholisch-liberalen Flügel beheimatete Kreisrichter von Kleinsorgen aus Haltern setzte sich mit 208 von 404 abgegebenen Stimmen durch. Dagegen hatten sich nur 164 Wahlmänner für Lappmann und 31 für den früheren Abgeordneten Zumloh ausgesprochen[72].

Daß die Klerikalen eine derartige Disziplin an den Tag legen konnten, läßt darauf schließen, daß zuvor gezielte Absprachen unter den ihnen nahestehenden Wahlmännern stattgefunden haben müssen. Somit kamen erstmals seit Bestehen dieses Wahlkreises beide Abgeordneten aus dem Kreis Coesfeld, ein Zeichen für den erheblichen Einfluß der dort gewählten Wahlmänner. Ein Kuriosum am Rande war das Wahlverhalten der Vertreter der beiden Militärwahlbezirke, die nicht mehr, wie noch in der jüngsten Vergangenheit, für ihren Kriegsminister von Roon votierten, sondern dem jeweiligen Vertreter der Klerikalen ihre Stimme gaben.

XII.5. Wahlkreis: Borken -- Recklinghausen

Zwischen der Wahl von 1862 und der jetzigen hatte sich das Interesse am Fortgang der innenpolitischen Entwicklung nur unwesentlich abgeschwächt. Ortsvorsteher Averbeck hatte nämlich schon im Januar 1863 eine Adresse an das Abgeordnetenhaus gesandt und darin zum Ausdruck gebracht, "daß alle Anschuldigungen und Verdächtigungen, welche gegen die in der laufenden Sitzungsperiode gefaßten Beschlüsse des Abgeordnetenhauses erhoben sind, jeder tatsächlichen Grundlage entbehren....."[73] und meinte sinngemäß weiter, daß diese Beschlüsse voll und ganz mit der Gesinnung der Urwähler des hiesigen Wahlkreises übereinstimmten. Um vor allem die immer recht skeptische Landbevölkerung für seine Adresse zu gewinnen, ließ er diese in einigen Bauernschaften des Vests zwecks Sammlung von Unterschriften kursieren, nicht zuletzt auch aus der Absicht heraus, ein noch größeres Interesse an der Wahl zu erzielen[74]. Bekannt war Averbecks Papier in Buer, Kirchhellen, Marl, Altendorf und Waltrop, dagegen nicht in Herten und Datteln[75]. Die Aktion war insofern ein voller Erfolg, als immerhin 785 Urwähler unterzeichnet hatten, weit mehr jedenfalls als noch vor einigen Jahren an Urwählern im gesamten Kreis registriert worden waren. Auch das 'Dorstener Wochenblatt' fand diese Zahl bemerkenswert, da Averbeck aus Furcht vor politischen Repressalien größere Ortschaften wie Recklinghausen und Dorsten hatten aussparen müssen[76]. Einiges zur Aufklärung der Wähler tat aber auch Winkelmann, indem er nämlich zahlreichen Wahlmännern die stenographischen Berichte der Verhandlungen im Abgeordnetenhaus zukommen ließ[77].

Kurz nach der Auflösung des Abgeordnetenhauses waren es daher auch als erste die Liberalen, welche die Agitation in die Hand nahmen. Einige ins Leben gerufene Wahlkomitees machten sich sofort für die Wiederwahl des bisherigen Vertreters in Berlin, Winkelmann, stark und empfahlen als zweiten Abgeordneten, anstelle des mittlerweile wegen seiner proministeriellen Einstellung in der Militärfrage ziemlich unbeliebten D.Schultz, den Borkener Kreisrichter Braunstein[78]. Eine am 11. Oktober in Recklinghausen tagende Urwählerversammlung hatte diese beiden Vorschläge gutgeheißen und an alle liberal gesinnten Wahlmänner appelliert, diesen Empfehlungen Folge zu leisten. Darüber hinaus beschwor man alle unabhängigen Bürger, besonders aber die Landwirte, liberale Kandidaten zu wählen, da die Regierung schon jetzt aus Angst vor einer ähnlich herben Niederlage alles an Beamten und abhängigen Bürgern aufböte, um dem Ansturm der sog. Regierungsfeinde gewappnet zu sein[79].

Neben der Kreishauptstadt Recklinghausen rückte das nur unweit benachbarte Dorsten immer mehr in den Mittelpunkt des politischen Geschehens, nicht zuletzt deshalb, weil der Ort bei der Wahl der Abgeordneten eine gewisse Rolle spielte, in seinen Mauern ein mit mehreren liberal gesinnten Richtern besetztes Kreisgericht beherbergte und schließlich als Erscheinungsort einer für münsterländische Verhältnisse ungewöhnlich fortschrittlich eingestellten Zeitung, des 'Dorstener Wochenblatts' einen Namen hatte. Dieses Wochenblatt beteiligte sich auch recht intensiv an der lokalen Wahlbewegung und veröffentlichte kurz hintereinander zwei größere Wahlaufrufe, zum einen den des liberalen Wahlkomitees, unterzeichnet unter anderem von den Fabrikanten Reischel und Evelt[80], zum anderen einen Beitrag des 'Ausschuß (ses) des volkstümlichen Wahlkomitees'[81]. Die Liberalen faßten ihre Forderungen in acht Punkten zusammen und erwähnten dabei natürlich die Anerkennung des Ausgabenbewilligungsrechts, die längst fällige Reform des Herrenhauses, das Gesetz zur Festlegung der Ministerverantwortlichkeit, die Beibehaltung der zweijährigen Dienstzeit und ein aus freien Volkswahlen hervorgehendes deutsches Parlament. Nicht fehlen durfte freilich auch hier der Hinweis auf die Unantastbarkeit der Rechte der Kirche. Ein durchaus vergleichbarer Personenkreis wie in Münster und ein in jeder Hinsicht ähnliches Programm drängt Parallelen zum münsterschen 'Bürgerverein' auf. Die Frage nach Kontakten untereinander läßt sich nicht beantworten, sie mögen aller Wahrscheinlichkeit auch gar nicht bestanden haben. Vereine dieser Art hat es in Preußen zuhauf gegeben, zumal sich ja bekanntlich Fabrikanten und Kaufleute von der Wirtschaftspolitik der Fortschrittspartei einiges versprachen.

Kandidaten der Dorstener Liberalen waren ebenfalls die beiden Kreisrichter Winkelmann und Braunstein. Außerdem meldete man gegen die von den Klerikalen nominierten Dr. Schultz und P. Reichensperger erhebliche Bedenken an und legte ihnen zur Last, in der Sitzung des Abgeordnetenhauses vom 16. September 1862 nicht gegen die durch die Reorganisation des Heeres verursachten Mehrkosten gestimmt zu haben[82]. Kreisrichter Braunstein, ein bis dahin noch recht unbekannter Mann, hielt es daher auch für angebracht, sich den Wählern trotz seines katholischen Glaubensbekenntnisses, wie er ausdrücklich hervorhob, als überzeugter Anhänger der Fortschrittspartei zu präsentieren und gab bekannt, vorbehaltlos hinter deren Forderungen zu stehen[83].

Von gänzlich anderer politischer Natur waren die Vorstellungen der sog. Volkstümlichen, in deren Reihen, vergleichbar dem Wahlkomitee in Münster, hauptsächlich Handwerker zusammengeschlossen waren. Ihr Programm enthielt vornehmlich Forderungen des Zentrums früherer Jahre, erwähnte aber auch, und das war typisch für diese Art Vereine, Punkte der Fortschrittspartei, so etwa das Gesetz zur Festlegung der Ministerverantwortlichkeit, das uneingeschränkte Recht auf Pressefreiheit und natürlich aus zwingenden ökonomischen Gründen die Beibehaltung der zweijährigen Dienstzeit. Sonst ging man aber mit der Fortschrittspartei scharf ins Gericht, prangerte die Pläne hinsichtlich der Zivilehe und des Verhältnisses von Schule und Kirche an und kritisierte natürlich besonders die von den Liberalen anvisierte Abänderung der Gewerbegesetzgebung[84]. Vor allem in diesem Punkt zeigte sich die starke Anlehnung an die wirtschaftspolitischen Beschlüsse des 'Preußischen Volksvereins', die übrigens nahezu allen Vereinen dieser Ausrichtung zu eigen war. Die aus dem Forderungskatalog des Zentrums entnommenen Punkte wirkten dagegen freilich nur als Staffage und hatten mit den Problemen des Berufsstandes der Handwerker wenig zu tun. Endliche Verwirklichung der Parität bei der Besetzung von Regierungsämtern wie Lehrstühlen an Universitäten und Verlangen nach einer stärkeren Zusammenarbeit Preußens mit Österreich und den übrigen deutschen 'Stämmen' sowie Unantastbarkeit der verfassungsmäßigen Freiheit der Kirche gehörten schon seit Jahren zu den sich ständig wiederholenden und an den derzeitigen Problemen vorbeigehenden Forderungen. Trotz des unübersehbar 'fortschrittlichen' Einschlages verzichteten die Vertreter der Volkstümlichen auf die Nominierung eigener, dem katholisch-liberalen Lager zuzurechnende Kandidaten und sprachen sich stattdessen für die Unterstützung der auf dem rechten Flügel der Zentrumsfraktion angesiedelten Dr. Schultz und Peter Reichensperger aus. Ausdrücklich hob man zudem hervor, daß sich Innenminister Graf Eulenburg auf eine entsprechende Anfrage hin für den Wiedereinzug des Kölner Appellationsgerichtsrats Peter Reichensperger ins Abgeordnetenhaus ausgesprochen habe[85].

Die Reaktion der Recklinghäuser Liberalen ließ nicht lange auf sich warten. "Da bisher noch nichts über die Wahl und die Existenz dieses Vereins in die Öffentlichkeit gedrungen" sei , argwöhnte man, könne "der Verein sich wohl nicht anmaßen, im Namen des Volkes zu sprechen"[86]. Zwar habe man auch von liberaler Seite nichts gegen Schultz und Reichensperger einzuwenden, doch wurde zu bedenken gegeben, daß beide in der letzten Session in allen entscheidenden Fragen mit dem Regierungslager gestimmt hätten. Daher müsse auch allen Ernstes bezweifelt werden, ob ihre politische Einstellung überhaupt mit dem Programm des volkstümlichen Wahlkomitees in Einklang stehe[87]. Aus diesem Grund habe man es wahrscheinlich auch nicht gewagt, "gegen die gute katholische Gesinnung der liberalen Kandidaten Winkelmann und Braunstein die geringsten Anschuldigungen zu erheben"[88].

Neben den verschiedensten Wahlkomitees schaltete sich auch hin und wieder Ortsvorsteher Averbeck in die Kampagne ein. Seine größte Sorge galt wie immer der auch diesmal zu befürchtenden geringen Wahlbeteiligung. An die 'lauen Urwähler', so der Titel eines Beitrages im 'Wochenblatt für den Kreis Recklinghausen', appellierte er daher, "aus ihrer gleichgültigen Ruhe herauszutreten, um das, was sie durch ihre Lauheit an unseren politischen Verhältnissen bisher verschuldet haben, wenigstens im letzten Augenblick ... wieder gutzumachen"[89].

Gemäß den Anweisungen Eulenburgs schaltete sich auch Landrat von Reitzenstein in das Vorwahlgeschehen ein. Der ihm anvertrauten Beamtenschaft teilte er unverblümt mit, "sich eingedenk ihres Diensteides nicht allein von jeder Opposition gegen die Königliche Staatsregierung fernzuhalten, sondern auch ihr Wahlrecht in einer Weise auszuüben, wie es sich für treue Beamten geziemt"[90]. Direkten Einfluß auf die Entscheidung der Urwähler wie Wahlmänner schien Reitzenstein aber nicht ausgeübt zu haben, denn die von den Klerikalen und Volkstümlichen aufgestellten Kandidaten besaßen ja ohnehin sein Vertrauen.

Averbecks Bemühungen um eine höhere Wahlbeteiligung waren zwar nicht von großem Erfolg gekrönt, immerhin konnte aber ein gewisser Stimmenzuwachs verzeichnet werden. Im Kreis Recklinghausen gaben 14,9 % der Wahlberechtigten ihre Stimme ab, 2,3 % mehr als im Mai 1862, womit auch zugleich der größte Gewinn aller Kreise des Regierungsbezirks erzielt wurde[91]. Aber auch im benachbarten Kreis Borken war das Interesse an dieser Wahl vergleichsweise rege; 11,4 %, 1,4 % mehr als bei der vorausgegangenen Abstimmung, betrug die Wahlbeteiligung. Unter den Wahlmännern waren folgende Berufe vertreten[92]:

Landräte	1 (1)	Ortsvorsteher u. Amtmänner	14 (35)
Richter	3 (8)	Kaufleute	40 (22)
Rechtsanwälte	1 (-)	Handwerker	23 (40)
Ärzte u. Apotheker	7 (7)	Landwirte	147(110)
Geistliche	31 (45)	Händler	7 (8)
Fabrikanten	10 (-)	Gastwirte	28 (21)
Lehrer	12 (14)	Sonstige	12 (12)
Rentiers	2 (2)		

Die in ( ) beigefügte Zahlenangabe der Wahlmänner bei der Abstimmung des Jahres 1861 zeigt deutliche Verschiebungen auf. Geistlichkeit, Beamte und Handwerker nahmen zum Teil erheblich ab, während der Anteil der Landwirte und Kaufleute kräftig anwuchs. Mit diesem Resultat waren natürlich auch gewisse Rückwirkungen auf das Ergebnis der Abgeordnetenwahlen verbunden. Während die Liberalen in allen anderen Wahlkreisen des Regierungsbezirks auf breiter Front Stimmenverluste hinnehmen mußten, gelang es ihnen sowohl im Kreis Recklinghausen wie im Kreis Borken den 1862 erzielten Vorsprung zu untermauern. Ungefähr 54 % der Urwähler hatten sich für sie entschieden, nur rund 40 % dagegen für die Klerikalen[93]. Wie schon erwähnt, können diese Angaben aber keineswegs als absolut betrachtet werden, da die Übergänge von den Liberalen zu den Klerikalen und umgekehrt im Fluß waren. Dennoch lassen sich eindeutig die Hochburgen beider Parteien bestimmen. Die Zentren der Klerikalen lagen in den ländlichen Gebieten des nördlichen Vests und des Kreises Borken, während die Liberalen vorwiegend in den größeren Orten wie Borken, Bocholt und vor allem im südlichen Kreis Recklinghausen dominierten[94]. Rund zwei Drittel der Wahlmänner der Südzone waren liberal und in der Stadt Recklinghausen standen fünf 'Klerikalen oder Zünftlern' 11 liberale Wahlmänner gegenüber. Ähnlich waren die Dinge in Dorsten gelagert, wo die sog. Volkstümlichen überhaupt nicht zum Zuge kamen[95]. Vergleichsweise wenig konnte dagegen über den Ausgang der Urwahlen im Kreis Borken in Erfahrung gebracht werden. Die Kölnische Zeitung wußte lediglich aus Bocholt zu berichten, daß sich dort unter lebhafter Wahlbeteiligung sämtliche 20 von den liberalen Kräften aufgestellten Wahlmänner durchsetzen konnten[96].

Am Vorabend der Wahl fand in Dorsten eine größere Wahlmännerversammlung statt. Bei dieser Gelegenheit erläuterte Braunstein nochmals seine politischen Ansichten, während Winkelmann über sein bisheriges Auftreten im Abgeordnetenhaus referierte. Unterdessen war aber auch das volkstümliche Komitee nicht untätig geblieben und hatte auf Veranlassung des aus Recklinghausen stammenden Sattlermeisters Hanekamp ebenfalls zu einer Versammlung geladen, auf der über die bevorstehende Wahl gesprochen wurde. Nähere Einzelheiten über Inhalt und Verlauf der Beratungen drangen aber nicht an die Öffentlichkeit[97].

Das Ergebnis der Abgeordnetenwahl am folgenden Tag war in beiden Durchgängen unerwarteterweise recht knapp. Zur Überraschung der Liberalen siegte Schultz im 1. Scrutinium mit zehn Stimmen vor Winkelmann, 163 Wahlmänner votierten für den bisherigen Vertreter in Berlin, 153 für den populären Kreisrichter aus Dorsten[98]. Normalerweise hätten es die Klerikalen nun in der Hand gehabt, auch den zweiten Abgeordneten durchsetzen zu können, doch wurde wieder einmal deutlich, daß sich zahlreiche Wahlmänner nicht unbedingt nach der Partei des Kandidaten, sondern nach der Person des Bewerbers richteten. Auf diese Weise gelang es Winkelmann, den früheren Abgeordneten Sarrazin, der kurzfristig anstelle von P. Reichensperger nominiert worden war, mit 161 gegen 151 Stimmen zu schlagen[99]. Braunstein spielte in beiden Wahlgängen keine Rolle. Nach der knappen Niederlage Winkelmanns gegen Schultz hatte ihn seine Partei sofort aus dem Rennen genommen, um wenigstens die Wahl des Kreisrichters aus Dorsten zu sichern. Wenige Tage nach der Wahl gerieten die Klerikalen aber dennoch in unerwartete Schwierigkeiten, denn Schultz zögerte, das Mandat anzunehmen. Nach längerer Bedenkzeit gab er aber schließlich dem Drängen seiner Parteifreunde nach, zumal diese befürchteten, daß sich bei der fälligen Nachwahl kein klerikaler Kandidat mehr durchsetzen würde.

XII.6. Wahlkreis: Beckum -- Lüdinghausen -- Warendorf

In diesem flächenmäßig größten Wahlkreis waren auch liberale Kräfte verschiedenster Prägung tonangebend, doch war nicht bekannt, welcher Personenkreis sich hinter den einzelnen Komitees verbarg. Ebensowenig war Näheres über den Verlauf der Urwählerversammlungen geschweige über eine Kandidatendiskussion zu erfahren. Da bei dem ausgesprochenen Mangel an größeren Ortschaften und aufgrund der Weiträumigkeit des Wahlkreises eine Verständigung unter den politisch interessierten Bürgern kaum möglich war, nutzte den Liberalen das recht passable Abschneiden bei den Urwahlen wenig, zumal außerdem auch noch jeder Landkreis ein mehr oder minder ausgeprägtes Eigenleben führte.

Die Wahlbeteiligung war auch hier wie in den meisten anderen Wahlkreisen rapide zurückgegangen, in Beckum und Warendorf sogar um 5 %, ein Resultat, das die Anzahl der Wähler auf rund 800 bzw. 570 herabdrückte. Lediglich im Kreis Lüdinghausen war das Resultat unverändert[100]. Dort, wie auch im Kreis Münster, wo es kaum größere Orte gab, hinkte man immer der politischen Entwicklung nach. Nach Auszählung der Urwählerstimmen hatten die Klerikalen vor den Liberalen einen sicheren Vorsprung. Dennoch war auch hier die Abgeordnetenwahl vollkommen offen.

Kandidaten der Klerikalen waren Caspar Schulze Hobbeling und August Reichensperger. Aber schon am 23. September hatte Reichensperger Wahlkommissar Graf Schmising-Kerßenbrock, der sich für dessen Wahl besonders stark machte, mitgeteilt, daß er definitiv kein Mandat annehmen werde. "In Berlin", meinte er etwas resignierend, "würde ich zwischen mehr als zwei Stühlen sitzen und an mehr als zwei Feuern die Finger verbrennen, ohne viel zu nützen, da nach Lage der Verhältnisse die Ereignisse doch ihren Gang gehen, mag geredet werden, was da will"[101]. Auch auf die wiederholte Bitte des Wahlkommissars war Reichensperger nicht zu einer Änderung seiner Meinung zu bewegen, zumal er mittlerweile auch Gesundheitsrücksichten geltend machte. "Im übrigen", fügte er hinzu, "kann es auch sogar für die Sache, der ich dienen wollte, nützlich sein, wenn einmal neue Leute in den Vordergrund treten. Durch ein so lang dauerndes parlamentarisches Wirken wird man nämlich abgenutzt...... . Es scheint, daß auch unser Volk die Segnungen des sog. Fortschritts erst praktisch kosten muß, bevor es inne wird, welchen Kern dessen Verheißungen und Phrasen in sich beschließen, und wie wohlfeil namentlich sein Regiment ist"[102]. Mit Reichenspergers Ausscheiden aus dem Abgeordnetenhaus waren die katholischen Abgeordneten ihres führenden Kopfes beraubt. Sein Verzicht war geradezu symptomatisch für das Auseinanderbrechen der Zentrumsfraktion. An seiner Stelle nominierte man daraufhin einen heimischen Vertreter, nämlich den aus Neuahlen im Kreise Beckum stammenden Schulze-Geisthövel[103]. Kandidat der Liberalen war der Hammer Appellationsgerichtsrat August Versen, Mitglied der Paulskirche und der sog. Gothaer Nachversammlung[104].

Erster Abgeordneter wurde wiederum erwartungsgemäß Schulze Hobbeling mit 197 Stimmen gegenüber 163 für seinen liberalen Herausforderer Versen. Zwei Wahlmänner votierten für Schulze Geisthövel[105]. Recht knapp wurde es dann im zweiten Scrutinium, denn im ersten Wahlgang trennte beide Kontrahenten, Versen und Schulze Geisthövel,nur eine Stimme; das Resultat lautete 179 zu 178. Im anschließenden zweiten Wahlgang besiegte Versen Geisthövel schließlich mit 192 zu 155 Stimmen recht eindeutig[106]. Nach Aussage des Wahlkommissars, der über diesen Ausgang sichtlich überrascht war, ist die Wahl Versens unter anderem dadurch zustande gekommen, daß einige Ortsvorsteher und Amtmänner für ihn votiert hatten[107]. In einem entsprechenden Bericht an die münstersche Bezirksregierung nannte Graf Schmising die betreffenden 'Sündenböcke' und betonte, daß sie sich trotz der von ihm verbreiteten Anordnung des Innenministers gegenteilig verhalten hätten. Außerdem seien diese seiner Meinung nach so dreist gewesen zu behaupten, davon gar nichts gewußt zu haben[108]. Schmising-Kerßenbrock hatte die betreffenden Beamten noch an Ort und Stelle auf ihr Fehlverhalten aufmerksam gemacht, was der anwesenden Presse nicht entgangen sein muß. Allen voran widmete die 'Kölnische Zeitung' dem Vorfall breiten Raum. In einem Beitrag hierzu warf sie die Frage auf, ob sich Schmising überhaupt ein solches Recht gegenüber den betroffenen Wahlmännern herausnehmen könne[109]. Gleichzeitig wollte damit nämlich das Blatt erfahren haben, daß sich der klerikale Abgeordnete Schulze Hobbeling anläßlich einer Versammlung am Vorabend der Wahl für die jetzige Heeresorganisation und die strikte Beibehaltung der in der Verfassung verbrieften Steuerbewilligung ausgesprochen habe[110]. Die münstersche Regierung nahm aber den Vorfall weniger ernst, da sie sich erst ein genaueres Bild von der politischen Einstellung Versens machen wollte. "Die Tatsache allein", so Regierungsvizepräsident von Mauderode, "daß ihn die Fortschrittspartei als ihren Kandidaten aufgestellt habe, genüge noch nicht, um ihn als Träger einer politischen Richtung auszuweisen, da bekanntlich sämtliche Parteien vielfach Kandidaten von einer gemäßigteren Ansicht dort aufstellen, wo sie sich ansonsten kaum durchzusetzen vermochten"[111]. Bekannt war der Regierung in Münster lediglich, daß Versen in Frankfurt zu den 'Erbkaiserlichen' gehört hatte und auch Teilnehmer der sog. Gothaer Nachversammlung war. Nicht geläufig war aber anscheinend, daß der Hammer Appellationsgerichtsrat schon 1861 vom Wahlkomitee der Fortschrittspartei für Westfalen als Abgeordnetenkandidat nominiert worden war[112]. Freilich waren damals auch zahlreiche Namen darunter, die sich wenig später dem linken Zentrum, der Fraktion Bockum-Dolffs angeschlossen hatten. Während man in Münster weiter über Versens tatsächliche politische Gesinnung rätselte, richtete die Innere Abteilung zugleich die Aufforderung an Schmising, Näheres über die angeblichen Äußerungen Schulze Hobbelings in Erfahrung zu bringen[113]. Bevor aber der Wahlkommissar hierüber weitere Nachforschungen anstellte, ließ ihn Mauderode auf den Wink des Oberpräsidenten hin wissen, daß die Angelegenheit erledigt sei. Auf die zahlreichen diesbezüglichen Meldungen der Landräte und Regierungspräsidenten habe die Berliner Regierung ihren Zirkularerlaß vom 24. September 1863 erheblich abgeschwächt und die Strafverfolgung nur in solchen Fällen empfohlen, wo wirklich gravierende Vorstöße vorgelegen hätten[114].

XII.7. Wahlergebnis

Die Folge einer dritten Wahl innerhalb eines derart kurzen Zeitraums war eine auf breiter Front einsetzende Wahlmüdigkeit, so daß auch das 'Rekordergebnis' vom Vorjahr nicht mehr erreicht werden konnte. Mit einer Wahlbeteiligung von insgesamt nur 11 % rangierte Münster in der Skale der preussischen Regierungsbezirke nach wie vor an letzter Stelle, von denen übrigens auch keiner einen Stimmenzuwachs gegenüber 1862 verzeichnen konnte. Vor Münster lagen Aachen mit 15,4 %, Koblenz mit 15,6 % und Düsseldorf mit 19,2 %. Auffallend gering war nach wie vor das Interesse in der III. Klasse, denn die im Münsterland markierten 7,6 % stellten einen einsamen Minusrekord dar. Anders sah es dagegen wie immer in den Ostprovinzen aus, Danzig registrierte eine Beteiligung von 45,6 %, darunter allein 42,3 % in der III. Klasse, Posen und Bromberg nahmen mit 52,1 bzw. 55,4 % wie gewohnt die Spitzenstellung ein[115].

Diese Wahl brachte für das Untersuchungsgebiet eine weitere Zersplitterung der politischen Richtungen mit sich. Mächtigste Gruppierung waren die Katholisch-Liberalen, deren Einfluß außerdem noch weit in die jeweiligen anderen Lager hineinreichte. Vertreter dieser Richtung waren Schulze Hobbeling, von Kleinsorgen, Rohden und Steinmann. Die konservativen Klerikalen spielten dagegen keine so große Rolle mehr, auf ihrer Seite standen lediglich Dr. Schultz und mit gewissen Einschränkungen Froning. Zusammengenommen waren beide Lager der Klerikalen allerdings stärker als die aufstrebenden Liberalen, die nunmehr mit Brabänder, Versen und Winkelmann drei Abgeordnete stellten. Aber auch sie waren allein schon aus konfessioneller Rücksichtnahme gezwungen, sich gemäßigt zu verhalten.

Trotz der nach wie vor geringen Beteiligung an der Urwahl nahm die Wahlbewegung profiliertere Züge als früher an. Versammlungen aller Art waren an der Tagesordnung, und selbst die Aufstellung politischer Programme bürgerte sich häu-

Wahlbeteiligung an der Urwahl vom 20. Oktober 1863 in Zahlen

	Wahlberechtigt				Abgegebene Stimmen			
	I.	II.	III.	Summa	I.	II.	III.	Summa
Tecklenburg	384	906	7138	8428	164	254	544	962
Steinfurt	460	994	7487	8941	152	224	472	808
Ahaus	348	913	7116	8377	119	183	349	651 [1)]
Münster(Stadt)	194	467	3660	4321	122	252	815	1189 [2)]
Münster(Kreis)	336	821	8424	9581	146	213	519	878
Coesfeld	354	875	6950	8179	116	182	362	660
Borken	367	1021	7475	8863	153	243	615	1011
Recklinghausen	501	1236	7295	9032	206	338	807	1351
Beckum	311	766	6040	7117	154	222	431	807
Lüdinghausen	304	774	6917	8049	117	175	384	676
Warendorf	261	671	4807	5739	99	145	330	574
Reg.-Bez. MS	3820	9444	73363	86627	1548	2431	5583	9562
Reg.-Bez. MI	3816	9792	72635	86243	2218	4436	19387	26041
Reg.-Bez. AR	6023	17936	113439	137398	3040	6136	17473	26649
Provinz Westfalen	13659	37172	259437	310368	6806	13003	42443	62252
Preußen	158173	453515	2937477	3549065	90790	202709	803954	1097453

1) wegen des Großbrandes fand in der Stadt Ahaus keine Wahl statt;
2) ausschließlich des Militärwahlbezirks

Zusammengestellt nach: Zeitschrift des Kgl. Preus Stat. Bureaus, 5.Jg., 1865, S.62;

Wahlbeteiligung bei der Urwahl vom 20. Oktober 1863 in %

	I.	II.	III.	Summa	Veränderung zu 1862
Tecklenburg	43	28	7,6	11,4	+/- 0
Steinfurt	33	23	5,7	8,9	+ 0,8
Ahaus	34	20	4,9	7,8	- 3,5
Münster(Stadt)	63	54	22,2	27,5	- 12,5
Münster(Kreis)	43	26	6,2	9,2	+ 1,8
Coesfeld	32	21	5,2	8,1	- 2,4
Borken	42	24	8,2	11,4	+ 1,4
Recklinghausen	41	27	11,1	14,9	+ 2,3
Beckum	49	29	7,1	11,3	- 4,9
Lüdinghausen	38	23	5,5	8,3	+ 0,1
Warendorf	38	21	6,8	10,0	- 5,2
Reg.-Bez. MS	40	26	7,6	11,0	- 1,3
Reg.-Bez. MI	58	45	26,7	30,2	- 4,7
Reg.-Bez. AR	50	34	15,4	19,4	- 0,3
Provinz Westfalen	49	35	16,3	20,6	- 1,3
Preußen	57	44	27,3	30,9	- 3,4
Höchstbeteiligung (Reg.-Bez. Bromb.)	69	65	53,0	55,4	- 4,1
Niedrigstbeteilig. (Reg.-Bez. MS)	s.o.	s.o.	s.o.	s.o.	

Zusammengestellt nach: Zeitschrift des Kgl. Preus. Stat. Bureaus, 5.Jg., 1865, S.62;

figer ein. Auffälligstes Anzeichen dieses gestiegenen Interesses war die Gründung des Bürgervereins in Münster. Freilich konnte dabei nicht übersehen werden, daß das politische Leben auf dem Lande nach wie vor brach lag. Ungünstige Witterungsverhältnisse, schlechte Wegverbindungen, Lohnausfall am Wahltag und geringe Kenntnisse über die politische Lage hielten auch diesmal viele Wähler von der Stimmabgabe ab.

XII.8. Die VIII. Legislaturperiode

Daß die Wahlen vom 28. Oktober 1863 geringfügig günstiger für die Regierung ausgefallen waren als jene des Vorjahrs hatte seine Ursache weniger in den Anstrengungen des neuen Ministeriums sowie seinen Methoden der Wahlbeeinflussung gehabt als vielmehr in einem doch weitverbreiteten Zweifel an der kompromißlosen Haltung der liberalen Kammermajorität und überhaupt allgemein an der Wirksamkeit der Volksvertretung[116]. Immerhin war es den Konservativen gelungen, aus dieser Lage Kapital zu schlagen, denn sie vergrößerten die Anzahl ihrer Sitze von 11 auf 38. An der dominierenden Stellung der Liberalen vermochten sie aber keinesfalls zu rütteln. Mit 143 Mandaten, bisher 138, wurde die Fortschrittspartei abermals stärkste Fraktion des Abgeordnetenhauses. Zusammen mit dem linken Zentrum, das jetzt 110 Mitglieder zählte und ebenfalls gestärkt aus dieser Wahl hervorgegangen war, stellte man über zwei Drittel der insgesamt 352 Abgeordneten. Die übrigen Mandate verteilten sich auf die Konstitutionelle Fraktion mit 9 Vertretern, auf die Polen mit 26 und schließlich auf die Fraktion des Zentrums mit ebenfalls 26 Deputierten. Von dem Schock der letzten Wahl hatten sich also die Klerikalen nicht wieder erholen können[117].

Drei der neun Abgeordneten aus dem Regierungsbezirk Münster, nämlich Brabänder, Versen und Winkelmann schlossen sich dem linken Zentrum an, während Froning, von Kleinsorgen, Rohden, Schulze Hobbeling, Schultz und Steinmann der Fraktion des Zentrums beitraten[118].

Gleich zu Beginn der 1. Session brachen die Gegensätze zwischen Regierung und liberaler Kammermehrheit erneut in aller Schärfe auf, da sich das Ministerium strikt weigerte, den Oppositionsparteien Einblicke in die amtlichen Akten zwecks Kontrolle des Wahlergebnisses zu gewähren[119]. Trotzdem kam die Regierung nicht umhin, der Einsetzung einer parlamentarischen Untersuchungskommission zuzustimmen, die dann tatsächlich dem Innenminister eine ganze Reihe von Gesetzesübertretungen nachweisen konnte[120]. Auch in der Frage der umstrittenen Presseverordnung Bismarcks vom 1. Juni 1863 sah sich das Ministerium zum Nachgeben veranlaßt. Auf Antrag der Fortschrittspartei und des linken Zentrums versagte das Abgeordnetenhaus besagter Presseordonnanz am 19. November mit 278 gegen 39 Stimmen die Genehmigung und erklärte sie außerdem mit 269 gegen 47 Stimmen für eindeutig verfassungswidrig[121]. Der Aufhebung der Verordnung vom 1. Juni, die damals eine erhebliche Verschärfung der Presseaufsicht zur Folge hatte, stimmten alle neun Abgeordneten des Untersuchungsgebiets zu, während allein Froning und Schultz die Verfassungswidrigkeit verneinten. Rohden hatte an dieser Abstimmung nicht teilgenommen[122]. Durch diesen Beschluß war die Regierung gezwungen, ihre sog. Notverordnung wieder aufzuheben, ein in der bisherigen parlamentarischen Geschichte Preußens einmaliger Fall.

Neben der nach wie vor schwebenden Frage des Militäretats beherrschte seit Ende 1863 die Auseinandersetzung um Schleswig - Holstein die Diskussion im Abgeordnetenhaus. Während nun die österreichische Regierung am Londoner Protokoll festhielt, und auch Bismarck über diesen Weg eine Lösung anstrebte, verlangte demgegenüber die oppositionelle liberale Kammermehrheit eine Trennung der beiden Herzogtümer von Dänemark und die Anerkennung des Erbprinzen von Augustenburg als Herzog von Schleswig-Holstein, wie dies übrigens ein Teil der deutschen Fürsten und vor allem auch die außerpreußischen Liberalen befürworteten[123]. Aus diesem Grund hatten am 20. November die Abgeordneten Stavenhagen und Virchow von der Fortschrittspartei eine in diesem Sinne lautende Resolution in der Kammer vorgelegt, die mit 231 gegen 63 Stimmen angenommen wurde. Die Mehrheit des Hauses, der sich auch alle Abgeordneten aus dem Regierungsbezirk Münster angeschlossen hatten, stellte sich damit abermals gegen die Meinung der Regierung[124]. Eine wenig später an den Monarchen gerichtete Adresse als Antwort auf das Ersuchen der Regierung um finanzielle Mittel für den Fall eines Krieges mit Dänemark sollte nochmals die Forderungen der Liberalen nach Anerkennung des Erbprinzen von Augustenburg und die Abkehr vom Londoner Protokoll unterstreichen. Dem mit 207 gegen 107 Stimmen angenommenen Papier hatten allerdings aus dem Münsterland nur Brabänder, Versen und Winkelmann zugestimmt, während die Zentrumsabgeordneten mit Nein votierten[125]. Da aber weder der König noch Bismarck geneigt waren, auf die Forderungen der Liberalen einzugehen, verweigerten folglich Fortschrittspartei und linkes Zentrum sowie 13 Mitglieder der Zentrumsfraktion die Zustimmung zu einer Anleihe in Höhe von 12 Millionen Taler. 275 Abgeordnete hatten gegen das Ersuchen der Regierung votiert, 51, darunter auch Froning und Schultz,dafür[126]. Das Verhalten der 13 Mitglieder der Fraktion des Zentrums versuchte daraufhin Rohden in einem Beitrag der 'Kölnischen Blätter' zu rechtfertigen, indem er meinte, daß die 13 deshalb gegen die Anleihe gestimmt hätten, weil sie von der Politik Bismarcks keinen anderen Erfolg erhofften, als daß die Herzogtümer wieder an Dänemark ausgeliefert werden sollten, weil ferner die beiden Großmächte gegegen den Willen des Bundes vorgingen und so einen Zwiespalt in Deutschland hervorriefen[127]. Das Zentrum war fraglos in sich hoffnungslos zerstritten und nur noch bei wenigen Abstimmungen ließen sich sämtliche Abgeordnete auf einen gemeinsamen Nenner bringen[128].

Zu Beginn der 2. Session zeigte sich dasselbe Bild. Die liberale Mehrheit war weiterhin nicht bereit, der Regierung auch nur im geringsten Zugeständnisse zu machen. Die am 5. Mai vorgelegte Militärnovelle wurde mit 258 gegen 33 Stimmen aus den Reihen der Konservativen verworfen, und wie immer fanden auch die Mehrkosten für die Heeresreform, diesmal für das Jahr 1865, keine Billigung[129]. Auch in der nach wie vor umstrittenen Budgetfrage war man sich keinen Schritt näher gekommen. Ein von der Kammer abgesegneter Haushaltsentwurf für die Jahre 1864 und 1865 war nicht zustande gekommen.

Am 23. Februar 1866 wurde der Landtag geschlossen. In der von Bismarck bei dieser Gelegenheit verlesenen Thronrede wurde das Abgeordnetenhaus massiv beschuldigt, daß es seine Tätigkeit nicht den Gesetzesvorlagen, sondern allein dem Bestreben gewidmet habe, die Arbeit der Regierung nach Möglichkeit zu behindern[130].

XIII. Die Soester Konferenzen 1864 - 1866

Die Wahlen der Jahre 1862 und 1863 hatten unweigerlich das Ende der Zentrumsfraktion signalisiert. Die innerhalb kürzester Zeit auf 29 Mandate zusammengeschmolzene Gemeinschaft katholischer Abgeordneter sollte fortan in der politischen Auseinandersetzung zwischen Regierung und liberaler Kammermajorität nur noch eine Außenseiterrolle spielen. Darüber hinaus schwächten interne Richtungskämpfe die Fraktion derart, daß von einem einheitlichen Auftreten nur in den seltensten Fällen die Rede sein konnte. Sechs Abgeordnete stimmten fast durchweg mit den Konservativen; P. Reichensperger nahm mit vier Vertretern, darunter auch Dr. Schultz aus Münster, die Mitte ein, vier, darunter auch Froning standen links der Mitte, und der Rest bildete unter Leitung Rohdens den linken Flügel[1]. Mallinckrodt, Johann Wilhelm und Ernst Plaßmann waren bei den Wahlen von 1863 durchgefallen, und A. Reichensperger hatte einer abermaligen Kandidatur schon von vornherein eine Absage erteilt[2]. Angesichts dieser desolaten Lage war selbst die katholische Presse, darunter auch der bis zuletzt für die Fraktion einstehende 'Westfälische Merkur', nicht mehr bereit, sich groß für die Sache der Klerikalen zu engagieren[3].

Die Ursachen für den Zerfall der Zentrumsfraktion sind aber nicht ausschließlich in der unglücklichen Rolle der katholischen Abgeordneten während des Heeres- und Verfassungskonflikts zu suchen. Der Niedergang war zu einem großen Teil die Folge des mangelnden politischen Selbstverständnisses auch namhafter katholischer Abgeordneter. Einen explizit politischen Charakter hatte die Fraktion eigentlich nie richtig besessen, moralische und religiöse Gesichtspunkte hatten häufig genug auf die politischen Entscheidungen einen solchen Einfluß, daß ein unmißverständlicher Standpunkt schwerfiel. Nur in ausgesprochen religiösen Belangen, etwa bei der Wahrung der der Kirche in der Verfassung zugestandenen Rechte oder dem ständigen Drängen nach Parität, herrschte Einigkeit. Hinzu kam, daß die Fraktion aufgrund von landsmannschaftlichen Verschiedenheiten vielfach einer harten Bewährungsprobe ausgesetzt war, liberalen Rheinländer standen konservative Westfalen und Schlesier gegenüber. Neben den internen Schwierigkeiten offenbarte sich auch die Unfähigkeit nach außen, aktuelle Probleme zu bewältigen. Themen auf den Katholikentagen, wie etwa die Unantastbarkeit des Kirchenstaates oder die Gründung einer katholischen Universität nach dem Vorbild des belgischen Löwen, ja selbst die Behandlung der sozialen Frage auf der Generalversammlung in Frankfurt wurden zu akademisch geführt und gingen an den Bedürfnissen der Wähler vorbei.

Den augenscheinlichen Zerfall der Fraktion nahmen drei führende Vertreter des katholischen westfälischen Laienwesens, Hermann von Mallinckrodt, dessen Schwager Alfred Hüffer[4)] und Wilderich von Ketteler zum Anlaß, gemeinsam mit einer Reihe von Gleichgesinnten über die aktuelle politische Lage zu beraten[5)]. Zu diesem Zweck planten sie für den 12. Januar 1864 eine erste zwanglose Zusammenkunft in Soest abzuhalten. Aus dem Einladungsschreiben ging hervor, daß wiederholt von verschiedener Seite der Wunsch ausgesprochen worden sei, sich auf der Ebene eines gemeinsamen religiösen Glaubensbekenntnisses über aktuelle Fragen der Gegenwart zu verständigen und möglicherweise zustandekommende Ergebnisse weiteren Kreisen zugänglich zu machen[6)]. Unter den 12 Teilnehmern der ersten Soester Konferenz befanden sich Johann Wilhelm und Ernst Plaßmann und eine Reihe weiterer namhafter Persönlichkeiten, darunter Friedrich Clemens von Schorlemer-Overhagen, der Bruder des späteren westfälischen Bauernführers, Burghard von Schorlemer-Alst. Einziger Teilnehmer aus dem Regierungsbezirk Münster war der damals schon recht streitbare Pfarrer von Albachten im Kreis Münster, Friedrich Michelis[7)]. Konkrete Ergebnisse erbrachte die erste Zusammenkunft nicht, man war sich allerdings darin einig, das Treffen in erweitertem Rahmen zu wiederholen[8)].

An der zweiten Soester Konferenz nahmen auch der frühere Abgeordnete des erweiterten stadtmünsterschen Wahlkreises, Rentier Nicolaus Zumloh, und der den Klerikalen besonders wohlgesonnene Landrat des Kreises Beckum, Ferdinand Graf von Schmising-Kerßenbrock, teil[9)]. Gegenstand der Beratungen am 1. März 1864 war aus aktuellem Anlaß die schleswig-holsteinische Frage.

Am 27. April fand die dritte Konferenz statt, die in erster Linie interne Organisationsfragen zum Thema hatte[10)]. Eine gemeinsame Meinung fand sich allerdings nur in dem Punkt, künftig auch Verleger und Redakteure zu den Beratungen hinzuzuziehen, um einen entsprechenden Einfluß auf die Presse gewinnen zu können. Ausersehen waren hierzu aus Münster Eduard Hüffer, der ältere Bruder Alfreds, Inhaber der Aschendorff'schen Verlagsbuchhandlung und zugleich Herausgeber des 'Münsterschen Anzeigers' und der neue leitende Redakteur des 'Westfälischen Merkurs' Dr. Ludger Suing[11)]. Neben weiteren organisatorischen Interna war wiederum die schleswig-holsteinische Frage Mittelpunkt der Beratungen.

Die vierte Soester Konferenz stand aus gegebenem Anlaß ganz im Zeichen der Affäre 'Schmising-Kerßenbrock'[12)]. Die drei in preußischen Heeresdiensten stehenden Neffen des erwähnten Landrats von Beckum hatten sich aus religiöser Überzeugung gegen die Handhabung des Duells ausgesprochen und waren deshalb unverzüglich aus der Armee entfernt worden[13)]. Diese Entlassung hatte nicht nur im katholischen Adel Westfalens, sondern auch in breiten Bevölkerungsschichten erhebliche Verstimmung hervorgerufen. Die am 4. Juli tagenden Mitglieder der Konferenz legten unter diesem Eindruck eine seltene Einmütigkeit an den Tag und beschlossen, die drei ehemaligen Offiziere in ihren Kreis aufzunehmen. Neben der Duellfrage stand wiederum die künftige Organisation im Mittelpunkt. Wilderich von Ketteler, Hermann von Mallinckrodt und Ernst Plaßmann wurden beauftragt, Vorstellungen in dieser Richtung zu entwickeln[14].

Nach einer fast viermonatigen Pause traf man sich am 7. November 1864 zur fünften Konferenz. Zu den Teilnehmern gehörte erstmals auch der spätere langjährige Reichstagsabgeordnete des Wahlkreises Stadt Münster -- Kreis Münster -- Coesfeld, Clemens Freiherr Heeremann von Zuydwyk[15]. Einziger Tagesordnungspunkt war erneut die Form der künftigen Organisation. Trotz der beifällig aufgenommenen Ausführungen Mallinckrodts herrschte nur darin Einigkeit, von einem formulierten Programm und von Statuten abzusehen. Angesichts der in der Zwischenzeit aber auf rund 60 Teilnehmer angewachsenen Konferenz hielt man es für angebracht, sich regelmäßig alle drei Monate zu treffen. Außerdem wurde mit Alfred Hüffer ein ständiger Vorsitzender gewählt[16].

Die sechste Konferenz fand am 14. und 15. März 1865 statt. Im Mittelpunkt der Tagung stand die Diskussion über die Enzyklika 'quanta cura' vom 8. Dezember 1864, der Syllabus, die Schulfrage vor dem Hintergrund des aktuellen badischen Schulstreits und schließlich die gegenwärtige Lage der Verfassung in Preußen[17].

An der am 22. August beginnenden siebenten Konferenz nahm unter anderem Burghard von Schorlemer-Alst zur Gemeindefrage Stellung und kam in diesem Zusammenhang auch auf das Dreiklassenwahlrecht zu sprechen, dem Schorlemer wegen des schädlichen Parteienkampfes ein denkbar ungünstiges Zeugnis ausstellte. Stattdessen plädierte er für korporative Zusammenfassungen und verwies dabei auch auf das Beispiel des von ihm ins Leben gerufenen Bauernvereins des Kreises Steinfurt, welcher nach knapp zweijährigem Bestehen schon über 280 Mitglieder aufzuweisen habe[18]. "Obgleich die Politik von diesem Verein ausgeschlossen ist", fügte er hinzu, "ergab sich von selbst ein politisches Zusammengehen bei der letzten Wahl"[19]. Schorlemer nannte die Entsendung des aus Laer bei

Burgsteinfurt stammenden Landwirts Adolf Steinmann ins Abgeordnetenhaus. Steinmann, zugleich Amtmann seines Heimatortes, gehörte zum engeren Kreis um Schorlemer und war Mitbegründer des erwähnten Bauernvereins[20]. Als Abgeordneter machte Steinmann wenig von sich reden und war während der 3. Session erst gar nicht in Berlin erschienen. Vermutlich dürfte er auch nur der 'Strohmann' Schorlemers gewesen sein, der aus wohlüberlegten Gründen der Zurückhaltung auf eine eigene Kandidatur verzichtet hatte, denn die münstersche Regierung betrachtete dessen Vereinsaktivitäten ziemlich mißtrauisch, vermutete man dahinter doch politische Absichten. Die Mehrzahl der Anwesenden in Soest stand den Ausführungen Schorlemers aber skeptisch gegenüber und vor allem Hermann von Mallinckrodt distanzierte sich von der Kritik am Dreiklassenwahlrecht.

Die vorletzte und achte Konferenz war von allen bisherigen die politischste. Unter dem Eindruck der sich zuspitzenden innen- wie außenpolitischen Lage trafen sich die Teilnehmer am 20. und 21. Februar 1866. Plaßmann referierte als erster über die innenpolitische Situation und stellte dabei direkte Zusammenhänge mit der nach wie vor strittigen Budgetfrage her. Außerdem sprach er sich für eine rege Teilnahme der Katholiken bei den in diesem Jahr vorgesehenen Wahlen aus. Anschließend nahm Alfred Hüffer zu moralischen Aspekten der Annektionspolitik beider deutscher Großmächte Stellung und übte vor allem heftige Kritik an der Haltung Bismarcks. Mallinckrodt ging schließlich noch einmal auf die Budgetfrage ein und äußerte die Ansicht , daß ohne Kompromißbereitschaft von beiden Seiten die Lösung kaum gefunden werden könne. Uneinigkeit herrschte allerdings über die Frage der Teilnahme katholischer Urwähler bei den kommenden Wahlen. Alfred Hüffer, Schorlemer - Alst und Mallinckrodt wandten sich mit dem Argument, es sei besser, sich von einem hoffnungslosen Kampfe zurückzuziehen als wiederholt zu unterliegen, gegen jede Stimmabgabe. Anderer Ansicht waren dagegen Schorlemer-

Overhagen, Schmising-Kerßenbrock und natürlich Plaßmann[21]. Schließlich wurde ein Vermittlungsversuch Mallinckrodts gebilligt, wonach zwar eine neue katholische Fraktion im Moment fehl am Platze sei, es aber dennoch im Abgeordnetenhaus gesinnungstüchtiger Katholiken bedürfe[22]. Dieses Problem sowie eine möglicherweise ins Auge zu fassende Kommentierung politischer Ereignisse durch die Soester Konferenzen waren beherrschende Themen am zweiten Tag. Dabei drehte sich alles um die Frage, ob man den Schritt an die Öffentlichkeit wagen solle oder nicht. Befürworter waren Schorlemer und Graf Landsberg, die ein konservatives Gegengewicht zu den liberalen Parteien für durchaus angebracht hielten. Mallinckrodt lehnte dies aber entschieden ab und machte geltend, daß es der katholischen Bewegung derzeit an geeigneten Persönlichkeiten fehle, eine Ansicht, die freilich kaum mit der Wirklichkeit übereinstimmte[23]. Mallinckrodt mag dabei übersehen haben, daß das Problem der Klerikalen ein ganz anderes war, wie dies schon an anderer Stelle wiederholt dargelegt wurde. Die Teilnahme verschiedener, parlamentarisch begabter Männer, darunter von Schorlemer-Alst und von Heeremann, an den Soester Konferenzen, widerlegt Mallinckrodts Ansicht zur Genüge. Im übrigen ließe sich noch eine Anzahl weiterer befähigter Teilnehmer anführen, die während des Kulturkampfes zu den Stützen der neugegründeten Zentrumsfraktion gehörten. Ohne sich in der Frage der Vertretung der Katholiken in der preußischen Kammer auch nur einen Schritt näher gekommen zu sein, ging die Versammlung auseinander. Zuvor hatte man allerdings noch beschlossen, sich im Frühjahr 1866 erneut zu treffen. Anscheinend hat diese ausgesprochen politische Konferenz erhebliche Mißstimmung unter den Teilnehmern hervorgerufen, denn die folgende Versammlung ist trotz brisanter und aktueller Themen nur noch von wenigen Mitgliedern besucht worden.

Die zum 22. Mai 1866 einberufene neunte und gleichzeitig letzte Konferenz stand schon ganz im Zeichen der sich zusehends verschärfenden preußisch-österreichischen Gegensätze.

Im Mittelpunkt der Tagung stand der von Alfred Hüffer aus Anlaß der bevorstehenden Wahl entworfene Aufruf. In der Aussprache, über die allerdings kein Protokoll vorliegt, dürften aber gewiß die unterschiedlichen Standpunkte aufeinandergeprallt sein, denn Hüffers Ausführungen stießen besonders unter den adeligen Teilnehmern auf erheblichen Widerspruch[24]. Stein des Anstoßes mag wahrscheinlich die Bemerkung über die Regierung und ihre angebliche Zusammenarbeit mit der Fortschrittspartei bei der Lösung der deutschen Frage gewesen sein, denn Hüffer hatte unverblümt erklärt: "Dasselbe tieferregte Gefühl des Unwillens durchdringt insbesondere auch unsere engere Heimat, die katholischen Landesteile Westfalens. Stolz auf unsere in böser Zeit bewährte Untertanentreue, sind wir irre geworden an einer Politik, welche, im Inneren die verfassungsmäßigen Rechte des Landtages auf Genehmigung der Staatsausgaben vereitelnd, nach außen die Fahne des Nationalvereins ergreifend und mit Hinantziehung des Bundesrechts zu einem Krieg gegen Österreich und Deutschland die Waffenbruderschaft eines Fremdlings, des Königs Victor Emanuel, und seines Generals Garibaldi nicht verschmähen zu wollen scheint"[25]. Hüffer appellierte deshalb auch an die westfälischen Wähler, sich zu vergegenwärtigen, "was sie Gott und dem König zu geben schuldig sind, aber auch unerbittlich auf dem Recht des Volkes stehend, keinem Ministerium die Mittel zu einem Krieg zu bewilligen, der, wie der bevorstehende, den Bestand Preußens aufs Spiel setzt und Deutschland mit dem Untergang bedroht. Zu solch einem Krieg keinen Pfennig"[26].

Hüffers Argumentation war äußerst klug, denn wie kaum ein anderer auf klerikaler Seite schien er die kommende Allianz zwischen (National)Liberalen und Bismarck vorausgeahnt zu haben. Seine gewiß richtige Auffassung hatte aber mit den ehemaligen, auf äußerste Mäßigung bedachten Wahlaufrufen nichts mehr gemein. Den konservativen Teilnehmern, und dies dürfte die Mehrzahl gewesen sein, mag dies gewiß zu weit gegangen sein. Der überwiegende Teil ehemaliger Abgeordneter oder sonstiger Verantwortlicher in Reihen der Klerikalen stand in der Frage der Budgetbewilligung nach wie vor hinter der Regierung, unabhängig davon, welche Persönlichkeit das Ministerium zur Zeit anführte[27]. An der von Mallinckrodt einmal vertretenen These, daß die Regierung in dieser Frage gegenüber der liberalen Kammermajorität im Recht sei, hatte sich nichts geändert, wenngleich es den Eindruck hatte, daß mehr und mehr legitimistische anstatt formal rechtliche Gründe dafür herhalten mußten. Diese Meinung dürfte in weiten Kreisen des teilnehmenden Adels vorherrschend gewesen sein.

Doch auch in deren Reihen verursachte der Ausbruch der Feindseligkeiten zwischen Preußen und Österreich einige Meinungsverschiedenheiten. Graf Galen etwa, der in Bismarcks Vorgehen einen eindeutigen Rechtsbruch erblickte, leugnete nicht, daß seine Politik die Wiedergeburt Deutschlands einleiten könnte[28]. Burghard von Schorlemer-Alst sah dagegen mit dem Ausbruch des Krieges die einmalige Chance vertan, rechtzeitig eine katholisch-konservative Partei auf die Beine gestellt zu haben. In einem Brief an Alfred Hüffer ließ er zugleich seinem Unmut freien Lauf und übte recht drastisch Kritik an den eigenen Standesgenossen, "es gibt viele Dreckseelen auf dieser Welt, die immer zwischen zwei Stühlen sitzen bleiben, weil sie fürchten, sich auf dem rechten Stuhl niederzulassen, und am Ende überhaupt lieber auf dem Nachtstuhl sitzen als auf dem harten Eichenbrett westfälischer Männlichkeit und katholischer Festigkeit"[29]. Doch auch Schorlemer sollte spätestens seit dem deutsch-französischen Krieg seinen Frieden mit der Bismarckschen Politik gemacht haben. Nur der streitbare frühere Landtagsmarschall Clemens August Graf von Westphalen zu Fürstenberg hatte die Zivilcourage, persönliche Konsequenzen zu ziehen, indem er demonstrativ aus dem preußischen Herrenhaus austrat[30].

Von den Soester Konferenzen war der Bevölkerung nie etwas bekannt. Näheres erfuhr man erst durch die im Jahre 1892 erschienene Biographie Hermann von Mallinckrodts[31]. Aus diesem Grund konnten auch die Versammlungen auf die katholischen Wähler oder gar die Zentrumsfraktion keinerlei Einfluß ausüben. Bezeichnenderweise hat auch von den damaligen Abgeordneten aus Westfalen niemand daran teilgenommen. Vermutlich wollte man gar keine Kontakte zu den noch in Berlin verbliebenen Deputierten, um den Konferenzen keinen allzu politischen Anstrich zu geben. Ohnehin hat man sich ja nur mit allgemeinen Problemen religiöser und moralischer Art beschäftigt. Den Initiatoren war es außerdem bestimmt nicht darum gegangen, Mittel und Wege einer neuen parteipolitischen und konfessionsgebundenen Richtung zu ergründen. Vielmehr war es ihre Absicht, dem ethisch entleerten, nur auf Zweckmäßigkeit und Erfolg ausgerichteten Handeln, wie es Nationalverein und Fortschrittspartei, aber auch die von bonapartistischen Zügen geprägte Politik Bismarcks vorexerzierten, mit aller Entschiedenheit entgegenzuwirken[32].

So liegt der eigentliche Wert der Konferenzen in der moralischen Erneuerung, auf deren Grundlage Hermann von Mallinckrodt das 'Soester Programm' der späteren Zentrumspartei im Reichstag und im preußischen Abgeordnetenhaus gestaltete. Seine endgültige Fassung sollte dieses Programm nach mehreren Aussprachen im Herbst 1870 erhalten. Verfasser waren Dr. Hülskamp, namhafter katholischer Publizist und Herausgeber des 'Literarischen Handweisers' und Burghard von Schorlemer-Alst[33].

Unter den Teilnehmern aller Soester Konferenzen verfügte nur eine Minderheit über aktive politische Erfahrung, sieht man einmal von den zahlreichen adeligen Mitgliedern des Westfälischen Provinziallandtages ab. Frühere Vertreter in der II. Kammer und im Abgeordnetenhaus aus dem Regierungsbezirk Münster waren Kaspar Franz Krabbe, Nicolaus Zumloh, Karl Ziegler und natürlich einer der Initiatoren der Konferenz, Wilderich von Ketteler[34]. Großen Einfluß unter den Klerikalen besaßen der spätere münstersche Stadtdechant Hermann Joseph Kappen und Verlagsbuchhändler Eduard Hüffer, beide erprobte Kämpfer für die katholische Sache während der Revolution von 1848/49, sowie der leitende Redakteur des Merkurs, Dr.Ludger Suing. Zum Kreis der Teilnehmer aus dem Münsterland gehörten ferner die späteren Abgeordneten im Reichstag bzw. Abgeordnetenhaus, Ferdinand Graf von Schmising-Kerßenbrock, langjähriger Landrat von Beckum, der sich bekanntlich in seiner Eigenschaft als Wahlkommissar aufopferungsvoll für die Wahl klerikaler Kandidaten eingesetzt hatte, ferner Clemens Freiherr Heeremann von Zuydwyk und natürlich Burghard von Schorlemer-Alst[35]. An den ersten beiden Konferenzen hatte auch Friedrich Michelis teilgenommen, der 1866 für den Wahlkreis Allenstein- Rössel im Regierungsbezirk Königsberg ins Abgeordnetenhaus einzog[36]. Zu Gast in Soest war auch der durch seine Aufzeichnungen aus dem münsterschen Kulturkampf posthum bekannt gewordene Kreisgerichtsrat Ludwig Ficker, der in der Provinzialhauptstadt verschiedentlich auch als Kandidat für das Abgeordnetenhaus gehandelt wurde. Die übrigen Namen der aus dem Regierungsbezirk stammenden Mitglieder der Soester Konferenzen, abgesehen von den adeligen Mitgliedern des Provinziallandtages, spielten im politischen Leben keine Rolle[37].

XIV. Die Wahlen vom 25. Juni und 3. Juli 1866

XIV.1. Wahlbewegung

Die Wahlen standen dieses Mal ganz im Schatten der preussisch-österreichischen Auseinandersetzung, verblaßte doch sogar vor der Gefahr des drohenden Krieges der Streit um die Budgetbewilligung. Unter diesen Umständen sollte daher das Auftreten der Liberalen verhaltener als noch einige Jahre zuvor sein, ohne daß man freilich von den Grundsatzpositionen auch nur im geringsten abwich. Sie hatten aber auch kaum eine andere Wahl, da sich die tagtäglich zuspitzende Gefahr einer militärischen Kraftprobe immer lähmender auf die gesamte Wahlbewegung und vor allem auf die Stimmung der Bevölkerung auswirkte.

Der preußisch-österreichische Konflikt war das alles überragende Thema dieser Frühjahrswochen und sollte natürlich in zunehmendem Maße die Aufmerksamkeit selbst sonst uninteressierter Wähler in Anspruch nehmen. Leidenschaftlich wurde vielerorts gegen den Ausbruch jeglicher Feindseligkeit protestiert. Der am 14. Mai in Berlin tagende Ausschuß des Nationalvereins prangerte ebenso entschieden militärische Aktionen zur Lösung des Konflikts an wie der eine Woche später in Frankfurt versammelte Abgeordnetentag[1]. Hier wie dort wandte man sich gegen den "Bruch des deutschen Landfriedens" und betrachtete den drohenden Krieg als einen "nur dynastischen Zwecken dienenden Kabinettskrieg"[2]. Beschwörend appellierte vor allem der Nationalverein an die Bevölkerung, alles zu unternehmen, um die schwelende Auseinandersetzung beenden zu helfen. Der von Bismarck plötzlich gemachte Vorschlag einer Bundesreform und der Wahl zu einem deutschen Parlament wies man folglich auch als ein durchsichtiges Manöver zurück und verlangte, daß "vor allen Dingen die Regierung, welche die Gesamtverfassung der Nation umgestalten wolle, ganz andere Beweise von constitutioneller Gesinnung gegeben haben müsse, als bisher von seiten der preußischen Regierung geschehen sei"[3].

Auf zahlreichen Urwählerversammlungen, die namentlich in den größeren Städten den Charakter von Friedenskundgebungen angenommen hatten, waren die preußisch-österreichischen Auseinandersetzungen zentrales Gesprächsthema. Einhellig wurde dabei militärischen Aktionen zur Lösung des Konflikts eine deutliche Absage erteilt[4]. Auch eine größere Anzahl von Orten, darunter Königsberg, Köslin und Stettin, machten sich für die Erhaltung des Friedens stark und verlangten zugleich die sofortige Ablösung des derzeitigen Staatsministeriums. Außerdem beschworen mehrere Handelskammern aus den industriellen Zentren der beiden Westprovinzen den Monarchen, wegen der unabsehbaren Folgen des Krieges für Handel und Gewerbe den Frieden unter allen Umständen zu bewahren[5]. Es gab aber auch andere Stimmen, die in Adressen nach Berlin ihre "volle patriotische Hingebung und Opferwilligkeit" zum Ausdruck brachten[6]. Das konnte jedoch nichts daran ändern, daß die preußische Bevölkerung in ihrer überwiegenden Mehrzahl gegen einen Krieg eingestellt war.

Im Zeichen dieses schwelenden Konflikts breitete sich auch im Münsterland und in dessen Mittelpunkt Unruhe aus. Dem Beispiel größerer preußischer Städte folgend, richteten auch die münsterschen Stadtverordneten eine Immediateingabe an Wilhelm I. und beschworen den König darin, einen militärischen Konflikt unter allen Umständen zu verhindern. Zugleich nahm man die Gelegenheit wahr, den Monarchen von der Friedensliebe der Münsteraner zu überzeugen[7]. In der Eingabe wurde vor allem die infolge der Aushebungen hervorgerufene Not in Industrie und Landwirtschaft beklagt und man gab außerdem der Befürchtung Ausdruck, daß die Verelendung gewisser Bevölkerungskreise langfristig nicht mehr aufzuhalten sei. "Wir bescheiden uns gerne", räumten die Stadtverordneten ein, "daß der Krieg unter Umständen unvermeidlich sein kann, und daß es allein Eurer Majestät zusteht, hierüber zu entscheiden; aber wir glauben es nicht verhehlen zu dürfen, daß die Stimmung der Bevölkerung sich überall in unzweifelhafter Art gegen einen Krieg ausspricht, dessen Ziele sie nicht kennt, in dessen Verlauf sie einen allgemeinen deutschen Bürgerkrieg mit all seinen Schrecken ... vor Augen sieht"[8]. Am Ende ihrer Ausführungen appellierten sie nochmals eindringlich an den Monarchen, alles in seiner Macht stehende zu tun, "damit Deutschland gebührend bewahrt und gleichzeitig die Eintracht und das Vertrauen zwischen der Regierung und dem Volk wiederhergestellt werde"[9].

Mit Ausnahme einiger weniger altpreußisch gesinnter Tecklenburger dürfte das übrige Münsterland die Politik Bismarcks scharf abgelehnt haben. Vielfach, so vermuteten einige Landräte, gäbe die Bevölkerung schon allein rein gefühlsmäßig der Berliner Regierung die Schuld am Ausbruch eines möglichen Konflikts[10]. Neben starken religiösen Vorbehalten - kein katholischer Münsterländer wäre gerne dem Befehl gefolgt, auf seine österreichischen oder bayerischen Glaubensgenossen zu schießen - waren auch materielle Gesichtspunkte im Spiel, denn wegen der verstärkten Rekrutierungen befürchtete man einen Totalverlust der Ernte.

Schon zu Beginn der preußisch-österreichischen Auseinandersetzung war das Abgeordnetenhaus geschlossen worden. Am 22. Februar hatte Bismarck die Session beendet, übrigens,mit einer Dauer von weniger als sechs Wochen,die kürzeste in der Konfliktszeit[12]. Zu diesem Schritt war die Regierung aber geradezu gezwungen worden, da keinerlei Aussicht mehr bestand, mit dem Abgeordnetenhaus zu einer Einigung zu kommen. Die am 9. Mai verfügte Auflösung des Parlaments begründete man amtlicherseits mit der Veränderung der politischen Lage, die Neuwahlen schon allein deshalb erforderlich mache, weil die jetzt aufgelöste Kammer bei weitem nicht mehr der jetzigen Meinung des Volkes entspreche[13]. Dieses Argument war allerdings mehr als fadenscheinig, denn die Erregung in der Bevölkerung war ja die gleiche geblieben, nur hatte sich jetzt der Anlaß geändert. Kein Zweifel, die Regierung stand schon zu diesem Zeitpunkt unter Zugzwang, da sie ja nicht nur die konservativen Wählerschichten an sich binden mußte, sondern auch die national gesinnten Kreise der Fortschrittspartei von der Richtigkeit der Bismarckschen Außenpolitik zu überzeugen hatte. Der Ministerpräsident setzte daher auch recht geschickt auf die 'nationale Karte' und näherte sich ganz bewußt dem Standpunkt der Liberalen. Deutlich wurde diese Gesinnung auch in den Aufrufen Wilhelms I. an das preußische und deutsche Volk. Der König bezeichnete es darin vor allem als seine Pflicht, sich für die deutsche Einheit einzusetzen und der Zerrissenheit ein Ende zu machen. Aus diesem Grund appellierte er auch an alle Deutschen, Preußen mit Vertrauen zu begegnen und dabei behilflich zu sein, die friedliche Entwicklung des deutschen Vaterlandes zu fördern[14]. Bismarck verstand es darüber hinaus ausgezeichnet, durch gezielten Einsatz der Presse, die preußische Position ins rechte Licht rücken zu lassen und der österreichischen Seite die Schuld am Ausbruch der Auseinandersetzungen zuzuschieben[15]. Scharf ging die regierungsfreundliche Presse aber dennoch auch mit der Fortschrittspartei und dem linken Zentrum ins Gericht und warf beiden vor, durch ihre Obstruktionspolitik den Staat "wehrlos und ehrlos" machen zu wollen, was ja zugleich hieße, "Verrat am Vaterland" zu begehen[16].

Am 2. Juni, knapp einen Monat nach Auflösung des Abgeordnetenhauses, legte Innenminister Graf Eulenburg die Wahlen auf den 25. Juni und 3. Juli. Diese recht knappe Terminierung machte zugleich deutlich, daß die Regierung von vornherein bestrebt war, keine große Wahlbewegung aufkommen zu lassen. Seitens des Staatsministeriums ließ man mit dem Ausbruch des Krieges auch nichts unversucht, einen Burgfrieden mit den liberalen Parteien zu erzielen. Natürlich dachte die Regierung auch in diesem Fall zunächst einmal an ihren eigenen Vorteil, forderte man doch die Fortschrittspartei unverblümt auf, finanzielle Mittel zur Kriegführung ohne jegliche Vorbedingung zu bewilligen. Doch zu solchen weitreichenden Konzessionen, die ohne Zweifel die Politik der Partei in den letzten Jahren in Frage gestellt hätten, war deren demokratischer Flügel unter gar keinen Umständen bereit. Man beharrte auf dem Standpunkt, daß an die Geldbewilligung solange nicht zu denken sei, ehe die Regierung nicht signalisiere, zur verfassungsmäßigen Ordnung zurückkehren zu wollen. Ein Vertreter dieser Ansicht, der Abgeordnete für den westfälischen Wahlkreis Stadt und Kreis Bochum - - Stadt und Kreis Dortmund Dr. Loewe-Calbe, machte unmißverständlich deutlich, "mit der Forderung einer unbedingten Bewilligung würde das Volk seine eigene Unmündigkeit erklären", was seiner Ansicht nach dazu herausfordere, daß der "Einfluß des Volkswillens auf die Politik und die Leitung des Staates" unbedingt verstärkt werden müsse[17]. Diese Einstellung kam auch im offiziellen Schreiben des mehrheitlich von früheren Demokraten besetzten Wahlkomitees der Fortschrittspartei zum Ausdruck. Dessen Verfasser, der Berliner Stadtverordnete Runge, vertrat die Meinung, daß es zu diesem Krieg allein schon deshalb gekommen sei, weil die Beseitigung des Budgetrechts den gesetzlichen Einfluß des Volkswillens regelrecht untergraben habe und bezeichnete es deshalb als die dringende Aufgabe des neuen Abgeordnetenhauses, für die Wiederherstellung Deutschlands auf dem Boden der Freiheit zu sorgen, wofür das derzeitige Ministerium keinerlei Gewähr mehr biete. Auf die brandaktuelle Lage eingehend meinte Runge, das Geschehene könne zwar nicht mehr rückgängig gemacht werden, und deshalb sei auch der Krieg zu Ende zu führen, es bleibe aber nach wie vor die Aufgabe der Fortschrittspartei, dafür zu sorgen, daß die Rechte des Volkes bei der künftigen Gestaltung Deutschlands gebührend berücksichtigt würden und nicht etwa dynastischen Vorteilen zum Opfer fielen. Das Wahlkomitee trug daher den Wählern auf, nur für solche Kandidaten zu votieren, die für das uneingeschränkte Budgetrecht zu kämpfen gewillt seien und sich für das große Ziel eines freien und einigen Deutschlands einsetzten[18].

Je deutlicher sich aber ein erfolgreicher Ausgang der militärischen Kraftprobe zugunsten Preußens abzeichnete, desto schwieriger gestaltete sich die Lage der Fortschrittspartei. Schon zu diesem Zeitpunkt signalisierten die Gemäßigten, darunter vor allem Unruh und Twesten, Bereitschaft, mit Bismarck über die Beendigung des innenpolitischen Konflikts zu reden. Die daraufhin erfolgten Gespräche brachten zwar auf Anhieb keine Einigung, doch zeichnete sich langfristig eine Versöhnung ab[19]. Im Mittelpunkt stand die Forderung, die Regierung solle in Zukunft nicht mehr ohne Budget regieren. Damit verlangte man lediglich die Rückkehr zum status quo von 1862[20].

Die übrigen Parteien hüllten sich bei dieser Wahl in Schweigen. Nur das Zentralwahlkomitee der Konservativen trat mit einem äußerst kurz gehaltenen Aufruf an die Öffentlichkeit. Darin hieß es:"Wir fordern unbedingte Unterstützung der Regierung in ihrer auswärtigen Politik, Zurückstellung der schwebenden inneren Streitfragen hinter den äußeren Konflikt, Konzentrierung aller Hilfsmittel des Staates auf einen Punkt und in einer Hand"[21]. Die Wahlagitation überließ man meistens den lokalen Wahlkomitees.

Erstmals seit Durchführung der Wahlen erließ der Innenminister keinen, die Abstimmung betreffenden Zirkularerlaß. Stattdessen rief er ältere Schriftstücke in Erinnerung[22]. Allerdings stellte er es den Regierungspräsidenten auch dieses Mal frei, einen gewissen heilsamen Einfluß auf das Wahlgeschehen auszuüben und dabei besonders die Wahl konservativer Kandidaten zu fördern. Die münstersche Regierung machte aber von diesem Vorschlag keinen Gebrauch und überließ die Agitation den Landräten.

Nach Ausbruch des Krieges drückten die Münsterländer vollkommen andere Sorgen als die bevorstehenden Wahlen, wie dies aus zahlreichen Stimmungsberichten der Behörden hervorgeht. "Infolge der Mobilmachung der ganzen Heeresmacht", so der Bürgermeister von Dorsten, "gibt sich allenthalben ein düsterer Ernst, eine in Erbitterung übergehende Stimmung kund. In unzweideutiger Weise spricht sich die Bevölkerung gegen einen Krieg aus, dessen Zwecke und Ziele ihr bis jetzt noch ein Rätsel sind. Not und Elend reißen schon jetzt ein; Schrecken und Gefahr drohen für das deutsche Vaterland, daß sich selbst unter sich zu zerfleischen zu wollen scheint und dadurch dem Ausland in den Rachen stürzt"[23)].

Dabei schien das Verhältnis zwischen den katholischen Untertanen und seiner protestantischen Obrigkeit in den letzten Jahren auf dem Wege der Besserung zu sein. Aber schon die Feier zum 50. Jahrestag der Zugehörigkeit der Provinz Westfalen zu Preußen stand unter keinem günstigen Stern. Wilhelm I., seine Gemahlin Augusta sowie der Kronprinz samt großem Gefolge ließen es sich sogar nicht nehmen, persönlich am 18. Oktober 1865 die Huldigung der Stände entgegenzunehmen, doch die Bevölkerung verhielt sich ziemlich reserviert und nahm daran wenig Anteil[24)]. Selbst die Presse schenkte diesem Ereignis nur wenig Aufmerksamkeit.

Während dieses halben Jahrhunderts waren aus den katholischen Münsterländern keine Preußen geworden. Konflikte zwischen der katholischen Kirche und der Berliner Regierung hatten das gegenseitige Verhältnis immer wieder belastet. Demgegenüber wußte man aber die außerordentlich lange Friedenszeit unter der preußischen Herrschaft zu schätzen. Industrie, Handel und Gewerbe erlebten zwar keine Blütezeit, doch vermochten sie sich unter den herrschenden Umständen stetig zu entwickeln. Der Konflikt mit Österreich riß jedoch mit einem Male die alten Wunden wieder auf. Nach Aussagen von Zeitgenossen soll man sich in Münster wahren antipreußischen Haßtiraden hingegeben haben[25)]. Unter derartigen Vorzeichen konnte es freilich nicht ausbleiben, daß die Sympathien des Volkes eindeutig dem Habsburgerreich gehörten. Auch der Westfälische Merkur schlug in diese Kerbe und gab vor Kriegsbeginn in mehreren Kommentaren deutlich zu verstehen, daß eine militärische Auseinandersetzung zwischen beiden Staaten unter allen Umständen verhindert werden müsse. Außerdem zweifelte das Blatt wiederholt an der Fähigkeit der derzeitigen preußischen Regierung, die deutsche Frage zu aller Zufriedenheit lösen zu können[26]. Unter dem Eindruck des sich abzeichnenden preussischen Sieges schlug die Meinung des Blattes jedoch wieder ins Gegenteil um, wie dem Leser überhaupt häufig derartige Stimmungsumschwünge zugemutet wurden. "Jeder Erfolg der Preußen", so konnte man jetzt lesen, "ist ein Schritt zur Einigung Deutschlands, der unschätzbarsten Wohltat, die Europa zuteil werden kann, des besten Pfandes eines allgemeinen und dauerhaften Friedens"[27].

Der preußisch-österreichische Krieg hatte auch erstmals einen Teil des westfälischen Adels veranlaßt, aus seinem bisherigen politischen Schattendasein herauszutreten[28]. Der Grund hierfür war eine in der Kreuzzeitung gemachte Äußerung eines anonym gebliebenen westfälischen Adeligen, der angesichts des derzeitigen Konflikts angedeutet hatte, mit dem preußischen König durch 'dick und dünn' gehen zu wollen[29]. Die sicherlich aus einer protestantischen Feder stammende Bemerkung hatte daraufhin in Reihen des katholischen Adels zu einem Sturm der Entrüstung geführt. "Obgleich wir mit allen wahren Katholiken uns im Gewissen für verpflichtet halten, treu unserem König und Herr zu sein", hob man eingangs der Protesterklärung hervor, "so können wir doch nicht mit der Kreuzzeitung und jenem anonymen westfälischen Edelmann unter dieser Treue ein 'durch-dick-und-dünn-gehen' mit dem jetzigen verstehen"[30]. Außerdem wies man entschieden die Behauptung zurück, in diesem Fall von einem Religionskrieg zu sprechen, da es sich ihrer Ansicht nach allein um einen politischen Krieg handele, schlimmer noch, um einen Bruderkrieg, aus dem allein nur das Ausland Nutzen ziehen könne. Persönliche Konsequenzen aus seiner Verärgerung über die preußische Politik zog aber als einziger nur der ehemalige Landtagsmarschall, Clemens August Graf von Westphalen zu Fürstenberg mit seinem demonstrativen Austritt aus dem Herrenhaus am 28. Juli 1866[31]. Außerdem hatte es sein Sohn Clemens gewagt, sich als preußischer Offizier dem Kriegsdienst durch Emigration nach Österreich zu entziehen[32].

In die Wahlbewegung schaltete sich auch dieses Mal Bischof Müller ein. In seinem Hirtenbrief aus Anlaß der Wahl appellierte er eindringlich an alle Urwähler, bei dem Ernst und der Bedrohlichkeit der Verhältnisse, geeignete Männer in den Landtag zu wählen. Sie sollten durch ihre Einsicht und Gewissenhaftigkeit Bürgschaft dafür geben, so meinte er sinngemäß, daß sie unbeirrt von allem Parteigezänke sich nur für das Wohl des Vaterlandes einsetzten[33]. Angriffe auf die Politik Bismarcks waren aber aus seinem Munde nicht zu hören.

Die Wahlkreiseinteilung am 25. Juni 1866

Bestandteile Stadt/Kreis	Einwohner	Wahlort	Anzahl der Abgeordneten
Tecklenburg	46821	Ibbenbüren	1
Steinfurt	44527	Burgsteinfurt	2
Ahaus	39494		
	84021		
Münster(Stadt)	22705	Münster	2
Münster(Kreis)	43885		
Coesfeld	41549		
	108139		

Borken	41218	Dorsten	2
Recklinghausen	49895		
	91176		
Beckum	38691	Ahlen	2
Lüdinghausen	39402		
Warendorf	28861		
	106954		

XIV.2. Wahlkreis: Tecklenburg

Mit aller Entschiedenheit versuchte dieses Mal Landrat von Diepenbroick-Grüter die Wiederwahl des bisherigen Abgeordneten Brabänder zu verhindern. Bereits am 6. Juni nahm er im Wochenblatt für den Kreis Tecklenburg zu den bevorstehenden Wahlen Stellung und ließ dabei unverhüllt anklingen, worauf es jetzt ankomme. "Wenn je", begann er, "so erscheint es gerade jetzt als Pflicht jedes guten Preußen, aus allen Kräften dazu mitzuwirken, daß nur solche Wahlmänner und durch sie nur solche Abgeordnete zum Preußischen Abgeordneten-Hause gewählt werden, welche freudig bereit sind, Gut und Blut für König und Vaterland einzusetzen und mit Selbstverleugnung dahin zu streben, daß stark machende Eintracht drohende Zwietracht überwinde"[34]. Grüter dürfte sich ziemlich sicher gewesen sein, daß derartige Appelle bei der aktuellen Lage von den protestantischen und preussisch gesinnten Tecklenburgern mit Begeisterung aufgenommen würden. Da bereits die Abstimmung im Jahre 1863 ziemlich knapp verlaufen war, konnte sich Diepenbroick-Grüter bei einer entsprechend größeren Wahlbeteiligung große Hoffnungen machen, einen Konservativen bei den Wahlmännern durchzusetzen.

Auch in Reihen der Liberalen bereitete man sich rechtzeitig auf die Wahlen vor. Am 5. Juni trafen sich einige der namhaften Vertreter[35] zu einer Versammlung in Velpe, einer kleinen Eisenbahnstation im Amt Cappeln[36]. Dabei kamen die Anwesenden überein, wiederum nur einen Abgeordneten zu wählen, der sich verpflichtete, kein Geld zur Führung des Krieges zu bewilligen , bevor nicht die dem preussischen Volke verfassungsmäßig zustehenden Rechte eindeutig gesichert seien. Als Kandidat bot sich natürlich wieder Brabänder an, der auch sofort bereit war, das Mandat zu übernehmen.

Landrat von Diepenbroick-Grüter, der das Debakel um die Wahl des damaligen Finanzministers von Bodelschwingh im Jahre 1863 noch gut in Erinnerung hatte, schien angesichts der nach wie vor unveränderten Haltung der Liberalen auch dieses Mal um die Wahl eines Konservativen zu fürchten. Am 16. Juni setzte der Landrat daraufhin seine Amtmänner über die Versammlung von Velpe in Kenntnis - Auszüge daraus waren sogar in der Ibbenbürener Volkszeitung abgedruckt - und ließ diese wissen, daß er sich zwar sonst aus Parteisachen heraushalte, die dortigen Beschlüsse aber geradezu jeden 'wahren Preußen' herausforden würden. Diese bedeuteten seiner Ansicht nach nichts anderes als einen Treuebruch gegen König und Vaterland und müßten daher von 'guten Untertanen' als Verrat bekämpft werden. Schließlich legte Grüter allen Amtmännern nochmals dringend nahe, vor allem konservativen Wahlmännern behilflich zu sein, was unter anderem auch einen engen Zusammenhalt aller 'Königstreuen' voraussetze.

Tags darauf wandte sich Grüter erneut an alle Kreisbewohner und beschwor sie nochmals , keine Feinde der Krone ins Abgeordnetenhaus zu wählen. Den Urwählern unterbreitete er sogar eine kleine Liste mit Kandidatenvorschlägen und erwähnte dabei, Generalsuperintendent Wiesmann, Bischof Müller und Konsistorialrat von Diepenbroick-Grüter, sämtlich aus Münster, sowie natürlich seinen konservativen Wunschkandidaten, den eben erst zurückgetretenen Finanzminister Karl von Bodelschwingh[38]. Klugerweise stellte sich Bodelschwingh aber auch im Stammwahlkreis Waldecks, nämlich im ostwestfälischen Stadt und Kreis Bielefeld -- Herford -- Halle der Entscheidung.

Statistische Angaben über die Wahlbeteiligung in den einzelnen Landkreisen Preußens liegen für diese Wahl nicht vor. Nach dem Gesamtergebnis des Regierungsbezirks Münster zu urteilen[39], dürfte die Höhe der Stimmabgabe in etwa zwischen den Ergebnissen der Wahlen von 1862 und 1863 gelegen haben. Aufgrund der konfessionellen wie historisch-politischen Verhältnisse im Tecklenburger Land kann allerdings von der Wiederholung des bisher besten Ergebnisses aus dem Jahre 1862 ausgegangen werden. Grüters intensiver Einsatz sollte auch diesmal belohnt werden, denn die Liberalen verloren auf der ganzen Linie. Mit 93 von 177 Stimmen wurde der Kandidat der Konservativen, Karl von Bodelschwingh, zum Abgeordneten gewählt[40]. Die Anzahl der auf Brabänder entfallenen Stimmen ließ sich nicht genau ermitteln, vermutlich waren es aber 84. Seine Niederlage, so überraschend sie den Liberalen auch vorkam, mußte nach Ansicht des Merkurs zwangsläufig einmal kommen, da sich Brabänder in der Frage der Geldbewilligung allzu hartnäckig verhalten habe[41].

Unerwarteterweise war es aber von Bodelschwingh gelungen, Waldeck in Ostwestfalen zu besiegen. Es war daher nur zu verständlich, daß er das Mandat in Tecklenburg ausschlug. Als Nachfolger empfahl er seinen in Münster bei der Bezirksregierung tätigen Schwiegersohn, den Dirigenten der Inneren Abteilung, Oberregierungsrat von Quadt-Hüchtenbruck. Nach längerem Zögern erklärte sich Quadt schließlich zur Kandidatur bereit und wurde am 16. Juli mit 90 von 173 Stimmen zum Nachfolger seines Schwiegervaters gewählt[42].

Aus Brabänders überraschender Niederlage hatten die tecklenburgischen Liberalen sofort personelle Konsequenzen gezogen und an seiner Stelle den wesentlich gemäßigteren ehemaligen Innenminister Graf von Schwerin-Putzar aufgestellt. Doch auch dieser Schwenk vermochte die Wahlmänner nicht mehr zu überzeugen, denn Schwerin erhielt ebenfalls nur 83 Stimmen[43].

Die Nominierung des ehemaligen Innenministers machte in gewisser Weise deutlich, daß es mit der politischen Standfestigkeit der tecklenburgischen Liberalen nicht zum besten unbestellt war, konnte doch der Austausch der Kandidaten unmöglich nur als ein taktischer Schachzug abgetan werden. Grüters Erfolg bei dieser Wahl dürfte daher nicht einmal so sehr auf der Mobilisierung konservativer Kreise beruht haben, sondern ging wesentlich auf das Konto liberaler Unnachgiebigkeit während der zurückliegenden Legislaturperiode. Angesichts des Krieges, aber auch schon in Erwartung des preußischen Sieges, dürften zahlreiche Wahlmänner nicht mehr bereit gewesen sein, der Regierung finanzielle Mittel zu verweigern. Das noch 1863 heiß diskutierte Thema der Budgetbewilligung war nunmehr von sekundärer Bedeutung. Außerdem mag es sich mancher Urwähler und Wahlmann dieses Mal besonders gut überlegt haben, ob er, angesichts der Öffentlichkeit der Abstimmung, für den Oppositionskandidaten votieren sollte. Im Zeichen nationaler Geschlossenheit, wie Grüter in seinen verschiedenen Appellen ausdrücklich betonte, hätten die Behörden ein solches Verhalten dem betreffenden Wähler besonders verübelt.

XIV.3. Wahlkreis: Steinfurt -- Ahaus

Erfahrungsgemäß hatten es die Liberalen in diesem Wahlkreis immer besonders schwer, sich gegen die Mehrheit der Klerikalen durchzusetzen. Dennoch versuchten sie auch bei dieser Wahl, ihnen beide Mandate streitig zu machen. An Stelle des nicht mehr kandidierenden Kreisrichters Ludwig Gruwe nominierte man gleich zwei Bewerber, nämlich Apotheker Feldhaus und Kreisrichter Morsbach, beide übrigens aus Horstmar/Kr. Steinfurt stammend. Auf der politischen Bühne des Kreises waren sie allerdings bisher noch nicht in Erscheinung getreten. Daß Morsbach und Feldhaus in Horstmar zuhause waren, deutete auf eine Bastion der Liberalen hin; nähere Einzelheiten hierüber ließen sich aber nicht ermitteln[44]. In einigen Zeitungsartikeln nahmen die beiden Kandidaten zur aktuellen politischen Lage Stellung und äußerten dabei die Ansicht, daß dieser Wahlkreis endlich Männer brauche, die selbst jetzt in der schwersten Lage des Vaterlands die Rechte des Volkes nicht aus den Augen ließen und sie bis zum Äußersten verteidigten. Aus diesem Grund sei es auch naheliegend, die beiden bisherigen Vertreter in Berlin nicht mehr mit einem Mandat zu betrauen, da sie in allen entscheidenden Fragen mit der Regierung gestimmt hätten[45].

Von klerikaler Seite war wie immer vor den Urwahlen kaum etwas zu vernehmen, Wahlversammlungen waren ebensowenig an der Tagesordnung wie Aufrufe in den Zeitungen. Schon beinahe traditionsgemäß kümmerte sich der Klerus um die Mobilisierung der katholischen Wähler. Mittlerweile hatten sich aber auch hier katholisch-liberale Kräfte in den Vordergrund gedrängt, was nicht zuletzt auf den politischen Sinneswandel des langjährigen Abgeordneten Wilhelm Rohden zurückzuführen war.

Auch diesmal setzte sich Rohden gewohnt eindeutig mit 237 von 285 Stimmen durch. Das zweite Mandat fiel an den Ahauser Kreisrichter Paul Zurmühlen; 178 der 285 Wahlmänner gaben ihm die Stimme[46]. Nähere Angaben über das Abschneiden der beiden Herausforderer liegen nicht vor, bei der Wahl Zurmühlens dürfte aber einer von ihnen etwa 80 Stimmen erhalten haben. Die geringe Anzahl von lediglich 285 erschienen Wahlmännern - normal 318 - läßt eindeutig auf eine nicht besonders hohe Wahlbeteiligung schließen, so daß auch kaum das Ergebnis von 1862 erreicht werden konnte.

XIV.4. Wahlreis: Stadt Münster -- Kreis Münster -- Coesfeld

Die infolge der Kriegsereignisse den Parteien nur knapp bemessene Zeit zur Wahlbewegung nutzten in Münster wie schon in der Vergangenheit die Liberalen am intensivsten. Allen voran setzte sich wiederum der 'Bürgerverein' für die Wahl fortschrittlich gesinnter Kandidaten ein. Mit der Bekanntgabe seines Spitzenkandidaten erfuhr zudem das politische Leben der Provinzialhauptstadt eine mehr als deutliche Belebung. Kein geringerer als Benedikt Waldeck sagte für den Fall die Annahme des Mandats zu, nicht wieder in seinem ostwestfälischen Stammwahlkreis Stadt und Kreis Bielefeld -- Herford -- Halle gewählt zu werden. Auf einer Wahlversammlung am 28. Juni, zu der vorwiegend liberale Wahlmänner erschienen waren, herrschte von Anfang an darüber Konsens, nur solche Kandidaten zu unterstützen, die sich auch weiterhin für die verbrieften Rechte der Verfassung einsetzten und sich weiterhin gegen jede Form von Geldbewilligung aussprachen[47]. Bei nur wenigen Gegenstimmen billigten die Anwesenden die Kandidatur Waldecks und nominierten als zweiten liberalen Vertreter den Direktor der westfälischen Provinzialfeuersozietät, Ferdinand von Noel, einen der einflußreichsten Vertreter der gemäßigten liberalen Münsters[48]. Einige Teilnehmer votierten außerdem für den bisherigen Abgeordneten, den dem katholisch-liberalen Flügel der Zentrumsfraktion nahestehenden von Kleinsorgen sowie für den politisch nicht weiter in Erscheinuung getretenen münsterschen Kaufmann und Stadtverordneten Schmitz[49].

Wie zu erwarten war, stieß die Nominierung Waldecks namentlich in klerikalen Kreisen auf erheblichen Widerspruch. Die

Vorwürfe richteten sich wie schon in der Vergangenheit gegen dessen angebliche Gottlosigkeit, seine strikte Befürwortung der kleindeutschen Lösung und nicht zuletzt gegen Waldecks Äußerungen über die weltliche Macht des Papstes. Außerdem legten ihm die Klerikalen zur Last, vorbehaltlos hinter den bildungspolitischen Plänen der Fortschrittspartei zu stehen[50]. Nach Ansicht seiner doch immerhin zahlreichen Gegner konnte Waldeck daher unmöglich die politische Meinung dieses Wahlkreises repräsentieren, weshalb im nahe gelegt wurde, sein Glück woanders zu versuchen. Trotz dieser beißenden Kritik war den Klerikalen bei den Gedanken an Waldecks Kandidatur nicht recht wohl, mußten sie doch befürchten, daß er die Stimmen der großen Schar der Gegner der Bismarckschen Konfrontationspolitik erhalten würde[51].

Rechtzeitig hatten sich daher die Klerikalen nach einem zugkräftigen Gegenkandidaten umgesehen, zumal auch der bisherige Abgeordnete Froning aus familiären Gründen auf eine Wiederwahl verzichtete. An seiner Stelle wurde daraufhin der langjährige Deputierte zum westfälischen Provinziallandtag und ehemals zweite Bürgermeister von Münster, Kaufmann Johann Heinrich Schlichter, aufgestellt[52]. Schlichter, der in der Stadt hohes Ansehen genoß, hatte sich bei zahlreichen Wahlen als Wahlmann zur Verfügung gestellt. Zweiter Kandidat der Klerikalen war erwartungsgemäß wiederum der aus Haltern stammende Kreisrichter Karl von Kleinsorgen, der sich trotz seiner betont liberalen Einstellung, wie Wahlkommissar Offenberg ausdrücklich hervorhob, nach wie vor des Vertrauens des Klerus erfreute[53]. Kurz vor der Abgeordnetenwahl trat auch die münstersche Regierung mit einem eigenen Kandidaten an die Öffentlichkeit; ihre Wahl war auf den Vortragenden Rat im Ministerium für geistliche und Unterrichtsangelegenheiten, Joseph Linhoff, gefallen[54]. Mit diesem Schachzug versuchte man vor allem die antiliberal eingestellten Katholiken für sich zu gewinnen, denn der Name Linhoff war auch in Münster geläufig: als Vertreter der Regierung und als überzeugter Katholik drängte er sich geradezu als ein geeigneter Kompromißkandidat auf.

Einzelheiten über die Wahlbeteiligung liegen diesmal nur aus Münster vor. Danach gaben in der I. Klasse 69,2 %, in der II. 60,9 % und in der III. Klasse 26,5 % ihre Stimme ab, insgesamt genau 33,0 %, eine Anzahl,die allein schon deshalb nicht hoch genug eingeschätzt werden durfte, da das Militär größtenteils nicht abstimmen konnte. Angaben über das Ergebnis der Urwahlen auf dem Lande fehlen dagegen gänzlich.

Die Abgeordnetenwahl endete mit einer Überraschung, denn Waldeck errang auf Anhieb mit 199 der 389 abgegebenen Stimmen das erste Mandat, während sich sein katholisch liberaler Herausforderer von Kleinsorgen mit 168 Stimmen zufrieden geben mußte. Erwartungsgemäß sicherte der sich dann allerdings im folgenden Wahlgang die Mehrheit, 233 Wahlmänner votierten für ihn, 129 für den liberalen von Noel[55]. Schlichter und Linhoff spielten dagegen überhaupt keine Rolle. Die Wahl Waldecks war natürlich sofort Anlaß einer Reihe von Spekulationen. Als kaum haltbar erwies sich dabei die Version, sogar führende Beamte der Regierung, darunter auch von Duesberg, hätten deshalb für Waldeck gestimmt, um unter allen Umständen die Wahl eines proösterreichischen Kandidaten zu verhindern[56]. Die Anzahl der Beamten unter den Wahlmännern war aber auch bei dieser Wahl derart gering, daß von ihrer Seite kaum entscheidender Einfluß ausgeübt werden konnte. Außerdem erwies sich diese Behauptung als ziemlich widersprüchlich, da ja die Berliner Regierung darum bemüht war, konservative Kandidaten in bisher von der Fortschrittspartei gehaltenen Wahlkreisen, typisch hierfür war das Auftreten des ehemaligen Finanzministers von Bodelschwingh in Waldecks ostwestfälischem Stammbezirk, aufzustellen. Tatsache war, daß Waldeck in Münster die Stimmen der gemäßigten und entschiedenen Liberalen auf sich vereinigen konnte. Hinzu kam, daß zahlreiche, die jetzigen kriegerischen Auseinandersetzungen scharf ablehnende Wahlmänner in Reihen der Klerikalen allein schon aus Verärgerung für Waldeck votierten. Wahlkommissar Offenberg interpretierte die Wahl des Fortschrittsmanns dagegen nur als die

Folge der Agitation der demokratischen Partei, die sehr viele Wahlmänner durchsetzen konnte. Allein schon vom bisherigen Abschneiden der Liberalen zu urteilen, hinter denen Offenberg eine tatsächlich gar nicht existierende demokratische Bewegung witterte, schien die Wahl Waldecks ohne das Zutun katholisch-liberaler Kreise kaum möglich gewesen zu sein, zumal auch große Teile der Wahlmänner aus den beiden Landkreisen diesmal mit den Liberalen sympathisierten. In gewisser Weise schien dies auch Offenberg nicht entgangen zu sein, denn er bedauerte gleichzeitig, daß die klerikale Partei und vor allem die Geistlichkeit keinen heilsamen Einfluß auf die wegen des Krieges verärgerten Landwirte ausüben konnte[57]. Nach seiner Niederlage in Ostwestfalen sagte Waldeck die Annahme des Mandats sofort zu. Mit seiner Person hatte die Fortschrittspartei erstmals richtig in der Provinzialhauptstadt Fuß fassen können.

XIV.5. Wahlkreis: Borken -- Recklinghausen

Auch in diesem Wahlkreis setzte der preußisch-österreichische Krieg den Aktivitäten der Parteien enge Grenzen. Von einer Wahlkampagne konnte daher auch nicht die Rede sein; weder konstituierten sich Wahlkomitees noch war etwas von einer publizistischen Auseinandersetzung in den Zeitungen zu verspüren. Lediglich der bekannte Ortsvorsteher Averbeck meldete sich wie gewohnt mit einem Aufruf an die Urwähler des Vests, in welchem er die Schrecken des bevorstehenden Krieges an die Wand malte. Allerdings wurde Averbeck von den Realitäten alsbald eingeholt, denn sein Appell an die Urwähler war schon Wochen vor der Abstimmung veröffentlicht worden[58]. Große Sorgen um das Schicksal der Liberalen waren jedoch bei dieser Wahl nicht angebracht, da die Mehrzahl der Wähler aufgrund der kriegerischen Ereignisse ohnehin auf deren Seite stand, sehr zum Leidwesen des patriotisch gesinnten Landrats von Reitzenstein.

Obwohl sich auch die Klerikalen ganz entschieden gegen diesen Krieg ausgesprochen hatten, taten sie sich dieses Mal aber bei den Wählern ziemlich schwer. Eine gewisse Mitschuld hatte daran der bisherige Abgeordnete Dr.Schultz, dessen Sympathiebekundung für die Lage der Regierung in der Debatte über die Kostenregelung des dänischen Krieges im Kreis Recklinghausen auf schärfste Kritik gestoßen war[59]. Am lädierten Ruf der Klerikalen vermochten daher auch Aktionen ihnen nahestehender Zeitungen, wie etwa die des Dorstener Anzeigers, wenig zu ändern, dessen Herausgeber sich schlichtweg geweigert hatte, den Aufruf des preußischen Monarchen vom 18. Juni 'An mein Volk' zu veröffentlichen[60]. Über einen allzu großen Leserkreis verfügte das Blatt ohnehin nicht. Angesichts der gefestigten Stellung der Liberalen mußten die Klerikalen von vornherein mit erheblichen Stimmenverlusten rechnen. Bezeichnend für deren ungünstiges Abschneiden war die Tatsache, daß unter den 344 ermittelten Wahlmännern nur noch 15 Geistliche, vorwiegend aus ländlichen Gebieten, zu finden waren[61].

Erwartungsgemäß setzte sich Winkelmann im ersten Wahlgang mit 279 von 315 Stimmen durch. Dieser überzeugende Vertrauensbeweis ließ darauf schließen, daß er auch von einer ganzen Reihe klerikaler Wahlmänner Stimmen erhalten hatte. Das zweite Mandat fiel an den ebenfalls dem linken Zentrum nahestehenden Bocholter Textilfabrikant Werner Schwartz, für den sich 254 der 312 noch anwesenden Wahlmänner aussprachen[62]. Die Namen der jeweiligen Gegenkandidaten sowie deren Parteistellung konnten nicht ermittelt werden.

Winkelmann und Schwartz hatten sich, wie Wahlkommissar von Reitzenstein mit großem Bedauern feststellen mußte, mit Entschiedenheit gegen jede Form der Geldbewilligung ausgesprochen, solange das jetzige Ministerium nicht bereit sei, entsprechende Konzessionen zu machen[63]. Abgesehen vom Kreis Tecklenburg, wo nur ein einziger Abgeordneter gewählt werden mußte, gelang es erstmals zwei Vertretern des linken Zentrums, beide Mandate eines größeren Wahlkreises zu erringen.

XIV.6. Wahlkreis: Beckum -- Lüdinghausen -- Warendorf

Einzelheiten über die Wahlbewegung im größten Wahlkreis des Münsterlandes ließen sich nicht ermitteln; sogar die Zeitungen schwiegen sich über das Ereignis aus. Mit Sicherheit dürfte sich aber auch hier der Krieg lähmend auf die Aktivitäten ausgewirkt haben, wofür auch die Tatsache sprach, daß rund 40 Wahlmänner nicht aufgestellt wurden. Die Wahlbeteiligung müßte daher um einiges hinter dem Ergebnis von 1863 zurückgeblieben sein.

Gemessen am Resultat der Abgeordnetenwahl hatten sich die Positionen der beiden dominierenden Parteien, der Klerikalen und der Liberalen, nicht verschoben. Erster Abgeordneter wurde mit 227 Stimmen der mittlerweile schon 77jährige Caspar Schulze Hobbeling aus Ascheberg. Auf seinen wichtigsten Gegenkandidaten, den aus Hamm stammenden Appellationsgerichtsrat Versen entfielen 126, auf den mittlerweile nach Düsseldorf versetzten Regierungsrat Hermann von Mallinckrodt 5 und auf Karl von Bodelschwingh zwei Stimmen[64]. Erwartungsgemäß setzte sich dann Versen bei der Wahl des zweiten Abgeordneten durch, 247 Wahlmänner votierten für ihn, überraschend wenig, nämlich nur 110 für Mallinckrodt[65]. Unverkennbar deutlich kam in beiden Wahlgängen das Verlangen zahlreicher Wahlmänner zum Ausdruck, nicht nach der Parteirichtung, sondern nach dem Persönlichkeitsbild zu entscheiden. Schulze Hobbeling konnte sich daher auf die Stimmen der Klerikalen, der Katholisch-Liberalen und auch der gemäßigten Liberalen stützen, während für Versen mit Ausnahme der Klerikalen, wie das Beispiel Mallinckrodt recht anschaulich verdeutlicht, sämtliche Wahlmänner der unterschiedlichsten liberalen Färbung votierten[66]. Besonders auffällig war natürlich das Abschneiden des prominenten Zentrumsführers in diesem nahezu rein katholischen Wahlkreis. Bei der Entscheidung der Wähler dürfte aber kaum Mißtrauen gegen dessen Person als vielmehr die zweideutige Rolle der Fraktion in den letzten Jahren eine erhebliche Rolle gespielt haben. Mit Mallinckrodt schied nun einer der letzten Vertreter des konservativen Flügels der Klerikalen aus dem Abgeordnetenhaus aus.

In gewisser Weise typisch für die Stimmung unter den Wahlmännern mag daher auch das eindeutige Votum für Schulze Hobbeling gewesen sein, der vor der Abstimmung unter dem Beifall der Wahlmänner unverblümt erklärt hatte, gegen jede Form der Geldbewilligung zu stimmen[67].

XIV.7. Wahlergebnis

Die Wahlen des Jahres 1866 hatten die klerikale Vormachtstellung im Regierungsbezirk Münster endgültig zu Fall gebracht. Rohden, Zurmühlen, von Kleinsorgen und Schulze Hobbeling waren, abgesehen von einigen Randfragen, auf dem linken Flügel der nunmehr fast aufgeriebenen Zentrumsfraktion zuhause. Schwartz, Versen und Winkelmann gehörten dem linken Zentrum an und mit Waldeck und von Quadt vermochten sich auch erstmals Parteigänger der Fortschrittspartei bzw. der Konservativen zu plazieren.

Eines der wichtigsten Ergebnisse dieser Wahl war der nicht zu übersehende Schwenk klerikaler Wähler hin zu den Liberalen, so daß jene Grenze zwischen Ihnen und den Katholisch-Liberalen immer fließender wurde. Das Verhalten der Zentrumsfraktion im Abgeordnetenhaus hatte nämlich mittlerweile zahlreiche Wähler veranlaßt, sich nach politischen Alternativen umzusehen. Besonders deutlich wurde dies in solchen Wahlkreisen, in denen die Liberalen bisher kaum Fuß fassen konnten. Ausgesprochen konservative Strömungen, wie sie beispielsweise in der Vergangenheit der Abgeordnete Dr. Schultz vertreten hatte, waren dagegen nirgends mehr anzutreffen.

Der überwältigende Erfolg der Liberalen im Münsterland war aber keineswegs allein auf ihre Standfestigkeit oder gar auf die Vorzüge ihres politischen Programms zurückzuführen, sondern war wesentlich in der Protesthaltung enttäuschter Wähler zu suchen. Typisches Beispiel hierfür war die früher nicht für möglich gehaltene Wahl Waldecks in Münster. Selbst das Abschneiden der beiden Kandidaten des linken Zentrums, Winkelmann und Schwartz, im Wahlkreis Borken -- Recklinghausen, überraschte in diesem Ausmaß[68]. Der Protest der Wähler war fraglos Ausdruck des Unmuts über den vielfach als sinnlos angesehenen Krieg gegen Österreich. Angesichts der Rekrutierungen hatten nämlich die zahlreichen Landwirte um die Einbringung ihrer Ernte bangen müssen, Gewerbe und Industrie sahen sich eindeutigen Ertragseinbußen gegenüber, und nicht zuletzt befürchteten zahlreiche Arbeiter ihre Entlassung.

Daß aber auch die Klerikalen und auch jene Abgeordneten, die mit der Regierung zusammenarbeiteten, gegen diesen Krieg eingestellt waren, hatte auf die ehemaligen Wähler des Zentrums so gut wie keinen Eindruck hinterlassen. Zum Zeitpunkt, da sich die preußischen Truppen der österreichischen Grenze näherten, war jeder Gedanke an eine friedliche Lösung des Konflikts und an eine friedliche Einigung aller deutschen Staaten bar jeden Realitätssinnes. Dies hinderte freilich die Bevölkerung nicht daran, mit dem Habsburgerreich zu sympathisieren, zumal man sich gerade von Österreich eine "Bestrafung" Bismarcks erhoffte.

Wahlbeteiligung an der Urwahl vom 25. Juni 1866 in den preußischen Regierungsbezirken in %

Reg'Bezirke	Ges.Beteilig.	I.	II.	III.	Veränd.z.1863
Königsberg	35,2	62	51	31,8	+ 1,2
Gumbinnen	41,0	70	56	36,7	+ 9,8
Danzig	49,1	73	65	46,1	+ 3,5
Marienwerder	41,1	68	56	37,5	+ 0,4
Potsdam	32,4	71	51	28,2	+ 2,2
Frankfurt/O	29,1	58	43	25,3	- 3,5
Stettin	30,4	64	48	26,7	- 0,5
Köslin	38,1	71	52	35,0	+ 0,7
Stralsund	40,3	63	53	38,1	+ 3,6
Posen	41,6	64	59	37,3	- 10,5
Bromberg	48,7	70	63	45,4	- 6,7
Breslau	29,6	60	46	26,0	- 2,6
Oppeln	27,1	53	41	22,4	+ 2,3
Liegnitz	31,6	62	50	27,6	+ 2,5
Magdeburg	32,6	71	54	28,2	- 0,3
Merseburg	33,4	66	54	29,3	+ 4,9
Erfurt	24,8	52	37	21,3	- 2,8
Minden	29,1	56	45	25,5	- 1,1
MÜNSTER	11,6	42	27	7,9	+ 0,6
Arnsberg	23,2	58	41	18,5	+ 3,8
Düsseldorf	23,7	59	41	19,8	+ 4,5
Köln	20,1	55	38	16,2	+ 0,3
Aachen	12,5	41	26	9,3	- 2,9
Koblenz	21,2	47	34	15,9	+ 5,6
Trier	28,2	53	41	23,5	+ 8,8
Sigmaringen	12,4	22	17	9,6	- 4,3
Preußen	30,4	60,4	47,5	27,6	- 0,5

Zusammengestellt nach: Zeitschrift des Kgl. Preus. Stat. Bureaus, 7.Jg., 1867, S.236 f;

Vollkommen anders waren dagegen die Verhältnisse im einzigen überwiegend protestantischen Wahlkreis des Regierungsbezirks gelagert. Vor allem aufgrund dieser konfessionellen Sonderstellung im sonst rein katholischen Münsterland und der längeren Zugehörigkeit Tecklenburgs zu Preußen besaß die dortige Bevölkerung eine ganz andere Beziehung zu ihrem Herrscherhaus, so daß gerade patriotische Appelle in dieser Situation nicht auf taube Ohren stießen.

Mit einer Wahlbeteiligung von insgesamt 11,6 % rangierte der Regierungsbezirk Münster in der Skala aller preußischen Verwaltungsbezirke nach wie vor an letzter Stelle. Davor lagen Aachen mit 12,5 %, Köln mit 20,1 %, Koblenz mit 21,2 % und schließlich das benachbarte Arnsberg mit einer genau doppelt so hohen Wahlbeteiligung wie Münster, nämlich 23,2 %. Das größte Interesse an dieser Wahl herrschte natürlich wieder in den Ostgebieten, wo der Regierungsbezirk Danzig diesmal mit 49,1 % die Spitzenstellung inne hatte. Die sonst führenden Regierungsbezirke Posen und Bromberg mußten bei dieser Wahl allerdings die größten Stimmenverluste hinnehmen, nämlich 10,4 % bzw. 6,7 %[69].

XIV.8. Die IX. Legislaturperiode

Die am Tag der Schlacht von Königgrätz, am 3.Juli 1866, durchgeführten Abgeordnetenwahlen hatten die innen- wie außenpolitische Lage Preußens mit einem Schlage grundlegend verändert. Das Wahlergebnis zeigte in aller Deutlichkeit, daß die Erfolge des eigenen Militärs bei der Bevölkerung einen nachhaltigen Eindruck hinterlassen hatten. Fortschrittspartei und linkes Zentrum büßten fast die Hälfte ihrer früheren Mandate ein und zogen nur noch mit 148 Abgeordneten in die Kammer ein. Die Fortschrittspartei war dabei von 143 Sitzen auf 83 und das linke Zentrum von

110 auf 65 zurückgegangen. Eindeutiger Gewinner der Wahl waren die Konservativen, die die Anzahl ihrer Abgeordneten von bisher 36 auf nunmehr 123 erhöhen konnten und damit auch die stärkste Fraktion stellten. Die Mehrzahl ihrer Mitglieder besaß allerdings erhebliche Vorbehalte gegen die Außenpolitik Bismarcks und lehnte teilweise auch den Kurs im Inneren ab. Etwa 19 Abgeordnete in ihren Reihen waren jedoch anderer Auffassung und hatten sich Mitte November von der Mutterpartei gelöst. Als 'freie konservative Vereinigung' standen sie fortan hinter dem Kurs der Regierung. 26 Abgeordnete stellten ferner die Altliberalen und 21 die Fraktion der Polen. Kaum noch Bedeutung besaß dagegen die Fraktion des Zentrums, die jetzt nur noch über 15 Mitglieder verfügte. Von den führenden Männern vergangener Tage waren nur noch Peter Reichensperger und Wilhelm Rohden ins Abgeordnetenhaus zurückgekehrt[70]. Die neun Vertreter aus dem Regierungsbezirk Münster sollten sich erstmals auf vier Fraktionen verteilen. Freiherr von Quadt trat den Konservativen bei, von Kleinsorgen, Rohden, Schulze Hobbeling und Zurmühlen der Fraktion des Zentrums, Schwartz, Versen und Winkelmann schlossen sich dem linken Zentrum und Waldeck der Fortschrittspartei an[71].

Anläßlich der Eröffnung des Landtages am 5. August hatte die Regierung zu erkennen gegeben, eine Indemnitätsvorlage in die Kammer einbringen zu wollen[72]. Damit sollte für die ohne ordnungsgemäßes Budget seit 1862 geleisteten Ausgaben um eine nachträgliche Bewilligung durch das Abgeordnetenhaus nachgesucht werden[73]. Im Mittelpunkt der Indemnitätsdebatte standen die Auseinandersetzungen zwischen den beiden Flügeln der Fortschrittspartei, denn während sich die gemäßigten Liberalen für die Annahme der Regierungsvorlage aussprachen, ließ der linke Flügel keine Bereitschaft zum Einlenken erkennen. Solange noch Unterdrückung der Presse, Disziplinierung der Beamten, Wahlbeeinflussung und vor allem die Mißachtung der elementarsten Rechte des Parlaments im Raum stünden, sei ihrer Ansicht nach die Indemnität zu verweigern[74]. Bei der Abstimmung hierüber am 3. September 1866 sollten die gegensätzlichen Standpunkte innerhalb der Fortschrittspartei deutlich zutage treten. 34 Mitglieder der Fraktion hatten dafür und 41 dagegen votiert, während vom linken Zentrum sogar 42 mit Ja und nur 23 mit Nein abstimmten[75]. Der Antrag war insgesamt mit 230 gegen 75 Stimmen angenommen worden[76]. Von den Abgeordneten aus dem Untersuchungsgebiet stand lediglich Freiherr von Quadt hinter der Mehrheit, während der Rest die Vorlage ablehnte[77].

In der 1. Session hatte die Regierung der Kammer noch eine Reihe weiterer wichtiger Gesetzesvorlagen übergeben, die allesamt die Billigung des Hauses fanden. Bei der Abstimmung über die Einverleibung Hannovers und Kurhessens votierten alle Abgeordneten aus dem Regierungsbezirk Münster mit Ausnahme Zurmühlens mit der Mehrheit. Winkelmann hatte sich an dieser Abstimmung nicht beteiligt[78]. Dem Antrag auf Bewilligung eines Kredits in Höhe von 60 Millionen Talern zur Deckung der Kriegskosten und der Wiederauffüllung des Staatsschatzes gab aber lediglich der konservative Freiherr von Quadt seine Zustimmung, während sich der Rest mit Ausnahme Waldecks, der beurlaubt war, dagegen ausgesprochen hatte[79]. Diesselbe Geschlossenheit zeigten die münsterländischen Abgeordneten bei der Abstimmung über das Dotationsgesetz[80]. Lediglich von Quadt und Versen hatten dem Ansinnen zugestimmt[81]. Besagtes Gesetz war allerdings mit 230 gegen 80 stimmen angenommen worden[82].

Wegen des Zutritts der neuen Provinzen und der damit erforderlich gewordenen Neuwahlen wurde das Abgeordnetenhaus bereits am 22. September 1867 aufgelöst.

DIE WAHLEN NACH BEENDIGUNG DER KONFLIKTSZEIT 1867

XV. Die Wahlen zum Konstituierenden Reichstag des Norddeutschen Bundes vom 12. Februar 1867

XV.1. Wahlbewegung

Das erste Parlament des Norddeutschen Bundes, der Konstituierende Reichstag, wurde am 12. Februar 1867 nach den jeweiligen Wahlgesetzen seiner Einzelstaaten, im wesentlichen aber auf der Grundlage des Reichswahlgesetzes vom 12. April 1849 gewählt. Die in § 5 des sog. Augustbündnisses erzielte Einigung hierüber bedeutete nicht nur eine verspätete Anerkennung der damals gefällten Beschlüsse, sondern signalisierte auch die Bereitschaft der preußischen Regierung, die eigenen, umstrittenen Wahlrechtsbestimmungen einem höheren Ziel zu opfern. Über das Wahlgesetz hatte das Abgeordnetenhaus am 11. und 12. September beraten und es mit Ausnahme der polnischen Fraktion und einiger Mitglieder der Fortschrittspartei angenommen[1].

Das am 15. Oktober der Öffentlichkeit vorgelegte Wahlgesetz trug unübersehbar liberale Züge, war darin doch die allgemeine, gleiche, geheime und direkte Wahl festgelegt worden. Eine wesentliche Verbesserung stellte auch der Wegfall des Zeit seines Auftauchens im preußischen Wahlgesetz umstrittenen Begriffs der wirtschaftlichen Selbständigkeit des einzelnen Wählers dar. Aktives wie passives Wahlrecht war an die Vollendung des 25. Lebensjahres geknüpft, das aktive ausserdem an den Nachweis der mindestens dreijährigen preußischen Staatsbürgerschaft und des Wohnrechts am Wahlort. Ausgeschlossen von der Stimmabgabe waren alle Bürger, die in Strafsachen verwickelt oder für unmündig erklärt worden waren, die bürgerlichen Ehrenrechte verloren hatten oder Armenunterstützung bezogen. Die Abstimmung hatte mittels verdeckt geschriebener Zettel zu erfolgen, es waren aber auch vorgedruckte Stimmkarten erlaubt. Ein Abgeordneter wurde auf je 100000 Einwohner gewählt. Erreichte keiner der Kandidaten im ersten Wahlgang die absolute Mehrheit, so mußte eine Stichwahl zwischen den beiden aussichtsreichsten Kandidaten entscheiden. Obwohl dieses Wahlrecht gegenüber den vielfach als bedrückend empfundenen Bestimmungen der preußischen Dreiklasseneinteilung als ein Fortschritt angesehen wurde, sollte es aber auch nicht frei von Nachteilen sein[2]. Manipulationen und schwerwiegende Eingriffe in die Entscheidungsfreiheit der Wähler war nämlich dadurch eine Lücke gelassen, daß vorgedruckte Stimmkarten zulässig waren. So sollte es auch diesmal nicht ausbleiben, daß Landräte versuchten, die der Regierung besonders genehmen Kandidaten massiv zu unterstützen. Tausende von vorgedruckten Stimmkarten, und dies dürfte gewiß kein Einzelfall gewesen sein, wurden beispielsweise im Kreis Münster an Amtmänner und Ortsvorsteher mit der Bitte um Weitergabe versandt, um ja die Wahl der Regierungskandidaten nach allen Seiten hin abzusichern[3].

Die Anwendung des Reichswahlgesetzes war zwar hauptsächlich aus Rücksicht auf die nichtpreußischen Mitgliedsstaaten des Norddeutschen Bundes geschehen, aber auch die Regierung und natürlich Bismarck selbst wußten in dieser Situation um die Vorteile dieser Bestimmungen im Vergleich zum preußischen Wahlrecht. "In Preußen", so äußerte er sich dazu, "sind neun Zehntel der Bevölkerung dem König treu", und diese würden nur um den eigentlichen Ausdruck ihrer Meinung gebracht, weil es der Wahlmechanismus nicht zuließe[4]. Das gleiche, allgemeine und geheime Wahlrecht war nach Bismarcks Überzeugung bestens dazu geeignet, um auch den monarchistisch gesinnten Unterschichten die Möglichkeit zu eröffnen, sich weitaus intensiver als bisher an den politischen Entscheidungsprozessen zu beteiligen. Darüber hinaus lag ihm außerordentlich viel daran, den Einfluß der Liberalen zurückzudrängen, die, gestützt auf die bürgerlichen Kreise des Staates, bisher fast immer allein den Ausschlag bei den Wahlen gegeben hatten. Trotz der deutlichen Vorteile der neuen Bestimmungen blieben aber langfristig gesehen auch manche Nachteile nicht aus. Für den Preis des allgemeinen, gleichen und geheimen Wahlrechts bezahlten alle kommenden preußischen Regierungen mit einem geradezu erschreckenden Rückgang der Wahlbeteiligung zum preußischen Abgeordnetenhaus. Soweit statistisch nachweisbar, wurde auch in der Zeit des Kaiserreiches kein derartiges Interesse mehr registriert wie im Jahre 1862[5]. Erstes Opfer des Wahlrechts zum Reichstag wurde schon die Wahl zum preußischen Abgeordnetenhaus vom 20. Oktober 1867, die unter sehr mäßiger Beteiligung über die Bühne ging.

Die Umstellung von der öffentlichen auf die geheime Wahl bereitete auch den Parteien größere Probleme, da die Einigung über die jeweiligen Kandidaten nicht mehr nur Sache einer Gruppe einflußreicher Persönlichkeiten war, sondern auch die Ansichten der Wähler zu berücksichtigen hatte. Zwar führte dies nicht in jedem Fall zu einer Abkehr von der bisherigen Praxis der Kandidatenauswahl, aber die Parteien waren nun in verstärktem Maße dazu angehalten, ihre Agitation breiter zu streuen[6]. Die Folge davon war nicht nur eine weitere Abkehr von der Persönlichkeitswahl, sondern veranlaßte die Wähler, ihre Entscheidung von dem Programm der jeweiligen Partei abhängig zu machen.

Ende des Jahres veröffentlichte die Regierung das Wahlreglement, in welchem hauptsächlich organisatorische Maßnahmen zur Sprache kamen. Hinsichtlich der Wahlbezirkseinteilungen ergaben sich gegenüber den bisherigen Bestimmungen einige Veränderungen. Auch im Regierungsbezirk Münster war eine solche erforderlich, da der Kreis Tecklenburg für sich allein keinen eigenen Wahlkreis bilden konnte. Sehr zum Leidwesen des Landrats von Diepenbroick-Grüter wurde Tecklenburg wieder mit Ahaus und Steinfurt zusammengelegt. Außerdem wählten alle vier münsterländischen Wahlkreise anstatt zwei nunmehr nur einen Abgeordneten[7]. Die Einteilung hatte dieses Bild:

Bestandteile Stadt/Kreis	Einwohner	Anzahl der Abgeordneten
Tecklenburg	46490	1
Steinfurt	44543	
Ahaus	40478	
	131511	
Münster(Stadt)	23337	1
Münster(Kreis)	42075	
Coesfeld	41685	
	107097	
Borken	41409	1
Recklinghausen	49963	
	91372	
Beckum	39456	1
Lüdinghausen	38723	
Warendorf	28864	
	107043	

Bereits ein gutes Vierteljahr vor dem Wahltermin setzte der Kampf um die Stimmen der Wähler ein. Als erstes trat ein aus Vertretern der Fortschrittspartei und des linken Zentrums gebildetes Wahlkomitee an die Öffentlichkeit. In dem Aufruf vom 12. November wurde an alle Männer von liberaler und nationaler Gesinnung appelliert, durch ihre Beteiligung an den Wahlen den ganzen Willen des deutschen Volkes zum Ausdruck zu bringen und an der Neugestaltung des Vaterlandes mitzuwirken[8]. Nach den Waffenerfolgen des preußischen Heeres sollte es ihrer Auffassung nach in der künftigen Behandlung der deutschen Frage keinen Streit mehr geben. "Aber die preußische Regierung hat es nicht allein vermocht", kritisierten sie, "den berechtigten Anspruch der ganzen deutschen Nation auf Einigung zu verwirklichen. Sie hat ihre

Aufgabe darauf beschränkt, den Norddeutschen Bund herzustellen und für diesen ein Parlament zu schaffen. Am Volke wird es nun sein, durch das Parlament den Norddeutschen Bund derart zu gestalten, daß derselbe baldigst zum Gesamtstaat deutscher Nation erweitert werden könne. Hierzu gehört auf der einen Seite die Übertragung einer wirklichen Regierungsgewalt an die K r o n e P r e u ß e n in Bezug auf die militärischen, diplomatischen, Zoll- Handels- und Verkehrsangelegenheiten, auf der anderen Seite sind dem Parlamente in Bezug auf Budget- und Gesetzgebung des neuen Bundes entscheidende Befugnisse, dem deutschen Volke ein gemeinsames d e u t s c h e s B ü r g e r r e c h t und die Selbstverwaltung in allen nicht gemeinsamen Angelegenheiten sicherzustellen"[9].

Obwohl die Spaltung der Fortschrittspartei nicht mehr aufzuhalten war, hatten diesen Wahlaufruf neben Mitgliedern ihrer Fraktion auch nationalliberale Abweichler, so von Henning, Lasker, Michaelis (Stettin) und von Unruh mitunterzeichnet, die keine drei Wochen zuvor, am 24. Oktober, Gründungsmitglieder der neuen Partei waren. Trotz des Zerfalls der gemeinsamen Fraktion herrschte untereinander bei weitem noch kein gespanntes oder gar feindliches Verhältnis; weitere gemeinsame Aktionen des liberalen Wahlkomitees stellten dies deutlich unter Beweis. Bis zum Wahltag waren insgesamt 20 Flugschriften an Vertrauensmänner in die Provinzen versandt worden, vornehmlich Beiträge von L. Parisius, Prince-Smith, Oppenheim, Schulze-Delitzsch und E. Richter[10]. Ob einige dieser Flugschriften auch in liberalen Hochburgen des Münsterlandes zirkulierten, war nicht zu ermitteln.

Nach Beendigung des Krieges war es auch innerhalb der Konservativen zu erheblichen Meinungsverschiedenheiten über die Politik der Regierung gekommen. Die Repräsentanten des starren Preußentums hatten sich mehr und mehr von der ihnen revolutionär erscheinenden, cäsaristischen Gewaltpolitik Bismarcks distanziert[11]. Anders dagegen die sich im Februar 1867 formierenden Freikonservativen, in deren Reihen sich vor allem großwirtschaftlich-industriell interessierte Magnaten, Diplomaten und hohe Beamte verbanden[12]. Der gegen Ende des Jahres von den Freikonservativen erlassene Wahlaufruf markierte bereits eindeutig den Richtungswechsel. In dem bemerkenswert kurz gehaltenen Schriftstück wurde der von Bismarck eingeschlagene Weg als der einzig richtige bezeichnet und außerdem darauf verwiesen, daß sich das deutsche Volk tagtäglich in steigendem Maße mit der Politik des preußischen Monarchen identifiziere. Recht geschickt wurden dabei die Erfolge dieser Politik mit eigenen Ansichten verknüpft.

Anders lagen dagegen die Dinge bei den Altkonservativen. Sie hatten der Bismarckschen Gewaltpolitik und der Gründung des Norddeutschen Bundes von Anfang an ziemlich ablehnend gegenübergestanden. Das Mißtrauen gegen das Zustandekommen dieses neuen Bundes kam besonders in der Kreuzzeitung und im Wahlaufruf der im Oktober 1866 gegründeten Patriotischen Vereinigung zum Ausdruck[13]. Entschieden wurde darin allen Versuchen eine Absage erteilt, die dahingehend gerichtet waren, die Eigenart Preußens und die Selbständigkeit der Einzelstaaten zu untergraben. Mit Nachdruck wandte man sich daher gegen jede Schmälerung preußischer Sonderinteressen in der neuen Verfassung[14].

Von den größeren Parteien beteiligte sich nur das katholische Zentrum nicht am Wahlkampf. Die während des Verfassungskampfes aufgeriebene Fraktion und die Verselbständigung der ehemaligen Mitglieder machte ein gemeinsames Auftreten von vornherein zunichte. Hinzu kam, daß die Klerikalen selbst untereinander Meinungsverschiedenheiten über eine Beteiligung bei diesen Wahlen austrugen. "Was die Parlamentswahl angeht", schrieb Hermann von Mallinckrodt, "so sehe ich keinen Grund für prinzipielle Enthaltung. Dabei ist noch nie viel herausgekommen, und wenn man den Rumpfbund nicht legalisieren will, dann ist es richtiger ins Parlament zu gehen und gegen die ganze Geschichte zu protestieren......., als sich auszuschweigen und das Feld zu räumen. Es kommt eben darauf an, den richtigen Mann zu stellen, und würde ich geneigt sein, darunter nächst einen richtigen Ultramontanen auch allenfalls einen großdeutschen ehrlichen Demokraten zu verstehen. Sonderlich ereifern würde ich mich aber für diese Wahl nicht, denn das Ganze ist nicht viel anderes als eine Farce"[15]. Auch der Merkur widmete dem bevorstehenden Ereignis nur verhältnismäßig wenige Zeilen. Die Wahl zu einem Reichstag, dessen Befugnisse nur bis zur Mainlinie reichten, löste keine Begeisterungsstürme aus. Dennoch konnte nicht übersehen werden, daß sich das einst so entschieden großdeutsch gebärdende Blatt mit der politischen Lage nach Beendigung des Krieges vom vergangenen Jahr abgefunden hatte. So erblickte die Zeitung im Ausschluß Österreichs ein historisch feststehendes und nicht mehr revidierbares Ereignis und stellte sich damit auch auf den Standpunkt Peter Reichenspergers, der in einer Rede im Abgeordnetenhaus vom 29. August 1866 betont hatte, daß nur Preußen die Zukunft des deutschen Volkes gestalten könne und es daher Pflicht jedes deutschen Patrioten sei, die vollendeten Tatsachen anzuerkennen und als Richtschnur des eigenen Denkens, Handelns und Wollens anzuwenden[16]. Ein Großteil der Katholiken schien ohnehin die Zeichen der Zeit erkannt zu haben und hatte auch deshalb dagegen Bedenken angemeldet, sich nicht an den Reichstagswahlen zu beteiligen. Da es bei den bevorstehenden Verfassungsberatungen auch wesentlich um kirchliche Belange ging, war eine Repräsentanz katholischer Abgeordneter im Norddeutschen Reichstag unerläßlich. In diesem Sinne forderte auch Bischof Müller seine Gläubigen auf, sich besonders zahlreich an den Wahlen zu beteiligen und christlich gesinnte Männer in den Reichstag zu schicken[17].

Auch bei dieser Wahl unterließ es der preußische Innenminister Graf Eulenburg nicht, sich an die Regierungspräsidenten mit der Bitte zu wenden, gewisse Aktivitäten im Interesse der Krone zu entfalten. Dazu legte er ihnen nahe, gemeinsam mit den Landräten geeignete Kandidaten auszuwählen. Darüber hinaus wurde erstmals im Amtsblatt der münsterschen Regierung Werbung größeren Stils für die Wahl betrieben. In zwei längeren Beiträgen, betitelt 'Recht und Pflicht bei den Wahlen zum Reichstag' und 'Festes Zusammenhalten bei der Wahl' erläuterte Eulenburg die Erwartungen des Ministeriums hinsichtlich des Wahlausgangs. "Das große Werk, das unsere Regierung durchzuführen im Begriffe steht", hieß es dort, "kann nur gelingen, wenn die Vertreter des preußischen Volkes im Reichstage entschieden und rückhaltlos für die Pläne des Königs einstehen"[18]. Ansonsten aber hielt sich die Einmischung des Innenministers in Grenzen, zumal ihm ja auch durch das geheime Wahlrecht die Hände gebunden waren. Besondere Aktivitäten entfaltete aber diesmal Mauderode, der sogar, was für hiesige Verhältnisse eigentlich recht selten war, zusammen mit den vier Wahlkommissaren eine Kandidatenauswahl vorgenommen hatte[18a]. Einzelheiten hierüber waren jedoch nicht zu ermitteln. Darüber hinaus hatte ihnen der Regierungsvizepräsident schon am 27. Dezember 1866 dringend empfohlen, sich rechtzeitig mit Landräten, Amtmännern und sonstigen Vertrauenspersonen in Verbindung zu setzen, um die Wahl der Regierungskandidaten auf möglichst breiter Grundlage abzusichern[18b].

V.2. Wahlkreis: Tecklenburg -- Steinfurt -- Ahaus

Erst mit Jahresbeginn hatte hier ein verstärktes Interesse an den Reichstagswahlen eingesetzt, wobei sich aber das Geschehen wie üblich nur in den größeren Ortschaften, so in Burgsteinfurt, Lengerich, Ibbenbüren und Rheine abspielte, während es dagegen auf dem Lande ruhig blieb. Aufgrund der Instruktionen aus Münster war es daher nicht einmal verwunderlich, daß diesmal die größten Aktivitäten von konservativer Seite ausgingen, zumal ja die Bezirksregierung sichtlich darum bemüht war, auch hier einmal Fuß zu fassen. Auf dem erwähnten Treffen der Wahlkommissare am 8. Januar schien man sich aber über den hiesigen Kandidaten noch nicht geeinigt zu haben, denn Mauderode ließ Basse am 16. Januar wissen, daß man in Berlin an der Nominierung des früheren Finanzministers Karl von Bodelschwingh interessiert sei[19]. Dieser hatte bekanntlich 1866 in Tecklenburg gewonnen, das Mandat jedoch zugunsten des im Regierungsbezirk Minden gelegenen Wahlkreises Herford -- Halle -- Stadt und Kreis Bielefeld abgelehnt. Von seiner Kandidatur nahm aber die münstersche Regierung alsbald wieder Abstand, da sie nicht ganz zu Unrecht befürchtete, der ehemalige Finanzminister der Konfliktszeit könnte aufgrund seiner politischen Vergangenheit von der katholischen Bevölkerung rundweg abgelehnt werden. Die Zurücknahme seiner Kandidatur im Vorstadium des Wahlgeschehens sollte auch ohne Folgen bleiben, da die Wahl Bodelschwinghs in dem neugebildeten Reichstagswahlkreis Herford -- Halle einigermaßen gesichert schien[20].

In August Moritz von Bernuth, dem ehemaligen Justizminister in der Regierung des Fürsten von Hohenzollern-Sigmaringen, glaubte Mauderode einen besseren Kandidaten gefunden zu haben[21]. Bernuth, obwohl wie Bodelschwingh Protestant, stand allerdings nicht im Verruf, reaktionär zu sein, denn immerhin gehörte er ja zu jenen Ministern der Neuen Ära, die im März 1862 dem konservativen Kabinett des Fürsten von Hohenlohe-Ingelfingen Platz machen mußten. In seiner Funktion als Justizminister war Bernuth nicht auffällig in Erscheinung getreten und dürfte deshalb auch der überwiegenden Mehrzahl der Wähler kein Begriff gewesen sein. Da ihm somit die eigentliche Popularität fehlte, legte man seitens der Bezirksregierung größten Wert auf die Hervorhebung seines Geburtsortes Münster, wo er auch das Abitur abgelegt hatte, übrigens zusammen mit Paulus Melchers und Karl Heinrich Brüggemann. Daß Bernuths Bruder während der Revolution die demokratisch geprägte Volkshalle zeitweise geleitet hatte, dürfte allerdings kaum mehr bekannt gewesen sein.

Zwei Wochen vor der Wahl hatte sich auf Betreiben Wahlkommissars von Basse ein Zentralwahlkomitee für den Kreis Steinfurt konstituiert, das sich engagiert für die Wahl Bernuths einsetzte[22]. Seine Aussichten gewählt zu werden waren insofern nicht hoffnungslos, als auch hier nach der siegreichen Beendigung des Krieges die antipreußische Stimmung nach und nach abzunehmen schien. Außerdem bestanden diesmal auch vereinzelt Vorbehalte gegen Wilhelm Rohden, dessen eigenwilliges Verhalten im Abgeordnetenhaus kritisiert wurde. Wenige Tage vor der Wahl wandte sich daher das Komitee mit der Bitte an die Bevölkerung, nicht erneut einen Kandidaten nur aus konfessionellen Rücksichten zu wählen. Mittlerweile, so wurde hervorgehoben, dürfe es nicht unerkannt geblieben sein, "daß aufrichtig liberale Männer die Gleichberechtigung aller Konfessionen wollen"[23]. Außerdem warnte das Wahlkomitee vor Mitgliedern jener Partei, die bisher dem König Geld zur Führung des Krieges und zur Unterhaltung der Armee verweigert hätten. Unzweideutig war diese Kritik an die Adresse Rohdens gerichtet, der bekanntlich zusammen mit dem demokratischen Flügel der Fortschrittspartei, darunter Hoverbeck, Jacoby, Runge, Taddel, Virchow und Waldeck, die Indemnitätsvorlage abgelehnt hatte[24]. Rohden wurde daher das Recht abgesprochen, sein Mandat guten Gewissens noch weiter ausüben zu können. Demgegenüber war natürlich das Wahlkomitee emsig darum bemüht, Vorzüge Bernuths ins rechte Licht zu rücken, vor allem aber seine positive Einstellung zur Regierungspolitik hervorzuheben. Bereits zu diesem Zeitpunkt schien der ehemalige Justizminister Kontakte zu dem in Burgsteinfurt beheimateten Komitee geknüpft zu haben, denn er ließ seine Wähler wissen, daß er sich im Reichstag für eine gerechte Verteilung der Militärausgaben auf alle Bundesstaaten einsetzen werde, damit vor allem die steuerliche Belastung und die Dienstpflicht für die preußischen Bürger abnähmen[25].

Die gegen Rohden vorgebrachten Anschuldigungen wiesen die Klerikalen umgehend zurück. Sie betonten ausdrücklich, daß Rohden immerhin siebzehn Jahre diesen Wahlkreis zur Zufriedenheit aller Wähler vertrete und nach wie vor das Vertrauen weiter Kreise der Bevölkerung besitze. Scharf ging man deshalb auch mit der Behauptung ins Gericht, Rohdens Wähler als Vaterlands- und Kriegsverräter zu bezeichnen[26]. Ansonsten aber verhielten sich die Klerikalen ziemlich zurückhaltend und beschränkten ihre Aktivität nach außen hin wie immer nur auf die Bekanntgabe des bischöflichen Wahlschreibens. Ebensowenig fand in der Öffentlichkeit eine Kandidatendiskussion statt, da an der Nominierung Rohdens kein Zweifel bestand.

Außerhalb des Kreises Steinfurt stießen von Bernuth und Rohden aber nicht nur auf Zustimmung. Naturgemäß wurde Rohden als Klerikaler im überwiegend protestantischen Kreis Tecklenburg als Kandidat rundweg abgelehnt, aber auch mit von Bernuth war von Diepenbroick-Grüter nicht sonderlich einverstanden. An seiner Stelle hätte er lieber den derzeitigen Vertreter im Abgeordnetenhaus, Freiherrn von Quadt-Hüchtenbruck oder Karl von Bodelschwingh gesehen. Nachdem der Landrat von der münsterschen Regierung darauf hingewiesen wurde, daß sich die Regierungspartei keine Zersplitterung der Stimmen leisten könne, stellte er seine eigenen Kandidatenwünsche zurück[27]. Anders dagegen verhielt es sich im Kreis Ahaus, wo man einer Wahl Bernuths ziemlich skeptisch gegenüberstand. Einflußreiche klerikale Kreise hielten auch dort weiterhin an Rohden fest.

Die Wahlbeteiligung war in Stadt und Land ungewöhnlich hoch. In manchen Gebieten lag sie sogar um das achtfache höher als bei der 'Rekordwahl' des Jahres 1862. Behördlicherseits hatte man sich auch einiges einfallen lassen, um mittels einer hohen Wahlbeteiligung dem Regierungskandidaten zum Sieg zu verhelfen. Im Kreis Tecklenburg wurden beispielsweise zahlreiche Wahlbezirke unter die besondere Aufsicht von Vertrauensleuten des Landrates gestellt, die die Aufgabe hatten, säumige oder notorische Nichtwähler zur Stimmabgabe aufzufordern. Außerdem waren schon Tage zuvor Hunderte von vorgedruckten Stimmkarten mit Bernuths Namen verteilt worden, und selbst das ansonsten vollkommen unpolitische Wochenblatt des Kreises Tecklenburg wurde in die Kampagne für Bernuth eingeschaltet[28]. Dort wo der Einfluß des Wahlkomitees am größten war, namentlich in rein protestantischen Gebieten, wurde auch eine für münsterländische Verhältnisse ungewöhnlich hohe Stimmbeteiligung registriert.

Aber auch in den rein katholischen Teilen des Wahlkreises war es nicht schlecht um die Teilnahme bestellt; sie lag auch hier erheblich höher als bei früheren Wahlen. Ob es allerdings auch unter den Katholiken vergleichbare Aktio-

Wahlbeteiligung im WK: Tecklenburg -- Steinfurt -- Ahaus am 12. Februar 1867in Zahlen und %[29)]

	Bernuth	Rohden	Wahlberechtigt	Wahlbeteiligung	%
Ibbenbüren(Stadt)	255	221	637	476	≙ 74,4
Ibbenbüren(Landgem.)	112	625	1067	737	≙ 69,0
Tecklenburg(Stadt)	211	3	232	214	≙ 92,2
Lengerich(Stadt)	1179	-	1249	1179	≙ 94,4
Tecklenburg(Kreis)	5063	3056	9898	8135	≙ 82,2
Burgsteinfurt(Stadt)	482	61	654	543	≙ 83.0
Borghorst(Stadt)	36	740	878	776	≙ 88,4
Rheine(Stadt)	134	758	unbek.	992	- -
Emsdetten(Stadt)	12	573	unbek.	585	- -
Nordwalde(Amt)	125	128	654	253	≙ 38,7
Steinfurt(Kreis)	1242	4215	9604	5503	≙ 57,3
Wüllen(Gemeinde)	3	269	unbek.	272	- -
Wessum(Gemeinde)	3	358	unbek.	361	- -
Heek(Gemeinde)	3	211	unbek.	214	- -
Ahaus(Stadt)	20	227	297	247	≙ 83,1
Stadtlohn(Stadt)	28	323	513	353	≙ 63,0
Stadtlohn(Amt)	1	251	520	252	≙ 48,5
Ahaus(Kreis)	319	4745	8366	4540	≙ 54,3
Insgesamt	6624	12016	27868	18178	≙ 65,2

nen wie unter den Regierungsanhängern gegeben hat, wissen wir nicht. Sehr wahrscheinlich dürften aber auch sie vorgedruckte Stimmkarten verwendet haben.

Unter dem Eindruck des demokratischen Wahlrechts sollten die Bemühungen um eine stärkere Beteiligung nicht auf taube Ohren gestoßen sein. Der Wegfall der öffentlichen Wahl und die Eliminierung des umstrittenen Nachweises der wirtschaftlichen Selbständigkeit hat gewiß zahlreiche Bürger, die sonst der III. Klasse zugeordnet waren, erstmals dazu bewogen, ein Stimmlokal aufzusuchen. Trotz winterlicher Witterung und eines wie immer ungünstig gelegenen Wahltermins auf einem Wochentag, war das Interesse außerordentlich groß. Mit einer Wahlbeteiligung von 65,2 % wurde schließlich ein Wert erreicht, der die bis dahin üblichen Normen im Regierungsbezirk regelrecht sprengte. Allerdings sollten auch alle folgenden Reichstagswahlen, eine Ausnahme machte nur die kommende im August 1867, ähnlich hohe Zahlen aufweisen.

Welches Ausmaß bei dieser Abstimmung erzielt wurde, macht eine Gegenüberstellung der Wahlbeteiligung der sog. Rekordwahl aus dem Jahre 1862 und dieser Wahl deutlich[30]:

	1867	1862
Tecklenburg	82,2 %	11,4 %
Steinfurt	57,3 %	8,1 %
Ahaus	54,3 %	11,3 %

Angesichts der Höhe der Wahlbeteiligung in den protestantischen Gebieten dieses Wahlkreises ist der Sieg Rohdens alles andere als eine Routinesache gewesen. Wahlkommissar von Basse und vor allem Landrat von Diepenbroick-Grüter dürften mit diesem Wahlausgang wohl kaum gerechnet haben. Sie hatten nämlich von Anfang an darauf gehofft, Rohden mit Hilfe einer überaus starken Teilnahme des protestantischen Bevölkerungsteils besiegen zu können. In klerikalen Kreisen dürfte man jenen Schachzug vorzeitig durchschaut haben, Rohden hätte nämlich sonst wohl kaum mit einem derartigen Ergebnis aufwarten können. Die Niederlage Bernuths war, abgesehen von seiner Person und Parteistellung, aber auch eine deutliche Absage an die Regierungspolitik und wesentlich auch Ausdruck der Mißstimmung über den als unnötig empfundenen Krieg gegen Österreich. Nicht anders kann der Einsatz katholischer und nach wie vor großdeutsch gesinnter Kreise für den der Regierung nicht unbedingt freundlich gesinnten Rohden verstanden werden. Hinzu kam außerdem, daß er schon vor der Wahl die Gründung des Norddeutschen Bundes verurteilt hatte und mitteilen ließ, diese Einstellung besonders bei den Verfassungsberatungen zum Ausdruck bringen zu wollen. Die Kritik des konservativen Wahlkomitees an seiner Person war somit vollkommen ins Leere gestoßen.

Die Niederlage des Regierungskandidaten sollte Diepenbroick-Grüter allerdings wieder zum Anlaß nehmen, die münstersche Regierung um eine wirkungsvollere Rücksichtnahme auf den protestantischen Bevölkerungsteil dieses Wahlkreises zu ersuchen. Jedoch konnte ihm die Innere Abteilung keine diesbezüglichen Hoffnungen machen, da der Kreis Tecklenburg aufgrund seiner geringen Einwohnerzahl keinen eigenen Wahlkreis bilden konnte. Überlegungen, etwa Tecklenburg mit den angrenzenden, überwiegend protestantischen Kreisen der Landdrostei Osnabrück zusammenzulegen, dürften wohl zu keinem Zeitpunkt aktuell gewesen sein. An der Zusammensetzung dieses Wahlkreises sollte sich auch in den kommenden Jahrzehnten nichts ändern[31].

XV.3. Wahlkreis: Stadt Münster -- Kreis Münster -- Coesfeld

In Münster und seiner Umgebung war die Reichstagswahl zunächst kein Thema. Beobachter auswärtiger Zeitungen wollten eine derartige Gleichgültigkeit früher nicht bemerkt haben. Selbst die noch vor Jahren aktiven Wahlkomitees traten diesmal nicht groß in Erscheinung, und auch von den sonst re-

regelmäßig veranstalteten Zusammenkünften interessierter Bürger war nicht die Rede. Gelegentlich kursierten zwar Namen in Betracht kommender Kandidaten, darunter in erster Linie natürlich Waldeck, aber auch A. Reichensperger und der ehemalige kommandierende General des VII. Armeekorps in Münster, Vogel von Falckenstein waren im Gespräch[32]; Konkretes ergab sich jedoch noch nicht. Die Ursachen für dieses bisher nur selten gekannte Desinteresse waren nicht zu ermitteln. Möglicherweise herrschte aber nach wie vor Verärgerung über die Berliner Regierung und das Zustandekommen eines 'Norddeutschen Bundes' , über dessen eigentliche Kompetenz der Bevölkerung zudem wenig bekannt war[33]. Daneben dürfte aber auch eine weitverbreitete Wahlmüdigkeit vorgelegen haben.

Erst Anfang Februar kam die erste Wahlversammlung zustande, auf der sich die münsterschen Liberalen einstimmig für die Kandidatur Waldecks aussprachen[34]. Dieses Votum ist aber insofern unverständlich, als Waldeck seinen Anhängern in Münster ja schon Ende Januar mitgeteilt hatte, daß er auf das münstersche Mandat deshalb verzichten müsse, weil er bereits einem Berliner Wahlbezirk definitiv zugesagt habe. An seiner Stelle sollte daher, wie Waldeck ausdrücklich betonte, Kreisrichter von Kleinsorgen kandidieren, da er ohnehin mit ihm in den wichtigsten Fragen übereinstimme[35]. An dessen liberaler Grundeinstellung sei schon allein deswegen nicht zu rütteln, da er ja ebenfalls die Indemnitätsvorlage abgelehnt habe, wie Waldeck abschließend noch hervorhob[36]. Auch der Merkur wußte dem Halterner Kreisrichter nur Positives nachzusagen, zumal man sich ja auch in der Ablehnung der derzeitigen Regierungspolitik ziemlich einig war. Kurz vor dem Wahltag veröffentlichte die Zeitung eine für münstersche Verhältnisse bisher ungewohnt umfangreiche Annonce, in der die Wähler aufgefordert wurden, Kleinsorgen die Stimme zu geben[37]. Es bestehe nämlich kein Zweifel, war dort sinngemäß zu lesen, daß sich Kleinsorgen im Reichstag für die Wahrung der verfassungsmäßigen Freiheiten und Rechte, für die Herstellung eines großen, starken, und einigen deutschen Vaterlandes und schließlich für die praktische Durchführung der Parität zugunsten der katholischen Kirche einsetzen werde[38].

Unterdessen hatte auch die münstersche Regierung Ausschau nach einem geeigneten Kandidaten gehalten. Da erfahrungsgemäß Beamte der hiesigen Verwaltung bei den Wählern auf wenig Gegenliebe stießen, und man sich vor allem in der Provinzialhauptstadt, die ja wesentlich von den Liberalen beherrscht wurde, keine allzu große Blöße geben wollte, fiel die Wahl auf den ehemaligen Abgeordneten Rentier Nicolaus Zumloh[39]. Seine Nominierung war nicht einmal ungeschickt, da anzunehmen war, daß er vor allem unter den konservativen Klerikalen auf breite Zustimmung stoßen würde. Der Landrat des Kreises Münster, von Droste-Hülshoff, schärfte daher auf Veranlassung Mauderodes seinen Amtmännern und Ortsvorstehern ein, alles zu tun, um Zumlohs Wahl zu sichern[40]. Dabei legte er ihnen besonders nahe, sich mit der Geistlichkeit gut zu stellen, um sie für seine Kandidatur zu gewinnen. Seiner Ansicht nach werde Zumloh das Mandat annehmen, da er aufgrund seiner Vermögensverhältnisse dazu in der Lage sei, denn es würden, wie der Landrat ausdrücklich betonte, diesmal keine Diäten gezahlt. Um die Wahl Zumlohs in keiner Weise zu gefährden, bot Droste den Amtmännern und Ortsvorstehern an, vorgedruckte Stimmkarten mit dessen Namen anzufordern. Unerwarteterweise gab es jedoch noch um Zumlohs Kandidatur einigen Wirbel, nachdem der Merkur erfahren haben wollte, diesem sei nichts an einem Mandat gelegen. Mit aller Entschiedenheit bemühten sich daraufhin die Behörden, dieses Gerücht zu dementieren, was ihnen allerdings nur teilweise gelang[41]. Vor allem auf dem Lande war diese Meldung nicht mehr aus der Welt zu schaffen[42]. Neben Kleinsorgen und Zumloh kandidierten noch der aus Münster stammende Assessor von Bönninghausen, der Havixbecker Bürgermeister Ostermann und Graf Droste-Vischering aus Darfeld[43]. Ihre Bewerbungen hatten allerdings von vornherein nur wenig Aussicht auf Erfolg. So konzentrierte sich am 12. Februar das Geschehen auf den Zweikampf zwischen Kleinsorgen und Zumloh. Aus einigen Ortschaften liegen Einzelresultate vor[44].

	v.Kleinsorgen	Zumloh	Wahlbet.
Kreis Münster			
Rinkerode(Gemeinde)	78	8	37,9 %
Telgte(Stadt)	123	13	unbek.
Telgte(Ksp.)	29	5	unbek.
Greven(Gemeinde)	141	12	unbek.
Kreis Coesfeld			
Coesfeld(Stadt)	190	123	48,8 %

Das Wahlergebnis hatte folgendes Bild[45]:

v.Kleinsorgen	4598
Zumloh	1236
v.Bönninghausen	491
Ostermann	342
Droste-Vischering	164
Prof.H. Hüffer	6
v.Roon	4
Verschiedene	28
Summa	6869

Die Wahlbeteiligung lag erheblich niedriger als im Wahlkreis Tecklenburg -- Steinfurt -- Ahaus. Es war nicht zu ermitteln, worauf dies zurückgeführt werden kann. Sehr wahrscheinlich waren die hiesigen Behörden in Sachen Wahlbeteiligung nicht gleichermaßen auf der Hut wie im nördlichen Münsterland. In der Provinzialhauptstadt gaben ca. 42 % der Wahlberechtigten ihre Stimme ab, ein mit früheren Ergebnissen verglichen nur durchschnittlicher Wert. Unter den Wählern waren wie immer die hier stationierten Offiziere und Soldaten sehr zahlreich vertreten, denen bekanntlich die Stimmabgabe für den Regierungskandidaten zur Pflicht gemacht wurde. Für gewöhnlich betrug ihre Anzahl etwa 1/3 aller abgegebenen Stimmen. Im gesamten Wahlkreis lag die Beteiligung bei etwa 30 %, genaue Angaben hierüber fehlen. Deutlich war aber eine wesentlich stärkere Teilnahme in den beiden Landkreisen zu registrieren.

Während der Wegfall der öffentlichen Wahl in Münster anscheinend nur wenig Eindruck zu hinterlassen haben schien, war dies in den ländlichen Regionen anders. Auch hier dürften erstmals zahlreiche Wähler, die sonst dazu verurteilt waren, in der III. Klasse abzustimmen, ein Wahllokal aufgesucht haben.

Aber trotz der Zugehörigkeit der Stadt Münster zu diesem Wahlkreis sollte die Teilnahme an den Reichstagswahlen erst mit Beginn des Kulturkampfes steigen. Bis zum Jahre 1874 wies nämlich dieser Wahlkreis die geringste Beteiligung im Deutschen Reich auf. Selbst in den vorwiegend ländlich geprägten Bezirken des Münsterlandes sollte das Interesse weitaus größer sein. (Vgl. hierzu eine Übersicht über die ersten Reichstagswahlen im Anhang)[46]. Die Ursachen für das eigentümliche Wahlverhalten vor allem der Münsteraner liegen im Dunkeln. Allem Anschein nach wollten zahlreiche Wähler ihr Mißfallen über den von der preußischen Regierung in den letzten Jahren eingeschlagenen Weg zum Ausdruck bringen.

Der Sieg Kleinsorgens stellte keine Überraschung dar, zumal er ja auch diesen Wahlkreis im Abgeordnetenhaus vertrat. In einem offenen Schreiben an seine Wähler dankte er für das ihm entgegengebrachte Vertrauen und versicherte, sich im Norddeutschen Reichstag für die Wahrung der verfassungsmäßigen Rechte der Krone, des Volkes und der Kirche einzusetzen[47]. Was er allerdings von der Gründung dieses Bundes hielt, verriet er seinen Wählern nicht.

XV.4. Wahlkreis: Borken -- Recklinghausen

Nachdem bei den Wahlen der vergangenen Jahre der Einfluß der Liberalen hier immer größere Ausmaße angenommen hatte, richtete man in Münster auf jenen Raum diesmal ein besonderes Augenmerk. Allen voran mischte sich auch wieder Reitzenstein in die Wahlauseinandersetzung ein und rührte kräftig die Werbetrommel für einen Vertreter der Regierungspolitik. "Wir suchten unseren Kandidaten zunächst unter uns Westfalen", führte er eingangs aus, "womöglich einen solchen, der dem heimischen Wahlbezirk durch Geburt und Domizil angehört, und der im allgemeinen das weiteste und höchste Vertrauen der Bevölkerung sowohl im bürgerlichen Leben wie in kirchlicher Beziehung genießt"[48]. Seiner Überzeugung nach sollte dieser Kandidat deshalb auch eine herausragende und angesehene Stellung bekleiden, und damit seine Stimme im Reichstag von Gewicht sei, müsse er die Bestrebungen der Regierung für das Zustandekommen des Bundes unterstützen. Einen solchen Mann", und damit kam Reitzenstein endlich zur Sache, "haben wir in unserem Oberpräsidenten von Duesberg gefunden"[49]. Diese zweifelsohne zwischen Reitzenstein, Maumerode und Duesberg ausgehandelte Kandidatur barg naturgemäß ein erhebliches Risiko in sich, denn nicht zuletzt stand das Ansehen des Amtes auf dem Spiel. Der höchste Beamte der Provinz stellte durch seine Kandidatur in gewisser Weise nämlich die Unparteilichkeit dieser Funktion erheblich in Frage. Im Unterschied zu Bernuth, der kein Amt mehr bekleidete und ohnehin nur politischer Beamter auf Zeit gewesen war oder jede andere Kandidatur eines Ministers, würde eine Niederlage des Oberpräsidenten gegen seinen voraussichtlichen Gegenkandidaten Kreisrichter Winkelmann zwar für ihn persönlich kaum eine Minderung seines Ansehens bedeutet haben, sein Amt als Oberpräsident hätte dabei allerdings Schaden genommen. Derartige Bedenken schien man aber in Münster nicht gehabt zu haben, denn Duesberg kandidierte außerdem noch im Wahlkreis Arnsberg -- Meschede -- Olpe. In der Provinzialhauptstadt rechnete man aber von Anfang an fest damit, daß es Duesberg allein aufgrund seiner unzweideutigen Popularität schaffen könnte, erhebliche Stimmen aus dem liberalen Lager abzuziehen.

Bei der Vorstellung des Regierungskandidaten ließ es Landrat von Reitzenstein aber nicht bewenden. Ungewohnt heftig griff er Winkelmann an, der sich zwar im Dorstener Wochenblatt nicht unbedingt gegen den Norddeutschen Bund ausgesprochen hatte, sich jedoch in der Budgetfrage nach wie vor unnachgiebig zeigte[50]. Winkelmanns Programm deckte sich im wesentlichen mit dem Wahlschreiben des vereinigten liberalen Wahlkomitees vom 12. November 1866[51]. Reitzenstein nahm dies auch zum Anlaß, Winkelmann das Recht abzusprechen, derjenige zu sein, der an der großen nationalen Aufgabe mitwirken könne. "Wer wie Herr Winkelmann, in betreff des Norddeutschen Bundes selbst sagt, daß er das Wünschenswerte nicht erreichbar, und das Erreichbare in mancher Beziehung nicht wünschenswert erachte, der kann in dem Reichstag nicht ersprießlich wirken"[52]. Der streitbare Landrat lastete ihm besonders die Ablehnung der Indemnitätsvorlage an und nannte ihn deshalb unversöhnlich und auch unqualifiziert[53]. Reitzensteins Angriffe waren bisher ohne Beispiel; selbst auf dem Höhepunkt des Verfassungskonflikts war solches nicht zu hören.

Neben Duesberg und Winkelmann tauchte als dritter Bewerber Friedrich Graf von Landsberg-Velen und Gemen auf, ohne jedoch eine wirkliche Siegeschance zu besitzen; unterstützt wurde er áuch nur von den Wählern seines Wohnortes Gemen. Landsberg war übrigens seit Ende 1863 Mitglied des Herrenhauses. Als Vertreter der Standesherrschaft Gemen besaß seine Familie die erbliche Mitgliedschaft[54].

Die Bevölkerung nahm von den Wahlen kaum Notiz. Diesmal traten auch die ansonsten aktiven Wahlkomitees nicht in Erscheinung, und selbst Versammlungen, in denen gerne über die jeweiligen Programme der Kandidaten beraten wurde, fanden nicht statt. Somit war ein Großteil der Wähler mit dem Sachverhalt dieser Reichstagswahl nicht vertraut. Daher sollte auch die Beteiligung ziemlich gering sein. In beiden Wahlbezirken der Stadt Recklinghausen waren beispielsweise von 820 Wahlberechtigten nur 215 (26,2 %) zur Abstimmung erschienen. 136 votierten für Winkelmann, 63 für Duesberg und immerhin neun für Landsberg[55]. Wesentlich günstiger sah es dagegen in Bocholt, der nach Münster größten Stadt des Regierungsbezirks aus. 658 (51,4 %) der insgesamt 1278 Wahlberechtigten gaben ihre Stimme ab[56]. In Dorsten, der Heimatgemeinde Winkelmanns, gelang Duesberg immerhin ein beachtlicher Einbruch in das liberale Lager, denn am Ende trennten beide Kontrahenten nur 70 Stimmen. Weitere Einzelergebnisse aus anderen Orten liegen dagegen nicht vor. jedoch zeigte sich auch bei dieser Wahl die für den Kreis Recklinghausen so typische Untergliederung in liberale und in konservativ-klerikale Zonen. So dominierten in den südlich gelegenen Ortschaften wie etwa in Buer, Datteln, Waltrop, Osterfeld, Bottrop, Gladbeck oder in Marl vorwiegend liberale, während in der nördlichen Zone des Kreises konservativ-klerikale Kräfte die Oberhand behielten[57]. Im Kreis Borken, der engeren Heimat des Oberpräsidenten, neigten dagegen die meisten Wähler weniger zu den Liberalen. Vor allem auf dem Lande erfuhr Duesberg regen Zuspruch. Das Gesamtergebnis hatte folgendes Bild[58]:

	Stimmen
von Duesberg	2959
Winkelmann	2767
von Landsberg-Velen	302
Verschiedene	47
Ungültig	24
	6099

Wahlbeteiligung: 30,0 %

Da keiner der beiden Spitzenkandidaten die absolute Mehrheit erreicht hatte, war eine Stichwahl erforderlich. Das hervorragende Abschneiden Duesbergs, das vermutlich auf das massive Eingreifen Reitzensteins und die Mobilisierung konservativ-klerikaler Wählerschichten zurückgeführt werden kann, kam dennoch überraschend. In Kreisen der Liberalen schien man dagegen ähnlich wie in Münster wenig Interesse an der Wahl besessen zu haben.

Die Stichwahl sollte am 26. Februar stattfinden. Bis dahin setzten beide Parteien alles daran, das große Potential der Nichtwähler jeweils auf ihre Seite zu ziehen. Besonders im liberalen Lager versuchte man verlorenes Terrain gutzumachen und rief mehrmals die Wähler zur verstärkten Teilnahme auf[59]. Auf größere Werbeaktionen in den Zeitungen wurde allerdings verzichtet. Anders Landrat von Reitzenstein. "Der Oberpräsident von Duesberg ist, wie die Wahl gezeigt hat", verkündete er nicht ohne Stolz, "derjenige Kandidat, welcher zur Zeit im Wahlkreis Borken -- Recklinghausen allein das Übergewicht über den Gegenkandidaten, Herrn Kreisgerichtsrat Winkelmann erlangen konnte"[60]. Dennoch verbarg Reitzenstein seine Enttäuschung über das knappe Ergebnis nicht und warf deshalb einigen 'Parteigenossen' Eigenbrötlerei vor. Die Zersplitterung der Stimmen sei schuld daran gewesen, daß Duesberg nicht auf Anhieb in den Reichstag einziehen könne. Vermutlich waren Reitzensteins Bemühungen gescheitert, den Grafen von Landsberg-Velen und Gemen zuvor zu einer Rücknahme seiner Kandidatur zu bewegen.

Nach Auszählung der Stimmen war der Optimismus des Landrates von Recklinghausen aber verflogen. Winkelmann konnte sich gegenüber der ersten Wahl erheblich verbessern; 6391 Wähler entschieden sich für ihn, knapp zweitausend weniger, nämlich 4464 für Oberpräsident von Duesberg. Fast überall gelang es Winkelmann, seinen Stimmenanteil zu verdreifachen. In der Stadt Recklinghausen votierten beispielsweise 413 Wähler für den Dorstener Kreisrichter, hingegen nur 107 für Duesberg[61]. Der Sieg der Liberalen war ohne Zweifel auf die Mobilisierung bisher abseits stehender Wähler zurückzuführen. Daß sie Winkelmann gegenüber Duesberg vorzogen, lag gewiß in der Tradition des Wahlkreises. Seine Niederlage machte zum wiederholten Male deutlich, daß der Einfluß der münsterschen Regierung auf das Wahlgeschehen ziemlich gering war. Möglicherweise hätte Duesberg aber schon beim ersten Wahlgang auf Anhieb gewonnen, wenn sich Reitzenstein auch um einflußreiche klerikale Kreise gekümmert hätte, anstatt allein auf die Popularität des Oberpräsidenten zu bauen. Außerdem war der Wahlkampfstil des Landrates alles andere als geschickt. Durch seine heftigen Angriffe gegen Winkelmann hat er ungewollt entscheidend zur Geschlossenheit der zuvor zerstreuten Liberalen beigetragen. Für Duesberg, der sich wegen seiner zurückhaltenden und gemäßigten Amtsführung eine gewisse Popularität erworben hatte, mag es bitter gewesen sein, ausgerechnet in seiner engeren Heimat des Westmünsterlandes eine derartige Niederlage einstecken zu müssen.

XV.5. Wahlkreis: Beckum -- Lüdinghausen -- Warendorf

Trotz des verhältnismäßig spät einsetzenden Wahlkampfs hatten sich hier die Fronten der Parteien rasch geklärt. In dem politisch sonst eher unauffälligen Lüdinghausen war Mitte Januar ein regierungsfreundliches Wahlkomitee an die Öffentlichkeit getreten, das sich in größerem Stil für die Wahl des dortigen Landrats, Ignatz Freiherr von Landsberg-Velen-Steinfurt betätigte[62]. Landsbergs Kandidatur dürfte wahrscheinlich am 8. Januar bei dem Treffen der Wahlkommissare beschlossen worden sein und sie bereitete der münsterschen Regierung bezüglich ihrer Erfolgsaussichten das geringste Kopfzerbrechen, da sich der Landrat vor allem im Kreis Lüdinghausen größter Beliebtheit erfreute[63]. Auch Wahlkommissar von Schmising-Kerßenbrock schätzte die Siegeschancen Landsbergs günstig ein, bemerkte allerdings einschränkend, daß einiges von der Höhe der Wahlbeteiligung abhänge[64].

Gewisse Anlaufschwierigkeiten hatten dagegen die Klerikalen, nachdem sich der momentane Vertreter in Berlin, Schulze Hobbeling, aufgrund seines hohen Alters nicht in der Lage sah, auch noch in den Reichstag einzuziehen. Auf der Suche nach einem zugkräftigen Kandidaten stieß man auf Hermann von Mallinckrodt, dem dieser Wahlkreis ohnehin ziemlich vertraut war. Obwohl Mallinckrodt noch bei den vergangenen Wahlen zum Abgeordnetenhaus dem Vertreter der Liberalen, Appellationsgerichtsrat Versen, ziemlich eindeutig unterlegen war, stand es diesmal um seine Aussichten entschieden besser, weil ein

Teil der Wähler, mit Sicherheit die noch immer großdeutsch gesinnten, die Sanktionierung der Bismarckschen Politik durch die Liberalen entschieden ablehnte. Daran zeigte sich auch, daß die frühere Opposition einfach nur deshalb in katholischen Kreisen auf Sympathie gestoßen war, weil sie es war, und nicht die Fraktion des Zentrums, die der Rigorosität der Regierung hartnäckigen Widerstand leistete.

Mallinckrodt war aber auch von anderen Wahlkreisen um eine Kandidatur gebeten worden, darunter auch aus dem sauerländischen Bezirk Olpe -- Meschede -- Arnsberg. Vor allem der aus Groll gegen die Bismarcksche Annexionspolitik demonstrativ aus dem Herrenhaus ausgeschiedene Graf Clemens August von Westphalen zu Fürstenberg[65] hatte dort massiv für Mallinckrodts Kandidatur geworben. Als 'Hauptwahlmacher' einer sog. Antibismarckfront ließ er nichts unversucht, um mit Hilfe regierungsfeindlicher Kräfte die Wahl des ministeriellen Kandidaten in der Person des Oberpräsidenten von Duesberg zum Scheitern zu bringen[66]. Mallinckrodt hatte dem streitbaren Grafen zwar zunächst seine Zusage gegeben, einschränkend aber die Annahme des Mandats vom Ausgang der Wahlen in anderen Kreisen abhängig gemacht[67].

In Beckum -- Lüdinghausen -- Warendorf gingen mittlerweile auch die ersten größeren Wahlversammlungen über die Bühne. Dabei stellte sich bald heraus, daß jeder Landkreis einen anderen Kandidaten favorisierte. In Lüdinghausen hielt man selbstverständlich den eigenen Landrat für den besten Mann, in Beckum, einer der Hochburgen der Liberalen im südlichen Münsterland, war es Appellationsgerichtsrat Versen und schließlich in Warendorf Hermann von Mallinckrodt[68]. Trotz seiner Absage war auch noch Schulze Hobbeling im Gespräch, wie es bei einer Wahlversammlung in Ahlen zum Ausdruck kam[69]. In Lüdinghausen wurde die auf diese Weise kaum vermeidbare Zersplitterung der Stimmen mit einiger Sorge betrachtet, denn bei dem zu erwartenden Duell zwischen Mallinckrodt und Versen drohte Landsberg auf der Strecke zu bleiben, so daß er auch für eine Stichwahl nicht weiter in Betracht kommen konnte. Einigungsvorschläge wurden allerdings vor der Wahl nicht mehr unterbreitet, denn der Informationsfluß in diesem flächenmäßig recht umfangreichen Wahlkreis war viel zu träge, um noch rechtzeitig mögliche Kurswechsel der einen oder anderen Partei anzeigen zu können.

Die Wahlbeteiligung sprengte auch hier den bisher üblichen Rahmen. Im Kreis Beckum lag sie bei 41 %, in den beiden anderen Kreisen kaum darunter[70]. Dabei wurde folgendes Resultat erzielt:

	Mallinckrodt	Versen	Landsberg
Beckum	1675	1418	16
Lüdinghausen	818	872	2117
Warendorf	1972	525	7
	4465	2815	2140

Das überaus gute Abschneiden Landsbergs im Kreis Lüdinghausen läßt darauf schließen, daß er vermutlich auch von klerikaler Seite unterstützt wurde, denn normalerweise erreichten Kandidaten der Regierung, unabhängig davon, ob sie katholisch waren oder nicht, kaum derart hohe Stimmenanteile. Das Beispiel des Oberpräsidenten von Duesberg im vorhergehenden Wahlkreis kann hier aber insofern nicht als Maßstab herangezogen werden, als er keinen katholischen Mitbewerber um das Mandat hatte. In diesem Zusammenhang sollte allerdings auch erwähnt werden, daß eben dieser Landrat von Landsberg-Velen, der sich während des Kulturkampfes offen auf die Seite des Zentrums gestellt hatte, deswegen im April 1875 in den einstweiligen Ruhestand versetzt wurde[72].

Da keiner der Bewerber die absolute Mehrheit erzielt hatte, war eine Stichwahl zwischen Mallinckrodt und Versen erforderlich. Unerwarteterweise sahen sich aber die Klerikalen vor einen personellen Engpaß gestellt, denn mittlerweile war nämlich bekannt geworden, daß Hermann von Mallinckrodt mit überwältigender Mehrheit - 58 % aller Stimmen - Duesberg im Wahlkreis Olpe -- Meschede -- Arnsberg besiegt hatte und außerdem im Wahlkreis Paderborn -- Büren gegen den Landrat von und zu Brenken in der Stichwahl stand[73]. Da sich Mallinckrodt aber innerhalb von nur acht Tagen über Annahme oder Ablehnung des Mandats sowie über die Stichwahlen entscheiden mußte, herrschte im südlichen Münsterland zunächst einmal Ratlosigkeit. Wegen seiner guten Kontakte ins Sauerland hatte man hier schon insgeheim mit einer Absage gerechnet und sich vorsichtshalber um einen geeigneten Nachfolgekandidaten bemüht. Diesen glaubte man in der Person des Professors für Geschichte an der münsterschen Akademie, Bernhard Niehues, gefunden zu haben[74]. Sofort beeilte sich auch der Merkur, die Qualitäten des Wissenschaftlers herauszustreichen, und das Blatt vergaß auch nicht zu erwähnen, daß sich Niehues auch auf theologischem Gebiet einen Namen gemacht habe. Der bis dahin politisch nicht in Erscheinung getretene 36jährige Historiker war, und dies konnte nicht verborgen bleiben, nur ein Verlegenheitskandidat. Seine Nominierung offenbarte einmal mehr den ausgesprochenen Mangel an zugkräftigen Kandidaten und warf zugleich auch ein schlechtes Licht auf das Organisationsvermögen der Klerikalen. Daß Mallinckrodt diesmal zugleich von mehreren Wahlkreisen umworben sein würde, hätte man aufgrund langjähriger Erfahrung mit derart populären Kandidaten voraussehen müssen. Die Taktik der Parteien, prominente Politiker in mehreren Wahlkreisen gleichzeitig antreten zu lassen, um hierdurch die Wahlchancen der nachrückenden Bewerber zu verbessern, war nicht immer von Erfolg gekrönt. Teils waren die Wähler bei der folgenden Abstimmung nicht mehr erschienen, teils lehnte man die von den Parteien als Nachfolger präsentierten Kandidaten ab. Opfer dieser Taktik waren oft genug einheimische Interessenten, denen von Anfang an die Möglichkeit genommen wurde, sich bei den Wählern in Szene setzen zu können.

Unterdessen bereiteten sich auch die Liberalen um Versen intensiv auf die Stichwahl vor und suchten vor allem die ihnen durch das personelle Dilemma der Klerikalen unverhofftermassen zugefallenen Vorteile zu nutzen. Besonderes Interesse widmete man verständlicherweise den ehemaligen Wählern des Landrats von Lüdinghausen, auf die aber das Werben des liberalen Kandidaten wenig Eindruck zu machen schien, verübelten ihm doch vor allem die nach wie vor großdeutsch gesinnten Kreise sein kompromißloses Einstehen für die Existenz des Norddeutschen Bundes. Damit vermochte er zwar unter den Anhängern der Regierung und der Liberalen in den drei Kreisen einigen Erfolg zu verbuchen, die Masse der Wähler stand der Bismarckschen Politik aber unverändert ablehnend gegenüber. Um aber auch katholische Wähler zu überzeugen und auf seine Seite zu ziehen, vor allem aber um der Abstimmung durch Mallinckrodts mögliches Auftreten nicht allein einen gewissen religiösen Anstrich zu geben, teilte Versen mit, daß er, wie auch der Kandidat der Klerikalen durch sein Wirken im Abgeordnetenhaus, hinreichend bewiesen habe, die Rechte der Kirche verteidigen zu können. Dieses Bekenntnis hinderte Versen aber dennoch nicht daran, nochmals zu betonen, nach wie vor auf dem Programm der Fortschrittspartei vom 6. Juni 1861 zu stehen[75].

Selbst wenige Tage vor der Wahl war noch immer nicht bekannt, ob Mallinckrodt das sauerländische Mandat mittlerweile angenommen hatte oder nicht. Um den möglichen Sieg Versens im Falle von Mallinckrodts Annahme von vornherein zu verhindern, schaltete sich Wahlkommissar von Schmising-Kerßenbrock in die Auseinandersetzung ein und beschwor ihn in einem Brief, wegen des sonst als sicher geltenden Sieges des liberalen Kandidaten, sich der Stichwahl zu stellen[76]. Übrigens kannten sich Schmising und Mallinckrodt persönlich, waren beide doch Teilnehmer an den Soester Konferenzen[77].
Innerhalb der gesetzlich vorgeschriebenen Achttagefrist war es Mallinckrodt sichtlich schwergefallen, zu einer Entschei-

dung zu gelangen. Schließlich gab er aber doch dem Drängen Schmisings nach und lehnte das sauerländische Mandat ab. Dabei dürfte auch die Tatsache eine wesentliche Rolle gespielt haben, daß die dortigen Klerikalen auf solide Mehrheitsverhältnisse bauen konnten und außerdem mit Peter Reichensperger ein gleichwertiger Ersatzmann gefunden worden war[78]. Ob Schmisings Intervention mit der münsterschen Regierung abgesprochen war, konnte nicht ermittelt werden. Aller Wahrscheinlichkeit nach handelte aber Schmising, der unter allen Umständen die Wahl des ihm politisch suspekten Versen verhindert sehen wollte, auf eigene Faust, denn Regierungsvizepräsident Mauderode dürfte kaum die Wahl dieses prominenten Bismarckgegners gutgeheißen haben. Der den Norddeutschen Bund bejahende Versen hätte in dieser Hinsicht schon weitaus besser in das Konzept der Regierung gepaßt.

Zum Zeitpunkt der Stichwahl war Mallinckrodts Entscheidung, sich den hiesigen Wählern zu stellen, noch nicht überall bekannt gewesen. Dennoch war das Votum recht eindeutig: 6091 Wahlberechtigte entschieden sich für Mallinckrodt, lediglich 3704 für Versen[79]. Ein Blick auf die Einzelresultate in den Gemeinden macht deutlich, daß es Versen nicht gelungen war, die Wähler des Kreises Lüdinghausen auf seine Seite zu ziehen[80]. Die Wahlbeteiligung lag diesmal bei ca. 42 %[81].

XV.6. Wahlergebnis

Zwischen dem Ergebnis der Wahl von 1866 zum preußischen Abgeordnetenhaus und dem jetzigen zum Konstituierenden Reichstag des Norddeutschen Bundes bestanden praktisch keinerlei Unterschiede. Die damaligen Wahlmänner bzw. die Wähler standen der Bismarckschen Außen- und Innenpolitik nach wie vor ablehnend gegenüber. Die vier in den Norddeutschen Reichstag entsandten Abgeordneten reihten sich daher auch in die Schar der Gegner der preußischen Einigungspläne ein.

Das Münsterland nahm dadurch in den Westprovinzen wie überhaupt im gesamten Staat eine Sonderstellung ein, denn nahezu war ja mittlerweile der Kurs der Regierung auf breite Zustimmung gestoßen[82].

Diese mit Beendigung des Krieges vom Vorjahr einsetzende Kehrtwendung der öffentlichen Meinung hing selbstverständlich eng mit dem Wechsel vieler liberaler Wähler ins gouvernementale Lager zusammen, da man sich gerade in ihren Reihen von der Einigungspolitik Bismarcks sehr viel versprach. Im Münsterland waren solche Ansichten freilich nicht vorhanden, da sich sowohl die klerikalen wie die entschieden liberalen Wähler in der Ablehnung dieser Politik vollkommen einig waren. Unter diesen Umständen sollte sich hier auch nichts an der Struktur der bisher in Erscheinung getretenen Parteien ändern: Die Liberalen standen nach wie vor hinter dem Kurs der Fortschrittspartei und der katholisch-liberale Flügel der Klerikalen stimmte in den wesentlichen Fragen mit ihnen überein. Lediglich die kleine Minderheit der konservativen Klerikalen des Regierungsbezirks hatte diesmal eine Zusammenarbeit mit der Regierung angestrebt, um dadurch die Wahl liberaler Kandidaten verhindern zu helfen. Bei diesem Unterfangen erlitten sie jedoch katastrophalen Schiffbruch. Konservative wie liberale Parteigänger, die den Kurs der Regierung Bismarck seit geraumer Zeit unterstützten, konnten im Münsterland mit keiner Unterstützung rechnen.

Das allgemeine, gleiche und vor allem geheime Wahlrecht hatte auf die Wähler natürlich eine weitaus größere Anziehungskraft ausgeübt als die diesbezüglichen Bestimmungen in Preussen. Obwohl die Münsterländer mit wenigen Ausnahmen der Gründung des Norddeutschen Bundes ablehnend gegenüberstanden, war die Höhe der Wahlbeteiligung ziemlich überraschend. Aufgrund der bisherigen Erfahrungen mit dem Wahlverhalten hätte man allerdings kaum mit einer Beteiligung von ca. 47 % im Regierungsbezirk rechnen können[83]. Allem Anschein nach wollte man aber das Feld nicht allein den Befürwortern der Regierungspolitik überlassen. Liberale und katholisch-liberale Kräfte hatten sich gerade bei dieser Wahl einigen gezielten Attacken der Bezirksregierung und verschiedenen besonders umtriebigen Landräten zu erwehren. Nach der Entkrampfung der innenpolitischen Verhältnisse hielten anscheinend die münsterschen Behörden die Zeit für gekommen, endlich auch in dieser Region der Monarchie einem Regierungskandidaten zum Sieg zu verhelfen. Trotz aller Anstrengungen und taktischer Schachzüge, wie dies besonders am Beispiel des überwiegend protestantischen Wahlkreises Tecklenburg deutlich wurde, wollte sich kein Erfolg einstellen.

Verbindliche Angaben über die Höhe der Wahlbeteiligung in Preußen liegen nicht vor. Einzelresultate und auch Ergebnisse aus verschiedenen Regierungsbezirken, etwa in Koblenz mit 64 %, in Arnsberg mit ca. 60 % und in Minden mit ca. 66 %, lassen auf ein überdurchschnittlich großes Interesse schließen[84].

XV.7. Der Konstituierende Reichstag des Norddeutschen Bundes

Innerhalb der alten Provinzen Preußens hatten die Wahlen mit einem überzeugenden Sieg der ministeriell-konservativen Partei geendet[85]. 40 sog. Freikonservative, 27 Altliberale (hier Fraktion des Zentrums genannt), 15 Liberale in der 'freien Vereinigung' zusammengefaßt und nicht zuletzt 79 Nationalliberale bildeten das Rückgrat der Regierung. Diesem Block standen 19 Mitglieder der Fraktion der Linken, in der Hauptsache Abgeordnete der Fortschrittspartei, 59 Altkonservative, 18 Partikularisten der sog. bundesstaatlich-constitutionellen Vereinigung, 12 Polen, 2 Dänen und 25 Wilde, also Abgeordnete ohne eine Fraktionszugehörigkeit, gegenüber[86]. Von den vier Vertretern aus dem Regierungsbezirk Münster hatten sich zwar nominell von Kleinsorgen, Rohden und Winkelmann der 'freien Vereinigung' angeschlossen, in der übrigens auch einige Vertreter der alten Fraktion Bockum-Dolffs anzutreffen waren, jedoch votierten sie fast nie mit der konservativ-ministeriell gesinnten Mehrheit des Hauses und waren daher auch im eigentlichen Sinne sog. Wilde[87]. Mallinckrodt war dagegen als einziger aus dem Regierungsbezirk der bundesstaatlich-constitutionellen Vereinigung beigetreten[88].

Der Verlauf der Verfassungsberatungen hatte die gegensätzlichen Auffassungen vor allem zwischen den liberalen Flügeln deutlich zutage treten lassen. Ein Antrag der Linken, den Artikel 3 der Verfassung an eine Kommission zur Aufstellung der wesentlichsten Grundrechte zu verweisen, war beispielsweise ebenso abschlägig beschieden worden wie eine Reihe weiterer Vorschläge in dieser Richtung[89]. Trotzdem war der Verfassungsentwurf der Regierung in einigen Punkten liberalen Überzeugungen angeglichen worden[90]. Den entschiedenen Liberalen war dies freilich viel zu wenig. Die Verfassung des Norddeutschen Bundes wurde am 16. April mit 230 gegen 53 Stimmen angenommen[91]. Mallinckrodt, Rohden und Winkelmann hatten dagegen votiert, Kleinsorgen war nicht anwesend[92].

Im Mai 1867 war das Verfassungswerk Gegenstand längerer Debatten im preußischen Abgeordnetenhaus, wobei wiederum die Gegensätze zwischen den jetzigen Nationalliberalen und der Fortschrittspartei deutlich zum Ausdruck kamen. Am 31. Mai nahm dann allerdings die Kammer die Verfassung des Norddeutschen Bundes mit 227 gegen 93 Stimmen an[93]. Freiherr von Quadt und Versen standen auf seiten der Mehrheit, von Kleinsorgen, Rohden, Schulze Hobbeling, Schwartz, Waldeck, Winkelmann und Zurmühlen zusammen mit der Fortschrittspartei, den Polen und einigen Vertretern des linken Zentrums und weiterer Klerikaler in der Minderheit[94].

VI. Die Wahlen zum Reichstag des Norddeutschen Bundes am 31. August 1867

VI.1. Wahlbewegung

Nach Verabschiedung und Inkrafttreten der Verfassung des Norddeutschen Bundes am 1. Juli 1867 standen für den 31. August die Wahlen für die auf drei Jahre festgesetzte erste Legislaturperiode an.

Schon vor Abschluß der Verfassungsdebatte war es zwischen der Fortschrittspartei und den Nationalliberalen wegen der nicht erfolgten Verankerung der Grund- und Freiheitsrechte der Bürger zum offenen Bruch gekommen[1]. Die daraufhin erfolgten Anschuldigungen und gegenseitigen Vorwürfe führten schließlich auch dem Wähler vor Augen, daß es zwischen den beiden Parteien keine Gemeinsamkeiten mehr gab. Noch während der Verfassungsdebatte rüsteten sich die Nationalliberalen und die Fortschrittspartei für die kommende Wahlauseinandersetzung.

Offensichtliches Ziel beider Parteien war es, sich möglichst frühzeitig bei den Wählern ins rechte Bild zu setzen. Schon am 14. Mai hatten die Nationalliberalen an ihre Anhänger in den Provinzen appelliert, sich intensiv für den Vertrieb der ihnen nahestehenden Zeitungen wie der 'Berliner Reform' und der 'Nationalzeitung' einzusetzen[2]. Doch das eigentliche Wahlschreiben, das die Position der Partei näher erläuterte, wurde erst einen Monat später publiziert und in Umlauf gebracht. Das vom äußeren Umfang her recht beachtliche Papier suchte im Kern die Gründung einer eigenen Partei zu rechtfertigen. Aus Rücksicht auf zahlreiche liberale Wähler war man aber auch zugleich bemüht, nicht den Eindruck entstehen zu lassen, die Partei stünde vorbehaltlos hinter Bismarck. Deshalb waren auch altbekannte Forderungen, wie etwa nach einer Ausweitung der Kammerrechte, nach wie vor unumstrittenes Gedankengut. Um sich aber vor allem bei den Anhängern der Fortschrittspartei gut in Szene zu setzen, galt es besonders diese Forderung nachdrücklich herauszustreichen. "Das allgemeine, gleiche, direkte und geheime Wahlrecht", wurde ausgeführt, "ist unter unserer Mitwirkung zur Grundlage des öffentlichen Lebens gemacht. Wir verhehlen uns nicht die Gefahren, welche es mit sich bringt, so lange Preßfreiheit, Versammlungs- und Vereinsrecht polizeilich verkümmert sind .... die Wahlen bürokratischen Einwirkungen unterworfen sind.... Am Volk liegt es jetzt, für die Reinheit der Wahlen einzutreten"[3]. Daß aber die nationale Einheit nicht ohne die volle Befriedigung aller liberaler Ansprüche erreicht und dauernd erhalten werden kann, war ihrer Ansicht nach unverrückbar. Heftige Kritik wurde deshalb auch an der Unvollkommenheit der Reichsverfassung geübt, die zum Leidwesen der Nationalliberalen in gewissen Punkten dem schlechten Beispiel der preußischen Verfassung gefolgt sei. Man erwähnte in diesem Zusammenhang die unzureichende Regelung des Budgetrechts und die nicht erfolgte Festschreibung der Ministerverantwortlichkeit. Die Kritik hielt sich aber sonst in Grenzen. Mit dem von Bismarck eingeschlagenen Weg war man durchaus einverstanden und gab zugleich der Hoffnung Ausdruck, daß sich bald die süddeutschen Staaten dem Bund anschlössen. Am Ende der Ausführungen gingen die Nationalliberalen auf ihr Verhältnis zur Fortschrittspartei ein und hoben dabei hervor, daß man nicht daran dächte, ihr feindselig gegenüberzutreten, denn schließlich gebe es ihrer Auffassung nach noch immer Gemeinsamkeiten, deren Grundlage das Programm von 1861 sei[4].

Nur wenig später wandte sich die Fortschrittspartei an die Wähler. In Berlin konstituierte sich wiederum ein Wahlkomitee, das sich zum Ziel gesetzt hatte, "die Grundsätze der Deutschen Fortschrittspartei im Volk zu verbreiten und dadurch bei den Wahlen zum Reichstag, zum Abgeordnetenhause und zu anderen Vertretungen die Wahl von Männern durchzusetzen, welche sich zu diesen Grundsätzen bekennen und k e i n Recht des Volkes aufgeben ......"[5].

Die Abfassung eines Programms eigens aus Anlaß dieser ersten wirklichen Wahl zum Reichstag hielt man allerdings nicht für erforderlich, da die Grundsätze aus dem Jahre 1861 nach wie vor gültig waren und außerdem auch nichts von ihrer Aktualität eingebüßt hatten[6].

Der Schwerpunkt ihrer Agitation lag wie auch schon vor einem halben Jahr in den beiden Westprovinzen Rheinland und Westfalen, nachdem die Partei ihre früheren Hochburgen im Osten der Monarchie größtenteils an die Konservativen hatte abtreten müssen. Vor allem mit Hilfe des liberalen und teilweise auch noch antipreußisch gesinnten Bürgertums im Westen versuchte man, die bisherige Stellung der Partei wenigstens halten zu können. Eugen Richter, einer der streitbarsten Verfechter des streng liberalen Kurses, hatte sich von seiner Partei zu einer Art 'Generalbevollmächtigter' bestellen lassen und war kraft dieser Stellung für die Wahlagitation in den Westprovinzen verantwortlich[7]. Nach Beobachtungen seines Bekannten Ludolf Parisius war er dabei aber wenig rücksichtsvoll zu Werke gegangen, weshalb auch sein forsches Auftreten der eigenen Partei nicht gerade zum Vorteil gereichte. Als Folge davon liefen nämlich zahlreiche Wähler geradezu in Scharen in die Arme der Nationalliberalen[8]. Hinweise über ein Auftreten Richters in den liberalen Hochburgen des Münsterlandes finden sich allerdings nicht. Möglicherweise ist aber die Kandidatur des Geilenkirchener Friedensrichters Meulenbergh im Wahlkreis Borken -- Recklinghausen auf die Initiative Richters zurückzuführen.

Die beiden konservativen Parteien und das Zentrum hatten auf eine eigene Wahlagitation verzichtet. Selbst von Johann Georg Müller, dem Bischof von Münster, war diesmal nichts zu hören, und auch Innenminister Graf Eulenburg beließ es ausnahmsweise nur bei einer Aufforderung an die Regierungspräsidenten, die Wahl konservativer Kandidaten zu fördern[9]. Ein patriotisches Wahlschreiben, das zur Unterstützung der Regierungspolitik aufrief, war diesmal auch nicht im Amtsblatt der münsterschen Verwaltungsbehörden zu finden[10]. Auch die sonst übliche offizielle Bekanntmachung des Innenministers bezüglich der Wahlbeteiligung gab es nicht. Im großen und ganzen hielt sich also die Einmischung in Grenzen. Das Interesse an dieser Wahl sollte allerdings im Vergleich zur Abstimmung im Februar geringer sein. Allgemein kann die Ursache hierfür in der ziemlich verbreiteten Wahlmüdigkeit gesehen werden. Außerdem lag der Termin wegen der beginnenden Ernte für die Landbevölkerung nicht besonders günstig.

Die Wahlkreiseinteilung am 31. August 1867[11]:

Bestandteile Stadt/Kreis	Einwohner	Anzahl der Abgeordneten
Tecklenburg	46490	1
Steinfurt	44543	
Ahaus	40478	
	131511	
Münster(Stadt)	23337	1
Münster(Kreis)	42075	
Coesfeld	41685	
	107097	
Borken	41409	1
Recklinghausen	49963	
	91372	
Lüdinghausen	39456	1
Beckum	38723	
Warendorf	28864	
	107043	

XVI.2. Wahlkreis: Tecklenburg -- Steinfurt -- Ahaus

Die trotz intensivster Bemühungen gescheiterte Wahl des Regierungskandidaten von Bernuth, und mithin allgemein die geringen Siegeschancen nichtklerikaler Kandidaten in diesem Wahlkreis, veranlaßten den Landrat des Kreises Tecklenburg, von Diepenbroick-Grüter, sich in dieser Sache an Regierungsvizepräsident von Mauderode zu wenden[12)]. In seinem Schreiben vom 22. Juni plädierte der Landrat für eine unverzügliche Neuaufteilung dieses Reichstagswahlkreises. Da es seiner Ansicht nach kaum möglich erscheine, einem regierungstreuen Kandidaten unter den bisherigen Umständen zum Sieg zu verhelfen, schlug er die Ausgliederung des Kreises Ahaus bei gleichzeitiger Zuweisung zum Wahlkreis Borken -- Recklinghausen vor. Bereits bei den Wahlen zur II. Kammer der Jahre 1855 und 1858 war derart verfahren worden, ohne daß sich jedoch an der Dominanz der Klerikalen damals etwas geändert hatte[13)]. Eine solche Maßnahme könne nach seiner Überzeugung jederzeit durchgeführt werden, da die Festlegung der Kreiszugehörigkeit zu den jeweiligen Wahlkreisen nicht ein für allemal feststehe und außerdem der Innenminister durchaus das Recht habe, Neuaufteilungen vorzunehmen. Zwar würde der Wegfall des Kreises Ahaus den Sieg eines Regierungskandidaten noch nicht gewährleisten, er stärke aber die Siegeshoffnungen derer, die wegen der klerikalen Übermacht den Wahlen von vornherein fernblieben. Obwohl Rohden nach wie vor das Vertrauen der einflußreichen Geistlichkeit besäße, könne man bei gleichzeitigem Festhalten an Bernuth immerhin mit einem knappen Ausgang rechnen. Seinen Überlegungen, so meinte Diepenbroick-Grüter, könne sich die Regierung schlecht entziehen, denn es müsse auch in ihrem eigenen Interesse liegen, wenigstens einen Wahlkreis des Münsterlandes durch einen ministeriellen Abgeordneten vertreten zu sehen.

Diepenbroick-Grüters Ansichten waren zwar im Kern durchaus richtig, jedoch muß dem von ihm häufig vorgebrachten konfessionellen Aspekt bei der Entscheidung der Wähler widersprochen werden. Nach der Verselbständigung des Wahlkreises Tecklenburg aufgrund der gesetzlich geregelten Bestimmungen aus dem Jahre 1860 war die Beteiligung auch nicht höher als bei allen Anlässen zuvor und sollte auch bei den folgenden Abstimmungen nur unwesentlich steigen. Grüters jetzigem Vorstoß lag der Gedanke zugrunde, den klerikalen Kandidaten bei gleichzeitig unvermindert hoher Wahlbeteiligung in den protestantischen Hochburgen ausbooten zu können. Bei einer möglicherweise geringen Teilnahme, vornehmlich in Reihen der katholischen Wähler, schien dieser Plan durchaus Aussicht auf Erfolg zu haben. Aber in Münster schloß man sich Grüters Ausführungen nicht an, anscheinend hielt man den Sieg eines regierungsfreundlichen Kandidaten sowieso für ausgeschlossen. Außerdem, so dürfte man wahrscheinlich angenommen haben, würden die Klerikalen derartige Pläne der Regierung sofort durchkreuzen. An der Zusammensetzung dieses Reichstagswahlkreises sollte sich auch, wie schon angedeutet, nichts verändern[14].

Obwohl die Siegeschancen Bernuths auch diesmal ziemlich gering waren, konstituierte sich in Burgsteinfurt wiederum das konservative Wahlkomitee. Mit Hilfe einiger Flugblätter und Zeitungsannoncen machte man auf seine erneute Kandidatur aufmerksam. Allerdings beschränkte sich der Einfluß des Wahlkomitees abermals nur auf die nähere Umgebung Burgsteinfurts. Bernuths Gegenkandidat sollte diesmal aber nicht mehr Rohden heißen. Aus seiner ablehnenden Haltung dem Norddeutschen Bund gegenüber hatte Rohden keinen Hehl gemacht und konsequenterweise auf die Wahl verzichtet. An seiner Stelle wurde Paul Zurmühlen nominiert, der sich ebenso der Unterstützung und des Vertrauens einflußreicher klerikaler Kreise sicher wußte wie Rohden[15].

Von einer intensiven Agitation für die jeweiligen Kandidaten konnte nicht die Rede sein. Irgendwelche Veranstaltungen zugunsten Bernuths und Zurmühlens dürften gewiß abgehalten worden sein, allerdings war Näheres, wie schon häufig in diesem Wahlkreis, nicht zu ermitteln. Außerdem gab es auch keinerlei Hinweise über gezielte Maßnahmen der Landräte zugunsten des Regierungskandidaten. Einen Rückschluß auf das Interesse an der Abstimmung erlaubt daher nur der Blick auf die Höhe der Wahlbeteiligung. Nähere Angaben hierüber liegen zwar vereinzelt vor, bekannt ist allerdings nur das Gesamtresultat:

Kreis Steinfurt	v.Bernuth	Zurmühlen	Wahlbeteiligung
Nordwalde[16]	72	107	unbek.
Ochtrup	34	14	unbek.
Horstmar	14	39	unbek.
Rheine	64	137	unbek.
Altenberge	20	42	unbek.
Emsdetten[17)]	3	153	unbek.
Burgsteinfurt[18)]	286	46	50,8 %

Verglichen mit der Wahl vom Februar war die Gesamtbeteiligung um nahezu die Hälfte zurückgegangen. Damals lag sie bei 65,2 %, jetzt lediglich bei 31,9 %[19)]. Obwohl das Interesse mehr als deutlich nachgelassen hatte, gaben aber immer noch rund 8000 Wähler ihre Stimme ab, das Dreifache des bisher besten Ergebnisses bei der Wahl zur II. Kammer aus dem Jahre 1862.

Mit dem Ahauser Kreisrichter Paul Zurmühlen siegte zwar erwartungsgemäß der Kandidat der Klerikalen, jedoch fiel sein Vorsprung vor Bernuth mit 836 Stimmen recht knapp aus. Insgesamt hatte Zurmühlen 54,8 % aller Stimmen auf sich vereinigen können[20)]. Dieses Ergebnis macht deutlich, daß der Plan des Tecklenburger Landrats auch ohne die von ihm verlangte Neuaufteilung des Wahlkreises beinahe geglückt wäre, denn immerhin traf ja die von ihm prognostizierte hohe Wahlbeteiligung in den rein protestantischen Gebieten ein[21)]. Ihren Sieg verdankten die Klerikalen somit einmal mehr nur ihrer zahlenmäßigen Überlegenheit, denn immerhin waren ja 73,3 % des Wahlkreises katholische und lediglich 25,8 % evanglische Bürger[22)].

XVI.3. Wahlkreis: Stadt Münster -- Kreis Münster -- Coesfeld

Im Gegensatz zu den Kreisen stieß diese Wahl in der Provinzialhauptstadt auf mehr Interesse als die Abstimmung vom Februar. Dies dürfte nicht zuletzt die Reaktion auf die von zahlreichen Wählern als enttäuschend verlaufene Verfassungsdebatte gewesen sein. Trotz der negativen Einstellung zu den preußischen Einigungsplänen hatten nämlich die liberalen Vertreter Münsters durchaus damit gerechnet, daß wenigstens die Grund- und Freiheitsrechte des deutschen Volkes, so wie sie von der Fortschrittspartei propagiert wurden, in die Verfassung aufgenommen würden. Vor allem zeigte sich die nicht gerade kleine Anhängerschar Waldecks darüber verärgert, daß man auf dessen Vorschläge zur Liberalisierung des Verfassungswerks gar nicht eingegangen war. Unter diesen Umständen lag es nahe, daß man in Münster an Waldeck weiterhin festhalten würde[23]. Der bisherige Abgeordnete von Kleinsorgen hielt sich dementsprechend auch zurück und ließ lediglich mitteilen, Waldeck nicht im Weg stehen zu wollen.

Da der Ausgang der Wahl für die Fortschrittspartei allgemein ziemlich ungewiß war, hatte Waldeck in Münster zunächst einmal zugesagt, sich aber hinsichtlich der Annahme des Mandats nicht näher festgelegt[24]. Der Merkur, der sich noch vor gar nicht allzu langer Zeit gegen seine Person ausgesprochen hatte, nahm jetzt dessen Kandidatur beifällig auf. "Unvergessen ist geblieben", schrieb das Blatt, "der unbeugsame Mut, die zähe Beharrlichkeit, mit der er die Sache der Freiheit und der Volksrechte bis zum letzten Augenblick verteidigte, ohne sich durch die glänzenden Erfolge der Regierung, durch die Siege der preußischen Waffen, durch den späteren Abfall seiner eigenen Parteigenossen blenden oder beirren zu lassen. Auch im Norddeutschen Reichstag kämpfte Waldeck noch einmal mit bewunderungswürdiger Kraft, Ausdauer und Unbeugsamkeit für die Rechte des Volkes ... und warnte ihn davor, die Einheit Deutschlands auf Kosten der Freiheit zu gründen... Wähler für Münster/Coesfeld, es handelt sich jetzt darum, dieser Eurer Gesinnung Ausdruck zu geben.

Niemand darf träge zurückbleiben ! Der Name Waldeck repräsentiert das ganze Programm der Volksrechte"[25]. Der Meinungsumschwung der Zeitung war alles in allem keine große Überraschung mehr, denn schon seit dem Ausbruch des preussisch-österreichischen Krieges und den danach einsetzenden politischen Wandlungen,war eine neue Richtung zu beobachten. Da man mit den konservativen Parteien und vor allem mit den Nationalliberalen wenig gemein hatte und überdies keine katholische Fraktion früherer Ausstrahlung mehr existierte, stand man teilweise auf seiten der Fortschrittspartei. Freilich hatte diese Annäherung auch ihre Grenzen, so in den Fragen der Zivilehe und des Einflusses der Kirche auf das Schulwesen, doch im großen und ganzen bejahte der Merkur den oppositionellen Kurs der Fortschrittspartei.

Waldeck war in einer ganzen Reihe rheinisch-westfälischer Wahlkreise nominiert worden, so in Mühlheim -- Wipperfürth -- Gummersbach, in Essen, in Herford -- Halle, in Bielefeld -- Wiedenbrück und im benachbarten Borken -- Recklinghausen[26]. Diese überaus enge Konzentration im Westen der Monarchie machte, wie schon oben angedeutet, die Verlagerung des Einflußgebietes der Fortschrittspartei deutlich[27]. Die sich seit den Wahlen von 1866 anbahnende Verschiebung in Ost-West Richtung sollte diesmal ihren Höhepunkt erreichen.

Die häufige Nominierung Waldecks ließ aber nicht nur auf ein taktisches Vorgehen der Partei schließen, dahinter verbarg sich aber auch ein eklatanter Mangel an zugkräftigen Kandidaten. Gelegentlich war daher die Fortschrittspartei, wie es sich bei den zahlreichen Nachwahlen noch zeigen sollte, auf die Hilfe oppositioneller Katholiken angewiesen. Um aber die Aussichten in Betracht kommender Ersatzkandidaten nicht von vornherein zu verschlechtern, erteilte Waldeck erwartungsgemäß keinem der sechs Wahlkreise eine Absage, sondern beließ seine Anhänger im guten Glauben, jeweils der eigene Wahlkreis könnte für ihn gegebenenfalls der wichtigste sein.

Erwartungsgemäß sollte Waldecks Kandidatur in Münster nicht nur auf Zustimmung stoßen. Vor allem in den katholisch-konservativen Kreisen opponierte man zum wiederholten Male gegen seine religiöse Einstellung, und es wurde ihm dabei besonders angekreidet, sich als Mitglied der Fortschrittspartei für die Zivilehe und die Minderung des kirchlichen Einflusses auf das Schulwesen ausgesprochen zu haben. Obwohl auch Waldecks Gegner die Politik Bismarcks namentlich gegenüber Österreich kaum gutgeheißen haben dürften, waren sie aber wegen dieser Sache nicht bereit, ihre religiöse Überzeugung einem zweckmäßigeren politischen Standort unterzuordnen. Unter solchen Vorzeichen war natürlich an eine Zusammenarbeit mit den katholisch-liberalen Kräften in keiner Weise zu denken.

In Wirklichkeit waren aber sämtliche Vorwürfe gegen Waldeck nicht haltbar. Die meisten Kritiker kannten Waldeck nicht einmal mehr persönlich und übernahmen einfach Jahr für Jahr die schon seit den Tagen der preußischen Nationalversammlung kursierenden Anschuldigungen, mit dessen religiöser Einstellung sei es nicht zum besten bestellt. Wie sehr man Waldeck jedoch Unrecht tat, sollte sich anläßlich seiner Trauerfeier im Jahre 1870 zeigen[28]. Der Domprobst von St. Hedwig bezeichnete Waldeck gewiß nicht nur aus Gründen der Pietät als den 'treuen Sohn der Kirche', der zudem keine Gelegenheit ausgelassen habe, am sonntäglichen Gottesdienst teilzunehmen[29]. Hinter all den religiös motivierten Anschuldigungen standen zweifelsfrei nur politische Gründe. Die einflußreichen münsterschen Familien, die stets auch immer zahlreiche Wahlmänner gestellt hatten, fürchteten sich vor allem vor Waldecks politischer Einstellung und verübelten ihm wohl noch immer sein Auftreten in der Nationalversammlung. Daß er damals in den Augen der Konservativen die Monarchie ins Wanken brachte und damit zugleich auch die Autorität des Staates erschüttert hatte, haftete ihm selbst in antipreußisch gesinnten Kreisen immer noch an und war Grund vielfältigen Mißtrauens. Aber abgesehen davon: nach seinem Tode war das Ansehen Waldecks der münsterschen Stadtverwaltung nur die Benennung einer kleineren Strasse nach ihm wert, während andere preußische Städte, allen voran natürlich Berlin, sein Andenken mit Hilfe der in der damaligen Zeit typischen Denkmäler wachhielten.

Waldecks Anhänger in Münster nannten die gegen ihn vorgebrachten Anschuldigungen geschmacklos und auch in der Sache unrichtig. Ausdrücklich hob man dabei hervor, daß erst jüngst eine Versammlung katholischer Männer in Köln davon gesprochen habe, im kommenden Reichstag solle entschieden für die Rechte des Volkes gekämpft werden. Darüber hinaus hielt man den Klerikalen vor, daß katholische Interessen auf die Dauer nicht auf dem Spiel stünden, weshalb man selbst in den eigenen Reihen von der Gründung einer eigenen Fraktion Abstand genommen hätte[30].

Auch bei dieser Wahl wartete die münstersche Regierung mit einem eigenen Kandidaten auf. Bei seiner Auswahl hatte man sich zweckmäßigerweise mit konservativen Klerikalen abgesprochen, um auf diese Weise eine gemeinsame Front gegen Waldeck errichten zu können. In Kreisen der hiesigen Regierung schien man wohl mittlerweile eingesehen zu haben, daß ein konservativer Kandidat ministeriellen Zuschnitts von vornherein keine Chance haben würde. Die Wahl fiel auf den münsterschen Professor der Altphilologie Franz Winiewski, der nach Einschätzung des kreismünsterschen Landrates von Droste-Hülshoff größte Popularität genoß. Zwar könne man nicht erwarten, so räumte er bereitwillig ein, daß Winiewski im Falle eines Sieges in allen Fragen mit der Regierung übereinstimme, doch neige er keinesfalls zu den Opponenten und zeige durchaus Bereitschaft, mit den Konservativen zusammenzuarbeiten[31].

Welche Kriterien bei der Auswahl dieses Wissenschaftlers zugrundegelegt worden waren, ist unbekannt. Vielleicht spielte es eine Rolle, daß sich Winiewski als zeitweiliger Rektor der Akademie sowohl in Kreisen der Klerikalen als auch bei der Regierung eines beiderseitigen Vertrauens erfreute. Er war übrigens auch seit 1849 Mitglied des münsterschen Stadtverordnetenkollegiums und fungierte zur Zeit sogar als dessen Vorsitzender. Obwohl sich Winiewski außerdem häufig als Wahlmann hervorgetan hatte, war er außerhalb Münsters nahezu unbekannt. Um Angriffe der Liberalen auf seine Person frühzeitig zu verhindern, gab man die Kandidatur auch erst eine Woche vor der Wahl bekannt. Dies war aber insofern mit einigen Risiken verbunden, als ja auch die ländliche Bevölkerung mit seiner Person vertraut gemacht werden mußte. Außerdem offenbarte diese Taktik der Regierung eine ziemliche Unsicherheit, denn man hätte Winiewski sonst kaum so lange vor der Öffentlichkeit versteckt. Eine gewisse Befangenheit zeigte sich auch bei einer rasch einberufenen Wahlversammlung, bei der übrigens nur Beamte anwesend waren. Ohne sich lange an einer Personaldiskussion aufzuhalten, hatte man der Kandidatur zugestimmt[32]. Trotzdem konnte der Eindruck nicht vermieden werden, daß es sich bei dieser Art der Nominierung nur um ein Schauspiel gehandelt hat, denn man war auf liberaler Seite sofort zur Stelle, die mangelnde politische Erfahrung des Gelehrten herauszustellen und außerdem die merkwürdigen Umstände seiner Nominierung zu kritisieren.

Trotz der in der lokalen Presse intensiv geführten Kampagne beider Parteien blieb die Wahlbeteiligung hinter den Erwartungen zurück. Lediglich 28 % der Stimmberechtigten hatten von ihrem Wahlrecht Gebrauch gemacht, ein, verglichen mit früheren Wahlen, nur mittelmäßiger Wert[33]. Von den insgesamt 3329 abgegebenen Stimmen des gesamten Wahlkreises stammten 1262 aus Münster, etwa gleichviel wie anläßlich der Urwahl zum Abgeordnetenhaus am 20. Oktober 1863[34].

Aus einzelnen Orten dieses Wahlkreises liegen Ergebnisse vor[35]:

Kreis Münster	Waldeck	Winiewski	Wahlbeteiligung
Telgte	70	14	unbek.
Greven	82	33	unbek.
Nottuln	35	58	8,3 %
Saerbeck	29	14	unbek
Nienberge	8	87	unbek.
Roxel	34	176	unbek.
Kreis Coesfeld			
Darup	40	4	unbek.
Coesfeld	104	76	unbek.
Stadt Münster	702	560	ca. 28 %

Nach Auszählung aller Stimmen war die Überraschung insofern perfekt, als Waldeck und Winiewski annähernd die gleiche Anzahl von Stimmen, nämlich 1638 bzw. 1652 erreicht hatten[37]. Dieses Ergebnis dürfte wahrscheinlich nur deshalb zustande gekommen sein, weil sich große Teile der katholisch-liberalen Wählerschaft zurückhielten. Verheerende Einbrüche hinsichtlich der Wahlbeteiligung waren außerdem besonders in ländlichen Regionen zu registrieren, wo die Beteiligung oft nicht einmal mehr die '5% Hürde' übersprang. Winiewski, der das Stimmenpotential Zumlohs von der Februarwahl erreichte, hätte Waldeck sogar beinahe geschlagen, denn zur erforderlichen absoluten Mehrheit fehlten nur noch wenige Stimmen[38]. Der Landrat des Kreises Münster hatte aber auch dieses Mal nichts unversucht gelassen, um die Wahl des Regierungskandidaten gleich im ersten Anlauf zu sichern. Der ihm unterstellten Beamtenschaft war wiederum eingeschärft worden, intensiv für Winiewskis Wahl einzutreten. Zu diesem Zweck hatte er abermals einige Tausend vorgedruckte Stimmkarten mit dessen Namen verteilen lassen[39]. Außerdem nahm er erstmals zu den Regierungsbehörden und dem Generalkommando Kontakte auf, um die dort Beschäftigten ausdrücklich an ihre Wahlpflicht zu erinnern[40].

Die Wahl Winiewskis war durch die Zersplitterung der Stimmen auf dem Lande, so durch das Auftreten des Havixbecker Bürgermeisters Ostermann, verhindert worden[41]. Rätselhaft ist allerdings dabei, daß die münstersche Regierung solche für sie schädlichen Alleingänge nicht frühzeitig unterbunden hat. Das schwache Abschneiden Waldecks war hauptsächlich auf die Wahlmüdigkeit in Reihen der Liberalen bzw. katholisch-liberalen Wählerschaft zurückzuführen. Es darf darüber hinaus aber nicht übersehen werden, daß ihm Teile der Wähler des Kreises Coesfeld die Gefolgschaft versagt hatten[42]. Sie fühlten sich anscheinend von Münster bei der Nominierung des Reichstagskandidaten regelrecht übergangen, zumal der bisherige Abgeordnete, Kreisrichter von Kleinsorgen aus Haltern, überhaupt nicht zur Diskussion stand[43]. Viele Wähler hatten daher nicht einmal zu Unrecht den Eindruck, daß er nur eine Lückenbüßerfunktion ausübte, denn man konnte schon jetzt damit rechnen, daß er im Falle der Ablehnung des Mandats durch Waldeck wieder kandidieren mußte.

Nach Auszählung aller Stimmen war Waldeck insgesamt dreimal gewählt worden und stand zweimal in engerer Wahl. Erwartungsgemäß schlug er die sicher erworbenen Reichstagssitze aus, empfahl jeweils geeignete Ersatzkandidaten, so im benachbarten Wahlkreis Borken -- Recklinghausen den Friedensrichter Meulenbergh und konzentrierte sich voll und ganz auf die beiden Stichwahlen in Münster und in Bielefeld[44]. Die münsterschen Liberalen machten das Spiel Waldecks bereitwillig mit, und das, obwohl noch immer keine definitive Zusage über die Annahme des Mandats vorlag. In der Provinzialhauptstadt setzte nun ein verstärkter Kampf um die Stimmen der Wähler ein, der seinen Ausdruck auch in einigen mitunter mehrspaltigen Artikeln im Merkur fand[45]. Allen voran waren natürlich die Anhänger Waldecks am aktivsten. In ihren Artikeln klang häufig durch, daß man deshalb an ihm festhalten würde, weil Winiewski keinerlei Gewähr dafür böte, bei den vielen zur Verabschiedung anstehenden volkswirtschaftlichen Gesetzesentwürfen im Sinne des Volkes zu stimmen[46]. Dabei drehte sich manches um die angebliche Erhöhung der Tabak- und Branntweinsteuer zur Deckung der Militärausgaben.

Einige findige Münsteraner hatten inzwischen ermittelt, daß die ständigen Beschuldigungen Waldecks, er sei antikatholisch, bekenne sich zur Zivilehe und verurteile sogar die weltliche Macht des Papstes, von einem der Regierungspartei nahestehenden Protestanten verfaßt wurden[47]. Empört reagierte man darauf im liberalen Lager und verwahrte sich gegen jedwede aus dem Zusammenhang gerissenen Zitate. Dieses Vorgehen sollte ihrer Ansicht nach nur dazu dienen, Waldeck in den Augen der Katholiken verächtlich zu machen. Der Verfasser dieser Schriften wurde außerdem gefragt, was ihn dazu veranlasse, sich derart intensiv kirchlicher Interessen anzunehmen. In einem der zahlreichen Beiträge hierzu war im Merkur zu lesen: "Winiewski, Kandidat der Regierung, ist zwar wohlbewandert in lateinischen und griechischen Klassikern, aber ein Neuling im öffentlichen Staatsleben, Waldeck dagegen, ein alter bewährter Kämpfer für die Rechte des Volkes...... Nach dem bereits bekannten Resultate der Wahlen haben die östlichen Provinzen ganze Scharen von Regierungs- und Landräten in den Reichstag gesendet, und die überwiegend liberalen Wahlen der westlichen und neuen Provinzen halten denselben kaum Gewicht. Hauptsächlich von den Nachwahlen wird es also abhängen, ob die Regierungspartei im Reichstag dominieren, die Verfassung in ihrem Sinne ausbilden und zur Deckung der immer wachsenden Kosten des stehenden Heeres die bereits angekündigten neuen Steuern genehmigen wird oder ob die vereinigten liberalen Parteien wenigstens so stark werden, daß sie einer weiteren Beeinträchtigung der Volksrechte und einer erhöhten Besteuerung wirksam entgegentreten können"[48]. Weiter wurde geschickt auf die durch das Militär verursachten Steuerlasten aufmerksam gemacht und an anderer Stelle darauf hingewiesen, ob man als friedfertiger Münsteraner einen Kandidaten wie Winiewski überhaupt unterstützen könne, der bei der ersten Abstimmung fast ausnahmslos die Stimmen des gesamten hiesigen Militärwahlbezirks erhalten habe[49]. Darüber hinaus appellierte man an die Wähler, sich doch wieder in Erinnerung zu rufen, wie sehr sich Waldeck früher für die ländlichen Belange eingesetzt habe. Nicht umsonst stünde er ja auch noch heute im Rufe des 'Westfälischen Bauernkönigs'. Sie sollten es daher trotz der noch anfallenden Erntearbeiten unter allen Umständen ermöglichen, an der Wahl teilzunehmen[50]. Der letzte Aufruf der Liberalen beschäftige sich nochmals mit der fragwürdigen Aufstellungspraxis des Regierungskandidaten Winiewski. Dabei wurde vor allem bemängelt, daß man sich schon damals beharrlich geweigert habe, nähere Informationen über das künftige Verhalten des Professors bezüglich neuer Besteuerungspläne der Regierung abzugeben. Es grenze doch schon fast an eine Unverschämtheit, jemanden vorzuschlagen, über dessen politische und parlamentarische Einstellung keinerlei Auskunft gegeben werde[51]. Die Namen der Autoren, die sich für Waldeck einsetzten, konnten jedoch nicht ermittelt werden, wie überhaupt so gut wie gar nichts über die Führungsspitze der katholisch-liberalen Bewegung in Münster bekannt ist. Wahrscheinlich hat auch der damalige verantwortliche Redakteur des Merkurs, Dr. Ludger Suing, selbst zur Feder gegriffen, denn bei nahezu allen Stellungnahmen handelte es sich ja nicht um die üblichen Annoncen im Werbeteil, sondern fast immer um Beiträge auf der münsterschen Lokalseite. Demgegenüber erschien nicht eine einzige Stellungnahme zugunsten Winiewskis, was allerdings nicht nur auf eine grundsätzlich ablehnende Haltung der Zeitung ihm gegenüber zurückzuführen war - man hörte aber auch sonst wenig von ihm. So gab es auch beispielsweise keine Flugblätter und selbst von Wahlversammlungen größeren Stils konnte nicht berichtet werden. Am Ende der engagierten Kampagne für Waldecks Wahlsieg war somit kaum daran zu zweifeln, daß die Stimmung der Wähler zu seinen Gunsten umgeschlagen war. Dies sollte auch eine erheblich höhere Wahlbeteiligung zur Folge gehabt haben, im gesamten Wahlkreis lag sie bei ca. 25 %[52]. In der Stadt Münster und seiner näheren Umgebung wurden folgende Resultate erzielt[53].

Stadt Münster	Waldeck	Winiewski	
I. Wahlbez.	225	41	Stimmen
II. "	183	37	"
III. "	204	52	"
IV. "	186	55	"
V. "	241	34	"
VI. "	169	59	"
VII. "	172	54	"
Militärwahlbez.	14	301	"
St. Mauritz	145	64	"
Mecklenbeck-Geist	127	32	"
Überwasser	129	36	"
Telgte	199	16	"
Greven	127	42	"
Saerbeck	50	28	"
Havixbeck	72	360	"
Roxel	1	115	"
Albachten	32	15	"
Nienberge	15	114	"
Bösensell	25	5	"
Nottuln	97	57	"
Kreis Coesfeld			
Dülmen	205	96	"
Coesfeld	154	97	"
Landgem. Coesfeld	28	4	"

	Waldeck	Winiewski	Stimmen
Billerbeck	61	78	"
Landgem. Billerbeck	31	3	"
Berlage	19	6	"
Hausdülmen	51	-	"
Haltern	111	86	"

Auf Waldeck waren insgesamt 3658 und auf Winiewski 2230 Stimmen entfallen[54]. Obwohl Waldeck auch aus der Stichwahl im Wahlkreis Bielefeld -- Wiedenbrück als Sieger hervorgegangen war, rechnete man in Münster fest mit der Annahme des hiesigen Mandats. In einem offenen Brief an seine Wähler machte Waldeck aus der für ihn schwierigen Lage keinen Hehl, da, wie er betonte, ihn einerseits die heimatliche Anhänglichkeit an Münster binde, er aber andererseits ein seit 1860 bestehendes politisches Verhältnis zu Bielefeld habe. Seine münsterschen Wähler bat er nunmehr um Verständnis, wenn er das ostwestfälische Mandat daher vorziehe[55].

Die Enttäuschung über Waldecks Schritt war in Münster verständlicherweise ziemlich groß, denn man hatte trotz aller Taktik der Fortschrittspartei noch bis zuletzt fest damit gerechnet, daß er für seine Heimatgemeinde in den Reichstag einzöge. Kurz nach der Absage riet er allerdings seinen münsterschen Wählern, den ihm gut bekannten Kreisrichter von Kleinsorgen zu wählen[56]. Obwohl Kleinsorgen gegen diesen Vorschlag zunächst Bedenken angemeldet hatte, erklärte er sich schließlich aber dennoch zu einer Kandidatur bereit. Mit Gewißheit dürfte Waldeck Kleinsorgen zuvor in seine Pläne eingeweiht haben, hatte sich doch auch der Kreisrichter aus Haltern von Anfang an ziemlich auffällig im Hintergrund gehalten.

Selbst im dritten Durchgang war das Interesse der Wähler immer noch ziemlich groß; insgesamt gaben ca. 16 % aller Stimmberechtigten ihr Votum ab. Aus der Stadt Münster sowie einigen umliegenden Bauernschaften und Gemeinden liegen Einzelresultate vor[57].

Stadt Münster	v.Kleinsorgen	Winiewski
I. Wahlbez.	140	29
II. "	106	21
III. "	110	25
IV. "	133	32
V. "	123	21
VI. "	84	39
VII. "	96	51
Militärwahlbez.	2	266
Delstrup	13	15
Kemper	42	51
Mauritz	23	--
Telgte	52	--
Ksp. Telgte	16	--
Wolbeck	35	--
Albersloh	19	--
Alverskirchen	25	--
Rinkerode	21	--
Appelhülsen	29	--
Schapdetten	16	--
Nottuln	36	--
Havixbeck	57	--
Gimbte	14	--
Billerbeck	65	--
Ksp. Billerbeck	21	--
Haltern	162	4
Ksp. Haltern	31	--
Berlage	11	--
Merfeld	6	--
Gescher	79	2
Lippramsdorf	22	--
Amelsbüren	18	--

Kleinsorgen siegte erwartungsgemäß eindeutig über Winiewski, 77 % aller Wähler (2707 Stimmen) votierten für ihn, lediglich 21 % (737 Stimmen) für den Kandidaten der Regierung[58]. Am 16. Februar 1870 legte Kleinsorgen sein Mandat aus Gesundheitsgründen nieder[59]. Zu seinem Nachfolger wurde am 20. April der zu diesem Zeitpunkt schon äußerst populäre Verfechter des landwirtschaftlichen Vereinswesens in Westfalen, Burghard Freiherr von Schorlemer-Alst, gewählt. Von den 1508 abgegebenen gültigen Stimmen waren 1161 auf ihn, und 271 auf seinen Gegenkandidaten, den Gymnasiallehrer a.D. Tophoff gefallen. Dementsprechend gering war auch die Wahlbeteiligung, sie lag bei ca. 6,8 %[60].

VI.4. Wahlkreis: Borken -- Recklinghausen

Kreisgerichtsrat Winkelmann hatte im Konstituierenden Reichstag und im preußischen Abgeordnetenhaus gegen die Verfassung des Norddeutschen Bundes gestimmt[61]. Reitzenstein nahm dessen Abstimmungsverhalten sogleich zum willkommenen Anlaß, Winkelmann eine 'vaterlandslose Gesinnung' zu bescheinigen, fügte aber zugleich recht selbstgefällig hinzu, daß der Norddeutsche Bund auch ohne dessen Zustimmung verwirklicht worden sei. Winkelmann ließen derartige Vorwürfe jedoch ziemlich kalt, da er ohnehin nicht mehr die Absicht hatte, für den Reichstag zu kandidieren.

In Reihen der Vertreter der Regierung hielt man auch bei dieser Wahl an der Kandidatur Duesbergs fest, denn wie Reitzenstein ausdrücklich betonte, bedürfe es gerade jetzt national gesinnter Männer, die hinter der Regierung stünden[62]. Nach Winkelmanns Absage waren die Liberalen beider Kreise zunächst einigermaßen ratlos, denn ein geeigneter und besonders zugkräftiger Kandidat war nicht in Sicht. Bei der großen Popularität von Duesbergs drohte daher der Verlust des Mandats, zumal man auch auf konservativer Seite nichts unversucht ließ, das Ansehen des Oberpräsidenten und seine Verdienste um die Provinz Westfalen herauszustreichen. Der erste Durchgang der letzten Wahl hatte ja schon die Stärke des Regierungskandidaten unter Beweis gestellt. Trotz dieser Gefahr mischte sich Winkelmann in die Diskussion um seine Nachfolge nur am Rande ein, riet aber seinen Parteifreunden, den ihm persönlich gut bekannten Borkener Kreisrichter Braunstein aufzustellen. Bereits bei der Wahl im Jahre 1863 hatte Braunstein zusammen mit Winkelmann für die Liberalen kandidiert, fiel damals auch durch ein fortschrittlich klingendes Programm auf, mußte aber aus taktischen Erwägungen kurzfristig auf die Kandidatur verzichten[63]. Obwohl er in der Presse als guter Katholik und überzeugter Liberaler dargestellt wurde, nahm man von seiner Kandidatur recht bald wieder Abstand, denn er war doch den meisten Wählern kein Begriff. Da es an qualifizierten Persönlichkeiten mangelte, wußte man sich nicht anders als mit einer Nominierung Waldecks zu helfen. Zwar gab er auch hier keine Zusage, das Mandat im Falle eines Sieges anzunehmen, doch bestanden durch seine Kandidatur wenigstens berechtigte Aussichten, Duesberg den Einzug in den Reichstag zu verwehren.

Der Kampf um die Stimmen der Wähler verlief auch diesmal in ruhigen Bahnen, große Versammlungen und Auseinandersetzungen in der Presse waren nicht an der Tagesordnung. Erst wenige Tage vor dem Wahltag trat ein in Recklinghausen ansässiges liberales Wahlkomitee an die Öffentlichkeit, dessen größte Sorge allerdings nur die beabsichtigte Steuererhöhung auf Bier, Branntwein und Tabak zu sein schien. Dies war der einzige Programmpunkt, und Waldeck sollte sich im Falle seiner Wahl für die Zurücknahme der Steuerpläne einsetzen[64]. Andere Probleme wurden nicht angeschnitten und es konnte daher auch von einem recht geringen Interesse der Wähler ausgegangen werden. Das Ergebnis zeigte folgendes Bild:

	Waldeck	v.Duesberg	
Kreis Borken	1419	806	Stimmen
Kreis Recklinghausen	687	855	
Wahlkreis(zusammen)	2106	1661	

Für Waldeck votierten insgesamt 54,4 %, für Duesberg 42,8 %; die Wahlbeteiligung lag bei 18,5 %[66]. Nach Bekanntgabe des Wahlresultats zeigte sich Reitzenstein ziemlich verärgert und ließ vor allem seinem Unmut gegenüber dem Magistrat der Stadt Recklinghausen freien Lauf[67]. Schuld an der Niederlage Duesbergs seien allein die Städte Bocholt und Borken, aber auch Recklinghausen, die sich in der Mehrzahl für Waldeck ausgesprochen hätten. Allein mit Hilfe der Wähler auf dem Land hätte Duesberg eigentlich gewinnen können.

Waldeck gab kurze Zeit später bekannt, auf das Mandat zu verzichten, empfahl aber gleichzeitig die Wahl des ihm persönlich bekannten, liberal gesinnten Parteifreundes Friedensrichter Gottfried Meulenbergh aus Geilenkirchen im Rheinland[68]. Zur Diskussion stand ferner der derzeitige Abgeordnete für den Kreis Kleve, Dr. phil. Joseph Krebs, der vor allem von einigen freisinnigen Katholiken umworben wurde[69]. Unterdessen war aber auch Reitzenstein nicht untätig geblieben und hatte sich nochmals beschwörend an die Wähler gewandt, für Duesberg zu votieren. "Durch die bisherigen Reichstagswahlen", so schrieb er im Wochenblatt, "haben sich die Kreise Recklinghausen und Borken in entschiedene Opposition gegen das große nationale Werk der Regierung gesetzt. Dennoch wird es uns schwer, daran zu glauben, daß der Geist der Feindseligkeit hier so überwiegend vorherrsche ... Wir glauben vielmehr, daß die wahre Volksstimmung eine andere ist, und daß nur der geringe Anteil, den die hiesige Bevölkerung an den Wahlen genommen hat, der sog. Fortschrittspartei zum Siege verhalf"[70]. Trotz dieser eindringlichen Appelle unterlag Duesberg bei der Stichwahl erneut[71].

	Meulenbergh	v. Duesberg
Kreis Borken	1549	901
Kreis Recklinghausen	1229	745
Wahlkreis	2778	1646

Meulenbergh erreichte 62 %, knapp 8 % mehr als Waldeck, während sich Duesberg auf 37,9 % verschlechterte. Die Beteiligung lag mit 20 % nur unwesentlich höher als bei der Wahl vom 31. August. Duesbergs Niederlage gegen den bis dahin nicht näher bekannten Vertreter der Fortschrittspartei aus dem Rheinland war dieses Mal aber um so gravierender, als er in keinem Wahlbezirk des Kreises Recklinghausen eine Mehrheit erreichen konnte[72]. Kurz vor Beendigung der I. Legislaturperiode, am 23. April 1870, legte Meulenbergh sein Mandat nieder; eine Nachwahl fand nicht mehr statt[73].

XVI.5. Wahlkreis: Beckum -- Lüdinghausen -- Warendorf

Mallinckrodts bekannte Rede gegen die Bismarcksche Politik vom 12. März hatte mittlerweile weite Kreise gezogen und selbst in seinem Wahlkreis für einiges Aufsehen gesorgt[74]. Einer Meldung der 'Neuen Preußischen Zeitung' zufolge, hatten deshalb einige, wie ausdrücklich vermerkt wurde, 'katholische Wähler' die Absicht, eine Mißtrauensadresse an ihn zu richten[75]. Möglicherweise teilte eine Minderheit national gesinnter Katholiken, vornehmlich Anhänger des ehemaligen Regierungskandidaten, Freiherr von Landsberg-Steinfurt, Mallinckrodts Ansichten nicht. Sein Auftreten im Reichstag trug ihm außerdem zum wiederholten Male berufliche Nachteile ein. Auf Veranlassung des Düsseldorfer Regierungspräsidenten von Kühlwetter wurde er wegen mangelnder nationaler Gesinnung aus seiner bisherigen Stellung entfernt und nach Merseburg versetzt[76]. Nach Bekanntwerden dieser Nachricht wurden sofort Spekulationen darüber angestellt, ob sich Mallinckrodt auch diesmal einer Wiederwahl stellen würde. Auf Anfrage aus Beckum erklärte er sich jedoch zur Kandidatur bereit, machte allerdings zur Bedingung, nicht an allen Sitzungen des Reichstages teilnehmen zu müssen[77].

Neben Mallinckrodt bewarben sich der frühere Zentrumsabgeordnete des Wahlkreises Borken -- Recklinghausen, Provinzialschulrat Dr. Ferdinand Schultz als Kandidat der Regierung und Kaspar Schulze Hobbeling um das Mandat[78].

Das Interesse an der Wahl war weitaus geringer als noch im Februar; die Beteiligung lag bei ca. 15 %[79]. Im einzelnen herrschte folgende Stimmverteilung[80]:

	Beckum	Lüdinghausen	Warendorf
Mallinckrodt	908	620	704
Schultz	70	457	329
Schulze Hobbeling	48	73	
(Max v.) Forckenbeck	116		
E. Windthorst		66	
Waldeck			5
Versen			3

Erwartungsgemäß sicherte sich Mallinckrodt mit 64,5 % aller Stimmen das Mandat[81]. Unter seinen Gegenkandidaten fand sich auch Eduard Windthorst, der Neffe des Zentrumsführers aus der Bismarckzeit. Als Kandidat der Fortschrittspartei war es ihm gelungen, Mallinckrodt in Werne, seinem derzeitigen Wohnort, mit 60 gegen 32 Stimmen zu besiegen[82].

XVI.6. Wahlergebnis

Die Wahlen zum 1. ordentlichen Reichstag des Norddeutschen Bundes waren im Regierungsbezirk Münster im Grunde genommen die Fortsetzung der Stimmabgabe vom vergangenen Februar. An der ablehnenden Einstellung der Bevölkerung hatte sich rein gar nichts geändert, weshalb auch die Bemühungen der münsterschen Behörden, einen Regierungskandidaten durchzubrin-

Die Ergebnisse der Wahlbeteiligung zum Reichstag des Norddeutschen Bundes im Wahlkreis Beckum -- Lüdinghausen -- Warendorf am 31. August 1867 in % (Ergebnisse vom 12.2.1867 in ( ))

	31.8.1867	12.2.1867
Stadt Ahlen	19,2	(47,5)
Stadt Beckum	28,5	(58,9)
Stadt Oelde	19,1	(58,7)
Stadt Sendenhorst	5,2	(58,3)
Alt- u. Neuahlen	3,2	(65,2)
Beckum(Land)	4,8	(29,4)
Diestedde	23,0	(45,0)
Dolberg	8,2	(24,2)
Enniger	14,5	(57,2)
Ennigerloh	0,3	(30,2)
Heesen	16,9	(39,2)
Herzfeld	26,3	(36,5)
Liesborn	18,0	(17,0)
Lieppborg	11,3	(33,8)
Oelde(Land)	3,4	(24,5)
Sendenhorst(Land)	3,4	(30,2)
Sünninghausen	22,6	(62,5)
Stromberg	13,8	(47,5)
Vellern	36,3	(56,8)
Vorhelm	9,0	(49,1)
Wadersloh I	3,5	(13,4)
Wadersloh II	8,6	(14,9)
Kreis Beckum	13,3	(40,1)
ländl. Wahlbez.	10,1	(33,1)
städt. Wahlbez.	19,0	(55,1)

Zusammengestellt nach: StAM Kreis Beckum, Landratsamt Nr.61 u. 62, Wahlen zum Reichstag des Norddeutschen Bundes:

bringen, wiederum kläglich scheitern mußte. Mit Meulenbergh vermochte sich sogar zum zweiten Mal ein Mitglied der Fortschrittspartei ein Mandat zu sichern.

Gegenüber der Wahl vom vergangenen Februar hatte das Interesse der Bevölkerung an der Abstimmung merklich nachgelassen, denn die Beteiligung lag jetzt nur noch bei 20 %. Verantwortlich hierfür war vor allem die nicht zu übersehende Wahlmüdigkeit. Hinzu kam aber auch, daß besonders die Bevölkerung auf dem Lande wegen der beginnenden Erntearbeiten von der Stimmabgabe abgehalten wurde. Desinteresse und Unkenntnis über den politischen Sachverhalt taten ein übriges.

Im Reichstag schloß sich von Kleinsorgen wiederum der 'freien Vereinigung' an, Mallinckrodt trat der Gruppe der bundesstaatlich-constitutionellen Abgeordneten bei, Meulenbergh wurde Mitglied der Fraktion der Linken, und nur Zurmühlen blieb fraktionslos.

XVII. Die Wahlen vom 30. Oktober und 7. November 1867

XVII.1. Wahlbewegung

Die Gebietserweiterung Preußens nach dem Krieg mit Osterreich hatte wegen der anstehenden Vergrößerung des Landtages um 80 Abgeordnete Neuwahlen erforderlich gemacht[1]. Die Regierung in Berlin war sich aber von Anfang an darin einig, eine allzu große Agitation der Parteien nicht zulassen zu wollen, um keine abermalige Auseinandersetzung über das Für und Wider der Bismarckschen Außen- und Innenpolitik entstehen zu lassen. Innenminister Graf Eulenburg teilte aus diesem Grund den Wahltag auch erst verhältnismäßig spät mit und bestimmte als Termin den 30. Oktober bzw. den 7. November[2].

Dieser Taktik des Ministeriums lag natürlich der Gedanke zugrunde, möglichst erfolgreich an das Ergebnis vom vergangenen Jahr anknüpfen zu können, um hierdurch die eigene Position zu festigen. Eulenburg wandte sich daher,wie schon in der Vergangenheit,an die Spitzen der ihm unterstellten Behörden und machte in seinem Reskript darauf aufmerksam, daß diesmal viel davon abhänge, ob die alten und die neuen preussischen Provinzen schnell zueinander finden könnten. Außerdem lege man in Berlin, wie er ausdrücklich betonte, großen Wert darauf, daß ebenso wie im Reichstag eine vom gleichen Streben beseelte und der Spitze des Staates vertrauensvoll entgegenkommende Mehrheit zustande komme. Den Regierungspräsidenten trug Eulenburg daher auf, die ihnen untergeordneten Behörden in diesem Sinne zu instruieren und sie besonders darauf hinzuweisen, der möglicherweise zu erwartenden Wahlmüdigkeit entschieden zu begegnen. Aufgabe der Landräte sei es auch diesmal, wie er weiter ausführte, ihren Einfluß dahingehend geltend zu machen, daß nur solche Personen zu Abgeordneten gewählt würden, "welche fest entschlossen sind, der

Regierung seiner Majestät auf den betretenen Bahnen treu zur Seite zu stehen"[3]. Um den Erfolg des Ministeriums unter gar keinen Umständen zu gefährden, legte Eulenburg darüber hinaus den Regierungspräsidenten nahe, Kontakte mit den Landräten aufzunehmen und die erforderlichen Maßnahmen abzusprechen.

Trotz des Hinauszögerns der Bekanntgabe des Wahltermins rüsteten sich die Parteien zu einer kurzen aber intensiven Wahlbewegung. Allen voran erließen wiederum die beiden großen liberalen Parteien die ersten Wahlaufrufe und setzten abermals ihre schon bewährten Wahlkomitees in Gang. Auch diesmal fanden die gegenseitigen Beschuldigungen unter den Liberalen ihre Fortsetzung, da man vor allem in den Reihen der Fortschrittspartei über den plötzlichen Kurswechsel der Nationalliberalen ziemlich verärgert war[4]. Obwohl sie die Verfassung des Norddeutschen Bundes trotz der nicht gewährleisteten liberalen Forderungen in Sachen Volksrechte gebilligt hatten, machten sie nunmehr verbale Annäherungsversuche an ihre Mutterpartei. Anlaß hierzu war die Beibehaltung des sog. Dreiklassenwahlrechts, das sich ihrer Ansicht nach vollkommen überlebt hatte. Der nächste Landtag habe daher zu prüfen, so war aus ihren Reihen zu hören, unter welchen Voraussetzungen der Übergang zum allgemeinen und gleichen Wahlrecht zu vollziehen sei[5]. In ihrem Wahlaufruf appellierten die Nationalliberalen an die Bevölkerung, diejenigen Abgeordneten wiederzuwählen, die der Reichsverfassung zur allgemeinen Anerkennung verholfen hätten. Ansonsten aber unterschied sich der Aufruf kaum von den bekannten Forderungen der Fortschrittspartei, die Nationalliberalen gingen sogar soweit, sich auf das ursprüngliche Programm aus dem Jahre 1861 zu berufen, sofern es noch auf die gegenwärtigen Zustände anwendbar war[6]. Die Fortschrittspartei erließ dagegen keinen eigenen Aufruf, sondern erinnerte nochmals an ihre schon bekannten Grundsätze[7].

Auch die beiden konservativen Parteien standen bei dieser Wahl nicht zurück. Die altpreußisch Konservativen um Moritz von Blankenburg wiederholten in ihrem Wahlschreiben im wesentlichen die schon bekannten Standpunkte, vermieden aber jede Spitze gegen die Politik Bismarcks. Was die kommende Legislaturperiode angehe, so war zu hören, werde man jederzeit bereit sein, in verschiedenen, die Innenpolitik betreffenden Maßnahmen, wie etwa Verbesserung der Kreis- und Provinzialordnung und der Errichtung von Hypothekenbanken, besonnene Reformen zu unterstützen[8]. Der fast ausnahmslos auf preussische Belange zugeschnittene Wahlaufruf unterstrich, wie auch schon bei den Nationalliberalen, den innenpolitischen Stellenwert dieser Wahl. Außenpolitische Themen fanden dagegen nur am Rande Erwähnung.

Einen eigenen Wahlaufruf veröffentlichten auch die Freikonservativen. Mit Parolen 'Wir setzen das Vaterland stets über die Partei', 'Wir stellen das Nationalinteresse über Alles' stellte man sich ganz hinter den von Bismarck eingeschlagenen Kurs [9]. Großen programmatischen Aussagewert besaß dieses Wahlschreiben allerdings nicht.

Lediglich aus dem Mund der Klerikalen war zur bevorstehenden Wahl nichts zu hören. Seit dem Zerfall ihrer Fraktion waren die Mitglieder größtenteils eigene Wege gegangen. Da auch diesmal keine kirchenpolitischen Fragen auf dem Spiel standen, war die Wahlagitation der Katholiken mehr oder minder die Sache von Einzelpersonen. Wie immer wandte sich auch bei dieser Wahl Bischof Müller an die Gläubigen und empfahl ihnen, nur solche Männer zu wählen, die Garantie für standfeste und geradlinige Politik böten[10].

Wahlkreiseinteilung

Bestandteile Stadt/Kreis	Einwohner	Wahlort	Anzahl der Abgeordneten
Tecklenburg	46490	Ibbenbüren	1
Steinfurt	44543	Burgsteinfurt	2
Ahaus	40478		
	85021		

Stadt Münster	23337	Münster	2
Kreis Münster	42075		
Coesfeld	41685		
	107097		
Borken	41409	Dorsten	2
Recklinghausen	49963		
	91372		
Lüdinghausen	39456	Ahlen	2
Beckum	38723		
Warendorf	28864		
	107043		

XVII.2. Wahlkreis Tecklenburg

Auf Geheiß Eulenburgs machte sich Regierungsvizepräsident von Mauderode sofort daran, die Landräte über den Inhalt des ministeriellen Reskripts zu informieren. In seinem Schreiben erbat Mauderode außerdem Informationen über die gegenwärtige politische Gesinnung der Bevölkerung in den jeweiligen Wahlkreisen und verlangte darüber hinaus Auskunft über die Namen der in Betracht kommenden Kandidaten der Regierungspartei[11].

Seit seiner Selbständigkeit im Jahre 1861 hatte die münstersche Regierung immer ein besonderes Auge auf den Wahlkreis Tecklenburg geworfen, da hier die äußeren Voraussetzungen für einen konservativen Wahlsieg günstig erschienen. Doch im Zuge der innenpolitischen Spannungen der vergangenen Jahre hatten letztlich auch hier oppositionelle Kandidaten die Oberhand gewonnen. Lediglich bei der letzten Wahl vermochte sich mit Oberregierungsrat von Quadt-Hüchtenbruck erstmals ein Konservativer durchzusetzen.

Landrat von Diepenbroick-Grüter teilte Mauderode unverzüglich mit, daß von Quadt ihm gegenüber erklärt habe, auf eine Wiederwahl zu verzichten, da ihm seine Tätigkeit bei der Regierung in Münster wichtiger erscheine[12]. Wahrscheinlich konnte der Oberregierungsrat, der bekanntlich vor einem Jahr für seinen Schwiegervater Karl von Bodelschwingh eingesprungen war, auch von seinen münsterschen Vorgesetzten, darunter Mauderode, nicht vom Gegenteil überzeugt werden. Die Suche nach einem geeigneten Kandidaten gestaltete sich nun deshalb recht schwierig, weil Diepenbroick-Grüter, wie er ausdrücklich hervorhob, sowohl gemäßigt liberalen als auch konservativen Interessen Rechnung tragen mußte. In Georg von Vincke, einem alten Bekannten, dessen Wohnsitz Haus Ostenwalde bei Melle nicht weit von Tecklenburg entfernt war, glaubte er den geeigneten Kompromißkandidaten gefunden zu haben, zudem Vincke auch von vornherein die Bereitschaft erkennen ließ, das Mandat anzunehmen[13]. Der als Reservekandidat in Betracht gezogene Bruder des Landrats, Gustav von Diepenbroick-Grüter in Berlin, hatte dagegen frühzeitig einen erneuten Einzug ins Abgeordnetenhaus abgelehnt[14]. Nach Überzeugung des Landrats war Vincke die einzige Persönlichkeit, die nicht aussichtslos gegen den von der Fortschrittspartei und den freisinnigen Katholiken nominierten Bergmeister Brabänder antreten würde. Dem früheren Abgeordneten war es nämlich auch diesmal gelungen, eine zahlreiche Anhängerschaft hinter sich zu bringen. Selbst in katholischen Kreisen schien man gegen seine religiöse Einstellung, er war nämlich konfessionslos, keine Vorbehalte gehabt zu haben[15].

Das Interesse an der Urwahl war überall ziemlich gering. Wesentlich war dies auf die Wahlmüdigkeit und vor allem auf die Beibehaltung des Dreiklassenwahlrechts zurückzuführen. Zahlreiche Wähler der III. Klasse, die noch bei den Reichstagswahlen für die teilweise enorm hohe Beteiligung gesorgt hatten, dürften sich brüskiert gefühlt haben.

Die Entscheidung der Wahlmänner fiel knapper als erwartet aus. Mit 88 Stimmen gegen 85 Stimmen siegte Brabänder über Vincke[16]. Diepenbroick-Grüter war von diesem Ergebnis gewiß überrascht worden, denn aufgrund der Resultate bei den Reichstagswahlen hätte eigentlich Vincke eindeutig gewinnen müssen. Seinen Sieg verdankte Brabänder in erster Linie der Unterstützung durch klerikale und entschieden liberale Wahlmänner, aber auch zu einem gewissen Teil der geringen Beteiligung in den vorwiegend protestantischen Ortschaften des Kreises[17]. Eine ähnlich rege Teilnahme wie bei den Reichstagswahlen hätte sicherlich ein anderes Ergebnis zutage gefördert.

In seiner Sitzung vom 18. Dezember erklärte das Abgeordnetenhaus bei der Prüfung der Wahlunterlagen die Wahl Brabänders für ungültig, da sich bei der Aufstellung der Wahlmänner in Ibbenbüren Unregelmäßigkeiten ergeben hätten[18]. Doch auch bei der fälligen Nachwahl setzte sich Brabänder durch. 85 der 166 anwesenden Wahlmänner votierten für ihn, die übrigen Stimmen verteilten sich auf den Gerichtsreferendar von Diepenbroick-Grüter und Gerichtsrat Hering aus Münster[19].

XVII.3. Wahlkreis: Steinfurt -- Ahaus

Regierungskandidaten hatten in diesem Wahlkreis bisher niemals gut abschneiden können. Daran sollte sich auch diesmal nichts ändern. Über die Wiederwahl der beiden bisherigen Abgeordneten Rohden und Zurmühlen herrschte von vornherein keine Diskussion. Beide, schon seit längerem katholisch-liberal eingestellt und der Regierung meistens feindlich gesonnen, besaßen immer noch das Vertrauen des Klerus sowie breiter Wählerschichten.

Auf Mauderodes Schreiben teilte Wahlkommissar von Basse mit, daß die überwiegende Mehrheit der Wähler an beiden Abgeordneten festhalten werde, bemerkte aber auch gleichzeitig, daß von konservativer Seite durchaus Interesse an den Kandidaturen des Generaldirektors der preußischen Museen und Vorsitzenden der im Oktober 1866 gegründeten Patriotischen Vereinigung, des aus einer traditionsreichen münsterschen Familie stammenden Ignaz von Olfers[20] und des Generals Vogel von Falckenstein bestünde[21]. Vogel war im nördlichen

Westfalen ziemlich bekannt. Von 1864 bis 1866 hatte er das VII. Armeekorps mit Sitz in der Provinzialhauptstadt befehligt und war mit den münsterschen 'Dreizehnern', einer vorwiegend aus einheimischen Soldaten bestehenden Division, in den preußisch-österreichischen Krieg gezogen[22]. Obwohl auch der Landrat des Kreises Ahaus, Freiherr von Kerckerinck zur Borg, beide Kandidaturen guthieß, lehnte die münstersche Regierung aufgrund unguter Erfahrungen mit auswärtigen Persönlichkeiten, so noch jüngst mit dem ehemaligen Justizminister von Bernuth, die Vorschläge ab. Im Falle Olfers dürfte auch die Tätigkeit als Vorsitzender der Patriotischen Vereinigung eine Rolle gespielt haben. Diese stand bekanntlich der Bismarckschen Außen- und Innenpolitik ziemlich skeptisch gegenüber und verurteilte entschieden jedwede Maßnahmen, die auf eine Minderung preußischer Interessen abzielten. Stattdessen riet die münstersche Regierung den beiden Landräten, prominente einheimische Persönlichkeiten zu einer Kandidatur zu bewegen. Genannt wurde in diesem Zusammenhang der Name des wohl als besonders zuverlässig eingestuften Staatsanwalts Wiens aus Burgsteinfurt, der übrigens auch schon in früheren Jahren als Kandidat im Gespräch war. Wiens lehnte dieses Ansinnen aber ohne langes Zögern ab, da es ihm seine finanziellen Möglichkeiten nicht gestatteten, ein Mandat anzunehmen[23]. Daraufhin zog Basse den aus Rheine stammenden, aber in Berlin tätigen Appellationsgerichtsrat Veltmann in Erwägung, dessen Wahl vor allem von einflußreichen Kreisen seiner Heimatstadt verlangt wurde[24]. Da er aber der münsterschen Regierung nicht näher bekannt war, nahm man von diesem Vorschlag alsbald wieder Abstand. Mittlerweile waren die Urwahlen schon vorüber, übrigens unter ähnlich schwacher Beteiligung wie in Tecklenburg, und der Wahlkreis besaß noch immer keinen von der Regierung abgesegneten Kandidaten. Spätestens jetzt hatte man in Münster sämtliche Chancen restlos verspielt, mit einem bekannten Mann wenigstens eine Außenseiterrolle zu spielen. Um aber nicht vollkommen mit leeren Händen vor die Wahlmänner zu treten, wandte sich Wahlkommissar von Basse in höchster Not an an den Direktor des Kreisgerichts in Burgsteinfurt, Holländer, der ihm den Kreisrichter Morsbach empfahl. Auf persönliches Befragen erklärte der sich zu einer Kandidatur bereit, gab aber zugleich zu bedenken, daß er gegen die beiden klerikalen Vertreter wohl kaum eine Chance besäße[25]. Morsbach sei, wie Basse hervorhob, zwar katholisch, aber entschieden antiklerikal und preußisch gesinnt[26].

Das eigenmächtige Vorgehen des Wahlkommissars fand aber bei Kerckerinck wenig Zustimmung. Am 2. November ließ er die Regierung in Münster wissen, daß er weiterhin an der Kandidatur Vogels festhalten wolle. Da aber seiner Ansicht nach für von Olfers kaum Aussichten auf ein Mandat bestünden und man dies auch in Münster eingesehen habe, schlage er wiederum den ehemaligen Justizminister von Bernuth als zweiten Kandidaten vor. Da ein Großteil der Wähler mittlerweile über seine Person und seine Parteistellung Bescheid wüßte, wäre es durchaus möglich, daß er das zweite Mandat erringen könnte. Kerckerinck machte außerdem aus seinem Unmut über die Kandidatur des Kreisrichters Morsbach keinen Hehl und gab zu bedenken, daß es wohl nicht im Interesse der Regierungspartei liegen könne , den Wählern im Kreis Ahaus einen vollkommen unbekannten Mann zu präsentieren. Darüber hinaus sei nicht vergessen, daß er noch in jüngster Vergangenheit für die Fortschrittspartei kandidiert habe - bei der Wahl vom 3. Juli 1866 zusammen mit Apotheker Albers aus Ibbenbüren - und zudem sei Morsbach, was er persönlich für gravierender halte, als Atheist bekannt[27].

Die Meinungsverschiedenheiten beider Landräte konnten wegen des unmittelbar bevorstehenden Wahltermins nicht mehr ausgeräumt werden. Wenigstens konnte aber Morsbach davon abgehalten werden, für die Regierungspartei zu kandidieren und auch von einer nachträglichen Nominierung Bernuths war nicht mehr die Rede. Auf Geheiß der münsterschen Regierung wurde kurzfristig der langjährige Vertraute Duesbergs und spätere Referent im Kultusministerium Josef Linhoff als ihr Kandidat aufgestellt[28]. Durch ihre Unentschlossenheit hätte die Regierung den Klerikalen keinen größeren Gefallen bereiten können. Da wegen der geringen Wahlbeteiligung nicht alle Wahlmänner bestimmt werden konnten - es fehlten insgesamt 65 - langten Wilhelm Rohden schon im ersten Wahlgang 187 Stimmen zum abermaligen Einzug ins Abgeordnetenhaus. Abgeschlagen landete dagegen sein Herausforderer Morsbach, für den nur 20 Wahlmänner votierten[29]. Das gleiche Bild zeigte sich auch bei der Wahl des zweiten Abgeordneten. Zurmühlen erhielt 193 Stimmen, Morsbach 28[30]. Ohne jede Resonanz blieben Linhoff und Vogel von Falckenstein, die überhaupt nicht in Erwägung gezogen wurden[31]. Was den Ahauser Landrat von Kerckerinck bewogen haben mag, ausgerechnet an General Vogel von Falckenstein derart entschieden festzuhalten, war nicht zu ermitteln. Möglicherweise baute er auf eine wachsende nationale Gesinnung in der Bevölkerung, obwohl die Reichstagswahlen noch das Gegenteil signalisiert hatten.

Wilhelm Rohden legte nach beinahe zwanzigjähriger Zugehörigkeit zum Abgeordnetenhaus bzw. davor zur II. Kammer am 7. Juli 1868 sein Mandat aus Gesundheitsgründen nieder[32]. Zu seinem Nachfolger wurde am 13. Oktober mit 104 von 166 Stimmen Hermann von Mallinckrodt gewählt[33]. Rohden starb fast genau drei Jahre nach seinem Ausscheiden aus dem Abgeordnetenhaus am 17. Juni 1871 in Berlin.

XVII.4. Wahlkreis: Stadt Münster -- Kreis Münster -- Coesfeld

Weder in der Provinzialhauptstadt noch in ihrer Umgebung herrschte großes Interesse an der Wahl. Selbst wenige Tage vor der Stimmabgabe waren in der Öffentlichkeit noch keine Namen von Kandidaten im Gespräch. Wahlkommissar und Oberbürgermeister Offenberg vermutete aber, daß die freisinnigen Katholiken wiederum Waldeck und von Kleinsorgen nominieren würden[34]. Dieser Auffassung schloß sich auch der derzeitige Verwalter des Coesfelder Landratsamtes, Referendar von Bönninghausen an. Allerdings hegten beide hinsichtlich der Wiederwahl Waldecks doch ganz erhebliche Zweifel, da seine erst kürzlich erfolgte Ablehnung des münsterschen Reichstagsmandates ziemliche Verärgerung hervorgerufen hatte. Wie Offenberg in diesem Zusammenhang Mauderode mitteilte, müsse außerdem daran erinnert werden, daß Waldeck im vergangenen Jahr das münstersche Mandat zum Abgeordnetenhaus ja nur deshalb angenommen habe, weil er in Bielefeld verloren habe. Ohnehin sei die Entscheidung, wie der Oberbürgermeister weiter unterstrich, damals dermaßen knapp gewesen, daß mit einer Wiederholung dieses Ergebnisses kaum gerechnet werden müsse[35]. Die Wahl Kleinsorgens hielten Offenberg und Bönninghausen dagegen für wahrscheinlich, da er auch weiterhin das Vertrauen des Klerus besäße.

Waldeck und Kleinsorgen stellte die münstersche Regierung auch diesmal zwei Persönlichkeiten ihres Vertrauens entgegen, nämlich Ludwig Ficker und Wilhelm Wichmann. Wichmann, seit geraumer Zeit als Regierungsrat in Münster tätig, war schon 1848 Mitglied der Paulskirche und hatte auch an der Gothaer Versammlung teilgenommen. Vor kurzem hatte er noch als Verfasser der allerdings anonym herausgegebenen Flugschrift 'Der rheinisch-westfälische Adel und die preußische Staatsverfassung vom 31. Januar 1850' Aufmerksamkeit erlangt. Den Adel der beiden Westprovinzen forderte er darin zu einer stärkeren Aktivität im politischen Leben Preussens auf und er legte ihm außerdem nahe, Vorbehalte gegenüber dem preußischen Staat abzubauen[36]. Der zweite Kandidat, Ludwig Ficker, ein Bruder des Innsbrucker Historikers Julius Ficker, war seit kurzem als Kreisrichter in Münster tätig. Nach Ansicht Offenbergs hätte er aber gute Aussichten, ein Mandat zu erringen, da er als Richter eines ländlichen Gerichtsbezirks zahlreichen Wahlmännern ein Begriff sei[37]. Seiner politischen Gesinnung nach gehörte Ficker allerdings nicht unbedingt zur ministeriellen Richtung, sondern war, unter anderem auch als Teilnehmer an den Soester Konferenzen[38], mehr dem klerikalen Lager zuzurechnen[39].

Bei dieser Wahl blieben aber auch die konservativen Kräfte unter den Klerikalen nicht untätig und schickten mit dem derzeitigen Referenten im Kultusministerium Josef Linhoff und seinem dortigen Ministerialkollegen, dem vormaligen Direktor des münsterschen Gymnasiums 'Paulinum', Friedrich Stieve[40], zwei recht prominente Kandidaten in das Rennen um die beiden Abgeordnetenmandate[41].

Nachdem aber alsbald durchgesickert war, daß Linhoff und Stieve der hiesigen Bezirksregierung ebenfalls als Bewerber genehm wären, ließ man die Kandidatur Fickers und Wichmanns daher unverzüglich fallen, zumal auch die Zersplitterung der konservativen Stimmen nur den Liberalen genutzt hätte . Da allgemein an der Wiederwahl Kleinsorgens so gut wie kein Zweifel bestand, konzentrierte sich nunmehr alle Anstrengung auf eine erfolgreiche Kandidatur Stieves, der sich aller Voraussicht nach mit Waldeck auseinanderzusetzen hatte[42]. Wie aber bisher meistens der Fall, hatte keiner der in Frage kommenden Kandidaten Näheres über die mögliche Annahme eines Mandates verlauten lassen.

Aufgeschreckt durch die recht geringe Wahlbeteiligung an den Urwahlen und vor allem durch die unerwartet große Anzahl regierungsfreundlicher Wahlmänner, wandten sich die freisinnigen Katholiken einen Tag vor der Abgeordnetenwahl mit der Bitte an die Wahlmänner, abermals Waldeck und Kleinsorgen das Vertrauen auszusprechen. Auch jetzt war man sichtlich darum bemüht, den Vorwurf der angeblichen Kirchenfeindlichkeit Waldecks zu zerstreuen, und man verwies dabei auf frühere Äußerungen des prominenten Politikers. Man ging aber auch noch auf die Enttäuschung nach Waldecks Verzicht auf das Reichstagsmandat ein und begründete sein Verhalten mit einem offensichtlichen Irrtum der Deutschen Fortschrittspartei[43], schwieg sich aber über die wahren Hintergründe aus[44].

Waldecks Position war diesmal nicht besonders günstig, hatte ihm doch schon am Vortag der Wahl ein Teil der Wahlmänner die Gefolgschaft aufgekündigt, vermutlich aus Verärgerung über sein Verhalten bei den beiden Reichstagswahlen. Dies mag auch der Grund für das Zerwürfnis innerhalb der katholisch-liberalen Allianz gewesen sein. So kam es am 7. November kurioserweise zu einem Duell Kleinsorgen/Waldeck, das der Halterner Kreisrichter mit 201 gegen 85 Stimmen für sich entscheiden konnte[45]. Trotz dieser klaren Niederlage hielten die Liberalen weiterhin an Waldeck fest, obwohl bereits deutlich geworden war, daß er diesmal mit weitaus weniger Stimmen aus dem klerikalen Lager rechnen mußte. Bei der Wahl des zweiten Abgeordneten erreichte Waldeck im 1. Wahlgang 147, Stieve 111 und der dennoch kandidierende Ficker 89 Stimmen. Da die absolute Mehrheit verfehlt wurde, war ein zweiter Durchgang erforderlich. Diesmal entfielen auf Waldeck 152, auf Stieve 145 und auf Ficker 25 Stimmen. Im 3. Wahlgang fiel schließlich die Entscheidung zugunsten Stieves, der Waldeck recht knapp mit 145 zu 141 Stimmen besiegen konnte[46].

In den drei Wahlgängen hatte es sich gezeigt, daß Waldeck nicht mehr über die breite Unterstützung aus den Reihen der Katholisch-Liberalen verfügte. Gegenüber der Wahl vom vergangenen Jahr mußte er einen Verlust von nahezu 60 Stimmen hinnehmen. Daß aber auch Stieve immerhin drei Wahlgänge benötigte, lag gewiß nicht an seiner streng klerikalen Gesinnung, sondern hatte seine Ursache in dem Auftreten als Kandidat der Regierung. Die ziemliche Zersplitterung der Stimmen zeigte einmal mehr die Sonderinteressen der Landkreise auf, wie dies besonders am Votum für Ludwig Ficker deutlich wurde. Auf die Stadt und den Kreis Münster sowie Coesfeld bezogen, zeigte sich nämlich folgendes Stimmverhalten der Wahlmänner[47]:

	Kleinsorgen	Stieve	Waldeck	Ficker
Stadt Münster	36	36	43	29
Kreis Münster	64	73	53	37
Coesfeld	101	36	45	22

Die Ermittlung des 2. Abgeordneten war aber dermaßen zeitintensiv - sie zog sich nämlich bis in die Abendstunden hin[48] -, daß zahlreiche Wahlmänner, vornehmlich aus dem Kreis Coesfeld, den 3. Wahlgang erst gar nicht mehr abgewartet hatten. Daß sich eine ganze Reihe Wahlmänner schon frühzeitig auf den Weg nach Hause machte, war durchaus üblich und konnte auch von den Wahlkommissaren nicht verhindert werden. So waren auch diesmal am Schluß nur noch rund 290 der ursprünglich einmal 360 Wahlmänner anwesend. Die geringe Beteiligung an der Urwahl hatte ohnehin schon die gesetzlich verlangte Sollzahl von 418 Wahlmännern verhindert[49].

Kurz nach Beendigung der Wahl kursierten in Münster Gerüchte, bei der Entscheidung zwischen Waldeck und Stieve sei es nicht mit rechten Dingen zugegangen. Offenberg ging diesen Behauptungen aber nicht weiter nach, da sie ganz offensichtlich von enttäuschten Liberalen Münsters in die Welt gesetzt worden waren. Da Stieve ohnehin aus Gesundheitsgründen auf das Mandat verzichtete, wären Nachforschungen fehl am Platz gewesen[50]. Die in solchen Wiederholungswahlen ziemlich erfahrenen Wahlmänner kamen am 19. November erneut zusammen. Um das Mandat bewarben sich der Amtmann von Nottuln, Maximilian von Droste-Hülshoff, als Kandidat der konservativen Klerikalen und der münsterschen Regierung, für die Liberalen trat Kreisbaumeister a.D. Clemens Krone an und schließlich wurde auch noch der Name Mallinckrodt ins Gespräch gebracht. Auch dieses Mal waren drei Wahlgänge erforderlich. Im entscheidenden dritten siegte Droste-Hülshoff mit 167 gegen 71 Stimmen, nachdem sich auch ein Teil der katholisch-liberalen Wahlmänner entschlossen hatte, den Baron und Neffen der berühmten Dichterin zu unterstützen[51].

Infolge seiner Beförderung, die im Rahmen einer Versetzung nach Meschede erfolgt war, sah sich Kleinsorgen im November 1869 gezwungen, sein Mandat abzugeben[52]. Nachfolger wurde, wie auch schon im Reichstag, Burghard Freiherr von Schorlemer-Alst. 134 der 273 anwesenden Wahlmänner hatten sich für ihn, 103 für den Vertreter der Liberalen, Gymnasialdirektor

Tophoff und schließlich 27 für den derzeitigen Verwalter des Coesfelder Landratsamtes, Regierungsreferendar von Bönninghausen, entschieden[53]. Schorlemer-Alst verdankte seine Wahl, wie Offenberg ausdrücklich betonte, seiner streng katholischen Gesinnung, die ihm auch die Unterstützung des Klerus eingebracht habe und natürlich nicht zuletzt aufgrund seiner Stellung als Direktor des landwirtschaftlichen Hauptvereins. Besondere Hilfestellung sei ihm daher aus den Reihen der ländlichen Wahlmänner zuteil geworden[54].

XVII.5. Wahlkreis: Borken -- Recklinghausen

Den Beobachtungen beider Landräte zufolge, hatte sich auch hier nur eine Minderheit an der Urwahl beteiligt. In der Stadt Recklinghausen, wo sich noch vor nicht allzu langer Zeit die Wähler bei den Reichstagswahlen zu Hunderten drängten, herrschte nunmehr Desinteresse vor; lediglich 60 Einwohner gaben ihre Stimmen ab. Im gesamten Wahlbezirk war gegenüber den Wahlen vom August ein Rückgang um ca. 25 % zu verzeichnen.

An der unangefochtenen Stellung der Liberalen konnte die münstersche Regierung zum wiederholten Male nicht rütteln. Zwar verzichtete der Bocholter Textilfabrikant Werner Schwartz auf eine abermalige Kandidatur, doch mit dem Reichstagsabgeordneten Gottfried Meulenbergh trat ein gleichwertiger Ersatzmann an seine Stelle. Dem Gespann Meulenbergh/Winkelmann hatten die münstersche Regierung und die klerikale Partei nichts Gleichwertiges gegenüberzusetzen. Nach den beiden Niederlagen Duesbergs besann man sich wieder auf einheimische Kandidaten, wie dies Maderode den Wahlkommissaren und Landräten auch nahegelegt hatte. Für die Regierung trat diesmal Amtmann Brunn aus Wulfen an, der sich schon in den fünfziger Jahren wiederholt zur Verfügung gestellt hatte, jedoch jedesmal an der Überlegenheit der Klerikalen gescheitert war. Als zweiter Kandidat konnte der Sohn des früheren Landrates von Recklinghausen, der in Düsseldorf wohnhafte Prosper Devens gewonnen werden[56]. Obwohl er den meisten Wählern nur dem Namen nach bekannt gewesen sein dürfte, versprach sich Reitzenstein einiges von dessen Kandidatur, da er sich ziemlich sicher war, daß namentlich der Klerus Devens die Gefolgschaft nicht versagen würde. Diesen Optimismus teilte der Borkener Landrat von Heiden freilich nicht. "Solange die katholische Geistlichkeit die Demokratie unterstützt, die Massen bearbeitet", so beklagte er, "ist kein Regierungskandidat bzw. Konservativer durchzubringen"[57].

Es lag aber gewiß nicht am Einfluß des Klerus allein, daß sich die Regierung in diesem Wahlkreis derart schwer tat. Weitaus gravierender dürfte die Verstimmung über die Politik Bismarcks zu Buche geschlagen haben. Die letztjährigen Truppenaushebungen, der Krieg gegen das Brudervolk und vor allem das Hinausdrängen Österreichs aus Deutschland, sowie nicht zuletzt die als bedrückend empfundene Steuerpolitik hatten wesentliches zur Mißstimmung beigetragen. Außerdem waren die bisherigen Kandidaten der Regierung, vielleicht mit Ausnahme Duesbergs, kaum in der Lage, die Bevölkerung von der Richtigkeit des eingeschlagenen Kurses zu überzeugen. Der Masse der Wähler waren die Regierungspolitik und die sie repräsentierenden Kandidaten daher höchst suspekt.

Weitaus geschickter hatten sich dagegen in der Vergangenheit die Liberalen verhalten, die seit Ausbruch des Verfassungskonfliktes stets als Männer des Volkes auftraten und ganz entschieden die verfassungsmäßigen Rechte verteidigten. Hinzu kam, daß die Zeitungen des Kreises Recklinghausen zumeist auf ihrer Seite standen und den Kurs Bismarcks in aller Schärfe angriffen[58]. Daß aber auch große Teile des Klerus nach 1866 die Regierungspolitik vielfach streng ablehnten oder ihr zumindest in hohem Maße recht gleichgültig gegenüberstanden, ließ die Chance der Regierungskandidaten natürlich auf den Nullpunkt sinken.

Der Wahlsieg der Liberalen hätte auch diesmal kaum deutlicher ausfallen können. Winkelmann erhielt 208 und Meulenbergh 199 Stimmen, während für Devens lediglich 39 bzw. 47 Wahlmänner votierten[59]. Von Amtmann Brunn, dem zweiten Regierungskandidaten, war während der gesamten Wahl nicht die Rede. Aufgrund der geringen Beteiligung konnte auch hier nicht die gesetzlich vorgeschriebene Sollzahl der Wahlmänner erreicht werden; etwa 1/3 war nicht gewählt worden[60].

XVII.6. Wahlkreis: Beckum -- Lüdinghausen -- Warendorf

Selbst kurz vor der Abgeordnetenwahl herrschte darüber noch Unklarheit, ob sich der bald 78jährige Schulze Hobbeling abermals einer Wiederwahl stellen würde[61]. Für den Fall seiner Ablehnung hatten sich Graf Schmising-Kerßenbrock und der Warendorfer Landrat von Wrede-Melschede auf den in Frankfurt wohnhaften Richter Wesemann geeinigt, dessen Vater, ebenfalls Jurist, im Kreis Beckum zu Hause war[62]. Warum beide Landräte diesen politisch bis dahin nicht weiter in Erscheinung getretenen Richter ins Auge gefaßt hatten, der obendrein für nahezu alle Wähler ein unbeschriebenes Blatt war, ließ sich nicht ermitteln. Nach beinahe zwanzigjähriger Erfahrung in Sachen Landtagswahlen hätte man zumindest von dem langjährigen Wahlkommissar von Schmising erwarten dürfen, daß er die Probleme mit auswärts beheimateten Kandidaten durchschaut hätte. Zahlreiche Beispiele von Nach- und Doppelwahlen, von politischer Inkompetenz und persönlichem Verdruß gewisser Abgeordneter sollten eigentlich eine abschreckende Wirkung hinterlassen haben. Außerdem war die Frage berechtigt, warum in diesem Fall selbst hinreichend qualifizierte Kandidaten aus dem eigenen Wahlkreis keine Berücksichtigung fanden.

Gegen eine Kandidatur Wesemanns hatte die münstersche Regierung zwar grundsätzlich nichts einzuwenden, sie gab aber zu bedenken, ob man nicht besser den früheren Abgeordneten des Wahlkreises Borken -- Recklinghausen, Dr. Schultz, in Erwägung ziehen sollte[63]. Schmising hat in dieser Richtung aber nichts weiter unternommen. Zusammen mit seinem Warendorfer Kollegen Wrede-Melschede war er ohnehin der Ansicht, daß keiner der in Betracht gezogenen Bewerber auch nur eine geringfügige Siegeschance besäße, falls sich Hobbeling nicht doch noch zu einer erneuten Kandidatur bereit finde[64].

Die Wahlbeteiligung war auch hier verschwindend gering, so daß ca. 90 Wahlmänner erst gar nicht bestimmt werden konnten. Wie gewohnt traf sich am Tag vor der Abgeordnetenwahl ein Großteil der Wahlmänner in Ahlen. Versen ließ bei dieser Gelegenheit mitteilen, daß er nicht wieder kandidieren wolle. In Kreisen der liberalen Wahlmänner wurde daraufhin der Vorschlag gemacht, an seiner Stelle den noch ziemlich jungen Kreisrichter Eduard Windthorst aus Werne zu nominieren. Eduard Windthorst, Neffe des berühmten Zentrumsführers Ludwig Windthorst, war Sohn des münsterschen Rechtsanwalts und Mitbegründer des dortigen Piusvereins im Jahre 1848, Eduard Windthorst. Entgegen der Familientradition war er aber antiklerikal und liberal eingestellt. Vor den in Ahlen versammelten Wahlmännern umriß er in einer kurzen Ansprache seine politischen Anschauungen und machte dabei deutlich, daß er auf seiten der Fortschrittspartei stünde[65].

Nachdem sich Schulze Hobbeling doch noch zu einer Wiederwahl bereit erklärt hatte, war der Ausgang der Abstimmung keine Überraschung mehr. Mit 157 gegen 132 Stimmen besiegte Hobbeling Windthorst, während Windthorst anschließend Mallinckrodt mit 162 gegen 97 schlug[66].

Wahlergebnis

Auch bei der dritten Wahl seit Beendigung des preußisch-österreichischen Krieges sind die Wähler des Münsterlandes ihren bisherigen politischen Überzeugungen treu geblieben. Während die Fortschrittspartei und das linke Zentrum namentlich in den alten preußischen Provinzen auf breiter Front Stimmenverluste hinzunehmen hatten - in den neuen Landesteilen war es ihnen erst gar nicht gelungen, Fuß zu fassen - ,setzten sich ihre Kandidaten im Regierungsbezirk Münster fast ausnahmslos ohne größere Anstrengung durch. Dem aus Werne stammenden Kreisrichter Eduard Windthorst war es sogar gelungen, der Fortschrittspartei ein zweites Mandat zu sichern. Das erste war an den derzeitigen Reichstagsabgeordneten Meulenbergh gefallen. Unter den Regierungsbezirken der beiden Westprovinzen nahm Münster mit diesem Resultat einen Spitzenplatz ein. Lediglich Arnsberg konnte mit fünf Vertretern der Fortschrittspartei, allerdings bei insgesamt 12 Mandaten, im Abgeordnetenhaus aufwarten.

Die Wahlen hatten in der gesamten Monarchie unter einem weitverbreiteten Desinteresse zu leiden. Mit einer Gesamtbeteiligung von 17,1 % lag man nur geringfügig über den Ergebnissen bei den Wahlen der Reaktionszeit. In der I. Klasse wählten 41,2 %. in der II. 28,3 % und in der III. Klasse 14,8 %[67]. Aufgrund dieser Zahlen kann davon ausgegangen werden, daß die Beteiligung im Münsterland bei etwa 6 % gelegen haben mag.

Im Abgeordnetenhaus schlossen sich, wie schon erwähnt, Meulenbergh und Windthorst der Fortschrittspartei an, Brabänder, von Kleinsorgen und Winkelmann traten dem linken Zentrum bei, Rohden und Schulze Hobbeling, übrigens der älteste Abgeordnete des Hauses, blieben fraktionslos, stimmten aber meistens mit der liberalen Opposition. Freiherr von Droste-Hülshoff und der später anstelle Rohdens eingetretene Mallinckrodt waren ebenfalls fraktionslos, ohne sich aber einer politischen Richtung enger anzuschließen.

XVIII. Zusammenfassung

In einem zu Beginn des Jahres 1865 geführten Briefwechsel zwischen dem Magistrat der Stadt Münster und der Bezirksregierung hatte Oberbürgermeister Offenberg einfließen lassen, daß das politische Vereinsleben in der Stadt gegenwärtig bedeutungslos sei[1]. Diese Äußerung war in gewisser Weise bezeichnend für den Stand des politischen Lebens im Regierungsbezirk Münster während des gesamten Untersuchungszeitraumes. Eine ausgesprochen rege Vereinstätigkeit hat es nämlich nur während beider Revolutionsjahre gegeben, denn danach kam das politische Interesse weitgehend zum Erliegen, sieht man einmal von den vereinzelten Aktivitäten während des Verfassungskonflikts ab. Aus diesem Grund ließen sich auch nur wenige Vergleiche mit dem politisch lebendigeren Rheinland ziehen.

Nach Ausbruch der Revolution waren es als erste die Katholiken, die damit begannen, sich vereinsmäßig zu organisieren. Durch die geschickte Verschmelzung religiöser und politischer Sachverhalte übten sie auf die in jeder Hinsicht unerfahrenen Wähler einen enormen Einfluß aus, weshalb es auch den Klerikalen nicht weiter schwerfiel, die Maiwahlen in überzeugender Manier für sich zu entscheiden. Andere politische Gruppierungen, darunter vor allem die Demokraten, vermochten sich dagegen erst im Laufe des Jahres verstärkt in Szene zu setzen. Nach den Maiwahlen begann aber der Einfluß der katholischen Vereine ganz erheblich abzunehmen, da ihr mehr oder minder unpolitisches Gebaren die mittlerweile an Erfahrung reicher gewordene Wählerschaft nicht mehr überzeugen konnte. Nutznießer dieser Entwicklung waren die Demokraten, die Ende 1848 das politische Geschehen weitgehend kontrollierten. Mit der Schließung und Vertagung der preussischen Nationalversammlung im Herbst dieses Jahres war ihre große Stunde gekommen. Aus der Wahl im kommenden Februar sollten sie auch als eindeutige Sieger hervorgehen.

Ihr Einfluß war aber nur von kurzer Dauer, denn mit der Einführung des Dreiklassenwahlrechts ging ihre Vormachtstellung ruckartig zu Ende. Die meisten Demokraten zogen sich daraufhin aus dem politischen Leben zurück und tauchten erst wieder 1861 nach der Gründung der Deutschen Fortschrittspartei auf. Größeren Einfluß vermochten sie aber nicht mehr zu erlangen.

Relativ unbeschadet überstanden die Klerikalen das Ende der Revolution. Die staatlichen Stellen hatten noch nicht einmal deren umfangreiches Vereinswesen angetastet. In ihren Reihen beschäftigte man sich aber fortan nur noch mit speziell religiösen Fragen, während politische Sachverhalte der Öffentlichkeit kaum bekannt wurden. Trotz dieser ganz offensichtlichen Zurückhaltung sollten die Klerikalen von diesem Zeitpunkt an das parteipolitische Leben - sofern davon gesprochen werden kann - prägen und bei nahezu jeder Wahl ein gehöriges Wort mitreden.

Während der nun anbrechenden Reaktionszeit war das Verhältnis zwischen den katholischen Untertanen und der Regierung in Berlin nicht immer frei von Spannungen, obwohl die preussische Verfassung den Religionsgemeinschaften weitgehende Rechte und Freiheiten eingeräumt hatte. Staatliche Eingriffe in innerkirchliche Angelegenheiten sorgten immer wieder für Zündstoff. Die Folge davon war ein festeres Zusammenrücken der Katholiken auf der politischen Bühne in Berlin, besonders hervorgehoben durch die Gründung der katholischen Fraktion im Jahre 1852.

Trotz massiver staatlicher Beeinflussung setzten sich die klerikalen Kandidaten bei den Wahlen der Reaktionszeit in den Jahren 1852 und 1855 mühelos durch. Versuche des damaligen Innenministers von Westphalen, Wahlkreise durch ihre Zusammenlegung derart zu gestalten, daß konservative Kandidaten bevorzugt wurden, fruchteten im Münsterland nicht. Sämtliche neun Mandate fielen jedesmal an die Klerikalen.

Bemühungen anderer politischer Gruppen, auf diese Entscheidung Einfluß zu nehmen, hat es in jenen Jahren nicht gegeben. Eine derart einseitige politische Ausrichtung wies übrigens kein weiterer Regierungsbezirk in den beiden Westprovinzen auf, so daß das Münsterland für die Klerikalen in Rheinland und Westfalen fraglos eine Spitzenstellung einnahm.

Daran sollte sich auch bei den Wahlen der 'Neuen Ära' kaum etwas ändern. Durch die Verselbständigung des überwiegend protestantischen Kreises Tecklenburg im Zuge der endgültigen Festlegung der Wahlkreise verlor man lediglich ein Mandat an die Liberalen. Zwar waren deren Parteigänger sichtlich darum bemüht, auch im übrigen Regierungsbezirk an Boden zu gewinnen, jedoch stießen sie dabei auf wenig Gegenliebe, wie überhaupt die einsetzende Liberalisierung auf die Bevölkerung keinen nachhaltigen Eindruck zu machen schien. Noch immer weitverbreitetes Mißtrauen gegenüber der Allmacht des wenngleich sich auch jetzt liberal gebärdenden Staatswesens vermochte die Wähler in den Jahren 1858 und 1861 nicht von ihrer bisherigen Linie abzubringen. Daran änderte die Tatsache auch wenig, daß erstmals ein katholischer Ministerpräsident an der Spitze der Regierung stand.

Erst die Wahlen im Zeichen des Heeres- und Verfassungskonflikts in den Jahren 1862 und 1863 sollten auch im Münsterland einige wesentliche Veränderungen hervorrufen. Zwar gelang es der Fortschrittspartei nicht, im hiesigen Raum Fuß zu fassen - übrigens als einzigem Regierungsbezirk in der gesamten preußischen Monarchie -, weil gewisse antikirchliche Tendenzen ihres Programms auf gravierende Vorbehalte stießen, jedoch konnten inzwischen gemäßigt liberale Kandidaten, die die Rechte der Kirche unangetastet ließen, sonst aber, wie etwa in der Frage der Geldbewilligung mit den Oppositionsparteien stimmten, mit Zustimmung der Wähler rechnen. Dieser Meinungsumschwung hatte gleich mehrere Ursachen: Zum einen war den katholischen Wählern mit Beginn der sechziger Jahre bewußt geworden, daß von der jetzigen Regierung eine ernsthafte Bedrohung kirchlicher Rechte und Freiheiten kaum mehr befürchtet werden mußte und somit die eigentliche Rechtfertigung für die Gründung einer die Interessen der katholischen Kirche wahrenden Fraktion kaum noch Gültigkeit besaß, zum anderen hielt mittlerweile ein Großteil vormals streng klerikal eingestellter Wähler gewisse Forderungen der Liberalen, vor allem in finanzpolitischer Richtung, für durchaus berechtigt und unterstützungswürdig. Hinzu kam, daß sich die ihrer eigentlichen Aufgabe entledigte Fraktion des Zentrums mit der auf Vermittlung und Ausgleich zwischen Regierung und Opposition gerichteten Haltung der eigenen Wählerschaft vollkommen entfremdete und aus diesem politischen Abseits in den sechziger Jahren auch nicht mehr herausfinden sollte.

Zwar gehörten weiterhin sieben der neun Abgeordneten aus dem Regierungsbezirk Münster dem Zentrum an, jedoch vertraten sie untereinander keine einheitliche Richtung mehr. Gemäßigt Liberale, die von Fall zu Fall mit der Opposition stimmten, waren ebenso vertreten wie konservative Klerikale, die auf seiten der Regierung standen.

Wie überall im preußischen Staat, so hatte die Konfliktszeit auch im Münsterland ein verstärktes Interesse am politischen Geschehen ausgelöst. Wählerversammlungen und auch vereinzelte Protestaktionen gegen die Regierung waren zwar an der Tagesordnung, von einem Wiederaufleben des Vereinswesens konnte allerdings nicht die Rede sein. Lediglich in der Provinzialhauptstadt war eine einzige politische Gruppierung an die Öffentlichkeit getreten.

Unter besonderen Vorzeichen standen die Wahlen der Jahre 1866 und 1867, denn der preußisch-österreichische Krieg samt seiner innerstaatlichen Umwälzungen sollte in der Bevölkerung ganz erhebliche Mißstimmung hervorrufen. Dabei spielte nicht nur die konfessionelle Abneigung der Katholiken gegen das protestantische Preußen eine erhebliche Rolle, sondern auch die nach wie vor ungebrochene Sympathie für das österreichische Kaiserhaus und die damit verbundenen großdeutschen Ideale. Die Wähler betrauten aber nicht, wie man vielleicht hätte annehmen sollen, klerikale Vertreter mit der Wahrnehmung der Mandate, weil gerade die sich besonders entschieden gegen diesen Krieg aussprachen, sondern wählten vorwiegend liberale Kandidaten, die ja bekanntlich der Regierung bis dahin jegliche Geldmittel verweigert hatten. Dieser Ausdruck des Protestes fand auch bei den Wahlen zum Reichstag des Norddeutschen Bundes seine Fortsetzung, denn alle vier Abgeordneten aus dem Münsterland lehnten die dort unterbreitete Verfassung ab. Am Ende des Untersuchungszeitraumes hatte sogar die Fortschrittspartei auf Kosten der Klerikalen an Einfluß hinzugewonnen. Bei der Wahl zum preußischen Abgeordnetenhaus im November 1867 standen vier Abgeordnete auf seiten der Fortschrittspartei, drei gehörten zum liberalen Flügel der Zentrumsfraktion und ein Deputierter neigte mehr zu den konservativen Klerikalen.

Wie schon eingangs dieser Zusammenfassung kurz angedeutet, stand es um das politische Leben im Regierungsbezirk Münster während des hier untersuchten Zeitraums nicht zum besten. Das Vereinswesen hatte nur während der Revolution eine kurze Blütezeit erfahren und vermochte sich nach seiner Zerschlagung nicht mehr zu regenerieren. Zwar traten auch in der Konfliktszeit vereinzelt politische Vereine in Erscheinung, jedoch war ihr Einfluß kaum der Rede wert. Signifikantes Zeichen für das Desinteresse der Bevölkerung am politischen Geschehen war vor allem die sehr geringe Wahlbeteiligung, die, selten die '10 % Marke' übersteigend, mit einigen wenigen Ausnahmen die niedrigste in der Monarchie zwischen 1849 und 1867 war. Während die Stadt Münster im Landesdurchschnitt noch nicht einmal schlecht abschnitt, stießen die Wahlen auf dem Lande nur auf geringe Resonanz. Teilweise fanden dort überhaupt keine Abstimmungen statt. Im Normalfall beteiligten sich daran höchstens die Landwirte, Vertreter der Geistlichkeit und der Kaufleute sowie Staatsbeamte. Dementsprechend einseitig war auch die soziale Zusammensetzung der Wahlmännergremien. Dieses Phänomen hatte mehrere Ursachen. Im Gegensatz zum benachbarten Rheinland war nämlich das Pressewesen im Regierungsbezirk Münster vollkommen unzureichend entwickelt, so daß beispielsweise die Landbevölkerung gar nicht die Möglichkeit besaß, sich sachgerecht informieren zu können. Daß es um die politischen Kenntnisse dieses Bevölkerungsteil daher nicht gerade gut bestellt war, hatten die Landräte immer wieder unterstrichen. Erschwerend kam hinzu, daß es, abgesehen von Münster, keine volkreichen Städte gab, und der Großteil der Bevölkerung in den sog. Streusiedlungen wohnte. Da sich hierdurch auch die Kontakte untereinander in engen Grenzen hielten, war an politische Aktivitäten auf dem Lande kaum zu denken. Ungünstige und zum Teil auch schlecht angelegte Verkehrswege hielten ohnehin die Mehrzahl der Wahlberechtigten von längeren Fahrten in die Stimmlokale ab, zumal die Wahlen auch meistens im Spätherbst, also bei ungünstiger Witterung, stattfanden. Außerdem, und dies dürfte für das Verhalten der Bürger zusätzlich von Gewicht gewesen sein, wollte man allein der Stimmabgabe wegen nicht auf den Lohn verzichten. Fälle, in denen die adeligen Grundbesitzer ihr gesamtes Gesinde bei den Urwahlen aufboten, wie dies häufig in den Ostprovinzen an der Tagesordnung war, ließen sich im Münsterland nicht nachweisen. Auf dem Lande wurden daher meistens solche Persönlichkeiten zu Wahlmännern bestimmt, die es sich von der finanziellen Seite her leisten konnten, wie etwa vermögendere Landwirte, ihren Hof für einen oder mehrere Tage zum Zwecke der Abgeordnetenwahl zu verlassen.

Wie aus den Kurzbiographien der Abgeordneten zu ersehen ist, ging ein Großteil juristischen Berufen nach. Daß die Wahlmänner gerade zu Richtern das meiste Vertrauen besaßen, war in gewisser Weise auf die fachliche Qualifikation dieses Standes zurückzuführen, weit mehr dürfte aber die unabhängige Rolle des Richters von der Allmacht des Staates eine entscheidende Rolle gespielt haben. Besonders bei der Landbebevölkerung genossen Juristen, wie etwa Gierse und Waldeck, die sich stets viel um die rechtlichen Belange der Bauern gekümmert hatten, einen hervorragenden Ruf. Gleiches konnte auch von den Vertretern der Geistlichkeit gesagt werden, die vor allem bei den Maiwahlen 1848 und später während der Reaktionszeit zahlreiche Abgeordnete stellten. Der Klerus, dessen Aktivitäten sich sonst meist nur auf die Mobilisierung der Wähler erstreckten, war aber immer dann in den jeweiligen Parlamenten zur Stelle, wenn es um die Wahrung spezifisch kirchlicher Rechte ging. Neben den Juristen und den Geistlichen spielten die Vertreter landwirtschaftlicher Berufe ebenfalls eine Rolle. Deren Kandidatur war vor allem auf Betreiben der zahlreichen Wahlmänner aus dem bäuerlichen Stand erfolgt.

Daß eine große Anzahl der Abgeordneten nicht im Regierungsbezirk beheimatet war und allenfalls aus dem übrigen westfälischen Raum stammte, ist ein weiteres Indiz für das mangelnde politische Bewußtsein in dieser Gegend. Auswärtige Kandidaten waren zwar auch in anderen Regierungsbezirken gang und gäbe, doch konnte ein solches Ausmaß wie im Münsterland nirgends beobachtet werden. Den Mangel an geeigneten Bewerbern wußten sich daher die verschiedenen Parteien zu Nutze zu machen. Durchgefallene Kandidaten des Zentrums wurden daher häufig bei Nachwahlen in den sicheren Bezirken des Münsterlandes aufgestellt. Aber auch die Fortschrittspartei konnte, wie es die Wahl Waldecks zeigte, ihre Vorteile daraus ziehen.

Politisches Bewußtsein und Engagement der wahlberechtigten Bevölkerung sollten sich erst nach der Reichsgründung wesentlich verbessern. Allerdings war dafür keineswegs die Begeisterung für die nationale Sache verantwortlich, denn auch jetzt drehte sich, wie schon in der Vergangenheit des öfteren der Fall, alles um die Freiheit der Kirche. Gleichsam in einem stetigen Auf und Ab brachen mit Beginn des Kulturkampfes die alten Gegensätze zwischen der Regierung und ihren Organen einerseits und dem Klerus und der mit ihm verbündeten Bevölkerung andererseits in nie gekannter Schärfe wieder auf.